土族语语音声学研究

韩国君　呼和　著

中国少数民族语言方言实验研究丛书

呼和　主编

社会科学文献出版社
SOCIAL SCIENCES ACADEMIC PRESS(CHINA)

　　本书系国家社会科学基金冷门绝学研究专项学术团队项目"中国北方少数民族濒危语言调查实验研究"（项目编号：21VJXT012）和中国社会科学院创新工程"登峰战略"资深学科带头人资助项目"中国北方跨界民族语言的调查实验研究"（项目编号：DZ2023002）的系列成果

目　录

绪　论

　　自 1956 年全国人大民族委员会和中央民族事务委员会组织的少数民族语言、少数民族社会历史调查和 1962 年《中国语文》杂志开始刊登少数民族语言概况算起，我国民族语言现代语言学研究已走过 60 多年的历程，完成了"中国少数民族语言简志丛书"（1958 年启动，1991 年基本完成，2009 年修订）、"蒙古语族语言方言研究丛书"（21 本，内蒙古大学蒙古语文研究所 20 世纪 80 年代初开始陆续出版的）、"中国新发现语言研究丛书"（1997 年至今，已出版 41 种）和"中国少数民族方言研究丛书"（1998 年至今，已出版 17 种）等大型研究成果。可以说，在前辈们的不懈努力下，我国民族语言现代语言学研究取得了较辉煌的成就。目前的民族语言研究虽然涵盖了描写语言学、历史比较语言学、纪录语言学、语言类型学、民族语言文字应用、实验语音学、民族文字文献等诸多领域，但与英语和汉语等强势语言的研究相比，在研究深度和广度等方面都存在一定的差距。

　　1985 年中国社会科学院民族所（现中国社会科学院民族学与人类学研究所）建立的语音实验室是我国民族语言实验语音学学科成立的标志，实验室语音学队伍也是我国最早开展少数民族语言语音实验的研究团队。1985~1995 年，民族所实验语音学团队主要开展了汉语普通话和少数民族语言语音声学和生理实验基础研究工作，主持完成了多项国家自然科学基金和国家社会科学基金项目。如在国家社科基金资助下，研究团队历时数年完成了大约 25 种语言和方言的音档录制。与民族地区大学和研究所合作完成了几个在国内外有一定影响的少数民族语言语音声学参数数据库。例如，"藏语拉萨话语音声学参数数据库"（国家自然基金项目，1991）、"哈萨克语语音声学参数数据库"（国家自然基金项目，1992）、"蒙古语语音声学参数数据库"（国家社科基金项目，1993）等。本阶段的研究成果主要发表在《实验语音学概要》（吴宗济、林茂灿主编，鲍怀翘撰写第三和第五两章，即语音产生的生理基础和元音部分，1989）以及国内外学术刊物和学术会议上。这些成果在国内外语音学界产生了一定的影响，为我国少数民族语言实验语音学学科乃至汉语实验语音学学科的发展奠定了基础。

1995~2005 年，民族所团队使用当时国际最先进的设备，如"声门高速摄影"和"电子动态腭位仪"开展了汉语普通话和少数民族语言发声类型和调音的生理研究，主持完成了 1 项中国社会科学院重大项目（"汉藏语声调的声学研究"）、4 项国家自然科学基金项目（"汉语普通话嗓音声学研究"、"普通话动态腭位研究"、"基于动态腭位的普通话协同发音研究"和"蒙古语韵律特征声学模型研究"）。这一阶段除撰写出版《论语言发生》（孔江平，2001），《蒙古语语音声学研究》（蒙文版，呼和，1999）和 *A Basic Study of Mongolian Prosody*（呼和，2003）3 部专著外，还发表了 50 余篇有影响的学术论文。在学科创新和应用研究方面也进行了大胆探索与实践。如，2001~2005 年重大项目"民族多媒体信息系统"研究完成的"民族 GIS 多媒体检索系统"，首次将自然科学的地理信息系统技术（GIS）成功应用于民族语言及民族多媒体信息研究。这些成果在国内外实验语音学和言语工程学界以及嗓音病理学界产生了较大反响，提高了学科的知名度，奠定了民族所少数民族实验语音学学科在国内外学术界中的地位。

自 2006 年以来，该团队在总结以往研制单语种语音声学参数库工作的基础上，提出"语音声学参数统一平台"的思路和方法，并通过实施和完成两项教育部、国家语委民族语言文字规范标准建设及信息化项目"藏语、维吾尔语和彝语语音声学参数数据库"（300MB，2009，郑玉玲承担）和"达斡尔，鄂温克和鄂伦春语语音声学参数数据库"（300MB，2011，呼和承担），研制了藏、维吾尔、彝、达斡尔、鄂温克和鄂伦春等族语言的语音声学参数数据库，初步搭建了"中国少数民族语言语音声学参数统一平台"框架，为进一步开展民族语言语音声学参数数据库研究打下了坚实的基础。

自 2013 年 2 月开始，根据多年积累的语音声学参数库研制经验，"语音声学参数自动标注/提取系统"（3.3 版本）和诸多数据处理小工具研发并投入使用，使该项工作逐渐走上自动化，提高了准确率和工作效率，避免了数据采集者的主观因素，确保了数据的客观性和准确性（参看周学文、呼和，2014）。特别是在国家社科基金重大招标项目"中国少数民族语言语音声学参数统一平台建设研究"（批准号：12 & ZD225）和中国社会科学院创新工程项目（2013~2021年度）的资助下完成了容纳蒙古语、达斡尔语、土族语、东部裕固语、东乡语、维吾尔语、哈萨克语、鄂温克语等北方民族语言语音声学参数数据库的"中国少数民族语言语音声学参数统一平台"（以下简称"统一平台"），并基于"统一平台"撰写出版了"中国少数民族语言方言实验研究丛书"的蒙古语、维吾尔语和鄂温克语等3卷，实现了从语音声学参数库跨越到对民族语言语音的全面、系统声学语音学描写研究阶段，验证了语音声学参数库对语言学的贡献和意义。

自2021年开始，我们团队在国家社会科学基金冷门绝学研究专项团队项目"中国北方少数民族濒危语言的调查实验研究"（项目编号：21 VJXT012）和中国社会科学院创新工程"登峰战略"资深学科带头人资助项目"中国北方跨界民族语言的调查实验研究"（项目编号：DZ2023002）的资助下，继续扩充"统一平台"语言数量的同时，继续撰写、编辑、出版"中国少数民族语言方言实验研究丛书"的《达斡尔语语音声学研究》、《土族语语音声学研究》、《东乡语语音声学研究》、《东部裕固语语音声学研究》和《布里亚特语语音声学研究》等5卷。

标准化、规范化和自动化是语音研究必经之路。这是由该学科的属性和特点所决定的。通过30多年的努力，我们团队对语音声学实验研究的主要环节，如实验语料设计、实验语料录制、语音标注、声学参数标注及其提取、统计分析和绘制声学语图等有了较全面、深刻的认识和了解，并提出了自"实验语料设计"至"声学语图绘制"系统的思路和方法。特别是自2021年以来，我们团队一直探索语音声学实验研究自动化问题。众所周知，语音声学参数数据库研制环节是语音声学实验研究的重要环节。这是耗费人力、物力的艰难且烦琐的基础工程。对语音声学参数进行手工标注和采集，尚存在两方面的不足。一方面，工作量大、速度慢、错误率高、效率低，这不但影响声学参数库的研制速度，而且无法保证实验方法和实验数据的可重复性；另一方面，由于语音声学特征定义以及语音声学参数标注和提取等方面尚未统一标准等原因，语言之间难以相互比较，研究成果无法相互借鉴。只有实现各个环节的自动化，才能使语音声学研究变成一种可以观察、量化、重复、验证的实验科学。

我们团队基本解决了"声学参数标注"→"声学参数标注"→"声学参数统计"→"声学语图绘制"等环节的自动化问题。请见图 0.1 中用蓝色字体标记的模块。

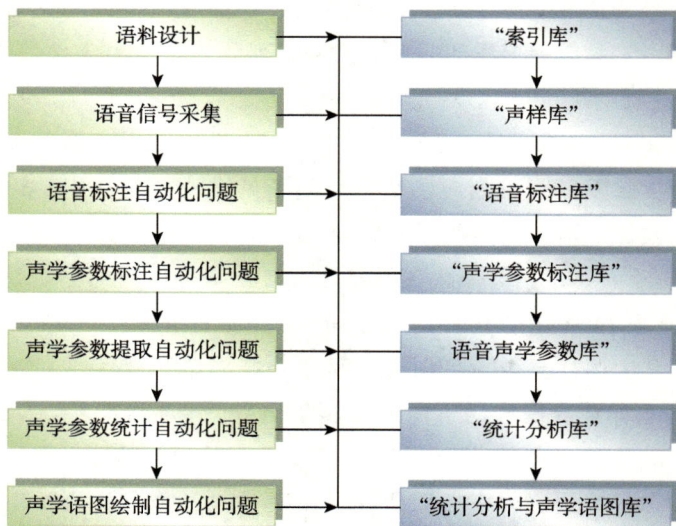

图 0.1 语音声学研究自动化问题

实现自动化的主要内容和目的如下。

1. 声学参数标注自动化

（1）自动转换 SAMPA 码和 IPA

在以往参数库的语音标注中我们都使用了 SAMPA 码，现在改用国际音标（Keyman 输入法的 IPA），并且把以往用 SAMPA 码标注的语音标注库用 PRAAT 脚本编辑的小工具——"自动转换 SAMPA 码和 IPA 工具"自动更换成 IPA 语音标注库。我们用这种方法更换了蒙古语族语言语音标注库（蒙古语、达斡尔、东部裕固语、布里亚特、土族语、东乡语）、突厥语族语言语音标注库（维吾尔语、哈萨克语）和满通古斯语族语言语音标注库（鄂温克语、鄂伦春语）。

（2）自动筛选声学参数异常值

在声参数自动标注和提取过程中，会出现少量异常值。为此，在进行统计分析之前，我们先用 PRAAT 脚本编辑的小工具——"自动筛选声学参数异常值工具"，先自动检查、筛选声学参数库中的异常值之后，再进行统计分析。

2. 声学参数统计自动化

我们用 R 语言编辑的小工具，实现了以下声学参数统计分析的自动化：

（1）基础描写统计自动化

a. 自动完成"数据趋势分析"

用"数据趋势分析工具"自动完成数据趋势分析（平均值、中位数，是正偏分布，还是负偏分布）工作。

b. 自动完成"离中趋势分析"①

用"离中趋势分析工具"自动完成离中趋势分析工作。

c. 自动完成"相关分析"②

用"相关分析工具"自动完成相关分析工作。

（2）假设检验的自动化

我们用 R 语言编辑的小工具，自动完成假设检验工作。

a. 自动完成"单样本 t 检验"

用"单样本 t 检验工具"，自动完成"单样本 t 检验"工作。

b. 自动完成"配对样本 t 检验"

用"配对样本 t 检验工具"，自动完成"配对样本 t 检验"工作。

（3）方差分析的自动化③

我们用 R 语言编辑的小工具，自动完成方差分析工作。

a. 自动完成"单因素方差分析"

用 R 语言编辑的小工具——"单因素方差分析工具"，自动完成"单因素方差分析"工作。

b. 多因素有交互方差分析

用 R 语言编辑的小工具——"多因素有交互方差分析工具"，自动完成"多因素有交互方差分析"工作。

---

① "离中趋势分析"主要靠全距、四分差、平均差、方差（协方差：用来度量两个随机变量关系的统计量）、标准差等统计指标来研究数据的离中趋势。例如，我们想知道两个元音或辅音中，哪一个元音或辅音分布更分散，就可以用两个元音或辅音的四分差或百分点来比较。

② 相关分析探讨数据之间是否具有统计学上的关联性。这种关系既包括两个数据之间的单一相关关系——如共振峰与音长之间的关系等。

③ 根据研究工作需要我们随时增加假设检验和方差分析项。

c. 聚类分析

用 R 语言编辑的小工具——"聚类分析工具",自动完成"聚类分析"工作。

d. 判别分析

用 R 语言编辑的小工具——"判别分析工具",自动完成"判别分析"工作。

e. 主成分分析

用 R 语言编辑的小工具——"主成分分析工具",自动完成"主成分分析"工作。

3. 声学语图绘制自动化

在语音声学研究中语图的引用非常普遍。声学语图是声学参数的形象表现,是研究成果和研究结果的具体化和可视化方式。语图绘制方法的自动化和标准化非常重要。我们用 R 语言的绘图小工具,实现了以下语图的自动化绘制工作:

(1) 元音声学空间椭圆图(置信水平为 95%[①]);

(2) 音长、音高、音强比较图;

(3) 辅音的各种声学分析图。

4. 实现自动化的目的

语音声学研究自动化的目的除前述所列举情况之外,更重要的目的是用于语音类型学研究,具体说,用于音段或超音段声学语图之间的比较研究。我们团队目前正在验证呼和教授提出的"语音和韵律特征声学模式相似度与语言亲属关系远近度假设"(Hypothesis)。该假设通过分析计算和比较人类语言的"语音声学空间分布模式图之间的相似度"(简称"声学模式图相似度"),探讨语言之间亲属关系的远近度问题,即人类语言亲属关系远近度问题。

为了从语音、嗓音和韵律三个视角,探讨语言亲属关系的远近度问题,

---

① 我们用 95% 置信水平来构造这个区间估计:95% 置信度的意思是如果你从总体中抽取 100 个不同样本,每个样本都用相同的统计量构造的置信区间(注意:由于样本不相同,这些置信区间的范围也不尽相同),那么有 95 个置信区间包含了总体参数的真值。如果我们构造出 100 个这样的置信区间(100 个样本),那么就会有 95 个区间会包含这个总体平均值,置信水平是 95%。

我们还研制了"阿尔泰语系语言的嗓音声学参数数据库",并试图结合嗓音系列参数,进一步探索阿尔泰语系语言之间亲属关系的远近度问题。目前已完成蒙古语各方言土语［科尔沁、喀喇沁、巴林、布里亚特（呼伦贝尔）、卫拉特、鄂尔多斯、察哈尔］和蒙古语族语言［达斡尔、东部裕固语、布里亚特（俄罗斯）］嗓音参数数据库,并开始实施相关研究。

目前我们团队所实施的主要工作如下。

（1）正在扩充"中国少数民族语言语音声学参数统一平台"。该平台为民族语言方言土语语音调查实验研究打下了坚实的基础。该平台的建设,将我国传统的优势学科同新的前沿领域相结合,无论从铸牢中华民族共同体意识视域下的中国民族语言亲属关系研究、重大基础理论研究、规范化和标准化研究、濒危语言抢救性研究,还是从现代语言资源库建设、民族文化遗产的保护、科学技术和语言研究相结合的发展趋势看,都具有重要意义和作用。

该统一平台将为我国同类语言数据库和档案库建设提供范例,为语言本体描写研究和比较研究,以及民族学与人类学等其他学科的研究提供真实、客观的数据资源,将会有力促进我国民族语言学学科的发展。

（2）正在组织基于"统一平台"的"中国少数民族语言方言实验研究丛书"的哈萨克语、锡伯语、图瓦语、鄂伦春语和蒙古国蒙古语等 5 卷的组稿工作。这些专著将在以往研究的基础上,针对这些语言语音研究的历史和现状,从解决所面临的实际问题出发,采用声学语音学的理论和方法,对 5 种语言的元音、辅音等音段特征和词重音等超音段特征进行较全面、系统的定量和定性分析。

"中国少数民族语言方言实验研究丛书"各卷的陆续出版,将会引领我国北方民族语言语音研究推向全面、系统声学描写研究和比较研究的新时代。

（3）提出"语音和韵律特征声学模式相似度与语言亲属关系远近度假设"（Hypothesis）,即"语言声学空间相似度理论",并通过分析计算和比较人类语言的"语音声学空间分布模式图之间的相似度"（简称"声学模式图相似度"）,探讨语言之间亲属关系的远近度问题,即人类语言亲属关系问题。

该项研究与考古学、遗传学一样,能够为人类学和民族学研究提供科学的实证依据（声学线索）,推动新时代人类学和民族学的发展。

（4）搭建"鄂伦春、鄂温克和达斡尔语学习手机 App 平台"（简称

"三少民族语言 App"，即 SMZYApp)，并通过实施和完成北方人口较少民族语言学习 App 平台，探索科学保护濒危语言的新思路和新方法。

我们相信，在加快构建新时代民族学三大体系建设和深化铸牢中华民族共同体意识理论研究中，民族语言实验语音学必将发挥其实证研究的学科优势。

一 "中国少数民族语言语音声学参数统一平台"

实验语音学为语言学这门传统的人文学科增加了实验科学的新方法，为语言分析提供了新的研究视角和内容，为有声语言资源库建设提供了技术保障。语音声学参数库（Acoustical Database）是语言资源声学层面的最高形式，是对特定语言的语音系统进行系统声学分析、提取该语言语音声学特征的微观声学参数集合，可比喻为提取语言 DNA。在语音信号分析和处理过程中，时域和频域特性是至关重要的。在语音研究中对音段和超音段特征的测量和分析已进行了几十年，从以音节、词为基础的音段和超音段特征分析到现在连续语料的音段和超音段特征分析，使我们对语音和韵律特性的认识越来越清晰、越来越准确，在应用研究中越来越有效。

我们正在建设的"中国少数民族语言语音声学参数统一平台"是少数民族语言统一（通用）的自然语言语音处理平台。该平台是利用国际通用的语音声学分析软件，提取有效表征语言语音系统的各种声学特征参数，并把它们集合成一个完整的语音声学参数数据库，用数据库管理软件进行统一管理的平台。"统一平台"利用现代科技，以数据库（量化和数字化）的形式完整地保存少数民族语言音段和超音段的声学参数。

用户利用"统一平台"可以查询检索多语种语音声学参数内所有的信息，可以任意设定查询的组合条件，可以对结果集合按照任意字段排序，可以在结果集合中实现查询词/音素之间任意切换，可以手动/自动对查询结果集合进行选择并把选择的结具输出到 EXCEL 中等。统一平台还有统计、分析和分类等功能。随着容纳更多语言声学参数数据库，统一平台可以根据用户需求，改进界面的友好性和系统的强壮性（鲁棒性，Robustness）。图 0.2、0.3 是目前使用的统一平台界面和语音参数检索界面。

"统一平台"有三个突出特点。（1）实用性：基本上包含了所有音段的

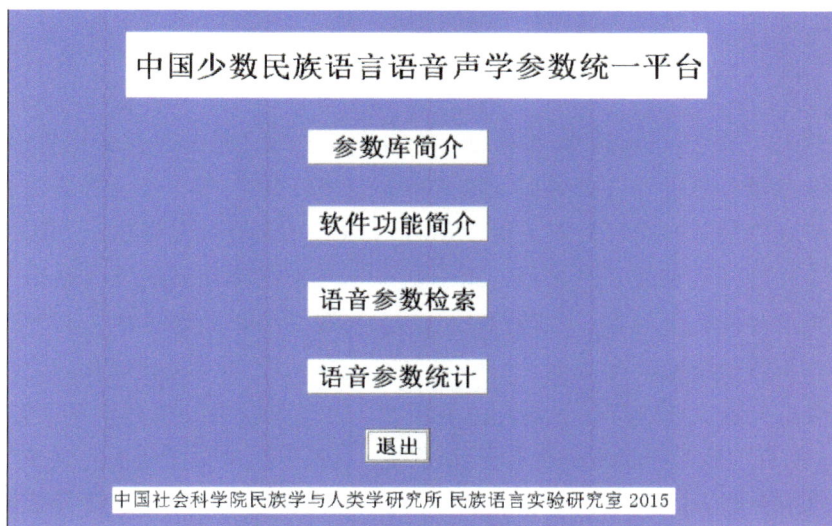

图 0.2　"中国少数民族语言语音声学参数统一平台"界面

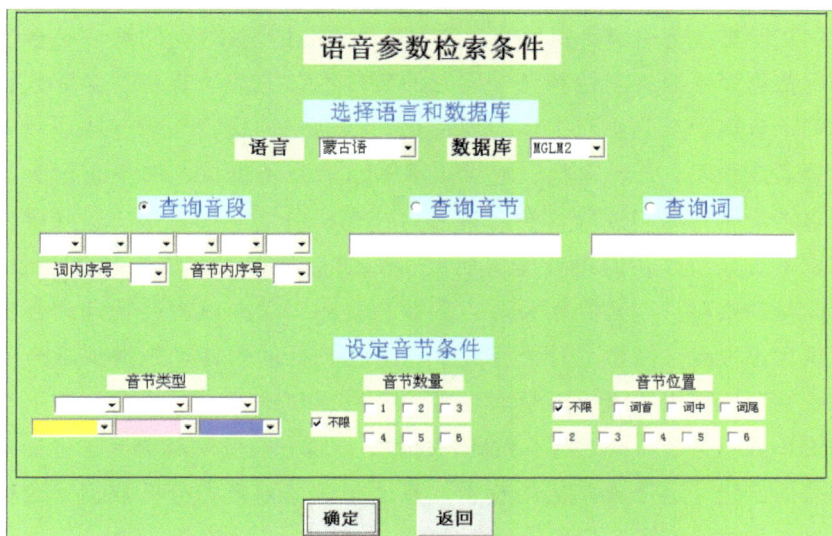

图 0.3　"中国少数民族语言语音声学参数统一平台"语音参数检索界面

主要声学特征，能够满足所有的参数提取，统计分析和比较研究；（2）稳定性：确保了数据库主要结构的稳定性（参数库的扩充不影响其稳定性），这样才能有利于声学参数的积累；（3）扩充性：确保了数据库的可扩充性，以便满足新参数和结构的微调。该平台能够确保数据库内容的维护，包括增加、删除、修改、查询；确保提取所有参数，满足相关研究。

（一）"统一平台"的作用和意义

第一，推动科学保护弱势语言，抢救濒危语言的进程。保护弱势语言，抢救濒危语言是世界各国共同面临的紧迫任务。2003 年 3 月，联合国教科文组织在巴黎总部举行的关于濒危语言问题的专家会议上提出，保护世界语言多样性一直在联合国教科文组织众多工作中占有重要地位。这和"维护人类的多样性"是同一性质的工作。在我国少数民族语言中，有的正处于濒临失传的境地，有些语言的特色语音现象正在消失和被同化。为了保护人类共同的文化遗产——语言的多样性，进行抢救性的保护已刻不容缓。"统一平台"致力于开发一个基于互联网技术的中国少数民族语言资源和技术在线服务平台，以适应国家语言资源战略发展之需要，进而达到依靠现代科学技术搜集和保护我国语言资源的目标，有力推动保护弱势语言、抢救濒危语言的进程。

第二，有效促进科研资源的共享和科学研究的延续性。"统一平台"能够确保数据资源的共享性和科学研究的延续性，推动语音声学参数数据库研制和语音声学实验研究工作的规范化和标准化进程，与同行共享数据资源，提高数据库、语料库、信息和技术平台的使用价值，加快我国少数民族语言语音研究从"经验科学"转变为"精密科学"的进程，提升语音学研究水平。如，以往的语音实验研究多以研究某种语言语音现象为目标，选取少量的语料，以提取相关语音参数为目的，很少以研究特定语言的语音系统为出发点。因而，对语音声学和生理特征的选择和把握缺乏全面性和系统性，所采集的语音声学和生理参数数据仅满足于写出论著，不注重数据的积累和整合，缺乏共享性和延续性。"统一平台"将摒弃这种传统小作坊式的方法，运用现代化的技术，系统全面地采集和分析数据。这种研究成果对后续研究具有较高的参考价值，并提供深入研究的可能。

第三，推进语音学重大基础理论研究，促进语音学与相关学科的发展。"统一平台"不但能够推进语音学重大基础理论研究，为历史比较语言学和语音学研究提供新的理论和方法，还能促进语音学与相关学科的发展，引导语音学研究更加深入地走进社会，解决语言交际中存在的实际问题。语音特征是个性和共性的统一体，不但同一个语系或语族语言的音位系统之间存在共性，而且不同语系或语族语言之间也存在一定的共性。了解这个共性，有利于推动个体语言语音特征的描写和语言之间的比较研究，促进语音学基础研究，推动语音学基础理论的建立和发展。利用"统一平台"，不仅可以对单语种的音段和超音段特征参数进行全面，系统地统计分析（相关分析、因子分析、聚类分析等），探讨并总结出其特征和变化规律，而且还可以对跨语系、跨语族语言的音段和超音段特征进行比较研究，积极推动历史比较语言学（如语言同源、演化等）和普通语音学（如人类语言语音的共性问题）的发展。

第四，能够为民族语言言语声学工程研究和研发提供语音学基础数据资源，推动我国多语种人机智能交互平台技术的发展。众所周知，进入 21 世纪后，加速推进少数民族语言（文字）的标准化、规范化和信息化进程，保护弱势语言、抢救濒危语言的工作显得尤为重要。我们既要加速推进其标准化、规范化、信息化进程，同时还要抢救性地保护它们的多样性。这是我国民族语言文字工作目前所面临的两大挑战。一方面，需要投入大量的人力和财力，去填补汉语和少数民族语言信息化之间的数字鸿沟。另一方面，也要下大力气保护少数民族语言这一人类宝贵的非物质文化遗产。我们虽然可以直接引进世界最先进的语言和语音处理技术和方法来解决少数民族语言语音研究的技术性问题，但再先进的技术也只能是客观的物质支持，真正对于少数民族语言本质与规律的研究还要靠我们自己。现代计算机技术虽然通过云数据的统计，能够建立比较准确的语言模型，但实践证明，好的统计模型需要语言知识库支撑。"统一平台"能够提供真实有效的数据依据。

第五，保护我国民族文化的多样性，促进我国语言生活的健康和谐发展，捍卫国家边疆文化安全，完善我国多语种人机智能交互平台，使言语声学工程研究更好地为国家"一带一路"建设服务。语言（文字）的规范化和信息化是一个民族走上信息化道路的重要标志，而中国语言（文字）的全面发展离不开少数民族语言（文字）的进一步发展。只有实现各民族语言（文字）的规范化和信息化，才能保障我国政治、经济、文化和社会的和谐稳定发展。我国许多少数民族语言是跨境语言，如蒙古语、维吾尔语、哈萨克语、傣语、壮语和苗语等。据我们所知，上述跨境语言所处国家和地区关于语音技术的整体研究相对滞后，仍有较大研究和开发空间。

"统一平台"中所提出的各项标准和原则必将成为国际国内语言声学实验研究依据和标准，推动语言声学实验研究工作的规范化和标准化进程。目前国际上虽然有一个包括世界大多数语言的语音样品库（UCLA），但尚未包容多语种的语音声学参数数据库，更没有大家所公认和遵循的标准和方法，我们所提出的各项标准和原则将成为国际国内语言语音声学参数库的研制依据和标准，推动语音声学参数数据库研制和语音声学实验研究工作的规范化和标准化进程。

"统一平台"不仅是语音本本基础研究领域的一个突破，而且将会成为国家信息资源的重要组成部分，弥补国家少数民族语言信息资源的阙如。到目前为止，在国内外还没有类似关于特定语言的完整的语音声学参数数据库（包括元音、辅音、韵律及各种特殊音质）。

总之，"统一平台"将我国传统的优势学科同新的前沿领域相结合，无论从现代社会语言资料和文化遗产流失的严峻现实，还是从科学技术和语言研究相结合的发展方向来看，都有着广阔的发展空间和远大前景。该平台将为我国同类语言数据库、档案库提供范例，为语言本体描写研究和比较研究，以及民族学与人类学等其他学科的研究提供真实、客观的数据资源，有力促进我国民族语言学学科的发展。

（二）"统一平台"的研究思路和方法

我们正在建设的"统一平台"是利用国际通用的语音声学分析软件，提取有效表征语言语音系统的各种声学特征参数，并把它们集合成一个完整的语音声学参数数据库，用数据库管理软件进行统一管理的平台（请见图0.4）。

1. 语料设计与"索引库"的建立

1.1 语料规模和范围

建立多语种统一的、完备的语音声学参数数据库，首要的工作是语音材料（以下简称语料）的设计与编写。这是整个工作的基石，必须制定统一的语料设计原则并进行严格把关，充分反映每种语言语音和韵律（单词层面上）系统的全貌及特点。各种语言以双音节为主，但应包含一定数量的单音节词，并顾及各语言的多音节词，特别要注意4~5音节词的出现概率。除此之外，还要顾及元音和辅音的和谐问题、音段和超音段的协同发音问题，以及音段序列，如辅音串等问题。考虑到语料的完整性，选择一

```
                   ┌──────────────────────────────────┐
                   │ "中国少数民族语言语音声学参数统一平台" │
                   └──────────────────┬───────────────┘
                                      │
    ┌─────────────┐         ┌─────────▼────────┐
    │   语料设计   │────────▶│     "索引库"      │
    └──────┬──────┘         └──────────────────┘
           │
    ┌──────▼──────┐         ┌──────────────────┐
    │ 语音信号采集 │────────▶│     "声样库"      │
    └──────┬──────┘         └──────────────────┘
           │
    ┌──────▼──────┐         ┌──────────────────┐
    │ 手工标注音段 │────────▶│   "音段标注库"    │
    └──────┬──────┘         └──────────────────┘
           │
    ┌──────▼──────┐         ┌──────────────────┐
    │自动标注声学参数│───────▶│  "声学参数标注库"  │
    └──────┬──────┘         └──────────────────┘
           │
    ┌──────▼──────┐         ┌──────────────────┐
    │自动提取声学参数│───────▶│  "语音声学参数库"  │
    └──────┬──────┘         └──────────────────┘
           │
  ┌────────▼────────┐       ┌──────────────────┐
  │单语种语音声学参数数据库│──▶│"语音声学参数统一平台"│
  └─────────────────┘       └──────────────────┘
```

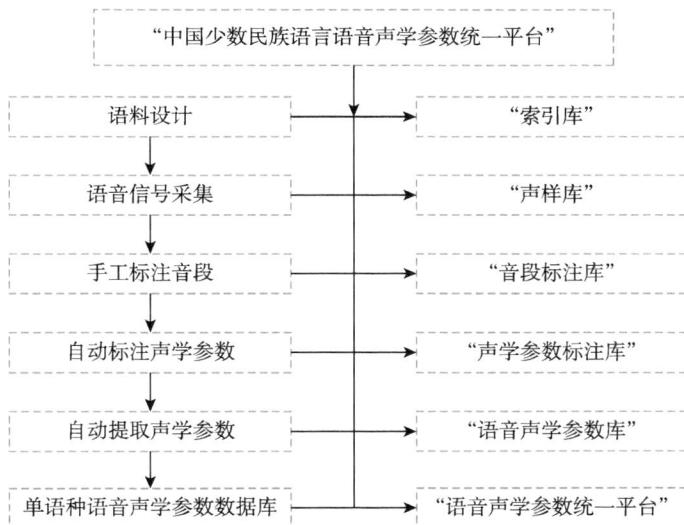

图 0.4　"中国少数民族语言语音声学参数统一平台"的
研究思路和方法示意图

定数量的能够覆盖目标语言语音和语法特点的词组和各类简单句，以便观察、分析语音变化和句子韵律特征。本项研究不涉及词组和语句声学参数，仅搜集濒危语言的话语语料，以起到"语言保存"的作用。以下是语料设计原则和方法。

首先，字母表的设计。遵循目标语言传统字母表，字母表包括所有的元音和辅音。

其次，单词语料的设计。

（1）单音节词。每种语言选择 150～500 个常用的单音节词。要求：一般都是独立出现的，覆盖所有的音节类型，覆盖各种音节类型中的所有元音和辅音以及它们的各类组合（搭配）等（能够组合的都要考虑到）。

（2）双音节及多音节词。每种语言选择 1500～2000 个常用的双音节和多音节词。要求：双音节词和多音节词的比例不宜太悬殊，控制在 1：2 左右；尽可能选择词干性的（未加黏着成分）词或派生词；确保每个音位在不同位置上的（多次）出现次数，如，音节内的不同位置和词的不同位置（首、腰、末位置）等；除个别音段外，音段的出现频率不应相差太悬殊；所有的词，应尽可能反映目标语言的语音变化，包括元音和辅音的和谐、协同发音以及重音等问题。

（3）数词及量词。基数词（尽可能穷尽）、序数词、约数词和集合数词的读音，并兼顾量词。除基本词外，结合目标语言的特点，多位数字结合时读音发生变化的现象也应收入其中。

（4）形态变化的典型词。选择一批常用的、有变化的词类，如名词、代词、形容词和动词等（总数不超过 50 个，以名词和动词为主，适当考虑其他词），并在其后依次加上可能的附加成分：名词后加数、格、概称和领属等，形容词后加比较范畴。包括所有的形态变化，如包括词尾变化中的式动词、副动词和形动词以及词干变化中的态、体等范畴。

再次，词组语料的设计。选择 100～200 个目标语言的固定词组（如谚语、成语和惯用语）和由不同句法结构（如形态变化、虚词、词序和语调等）构成的一般词组。原则是以固定词组为主，兼顾一般词组。

复次，句子语料的设计。能够反映目标语言语调特征的、经典的日常用语，包含各类简单句（陈述、疑问、祈使和感叹）和复合句（100～300个字）。

最后，篇章语料的设计。包括《北风与太阳》（汉文稿由笔者提供）和在本民族中广泛流传的、家喻户晓的短故事（5～10 篇），但不控制濒危语言民间故事语料的量。

1.2　语料编写原则

1.2.1　单音节词编写原则

图 0.5 为音节类型和单词结构模式示意图。覆盖该语言所有音节类型（口语、书面语）。对于黏着型语言来说，音节类型与单音节词的结构模式相同。因此，所有音节类型指图 0.5① 中①～⑥类单音节词（音节类型数目由每种语言本身音节类型而定，但至少覆盖这六种）。每一个音节类型必须覆盖在该类型中能够出现的所有音位及其变体（所有音段），即覆盖能够构成该音节类型的所有音位及其变体（所有音段）。如：①V 指能够单独构成词的所有元音（短长及复合元音）；②VC 指所有元+辅组合的词，其中 V 为所有元音（短长及复合元音），C 为所有非词首辅音；③VCC 指所有元音

---

① 图 0.5 的 V 为能够在该位置上出现的所有元音，C 为能够在该位置上出现的所有辅音，V 代表单元音（V）、长元音（V:）和二合元音（V1V2），CV 音节中的 V 为长元音或二合元音，多音节词的结构模式为总体模式。设计词表时根据每种语言的具体情况而定；用方块标记的是在本条件下不构成或非少构成词的音节。

和（包括二合元音和三合元音）复辅音组合的词，其中 V 为所有元音（短长及复合元音），CC 为所有复辅音；④CV 指所有辅+元组合的词，C 为所有词首辅音，V 为所有元音（短长及复合元音）；⑤C1VC2 指所有辅+元+辅组合的词，C1 为所有词首辅音，V 为所有元音（短长及复合元音），C2 为能够在词末出现的所有辅音；⑥C1VC2C3 指所有辅+元+辅+辅组合的词，C1 为所有词首辅音，V 为所有元音（短长及复合元音），C2C3 为能够组合并在词尾出现的所有复辅音。

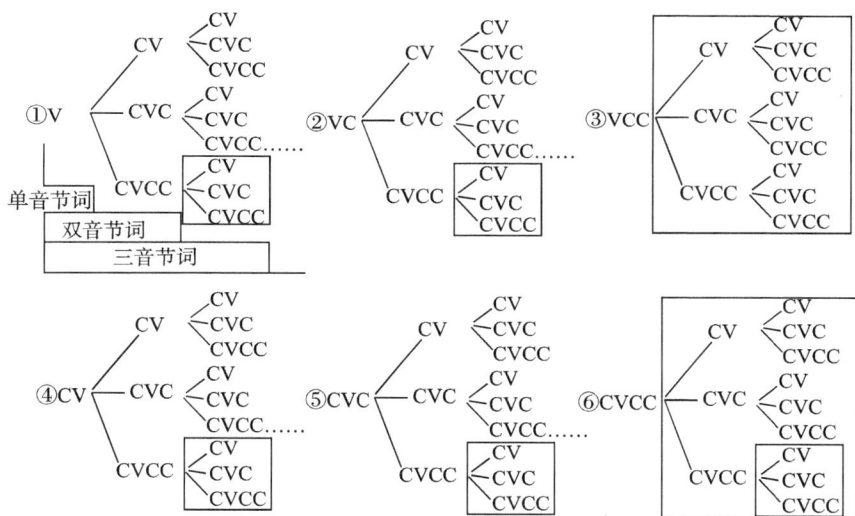

图 0.5 音节类型和单词结构模式

在上述 6 类单音节词（音节类型）中，每类都有能够在该类型中出现的若干个词。如对于 CV 来说，C 能够与若干个元音组合，即 nɑː、nəː、niː、nɔː、noː、nuː 等；V 也能够与若干个辅音组合，即 nɑː、pɑː、xɑː、kɑː、lɑː、mɑː、sɑː、ʃɑː、tʰɑː 等。单音节词必须如实地反映上述特点，尽量控制在 150~200 个词。

1.2.2 多音节词编写原则

多音节词的选词比单音节词的选词复杂。多音节词的选择除考虑上述（单音节）因素外，还要考虑音节之间音段的搭配和前后音节的开闭问题（语境问题）。图 0.6 为多音节之间音段的搭配和前后音节的开闭问题示意图。编写多音节词时，注意如下三个问题：必须充分反映元音和谐律问题；考虑好前后音节之间的音段搭配问题，除 CVC+CVC 和 CV+CVC 外，还要考虑非词首音节的开闭问题（如图 0.6 所示）；覆盖能够组合的所有单词结构。

多音节之间音段的搭配问题　　　　　前后音节的开、闭问题

VC＋CVC　　CV＋CVC　　　　VC＋CV　　CV＋CVC

图 0.6　多音节之间音段的搭配和前后音节的开闭问题示意

在黏着型阿尔泰语系诸语言中，没有类似 CCV、CCVC、CCVCC 等以复辅音开头的音节（书面语中有些以复辅音开头的词不是阿尔泰语系语言的固有词），在非词首音节中没有类似 V、VC、VCC 等以元音开头的音节。因此，图 0.5 中没有列出类似 CVC＋CCV 和 CVC＋VC 等结构的双或三音节词。类似 CVCC＋CV 或 CVCC＋CVC 等含有三个辅音串的词也较少。图 0.5 中用方块标记的部分是在阿尔泰语系诸语言中没有或比较少见的词。图 0.7 是索引库样本示意。

	A	B	C	D	E	F	G	H	I	J
1	No.	Traditional Monggolian	Latin	Phoneme	SAMPA	Allophons	SAMPA	English	Syllable Number	Syllable Typer
2	A0001		UGEI	kue:	x}e:	kue:	k}e:	none	1	CVV
3	A0002		NIGE	nek	nek	nek	nek	one	1	CVC
4	A0003		ENE	ən	ən	ən	ən	this	1	VC
5	A0004		HÖMÖN	tʰer	k_h m	kʰer	k_h m	human	1	CVC
6	A0005		TERE	tʰer	t_he4	tʰer	t_he4	that	1	CVC
7	A0006		GAR	kɐr	k64	kɐr	k64	hand	1	CVC
8	A0007		BI	pi:	pi:	pi:	pi:	I	1	CV
9	A0008		VLVS	ʊlus	UlUs	ʊlus	UlUs	country	2	V-CVC
10	A0009		BASA	pɐs	p6s	pɐs	p6s	again	1	CVC
11	A0010		DEGER_E	te:r	te:4	te:r	te:r\	on	1	CVC
12	A0011		AB	ɐβ	6B	ɐpʰ	6p_h	to take	1	VC
13	A0012		NAM	nɐm	n6m	nɐm	n6m	party	1	CVC
14	A0013		TEGUN	tʰu:n	t_h}:n	tʰu:n	t_h}:n	his	1	CVC
15	A0014		UJE	ʊts	}ts	ʊts	}ts	to look	1	VC
16	A0015		OLAN	ʊlʊn	UlUn	ʊlʊn	UlUn	more	2	V-CVC
17	A0016		MÖN	mɐ:n	m8:n	mɐ:n	m8:n	yes	1	CVC
18	A0017		GAJAR	kɐtsɔr	k6ts34	kɐtsɔr	k6ts3r\	land	2	CV-CVC
19	A0018		HREGTEI	kʰereɡktʰei	k_he4@\kt_h{:	kʰereɡtʰei	k_he4@\Xt_h{:	need	3	CV-CVC-CV
20	A0019		MAN	mɐn	m6n	mɐn	m6n	we	1	CVC
21	A0020		HAR_A	xɐr	x64	xɐrə	x64@_	black	1	CVC

图 0.7　索引库样本示意

2. 语音信号采集与"声样库"的建立

录音设备采用配置高性能外置声卡、调音台和定向性话筒的手提电脑、电声门仪（EGG）以及 DV 摄影机等。采样率为 22kHz、16 bits，双通道记录，S/N 不低于 45dB。在低噪音环境中按照事先准备好的词句表进行语音信号和视频采集。当然，这些只是我们以往采用的方法，目前市场上有多种录音设备供选择。保证音质、选好发音人是本项工作的关键，必须认真对待。录制好的声音文件可以用 Audacity 软件进行切音和命名。图 0.8 为声样库实例。

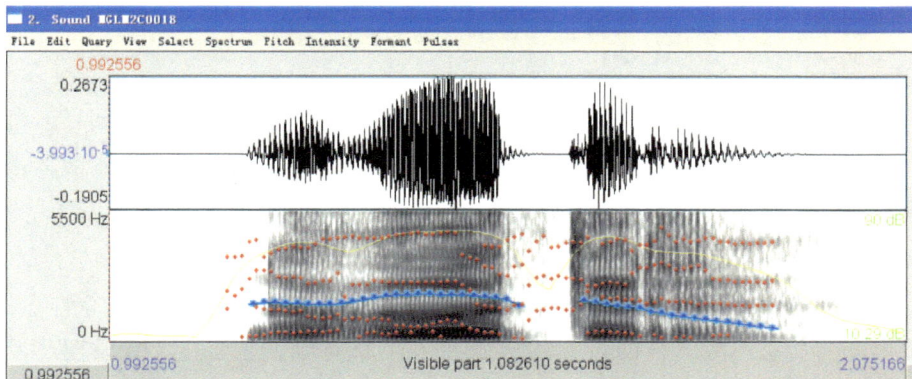

图 0.8　声样库实例

3. 语音标注与"语音标注库"的建立

语音标注分三层（如图 0.9 所示）。其中第一层为音段标注，采用音素标记法，即怎么读怎么标记，本层将呈现语音音变状况和音段时长；第二、第三层为音节和词标注，采用音位标记法，即根据目标语言的音位系统标记，本层将呈现目标语言的音位系统或书面语面貌。从事语音标注的研究人员不但应具备扎实的语言功底和语言学、语音学知识，而且必须掌握声学语音学的理论知识和声学分析方法。

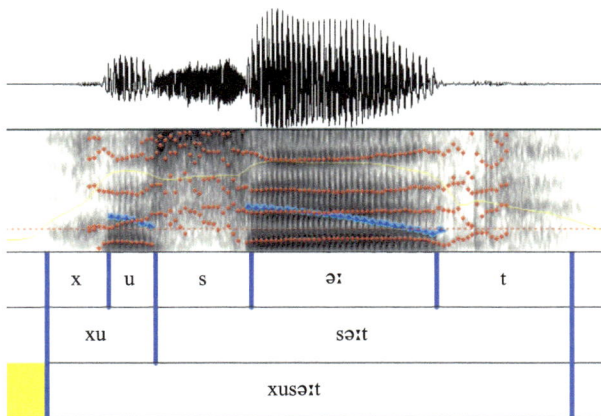

图 0.9　语音标注库实例

"语音标注库"是"语音声学参数库"研制工作的重要环节。该库呈现给读者或使用者每个音段的三维语图及其界限、音标，包括每个词的超音段特征，是图、声音和音标有机结合的语音基础研究的必备库。

4. 声学参数标注，采集与"声学参数标注库"的建立

4.1 功能性字段集的设计

功能字段担负着查找和统计每一种语言、每一个词、每一个音节中每一个音段的声学参数的重任，因此它必须包含足够的信息量。为满足查找和统计统一平台中不同语言、处于不同位置和不同条件音段的信息和参数，需要设计统一的功能字段。通过二十几年的努力，我们已探索出以下 15 个功能字段。这些特征集，具有确定性、唯一性、全面性和权威性等特点，能够涵盖所有民族语言的特征。功能性字段分词层、音节层、音段层、发声类型层和声调类型层等 5 层 15 个字段（请见表 0.1）。

表 0.1 功能性字段及其说明

层级	字段名	字段说明
词层	No.（物理序号）	No. 为物理序号，以行计，自动形成
	TNo.（分类序号）	TNo. 为分类序号，表示词在该语言"词表"的分类位置，与索引库的"编号"（发音词表）一致，表示词在该语言词表中的分类位置。如，A 为单音节词；B 为双音节词；C 为三音节词；D 为多音节词；P 为词组。如：A0001 代表单音节词表的第一个；B0001 代表双音节词表的第一个；C0001 代表三音节词表的第一个；D0001 代表多音节词表的第一个；P0001 代表词组表的第一个
	WN（噪音起始时间）	WN 为声样（音）文件名。与索引库的"文件名"字段一致。录音后切音时产生，是唯一的。共由 9 位代码（符号和数字）组成。其中，前 2~3 位符号为语种名称信息，取目标语言名称的音节首字母；第 4 位为发音人性别和代码信息，M 为男，F 为女性；后 5 位与索引库的"编号"相同（请见 TNo.）。如 EWKM1A0001 中，EWK 代表鄂温克语，M1 代表男 1 号发音人，A0001 代表单音节词的第一个词（句子参数库单独标记）。如维吾尔语男发音人的第一个句子文件名为 WWEM1JZ001。故事分解成句子后编号。词的序号采用千位，句子序号采用百位
	WP（词的读音）	WP 为词的读音，采用音位标记法标记。记音符号：IPA 和 SAMPA（Speech Assessment Methods Phonetic Alphabet）码

续表

层级	字段名	字段说明
音节层	SN （词的音节个数）	SN 为词的音节个数，用阿拉伯数字 1~9 表示
	S （音节读音）	S 为音节读音，采用音位标记法标记。记音符号：IPA 和 SAMPA 码
	ST （音节类型）	ST 为音节类型。根据以往所涉及语言的音节类型，我们初步确定为 15 类（可以追加）。如：1—V，2—VV，3—VC，4—VVC，5—VCC，6—VVCC，7—C，8—CV，9—CVV，10—CVC，11—CVVC，12—CVCC，13—CVVCC，14—CCVVCC，15—CC 等
	SL （音节位置）	SL 为音节位置，用阿拉伯数字 1~9 表示。其中，1 为词首音节，2~8 为词腹音节，9 为词尾音节
音层	P （音位层标记）	P 为音段读音。记音符号：IPA 和 SAMPA 码。采用音位标记法标记
	PA （音素层标记）	PA 为音段读音。记音符号：IPA 和 SAMPA 码。采用音素标记法标记
	PN （音段序号）	PN 为音段序号，记录词中所有音段的序位。用阿拉伯数字表示
	PV （音变标段记）	取消原来的数字标记，改用附加符号表示擦化、清化、浊化等音段音变现象。根据元音在语图上的声学表现，可分为正常元音、气化或擦化元音、清化元音（语图上有所表现，即有相应的位置，有时长和乱纹）和脱落（语图上没有任何表现）等 4 种
	PO （音段序位）	PO 为音节中的音段序位。根据以往所涉及语言的音节类型，我们把 C1C2V3V4C5C6 假设为最大音节并根据音节中音段的次序进行了编号。其中： 1 为音节首单辅音或复辅音前置辅音 2 为音节首复辅音后置辅音 3 为单元音或复合元音的前置元音 4 为复合元音后置元音 5 为单辅音或复辅音前置辅音 6 为复辅音后置辅音
发声类型层	PT （发声类型）	PT 为发声类型（Phonation type）。根据学者们的研究成果，我们采纳以下 7 种发声类型。如： 1 为正常嗓音（Modal voice） 2 为紧喉嗓音（Creaky voice） 3 为挤喉嗓音（Pressed voice） 4 为气嗓音（Breathy voice） 5 为气泡音（Fry voice） 6 为假声（Falsetto） 7 为耳语音（Whisper） 如果目标语言的发声类型问题尚未解决，暂不填写

续表

层级	字段名	字段说明
声调 类型层	TT （声调类型）	TT 为声调类型，用阿拉伯数字代替传统的标调。适用于声调类型 比较明确的语言。如：55 调标为 1，53 调标为 2，15 调标为 3，13 调标为 4 等

4.2 声学特征参数集的设计

声学特征参数负载着音段所有的声学特征信息，是观察了解音段特征及其变化的密钥，是语音描写研究的基石。为了对不同语言音段或超音段特征进行比较研究，需要设计一套统一的声学特征参数。通过二十几年的努力，我们已探索出以下 39 个声学特征参数。其中，除音节时长 SD（单位：毫秒）和词长 WD（单位：毫秒）外，元音和辅音各涉及 14 参数，包括时长，音强，共振峰频率及其前、后过渡，清、浊辅音的强频集中区和共振峰频率（为统计分析上的方便采用该名称）；韵律特征涉及 6 个参数，包括韵母总时长，调长，调型的起点、折点和终点频率，调型起点至折点的时间长度等；另外，还有辅音谱重心、相对于谱重心的谱偏移量和偏离度（低于谱重心的谱与高于谱重心的谱之比）等 3 个参数（请见表 0.2 ~ 0.4）。

表 0.2 辅音声学特征及定义

序号	代码	意义	单位
1	G	辅音无声间隙	毫秒（ms）
2	VOT	嗓音起始时间	毫秒（ms）
3	CD	辅音时长	毫秒（ms）
4	CA	辅音强度	分贝（dB）
5	CF1	清辅音第一共振峰	赫兹（Hz）
6	CF2	清辅音第二共振峰	赫兹（Hz）
7	CF3	清辅音第三共振峰	赫兹（Hz）
8	CF4	清辅音第四共振峰	赫兹（Hz）
9	CF5	清辅音第五共振峰	赫兹（Hz）
10	VF1	浊辅音第一共振峰	赫兹（Hz）
11	VF2	浊辅音第二共振峰	赫兹（Hz）

续表

序号	代码	意义	单位
12	VF3	浊辅音第三共振峰	赫兹（Hz）
13	VF4	浊辅音第四共振峰	赫兹（Hz）
14	VF5	浊辅音第五共振峰	赫兹（Hz）
15	COG	辅音谱重心	赫兹（Hz）
16	Dispersion	离散度	赫兹（Hz）
17	SKEW	倾斜度	无单位

表 0.3　元音声学特征及定义

序号	代码	意义	单位
1	VD	元音时长	毫秒（ms）
2	VA	元音强度	分贝（dB）
3	TF1	元音前过渡第一共振峰	赫兹（Hz）
4	TF2	元音前过渡第二共振峰	赫兹（Hz）
5	TF3	元音前过渡第三共振峰	赫兹（Hz）
6	TF4	元音前过渡第四共振峰	赫兹（Hz）
7	F1	元音目标点第一共振峰	赫兹（Hz）
8	F2	元音目标点第二共振峰	赫兹（Hz）
9	F3	元音目标点第三共振峰	赫兹（Hz）
10	F4	元音目标点第四共振峰	赫兹（Hz）
11	TP1	元音后过渡第一共振峰	赫兹（Hz）
12	TP2	元音后过渡第二共振峰	赫兹（Hz）
13	TP3	元音后过渡第三共振峰	赫兹（Hz）
14	TP4	元音后过渡第四共振峰	赫兹（Hz）

表 0.4　韵律特征及定义

序号	代码	意义	单位
1	FD	韵母总时长	毫秒（ms）
2	TD	调长	毫秒（ms）
3	SF	调型的起点频率	赫兹（Hz）
4	BF	调型的折点频率	赫兹（Hz）
5	EF	调型的终点频率	赫兹（Hz）
6	BD	调型起点至折点的时间长度	毫秒（ms）

4.3 声学参数采集方法和原则

根据以往对汉语普通话和少数民族语言的生理和声学研究经验，经过多次讨论、反复修改，我们团队制定了下列统一的测量、采集方法和标准（请见表 0.5~0.6）。

表 0.5 声学特征参数及其测量采集方法和原则（辅音部分）

音段	声学特征参数	测量采集方法和原则
辅音	CD（音长）	（1）塞音和塞擦音的音长是无声段和噪音起始时间的总和，即 CD＝GAP＋VOT；（2）音节末或词末弱短元音（不构成音节的元音）的音长归其前位辅音，并在备注中加以说明
	GAP（无声段）	（1）暂不测量词首塞音、塞擦音的 GAP；（2）不测量浊塞音和浊塞擦音的无声段。浊塞音和浊塞擦音冲直条和噪音横杠（Voice Bar）之间出现的 GAP 归-VOT
	VOT（噪音起始时间）	（1）VOT 起始点的规定：噪音起始时间通常指破裂音除阻到后面元音声带振动起始的时间，我们把元音第二共振峰的出现点作为 VOT 的起始点；（2）浊音-VOT 时长的测量：从 Voice Bar 的起始点到浊塞音的冲直条（破裂点），同时要参照上面"浊塞音和浊塞擦音冲直条和噪音横杠（Voice bar）之间出现的 GAP 归-VOT"的规定
	CA（音强）	（1）测量点：目标位置上的强度；（2）目标位置的确定：目标位置因辅音而异，如塞音的目标位置一般在其冲直条上，塞擦音、擦音和鼻音的目标位置一般在有声段时长的前 1/3 处（理由：该位置较少受前后音段的影响）；（3）要参照目标位置附近的最大能量
	CF（清辅音共振峰）	（1）测量清辅音的 1~5 个共振峰（CF1~CF5）；（2）测量点：清塞音、清塞擦音、清擦音目标位置上的 5 个共振峰；（3）目标位置的确定与 CA 项相同，即塞音的目标位置一般在其冲直条上；塞擦音、擦音和鼻音的目标位置一般在有声段时长的前 1/3 处。该标准也适用于复辅音；（4）参考因素：采集清辅音共振峰时参考辅音与前位和后续元音共振峰之间的延续性和对应性。但测量第五共振峰（CF5）时，不宜与元音共振峰联系，要独立测量。还可以参考 View Spectral Clice
	VF（浊辅音共振峰）	（1）测量浊辅音的 1~5 个共振峰（VF1~VF5）；（2）测量范围：浊塞、浊塞擦和鼻冠音的浊音（鼻音）部分，浊擦音共振峰、半元音和 [r, l] 等辅音的共振峰；（3）采集方法：浊塞音、浊塞擦音的噪音横杠 Voice Bar 的参数填入 VF1 中，而 Voice Bar 之后的频率填入同一行的 CF1~CF5 中，鼻冠音虽是一个音位，但分两行填写参数，即鼻冠音的前半部分——鼻音部分的参数填入第一行的相应参数 VF1~VF4 中，后部分的参数填入第二行

表 0.6　声学特征参数及其测量采集方法和原则（元音和韵律部分）

音段	声学参数	测量采集方法和原则
元音	VD （音长）	（1）元音音长的测量方法：元音音长一般以第二共振峰的时长为准。（2）词末元音的音长问题：以波形没有周期信号为准。（3）半元音与元音界限的判断方法：（a）音强差别，半元音的音强比元音弱；（b）音长差别，半元音时长比元音相对短，一般在40ms左右；（c）成阻差别，与元音相比半元音有较明显的摩擦成分，这是它与元音之间的主要差别。（4）复合元音的测量方法：首先要找到两个元音的目标点，然后把中间的过渡段一分为二分给两个元音，复合元音的元音音长不一定是等长的。（5）波形可以作为判断半元音与元音，二合元音前后位元音界限的参考依据
	VA（音强）	采集音强曲线峰值，同时兼顾元音是否在目标位置附近
	TF （共振峰前过渡）	元音4个共振峰前过渡（TF1~TF4）的测量方法：测量点选在元音起始点
	F （共振峰）	（1）测量采集原则：测量点选在元音共振峰（F1~F4）目标位置。（2）元音共振峰目标位置的特点：（a）相对平稳；（b）共振峰模式典型；（c）能量相对强。（3）测量方法：在CV音节中，目标位置尽量选择相对靠后的点；在VC音节中目标位置尽量选择相对靠前的点；在CVC音节中目标位置尽量选择中间位置。（4）测量元共振峰时可以参考如下原则：在所有元音中［i］的F1和F2的距离最远，［a］的F1最高，F1与F2较接近；［u］的F1和F2最低，最近；［e］的F1，F2，F3分布较均匀
	TP （共振峰后过渡）	元音共振峰后过渡TP1~TP4的测量方法：测量点选在元音结束处
韵律	FD （韵母总时长）	韵母的定义：音节中除了声母，后面都是韵母（元音或元音+鼻韵尾等辅音），非声调语言不测量
	TD （调长）	测量方法：测声调语言调型段内元音（韵母）的音高曲线长度（不包括调型的弯头降尾部分），非声调语言不测量
	SF（调型起点） BF（调型折点） EF（调型终点） BD（调型起点至折点时长）	（1）调型的起点SF频率的测量方法：不包括弯头部分。声调和非声调语均以元音测量，数据放在元音记录行。（2）调型的折点BF频率的测量方法：声调中断问题的解决方法，暂采用人工自然连接的方式。（3）调型的终点EF频率的测量方法：不包括降尾部分。（4）调型起点至折点BD的时间长度的测量方法：无特别提示

4.4　标注原则与方法

在2012年2月我们课题组着手编写PRAAT脚本程序的过程中，我们使用了如下几种工具（程序）。（1）自动添加8层标注层工具。该工具能够自动生成8层标注文件，分别为：P（音素）、S（音节）、W（词）、PI（音高）、IN（音强）、FO（共振峰）、BS（噪音横杠和冲直条）、CS（辅音谱重心、偏移量、偏移度）等。其中，第1~3层为语音标注层，第4~8层为参数标注层。（2）自动增加5层标注层工具。该工具在原1~3层语音标注层的基础上能够自动增加第4~8层标注层和词边界。（3）自动转换标注文件工具。该工具能够转换同一种语言或方言一位发言人的标注文件转化成另一位发言人的标注文件，节约语音标注时间。（4）自动反转前三层并加五层工具。该工具能够自动反转前三层并增加五层。（5）参数自动标注工具（3.1版）。该工具目前能够自动标注除第4（PI）和第7（BS）层以外的参数。（6）参数自动提取工具（3.9版）。该工具目前能够自动提取1~8层的参数并自动转化成 TXT 文件。

4.4.1　标注层

以下为1~8层标注层的内容和标记、标注方法。

第一层 P（Phone）为音素（音段 segment）层。该层以音段为单元进行标注。要标注目标词每一个音段的准确界限并按照"音位变体标记原则"①（发音人怎么说就怎么记，即完全按照声学特征标音）进行标音。

第二层 S（Syllable）为音节层。该层以音节为单元进行标注。在第一层的基础上，要标注目标词每一个音节的界限并按照"音位标记原则"（按照目标语言音位系统）进行标音。

第三层 W（Word）为词层。该层以词为单元进行标注。在第一、第二层的基础上，标注目标词界限并按照"音位标记原则"进行标音。

第四层 PI（Pitch）为音高曲线标注层。该层以音节为单元进行标注，要采集每个音节音高曲线的起始点、折点和结束点等三个点的音高参数，避开音高曲线的"弯头降尾"。音高曲线如果出现"断线"现象，可以人为地延伸。<u>该层尚未自动化</u>。

第五层 IN（Intensity）为音段音强标注层。该层以音段为单元进行标注，只采集每个音段最强点的参数。如果是多音节词，一定要采集每个音节的最强点。<u>该层已实现自动化</u>。

第六层 FO（Formant）为音段共振峰标注层。该层以音段为单元进行标注，要采集每个音段包括元音、浊辅音和清辅音的共振峰和强频集中区频

---

① 从音位学理论的视角看，第一层为音位变体标注层，第二、第三层为音位标注层；在具体标注时，第一步需要标注第三层词的界限，然后再标注第一或第二层。

率，统称共振峰频率。其中，元音共振峰要采集三个点，即前、后过渡和目标点频率；清、浊辅音只采集一个点，即目标点共振峰频率。缺少的共振峰用 "，" 号（必须是英文逗号）替代。如，200,，3200,，4600,表示没有 F2 和 F4。该层虽然已实现自动化，但对清辅音共振峰提取错误率较高，提取完参数后必须严格检查。目的：一要检验数据的准确性，二要检查没有显示共振峰的 "，" 号，特别是清辅音的 F1 一般都不显示。这时一定要手动修改，如:，1200,，3200,，3800,，4600,……标记所提取的共振峰位置时，特别注意要避开盲点。

第七层 BS（Voice Bar & Spike）为塞音，包括塞音、塞擦音浊音横杠或冲直条标注层，是音长参数标注层。（1）清塞音和塞擦音，要分词首和非词首。其中，要标记非词首的冲直条位置，不标记词首的，用词界限代替它。（2）浊塞音和塞擦音，要标记所有浊塞音和塞擦音的冲直条位置。其中，非词首的有两种情况。第一种为如果噪音横条（Voice Bar）之前有 GAP，要标记噪音横杠起始点位置和冲直条位置。第二种为如果噪音横杠之前没有 GAP，即噪音横杠直接与前音节元音的 F1 连接时，只标记冲直条位置。这种情况下，只有噪音横杠长度和 VOT 长度。该层尚未自动化。

第八层 CS（Consonant Spectrum）为除塞音（塞音和塞擦音）以外其他辅音的谱重心、偏移量和偏移度标注层。该层已实现自动化，只标记词的界限即可（参见图 0.10）。

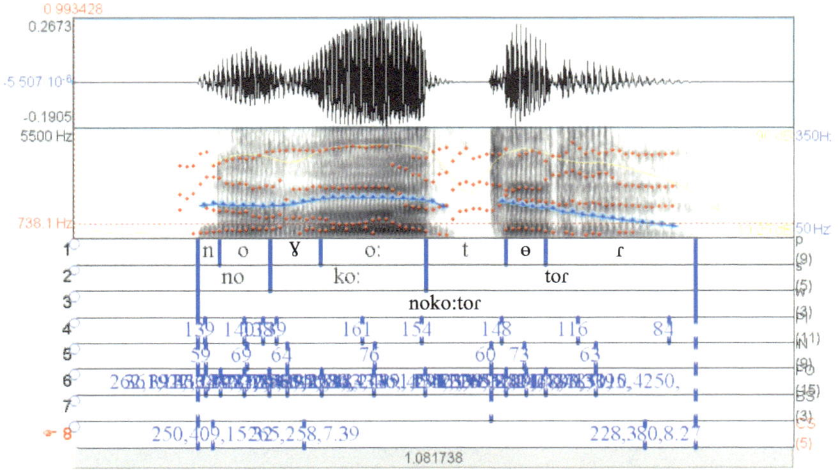

图 0.10　声学参数标注实例

（1）"参数自动标注"程序的用法：一定要用 PRAAT 的 Open PRAAT script 打开；标注完后，run 改程序。注意：run 之前要检查光标是否在 Text-Grid 上（不能在 Sound 上）；要检查 PI、IN、FO 等是否显示；PRAAT 的 run 完之后，要检查数据。其中，特别注意检查清辅音共振峰数据。如果有修改部分，不能再 run。一定要保存。（2）关于 PRAAT 有些参数的设定问题。Formant Settings：分析男发音人语料时，设定为 5000Hz，女性为 5500Hz。Pitch Settings：分析男发音人语料时，设定为 75~300Hz，女性为 100~500Hz。这些设定，对参数的影响不会很大。上述设定是开发 PRAAT 软件的工程师们的建议。我们应该遵循。

4.4.2　辅音的声学表现

辅音在语图（spectrogram）上的声学表现可以分解为一组基本模式。

冲直条（Spike）：塞音破裂产生的脉冲频谱，表现一直条，时程很短，10~20ms，意味在所有的频率成分上都有能量分布。

无声空间（GAP）：在塞音和塞擦音破裂之前有一段空白，这是辅音成阻、持阻时段的表现，造成清塞音的效果；这一段虽是空白，但对塞音感知来说是不可缺少的。

嗓音横杠（Voice Bar）：这是声带振动的浊音流经鼻腔辐射到空气中在语图上的表现，冲直条之前若有一条 500Hz 以下较宽的嗓音横条，说明这是浊塞音。

乱纹（Fills）：这是气流流经口腔某部位狭窄通道造成的湍流，所有的擦音在语图上都表现为乱纹。

共振峰（Formant）：其定义与元音相同，鼻音、边音都有共振峰。

CS（Consonant Spectrum）：代表辅音的谱重心、偏移量、偏移度。

4.4.3　清辅音共振峰标注原则与方法

元音和辅音在词中的每个共振峰都是围绕各自的一条线上下移动。这些线就像一条橡皮带，随着共振峰的变化而上下摆动。因此，就像图 0.11~0.13 中所显示的那样，词中元音和辅音的每一个共振峰都会绘制一条完美的波浪线。原因：每个人的共鸣腔是固定的，决定上下移动幅度的是舌位（高低前后）。这完全符合发音机理。图 0.11~0.13 中几种语言词的共振峰波浪线对于元音和辅音共振峰的理解和采集，特别是对于清塞音、塞擦音和擦音共振峰的准确采集具有非常重要的意义。我们采用"顺藤摸瓜"的方法，可以比较容易地找到清塞音、塞擦音和擦音的几个共振峰。词中元音和辅音的共振峰对应规律为：

F1⇔VF1⇔CF1；F2⇔VF2⇔CF2；F3⇔VF3⇔CF3；

F4⇔VF4⇔CF4；F5⇔VF5⇔CF5

　　其中，CF1 不稳定，有时比较明显，有时不明显，根据具体表现确定是否采集该参数。有关清辅音共振峰模式，请见图 0.11~0.13。

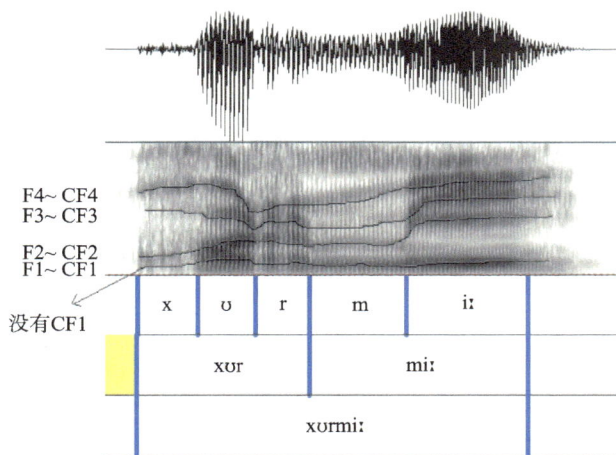

图 0.11　土族语［xʊrmiː］"裙子"一词的 CF "波浪线"

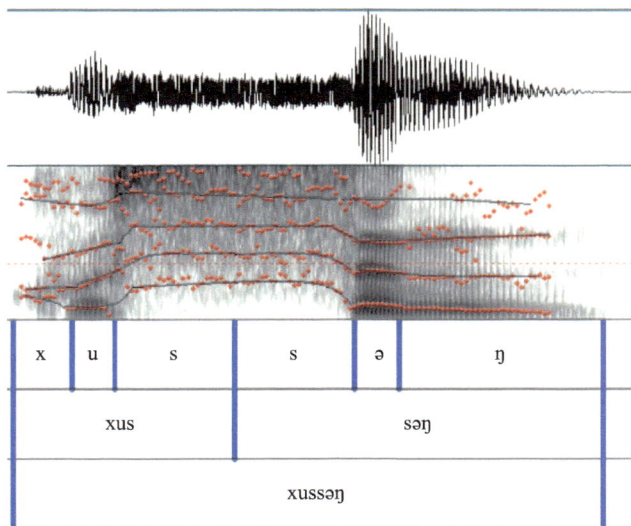

图 0.12　蒙古语［xussəŋ］"所希望的"一词的 CF "波浪线"

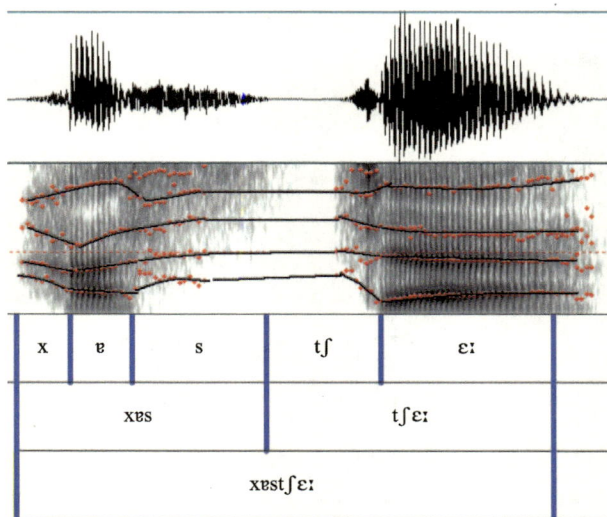

图 0.13　蒙古语［xɐstʃɛ:］"减了"一词的 CF "波浪线"

4.4.4　鼻音对其前后音段共振峰的影响问题

如果一个词中有鼻音［m，n，ŋ］，可能会中断或打乱共振峰连接。这是因共鸣腔的改变或转换而发生的变化，主要表现为元音的 F2 和 F3 之间会出现"多余"的共振峰，即传统语音学中所说的"鼻化"。在这种情况下，忽略鼻音的影响而找到元音共振峰的准确位置是非常必要的（参见图 0.14）。

4.4.5　闪音声学表现及其标注原则与方法

在蒙古、土、东部裕固、鄂温克、鄂伦春和哈萨克等语言中都有/ɾ/~/ɽ/辅音音位。在这些语言中，该音位的出现频率也相当高。目前，我们发现了以下四种变体［ɾ，r，ʒ~z，ɻ］。其中，我们对闪音［ɾ］① 语图的认识是随着分析语言的增多而逐渐深入的。典型闪音语图是"浊音横杠＋无声段＋浊音横杠"。在以往的研究（呼和，2009）中，我们把无声段之后的浊音横杠处理成弱短元音。通过比较上述阿尔泰语系诸多语言闪音之后，我们觉得处理成弱短元音不妥，因为该部分正是把闪音归为浊音的主要依据。通过分析发现，不管出现在什么样的语境下，如元音之间（-VɾV-）、音节首（-ɾV-）和音节末（-CVɾ-）等，闪音都能够保持其"浊音横杠＋无声段＋浊

---

① 闪音共振峰参数只采集中间目标位置，不采集前、后过渡段。参数填入与该闪音相应的浊辅音字段中，即 VF1~VF4。闪音音强采集点应与其共振峰目标点一致。颤音：标注和时长、共振峰的采集方法与闪音相同，颤音音强采集点应与其共振峰目标点一致。

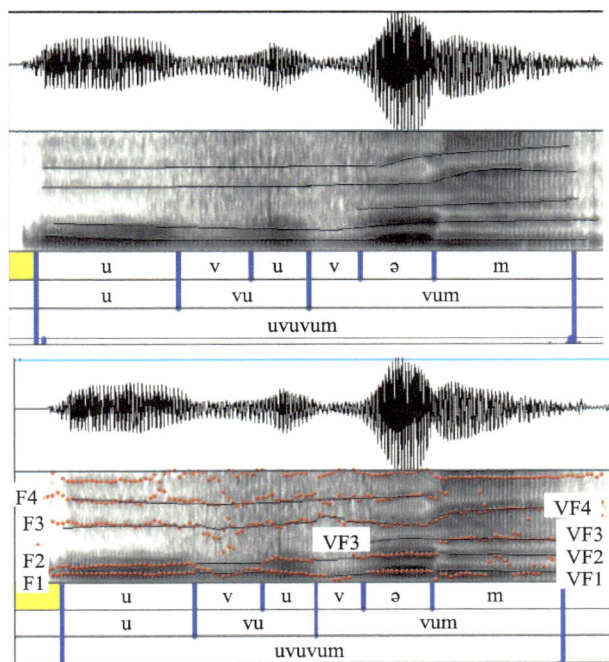

图 0.14　锡伯语［uvuvəm］"卸（货）"一词的 CF "波浪线"

音横杠"模式。目前我们区分闪音与颤音的标准只限定在所颤的数量上，即颤一次为闪音，两次或两次以上为颤音，即 r = ɾ + ɾ +……。

图 0.15～0.19 是不同语言和不同位置、不同语境中出现的闪音实例。标注时，以其前元音结束段为起始点（包括短暂的无声短）一直到后面的

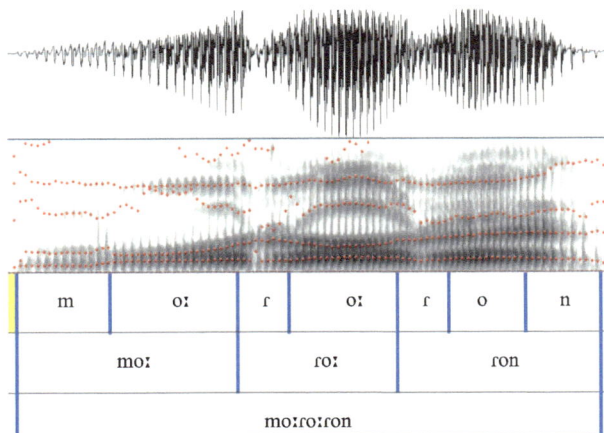

图 0.15　鄂伦春语［moːroːron］"呻吟"一词的三维语图和三层标注实例

浊音横杠的结束点作为其音长。

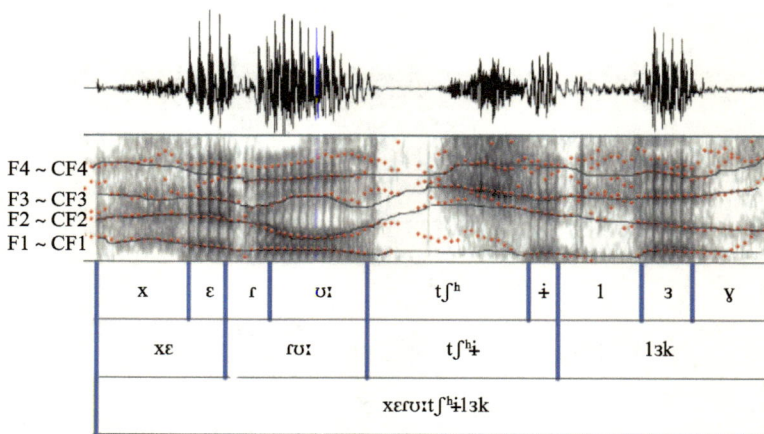

图 0.16　蒙古语 ［xɛrʊːʧʰilɜɣ］“责任”一词的三维语图和三层标注实例

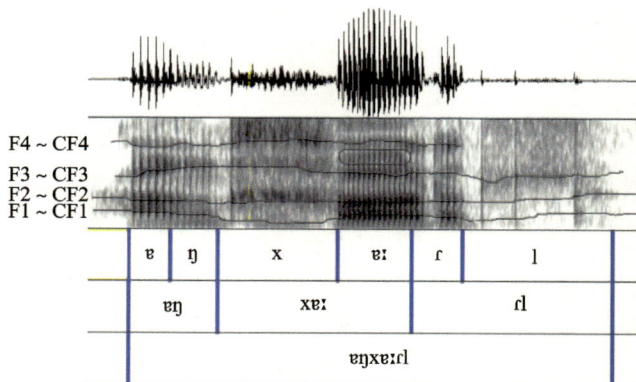

图 0.17　蒙古语 ［ɐŋxɜːɾl］“注意力”一词的三维语图和三层标注实例

　　闪音在清辅音之前（－Vɾ/C 清－）有时会清化为 ［ɾ］音。这种变体在蒙古语中较多，蒙古语族其他语言中也会出现（参见图 0.19）。

　　4.4.6　音高曲线三点的标记原则与方法

　　为了准确无误地采集每一个音节音高曲线，我们制定了以下标记方法。因为阿尔泰语系语言没有声调，为此研究描写词重音时我们只需采集三点即可。图 0.20 为音高曲线采集原则和方法。

　　5. 声学参数自动标注与提取系统

　　尽管通过 30 多年的语音实验研究和描写研究实践，我们团队对语音声

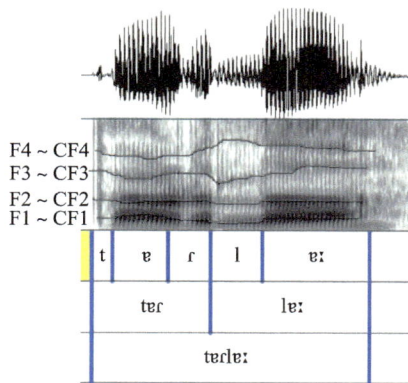

图 0.18　东部裕固语 ［tɐʃlɐ:］"兴盛"一词的三维语图和三层标注实例

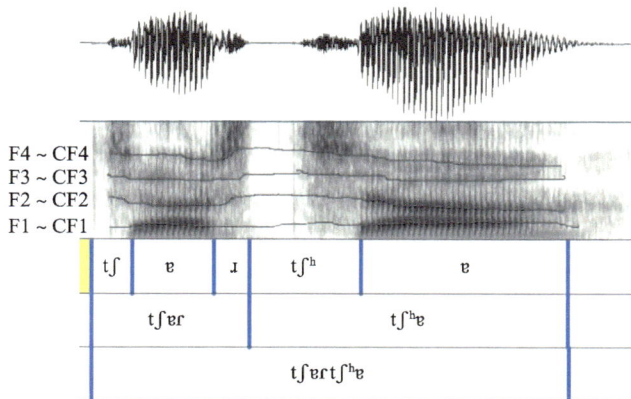

图 0.19　东部裕固语 ［ʧɐɹʧʰɐ］"雇工"一词的三维语图和三层标注实例

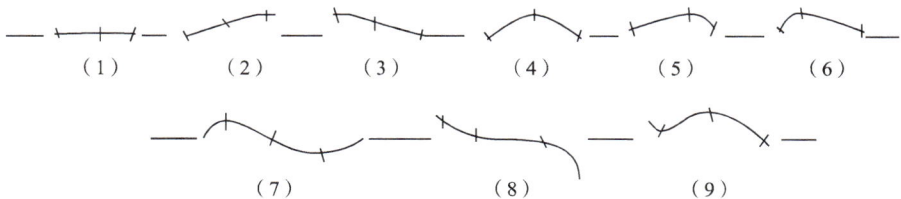

图 0.20　音节音高曲线模式及其测量方法示意图

学特征有了新的认识，积累了测量和采集声学特征参数的丰富经验，但是
声学参数采集工作仍然非常艰难。这是因为仅仅依靠手工标注和采集，尚
存两个弊端。一方面，工作量大，错误率高，效率低，无法保证实验方法
和实验数据的可重复性，更无法实现语音声学研究工作的规范化和标准化；

另一方面，由于声学特征定义及其提取方法和标准难以统一等原因，语言之间难以相互比较，研究成果无法相互借鉴。为了避免上述弊端，必须解决语音声学参数数据库研制工作的自动化问题，语音声学参数自动标注和提取是首先要解决的问题。

为推动语音声学实验研究工作的规范化和标准化进程，自 2013 年年初开始，根据多年积累的语音声学参数库研制经验，在呼和研究员的倡导下，由周学文副研究员编写完成并投入使用了"语音声学参数自动标注/提取系统"（周学文、呼和，2014）。该系统具有标准统一、数据完整、简单高效、可校对、能容错的特点。与手动采集声学参数相比，该系统能够大量减少填写数据的工作量，减少人工标注的随意性，降低错误率，从而有效提高语音声学参数库研制效率，确保实验方法和实验数据的准确性和可重复性。

声学参数自动标注和自动提取两个工具共有源代码大约 1500 行，自动标注实现了除冲直条外所有声学参数的自动标注，自动提取软件增加了谱重心、偏移量、韵律参数等新的参数的自动计算和提取，两款软件经过了多个用户、大量数据的运行实践和改进，证明了其稳定和高效，极大提高了参数标注和提取的工作效率。

为了对声学参数进行标准化标注和自动提取以及减少人工标注的随意性，在提出八层标注文件结构（请见表 0.7）的同时，制定了归一化的标注标准和标注点。该结构涵盖了音段和超音段主要声学特征。标注方法如下：在 PRAAT 环境下将标注文件与语音文件同时打开后，用户按照统一的标注标准和方法，选定标注位置（音高、音强、共振峰和浊音杠与冲直条），执行自动标注软件，系统就能把具体值自动标注到所选位置上，用户只需校对、修改和确认即可。有了该系统，语音实验人员可以把主要精力集中到语音特征的分析和比较上，不再为手工填写大量数据而发愁。这样既减少工作量，又降低错误率。

表 0.7　八层标注文件结构实例

第一层：音素	音素	音素	音素	音素	音素
第二层：音节	音节		音节	音节	
第三层：词	词				
第四层：音高	音高（每音节取三点：起点、折点、终点）				

第五层：音强	音强（每音素最大音强）
第六层：共振峰	共振峰（辅音一点、元音三点，每点最多五个共振峰）
第七层：浊音杠与冲直条	塞音/塞擦音的浊音杠和冲直条位置（除词首清塞音和清塞擦音以外）
第八层：辅音谱	除塞音/塞擦音以外辅音的谱特征

　　图 0.21 为自动提取软件运行界面。自动提取软件是一款高效而稳定的软件，它主要用于完成如下工作。（1）根据 SAMPA-C 码定义，判断音素的元音/辅音属性。如果是辅音，还要判断其清/浊、塞音塞擦音/非塞音塞擦音属性。（2）根据音节内音素的组合，判断音节类型并得到类型号、音节位置和数量、词/音节/音素长度，将音高值赋予音素，将共振峰值串（可能有逗号分隔的缺省值）分解得到 F1~F5，并根据元音/辅音属性，分别赋予各自的共振峰，将音高赋予音节的属性。（3）根据第七层的冲直条和浊音杠标记，与第一层的音素进行匹配，根据词首/非词首、清/浊属性，将各个标记解释为冲直条或浊音杠，计算得到 GAP、VOT 和音长，再赋值给音素。（4）第八层将计算得到的辅音谱特征值赋予辅音等。

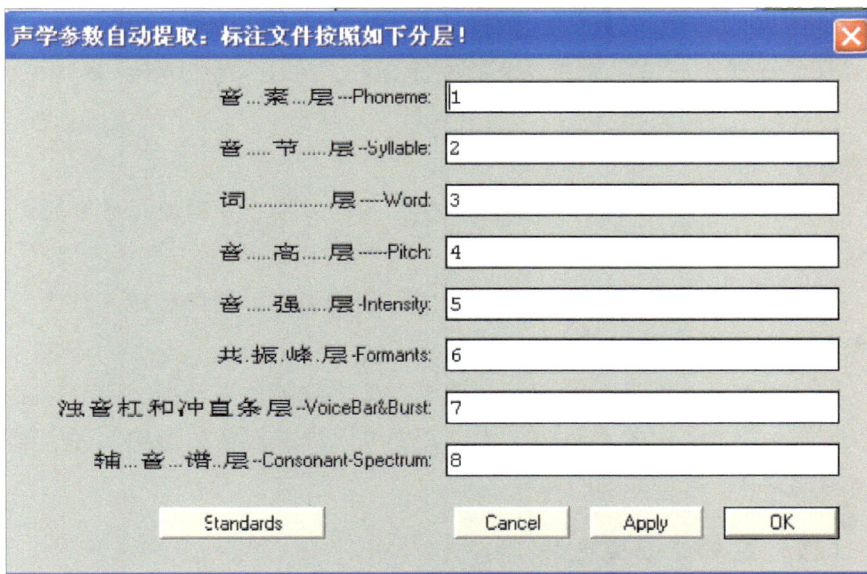

图 0.21　自动提取软件运行界面

语音声学参数自动标注/提取是我们整个工作的关键。语音声学参数准确而高效的提取能够有效提高语音声学参数库研制效率，确保实验方法和实验数据的准确性和可重复性。声学参数提取技术上的改进将逐步实现语音声学参数数据库研制工作的全面自动化，推动语音声学参数数据库研制和语音声学实验研究工作的规范化和标准化进程。类似资源库创建中计算机技术的运用，需要计算机技术人员和语言学者互相配合、协同作战、共同攻关。

二 "中国少数民族语言方言实验研究丛书"

"中国少数民族语言方言实验研究丛书"基于"统一平台"的研究成果，是我们团队多年合作研究的结晶。该丛书在以往研究的基础上，针对民族语言语音研究的历史和现状，从解决所面临的实际问题出发，采用声学语言学的理论和方法，对目标语言的元音、辅音等音段特征和词重音等超音段特征进行了较全面、系统的定量和定性分析。

（一）在元音研究方面

（1）对每一个元音进行系统的统计分析，统计参数（项）包括音长、音强、目标位置共振峰及其前、后过渡频率。统计内容有平均值、标准差、变异系数、最大值、最小值等。

（2）基于参数平均值，确定每一个元音的音值，并列举每一个元音的三维语图作为旁证。

（3）根据每一个元音在声学空间中的分布格局，分析探讨其过去、现在和未来的变化规律。

（4）观察分析音节数量与元音声学参数之间的关系问题、音节类型与元音声学参数之间的关系问题、辅音音质对元音共振峰的影响问题、辅音位置对元音共振峰的影响问题等。

（二）在辅音研究方面

（1）对每个辅音进行系统的统计分析，统计参数（项）包括音长、音强、目标位置共振峰（CF1～CF3）等，统计内容有平均值、标准差、变异系数、最大值、最小值等。

（2）通过统计每一个辅音在词中不同位置中的出现频率，确定其在词中的出现频率特点。

（3）基于三维语图，阐述每一个辅音声学特点（声学表现）。

（4）根据每一个辅音的共振峰分布模式，确定其在声学空间中的分布特点。

（5）用 VOT-GAP 二维坐标观察分析塞音、塞擦音的声学格局。

（6）用 COG（辅音谱重心，简称谱重心）、STD（相对于谱重心的谱偏移量，简称谱偏移量）和 SKEW（偏离度，低于谱重心的谱与高于谱重心的谱之比）等三个参数探讨了清擦音和浊辅音的谱特点和谱参数分布规律。

（7）观察分析词中位置对辅音的影响问题，后续元音音质对辅音共振峰的影响问题。

（三）在词重音研究方面

从单词韵律模式和词重音问题入手，阐述了语音四要素与目标语言词重音性质之间的关系问题；基于声学参数分析了词重音功能与作用问题，并从类型学的视角对词重音位置问题进行了解释。

（四）在音系研究方面

基于实验音系学理论和方法，对目标语言的音系进行了较全面系统的分析和归纳。

第一章

土族语研究概况

    土族是中国人口较少民族之一，主要聚居在青海互助土族自治县，青海的民和、大通两县和甘肃的天祝藏族自治县也比较集中，其余的则散居在青海的乐都、门源、都兰、乌兰、贵德、共和、西宁和甘肃的卓尼、永登、肃南等地。根据《中国统计年鉴2021》，土族总人口为281928人，其中男性144133人，女性137795人。各地土族有不同的自称和他称。互助、大通、天祝一带的土族自称"蒙古尔"①（蒙古人）、"察罕蒙古"（白蒙古），民和县的多自称"土昆"（意即土人，吐浑音转），其他地区的自称"土户家"。附近藏族称土族为"霍尔"（对藏北游牧民族的泛称，藏文史籍曾用以指回鹘或蒙古族；另说即吐谷浑），汉、回等民族称之为"土人""土民"。新中国成立后，依据本民族意愿，将其统一称为土族。土族语言属阿尔泰语系蒙古语族，国家在1979年为土族人民创制了以拉丁字母为基础、以汉语拼音字母为字母形式的土语文字②。

    土族语是阿尔泰语系蒙古语族语言，属于黏着型语言。土族语言中一定程度上还保留着在现代蒙古语中已经消失的古代蒙古语词汇。由于土族多数信仰藏传佛教，从宗教词汇中借入不少藏语，和汉族长期居于一地，在日常生活词汇中借入了较多的汉语词汇。

    土族语分互助和民和两大方言。其中，互助方言分布在青海省互助土族自治县、大通回族土族自治县、乐都县、门源县和甘肃省天祝藏族自治

---

  ① 蒙古学界把土族称为"Monguor"。

  ② 引自 https：/baike. baidu. com/item/%E5%9C%9F%E6%97%8F/27141? fr = aladdin。

县、永登县等地；民和方言分布在青海省民和回族自治县黄河岸边官亭、中川、赵木川等三川地区。两个方言之间的主要差别表现在以下几个方面：（1）在语音方面，互助方言有元音长、短对立现象，而民和方言只有短元音，没有元音长、短对立现象；（2）在词汇方面，互助方言词汇受藏语的影响较大，民和方言的词汇受汉语的影响较大。从蒙古语族诸语言之间的相互关系看，土族语与东乡语、保安语和东部裕固语之间的关系相对近。

虽然学者们根据 1956 年和 1957 年国家组织的大规模少数民族语言调查的基础上，为土族创造过基于斯拉夫字母的文字，但因种种原因未能推广。但是李克郁先生在 1979 年创造的《土文方案（草案）》，自 1980 年开始在互助县试行至今。这是基于拉丁字母的土族文字方案。该方案是李克郁先生在青海省民委的倡导和支持下，参照汉语拼音方案，以拉丁字母为文字形式，以互助方言为基础方言，以东沟乡作为标准音点提出的。

一　国外研究概况

土族语研究自俄国旅行家波塔宁最早记录的土族语算起，至今已有 137 年的历史。一百多年以来，前辈们用不同理论和方法，对土族语进行了多方面研究，已基本构建了土族语研究的历史框架[1]。

对土族语进行比较全面、系统研究的是比利时传教士田清波（A. Mostaert）和德·斯万德（A. de Smedt）。他们在 1929 年和 1930 年分段发表《西部甘肃蒙古人所说之蒙古尔方言》的第一部，即"语音"[2] 部分。当时，他们把土族语看作甘肃地区的蒙古语方言。田清波在 1931 年发表了《甘肃蒙古人与其语言》[3]。1933 年，二人又合作发表《西部甘肃蒙古人所

---

[1] 1885 年，俄国旅行家波塔宁记录三川方言（现在的民和方言）500 个词和威远堡方言（现在的互助方言）150 个词，并对土族语和蒙古语之间的关系提出一些看法。请见清格尔泰《土族语和蒙古语》，内蒙古人民出版社，1988；德力格尔玛《蒙古语族语言概论》，中央民族大学出版社，2006。

[2] A. Mostaert, A. de Smedt, Le dialecte Monguor parlé par les Mongols du Kansu occidental, Ⅰ. "Phonetique", Anthropos, 1930. 原文来自中国国家图书馆馆藏外文资源。

[3] Mostaert, "The Mongols of Kansu and thir language", Bulletin no. 8 of the Catholic University of Peking, 1931. 原文来自中国国家图书馆馆藏外文资源。

说之蒙古尔方言》的第三部《蒙古尔语-法语词典》①，1945 年发表《西部甘肃蒙古人所说之蒙古尔方言》的第二部，即"语法"② 部分。该书的"语法"部分于 2012 年在乌兰巴托用基里尔蒙古文出版。这三部著作从语音、词汇和语法等方面，初步认定土族语是阿尔泰语系蒙古语族语言之一，并且首次向学术界提供了有关土族语比较系统、可靠的材料。该成果是这一个时期土族语乃至蒙古语族语言研究的重要参考书。

把土族语首次确定为独立诨言的学者是俄国语言学家桑席叶夫。他在 1953 年出版的《蒙古语比较语沄》③ 一书中认为，起源于 12～14 世纪统一蒙古语的蒙古诸语言由现在的六个独立的语言组成，即阿富汗蒙古语（莫卧儿语）、青海蒙古语（土族语）、达斡尔语、卫拉特蒙古语、布里亚特蒙古语和本土蒙古语。

美国语言学家尼古拉斯·鲍培在 1965 年编写的《阿尔泰语言学导论》④ 一书中肯定桑席叶夫的上述观点，并在对蒙古语族语言进行分类时，把土族语当作一个独立的语言。

施罗德在 1959 年和 1964 年分别出版土族民歌、故事材料集和《蒙古尔语方言》一部书。在该书中，他引用田清波等人的论著，阐述了土族语的一些特点。另外，匈牙利学者罗纳·塔什在 1960 年前后发表土族语研究系列论文⑤。

前苏联语言学家托达耶娃基于其参加的我国 1955～1956 年语言普查工作的调查语料，在《中国语文》上发表了《研究中国各蒙古语和方言的初步总结》⑥ 一文。该文不但把土族语作为蒙古语族语言的一个独立语言，而且将其划分为互助方言和民和方言，进行了简单比较。托达耶娃还在 1960 年出版的《中国蒙古语族语言及其方言》一书中，专门用一个章节阐述了"蒙古尔语"（土族语，下同）。她还于 1973 年在莫斯科出版的《蒙古尔语》专著⑦

---

① A. Mostaert, A. de Smedt, Dictionnaire Monguor-Francais, Université Catholoque, 1933. 原文来自中国国家图书馆馆藏外文资源。
② A. Mostaert, A. de Smedt, Le dialecte Monguor parlé par les Mongols du Kansu occidental, Ⅱ. Grammaire, 1945. 原文来自中国国家图书馆馆藏外文资源。
③ 桑席叶夫：《蒙古语比较语法》，陈伟等译，民族出版社，1959。
④ N. 鲍培：《阿尔泰语言学导论》，周建奇译，内蒙古教育出版社，2004。
⑤ 清格尔泰：《土族语和蒙古语》前言部分，内蒙古人民出版社，1988。
⑥ 布·哈·托达叶娃：《研究中国各蒙古语和方言的初步总结》，《中国语文》1957 年第 9 期。
⑦ 布·哈·托达叶娃：《蒙古尔语》，内蒙古大学译，内部资料。

中，附上了土族语长篇语料和词汇。这是自田清波等学者之后出版的第二部比较全面系统地研究土族语的专著①。

芬兰学者 Juha Janhunen 在其 *The Mongolic Languages*② 一书中，分两个章节介绍了土族语。其中，在"Mongghul"（互助方言）部分中，对互助方言的音段音位、词结构、语法形式、词汇等进行了描写研究；在"Mangghuer"（民和方言）部分中，专门研究了民和方言的相应内容。

日本学者角道正佳自 20 世纪 80 年代开始对土族语、保安语在内的蒙古语族语言进行了研究。他在进行多次田野调查的基础上，发表了二十多篇（部）论著。他的《土族语互助方言研究》③ 一书比较系统地研究了互助方言的次方言——丹麻土语和天祝方言的语音和语法。

Keith W. Slater 在 2003 年出版了 *A Grammer of Mangghuer*（《土族语语法》)④ 一书。这是作者在青海省民和回族土族自治县进行长期调研的基础上，利用长篇语料对土族民和方言的音系和语法进行全面系统描写的一项成果。

二　国内研究概况

国内对土族语进行系统研究是自 1955 年和 1956 年的中国科学院、中央民族学院和内蒙古相关单位联手进行的两次大规模的、全国性的语言调查开始的。两次调查之后，参加调查人员先后在国内期刊上发表了相关成果。如，清格尔泰先生的《中国蒙古语族语言及方言概况》⑤、李克郁的《土族语言研究》⑥ 和照那斯图先生的《土族语概况》⑦、《土族语简志》⑧、《土族语民和方言概述》⑨ 等。其中，《土族语简志》是我国首次出版的全面介绍

① 清格尔泰：《土族语和蒙古语》前言部分，内蒙古人民出版社，1988。
② Juha Janhunen, *The Mongolic Languages*, London：Routledge, 2003. 该书的第 14 章为 Stefan Georg 编写的"Mongghul"，第 15 章为 Keith W. Slater 编写的"Mangghuer"。
③ 角道正佳：「土族語互助の研究」，Japan, Nakanaishi Printing Co., Ltd., 2008。
④ Keith W. Slater, *A Grammar of Mangghuer*, Routledge Curzon, USA and Canada, First published 2003.
⑤ 清格尔泰：《中国蒙古语族语言及方言概况》，《蒙古语文》1957 年第 11、12 期。
⑥ 李克郁：《土族语言研究》，《青海日报》，1962。
⑦ 照那斯图：《土族语概况》，《中国语文》，1964 年第 6 期。
⑧ 照那斯图：《土族语简志》，民族出版社，1981。
⑨ 照那斯图：《土族语民和方言概况》，《民族语文研究文集》，1982。

土族语概况的书籍。

对土族语进行第二次较大规模的调查研究是 20 世纪 80 年代开始的。自 1980 年开始，内蒙古大学蒙古语文研究所的教师和研究生组成 7 个组，按 照统一调查大纲，对蒙古语族语言进行了为期 4 个月的全面调查。其中，由 清格尔泰教授带队的土族语调查组（队员有哈斯巴特尔、季荣和白俊瑞等） 前往土族语地区进行了调查。《土族语词汇》[①]、《土族语话语材料》[②] 和 《土族语和蒙古语》[③] 等三部专著是在上述调查的基础上，由该调查组于 1986 年再次进行补充调查的基础上撰写出版的具有代表性的成果。

1988 年李克郁教授主编和出版的《土汉词典》[④] 是土族语的第一部词 典。另外，李克郁和李美玲陆续发表了《土族语、古蒙古语对照词表》[⑤] （共列出 1514 个词条）等 5 篇论文。席元麟编写的《汉土对照词典》[⑥] 也是 值得一提的研究成果。

我国学者用实验语音学的理论和方法对土族语进行系统实验研究是呼 和教授承担的中国社会科学院重大 A 类项目"基于语音声学参数数据库统 一平台的阿尔泰语系诸语言语音研究"（项目编号 0900000112，实施期限为 2009 年 1 月至 2013 年 12 月）开始的。本人有幸承担了该项目的子项目 "土族语语音声学参数数据库"的研制任务。在该项目的资助下，本人前往 青海互助土族自治县对土族语进行了为期几个月的学习、调研和录制，并 在呼和教授的指导下于 2013 年顺利完成"土族语语音声学参数数据库"和 硕士学位论文《基于语音声学参数库的土族语元音研究》[⑦]以及"土族语短 元音声学分析"[⑧]。另外，2013 年姜根兄也发表了一篇论文[⑨]。

---

① 哈斯巴特尔等：《土族语词汇》，内蒙古人民出版社，1986。
② 清格尔泰等：《土族语话语材料》，内蒙古人民出版社，1988。
③ 清格尔泰：《土族语和蒙古语》，内蒙古人民出版社，1991。
④ 李克郁：《土汉词典》，青海人民出版社，1988。
⑤ 李克郁、李美玲：《土族语、古蒙古语对照词表》（1~5），《青海民族研究》（社会科学版） 1996 年第 4 期、1997 年第 1、2、3、4 期。
⑥ 席元麟：《汉土对照词典》，青海西宁印刷厂，2007。
⑦ 韩国君：《基于语音声学参数数据库的土族语元音研究》，硕士学位论文，内蒙古大学， 2013。
⑧ 韩国君、呼和：《土族语词首短元音声学分析》，《语言与翻译》（蒙文版）2013 年第 1 期。
⑨ 姜根兄：《土族语词首音节短元音声学分析》，《中国蒙古学》2013 年第 1 期。

本人的博士学位论文《土族语音系研究》①（2016 年）是在 2013 年建立的"土族语语音声学参数数据库"的基础上，在导师包玉柱教授主持的国家社会科学基金重点项目《蒙古语族语言语料库研制（蒙古、达斡尔、土族部分）》的资助下，跟随导师赴青海省互助土族自治县进行为期 3 个月（自 2014 年 10 月 10 日至 2015 年 1 月 15 日）的土族语田野调查的基础上完成的。这是用实验音系学的理论和方法，对土族语音系进行系统研究的具有代表性的成果。

三　"土族语语音声学参数数据库"概况

（一）发音人

M1：乔志良，男，县文化局工作人员，从事土族语言文字工作，祖籍为互助县洛少村，没有长期离开过该地区，父母和配偶均为当地土族，发音条件符合实验要求。

M2：董思明，男，土族语婚礼非物质文化遗产传承人，祖籍为互助县大庄村，没有长期离开过该地区，父母和配偶均为当地土族，母语能力良好，发音条件符合实验要求。

F：姚玉梅，女，省级非物质文化遗产项目布柔哟代表性传承人，祖籍为互助县东沟塘拉村，没有长期离开过该地区，父母和配偶均为当地土族，母语能力良好，发音条件符合实验要求。

（二）语料录制

录音设备为 IBM R51 笔记本电脑匹配定向性领夹式话筒 SONY Electrets Condenser Microphone ECM-44B；录音地点为互助县宏兴宾馆。录音时保证周围环境的绝对安静；采样率为 22050Hz，单通道录制，存储格式为 *.wav。录音时，发音人会将每个单词读三遍，由调查人选择发音最自然、最清晰的读音作为样本。

---

① 韩国君：《土族语音系研究》，博士学位论文，中央民族大学，2016。

｜第二章｜
土族语元音声学特征

一　土族语元音基本特点

（1）元音音长具有对比功能。土族语有长短对立的 5 对基本元音音位：/ɐ，e，i，o，u/和/ɐː，eː，iː，oː，uː/。实验结果证明，长短元音不但在音长方面有差别，在音质方面也有所不同，但人的耳朵无法区别这种细微的音质差别。

（2）有/ iɐ，ʒu，iu，ʊɐ，oi，ʊei/等复合元音。复合元音不是元音和元音的简单组合，而是单一的语音单位，是从一个音过渡到另一个音的一串音，是结合十分密切的整体，二合元音的首、后位元音的音质与单元音有所差别。它的发音过程至少有起始段、过渡段和结束段，并且过渡段决定了结束段的趋向。描写二合元音时不能忽视过渡段音。

（3）土族语有不太严谨的元音和谐律。可分为后元音和谐和圆唇元音和谐。其中，后元音和谐包括同部位和谐和后元音之间的和谐等两种和谐律。土族语前元音 i、e 为中性元音。这些中性元音可以与所有后元音和谐。

（4）词中位置对土族语元音音长有一定的影响。如，出现在词末音节上的元音音长比出现在其他位置上的元音音长相对要长。词中位置对元音音色的影响不明显。

（5）非词首音节短元音没有央化或［ə］化现象，即词中所有位置上的短元音都保留其自身的音质。

（6）词首音节短、高元音在特定条件下有清化或脱落现象。

总之，土族语元音系统中有元音长、短对立，圆、展唇对立和单、复对立现象。

二 元音声学特征参数及分析方法

（一）共振峰

在描写和阐述元音声学特征时，首先要阐述元音共振峰问题。因为它是元音音质最主要的声学特征（标志），是由声带振动作为激励源经声腔共鸣而形成的。因不同元音有其不同的声腔形状，故有不同的共振峰模式（Formant Pattern）。一般说每个元音有 5 个共振峰，我们习惯用 F1、F2、F3、F4、F5 表示。其中，F1 和 F2 对元音音色起到重要的作用；圆唇作用（唇形面积减小），虽然会使所有共振峰频率降低，但受影响的程度不同，其中对 F2 的影响较为明显；F3 与舌尖翘舌动作有关，舌尖上翘向后移（卷舌动作），舌面下凹，舌根微抬，此时声道被明显地分割成三个腔体，F3 会出现明显的下降。舌尖元音也有类似倾向（鲍怀翘，2005）。本书主要利用 F1、F2 和 F3 等参数，描写土族语元音的音色（音质）及其在语流中的音变特征。图 2.1 为男发音人（M）所说的 [eːɕə] "牛"、[iːɕə] "更加" 和 [uːɹu] "蒸汽" 等词中 [ɐ]、[iː]、[uː] 等元音的共振峰分布模式。

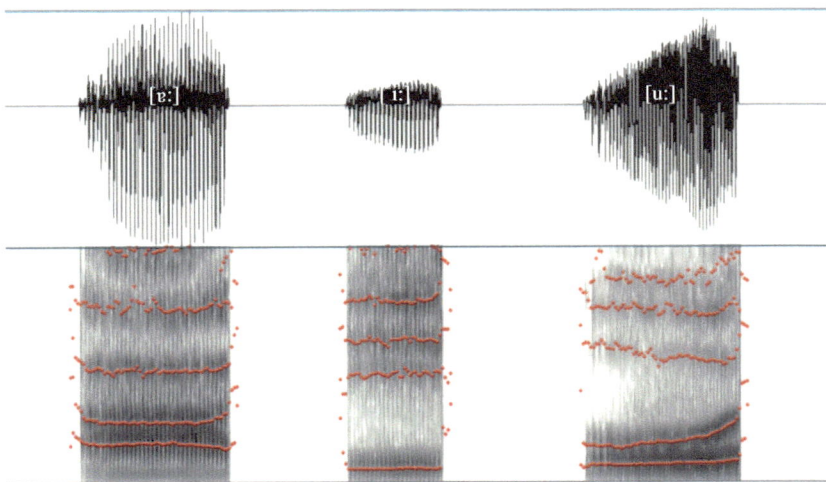

图 2.1 土族语 [eː，iː，uː] 等元音的共振峰分布模式（M）
说明：如果没有特殊说明，书中图表均取自 M1 发音人，M 指的是 M1 发音人。

（二）声学元音图

在语音学研究中共振峰是十分重要的参数，但是只有把它与元音的舌位状态联系起来并能有效、形象地说明它们之间的区别时，才是有用的，就像元音舌位图一样给人以直观、逼真的视觉效应。声学元音图要利用共振峰的数值将元音安排在适当的位置上，既能与舌位图相比较，又能符合听感上的区别距离（鲍怀翘，2005）。Eli Fischer-Jrgensen（1958）认为，声学元音图应成为能安排某一特定语言音位及其变体的声学空间。从该目的出发，人们一直在尝试用各种数值单位和不同坐标系统的声学元音图，如Joos型声学元音图（1948）、Fant型声学元音图（1958）和Ladefoged型声学元音图（1976）等。本书使用Joos型声学元音图分析和阐述土族语元音的声学模型（格局）。如，图2.2为男发音人所有长元音的声学元音图。

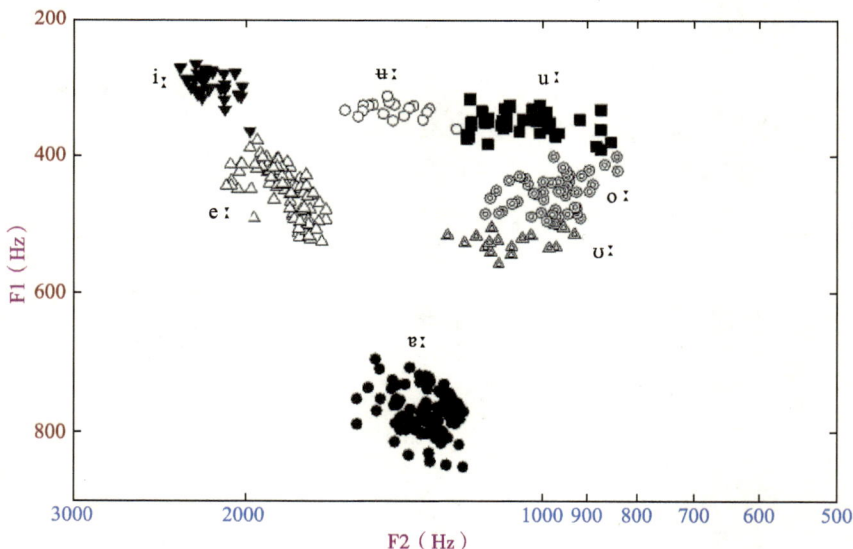

图 2.2　土族语所有长元音声学元音

（三）元音的音长、音高和音强

元音除共振峰外，还有音长、音高和音强等声学特征参数。对于像土族语这种元音音长具有区别词义功能的音长语言来说，音长特征尤为重要。从图2.3中，我们可以看到，随着发音时间（音长）的相对缩短，元音舌位三角形变小，构成了大小两个不同的三角形。

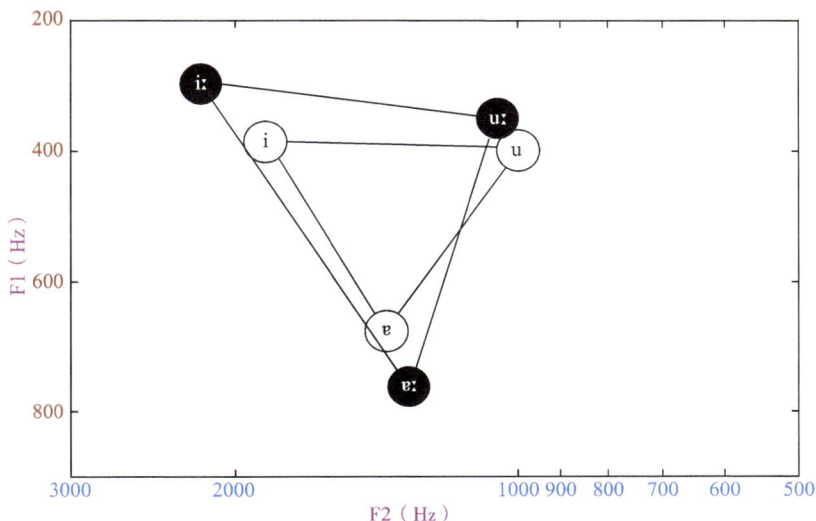

图 2.3　长元音和短元音舌位三角形（M）

三　词首音节短元音

在"土族语语音声学参数数据库"中共出现了 [ɐ, ɛ, ʌ, e, i, ɘ, o, ʊ, ɔ, u, ʉ, y] 等短元音。按照传统语音学的分类，[ɐ, ɛ, ʌ, e, ɜ, i, ɘ] 为展唇元音，[o, ʊ, ɔ, u, ʉ, y] 为圆唇元音。按照音系理论和方法分为 /ɐ, e, i, o, u/ 5 个音位。其中，/ɐ/ 有 [ɐ, ɛ, ʌ] 等三个变体；/i/ 有 [i, ɘ] 等两个变体；/o/ 有 [o, ʊ, ɔ] 等三个变体；/u/ 有 [u, ʉ, y] 等三个变体。

（一）[ɐ] 元音

1. 声学特征与音色

1.1　[ɐ] 元音三维语图和语音标注

图 2.4 为男发音人 [ɐmɐ]"口子"一词的三维语图和三层标注实例。该图的上部分为三维语图，下部分为语音标注部分，其中第一层为音素记音，第二、三层为音位记音（下同）。从三维语图中可以清楚地看到 [ɐ]

元音第一至第四共振峰（F1～F4）横杠及其分布特点。该元音的第一共振峰较高，第二共振峰居中。它们的参数值分别为 754Hz、1291Hz、2331Hz、3774Hz。这些参数是利用 PRAAT 从三维语图上采集的（下同）。该语图比较真实地显示了［ɐ］元音在实际语流中的存在形式。

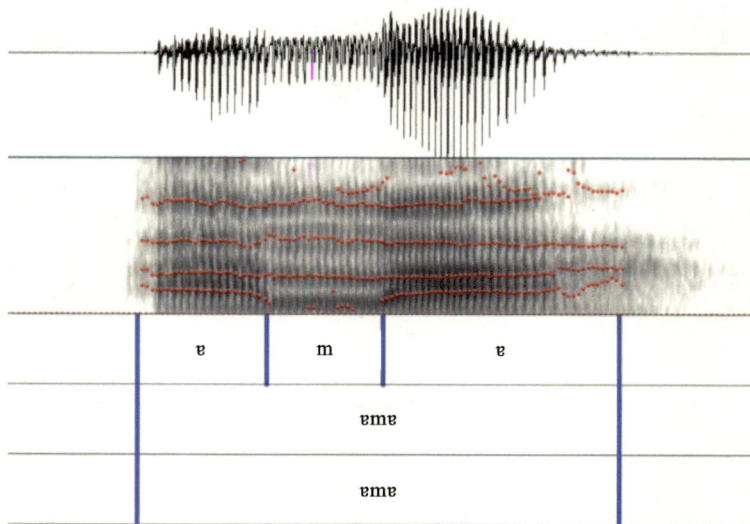

图2.4　男发音人［ɛmɐ］"口子"一词的三维语图和三层标注实例

1.2　［ɐ］元音声学参数和声学特征

表2.1为男、女发音人［ɐ］元音声学参数统计总表（该表展示了土族语声学参数数据库中出现的所有［ɐ］元音的音长 VD、音强 VA 和第一至第三共振峰 F1、F2、F3 参数均值及其标准差和变异系数，下同），图2.5为男、女发音人［ɐ］元音声学元音图（该图展示了土族语声学参数数据库中出现的［ɐ］元音所有声学变体在声学空间中的分布位置和分布模式。图中的国际音标位置为该元音的平均值点，图2.5上图为男发音人，下图为女发音人，下同）。

从表2.1和图2.5中可以看出，（1）统计表显示男、女发音人［ɐ］元音的平均时长、平均音强分别为 M：VD＝114ms，F：VD＝92ms；M：VA＝67.66dB，F：VA＝67.68dB。该元音 F1 和 F2 的频率均值分别为 M：F1＝683Hz，F2＝1416Hz；F：F1＝813Hz，F2＝1646Hz。（2）从表2.1和图2.5中可以看到，与土族语［i］（前、高元音）和［u］（后、高元音）相比，

［ɐ］元音是低、央元音。根据前人研究和本次实验，我们认为土族语词首音节［ɐ］为低、央、展唇元音，用［ɐ］音标标记接近其实际音值。（3）女发音人［ɐ］元音的第一、第二共振峰的变异系数（F1 = 13%，F2 = 10%）比男发音人第一、第二共振峰的变异系数（F1、F2 = 7%）相对大，这说明女发音人［ɐ］元音的离散度比男发音人的相对大。

表 2.1　［ɐ］元音声学参数统计总表

单位：VD 为 ms，VA 为 dB，下同

ɐ	M					F				
	VD	VA	F1	F2	F3	VD	VA	F1	F2	F3
平均值	114	67.66	683	1416	2370	92	67.68	813	1646	3215
标准差	46	2.71	47	105	149	51	3.88	108	169	241
变异系数	40%	4%	7%	7%	6%	54%	6%	13%	10%	8%

2. 语流中的声学音变特征分析

下面通过"目标位置共振峰频率与其前、后过渡段共振峰频率参数之间的显著性差异分析"、"元音声学参数与音节数量之间的相关性分析"、"元音声学参数与音节类型之间的相关性分析"和"元音声学参数与前置辅音音质之间的相关性分析"，探讨每一个元音在语流中的声学音变特征及其规律，即男、女两位发音人的"共同的、具有统计学意义的特征（规律）"。在上述四种分析中，第四种分析可能找不到共同的、具有统计学意义的规律，如果这样可以放弃该项统计分析。

2.1　目标位置共振峰与其前、后过渡段共振峰频率参数之间的显著性差异分析

为探讨元音目标位置共振峰频率与其前、后过渡段共振峰频率参数之间的显著性差异，我们采用了两种分析方法：（1）元音目标位置共振峰（F1/F2）及其前过渡段共振峰（TF1/TF2）均值语图比较，（2）检验元音目标位置共振峰频率与其前、后过渡段共振峰频率参数之间的显著性差异（下同）。

为了能够直接观察和分析［ɐ］元音目标位置共振峰与其前、后过渡段共振峰分布模式之间的差别，我们绘制了［ɐ］元音目标位置第一、第二共振峰 F1/F2 及其前过渡段 TF1/TF2 和后过渡段 TP1/TP2 共振峰分布比较图。

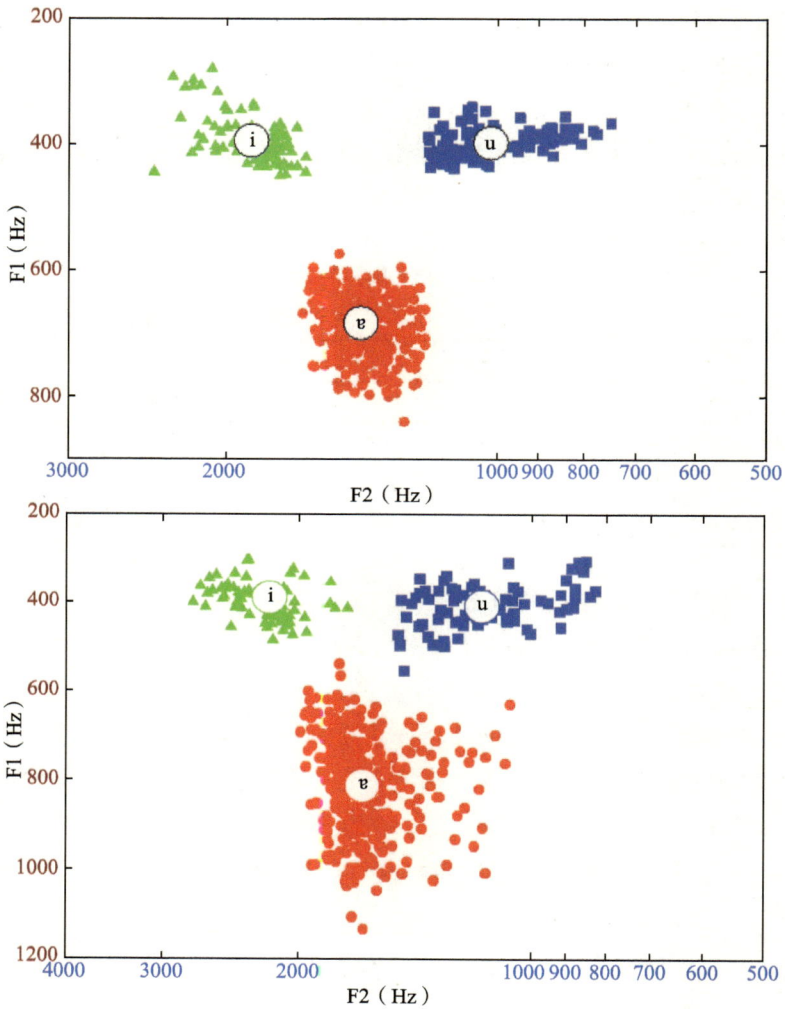

图 2.5 〔ɐ〕元音声学元音图（M&F）

说明：上图为男发音人图，下图为女发音人图，用 M&F 表示男、女发音人（下同）。

其中，图 2.6 为〔ɐ〕元音目标位置共振峰及其前过渡段共振峰分布比较图。图中的实心圆为〔ɐ〕元音目标位置共振峰分布图，空心圆为〔ɐ〕元音前过渡段共振峰分布图（下同）。图 2.7 为目标位置共振峰和后过渡段共振峰分布比较图。图中的实心圆为〔ɐ〕元音目标位置共振峰分布图，空心圆为〔ɐ〕元音后过渡段共振峰分布图（下同）。

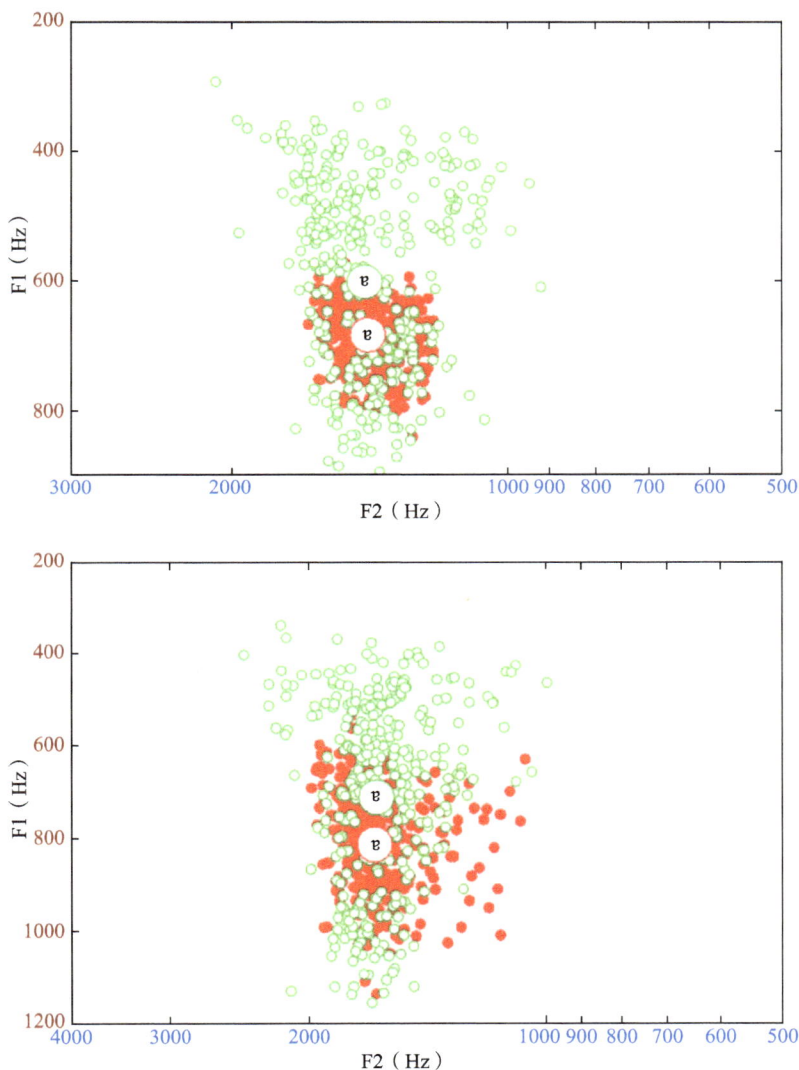

图 2.6　[ɐ] 元音目标位置共振峰（F1/F2）及其前过渡段
共振峰（TF1/TF2）分布比较（M&F）

　　图 2.6 和图 2.7 显示，男、女发音人 [ɐ] 元音目标位置共振峰频率与其
前、后过渡段共振峰频率之间存在一定的共同性、具有统计学意义的规律①：

---

① 本项研究中所得到的"共同的、具有统计学意义的特点（规律）"是仅基于男、女两位发
　音人近 6000 个单词声学参数提出的，是否"具有统计学意义的普遍规律"，有待更多发音
　人和更多词的语料进一步证实。

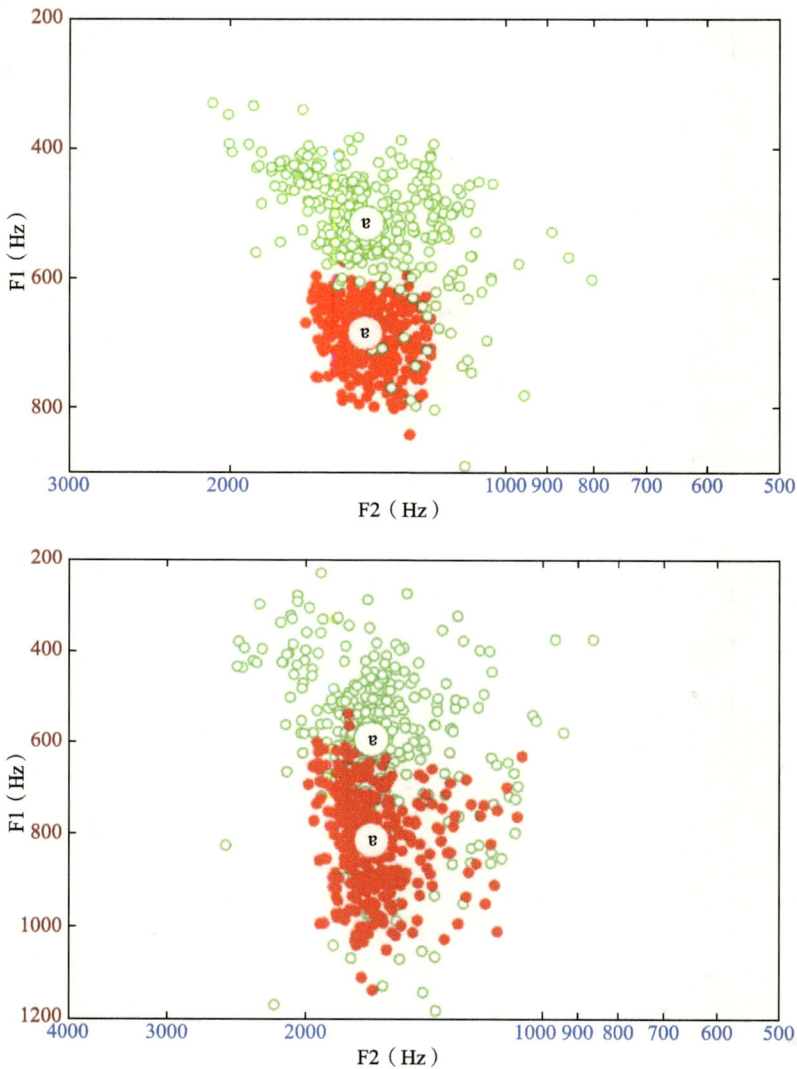

图 2.7 ［ɐ］元音目标位置共振峰（F1/F2）及其后过渡段共振峰
（TP1/TP2）分布比较（M&F）

（1）［ɐ］元音的前、后过渡段第一共振峰的变化（舌位高、低维度上的变化）明显大于其前、后过渡段第二共振峰的变化（舌位前、后维度上的变化），即语流中［ɐ］元音的"舌位高、低维度上的变化大于其舌位前、后维度上的变化"，简称"高低变化大于前后变化"；（2）［ɐ］元音的后过渡段第一共振峰的变化（舌位高、低维度上的变化）明显大于其前过渡段第一共振峰的变化（舌高、低度上的变化），即语流中［ɐ］元音的"后过渡段舌位高低变化明显大于其前过渡段舌位高低变化"，简称"后段变化大于前段变化"（"后大于前"）。

2.2　元音声学参数与音节数量之间的相关性分析

为探讨元音声学参数与词中音节数量之间的相关性问题，我们采用了以下两种分析方法：（1）比较分析元音在单音节和多音节词中出现的声学参数，（2）比较元音在不同音节数量词中出现的目标位置共振峰均值分布图。

2.2.1　［ɐ］元音在单音节和多音节词中的出现频率统计

表 2.2 为［ɐ］元音在单音节和多音节词中的出现频率统计表。表 2.2 显示，［ɐ］元音在双音节词中的出现频率最高，约占所有出现次数的 59%（M）和 64%（F）。这说明土族语中双音节词的使用频率高于单音节词和三音节词的使用频率。这与蒙古语标准音特点相同。

表 2.2　［ɐ］元音出现频率统计

ɐ	单音节词		双音节词		三音节词		四音节词		共计	
发音人	M	F	M	F	M	F	M	F	M	F
出现次数	24	23	212	221	119	98	4	5	359	347
百分比	7%	7%	59%	64%	33%	28%	1%	1%	100%	100%

2.2.2　［ɐ］元音音长、音强和共振峰参数与音节数量之间的相关性分析

下面探讨［ɐ］元音音长、音强和共振峰参数均值与音节数量之间的相关性问题。表 2.3 为在单、双、三音节词中出现的［ɐ］元音的音长（VD）、音强（VA）[①] 和共振峰目标值（F）统计表。图 2.8 为词中音节数量与［ɐ］元音第一、第二共振峰频率之间的关系示意图。

从表 2.3 和图 2.8 中可以看出，男、女发音人［ɐ］元音声学参数与其所出现词的音节数量之间呈现出一定的共同性、具有统计学意义的规律。男、女发音人［ɐ］元音的音长、音强与其所出现词的音节数量之间有一定

---

① 有关土族语元音的音高问题，将在本书的第六章中详细讨论。

的相关性①，即［ɐ］元音音长和音强随着其所出现词的音节数量的增加而相对缩短、变弱。如：

M：230ms → 115ms → 89 ms→75ms；M：72. 71dB → 67. 72dB →66. 55dB → 67. 25 dB；

F：215ms → 90ms→ 70 ms→ 70ms；F：74. 09dB →67. 21dB →67. 33dB→ 65. 6 dB。

表 2.3　单音节和多音节词中出现的［ɐ］元音声学参数统计

单位：VD 为 ms，VA 为 dB，F 为 Hz（下同）

ɐ		M					F				
		VD	VA	F1	F2	F3	VD	VA	F1	F2	F3
单音节词	平均值	230	72. 71	709	1365	2325	215	74. 09	880	1646	3348
	标准差	62	1. 65	42	79	136	103	3. 9	120	149	249
	变异系数	27%	2%	6%	6%	6%	48%	5%	14%	9%	7%
双音节词	平均值	115	67. 72	680	1418	2370	90	67. 21	806	1651	3203
	标准差	29	2. 35	45	104	135	29	3. 41	101	180	232
	变异系数	25%	3%	7%	7%	6%	32%	5%	13%	11%	7%
三音节词	平均值	89	66. 55	683	1426	2384	70	67. 33	812	1641	3203
	标准差	25	2. 26	51	110	170	27	3. 52	116	146	251
	变异系数	28%	3%	7%	8%	7%	38%	5%	14%	9%	7%
四音节词	平均值	75	67. 25	689	1367	2229	70	65. 6	822	1549	3369
	标准差	33	2. 49	37	90	142	25	3. 67	54	161	124
	变异系数	44%	4%	5%	7%	6%	35%	6%	7%	10%	4%

2.3　元音声学参数与音节类型之间的相关性分析

为探讨元音声学参数与词中音节类型之间的相关性问题，我们采用了以下两种分析方法：（1）比较分析出现在不同音节类型中元音的声学参数，（2）比较不同音节类型中出现的元音第一、第二共振峰均值语图。

2.3.1　［ɐ］元音在不同音节类型中的出现频率统计

表 2.4 是［ɐ］元音在不同音节类型中出现的频率统计表。该表显示，［ɐ］元音在 CV 音节中的出现频率最高，达到了 40%（M&F）。可以说，土族语中 CV 音节的出现频率较高。

---

① 本项研究中所得到的"共同的、具有统计学意义的特点（规律）"是仅基于男、女两位发音人近 6000 多个单词声学参数提出的，是否"具有统计学意义的普遍规律"，有待更多发音人和更多词的语料进一步证实。

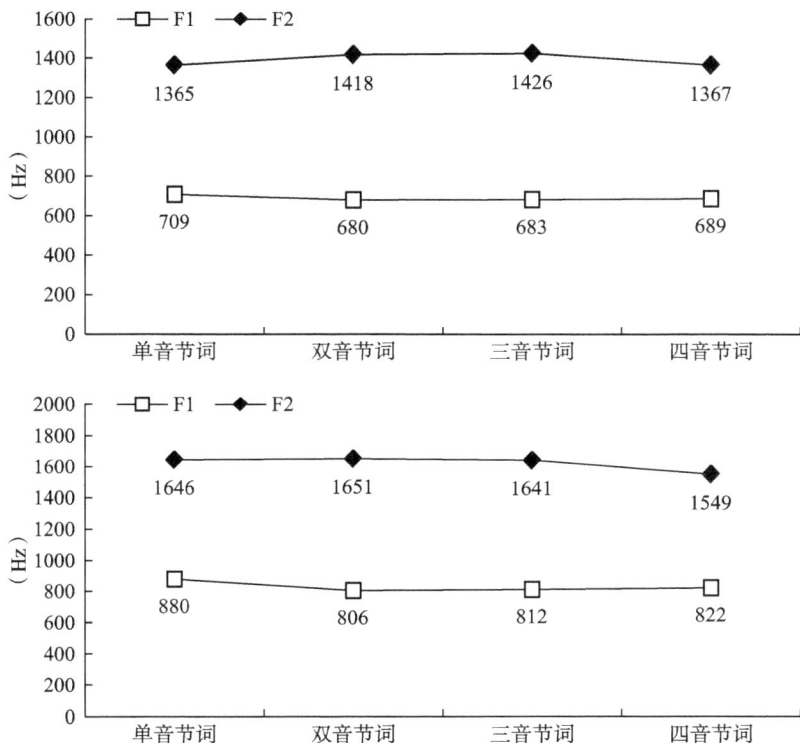

图 2.8　词中音节数量与 [ɐ] 元音第一、第二共振峰频率
之间的关系示意（M&F）

表 2.4　不同音节类型中出现的 [ɐ] 元音的频率统计

发音人	音节类型	V	VC	CV	CVC	CCV	CCVC	共计
M	出现次数	34	11	144	119	27	24	359
	百分比	9%	3%	40%	33%	8%	7%	100%
F	出现次数	27	9	138	115	30	28	347
	百分比	8%	2%	40%	33%	9%	8%	100%

2.3.2　[ɐ] 元音声学参数与音节类型之间的相关性分析

表 2.5 为不同音节类型中出现的 [ɐ] 元音的声学参数统计表，图 2.9
为不同音节类型中出现的 [ɐ] 元音第一（F1）、第二共振峰（F2）比较
图。从上述图表中可以看出，男、女发音人 [ɐ] 元音目标位置第一共振峰
均值与其所出现的音节类型之间具有一定的相关性。如，[ɐ] 元音在 CV、

CVC、CCV、CCVC 等音节（以辅音开头的）中的第一共振峰频率均值比在 V、VC 音节（以元音开头的）中的第一共振峰频率均值相对较低。这说明前置辅音会降低元音的第一共振峰频率。

表 2.5-1　不同音节类型中出现的［ɐ］元音声学参数统计（M）

ɐ		VD	VA	F1	F2	F3
V	平均值	127	66.64	723	364	2276
	标准差	30	2.13	44	78	108
	变异系数	23%	3%	6%	6%	5%
VC	平均值	120	66.45	724	1362	2325
	标准差	23	1.83	55	65	99
	变异系数	19%	3%	8%	5%	4%
CV	平均值	94	66.89	673	1441	2392
	标准差	31	2.12	43	113	151
	变异系数	33%	3%	6%	8%	6%
CVC	平均值	121	68.26	690	1413	2368
	标准差	51	2.91	47	95	155
	变异系数	42%	4%	7%	7%	7%
CCV	平均值	137	68.44	650	1442	2432
	标准差	63	2.9	28	98	119
	变异系数	46%	4%	4%	7%	5%
CCVC	平均值	145	70.29	672	1351	2325
	标准差	50	2.92	36	92	137
	变异系数	34%	4%	5%	7%	6%

表 2.5-2　不同音节类型中出现的［ɐ］元音声学参数统计（F）

ɐ		VD	VA	F1	F2	F3
V	平均值	111	66.44	941	1589	3145
	标准差	36	3.25	69	149	166
	变异系数	33%	5%	7%	9%	5%

续表

ɐ		VD	VA	F1	F2	F3
VC	平均值	100	65.44	896	1632	3137
	标准差	15	1.07	92	105	276
	变异系数	15%	2%	10%	6%	9%
CV	平均值	81	66.53	790	1670	3234
	标准差	48	3.59	100	155	188
	变异系数	59%	5%	13%	9%	6%
CVC	平均值	90	68.01	826	1635	3172
	标准差	42	3.68	103	181	276
	变异系数	47%	5%	12%	11%	9%
CCV	平均值	123	71	737	1701	3318
	标准差	95	3.86	96	154	265
	变异系数	77%	5%	13%	9%	8%
CCVC	平均值	101	70.32	800	1581	3274
	标准差	25	3.5	86	191	276
	变异系数	25%	5%	11%	12%	8%

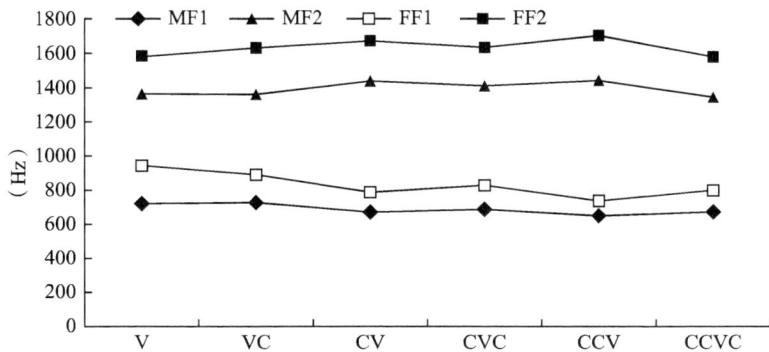

图 2.9　不同音节类型中出现的［ɐ］元音第一（F1）、
第二共振峰（F2）比较（M&F）

2.4　元音声学参数与前置辅音音质之间的相关性分析

下面我们通过观察和分析不同辅音之后（包括没有前置辅音的词首音节，下同）出现的词首音节［ɐ］元音的音长均值和目标位置第一、第二和第三共振峰的前过渡段共振峰（TF1、TF2、TF3）均值的变化，探讨元音声学参数与其前置辅音音质之间的相关性问题。为探讨这一问题，我们从"土族语元音声学参数库"中查找并统计了在不同辅音之后（包括没有前置辅音的词首音节，下同）出现的词首音节 [ɐ] 元音，并对其音长和目标位置第一、第二和第三共振峰的前过渡段共振峰参数进行了统计。图 2.10-1和图 2.10-2 为不同辅音（如：[p-，pʰ-，x-，t-，k-，kʰ-，n-，m-，l-，ɾ-，w-]）之后出现的词首音节 [ɐ] 元音的音长均值比较图，图2.11 为不同辅音（如：[p-，pʰ-，x-，t-，k-，kʰ-，n-，m-，l-，ɾ-，w-]）之后出现的 [ɐ] 元音目标位置第一、第二和第三共振峰的前过渡段变化示意图。为能够直接看到前置辅音的音色影响 [ɐ] 元音舌位的现象，我们在图 2.11-1 和图 2.11-2 中的第一共振峰前过渡段共振峰 TF1 的值进行了以自低至高（即以舌位自高至低）的排列，在图 2.11-3 和图 2.11-4中的第二共振峰前过渡段共振峰 TF2 的值进行了以自低至高（即以舌位自后至前）的排列（统计表略，下同）。由此可以看出，男、女发音人 [ɐ]元音声学参数与其前置辅音音质之间具有一定的相关性。

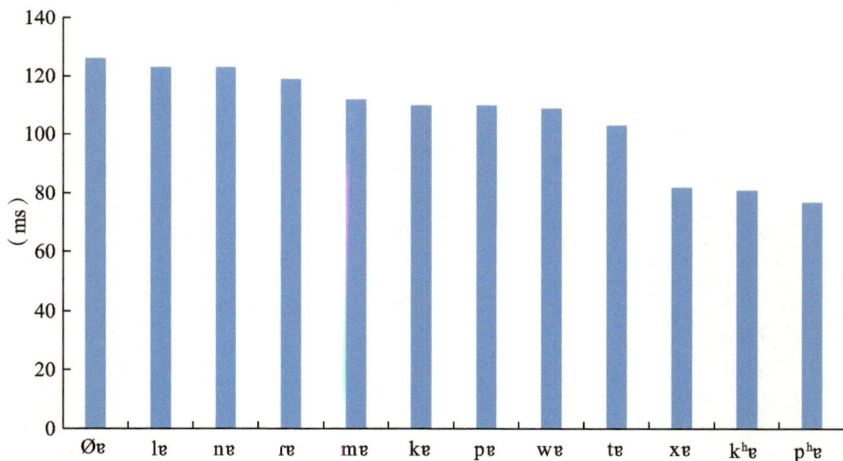

图 2.10-1　词首音节不同辅音之后出现的 [ɐ] 元音音长均值比较（M）

（1）男、女发音人 [ɐ] 元音在送气清塞音和清擦音（[kʰ-，pʰ-，x-]）之后的音长（75～85ms）比其在不送气清塞音和浊辅音（[p-，t-，k-，n-，m-，l-，ɾ-，w-]）之后的音长（110～125 ms）相对短，

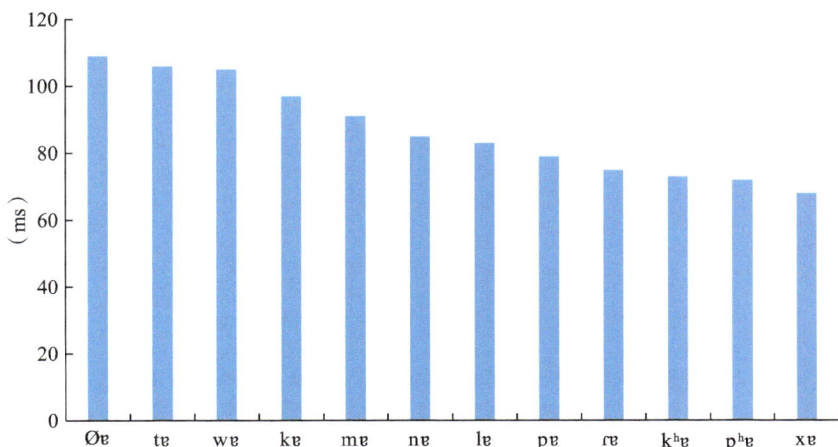

图 2.10-2 词首音节不同辅音之后出现的 ［ɐ］元音音长均值比较（F）

相差大约 40ms。这说明前置辅音的发音方法（送气与不送气，清与浊等）会影响其后置元音的音长。有关哪一类前置辅音会缩短或延长其后置元音音长问题有待进一步研究。

（2）男、女发音人［ɐ］元音在送气清塞音和清擦音（［kʰ-，pʰ-，x-］）之后的 TF1 值（500～1000Hz）比其在不送气清塞音和浊辅音（［p-，t-，k-，n-，m-，l-，ɾ-，w-］）之后的 TF1 值（小于 500Hz）大。这说明前置辅音的发音部位（双唇、舌根等）会降低其后置元音的舌位。有关这一问题有待进一步研究（见图 2.11-1 和图 2.11-2）。

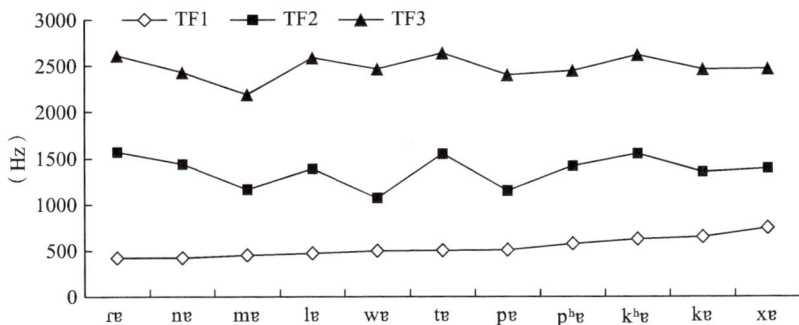

图 2.11-1 词首音节不同辅音之后出现的 ［ɐ］元音三个共振峰前过渡段 TF1、
TF2、TF3 的变化示意（以 TF1 参数的自小至大排列）（M）

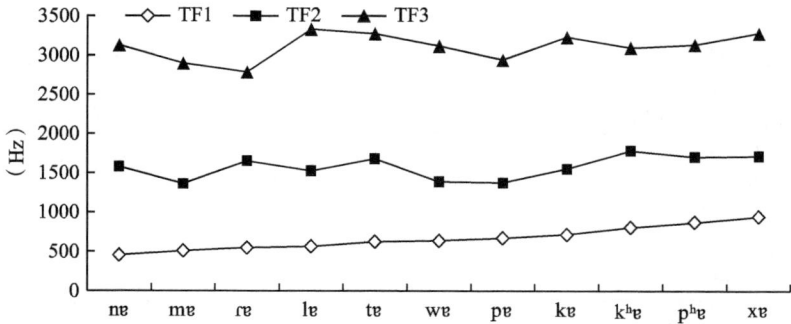

图 2.11-2 词首音节不同辅音之后出现的 [ɐ] 元音三个共振峰前过渡段 TF1、
TF2、TF3 的变化示意 (以 TF1 参数的自小至大排列) (F)

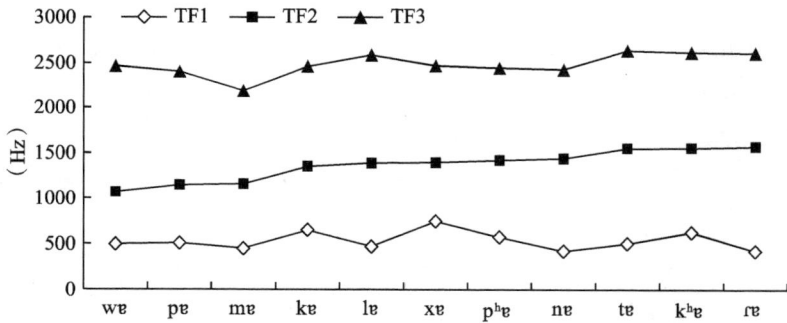

图 2.11-3 词首音节不同辅音之后出现的 [ɐ] 元音三个共振峰前过渡段 TF1、
TF2、TF3 的变化示意 (以 TF2 参数的自小至大排列) (M)

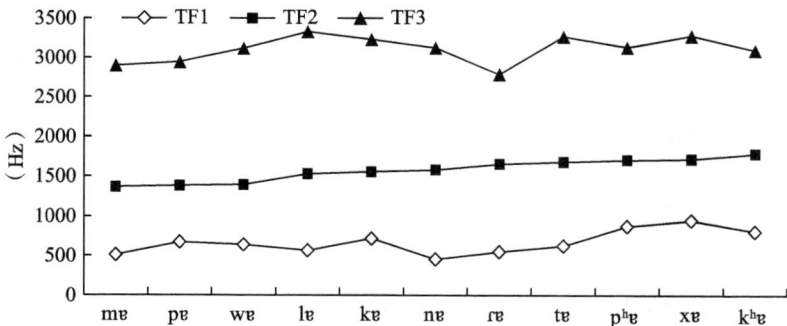

图 2.11-4 词首音节不同辅音之后出现的 [ɐ] 元音三个共振峰前过渡段 TF1、
TF2、TF3 的变化示意 (以 TF2 参数的自小至大排列) (F)

（二）［ɛ］元音

1. 声学特征与音色

1.1 ［ɛ］元音三维语图和语音标注

图 2.12 为男发音人［tɕɐs］"红铜"一词的三维语图和三层标注实例。其中，［ɛ］元音目标位置的 F1～F4 共振峰分别为 560Hz、1719Hz、2680Hz、3810Hz。从三维语图上可以清楚地看到［ɛ］元音前半段第二共振峰较高，第一共振峰较低，这说明该元音是舌位靠前靠低元音，而后半段第二共振峰急剧下降，第一共振峰急剧上升是受其后置辅音［s］的影响。该语图比较真实地显示了［ɛ］元音在实际语流中的存在形式。

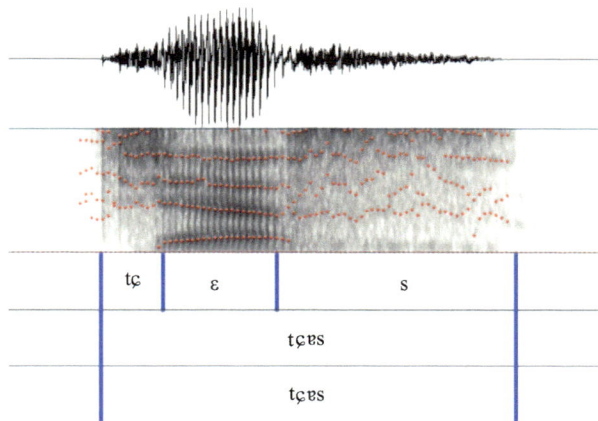

图 2.12　男发音人［tɕɐs］"红铜"一词的三维语图和三层标注实例

1.2 ［ɛ］元音声学参数和声学特征

表 2.6 为男、女发音人［ɛ］元音声学参数统计，图 2.13 为男、女发音人［ɛ］元音声学元音图。从表 2.6 和图 2.13 中可以看出，（1）男、女发音人［ɐ］元音的平均时长、平均音强分别为 M：VD = 128ms，F：VD = 86ms；M：VA = 67.79dB，F：VA = 68.98dB；F1 和 F2 的频率均值分别为 M：F1 = 558Hz，F2 = 1626Hz；F：F1 = 591Hz，F2 = 1922Hz；（2）与［ɐ］元音（低、央元音）相比，［ɛ］元音舌位相对高而前，但比［i］元音明显低而后。根据前人研究和本次实验，我们认为土族语词首音节［ɛ］为中低（中开）、前、展唇元音，用［ɛ］音标标记接近其实际音值；（3）变异系数显示，女发音人［ɛ］元音的第一、第二共振峰的变异系数（F1 = 16%，

F2＝11%）明显大于男发音人第一、第二共振峰的变异系数（F1＝6%，F2＝4%）。这说明女发音人［ε］元音的离散度比男发音人的相对大。

表 2.6　［ε］元音声学参数统计

ε	M					F				
	VD	VA	F1	F2	F3	VD	VA	F1	F2	F3
平均值	126	67.79	558	1626	2543	86	68.98	591	1922	3134
标准差	39	2.19	32	68	135	36	4.61	95	214	305
变异系数	31%	3%	6%	4%	5%	42%	7%	16%	11%	10%

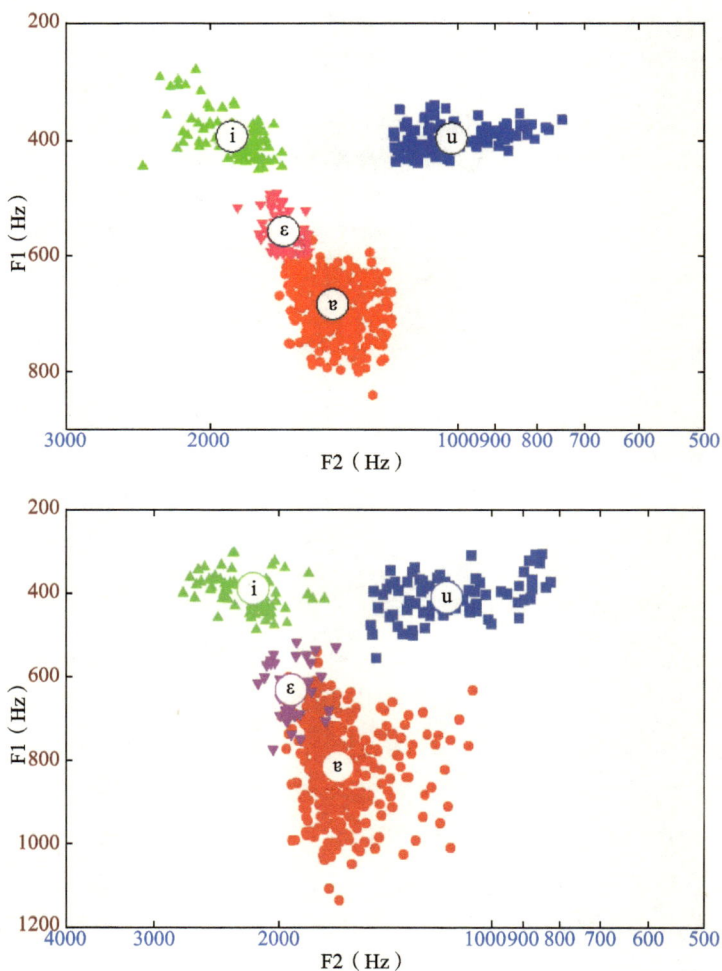

图 2.13　［ε］元音声学元音图（M&F）

2. 语流中的声学音变特征分析

2.1　目标位置共振峰与其前、后过渡段共振峰频率参数之间的显著性差异分析

图 2.14 为［ε］元音目标位置共振峰（F1/F2）及其前过渡段共振峰频率（TF1/TF2）分布比较图，图 2.15 为［ε］元音目标位置共振峰（F1/F2）及其后过渡段共振峰（TP1/TP2）分布比较图，从图 2.14、图 2.15 中可以看出，男、女发音人［ε］元音目标位置第一、第二共振峰频率与其前、后过

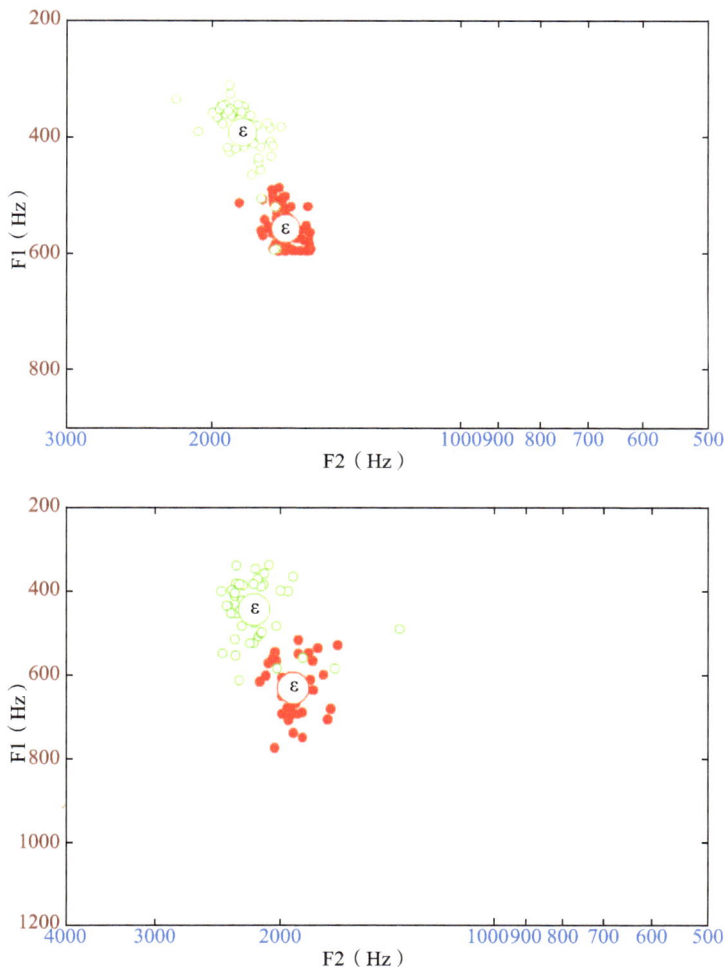

图 2.14　［ε］元音目标位置共振峰（F1/F2）及其前过渡段共振峰（TF1/TF2）分布比较（M&F）

渡段共振峰频率之间存在共同性，具有以下几点统计学意义的特点（规律）：（1）男、女发音人［ε］元音目标位置第一、二共振峰频率与其前、后过渡段共振峰频率相比，存在显著差异，这说明［ε］元音的舌位（前后）受其前、后音段的影响较显著；（2）男、女发音人［ε］元音前过渡段舌位与目标位置舌位相比，高而前，而后过渡段舌位与目标位置舌位相比，高而后，这说明前、后音段对［ε］元音在高、低维度上的影响是一致的，舌位升高，而前、后维度上的影响正好相反，前音段使该元音舌位靠前，而后音段使舌位靠后。

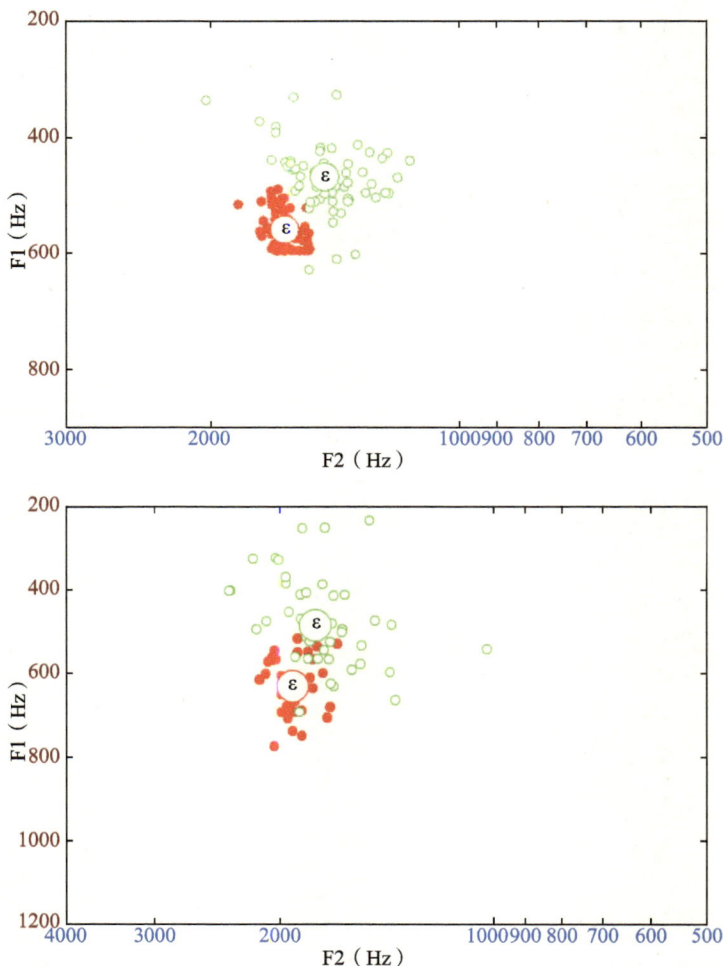

图 2.15 ［ε］元音目标位置共振峰（F1/F2）及其后过渡段共振峰（TP1/TP2）分布比较（M&F）

2.2 元音声学参数与音节数量之间的相关性分析

2.2.1 ［ε］元音在单音节和多音节词中的出现频率统计

表 2.7 为［ε］元音在单音节和多音节词中出现的频率统计表。表 2.7 显示，在统一平台中出现的 61 次（M）和 47 次（F）［ε］元音中，大约 75%（M）和 60%（F）的［ε］都是在双音节词中出现的。

表 2.7 ［ε］元音出现频率统计

ε	单音节词		双音节词		三音节词		共计	
发音人	M	F	M	F	M	F	M	F
出现次数	3	3	45	28	12	16	61	47
百分比	5%	6%	75%	60%	20%	34%	100%	100%

2.2.2 ［ε］元音音长、音强和共振峰参数与音节数量之间的相关性分析

表 2.8 为在单音节词、双音节词和三音节词中［ε］元音的音长（VD）、音强（VA）、共振峰目标值（F）统计表。图 2.16 为音节数量与［ε］元音共振峰之间的关系示意图。

从表 2.8 和图 2.16 中可以看出，男、女发音人［ε］元音声学参数与其所出现词的音节数量之间呈现出一定的共同性、具有统计学意义的规律。

（1）［ε］元音音长与音节数量之间具有一定的相关性，即［ε］元音音长随着音节数量的增加而相对缩短，如：

$$M：241ms \rightarrow 123ms \rightarrow 114ms$$

$$F：148ms \rightarrow 93ms \rightarrow 63ms$$

（2）［ε］元音目标位置的第一共振峰（舌位高低）与音节数量之间有一定的相关性。随着词中音节数量的增多，男、女发音人该元音的第一共振峰频率呈现下降趋势，即第一共振峰与其所出现词的音节数量之间存在显著差异。如：

$$M：F1 = 574Hz（单），F1 = 559Hz（双），F1 = 549Hz（三）$$

$$F：F1 = 741Hz（单），F1 = 597Hz（双），F1 = 551Hz（三）$$

表 2.8　单音节和多音节词中出现的 [ε] 元音声学参数统计

ε		M					F				
		VD	VA	F1	F2	F3	VD	VA	F1	F2	F3
单音节词	平均值	241	73	574	1612	2592	148	71	741	1870	3336
	标准差	82	2.16	15	63	77	57	9.9	28	131	130
	变异系数	34%	3%	3%	4%	3%	40%	14%	4%	7%	4%
双音节词	平均值	123	67.42	559	1630	2555	93	68.29	597	1887	3100
	标准差	22	1.79	33	69	136	30	3.41	97	246	370
	变异系数	18%	3%	6%	4%	5%	32%	5%	16%	13%	12%
三音节词	平均值	114	68	549	1615	2498	63	69.94	551	1992	3165
	标准差	22	1.87	30	68	134	19	4.62	68	147	159
	变异系数	19%	3%	5%	4%	5%	31%	7%	12%	7%	5%

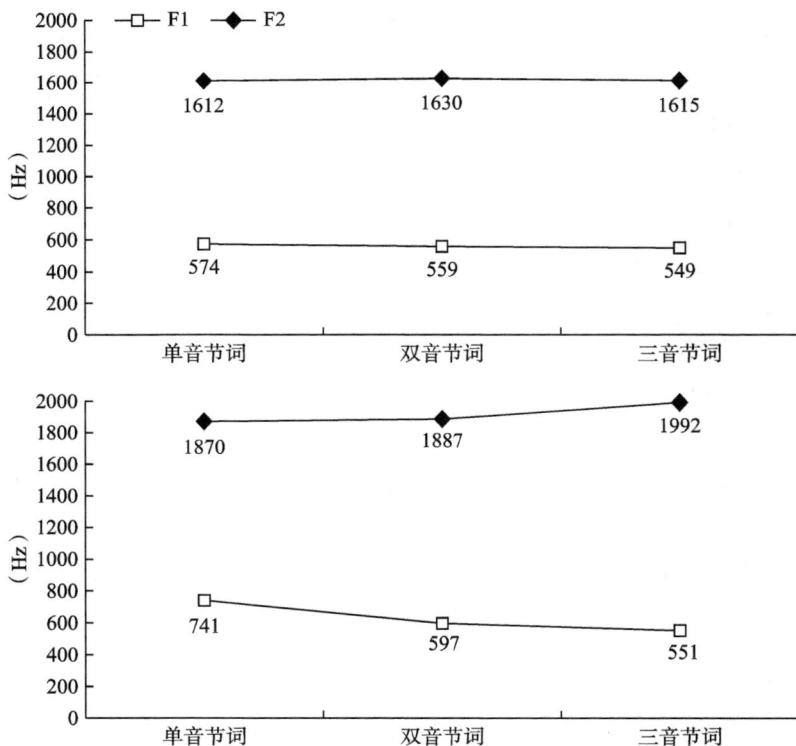

图 2.16　音节数量与 [ε] 元音共振峰之间关系示意 （M&F）

2.3　元音声学参数与音节类型之间的相关性分析

2.3.1　［ɛ］元音在不同音节类型中的出现频率统计

表2.9为［ɛ］元音在不同音节类型中出现的频率统计表，统计结果显示，［ɛ］元音在统一平台中共出现61次（M）和47次（F），主要出现在CV（M：33%；F：32%）和CVC（M：52%；F：55%）两种音节中。

表2.9　不同音节类型中［ɛ］元音的频率统计

发音人	音节类型	CV	CVC	CCV	CVCC	共计
M	出现次数	20	32	3	6	61
	百分比	33%	52%	5%	10%	100%
F	出现次数	15	26	1	5	47
	百分比	32%	55%	2%	11%	100%

2.3.2　［ɛ］元音声学参数与音节类型之间的相关性分析

表2.10为出现在不同音节类型中［ɛ］元音的声学参数统计表，图2.17为［ɛ］元音在不同音节类型中的第一、第二共振峰比较图。从表2.10和图2.17中可以看出，音节类型与［ɛ］元音声学参数之间几乎没有相关性。

表2.10-1　不同音节类型中［ɛ］元音声学参数统计（M）

ɛ		VD	VA	F1	F2	F3
CV	平均值	115	67.5	547	1643	2580
	标准差	23	2.04	37	72	97
	变异系数	20%	3%	7%	4%	4%
CVC	平均值	128	68.06	569	1619	2502
	标准差	44	2.18	24	69	146
	变异系数	34%	3%	4%	4%	6%
CCV	平均值	122	66.33	523	1617	2607
	标准差	6	2.49	20	66	162
	变异系数	5%	4%	4%	4%	6%
CCVC	平均值	156	68	552	1613	2608
	标准差	46	2.16	31	40	95
	变异系数	30%	3%	6%	2%	4%

表 2.10-2 不同音节类型中 [ε] 元音声学参数统计 (F)

ε		VD	VA	F1	F2	F3
CV	平均值	95	686	598	1853	3121
	标准差	34	4.18	96	290	362
	变异系数	36%	6%	16%	15%	12%
CVC	平均值	79	69.46	580	1969	3094
	标准差	4	4.72	94	159	269
	变异系数	47%	7%	16%	8%	9%
CCV	平均值	70	68	566	2025	3287
	标准差	—	—	—	—	—
	变异系数	—	—	—	—	—
CCVC	平均值	98	67.8	640	1863	3352
	标准差	34	5.27	91	121	203
	变异系数	35%	8%	14%	6%	6%

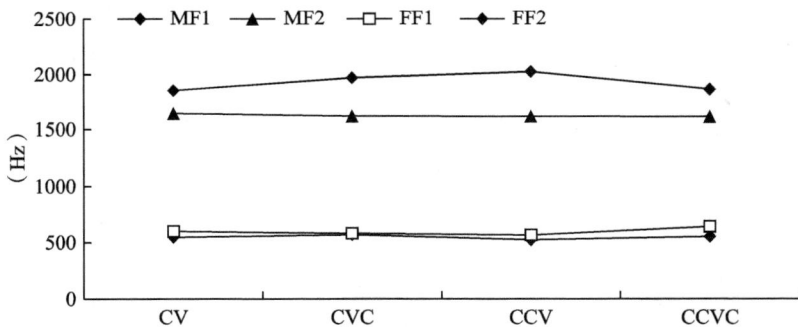

图 2.17 在不同音节类型中 [ε] 元音第一 (F1)、
第二共振峰 (F2) 比较 (M&F)

2.4 元音声学参数与前置辅音音质之间的相关性分析

图 2.18 为出现在词首音节不同辅音之后和无前置辅音音节中 [ε] 元音音长比较图，图 2.19 为出现在词首音节（包括单音节词）[tɕ-，tɕʰ-，ç-，j-] 等辅音（前置辅音）之后 [ε] 元音的第一、第二和第三共振峰前过渡段（TF1、TF2、TF3）的变化示意图，以 TF2 的上升为准排列，即以舌位自后至前排列示意图。

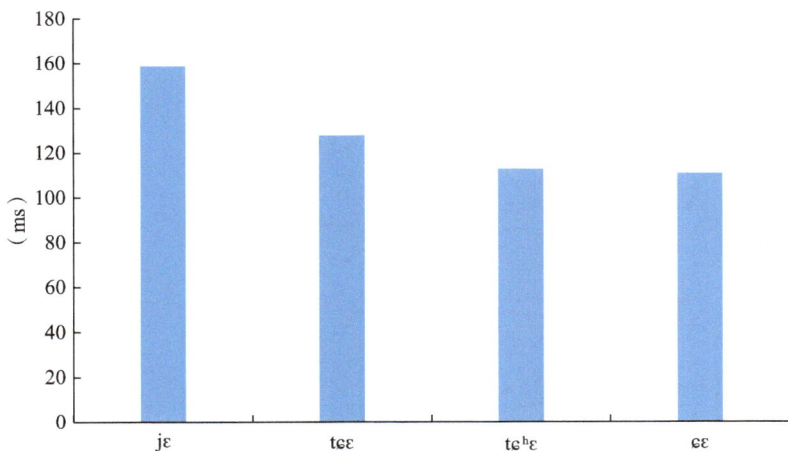

图 2.18-1　词首音节不同辅音之后［ɛ］元音音长比较（M）

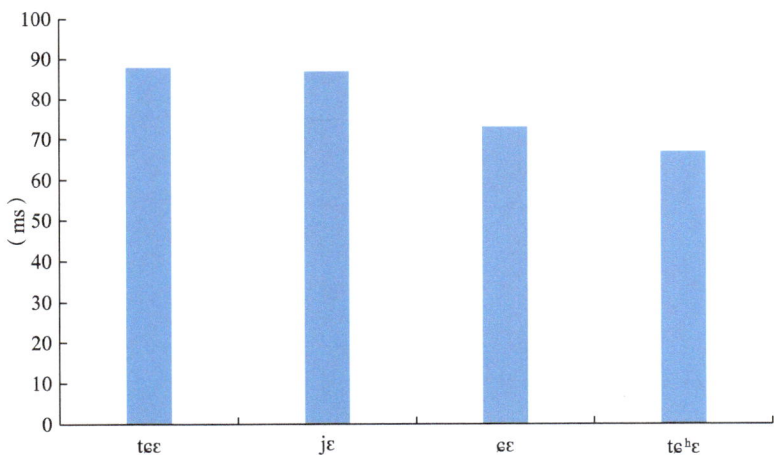

图 2.18-2　词首音节不同辅音之后［ɛ］元音音长比较（F）

　　图 2.18 显示，辅音音质与［ɛ］元音的音长具有一定的相关性。如，［ɛ］元音在不送气清塞擦音［tɕ］和浊辅音［j］之后的音长（M：130～160ms，F：85～90ms）比其在送气清塞擦音［tɕʰ］和清擦音［ɕ］之后的（M：110～120ms，F：65～75ms）相对长，相差大约 20ms。可以看出，前置辅音的发音方法（送气与不送气，清与浊等）会影响其后置元音的时长，至于哪一类前置辅音会缩短或延长其后置元音音长问题有待进一步研究。

而男、女发音人［ɛ］元音出现在［tɕ-，tɕʰ-，ɕ-，j-］等辅音之后的 TF2
值排列为 tɕʰ-<ɕ-<tɕ-<j-，即送气清塞擦音和清擦音之后的 TF2 值小于其
在不送气塞擦音和浊辅音之后的 TF2 值。这说明前置辅音的阻塞程度影响
其后置元音的舌位。

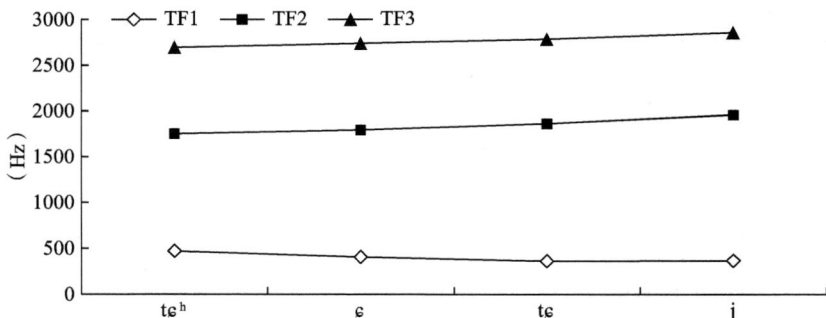

图 2.19-1　词首音节不同辅音之后出现的［ɛ］元音三个共振峰前过渡段 TF1、
TF2、TF3 的变化示意（以 TF2 参数的自小至大排列）（M）

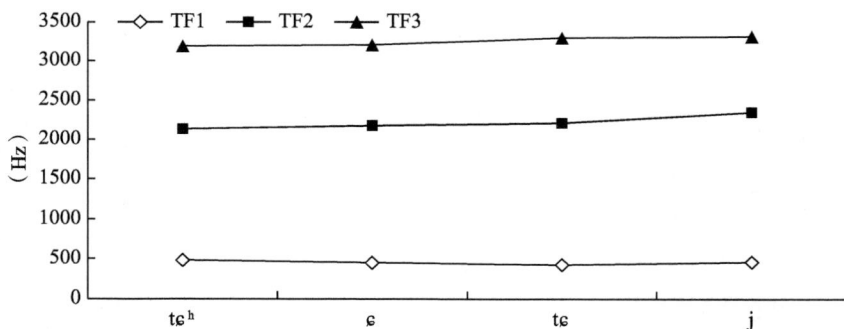

图 2.19-2　词首音节不同辅音之后出现的［ɛ］元音三个共振峰前过渡段 TF1、
TF2、TF3 的变化示意（以 TF2 参数的自小至大排列）（F）

（三）［ʌ］元音

1. 声学特征与音色

1.1　［ʌ］元音三维语图和语音标注

图 2.20 为男发音人［pʌχ］"果树"一词的三维语图和三层标注实例。
其中，元音［ʌ］的目标位置的 F1～F4 共振峰参数分别为 788Hz、1123Hz、
2532Hz、3505Hz。可以看出，该元音第一共振峰较高，而第二共振峰较低，

这说明该元音的舌位较低、较靠后。图 2.20 比较真实地展示了［ʌ］元音在实际语流中的存在形式。

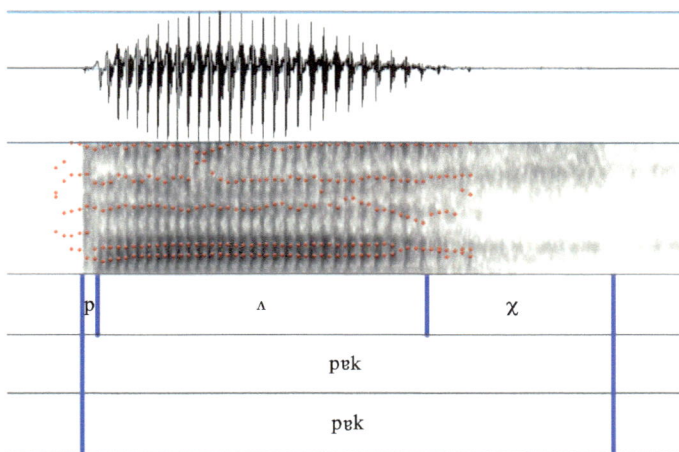

图 2.20　男发音人［pʌχ］"果树"一词的三维语图和三层标注实例

1.2　［ʌ］元音声学参数和声学特征

表 2.11 为［ʌ］元音参数统计。图 2.21 为男、女发音人［ʌ］元音声学元音图。从表 2.11 和图 2.21 中可以看出，(1) 男、女发音人［ʌ］元音的平均时长、平均音强分别为 M：VD = 176ms，F：VD = 101ms；M：VA = 70.78dB，F：VA = 68.5dB；第一、第二共振峰频率均值分别为 M：F1 = 665Hz，F2 = 1121Hz；F：F1 = 843Hz，F2 = 1194Hz；(2)［ʌ］元音在声学空间中的位置为：F1 = 600~750Hz，F2 = 900~1200Hz（M）；F1 = 750~950Hz，F2 = 1000~1400Hz（F）。该元音共振峰在声学空间中的范围较为固定，分布在［ɐ］元音的后面，我们认为土族语词首音节［ʌ］为低、后、展唇元音，用国际音标［ʌ］标记。

表 2.11　［ʌ］元音声学参数统计

ʌ	M					F				
	VD	VA	F1	F2	F3	VD	VA	F1	F2	F3
平均值	176	70.78	665	1121	2246	101	68.5	843	1194	3283
标准差	84	2.57	41	68	169	31	3.64	76	149	139
变异系数	48%	4%	6%	6%	8%	30%	5%	9%	12%	4%

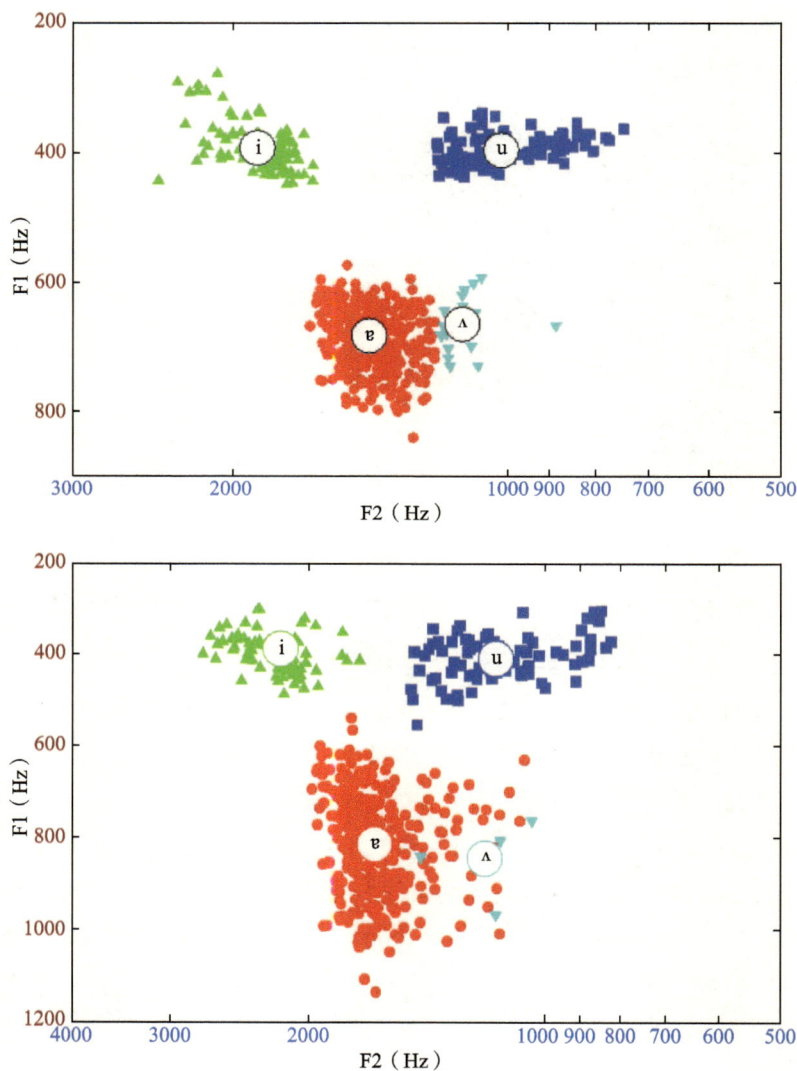

图 2.21 ［ʌ］元音声学元音图（M&F）

（四）［e］元音

1. 声学特征与音色

1.1 ［e］元音三维语图和语音标注

图 2.22 为男发音人［kes］"家族"一词的三维语图和三层标注实例。三维语图显示了［e］元音第一至第四共振峰（F1～F4）横杠及其分布特

点，具体频率数值分别为 486Hz、1727Hz、2633Hz、3740Hz。该元音的第一共振峰较低，整体趋势平稳，第二共振峰较前半段较高，后半段受后置辅音 [s] 的影响出现下降趋势。该语图比较真实地显示了 [e] 元音在实际语流中的存在形式。

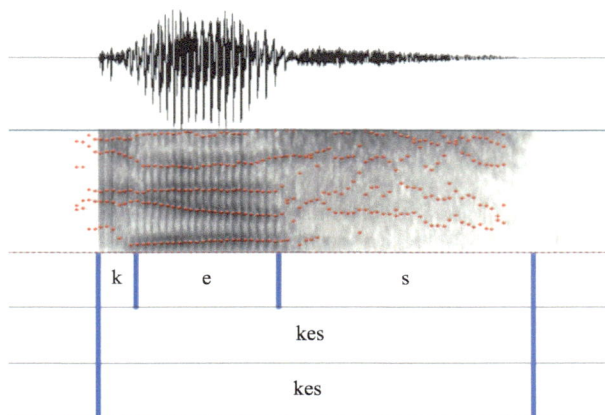

图 2.22　男发音人[kes]"家族"一词的三维语图和三层标注实例

1.2　[e] 元音声学参数和声学特征

表 2.12 为男、女发音人 [e] 元音声学参数统计，图 2.23 为男、女发音人 [e] 元音声学元音图。从表 2.12 和图 2.23 中可以看出：（1）统计表显示男、女发音人 [e] 元音的平均时长，平均音强分别为 M：VD = 146ms，F：VD = 87ms；M：VA = 68.77dB，F：VA = 67.32dB，该元音 F1 和 F2 的频率均值分别为 M：F1 = 501Hz，F2 = 1723Hz；F：F1 = 529Hz，F2 = 2013Hz；（2）从表 2.12 和图 2.23 中可以看出，与土族语 [i]（前、高元音）和 [u]（后、高元音）相比，[e] 元音是次高、前元音。根据前人研究和本次实验，我们认为土族语词首音节 [e] 为次高、前、展唇元音，用 [e] 音标记接近其实际音值；（3）女发音人 [e] 元音的第一、第二共振峰的变异系数（F1 = 17%，F2 = 11%）比男发音人第一、第二共振峰的变异系数（F1 = 10%，F2 = 6%）相对大。这说明女发音人 [e] 元音的离散度比男发音人的相对大。

表 2.12 [e] 元音声学参数统计总表

e	M					F				
	VD	VA	F1	F2	F3	VD	VA	F1	F2	F3
平均值	146	68.77	501	1723	2672	87	67.32	529	2013	3146
标准差	62	3.07	48	102	112	42	3.8	87	213	259
变异系数	43%	4%	10%	6%	4%	49%	6%	17%	11%	8%

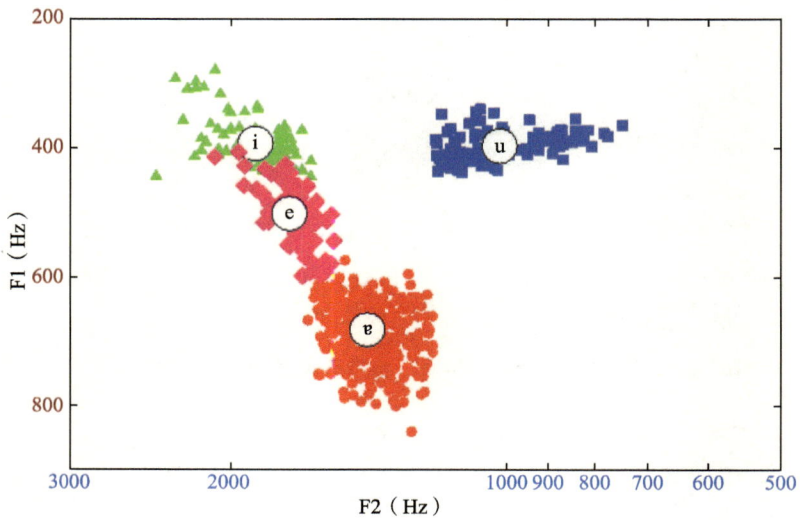

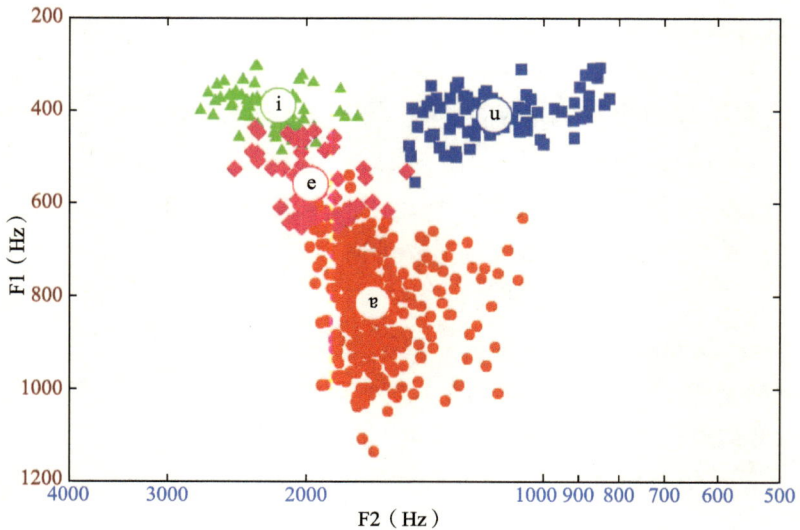

图 2.23 [e] 元音声学元音图（M&F）

2. 语流中的音变特征分析

2.1 目标位置共振峰与其前、后过渡段共振峰频率参数之间的显著性差异分析

图2.24为［e］元音目标位置共振峰及其前过渡段共振峰分布比较图。图2.25为目标位置共振峰和后过渡段共振峰分布比较图。图2.24和图2.25

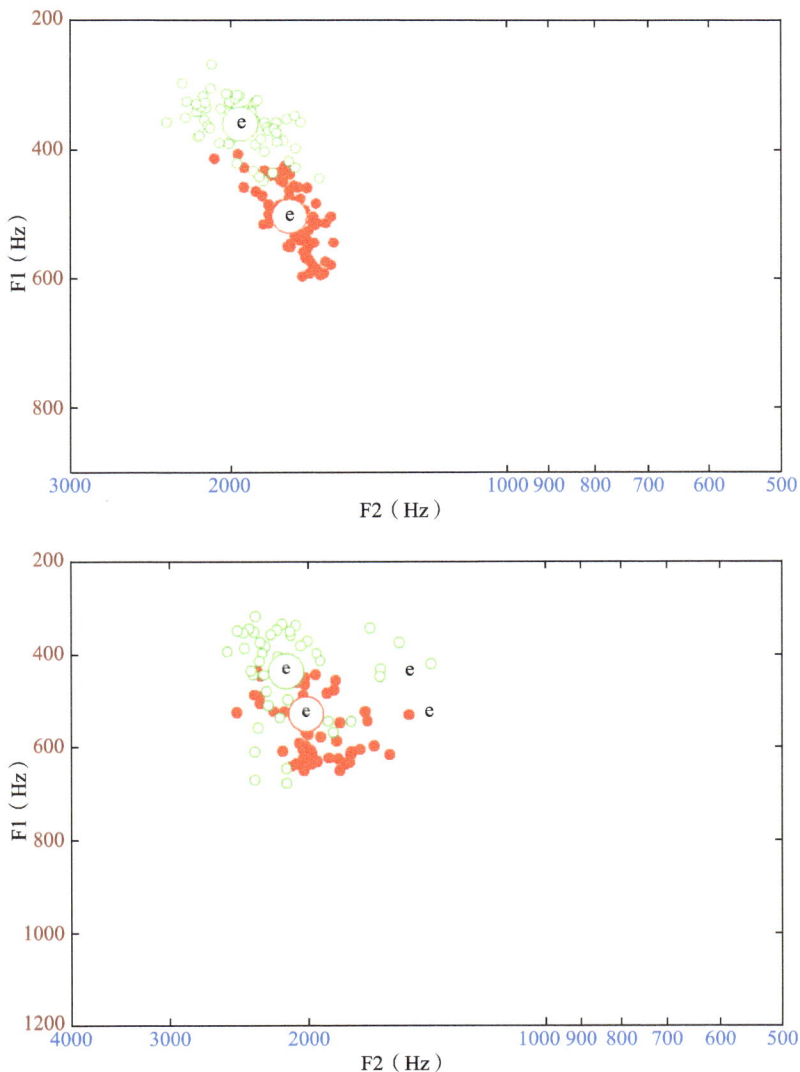

**图 2.24 ［e］元音目标位置共振峰（F1/F2）及其前过渡段共振峰
（TF1/TF2）分布比较（M&F）**

显示，男、女发音人［e］元音目标位置共振峰频率与其前、后过渡段共振峰频率之间存在一定的、共同性、具有统计学意义的规律：（1）男、女发音人［e］元音的前过渡段位置与目标位置相比，在声学元音图上整体靠前、靠上，这说明前置辅音影响［e］元音舌位，使其变高变前；（2）［e］元音的后过渡段位置与目标位置相比，在声学元音图上整体靠后、靠上。这说明后置辅音对［e］元音的影响是将其舌位变高变后，与前置辅音相反。

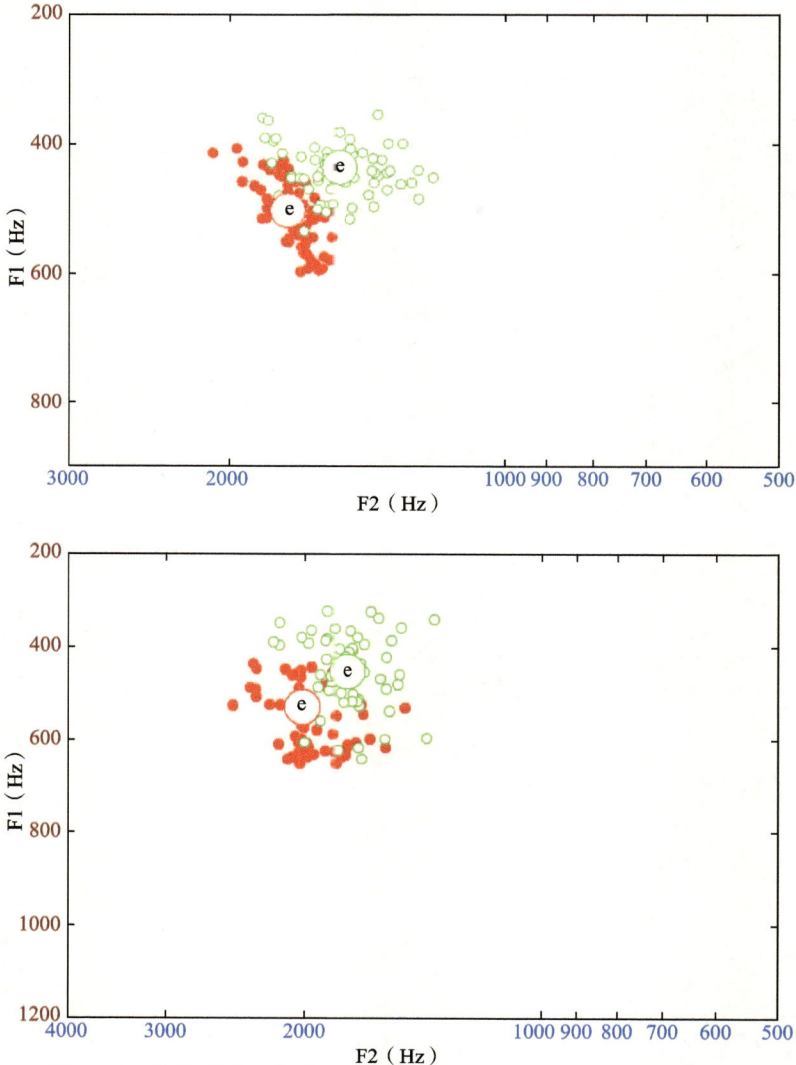

图 2.25　［e］元音目标位置共振峰（F1/F2）及其后过渡段共振峰
（TP1/TP2）分布比较（M&F）

2.2　元音声学参数与音节数量之间的相关性分析

2.2.1　[e] 元音在单音节和多音节词中的出现频率统计

表 2.13 为 [e] 元音在单音节和多音节词中出现的频率统计。表 2.13 显示，[e] 元音在双音节词中的出现频率最高，约占所有出现次数的 66%（M）和 61%（F）。这说明土族语中双音节词的使用频率高于单音节词和三音节词的使用频率。

表 2.13　单音节和多音节词中出现的 [e] 元音出现频率统计

e	单音节词		双音节词		三音节词		共计	
发音人	M	F	M	F	M	F	M	F
出现次数	13	3	48	42	12	24	73	69
百分比	18%	4%	66%	61%	16%	35%	100%	100%

2.2.2　[e] 元音音长、音强和共振峰参数与音节数量之间的相关性分析

表 2.14 为在单、双、三音节词中出现的 [e] 元音的音长（VD）、音强（VA）和共振峰目标值（F）统计。图 2.26 为词中音节数量与 [e] 元音第一、第二共振峰频率之间的关系示意图。从表 2.14 和图 2.26 中可以看出，男、女发音人 [e] 元音声学参数与其所出现词的音节数量之间呈现出一定的共同性、具有统计学意义的规律。男、女发音人 [e] 元音的音长、音强与其所出现的词的音节数量之间有一定的相关性，即 [e] 元音音长和音强随着其所出现词的音节数量的增加而相对缩短、变弱。如：

M：257ms → 125ms → 110 ms；M：72.46dB → 68.17dB →67.17dB

F：224ms → 92ms→ 62 ms；F：72.67dB →66.86dB →67.45dB

表 2.14　单音节和多音节词中出现的 [e] 元音声学参数统计

e		M					F				
		VD	VA	F1	F2	F3	VD	VA	F1	F2	F3
单音节词	平均值	257	72.46	558	1644	2554	224	72.67	610	2041	3228
	标准差	57	2.87	36	31	139	43	2.87	36	44	120
	变异系数	22%	4%	6%	2%	5%	19%	4%	6%	2%	4%

续表

e		M					F				
		VD	VA	F1	F2	F3	VD	VA	F1	F2	F3
双音节词	平均值	125	68.17	498	1721	2631	92	66.86	535	2023	3172
	标准差	28	2.58	40	108	96	27	3.45	86	216	270
	变异系数	22%	4%	8%	6%	4%	30%	5%	116%	11%	9%
三音节词	平均值	110	67.17	489	1744	2681	62	67.45	506	2008	3102
	标准差	23	1.67	53	99	100	22	3.88	85	227	245
	变异系数	21%	2%	11%	6%	4%	36%	6%	17%	11%	8%

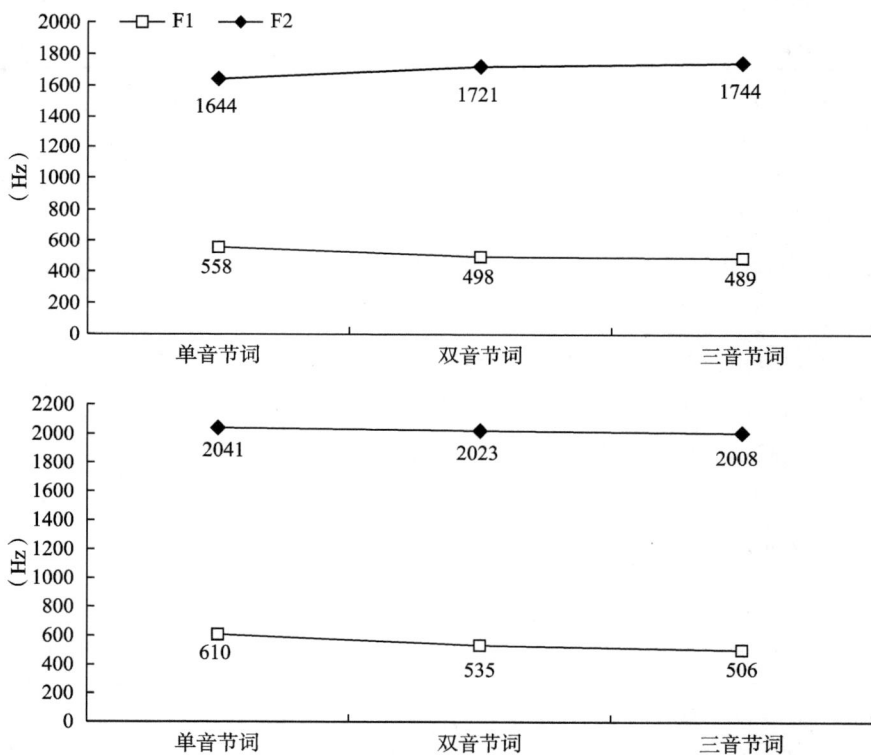

图 2.26　词中音节数量与 [e] 元音第一、第二共振峰
频率之间的关系示意（M&F）

2.3　元音声学参数与音节类型之间的相关性分析

2.3.1　［e］元音在不同音节类型中的出现频率统计

表 2.15 是［e］元音在不同音节类型中出现的频率统计表。该表显示，［e］元音在 CVC 音节中的出现频率最高，达到了 55%（M）和 53%（F）。

表 2.15　不同音节类型中出现的［e］元音的频率统计

发音人	音节类型	CV	CVC	CCV	CCVC	共计
M	出现次数	12	40	10	11	73
	百分比	16%	55%	14%	15%	100%
F	出现次数	20	36	6	6	68
	百分比	29%	53%	9%	9%	100%

2.3.2　［e］元音声学参数与音节类型之间的相关性分析

表 2.16 为不同音节类型中出现的［e］元音的声学参数统计，图 2.27 为不同音节类型中出现的［e］元音第一（F1）、第二共振峰（F2）比较。从表 2.16 和图 2.27 中可以看出，音节类型与［e］元音的音强之间有一定的相关性，（1）音强随着音节中的音素数量的增加而相对变强；（2）在 CV 和 CVC 音节（以单辅音开头）中的音强比 CCV 和 CCVC 音节（以复辅音开头）中的音强相对弱。如：

M：67dB（CV）→ 68.68dB（CVC）→ 68.9dB（CCV）→ 70.64dB（CCVC）

F：66.95dB（CV）→ 67dB（CVC）→ 68dB（CCV）→ 69.83dB（CCVC）

表 2.16-1　不同音节类型中出现的［e］元音声学参数统计（M）

e		VD	VA	F1	F2	F3
CV	平均值	144	67	466	1782	2678
	标准差	71	1.28	39	133	88
	变异系数	49%	2%	8%	7%	3%
CVC	平均值	137	68.68	516	1704	2621
	标准差	53	3.02	42	85	107
	变异系数	39%	4%	8%	5%	4%

续表

e		VD	VA	F1	F2	F3
CCV	平均值	139	68.9	493	1734	2685
	标准差	55	3.42	58	103	63
	变异系数	40%	5%	12%	6%	2%
CCVC	平均值	171	70.64	528	1646	2533
	标准差	62	3.2	41	74	126
	变异系数	36%	5%	8%	4%	5%

表 2.16-2　不同音节类型中出现的 [e] 元音声学参数统计 （F）

e		VD	VA	F1	F2	F3
CV	平均值	81	66.95	504	2020	3048
	标准差	27	3.57	85	229	226
	变异系数	34%	5%	17%	11%	7%
CVC	平均值	88	67	542	2019	3194
	标准差	51	4.19	85	204	193
	变异系数	59%	6%	16%	10%	6%
CCV	平均值	95	68	511	2005	2888
	标准差	28	1.73	92	202	423
	变异系数	30%	3%	18%	10%	15%
CCVC	平均值	91	69.83	547	1956	3279
	标准差	28	2.27	80	210	122
	变异系数	32%	3%	15%	11%	4%

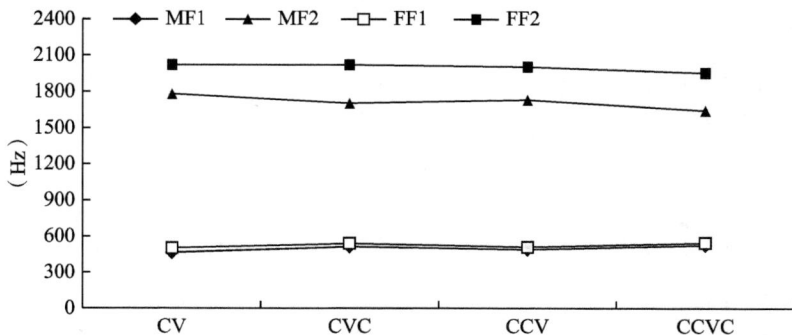

图 2.27　不同音节类型中出现的 [e] 元音第一 （F1）、
第二共振峰 （F2） 比较 （M&F）

2.4 元音声学参数与前置辅音音质之间的相关性分析

图 2.28 为不同辅音（如：［t-，tʰ-，k-，n-，m-，l-，j-，w-］）之后出现的词首音节［e］元音的音长均值比较，图 2.29 为不同辅音之后出现的［e］元音目标位置第一、第二和第三共振峰的前过渡段的变化示意图。从图 2.28 和图 2.29 中可以看出，男、女发音人［e］元音声学参数与其前置辅音音质之间几乎没有相关性。

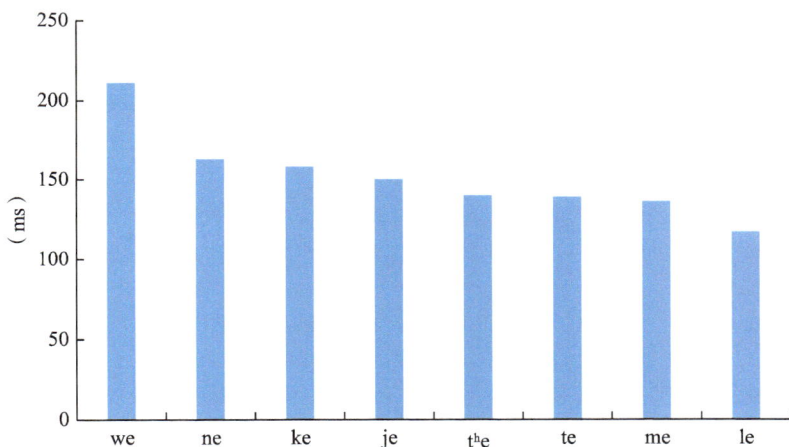

图 2.28-1 词首音节不同辅音之后出现的 ［e］ 元音音长均值比较 （M）

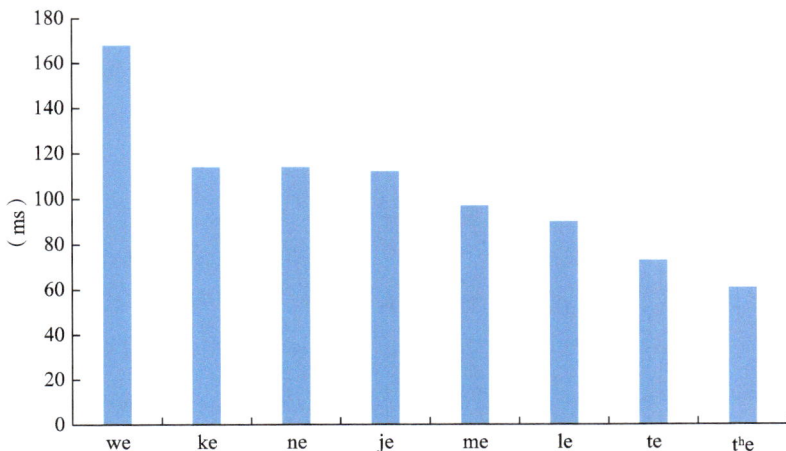

图 2.28-2 词首音节不同辅音之后出现的 ［e］ 元音音长均值比较 （F）

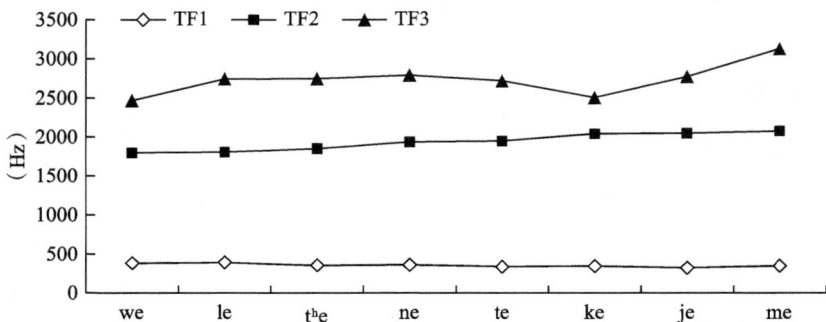

图 2.29-1　词首音节不同辅音之后出现的［e］元音三个共振峰前过渡段 TF1、
TF2、TF3 的变化示意（以 TF2 参数的自小至大排列）（M）

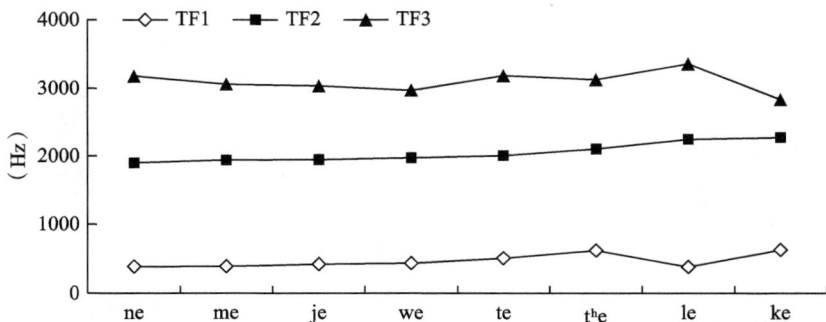

图 2.29-2　词首音节不同辅音之后出现的［e］元音三个共振峰前过渡段 TF1、
TF2、TF3 的变化示意（以 TF2 参数的自小至大排列）（F）

（五）［i］元音

1. 声学特征与音色

1.1　［i］元音三维语图和语音标注

图 2.30 为男发音人［itɐː］"疲倦"一词的三维语图和三层标注实
例。从该词三维语图上可以看到词首音节［i］元音目标位置的 F1～F4 共
振峰分别为 318Hz、2230Hz、2844Hz、3656Hz。该元音的第一共振峰较
低，而第二共振峰较高。该语图比较真实地显示了［i］元音在实际语流
中的存在形式。

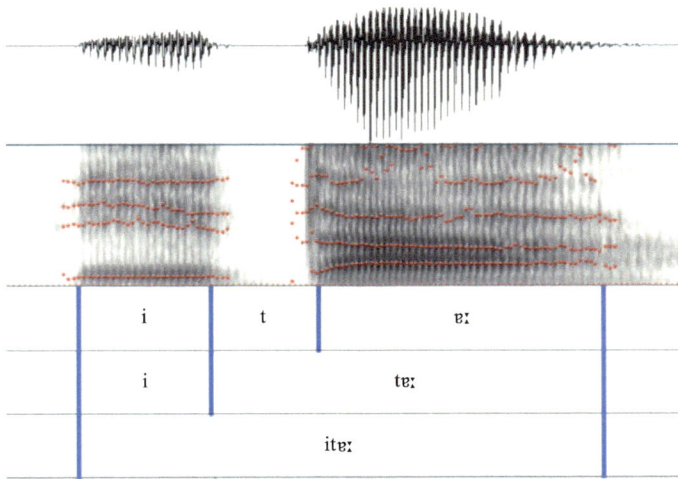

图 2.30　男发音人[iteː]"疲倦"一词的三维语图和三层标注实例

1.2　[i] 元音声学参数和声学特征

表 2.17 为男、女发音人 [i] 元音声学参数统计。图 2.31 为男、女发音人 [i] 元音声学元音图。从表 2.17 和图 2.31 中可以看出，（1）统计表显示男、女发音人 [i] 元音的平均时长、平均音强分别为 M：VD = 73ms，F：VD = 67ms；M：VA = 65.32dB，F：VA = 65.07dB。该元音 F1 和 F2 的频率均值分别为 M：F1 = 394Hz，F2 = 1878Hz；F：F1 = 399Hz，F2 = 2230Hz。（2）从表 2.17 和图 2.31 中可以看到，与土族语 [ɐ] 和 [u] 元音相比，[i] 元音是最高、最前元音。根据前人研究和本次实验，我们认为土族语词首音节 [i] 元音是高、前、展唇元音，用 [i] 音标标记接近其实际音值。（3）女发音人 [i] 元音的第一、第二共振峰的变异系数（F1、F2 = 10%）比男发音人第一、第二共振峰的变异系数（F1、F2 = 9%）相对大。这说明女发音人 [i] 元音的离散度比男发音人的相对大。

表 2.17　[i] 元音声学参数统计

i	M					F				
	VD	VA	F1	F2	F3	VD	VA	F1	F2	F3
平均值	73	65.32	394	1878	2673	67	65.07	399	2230	3206
标准差	38	2.69	48	102	112	35	3.07	41	218	241
变异系数	52%	4%	9%	9%	5%	51%	5%	10%	10%	8%

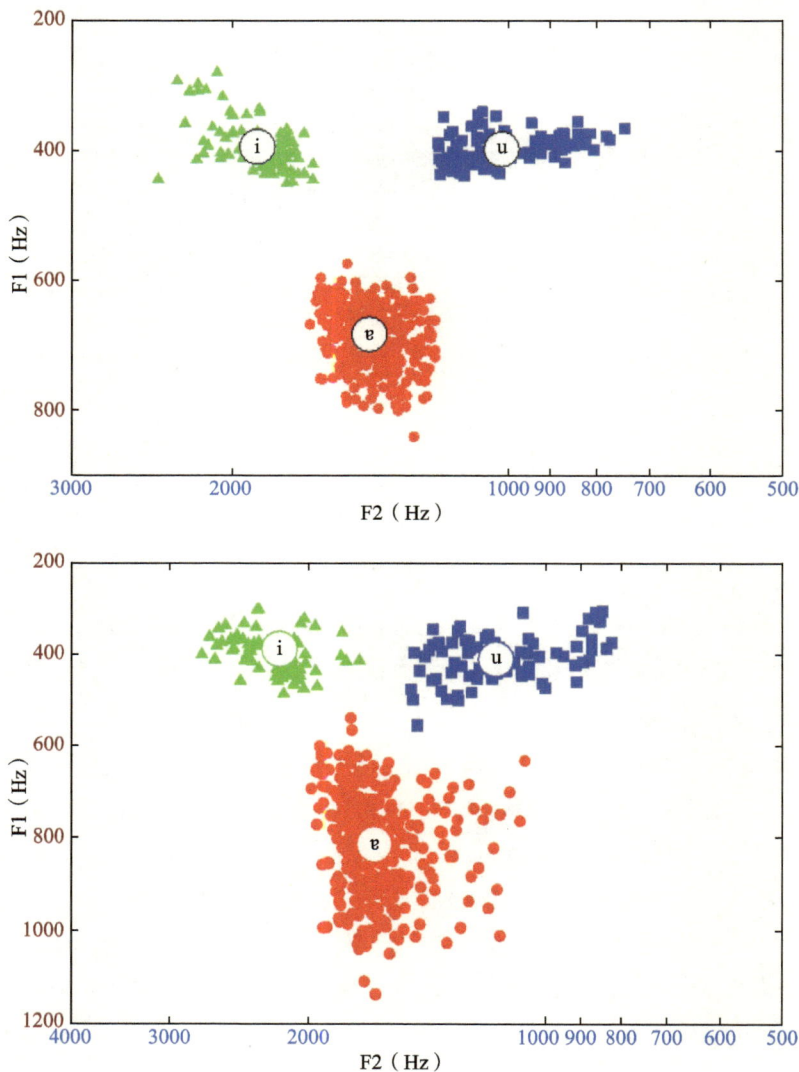

图 2.31 ［i］元音声学元音图 （M&F）

2. 语流中的音变特征分析

2.1 目标位置共振峰与其前、后过渡段共振峰频率参数之间的显著性差异分析

为了能够直接观察和分析［i］元音目标位置共振峰与其前、后过渡段共振峰分布之间的差别，我们绘制了［i］元音目标位置第一、第二共振峰 F1/F2 及其前过渡 TF1/TF2 和后过渡 TP1/TP2 共振峰分布比较图。其中，图

2.32 为 [i] 元音目标位置共振峰及其前过渡段共振峰分布比较图。图 2.33 为目标位置共振峰和后过渡段共振峰分布比较图。

　　图 2.32 和图 2.33 显示，男、女发音人 [i] 元音目标位置共振峰频率与其前、后过渡段频率之间存在一定的共同性、具有统计学意义的规律：（1）男、女发音人 [i] 元音的前过渡段位置与目标位置相比，在声学元音图上整体

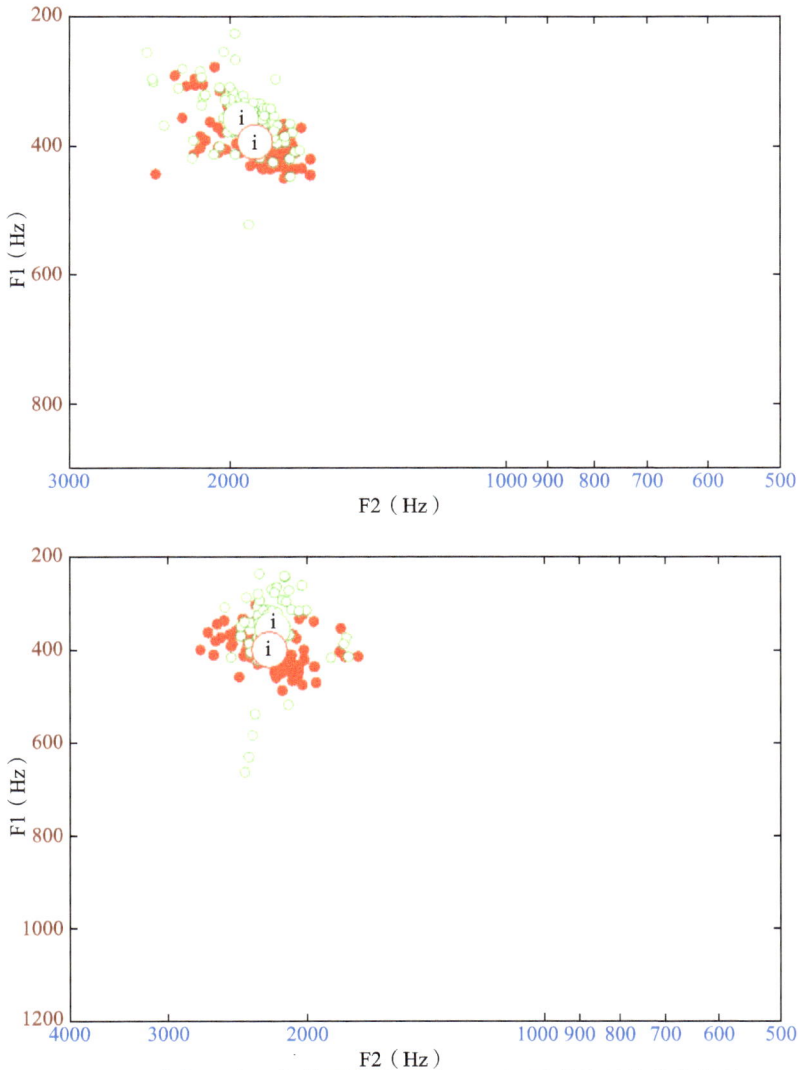

图 2.32　[i] 元音目标位置共振峰（F1/F2）及其前过渡段共振峰
（TF1/TF2）分布比较（M&F）

靠上，这说明前置辅音影响［i］元音舌位，使其变高；（2）［i］元音的后过渡段位置与目标位置相比，在声学元音图上整体靠后，说明后置辅音对［i］元音的影响是将其舌位变后；（3）［i］元音的后过渡段的变化明显大于其前过渡段的变化，即语流中［i］元音的"后过渡段舌位变化明显大于其前过渡段舌位变化"。

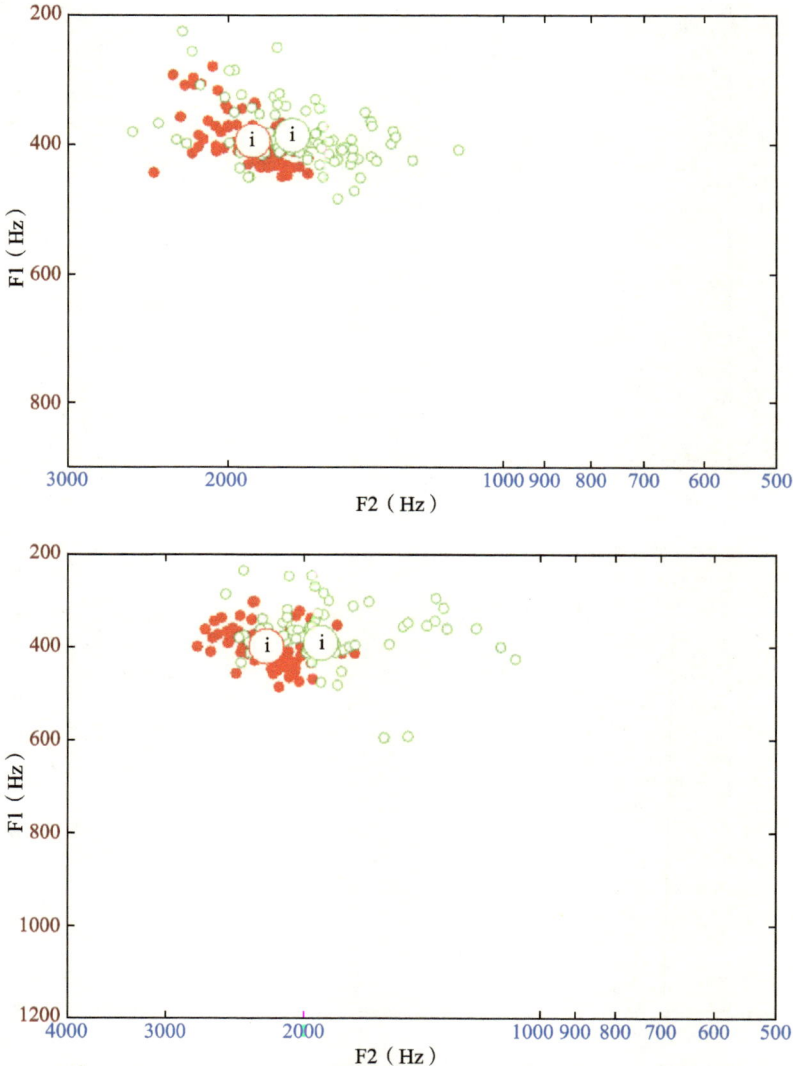

图 2.33　［i］元音目标位置共振峰（F1/F2）及其后过渡段共振峰（TP1/TP2）分布比较（M&F）

2.2　元音声学参数与音节数量之间的相关性分析

2.2.1　［i］元音在单音节和多音节词中的出现频率统计

表 2.18 为［i］元音在单音节和多音节词中的出现频率统计。表 2.18 显示，［i］元音在双音节词中的出现频率最高，约占所有出现次数的 66%（M）和 67%（F）。再次说明土族语中双音节词的使用频率高于单音节词和三音节词的使用频率。

表 2.18　［i］元音出现频率统计

i	单音节词		双音节词		三音节词		四音节词		共计	
发音人	M	F	M	F	M	F	M	F	M	F
出现次数	1	1	62	47	29	21	2	1	94	70
百分比	1%	1.5%	66%	67%	31%	30%	2%	1.5%	100%	100%

2.2.2　［i］元音音长、音强和共振峰参数与音节数量之间的相关性分析

下面探讨［i］元音音长、音强和共振峰参数均值与音节数量之间的相关性问题。表 2.19 为在单、双、三音节词中出现的［i］元音的音长、音强和共振峰目标值统计表。图 2.34 为词中音节数量与［i］元音第一、第二共振峰频率之间的关系示意图。

从表 2.19 和图 2.34 可以看出，男、女发音人［i］元音声学参数与其所出现词的音节数量之间呈现出一定的共同性、具有统计学意义的规律。男、女发音人［i］元音的音长、音强与其所出现的词的音节数量之间有一定的相关性，即从双音节词和三音节词的数据可以看出，男、女发音人［i］元音音长和音强随着其所出现词的音节数量的增加而相对缩短、变弱。如：

$$M：77ms \rightarrow 63ms；M：65.61dB \rightarrow 64.41dB$$
$$F：72ms \rightarrow 52ms；F：64.55dB \rightarrow 65.9dB$$

表 2.19　单音节和多音节词中出现的［i］元音声学参数统计

	i	M					F				
		VD	VA	F1	F2	F3	VD	VA	F1	F2	F3
单音节词	平均值	131	75	402	1837	2523	152	72	458	2186	3271
	标准差	—	—	—	—	—	—	—	—	—	—
	变异系数	—	—	—	—	—	—	—	—	—	—

i		M					F				
		VD	VA	F1	F2	F3	VD	VA	F1	F2	F3
双音节词	平均值	77	65.61	389	1905	2685	72	64.55	399	2220	3224
	标准差	38	2.35	38	164	132	38	2.29	40	223	238
	变异系数	50%	4%	10%	9%	5%	52%	4%	10%	10%	7%
三音节词	平均值	63	64.41	402	1827	2644	52	65.9	393	2265	3174
	标准差	35	2.62	36	155	117	14	4.02	43	208	249
	变异系数	57%	4%	9%	8%	4%	26%	6%	11%	9%	8%
四音节词	平均值	78	64.5	401	1837	2777	55	65	446	2049	2966
	标准差	12	2.5	18	5	115	—	—	—	—	—
	变异系数	15%	4%	4%	0.2%	4%	—	—	—	—	—

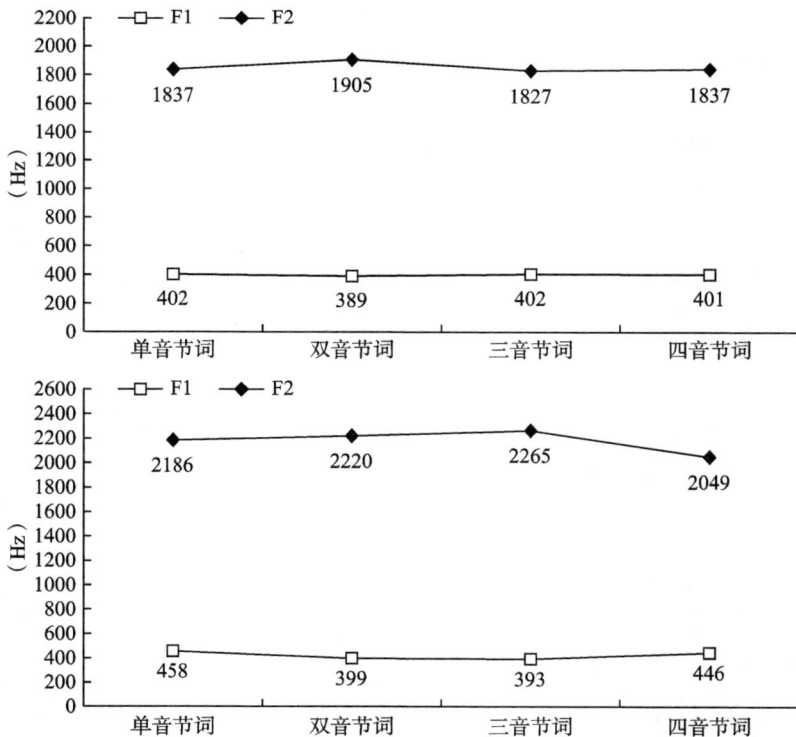

图 2.34　词中音节数量与［i］元音第一、第二共振峰
频率之间的关系示意（M&F）

2.3 元音声学参数与音节类型之间的相关性分析

2.3.1 [i] 元音在不同音节类型中的出现频率统计

表 2.20 是 [i] 元音在不同音节类型中出现的频率统计。该表显示，[i] 元音在 CV 音节中的出现频率最高，到达了 50% 和 56%（M&F）。

表 2.20 不同音节类型中出现的 [i] 元音的频率统计

发音人	音节类型	V	CV	CVC	CCV	CCVC	共计
M	出现次数	9	47	30	6	2	94
	百分比	10%	50%	32%	6%	2%	100%
F	出现次数	2	39	24	3	2	70
	百分比	3%	56%	34%	4%	3%	100%

2.3.2 [i] 元音声学参数与音节类型之间的相关性分析

表 2.21 为不同音节类型中出现的 [i] 元音的声学参数统计，图 2.35 为不同音节类型中出现的 [i] 元音第一（F1）、第二共振峰（F2）均值比较图。从表 2.21 和图 2.35 可以看出，男、女发音人 [i] 元音目标位置第一共振峰均值与其所出现的音节类型之间具有一定的相关性。（1）音长在一定程度上受到音节类型的影响，[i] 元音单独构成音节时的音长比其在 CV、CVC、CCV、CCVC 等以辅音开头的音节中音长相对长。如，M：在 V 音节中 [i] 元音音长均值为 159ms，而在 CV、CVC、CCV、CCVC 等以辅音开头的音节中其音长均值最大值为 73ms，相差 86ms；F：在 V 音节中 [i] 元音的音长均值为 166ms，而在 CV、CVC、CCV、CCVC 等音节中其音长均值最大值为 80ms，相差 86ms。（2）[i] 元音第二共振峰与音节类型之间具有一定的相关性，即独立构成音节时 [i] 元音的 F2 频率比以辅音开头的音节中的频率相对高。如，M：在 V 音节中 F2 均值为 2102Hz，而在 CV、CVC、CCV、CCVC 等音节中分别为 1854Hz、1860Hz、1855Hz、1790Hz；F：在 V 音节中 F2 均值为 2440Hz，而在 CV、CVC、CCV、CCVC 等音节中其 F2 均值为 2244Hz、2194Hz、2436Hz、1873Hz。

表 2.21-1　不同音节类型中出现的 [i] 元音声学参数统计 （M）

i		VD	VA	F1	F2	F3
V	平均值	159	62.89	317	2102	2789
	标准差	47	2.85	32	139	110
	变异系数	29%	5%	10%	7%	4%
CV	平均值	58	64.83	399	1854	2666
	标准差	22	2.41	28	136	115
	变异系数	39%	4%	7%	7%	4%
CVC	平均值	73	66.43	412	1860	2658
	标准差	21	2.3	20	167	148
	变异系数	29%	3%	5%	9%	6%
CCV	平均值	69	66.5	368	1855	2649
	标准差	9	2.87	13	130	88
	变异系数	12%	4%	3%	7%	3%
CCVC	平均值	65	67.5	409	1790	2610
	标准差	13	1.5	25	45	27
	变异系数	20%	2%	6%	2%	1%

表 2.21-2　不同音节类型中出现的 [i] 元音声学参数统计 （F）

i		VD	VA	F1	F2	F3
V	平均值	166	65.5	363	2440	3644
	标准差	3	2.5	4	21	10
	变异系数	2%	4%	1%	1%	0.8%
CV	平均值	61	64.62	385	2244	3216
	标准差	33	2.79	36	221	247
	变异系数	54%	4%	9%	10%	8%
CVC	平均值	68	65.88	422	2194	3194
	标准差	27	3.6	41	177	186
	变异系数	40%	6%	10%	8%	6%

续表

i		VD	VA	F1	F2	F3
CCV	平均值	80	65.33	399	2436	3097
	标准差	20	1.25	37	210	228
	变异系数	25%	2%	9%	9%	7%
CCVC	平均值	63	63.5	425	1873	2887
	标准差	3	0.5	11	84	179
	变异系数	4%	1%	2%	4%	6%

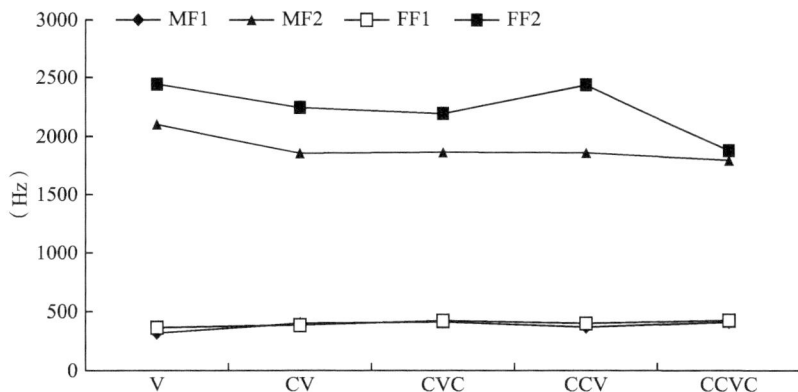

图 2.35　不同音节类型中出现的 [i] 元音第一 (F1)、
第二共振峰 (F2) 比较 (M&F)

2.4　元音声学参数与前置辅音音质之间的相关性分析

图 2.36 为不同辅音 （如：[t-、ç-、tç-、tçʰ-、n-、j-]）之后出现的词首音节 [i] 元音的音长均值比较图，图 2.37 为不同辅音之后出现的 [i] 元音目标位置第一、第二和第三共振峰的前过渡段的变化示意图。

从图 2.36 和图 2.37 中可以看出，男、女发音人 [i] 元音声学参数与其前置辅音音质之间具有一定的相关性。如：（1）男、女发音人 [i] 元音在无前置辅音时音长最长，M：159ms，F：166ms，其次是半元音之后出现时的音长，M：95ms，F：96ms，送气塞擦音后出现时音长最短，M：50ms，F：49ms；（2）出现在送气辅音和清擦音之后 [i] 元音的音长比出现在不送气塞音和塞擦音之后的音长相对短，如：送气辅音和清擦音之后出现的［i］元音音长约为 50ms，而在不送气塞音和塞擦音之后的［i］元音音长约为 90ms，相差 60ms。

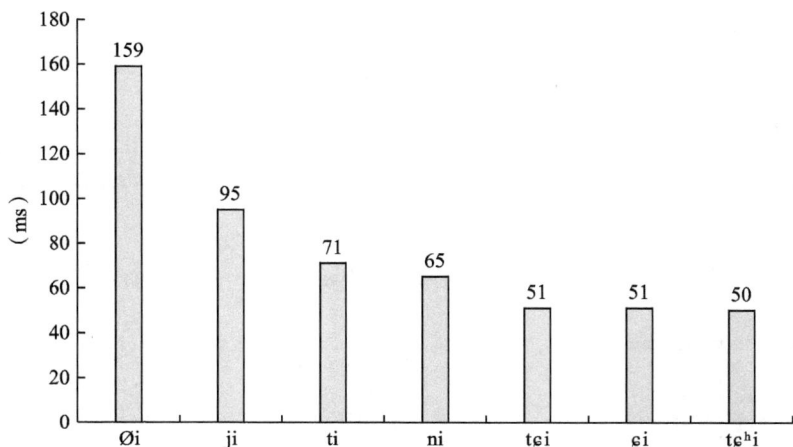

图 2.36-1　词首音节不同辅音之后出现的［i］元音音长均值比较（M）

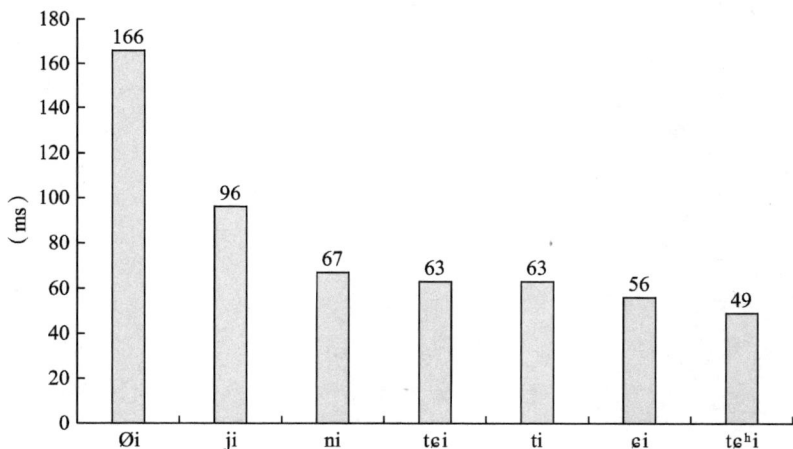

图 2.36-2　词首音节不同辅音之后出现的［i］元音音长均值比较（F）

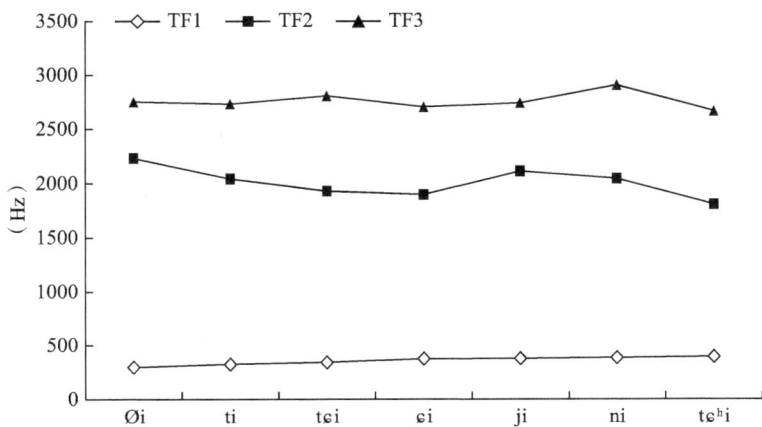

图 2.37-1　词首音节不同辅音之后出现的 [i] 元音三个共振峰
前过渡段 TF1、TF2、TF3 的变化示意
（以 TF1 参数的自小至大排列）（M）

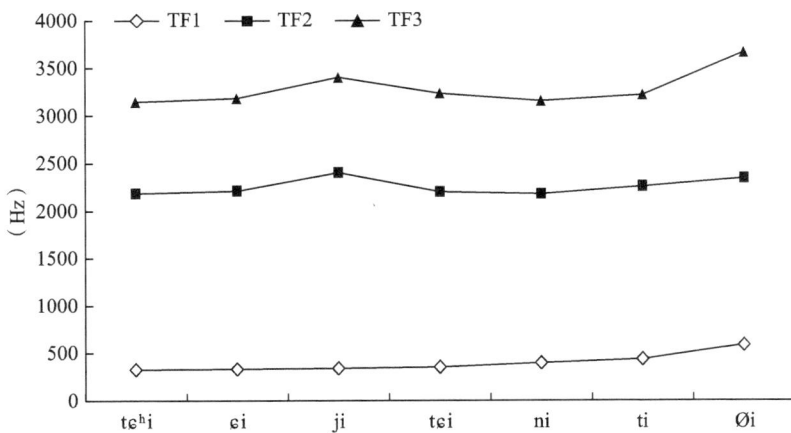

图 2.37-2　词首音节不同辅音之后出现的 [i] 元音三个共振峰
前过渡段 TF1、TF2、TF3 的变化示意
（以 TF1 参数的自小至大排列）（F）

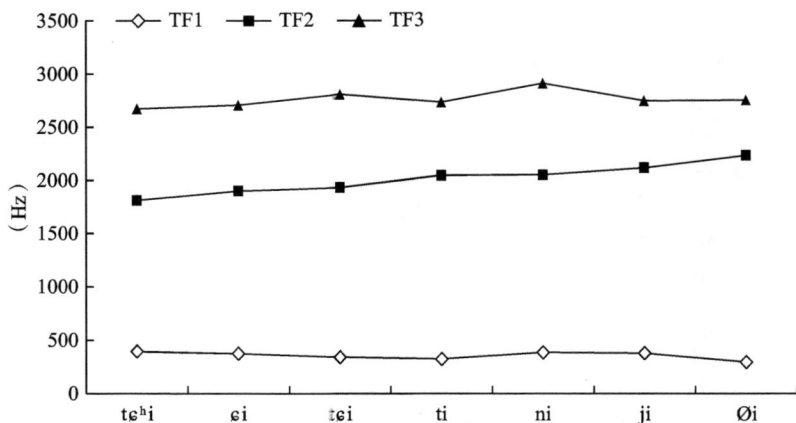

图 2.37-3　词首音节不同辅音之后出现的［i］元音三个共振峰前过渡段 TF1、TF2、TF3 的变化示意（以 TF2 参数的自小至大排列）（M）

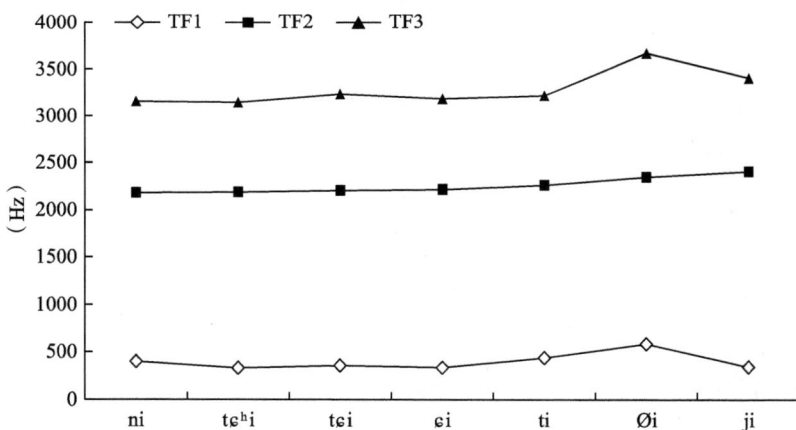

图 2.37-4　词首音节不同辅音之后出现的［i］元音三个共振峰前过渡段 TF1、TF2、TF3 的变化示意（以 TF2 参数的自小至大排列）（F）

（六）［ə］元音

1. 声学特征与音色

1.1 ［ə］元音三维语图和语音标注

图 2.38 为男发音人［tɕʰə］"你"一词的三维语图和三层标注实例。从三维语图上可以清楚地看到［ə］元音目标位置的 F1～F4 分别为 419Hz、

1436Hz、2736Hz、3697Hz。虽然其前半段（前过渡段）受［tɕʰ］的影响F2 有所上升，但该语图能够比较真实地显示［ə］元音在实际语流中的存在形式。

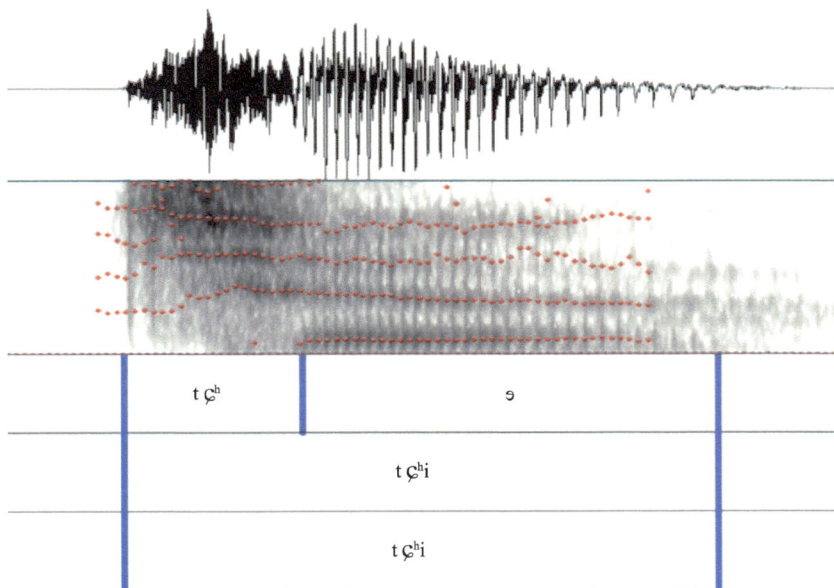

图2.38　男发音人［tɕʰə］"你"一词的三维语图和三层标注实例

1.2　［ə］元音声学参数和声学特征

表2.22 男、女发音人［ə］元音声学参数统计。图2.39 为男、女发音人［ə］元音声学元音图。从表2.22 和图2.39 中可以看出：（1）统计表显示男、女发音人［ə］元音的平均时长、平均音强分别为 M：VD = 73ms，F：VD = 63ms；M：VA = 66.32dB，F：VA = 65.04 dB。该元音 F1 和 F2 的频率均值分别为 M：F1 = 437Hz，F2 = 1580Hz；F：F1 = 470Hz，F2 = 1744Hz；（2）图表显示，［ə］元音在声学空间中分布在［i］和［u］两个高元音之间相对靠下位置，是半高、央、展唇元音，用国际音标［ə］标记，较接近其实际音质；（3）女发音人［ə］元音的第一、第二共振峰的变异系数（F1 = 18%，F2 = 15%）比男发音人第一、第二共振峰的变异系数（F1 = 7%，F2 = 9%）相对大。这说明女发音人［ə］元音的离散度比男发音人的相对大。

表 2.22 ［ə］元音声学参数统计

ə	M					F				
	VD	VA	F1	F2	F3	VD	VA	F1	F2	F3
平均值	73	66.32	437	1580	2606	63	65.04	470	1744	3134
标准差	50	3	29	148	145	58	3.63	83	263	379
变异系数	68%	5%	7%	9%	6%	93%	6%	18%	15%	12%

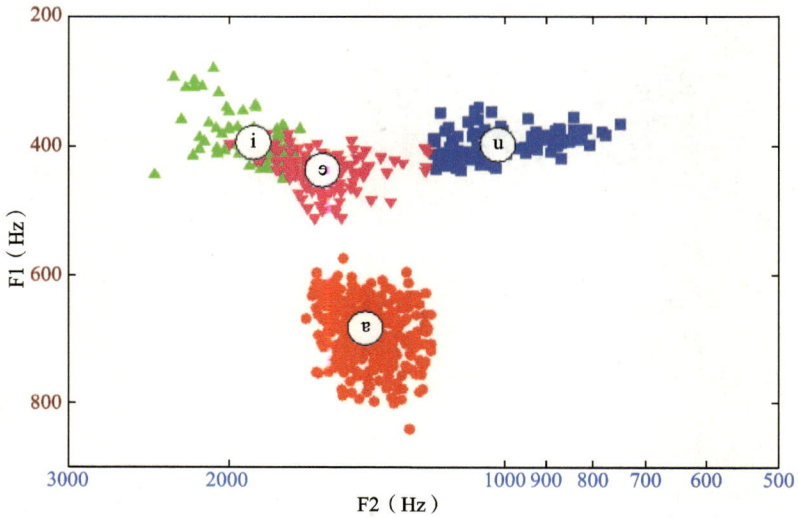

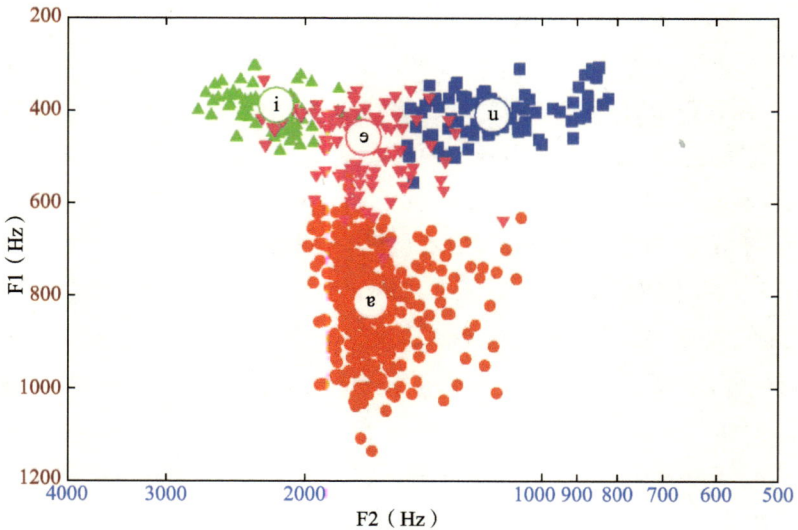

图 2.39 ［ə］元音声学元音图（M&F）

2. 语流中的音变特征分析

2.1　目标位置共振峰与其前、后过渡段共振峰频率参数之间的显著性差异分析

为了能够直接观察和分析 [ə] 元音目标位置共振峰与其前、后过渡段共振峰分布之间的差别，我们绘制了 [ə] 元音目标位置第一、第二共振峰

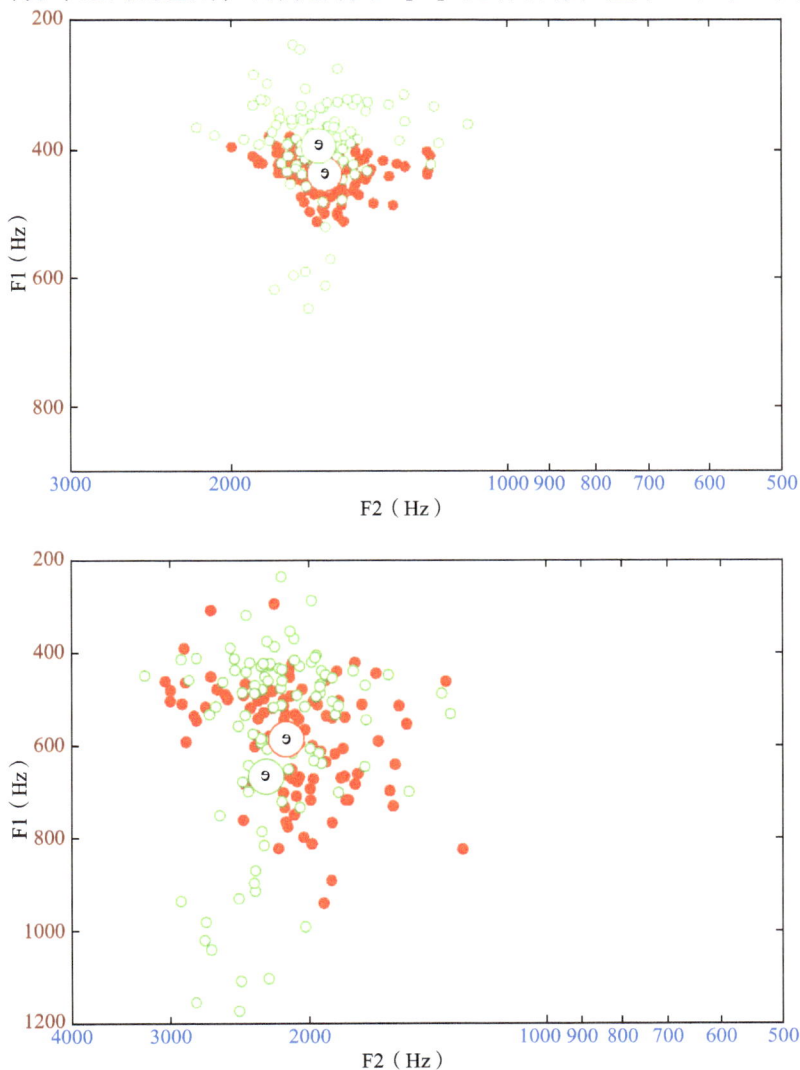

图 2.40　[ə] 元音目标位置共振峰 （F1/F2） 及其前过渡段
共振峰 （TF1/TF2） 分布比较 （M&F）

F1/F2 及其前过渡段 TF1/TF2 和后过渡段 TP1/TP2 共振峰分布比较图。其中，图 2.40 为 [ə] 元音目标位置共振峰及其前过渡段共振峰分布比较图，图 2.41 为目标位置共振峰和后过渡段共振峰分布比较图。

图 2.40 和图 2.41 显示，男、女发音人 [ə] 元音目标位置共振峰频率与其前、后过渡段共振峰频率之间存在一定的共同性、具有统计学意义的

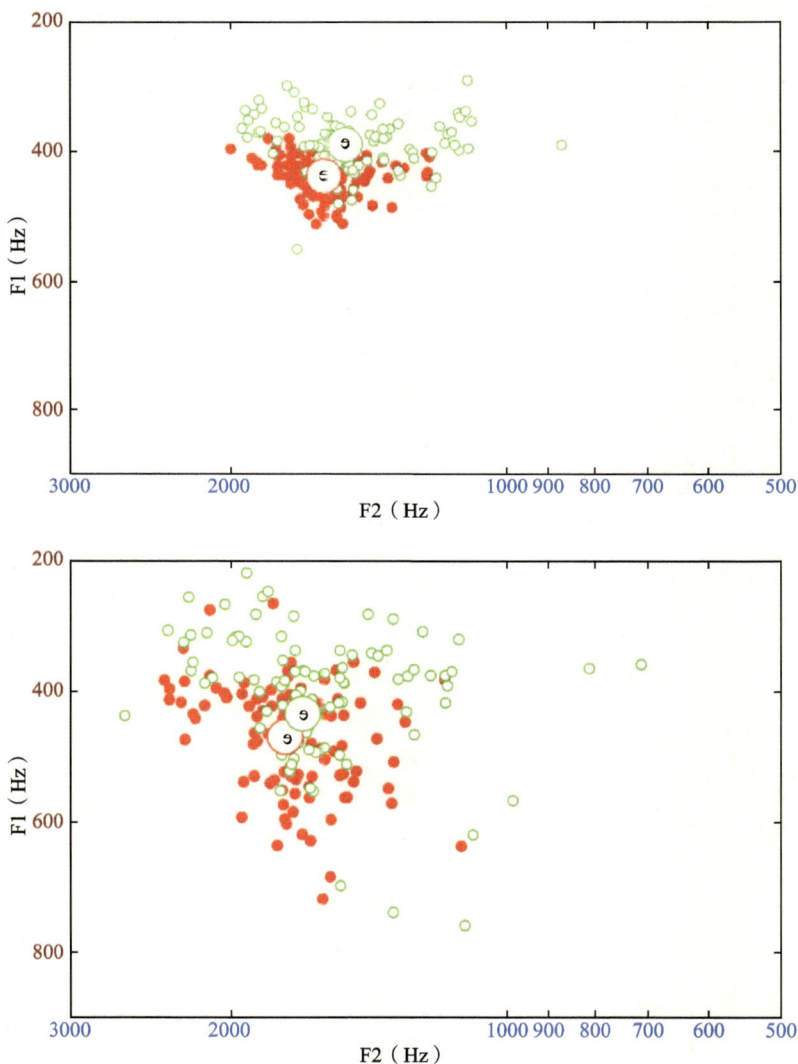

图 2.41　[ə] 元音目标位置共振峰（F1/F2）及其后过渡段
共振峰（TP1/TP2）分布比较（M&F）

规律：男、女发音人［ə］元音的前、后过渡段位置与目标位置相比，在声学元音图上整体靠上，说明前后辅音影响［ə］元音舌位，使其变高。

2.2 元音声学参数与音节数量之间的相关性分析

2.2.1 ［ə］元音在单音节和多音节词中的出现频率统计

表 2.23 为［ə］元音在单音节和多音节词中的出现频率统计表。表2.23 显示，［ə］元音在双音节词中的出现频率最高，约占所有出现次数的57%（M）和 54%（F）。这说明土族语中双音节词的使用频率高于单音节词和三音节词的使用频率。

表 2.23 ［ə］元音出现频率统计

ə	单音节词		双音节词		三音节词		四音节词		共计	
发音人	M	F	M	F	M	F	M	F	M	F
出现次数	8	5	63	57	35	37	5	6	111	105
百分比	7%	5%	57%	54%	31%	35%	5%	6%	100%	100%

2.2.2 ［ə］元音音长、音强和共振峰参数与音节数量之间的相关性分析

下面探讨［ə］元音音长、音强和共振峰参数均值与音节数量之间的相关性问题。表 2.24 为在单、双、三音节词中出现的［ə］元音的音长、音强和共振峰目标值统计表。图 2.42 为词中音节数量与［ə］元音第一、第二共振峰频率之间的关系示意图。

从表 2.24 和图 2.42 中可以看出，男、女发音人［ə］元音声学参数与其所出现词的音节数量之间呈现出一定的共同性、具有统计学意义的规律。

（1）男、女发音人［ə］元音的音长、音强与其所出现词的音节数量之间有一定的相关性，即［ə］元音音长和音强随着其所出现词的音节数量的增加而相对缩短、变弱。如：

M：209ms → 68ms →50ms；M：72.13dB → 66.51dB →64.4dB

F：260ms → 58ms→ 46ms；F：72.2dB → 64.65dB →64.89dB

（2）图 2.42 显示，［ə］元音目标位置的 F2 与音节数量之间有一定的相关性。如，男、女发音人的 F2（舌位前后）在双音节词中频率最高。如：

M：F2 = 1481Hz（单），F2 = 1605Hz（双），F2 = 1572Hz（三）

F：F2 = 1604Hz（单），F2 = 1787Hz（双），F2 = 1692Hz（三）

表 2.24　单音节和多音节词中出现的 [ə] 元音声学参数统计

[ə]		M					F				
		VD	VA	F1	F2	F3	VD	VA	F1	F2	F3
单音节词	平均值	209	72.13	419	1481	2529	260	72.2	569	1604	3374
	标准差	86	1.17	13	68	114	153	1.47	51	154	176
	变异系数	41%	2%	3%	5%	5%	59%	2%	9%	10%	5%
双音节词	平均值	68	66.51	440	1605	2603	58	64.65	484	1787	3158
	标准差	24	2.53	29	153	140	19	3.58	75	250	384
	变异系数	36%	4%	7%	10%	5%	33%	6%	16%	14%	12%
三音节词	平均值	50	64.4	434	1572	2628	46	64.89	442	1692	3055
	标准差	15	1.96	29	140	157	14	2.83	85	283	378
	变异系数	29%	3%	7%	9%	6%	32%	44%	19%	17%	12%
四音节词	平均值	74	68.2	452	1472	2606	41	63.67	430	1778	3358
	标准差	19	2.64	23	100	120	16	3.4	69	234	255
	变异系数	25%	4%	5%	7%	5%	38%	5%	16%	13%	8%

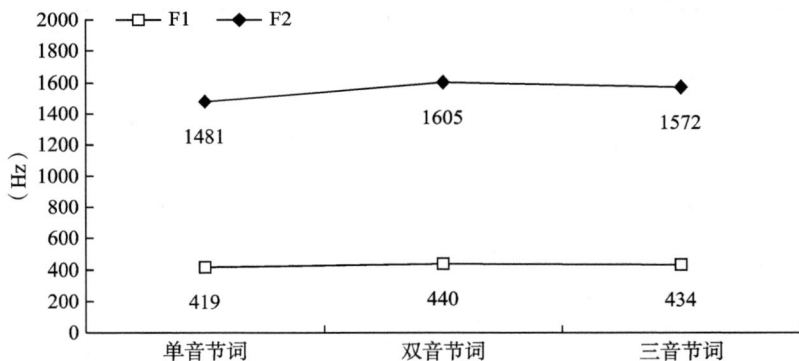

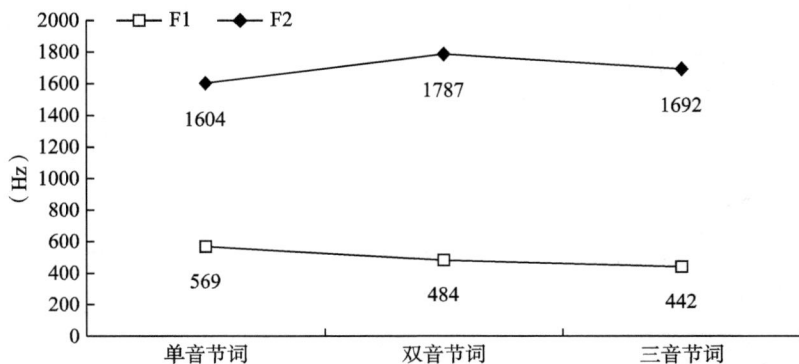

图 2.42　词中音节数量与 [ə] 元音第一、第二共振峰
频率之间的关系示意 （M&F）

2.3 元音声学参数与音节类型之间的相关性分析

2.3.1 [ə] 元音在不同音节类型中的出现频率统计

表 2.25 为 [ə] 元音在不同音节类型中出现的频率统计表。该表显示，[ə] 元音在 CV 音节中的出现频率最高，达到 48% 和 60%（M&F）。

表 2.25 不同音节类型中出现的 [ə] 元音的频率统计

发音人	音节类型	CV	CVC	CCV	CCVC	共计
M	出现次数	53	38	9	11	53
	百分比	48%	34%	8%	10%	48%
F	出现次数	63	26	9	7	63
	百分比	60%	25%	9%	7%	60%

2.3.2 [ə] 元音声学参数与音节类型之间的相关性分析

表 2.26 为不同音节类型中出现的 [ə] 元音的声学参数统计，图 2.43 为不同音节类型中出现的 [ə] 元音第一、第二共振峰比较图。从上述图表中可以看出，男、女发音人 [ə] 元音音长、音强和共振峰与其所出现的音节类型之间没有呈现出共同的、具有统计学意义的特点。

表 2.26-1 不同音节类型中 [ə] 元音声学参数统计（M）

ə		VD	VA	F1	F2	F3
CV	平均值	61	65.6	428	1577	2602
	标准差	38	2.78	25	179	148
	变异系数	62%	4%	6%	11%	6%
CVC	平均值	76	66.55	451	1571	2614
	标准差	35	2.81	27	110	199
	变异系数	46%	4%	6%	7%	6%
CCV	平均值	124	67.18	439	1594	2593
	标准差	100	3.49	38	126	118
	变异系数	81%	5%	9%	8%	5%
CCVC	平均值	66	68.56	428	1612	2603
	标准差	22	2.95	18	87	77
	变异系数	33%	4%	4%	5%	3%

表 2.26-2　不同音节类型中［ə］元音声学参数统计（F）

ə		VD	VA	F1	F2	F3
CV	平均值	57	64.7	449	1790	3103
	标准差	44	3.52	68	294	369
	变异系数	78%	5%	15%	16%	12%
CVC	平均值	52	64.27	475	1664	3200
	标准差	17	3.28	88	201	382
	变异系数	33%	5%	19%	12%	12%
CCV	平均值	58	67.89	557	1675	3285
	标准差	13	3.51	92	222	61
	变异系数	22%	5%	17%	13%	2%
CCVC	平均值	64	67.29	528	1722	3121
	标准差	14	3.41	75	47	576
	变异系数	22%	5%	14%	3%	18%

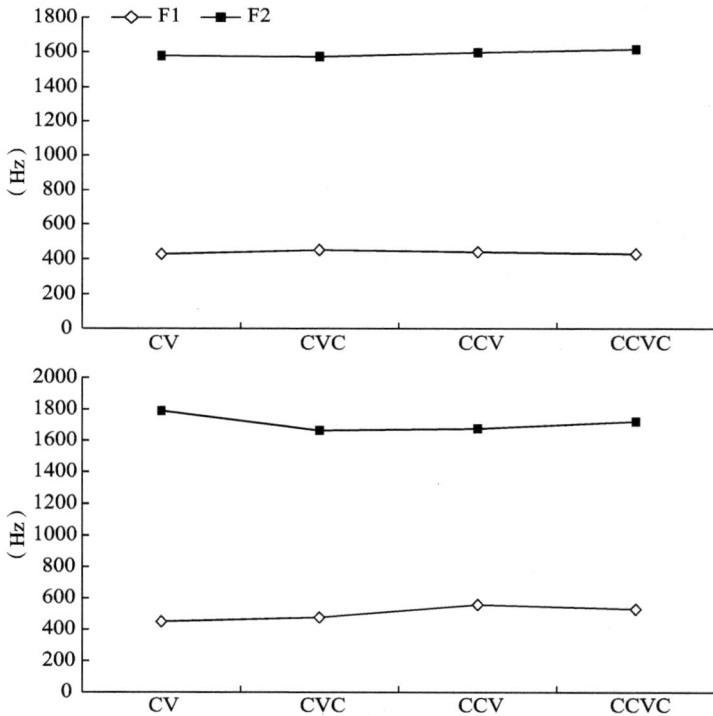

图 2.43　不同音节类型中出现的［ə］元音第一（F1）、
第二共振峰（F2）比较（M&F）

2.4 元音声学参数与前置辅音音质之间的相关性分析

图 2.44 为不同辅音（如：[t-，tʰ-，k-，s-，m-，n-，ɾ-]）之后出现的词首音节 [ə] 元音的音长均值比较图，图 2.45 为不同辅音之后出现的 [ə] 元音目标位置第一、第二和第三共振峰的前过渡段的变化示意图。

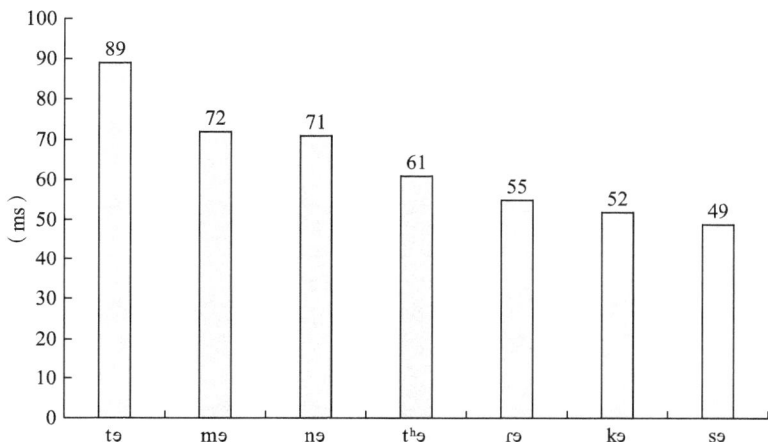

图 2.44-1 词首音节不同辅音之后出现的 [ə] 元音音长均值比较（M）

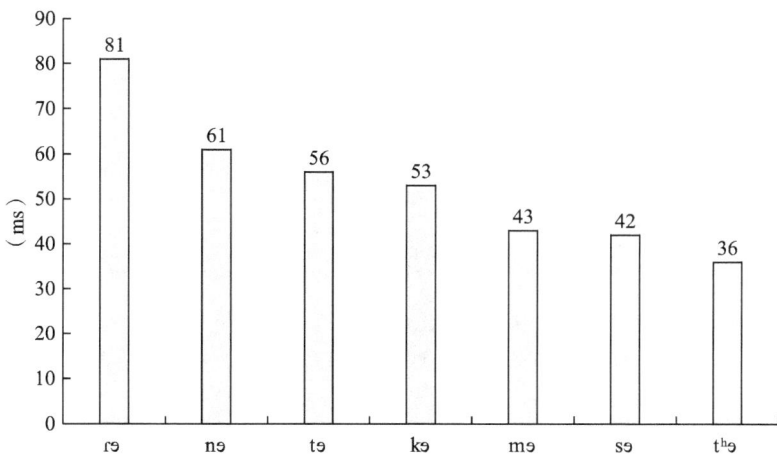

图 2.44-2 词首音节不同辅音之后出现的 [ə] 元音音长均值比较（F）

从图 2.44 和图 2.45 中可以看出，男、女发音人 [ə] 元音声学参数与其前置辅音音质之间具有一定的相关性。如：送气辅音 [tʰ] 后出现的 [ə] 元音音长为 M：61ms，F：36ms，而在不送气塞音 [t] 之后的 [ə] 元音音长为

M：89ms，F：56ms。可以看出，清塞音送气与否能够影响其后置元音的时长。

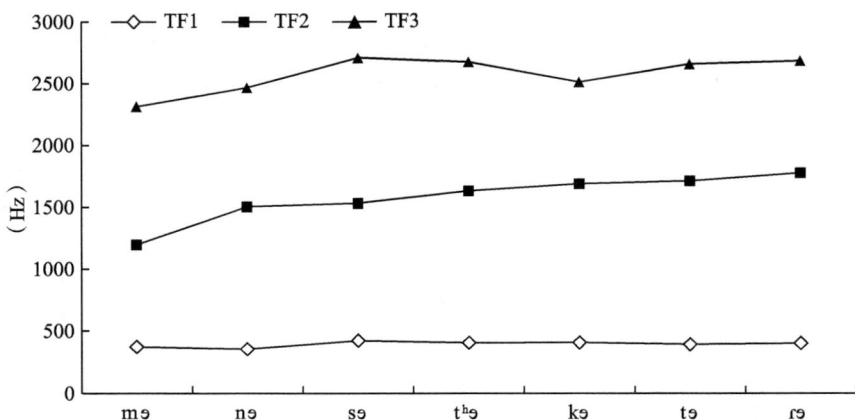

图 2.45-1　词首音节不同辅音之后出现的［ə］元音三个共振峰前过渡段 TF1、TF2、TF3 的变化示意（以 TF2 参数的自小至大排列）（M）

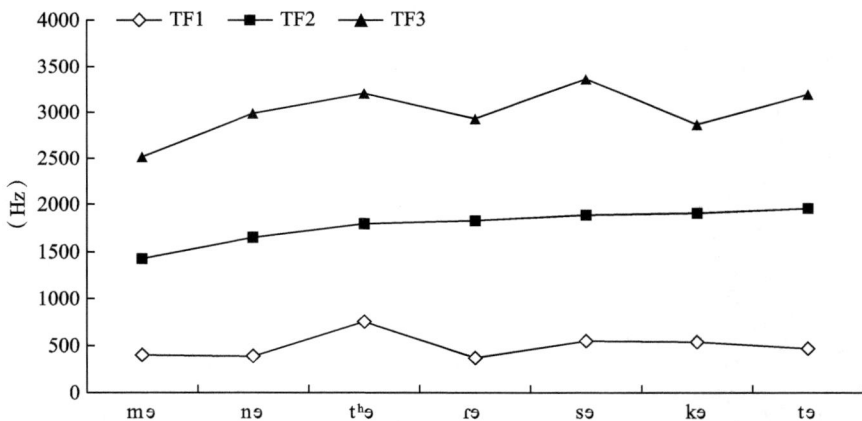

图 2.45-2　词首音节不同辅音之后出现的［e］元音三个共振峰前过渡段 TF1、TF2、TF3 的变化示意（以 TF2 参数的自小至大排列）（F）

（七）［o］元音

1. 声学特征与音色

1.1 ［o］元音三维语图和语音标注

图 2.46 为男发音人［sonə］"夜"一词的三维语图和三层标注实例。该图是［o］元音比较典型的声学语图，其中，词首音节元音［o］的目标

位置第一至第四共振峰（F1～F4）参数值分别为 475Hz、1153Hz、2708Hz、3584Hz。虽然 [o] 元音后半段的第二共振峰受后置辅音 [n] 的影响有所上升，但语图还是比较真实地显示了 [o] 元音在实际语流中的存在形式。

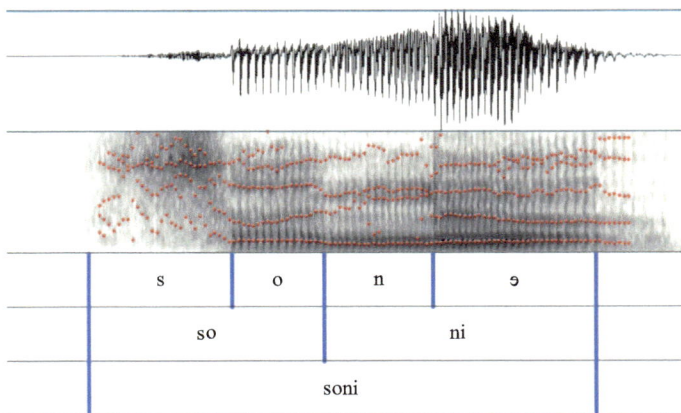

图 2.46　男发音人[sonə]"夜"一词的三维语图和三层标注实例

1.2　[o] 元音声学参数和声学特征

表 2.27 为男、女发音人 [o] 元音声学参数统计，图 2.47 为男、女发音人 [o] 元音声学元音图。从表 2.27 和图 2.47 中可以看出，（1）统计表显示男、女发音人 [o] 元音的平均时长、平均音强分别为 M：VD＝90ms，F：VD＝64ms；M：VA＝66.66dB，F：VA＝64.29dB。该元音 F1 和 F2 的频率均值分别为 M：F1＝468Hz，F2＝1134Hz；F：F1＝469Hz，F2＝1316Hz。（2）从表 2.27 数据和图 2.47 中可以看到，舌位高低方面，该元音略低于 [u] 元音，介于高元音 [u] 和低元音 [ɐ] 之间。舌位前后方面，与 [u] 接近，比 [ɐ] 靠后，属于后元音。根据前人研究和本次实验，我们认为土族语词首音节 [o] 为次高、后、圆唇元音，应该用 [ʊ] 音标标记接近其实际音值，但是传统上用 [o] 来标记该元音的习惯。因此，本书采用了传统标记法（下同）。（3）女发音人 [o] 元音的第一、第二共振峰的变异系数（F1＝11%，F2＝22%）比男发音人第一、第二共振峰的变异系数（F1＝4%，F2＝13%）相对大。这说明女发音人 [o] 元音的离散度比男发音人的相对大。

表 2.27 ［o］元音声学参数统计

o	M					F				
	VD	VA	F1	F2	F3	VD	VA	F1	F2	F3
平均值	90	66.66	468	1134	2579	64	64.29	469	1316	3013
标准差	41	2.59	19	150	133	34	3.67	54	286	356
变异系数	46%	4%	4%	13%	5%	53%	6%	11%	22%	12%

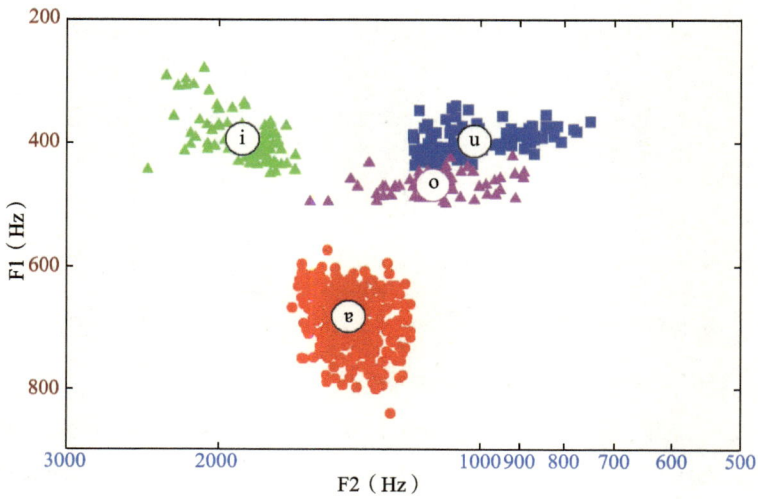

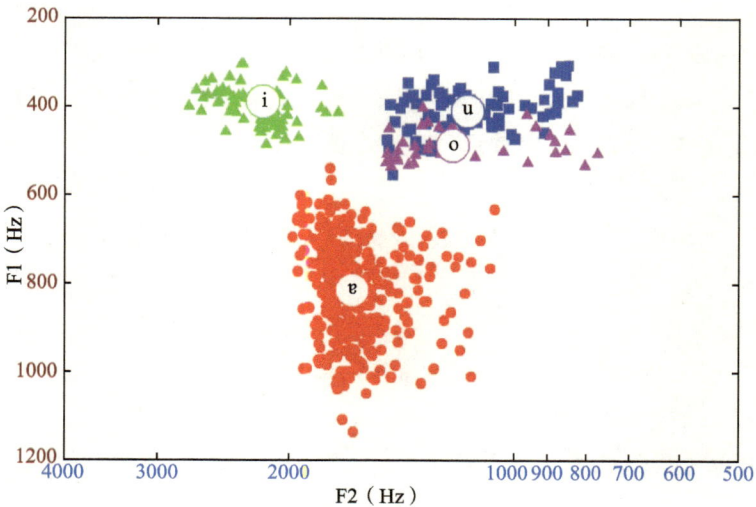

图 2.47 ［o］元音声学元音图（M&F）

2. 语流中的音变特征分析

2.1　目标位置共振峰与其前、后过渡段共振峰频率参数之间的显著性差异分析

图 2.48 为［o］元音目标位置共振峰及其前过渡段共振峰分布比较图。图 2.49 为目标位置共振峰和后过渡段共振峰分布比较图。图 2.48 和图 2.49

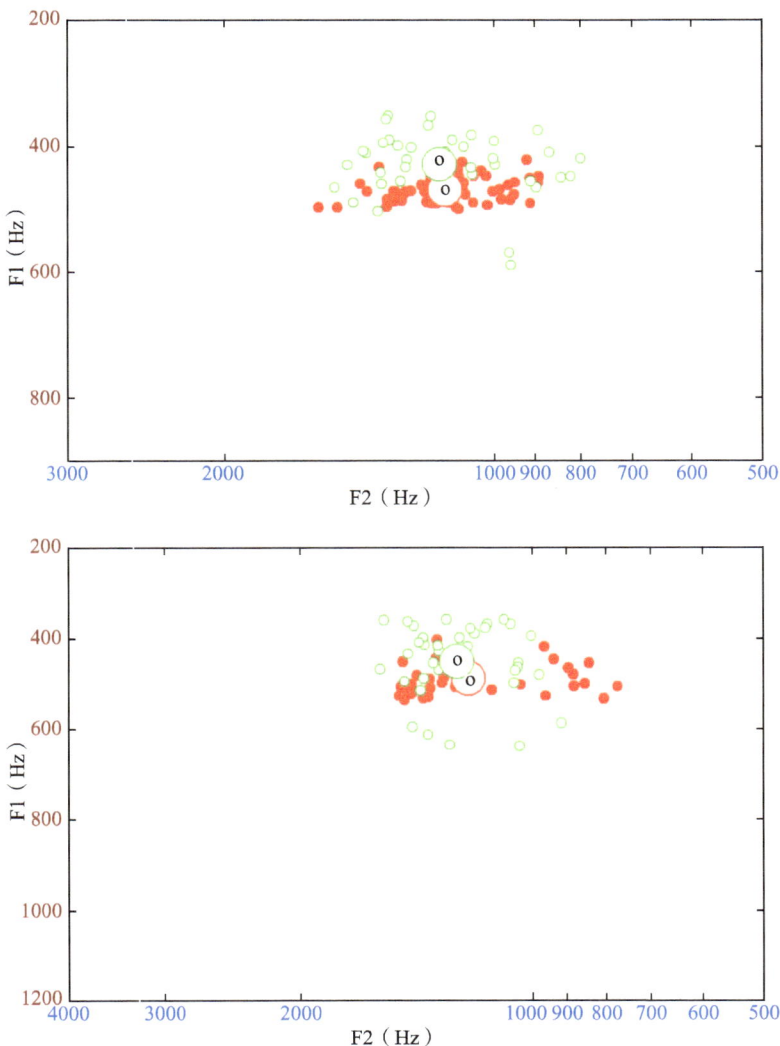

图 2.48　［o］元音目标位置共振峰（F1/F2）及其前过渡段共振峰（TF1/TF2）分布比较（M&F）

显示，男、女发音人［o］元音目标位置共振峰频率与其前、后过渡段共振峰频率之间存在一定的共同性、具有统计学意义的规律：（1）男、女发音人［o］元音的前、后过渡段位置与目标位置相比，在声学元音图上整体靠上，说明前、后辅音影响［o］元音舌位，使其变高；（2）相较于前过渡段，男、女发音人［o］元音后过渡段在前、后维度上也有变化，这说明后置辅音同时影响该元音的舌位前后和高低。

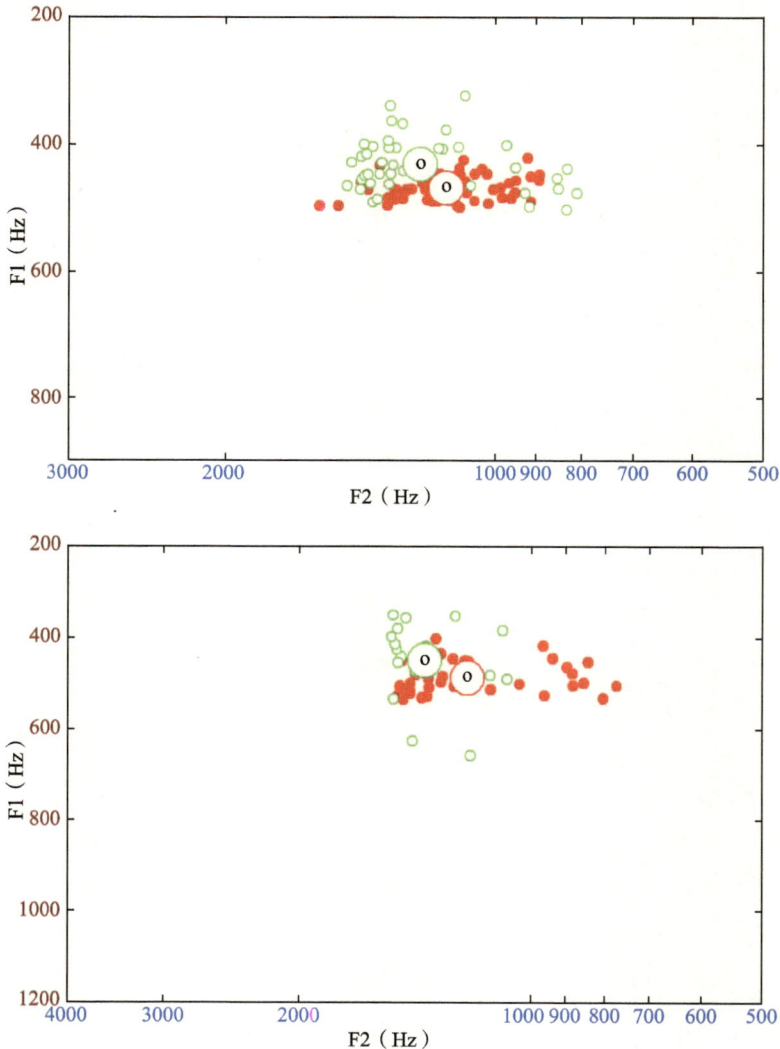

图 2.49　［o］元音目标位置共振峰（F1/F2）及其后过渡
段共振峰（TP1/TP2）分布比较（M&F）

2.2 元音声学参数与音节数量之间的相关性分析

2.2.1 ［o］元音在单音节和多音节词中的出现频率统计

表 2.28 为［o］元音在单音节和多音节词中的出现频率统计。表 2.28 显示，［o］元音在双音节词中的出现频率最高，约占所有出现次数的 59%（M）和 77%（F）。这说明土族语中双音节词的使用频率高于单音节词和三音节词的使用频率。

表 2.28 ［o］元音出现频率统计

o	单音节词		双音节词		三音节词		四音节词		共计	
发音人	M	F	M	F	M	F	M	F	M	F
出现次数	1	0	33	43	22	12	0	1	56	56
百分比	2%	—	59%	77%	39%	21%	—	2%	100%	100%

2.2.2 ［o］元音音长、音强和共振峰参数与音节数量之间的相关性分析

表 2.29 为在双音节词和三音节词中出现的［o］元音的音长、音强和共振峰目标值统计。图 2.50 为词中音节数量与［o］元音第一、第二共振峰频率之间的关系示意图。由于［o］元音在单音节词中出现频率较低（M：1 次；F：0 次），故没有统计参数。从表 2.29 中可以看出，［o］元音在双音节词和三音节词中的音长和音强有明显的区别，双音节词中的音长明显长于三音节词中的音长，M：99ms（双）和 72ms（三），F：69ms（双）和 48ms（三），而双音节词中的音强较强于三音节词中的音强，M：66.24dB（双）和 66.95dB（三），F：63.58dB（双）和 66.67dB（三）。音节数量对元音共振峰的影响不明显或音节数量与共振峰之间几乎没有相关性。

表 2.29 双音节词和三音节词中出现的［o］元音声学参数统计

o		M					F				
		VD	VA	F1	F2	F3	VD	VA	F1	F2	F3
双音节词	平均值	99	66.24	469	1143	2577	69	63.58	468	1301	3054
	标准差	44	2.51	20	163	117	37	3.51	58	287	345
	变异系数	45%	4%	4%	14%	5%	53%	6%	12%	22%	11%

续表

o		M					F				
		VD	VA	F1	F2	F3	VD	VA	F1	F2	F3
三音节词	平均值	72	66.95	468	1110	2582	48	66.67	474	1346	2836
	标准差	20	2.20	18	121	156	19	3.32	36	274	344
	变异系数	28%	3%	4%	11%	6%	39%	5%	8%	20%	12%

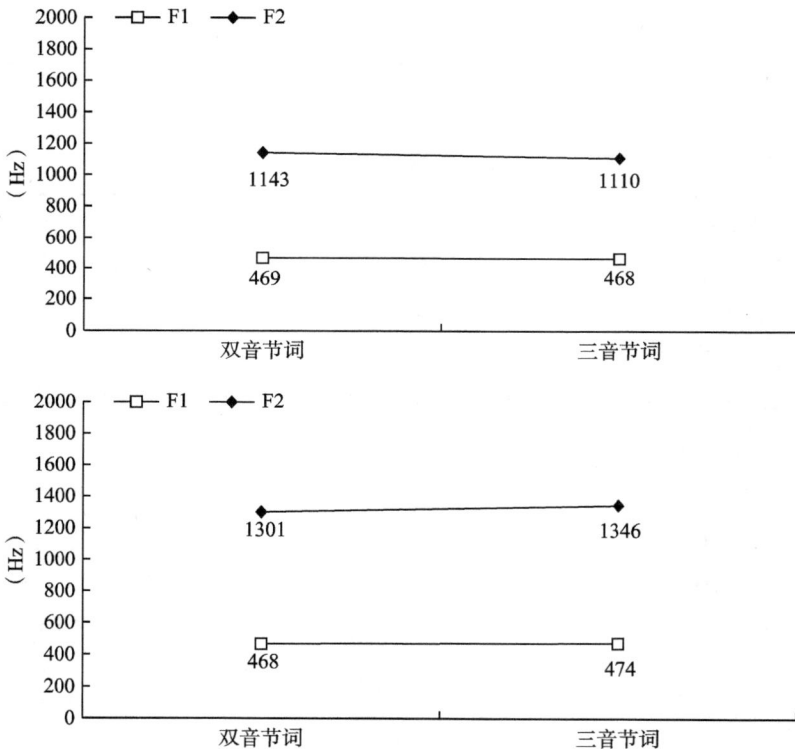

图 2.50　词中音节数量与 [o] 元音第一、第二共振峰频率之间的关系示意 （M&F）

2.3　元音声学参数与音节类型之间的相关性分析

2.3.1　[o] 元音在不同音节类型中的出现频率统计

表 2.30 为 [o] 元音在不同音节类型中出现的频率统计。该表显示，[o] 元音主要出现在 CV 和 CVC 两种音节中，其中 CV 音节中出现频率最高，达到 64%（M）和 57%（F）。

表 2.30　不同音节类型中出现的［o］元音的频率统计（M&F）

发音人	音节类型	V	CV	CVC	CCV	CCVC	共计
M	出现次数	1	36	18	1	—	56
	占比	2%	64%	32%	2%	—	100%
F	出现次数	3	32	13	4	4	56
	占比	6%	57%	23%	7%	7%	100%

2.3.2　［o］元音声学参数与音节类型之间的相关性分析

表 2.31 为不同音节类型中出现的［o］元音的声学参数统计。从表中可以看出，男、女发音人［o］元音声学参数与其所出现的音节类型之间呈现出共同的、具有统计学意义的特点。

表 2.31-1　不同音节类型中出现的［o］元音声学参数统计（M）

o		VD	VA	F1	F2	F3
CV	平均值	85	66.42	466	1114	2576
	标准差	40	2.63	18	144	134
	变异系数	47%	4%	4%	13%	5%
CVC	平均值	103	67.22	470	1162	2575
	标准差	43	2.55	23	160	131
	变异系数	42%	4%	5%	14%	5%

表 2.31-2　不同音节类型中出现的［o］元音声学参数统计（F）

o		VD	VA	F1	F2	F3
V	平均值	115	61	465	1000	3419
	标准差	47	6.48	24	149	79
	变异系数	41%	11%	5%	15%	2%
CV	平均值	59	64.31	465	1367	3010
	标准差	31	3.38	56	278	363
	变异系数	53%	5%	12%	20%	12%
CVC	平均值	56	64.47	430	1198	2771
	标准差	16	3.32	61	265	270
	变异系数	29%	5%	13%	22%	10%

续表

o		VD	VA	F1	F2	F3
CCV	平均值	104	64.5	497	1216	3238
	标准差	44	3.2	23	263	162
	变异系数	42%	5%	5%	22%	5%
CCVC	平均值	58	65.75	465	1245	3286
	标准差	21	3.11	36	207	118
	变异系数	36%	5%	8%	17%	4%

2.4 元音声学参数与前置辅音音质之间的相关性分析

图 2.51 为出现在词首音节不同辅音之后 [o] 元音音长比较，图 2.52 为出现在词首音节（包括单音节词）[x-，t-，n-，tʰ-，k-] 等辅音（前置辅音）之后 [o] 元音的第一、第二和第三共振峰前过渡段（TF1、TF2、TF3）的变化示意图。由于在 [o] 元音前出现的辅音种类及其数量都很少，未能发现前置辅音与该元音音长、音强等声学参数之间的相关性。从图 2.52 中可以看到，在 [t，tʰ，n] 等发音部位靠前的辅音之后该元音的 TF2 值较高，而在 [k，x] 等发音部位靠后的辅音之后该元音的 TF2 值较低。显然前置辅音会影响 [o] 元音的舌位。

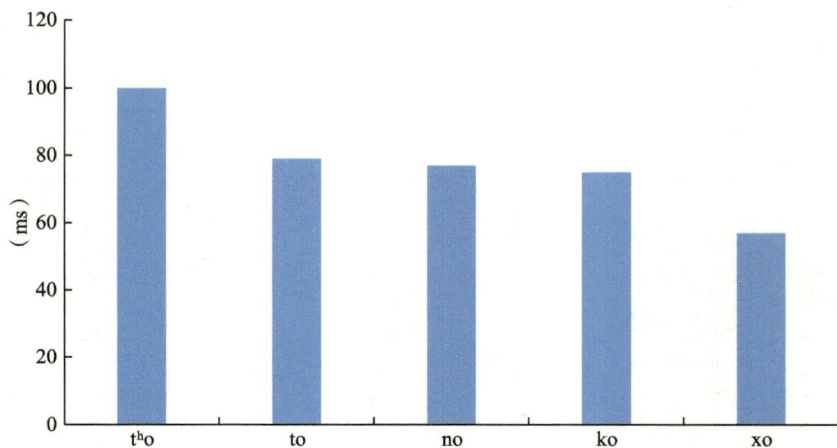

图 2.51-1　词首音节不同辅音之后出现的 [o] 元音音长均值比较（M）

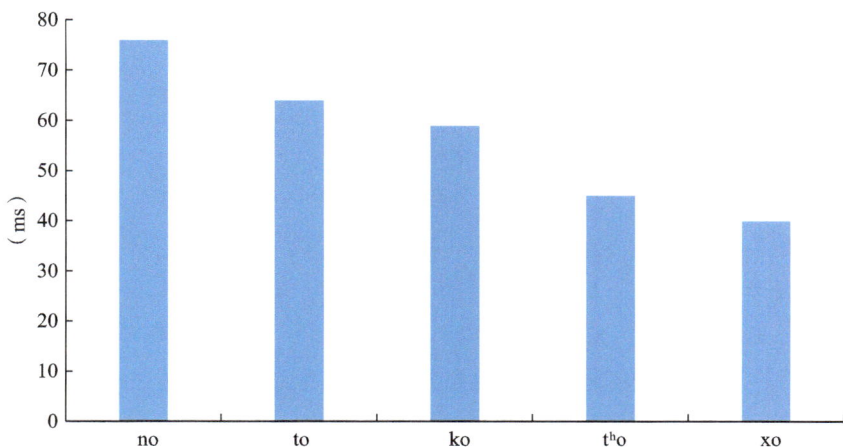

图 2.51-2　词首音节不同辅音之后出现的 [o] 元音音长均值比较 （F）

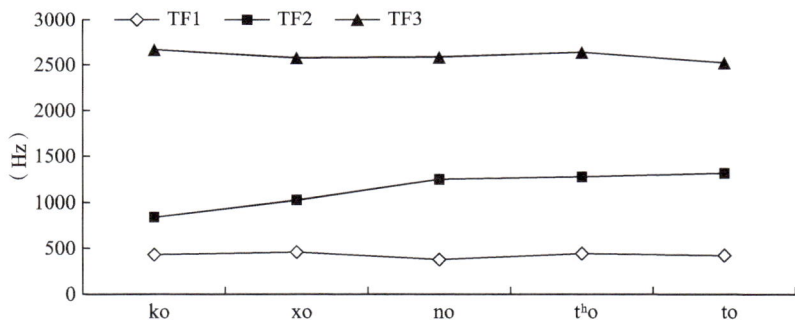

图 2.52-1　词首音节不同辅音之后出现的 [o] 元音三个共振峰前过渡段 TF1、
　　　　　TF2、TF3 的变化示意 （以 TF2 参数的自小至大排列） （M）

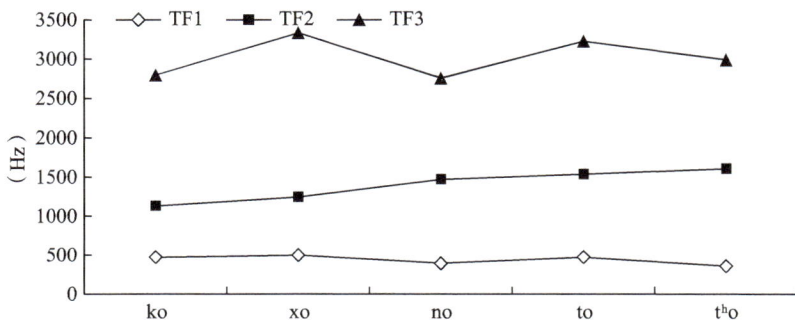

图 2.52-2　词首音节不同辅音之后出现的 [o] 元音三个共振峰前过渡段 TF1、TF2、
　　　　　TF3 的变化示意 （以 TF2 参数的自小至大排列） （F）

（八）［ɔ］元音

1. 声学特征与音色

1.1 ［ɔ］元音三维语图和语音标注

图 2.53 为男发音人［tɕɔŋ］"百"一词的三维语图和三层标注实例。从图中可以看出，［ɔ］元音的第一共振峰较高，第二共振峰较低，其中，该元音目标位置 F1 ~ F4 共振峰参数分别为 620Hz、1120Hz、2090Hz、3438Hz。虽然［ɔ］元音受前后辅音［tɕ］和［ŋ］舌位的影响，其第二共振峰前后过渡段频率有所上升，但是该语图还是比较真实地显示了［ɔ］元音在实际语流中的存在形式。

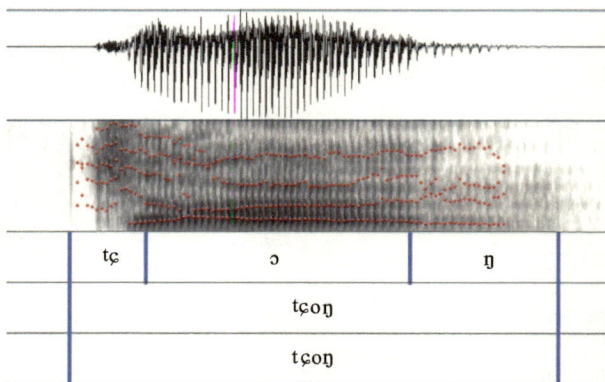

tɕ	ɔ	ŋ
tɕɔŋ		
tɕɔŋ		

图 2.53　男发音人[tɕɔŋ]"百"一词的三维语图和三层标注实例

1.2 ［ɔ］元音声学参数和声学特征

表 2.32 为男、女发音人［ɔ］元音声学参数统计，图 2.54 为男、女发音人［ɔ］元音声学元音图。从表 2.32 和图 2.54 中可以看出：（1）统计表显示男、女发音人［ɔ］元音的平均音长、平均音强分别为 M：VD = 126ms，F：VD = 104ms；M：VA = 67.84dB，F：VA = 65.65dB。该元音 F1 和 F2 的频率均值分别为 M：F1 = 612Hz，F2 = 1031Hz；F：F1 = 779Hz，F2 = 1342Hz。（2）从表 2.32 和图 2.54 中可以看到，［ɔ］元音在舌位高、低方面位于［ɐ］和［u］中间，靠近［ɐ］的位置，在舌位前、后方面，比［ɐ］元音舌位靠后，我们认为土族语词首音节［ɔ］为次低、后、圆唇元音，用［ɔ］音标标记接近其实际音值。（3）女发音人［ɔ］元音的第一、第二共振峰的

变异系数（F1 = 11%，F2 = 15%）比男发音人第一、第二共振峰的变异系数（F1 = 3%，F2 = 8%）相对大。这说明女发音人［ɔ］元音的离散度比男发音人的相对大。

表 2.32　［ɔ］元音声学参数统计

ɔ	M					F				
	VD	VA	F1	F2	F3	VD	VA	F1	F2	F3
平均值	126	67.84	612	1031	2359	104	65.65	779	1342	3192
标准差	59	4.18	20	80	103	71	9.07	85	204	365
变异系数	47%	6%	3%	8%	4%	68%	14%	11%	15%	11%

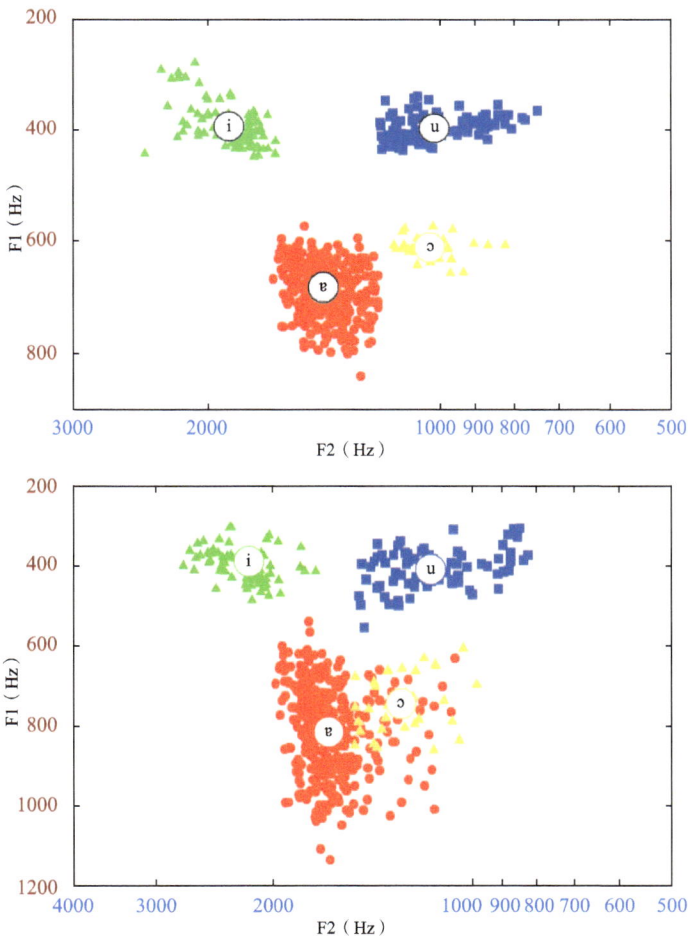

图 2.54　［ɔ］元音声学元音图（M&F）

2. 语流中的音变特征分析

2.1 目标位置共振峰与其前、后过渡段共振峰频率参数之间的显著性差异分析

图 2.55 为 ［ɔ］ 元音目标位置共振峰及其前过渡段共振峰分布比较图。图 2.56 为目标位置共振峰和后过渡段共振峰分布比较图。图 2.55 和图 2.56

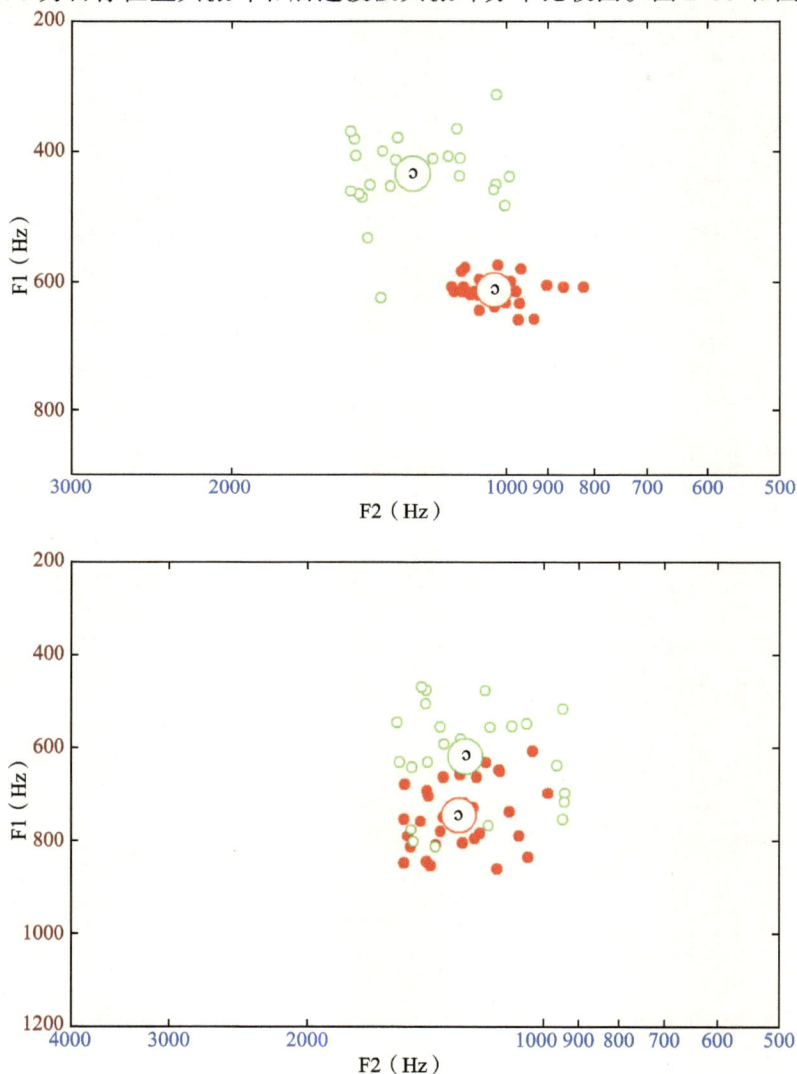

图 2.55 ［ɔ］ 元音目标位置共振峰 （F1/F2） 及其前过渡段
共振峰 （TF1/TF2） 分布比较 （M&F）

显示，男、女发音人［ɔ］元音目标位置共振峰频率与其前、后过渡段共振峰频率之间存在一定的共同性、具有统计学意义的规律：（1）男发音人［ɔ］元音的前过渡段位置与目标位置相比，在声学元音图上整体靠前、靠上，这说明前置辅音影响［ɔ］元音舌位，使其变高变前；女发音人［ɔ］元音的前过渡段位置与目标位置相比，在声学元音图上整体靠上，这说明

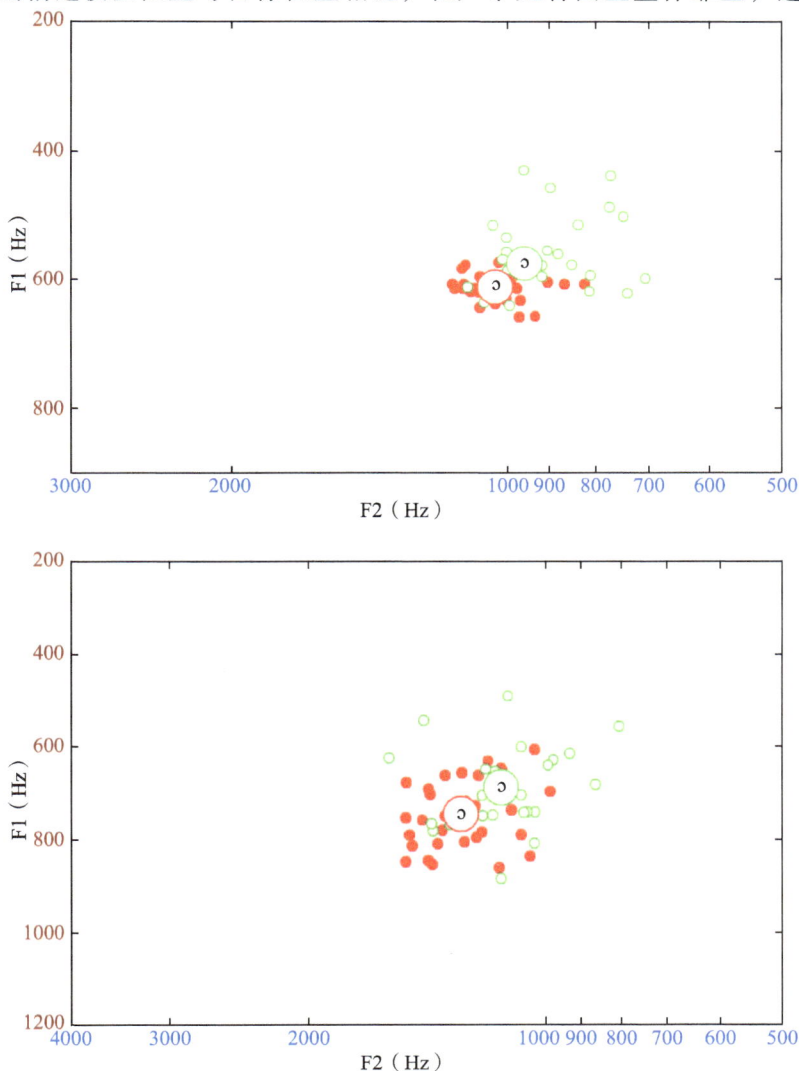

图 2.56　［ɔ］元音目标位置共振峰（F1/F2）及其后过渡段
共振峰（TP1/TP2）分布比较（M&F）

前置辅音影响［ɔ］元音舌位，使其变高；（2）［ɔ］元音的后过渡段位置与目标位置相比，在声学元音图上整体靠后、靠上，这说明后置辅音对［ɔ］元音的影响是将其舌位变高变后；（3）与目标位置相比，［ɔ］元音前过渡段第一共振峰变化明显大于其第二共振峰的变化，后过渡段第一、第二共振峰也有一定的变化，且变化程度基本相同；（4）［ɔ］元音前过渡段共振峰变化明显大于后过渡段共振峰变化，这说明该元音舌位更容易受到前置音段的影响。

2.2 元音声学参数与音节数量之间的相关性分析

2.2.1 ［ɔ］元音在单音节和多音节词中的出现频率统计

表 2.33 为［ɔ］元音在单音节和多音节词中的出现频率统计。表 2.33 显示，［ɔ］元音在双音节词中的出现频率最高，约占所有出现次数的 71%（M）和 56%（F）。

表 2.33 ［ɔ］元音出现频率统计

ɔ	单音节词		双音节词		三音节词		四音节词		共计	
发音人	M	F	M	F	M	F	M	F	M	F
出现次数	7	19	22	30	2	4	0	1	31	54
百分比	23%	35%	71%	56%	6%	7%	—	2%	100%	100%

2.2.2 ［ɔ］元音音长、音强和共振峰参数与音节数量之间的相关性分析

表 2.34 为在单、双、三音节词中出现的［ɔ］元音的音长（VD）、音强（VA）和共振峰目标值（F）统计。统一平台中男发音人［ɔ］元音在三音节词中只出现了两次，其声学参数未录入在表 2.34 中。图 2.57 为词中音节数量与［ɔ］元音第一、第二共振峰频率之间的关系示意图。从表 2.34 中可以看出，男、女发音人［ɔ］元音声学参数与其所出现词的音节数量之间呈现了一定的共同性、具有统计学意义的规律。男、女发音人［ɔ］元音的音长、音强与其所出现的词的音节数量之间有一定的相关性，即［ɔ］元音音长和音强随着其所出现词的音节数量的增加而相对缩短、变弱。如：

M：209ms → 102ms

F：165ms →73ms→ 67ms

表 2.34　单音节和多音节词中出现的［ɔ］元音声学参数统计

ɔ		M					F				
		VD	VA	F1	F2	F3	VD	VA	F1	F2	F3
单音节词	平均值	209	72.29	608	1027	2357	165	73.37	790	1345	3178
	标准差	59	2.71	27	50	81	82	2.6	66	159	372
	变异系数	28%	4%	4%	5%	3%	50%	4%	8%	12%	12%
双音节词	平均值	102	66.55	613	1032	2364	73	60.73	764	1398	3179
	标准差	27	3.61	18	89	98	36	8.33	99	294	377
	变异系数	27%	5%	3%	9%	4%	49%	14%	13%	21%	12%
三音节词	平均值	—	—	—	—	—	67	64.25	818	1490	3364
	标准差	—	—	—	—	—	6	9.07	62	284	197
	变异系数	—	—	—	—	—	8%	14%	8%	19%	6%

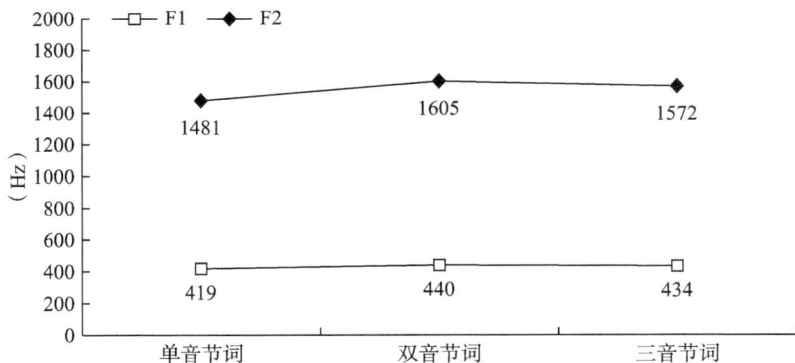

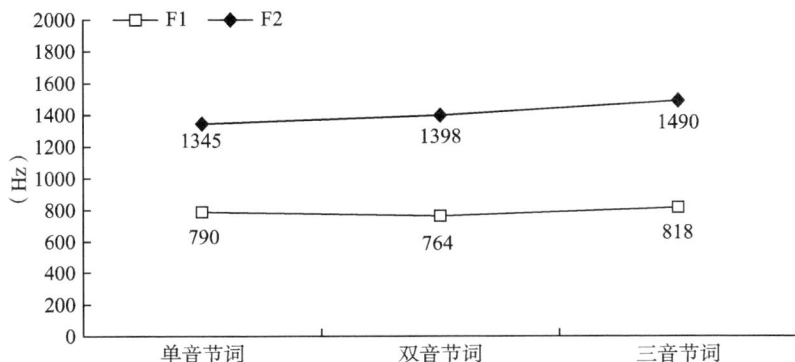

图 2.57　词中音节数量与［ɔ］元音第一、第二共振峰
频率之间的关系示意（M&F）

2.3 元音声学参数与音节类型之间的相关性分析

2.3.1 ［ɔ］元音在不同音节类型中的出现频率统计

表 2.35 是［ɔ］元音在不同音节类型中出现的频率统计。该表显示，男发音人的［ɔ］元音在 CV 音节中的出现频率最高，达到了 71%。女发音人的［ɔ］元音在 CVC 音节中的出现频率最高，达到了 52%。

表 2.35 不同音节类型中［ɔ］元音的频率统计（M&F）

发音人	音节类型	CV	CVC	CCV	CCVC	共计
M	出现次数	22	0	8	1	31
	占比	71%	0%	26%	3%	100%
F	出现次数	7	28	18	1	56
	占比	13%	52%	33%	2%	100%

2.3.2 ［ɔ］元音声学参数与音节类型之间的相关性分析

表 2.36 为不同音节类型中出现的［ɔ］元音的声学参数统计。从表 2.36 中可以看出，音节类型与［ɔ］元音声学参数之间没有呈现出共同的、具有统计学意义的特点。

表 2.36-1 不同音节类型中出现的［ɔ］元音声学参数统计（M）

ɔ		VD	VA	F1	F2	F3
CV	平均值	125	67.95	612	1021	2384
	标准差	60	3.72	16	86	95
	变异系数	48%	5%	3%	8%	4%
CCVC	平均值	135	67.25	615	1046	2292
	标准差	59	5.36	25	55	97
	变异系数	44%	8%	4%	5%	4%

表 2.36-2 不同音节类型中出现的［ɔ］元音声学参数统计（F）

ɔ		VD	VA	F1	F2	F3
CV	平均值	58	54.57	842	1493	3292
	标准差	11	12.01	60	177	206
	变异系数	19%	22%	7%	12%	6%

续表

ɔ		VD	VA	F1	F2	F3
CVC	平均值	97	66.14	777	1343	3213
	标准差	51	8.02	93	222	372
	变异系数	53%	12%	12%	17%	12%
CCVC	平均值	105	69.22	773	1366	3117
	标准差	53	5.45	63	240	386
	变异系数	50%	8%	8%	18%	13%

2.4 元音声学参数与前置辅音音质之间的相关性分析

图 2.58 为出现在词首音节不同辅音之后和无前置辅音音节中 ［ɔ］元音音长比较图，图 2.59 为出现在词首音节（包括单音节词）［t-，n-，tɕʰ-，s-］等辅音（前置辅音）之后 ［ɔ］元音的第一、第二和第三共振峰前过渡段（TF1、TF2、TF3）的变化示意图。

从图 2.58 和图 2.59 中可以看出，前置辅音音质与 ［ɔ］元音音长之间具有一定的相关性。如，在 ［t-，tɕʰ-］等塞音或塞擦音之后 ［ɔ］元音的音长较长，而在 ［n-，s-］等辅音之后该元音的音长相对较短。这说明前置辅音的发音方法可能会影响其后置元音的音长，有关哪一类前置辅音会缩短或延长其后置元音音长问题有待进一步研究。从图 2.59 中可以看到，前置辅音音质与元音共振峰参数之间并无明显相关性。

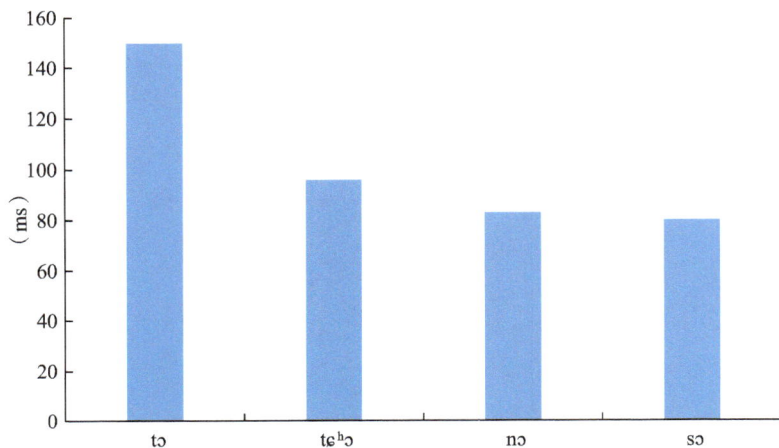

图 2.58-1 词首音节不同辅音之后出现的 ［ɔ］元音音长均值比较（M）

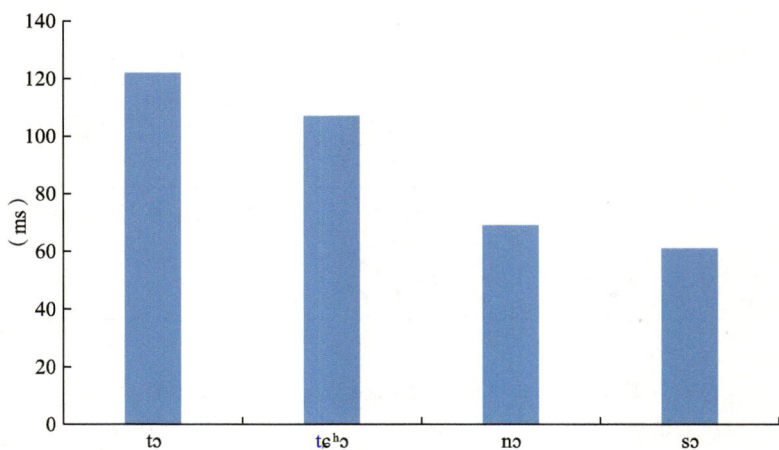

图 2.58-2　词首音节不同辅音之后出现的［ɔ］元音音长均值比较（F）

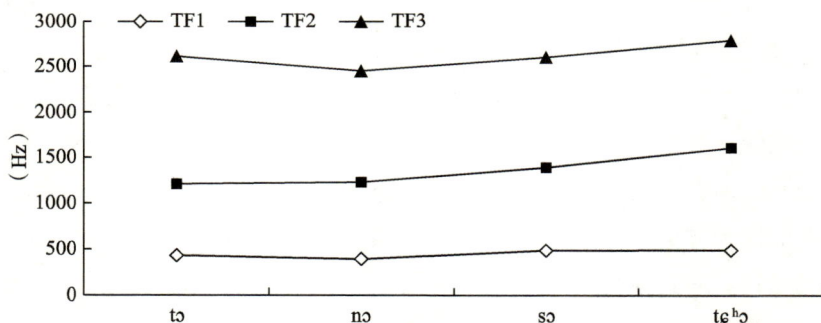

图 2.59-1　词首音节不同辅音之后出现的［ɔ］元音三个共振峰前过渡段 TF1、
TF2、TF3 的变化示意（以 TF2 参数的自小至大排列）（M）

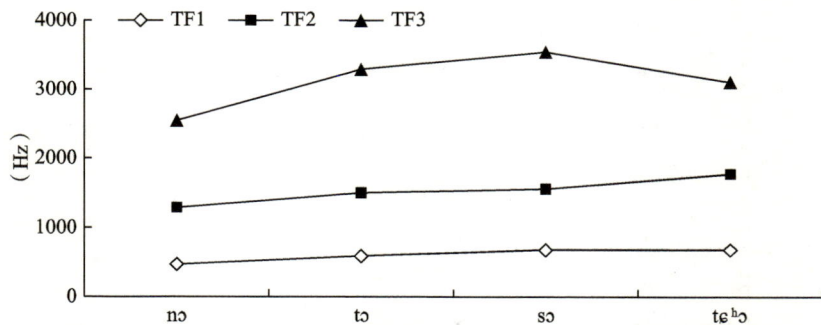

图 2.59-2　词首音节不同辅音之后出现的［ɔ］元音三个共振峰前过渡段 TF1、
TF2、TF3 的变化示意（以 TF2 参数的自小至大排列）（F）

（九）［ʊ］元音

1. 声学特征与音色

1.1 ［ʊ］元音三维语图和语音标注

图 2.60 为男发音人［xʊʒɐ］"雨"一词的三维语图和三层标注实例。其中，［ʊ］元音目标位置 F1～F4 共振峰分别为 553Hz、1157Hz、2465Hz、3639Hz。可以看出，虽然［ʊ］元音的第二共振峰受后音段［ʒ］的影响有上升趋势，但还是比较真实地显示了［ʊ］元音在实际语流中的存在形式。

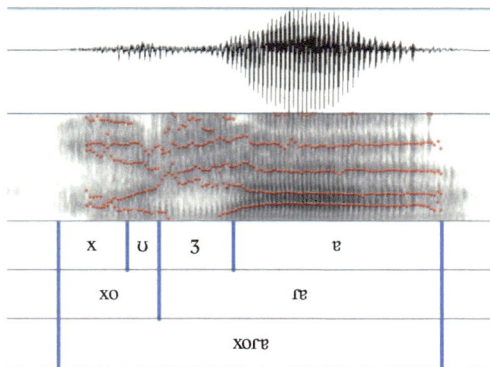

图 2.60 男发音人[xʊʒɐ]"雨"一词的三维语图和三层标注实例

1.2 ［ʊ］元音声学参数和声学特征

表 2.37 为男、女发音人［ʊ］元音声学参数统计，图 2.61 为男、女发音人［ʊ］元音声学元音图。从表 2.37 和图 2.61 中可以看出：（1）统计表显示，男、女发音人［ʊ］元音的平均时长、平均音强分别为 M：VD = 118ms，F：VD = 72ms；M：VA = 68.58dB，F：VA = 66.14dB。该元音 F1 和 F2 的频率均值分别为 M：F1 = 539Hz，F2 = 1148Hz；F：F1 = 622Hz，F2 = 1303Hz。（2）从表 2.37 和图 2.61 中可以看到，［ʊ］元音在声学空间中的分布位置及其声学空间中的分布特征。舌位高低（开口度）方面，位于高元音［u］和次低元音［ɐ］中间。舌位前后方面，比［ɐ］靠后，比［u］靠前，属于后元音。根据前人研究和本次实验，我们认为土族语词首音节［ʊ］为中高、后、圆唇元音，应该用［o］音标标记符合其实际音值，但是传统上用［ʊ］来标记该元音的习惯，因此，本书采用了传统标记法（下

同）。（3）女发音人［ʊ］元音的第一、第二共振峰的变异系数（F1＝9％，F2＝14％）比男发音人第一、第二共振峰的变异系数（F1＝4％，F2＝10％）相对大。这说明女发音人［ʊ］元音的离散度比男发音人的相对大。

表 2.37　［ʊ］元音声学参数统计

ʊ	M					F				
	VD	VA	F1	F2	F3	VD	VA	F1	F2	F3
平均值	118	68.58	539	1148	2469	72	66.14	622	1303	3126
标准差	62	2.98	23	120	145	39	5.49	55.63	181	266
变异系数	53%	4%	4%	10%	6%	55%	8%	9%	14%	9%

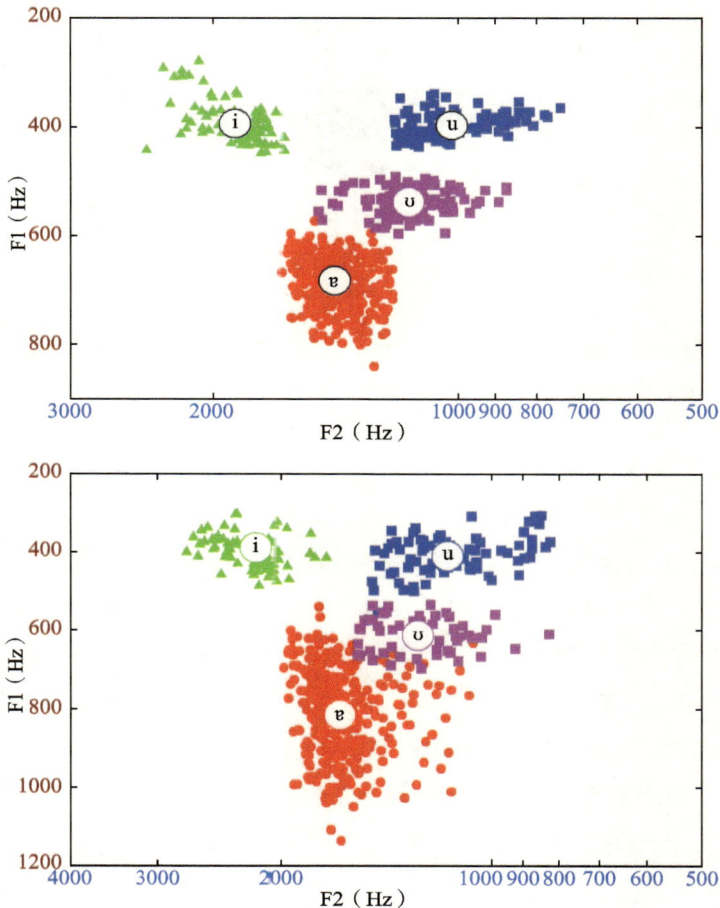

图 2.61　［ʊ］元音声学元音图 （M&F）

2. 语流中的音变特征分析

2.1　目标位置共振峰与其前、后过渡段共振峰频率参数之间的显著性差异分析

图 2.62 为〔ʊ〕元音目标位置共振峰及其前过渡段共振峰分布比较图。图 2.63 为目标位置共振峰和后过渡段共振峰分布比较图。图 2.62 和图 2.63

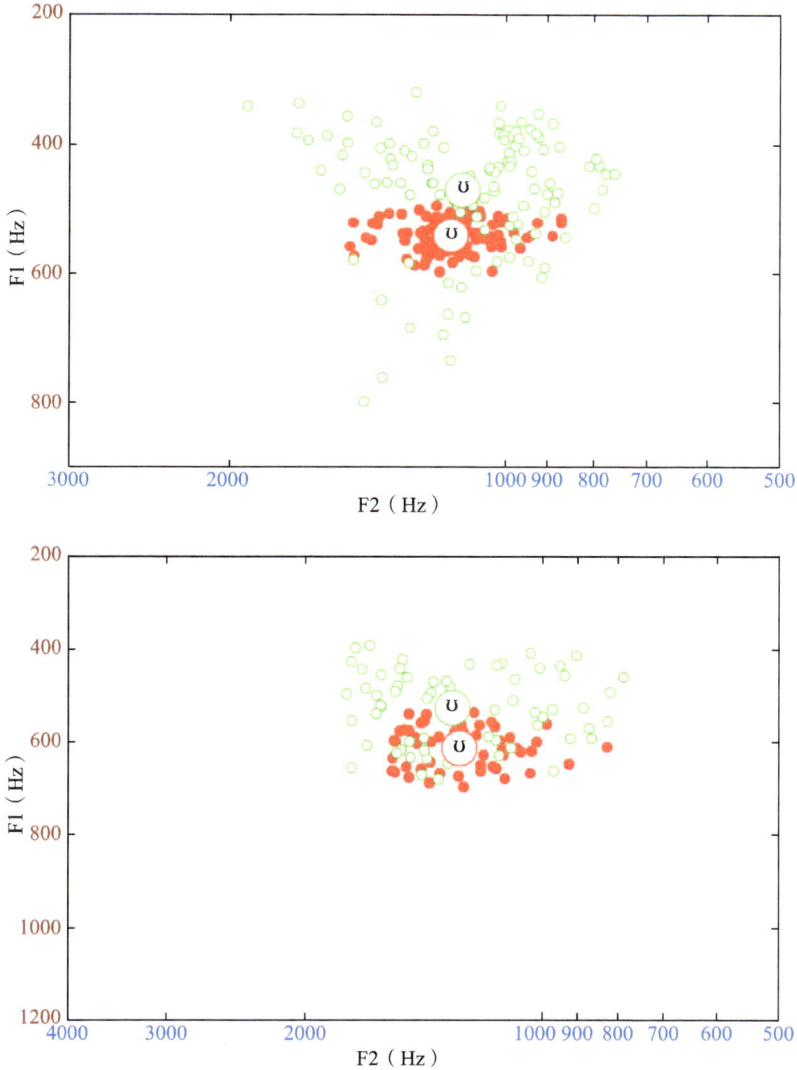

图 2.62　〔ʊ〕元音目标位置共振峰（F1/F2）及其前过渡段
共振峰（TF1/TF2）分布比较（M&F）

显示，男、女发音人［ʊ］元音目标位置共振峰频率与其前、后过渡段共振峰频率之间存在一定的共同性、具有统计学意义的规律：（1）男、女发音人［ʊ］元音的前过渡段位置与目标位置相比，在声学元音图上整体靠上，这说明前置辅音影响［ʊ］元音舌位，使其变高；（2）［ʊ］元音的后过渡段位置与目标位置相比，在声学元音图上整体靠前、靠上，这说明后置辅音对［ʊ］元音的影响是将其舌位变高变前，这说明后置辅音同时影响该元音

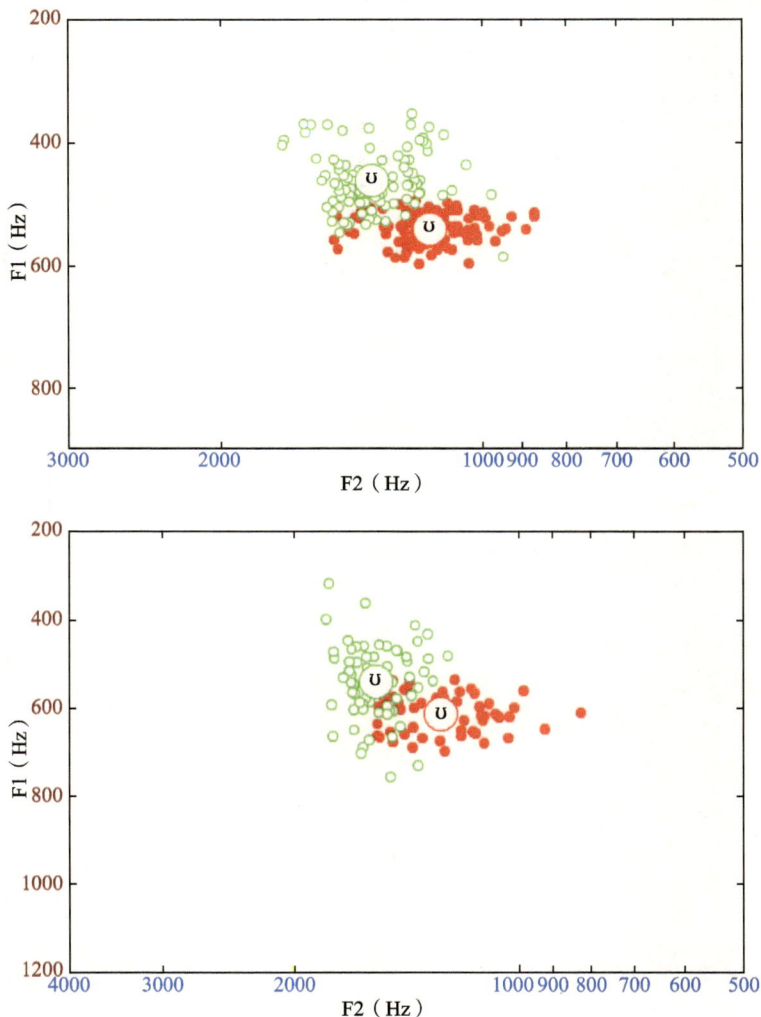

图 2.63 ［ʊ］元音目标位置共振峰（F1/F2）及其后过渡段共振峰（TP1/TP2）分布比较（M&F）

的舌位前后和高低。

2.2　元音声学参数与音节数量之间的相关性分析

2.2.1　［ʊ］元音在单音节和多音节词中的出现频率统计

表2.38为［ʊ］元音在单音节和多音节词中的出现频率统计。该表显示，［ʊ］元音在双音节词中的出现频率最高，约占所有出现次数的55%（M）和59%（F）。

表2.38　［ʊ］元音出现频率统计

ʊ	单音节词		双音节词		三音节词		四音节词		共计	
发音人	M	F	M	F	M	F	M	F	M	F
出现次数	16	3	61	50	34	30	1	2	112	85
百分比	14%	4%	55%	59%	30%	35%	1%	2%	100%	100%

2.2.2　［ʊ］元音音长、音强和共振峰参数与音节数量之间的相关性分析

表2.39为在单、双、三音节词中出现的［ʊ］元音的音长（VD）、音强（VA）和共振峰目标值（F）统计表。图2.64为词中音节数量与［ʊ］元音第一、第二共振峰频率之间的关系示意图。

从表2.39和图2.64中可以看出，男、女发音人［ʊ］元音声学参数与其所出现词的音节数量之间呈现出一定的共同性、具有统计学意义的规律。男、女发音人［ʊ］元音的音长与其所出现词的音节数量之间有一定的相关性，即［ʊ］元音音长随着其所出现词的音节数量的增加而相对缩短。如：

M：237ms → 114ms → 71ms

F：189ms →76ms→ 55ms

表2.39和图2.64显示，男、女发音人［o］元音共振峰参数与其所出现词的音节数量之间没有呈现共同性、具有统计学意义的特点。

表2.39　单音节和多音节词中出现的［ʊ］元音声学参数统计

	ʊ	M					F				
		VD	VA	F1	F2	F3	VD	VA	F1	F2	F3
单音节词	平均值	237	72.81	555	1132	2441	189	72.33	635	1153	3276
	标准差	61	2.55	22	84	132	75	2.35	50	33	298
	变异系数	26%	4%	4%	7%	5%	40%	3%	8%	3%	9%

续表

υ		M					F				
		VD	VA	F1	F2	F3	VD	VA	F1	F2	F3
双音节词	平均值	114	68.32	540	1150	2479	76	65.9	617	1403	3122
	标准差	27	2.35	23	125	127	29	5.79	57	255	261
	变异系数	24%	3%	4%	11%	5%	38%	9%	9%	18%	8%
三音节词	平均值	71	67.18	529	1144	2458	55	66.23	634	1366	3100
	标准差	25	2.28	20	118	175	24	4.84	51	208	266
	变异系数	35%	3%	4%	10%	7%	44%	7%	8%	15%	8%

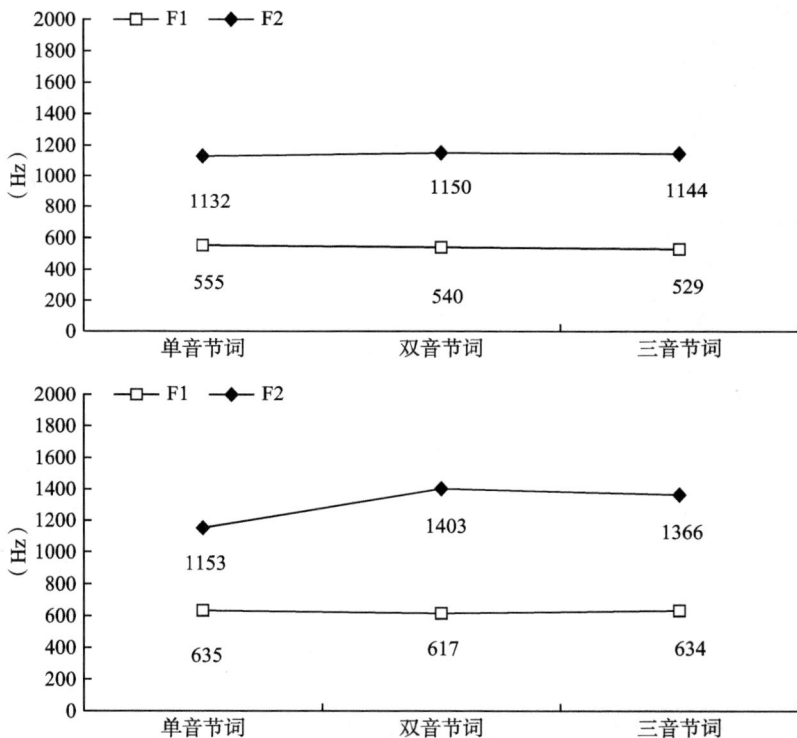

图 2.64 词中音节数量与 ［υ］ 元音第一、第二共振峰
频率之间的关系示意 （M&F）

2.3 元音声学参数与音节类型之间的相关性分析

2.3.1 ［υ］ 元音在不同音节类型中的出现频率统计

表 2.40 是 ［υ］ 元音在不同音节类型中出现的频率统计。该表显示，

男、女发音人 [ʊ] 元音出现在 CVC 和 CV 音节中，两种音节中出现频率
分别达到 73%（M）和 85%（F）。

表 2.40 不同音节类型中出现的 [ʊ] 元音的频率统计

发音人	音节类型	V	CV	CVC	CCV	CCVC	共计
M	出现次数	1	39	42	9	21	112
	占比	1%	35%	38%	7%	19%	100%
F	出现次数	0	46	26	7	6	85
	占比	0%	54%	31%	8%	7%	100%

2.3.2 [ʊ] 元音声学参数与音节类型之间的相关性分析

表 2.41 为不同音节类型中出现的 [ʊ] 元音的声学参数统计表。表
2.41 显示，男、女发音人 [ʊ] 元音音长和音强与其所出现的音节类型之间
具有一定的相关性。[ʊ] 元音出现在 CV、CVC 等单辅音开头的音节时的
音长和音强比在 CCV、CCVC 等复辅音开头的音节时的音长和音强短且弱。

表 2.41-1 不同音节类型中出现的 [ʊ] 元音声学参数统计（M）

ʊ		VD	VA	F1	F2	F3
CV	平均值	91	67.05	535	1147	2497
	标准差	59	2.84	23	132	147
	变异系数	65%	4%	4%	12%	6%
CVC	平均值	119	68.67	541	1144	2446
	标准差	53	3.1	24	118	147
	变异系数	44%	5%	4%	10%	6%
CCV	平均值	153	70.22	531	1156	2540
	标准差	85	2.15	25	131	143
	变异系数	56%	3%	5%	11%	6%
CCVC	平均值	152	69.9	545	1163	2435
	标准差	49	2.41	19	88	119
	变异系数	32%	3%	3%	8%	5%

表 2.41-2　不同音节类型中出现的［ʊ］元音声学参数统计（F）

ʊ		VD	VA	F1	F2	F3
CV	平均值	65	65.15	612	1392	3120
	标准差	36	6.35	58	248	323
	变异系数	55%	10%	10%	18%	10%
CVC	平均值	71	66.73	632	1376	3140
	标准差	38	3.76	52	221	157
	变异系数	53%	6%	8%	16%	5%
CCV	平均值	81	67.57	635	1367	3135
	标准差	7	4.95	49	188	132
	变异系数	10%	7%	8%	14%	4%
CCVC	平均值	114	69.5	636	1317	3101
	标准差	59	2.29	43	257	266
	变异系数	52%	3%	7%	19%	9%

（十）［u］元音

1. 声学特征与音色

1.1　［u］元音三维语图和语音标注

图 2.65 为男发音人［ulɐ］"山"一词的三维语图和三层标注实例。从

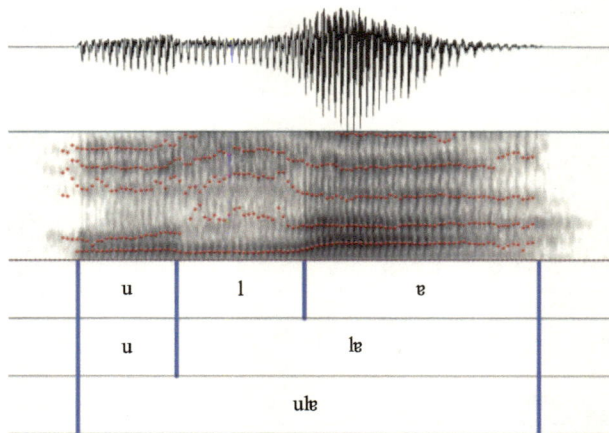

图 2.65　男发音人［ulɐ］"山"一词的三维语图和三层标注实例

三维语图上可以清楚地看到［u］元音第一、第二共振峰均较低，而第三共振峰较高。其中，词首音节［u］元音的目标位置 F1～F4 共振峰参数值分别为 376Hz、884Hz、2725Hz、3598Hz。该语图比较真实地显示了［u］元音在实际语流中的存在形式。

1.2 ［u］元音声学参数和声学特征

表 2.42 为男、女发音人［u］元音声学参数统计。图 2.66 为男、女发音人［u］元音声学元音图。

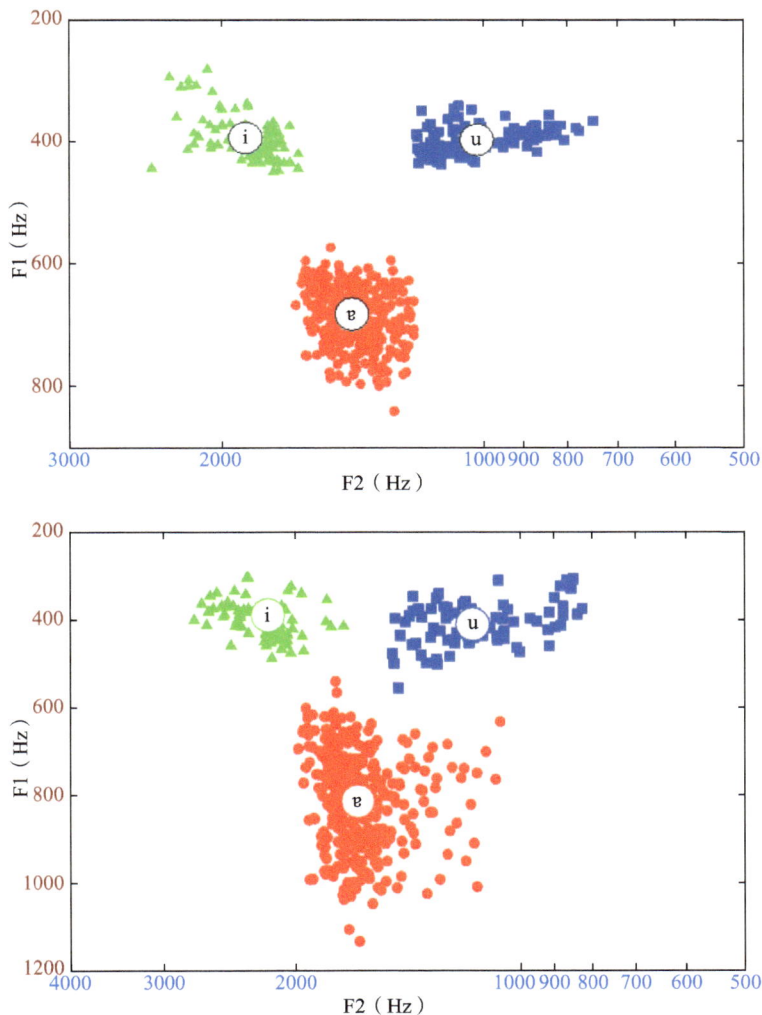

图 2.66 ［u］元音声学元音图（M&F）

表 2.42　[u] 元音声学参数统计总表

u	M					F				
	VD	VA	F1	F2	F3	VD	VA	F1	F2	F3
平均值	101	66.68	397	1015	2482	84	65	410	1155	3114
标准差	58	3.06	22	118	222	52	3.23	49	184	337
变异系数	57%	5%	6%	12%	9%	61%	5%	12%	16%	11%

从表 2.42 和图 2.66 中可以看出，（1）统计表显示男、女发音人 [u] 元音的平均时长、平均音强分别为 M：VD = 101ms，F：VD = 84ms；M：VA = 66.68dB，F：VA = 65 dB。该元音 F1 和 F2 的频率均值分别为 M：F1 = 397Hz，F2 = 1015Hz；F：F1 = 410Hz，F2 = 1155Hz。（2）从表 2.42 和图 2.66 中可以看到，与 [ɐ] 和 [i] 元音相比，[u] 元音是后、高元音。根据前人研究和本次实验，我们认为土族语词首音节 [u] 为高、后、圆唇元音，用 [u] 音标标记接近其实际音值。（3）女发音人 [u] 元音的第一、第二共振峰的变异系数（F1 = 12%，F2 = 16%）比男发音人第一、第二共振峰的变异系数（F1 = 6%，F2 = 12%）相对大。这说明女发音人 [u] 元音的离散度比男发音人的相对大。

2. 语流中的音变特征分析

2.1　目标位置共振峰与其前、后过渡段共振峰频率参数之间的显著性差异分析

图 2.67 为 [u] 元音目标位置共振峰及其前过渡段共振峰分布比较图。图 2.68 为 [u] 元音目标位置共振峰和后过渡段共振峰分布比较图。图 2.67 和图 2.68 显示，男、女发音人 [u] 元音目标位置共振峰频率与其前、后过渡段共振峰频率之间存在一定的共同性、具有统计学意义的规律：（1）男、女发音人 [u] 元音的前过渡段位置与目标位置相比，在声学元音图上整体靠上且向前、后扩散，这说明前置辅音影响 [u] 元音舌位，使其变高、变前、变后；（2）[u] 元音的后过渡段位置与目标位置相比，在声学元音图上整体靠前，这说明后置辅音对 [u] 元音的影响是将其舌位变前；（3）[u] 元音的前过渡段第一共振峰的变化明显大于其前过渡段第二共振峰的变化，即语流中 [u] 元音的"前过渡段舌位高低维度上的变化大于其舌位前、后维度上的变化"；（4）[u] 元音的后过渡段的变化明显大于

其前过渡段的变化，即语流中［u］元音的"后过渡段舌位变化明显大于其前过渡段舌位变化"，这说明［u］元音的舌位主要受其后音段的影响。

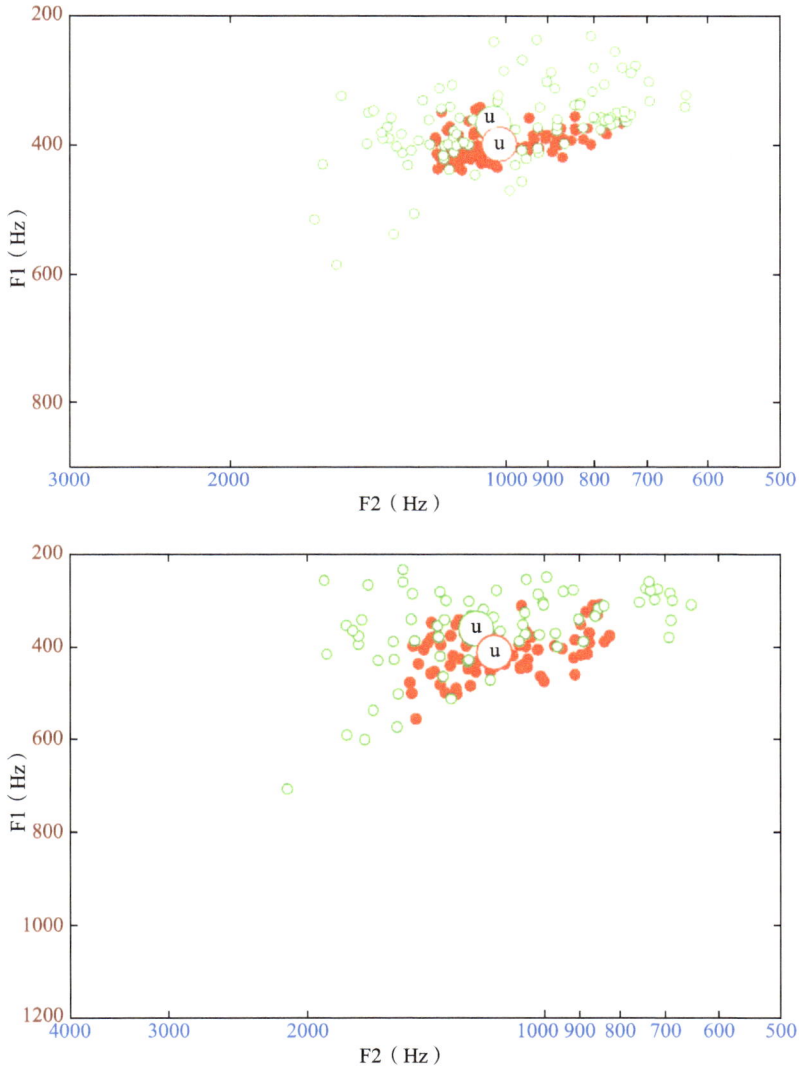

图 2.67　［u］元音目标位置共振峰（F1/F2）及其前过渡段共振峰（TF1/TF2）分布比较（M&F）

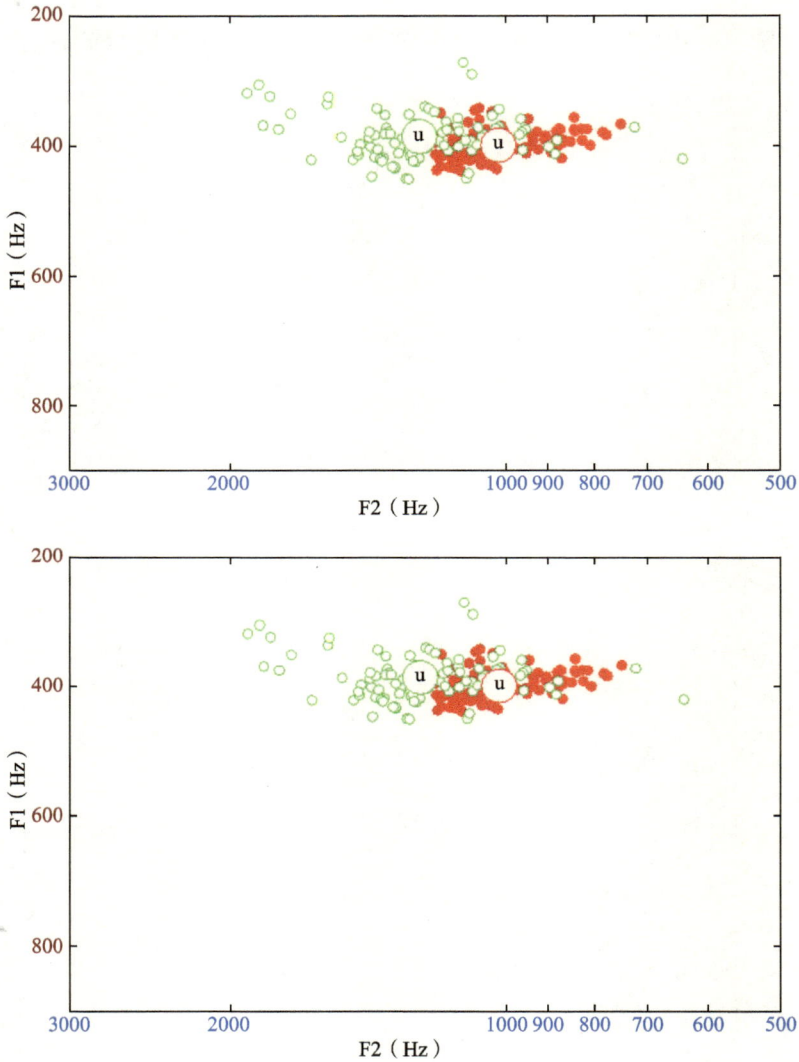

图 2.68　［u］元音目标位置共振峰（F1/F2）及其后过渡段
共振峰（TP1/TP2）分布比较（M&F）

2.2　元音声学参数与音节数量之间的相关性分析

2.2.1　［u］元音在单音节和多音节词中的出现频率统计

表 2.43 为［u］元音在单音节和多音节词中的出现频率统计表。表 2.43 显示，［u］元音在双音节词中的出现频率最高，约占所有出现次数的

58%（M）和 54%（F）。

表 2.43　［u］元音出现频率统计

u	单音节词		双音节词		三音节词		四音节词		共计	
发音人	M	F	M	F	M	F	M	F	M	F
出现次数	6	3	59	41	35	30	2	2	103	76
百分比	6%	4%	58%	54%	34%	39%	2%	3%	100%	100%

2.2.2　［u］元音音长、音强和共振峰参数与音节数量之间的相关性分析

表 2.44 为在单、双、三音节词中出现的［u］元音的音长（VD）、音强（VA）和共振峰目标值（F）统计。从表 2.44 可以看出，男、女发音人［u］元音的音长、音强与其所出现的词的音节数量之间有一定的相关性，即［u］男、女发音人元音音长和音强随着其所出现词的音节数量的增加而相对缩短、变弱。如：

M：242ms → 103ms→78ms→44ms

M：71.17dB → 66.75dB →65.94dB→64dB

F：243ms → 85ms→71ms →43ms

F：73.33dB →64.59dB→64.80dB→64.00dB

表 2.44　单音节和多音节词中出现的［u］元音声学参数统计

u		M					F				
		VD	VA	F1	F2	F3	VD	VA	F1	F2	F3
单音节词	平均值	242	71.17	403	1042	2544	243	73.33	439	1273	3216
	标准差	121	1.95	10	96	47	129	0.47	39	74	30
	变异系数	50%	3%	2%	9%	2%	53%	1%	9%	6%	1%
双音节词	平均值	103	66.75	397	1008	2470	85	64.59	408	1167	3143
	标准差	35	2.86	23	125	249	34	2.90	55	203	374
	变异系数	34%	4%	6%	12%	10%	41%	4%	13%	17%	12%
三音节词	平均值	78	65.94	398	1017	2494	71	64.80	411	1135	3084
	标准差	32	2.86	21	107	185	26	2.76	39	161	278
	变异系数	41%	4%	5%	11%	7%	36%	4%	9%	14%	9%

续表

u		M					F				
		VD	VA	F1	F2	F3	VD	VA	F1	F2	F3
四音节词	平均值	44	64	378	1124	2452	43	64.00	371	1044	2802
	标准差	9	2	38	58	228	7	1.00	5	7	352
	变异系数	20%	3%	10%	5%	9%	16%	2%	1%	1%	13%

2.3 元音声学参数与音节类型之间的相关性分析

2.3.1 ［u］元音在不同音节类型中的出现频率统计

表 2.45 是［u］元音在不同音节类型中出现的频率统计。该表显示，［u］元音主要在 V 和 CV 两种音节中出现，其中 V 音节的出现频率为 39%（M）和 35.5%（F），CV 音节中的出现频率为 31%（M）和 34%（F）。

表 2.45 不同音节类型中出现的 ［u］元音的频率统计

发音人	音节类型	V	VC	CV	CVC	CCV	CCVC	共计
M	出现次数	40	7	32	14	5	4	102
	百分比	39%	7%	31%	14%	5%	4%	100%
F	出现次数	27	6	26	8	6	3	76
	百分比	35.5%	8%	34%	10.5%	8%	4%	100%

2.3.2 ［u］元音声学参数与音节类型之间的相关性分析

表 2.46 为不同音节类型中出现的［u］元音的声学参数统计，图 2.69 为不同音节类型中出现的［u］元音第一（F1）、第二共振峰（F2）均值比较图。从上述图表中可以看出，男、女发音人［u］元音目标位置第一共振峰均值与其所出现的音节类型之间具有一定的相关性。上述图表显示，男、女发音人［u］元音出现在 V、VC 等元音开头的音节时第二共振峰均值相对低于在 CV、CVC、CCV、CCVC 等辅音开头的音节中出现时的频率。如：男发音人在 V、VC 等音节中 F2 的频率均值为 927Hz（V）、932Hz（VC），在 CV、CVC、CCV、CCVC 等音节中 F2 的频率均值为 1097Hz（CV）、1085Hz（CVC）、1019Hz（CCV）、1110Hz（CCVC）；女发音人在 V、VC 等音节中 F2 的频率为 1053Hz（V）、1107Hz（VC），在

CV、CVC、CCV、CCVC 等音节中 F2 的频率为 1232Hz（CV）、1165Hz（CVC）、1187Hz（CCV）、1417Hz（CCVC）。显然，［u］元音第二共振峰与音节类型之间的关系较密切。

表 2.46-1　不同音节类型中出现的［u］元音声学参数统计（M）

u		VD	VA	F1	F2	F3
V	平均值	118	66.36	384	927	2484
	标准差	22	2.39	20	102	286
	变异系数	18%	4%	5%	11%	12%
VC	平均值	125	68.14	394	932	2586
	标准差	31	1.64	10	75	191
	变异系数	25%	2%	3%	8%	7%
CV	平均值	58	65.41	407	1097	2480
	标准差	23	2.89	20	71	186
	变异系数	40%	4%	5%	6%	7%
CVC	平均值	91	68.14	417	1085	2420
	标准差	34	3.72	11	62	112
	变异系数	37%	5%	3%	6%	5%
CCV	平均值	197	69.6	403	1019	2579
	标准差	134	2.42	13	129	112
	变异系数	68%	3%	3%	13%	4%
CCVC	平均值	84	69.75	402	1110	2464
	标准差	10	2.05	17	41	25
	变异系数	11%	3%	4%	4%	1%

表 2.46-2　不同音节类型中出现的［u］元音声学参数统计（F）

u		VD	VA	F1	F2	F3
V	平均值	103	64.56	393	1053	3244
	标准差	27	3.13	45	150	380
	变异系数	26%	5%	11%	14%	12%

续表

	u	VD	VA	F1	F2	F3
VC	平均值	93	64.00	389	1107	2969
	标准差	27	2.45	37	162	349
	变异系数	29%	4%	9%	15%	12%
CV	平均值	50	64.77	417	1232	3022
	标准差	15	2.61	44	151	299
	变异系数	30%	4%	11%	12%	10%
CVC	平均值	65	65.00	415	1165	2991
	标准差	13	2.12	43	217	213
	变异系数	20%	3%	10%	19%	7%
CCV	平均值	86	67.33	441	1187	3103
	标准差	26	4.99	47	167	108
	变异系数	30%	7%	11%	14%	3%
CCVC	平均值	62	68.33	461	1417	3386
	标准差	5	4.19	69	46	150
	变异系数	9%	6%	15%	3%	4%

2.4 元音声学参数与前置辅音音质之间的相关性分析

图 2.70 为不同辅音（如：［—，p-，k-，t^h-，t-，f-，k^h-，n-］）之后出现的词首音节［u］元音的音长均值比较图，图 2.71 为不同辅音之后出现的［u］元音目标位置第一、第二和第三共振峰的前过渡段的变化示意图。从图 2.70 和图 2.71 中可以看出，男、女发音人［u］元音声学参数与其前置辅音音质之间具有一定的相关性。如：男、女发音人［u］元音在双唇辅音［p］之后的音长（M：143ms，F：109ms）比其他辅音之后的音长（M：49~119ms，F：39~102ms）明显长，这说明前置辅音的唇形会影响其后置元音的音长。

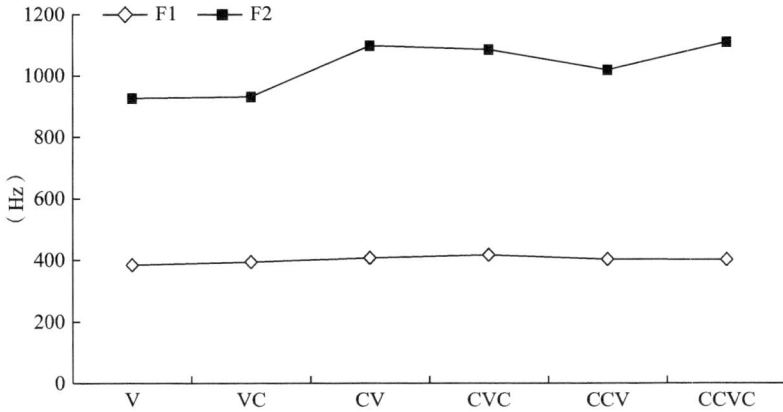

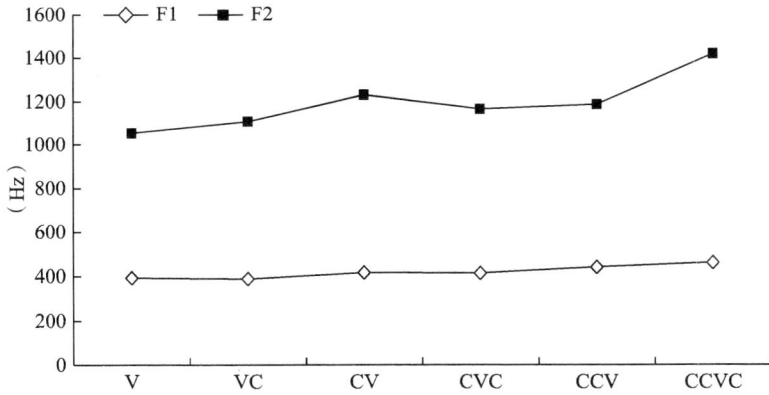

图 2.69 不同音节类型中出现的 [u] 元音第一 (F1)、
第二共振峰 (F2) 比较 (M&F)

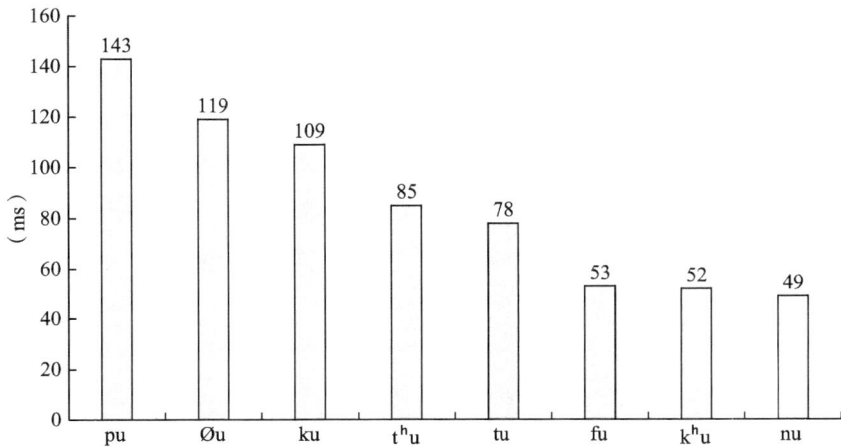

图 2.70-1 词首音节不同辅音之后出现的 [u] 元音音长均值比较 (M)

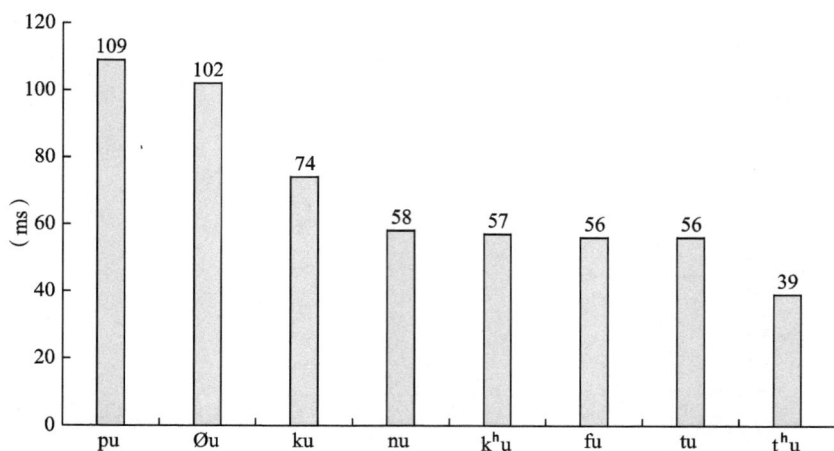

图 2.70-2　词首音节不同辅音之后出现的 ［u］元音音长均值比较（F）

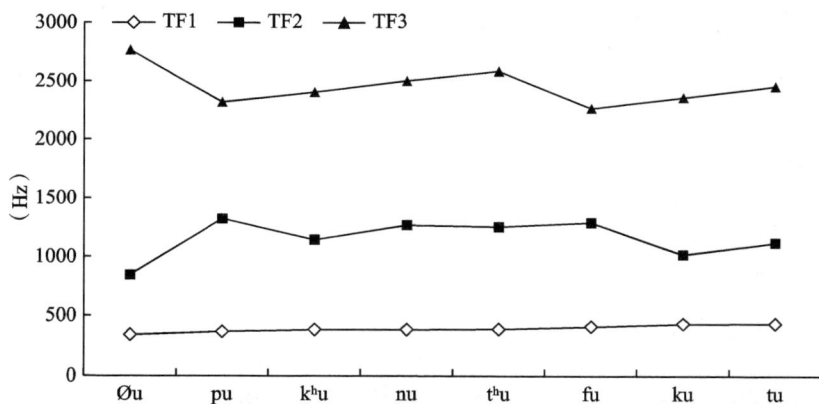

图 2.71-1　词首音节不同辅音之后出现的 ［u］元音三个共振峰前过渡段 TF1、
TF2、TF3 的变化示意（以 TF1 参数的自小至大排列）（M）

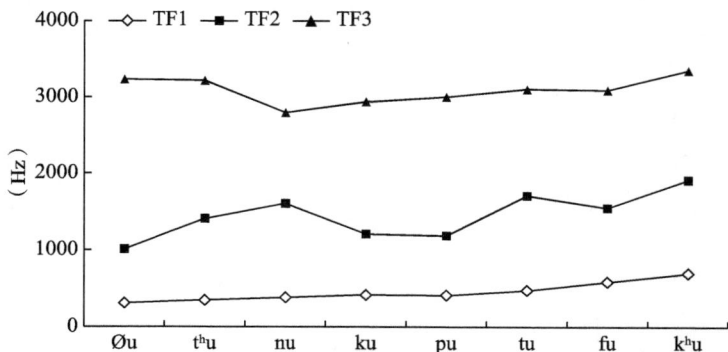

图 2.71-2　词首音节不同辅音之后出现的 ［u］元音三个共振峰前过渡段 TF1、
TF2、TF3 的变化示意（以 TF1 参数的自小至大排列）（F）

（十一）［ʉ］元音

1. 声学特征与音色

1.1 ［ʉ］元音三维语图和语音标注

图 2.72 为男发音人［suɐ:］"打哈欠、伸懒腰"一词的三维语图和三层标注实例。从三维语图上可以看到［ʉ］元音第一至第四共振峰（F1 ~ F4）横杠及其分布特点。该元音的第一共振峰较低，第二共振峰居中，第三共振峰较高。它们的参数值分别为 409Hz、1314Hz、2962Hz、4316Hz。该语图比较真实地显示了［ʉ］元音在实际语流中的存在形式。

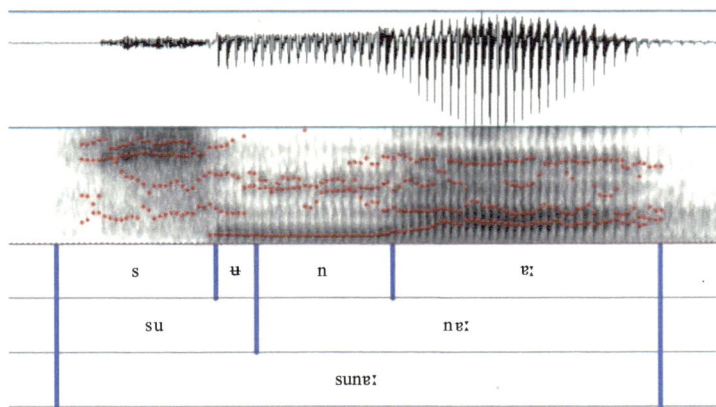

图 2.72　男发音人［suɐ:］"打哈欠、伸懒腰"一词的三维语图和三层标注实例

1.2 ［ʉ］元音声学参数和声学特征

表 2.47 为男、女发音人［ʉ］元音声学参数统计。图 2.73 为男、女发音人［ʉ］元音声学元音图。从表 2.47 和图 2.73 中可以看出以下几方面。（1）表 2.47 显示男、女发音人［ʉ］元音的平均时长、平均音强分别为 M：VD = 65ms，F：VD = 42ms；M：VA = 66.36dB，F：VA = 65.18dB。该元音 F1 和 F2 的频率均值分别为 M：F1 = 408Hz，F2 = 1365Hz；F：F1 = 445Hz，F2 = 1619Hz。（2）［ʉ］元音在语图中的位置位于［i］和［u］两个高元音之间。根据前人研究和本次实验，我们认为土族语词首音节［ʉ］为高、央、圆唇元音，用［ʉ］音标标记接近其实际音值。（3）女发音人［ʉ］元音的第一、第二共振峰的变异系数（F1 = 17%，F2 = 11%）比男发音人第一、第二共

振峰的变异系数（F1＝7%，F2＝8%）相对大。这说明女发音人［ʉ］元音的离散度比男发音人的相对大。

表 2.47 ［ʉ］元音声学参数统计

ʉ	M					F				
	VD	VA	F1	F2	F3	VD	VA	F1	F2	F3
平均值	65	66.36	408	1365	2542	42	65.18	445	1619	3073
标准差	25	3.23	28	104	129	19	3.05	74	177	301
变异系数	38%	5%	7%	8%	5%	44%	5%	17%	11%	10%

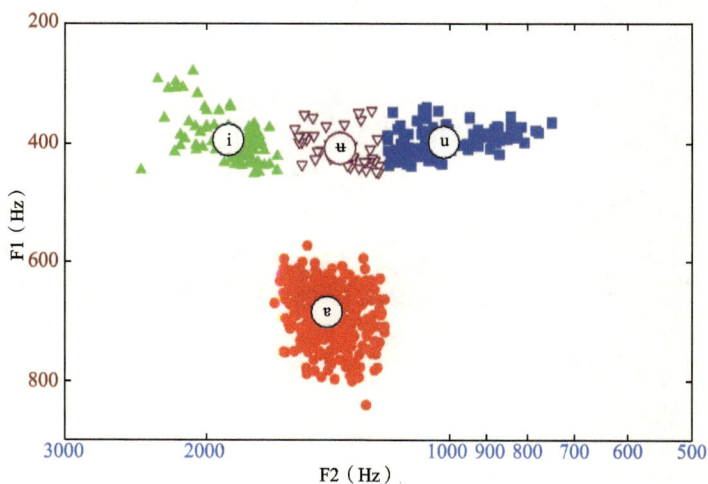

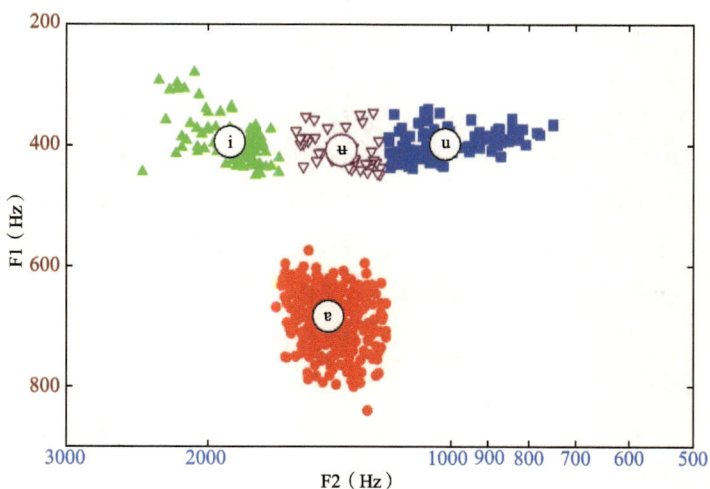

图 2.73 ［ʉ］元音声学元音图 （M&F）

2. 语流中的音变特征分析

2.1　目标位置共振峰与其前、后过渡段共振峰频率参数之间的显著性差异分析

图 2.74 为 ［ʉ］ 元音目标位置共振峰及其前过渡段共振峰分布比较图。图 2.75 为 ［ʉ］ 元音目标位置共振峰及其后过渡段共振峰分布比较图。图

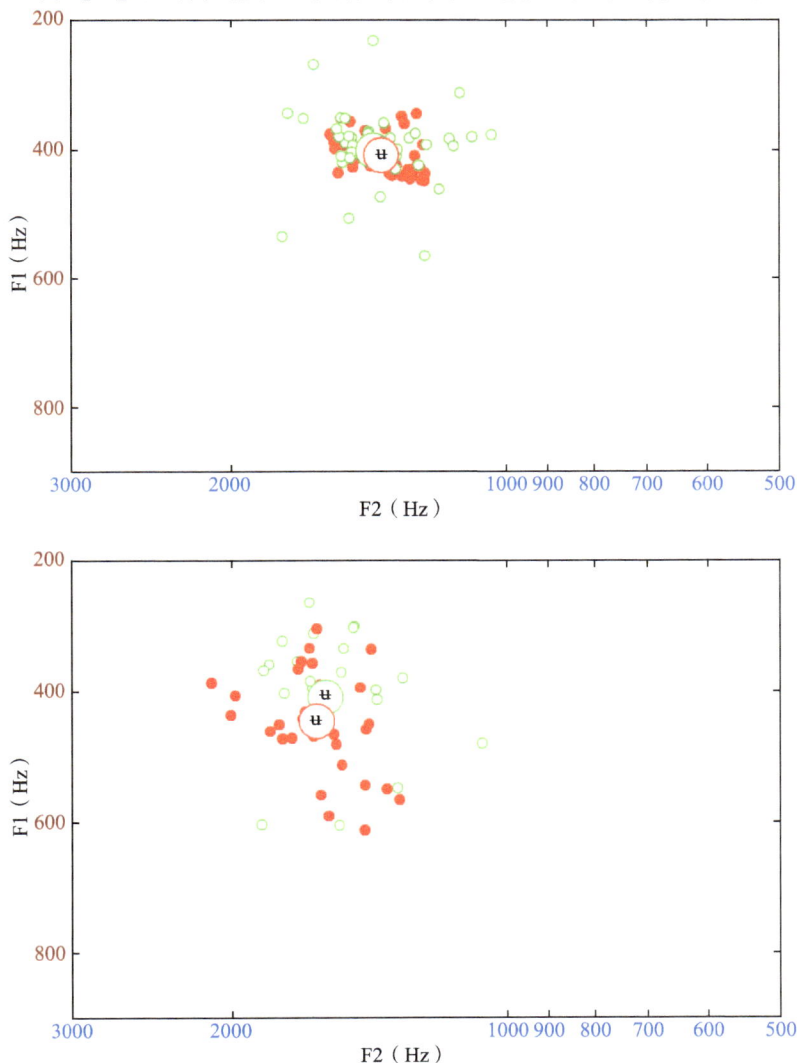

图 2.74　［ʉ］ 元音目标位置共振峰 （F1/F2） 及其前过渡段共振峰
（TF1/TF2） 分布比较 （M&F）

2.74 和图 2.75 显示，（1）［ʉ］元音的前过渡段第一共振峰和第二共振峰的变化幅度相对小，说明［ʉ］元音的舌位受前音段的影响不明显；（2）［ʉ］元音的后过渡段位置与目标位置相比，在声学元音图上整体靠前、靠上，这说明后置辅音对［ʉ］元音的影响是将其舌位变高变前；（3）［ʉ］元音的后过渡段第二共振峰的变化明显大于其前过渡段第一共振峰的变化，

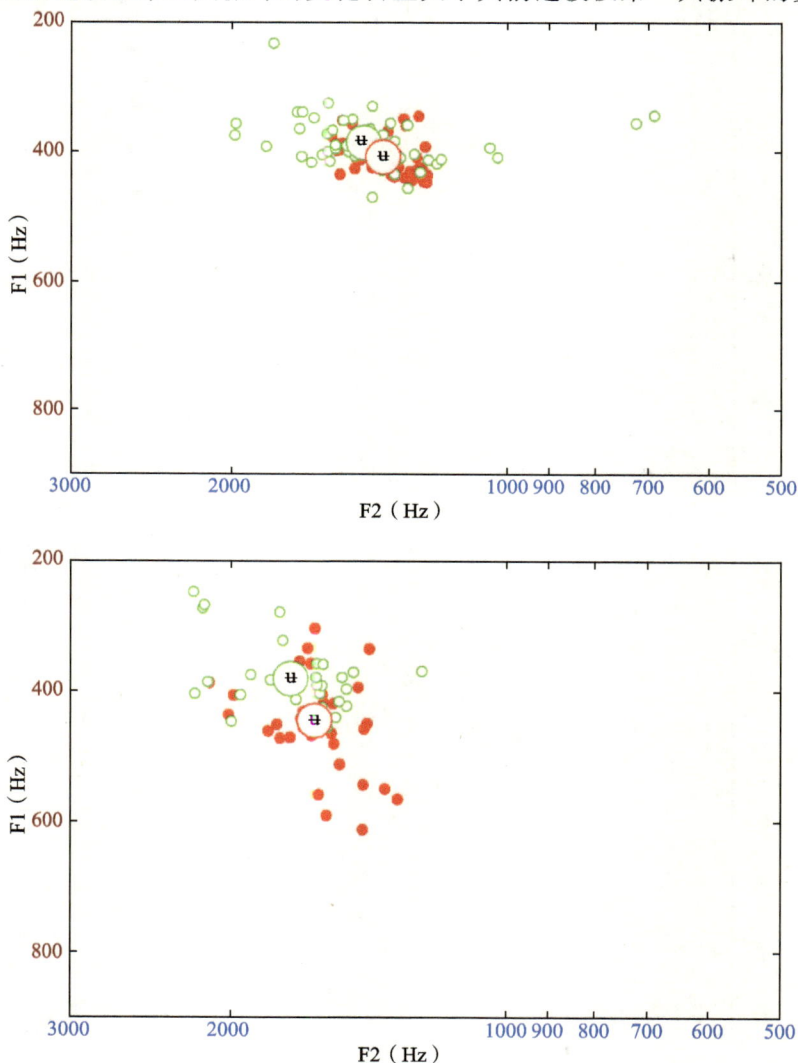

图 2.75　［ʉ］元音目标位置共振峰（F1/F2）及其后过渡段共振峰（TP1/TP2）分布比较（M&F）

即语流中［ʉ］元音的"后过渡段舌位高低维度上的变化小于其舌位前后维度上的变化"。

2.2 元音声学参数与音节数量之间的相关性分析

2.2.1 ［ʉ］元音在单音节和多音节词中的出现频率统计

表2.48为［ʉ］元音在单音节和多音节词中的出现频率统计。表2.48显示，［ʉ］元音主要出现在双音节词和三音节词中，其中双音节词中出现的频率为60%（M）和38%（F），三音节词中出现的频率为34%（M）和50%（F）。

表2.48 ［ʉ］元音出现频率统计

ʉ	单音节词		双音节词		三音节词		四音节词		共计	
发音人	M	F	M	F	M	F	M	F	M	F
出现次数	2	2	28	13	16	17	1	2	47	34
百分比	4%	6%	60%	38%	34%	50%	2%	6%	100%	100%

2.2.2 ［ʉ］元音音长、音强和共振峰参数与音节数量之间的相关性分析

表2.49为在单、双、三音节词中出现的［ʉ］元音的音长（VD）、音强（VA）和共振峰目标值（F）统计表。从表2.49可以看出，男、女发音人［ʉ］元音的音长、音强与其所出现词的音节数量之间有一定的相关性，即男、女发音人［ʉ］元音音长和音强随着其所出现词的音节数量的增加而相对缩短、变弱。如：

M：118ms → 69ms→53ms；M：72.50dB → 66.86dB →64.81dB

F：67ms → 44ms→38ms；F：69.50dB →64.62dB→65.00dB

表2.49 单音节和多音节词中出现的［ʉ］元音声学参数统计

ʉ		M					F				
		VD	VA	F1	F2	F3	VD	VA	F1	F2	F3
单音节词	平均值	118	72.50	436	1280	2523	67	69.50	461	1607	3388
	标准差	1	0.50	—	58	43	27	0.50	5	57	26
	变异系数	0.8%	0.7%	—	4%	2%	40%	0.7%	1%	4%	0.8%

续表

ʉ		M					F				
		VD	VA	F1	F2	F3	VD	VA	F1	F2	F3
双音节词	平均值	69	66.86	404	1370	2542	44	64.62	441	1659	3077
	标准差	24	2.86	28	102	117	11	1.90	63	145	296
	变异系数	35%	4%	7%	7%	5%	25%	3%	14%	9%	10%
三音节词	平均值	53	64.81	410	1375	2550	38	65.00	440	1572	3019
	标准差	15	2.94	28	105	155	20	3.63	78	162	305
	变异系数	29%	5%	7%	8%	6%	54%	6%	18%	10%	10%
四音节词	平均值	34	65.00	409	1254	2465	45	66.00	500	1772	3195
	标准差	—	—	—	—	—	1	1.00	113	339	201
	变异系数	—	—	—	—	—	1%	2%	23%	19%	6%

2.3　元音声学参数与音节类型之间的相关性分析

2.3.1　[ʉ]元音在不同音节类型中的出现频率统计

表 2.50 是［ʉ］元音在不同音节类型中出现的频率统计。该表显示，男、女发音人［ʉ］元音在 CV 音节中的出现频率最高，分别为 72.2%（M）和 82%（F）。

表 2.50　不同音节类型中出现的［ʉ］元音的频率统计

发音人	音节类型	CV	CVC	CCV	CCVC	共计
M	出现次数	34	7	3	3	94
	占比	72.2%	15%	6.4%	6.4%	100%
F	出现次数	28	6	—	—	70
	占比	82%	18%	—	—	100%

2.3.2　[ʉ]元音声学参数与音节类型之间的相关性分析

表 2.51 为不同音节类型中出现的［ʉ］元音的声学参数统计，图 2.76 为不同音节类型中出现的［ʉ］元音第一（F1）、第二共振峰（F2）均值比较图。从上述图表中可以看出，男、女发音人［ʉ］元音目标位置第一共振峰均值与其所出现的音节类型之间没有明显的相关性。

表 2.51-1　不同音节类型中出现的 [ʉ] 元音声学参数统计（M）

ʉ		VD	VA	F1	F2	F3
CV	平均值	60	65.62	402	1375	2567
	标准差	23	3.12	27	97	132
	变异系数	38%	5%	7%	7%	5%
CVC	平均值	72	67.29	437	1313	2518
	标准差	23	2.66	6	91	96
	变异系数	32%	4%	1%	7%	4%

表 2.51-2　不同音节类型中出现的 [ʉ] 元音声学参数统计（F）

ʉ		VD	VA	F1	F2	F3
CV	平均值	42	65.29	446	1637	3044
	标准差	17	2.64	75	182	311
	变异系数	42%	4%	17%	11%	10%
CVC	平均值	44	64.67	439	1534	3210
	标准差	23	4.46	71	122	202
	变异系数	52%	7%	16%	8%	6%

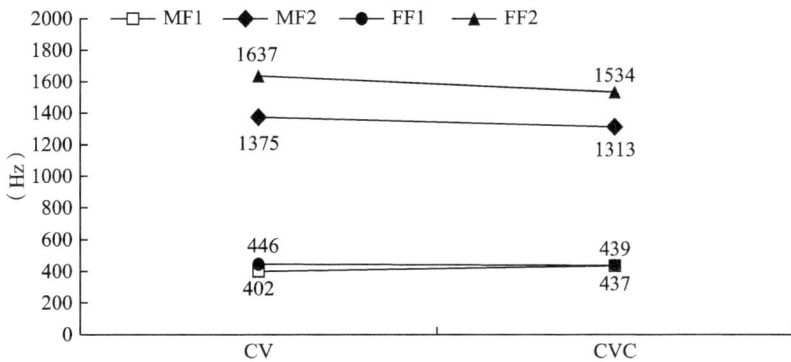

图 2.76　不同音节类型中出现的 [ʉ] 元音第一（F1）、第二共振峰
（F2）比较（M&F）

2.4　元音声学参数与前置辅音音质之间的相关性分析

图 2.77 为不同辅音之后出现的词首音节 [ʉ] 元音的音长均值比较图，
图 2.78 为不同辅音之后出现的 [ʉ] 元音目标位置第一、第二和第三共振

峰的前过渡段的变化示意图。

从图 2.77 和图 2.78 中可以看出，男、女发音人［ʉ］元音声学参数与其前置辅音音质之间有一定的相关性。如不送气舌尖辅音（［t-，s-，n-］）之后的音长比其他辅音之后的音长长，这说明前置辅音的发音方法（送气与否）和发音部位（舌尖）会影响其后置元音的音长。

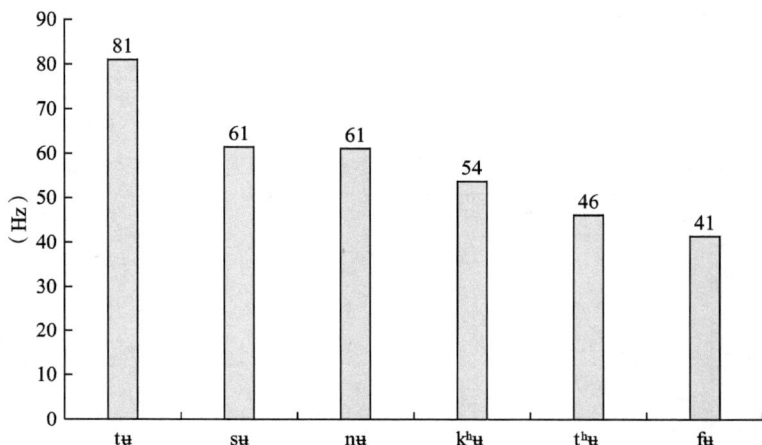

图 2.77-1　词首音节不同辅音之后出现的［ʉ］元音音长均值比较（M）

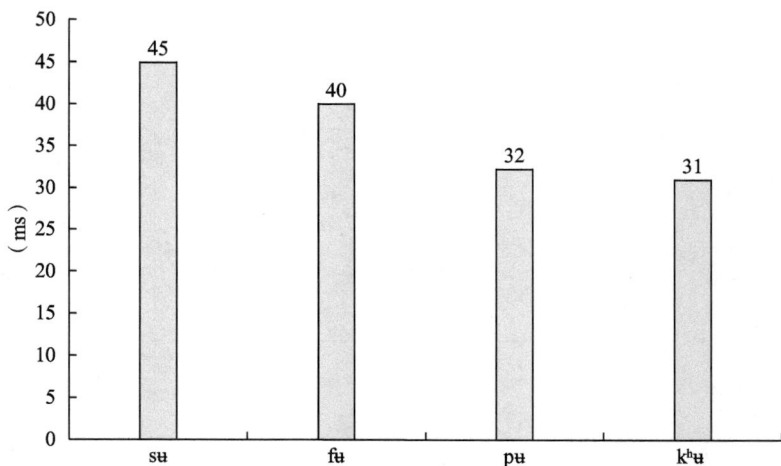

图 2.77-2　词首音节不同辅音之后出现的［ʉ］元音音长均值比较（F）

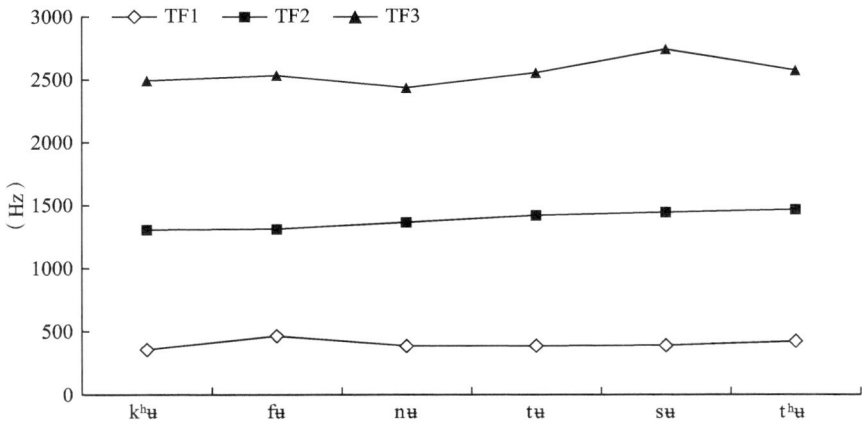

图 2.78-1　词首音节不同辅音之后出现的［ɯ］元音三个共振峰前过渡段 TF1、TF2、TF3 的变化示意（以 TF2 参数的自小至大排列）（M）

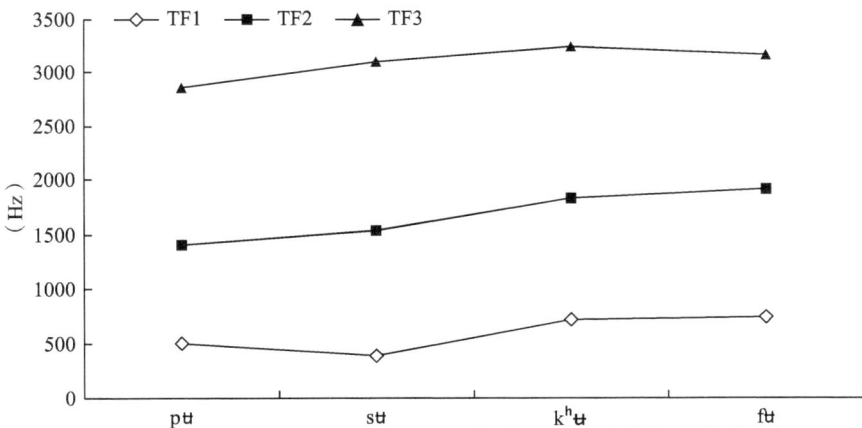

图 2.78-2　词首音节不同辅音之后出现的［ɯ］元音三个共振峰前过渡段 TF1、TF2、TF3 的变化示意（以 TF2 参数的自小至大排列）（F）

（十二）［y］元音

1. 声学特征与音色

1.1　［y］元音三维语图和语音标注

图 2.79 为男发音人［ɕtɕyn］"姑娘；女儿"一词的三维语图和三层标注实例。其中，元音［y］的目标位置的 F1~F4 共振峰参数分别为 400Hz、1704Hz、2551Hz、3286Hz。从图 2.79 中可以看出，［y］元音第二共振峰整体较高，说明是舌位靠前元音。但受其后置辅音［n］的影响，其第二共振峰后过渡段频率

有所下降。该语图比较真实地显示了［y］元音在实际语流中的存在形式。

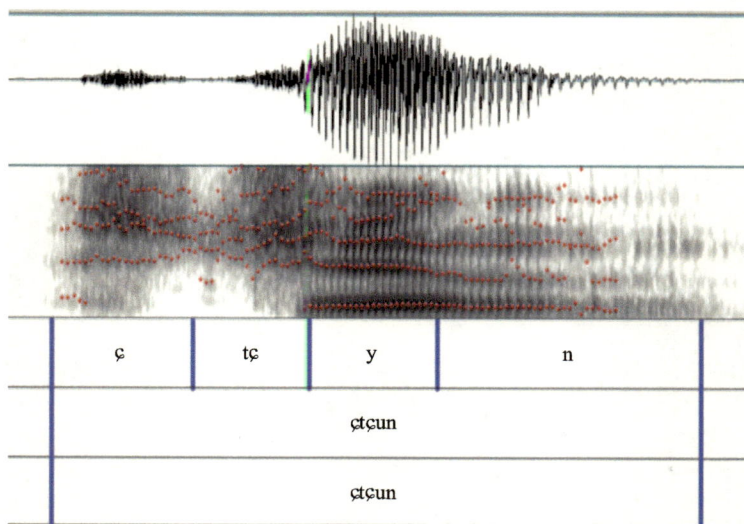

图 2.79　男发音人［ɕtɕyn］"姑娘；女儿"一词的三维语图和三层标注实例

1.2　［y］元音声学参数和声学特征

表 2.52 为男、女发音人［y］元音声学参数统计总表。图 2.80 为男、女发音人［y］元音声学元音图。从表 2.52 和图 2.80 中可以看出以下几点。（1）男、女发音人［y］元音的平均时长、平均音强分别为 M：VD = 67ms，F：VD = 41ms；M：VA = 66.81dB，F：VA = 64.5dB。该元音 F1 和 F2 的频率均值分别为 M：F1 = 390Hz，F2 = 1708Hz；F：F1 = 412Hz，F2 = 1363Hz。（2）从表 2.52 和图 2.80 中可以看到，［y］元音在声学元音图上分布在［i］元音之后，舌位比较高且前。根据前人研究和本次实验，我们认为土族语词首音节［y］为高、前、圆唇元音，用［y］音标标记接近其实际音值。

表 2.52　［y］元音声学参数统计

y	M					F				
	VD	VA	F1	F2	F3	VD	VA	F1	F2	F3
平均值	67	66.81	390	1708	2505	41	64.5	412	1363	2612
标准差	35	3.88	27	71	97	11	2.06	26	130	95
变异系数	52%	6%	7%	4%	4%	27%	3%	6%	10%	4%

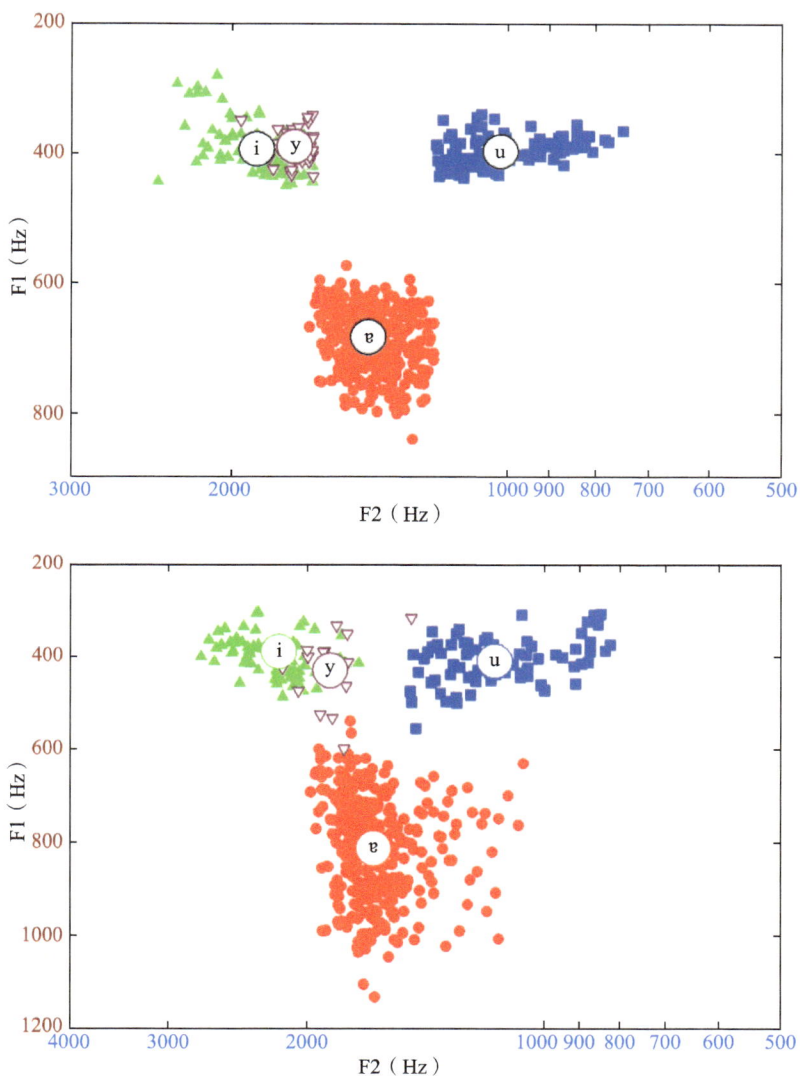

图 2.80　[y] 元音声学元音图 （M&F）

2. 语流中的音变特征分析

2.1　目标位置共振峰与其前、后过渡段共振峰频率参数之间的显著性差异分析

图 2.81 为 [y] 元音目标位置共振峰及其前过渡段共振峰分布比较图。图 2.82 为 [y] 元音目标位置共振峰及其后过渡段共振峰分布比较图。图

2.81 和图 2.82 显示，（1）男、女发音人［y］元音的前过渡段位置与目标位置相比，在声学元音图上整体靠前、靠上，这说明前置辅音影响［y］元音舌位，使其变高变前；（2）［y］元音的后过渡段位置与目标位置相比，在声学元音图上整体靠后、靠上，这说明后置辅音对［y］元音的影响是将其舌位变后变高，与前置辅音相反。

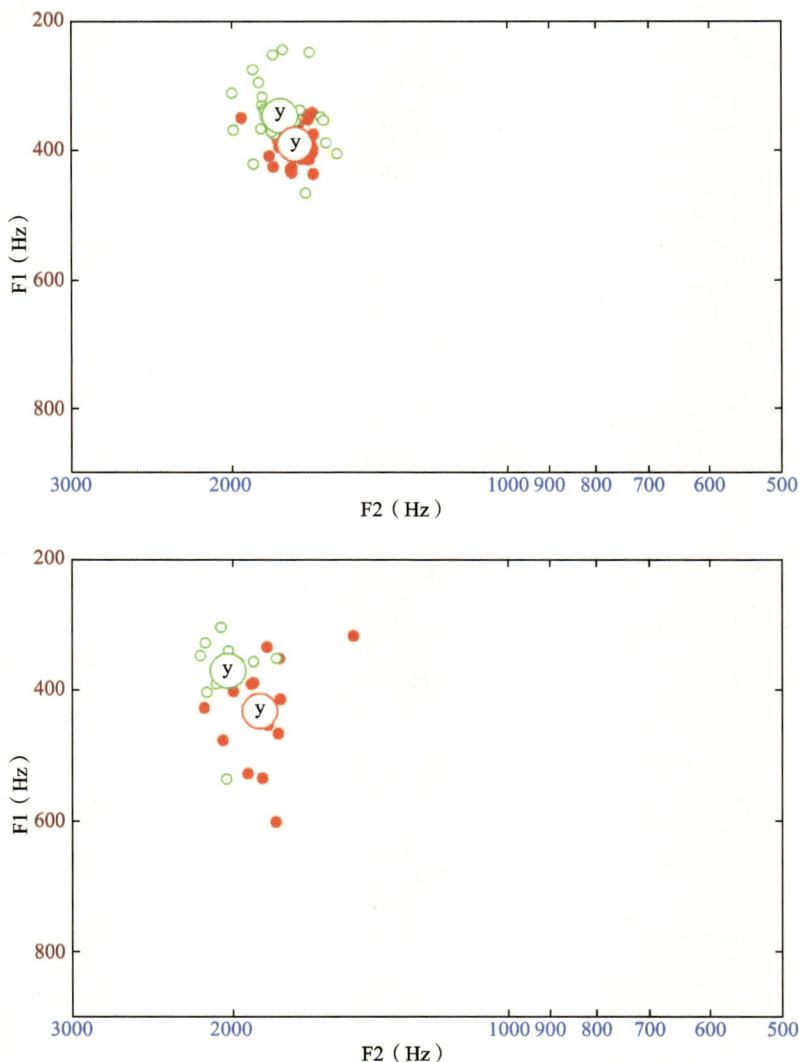

图 2.81　［y］元音目标位置共振峰（F1/F2）及其前过渡段共振峰
（TF1/TF2）分布比较（M&F）

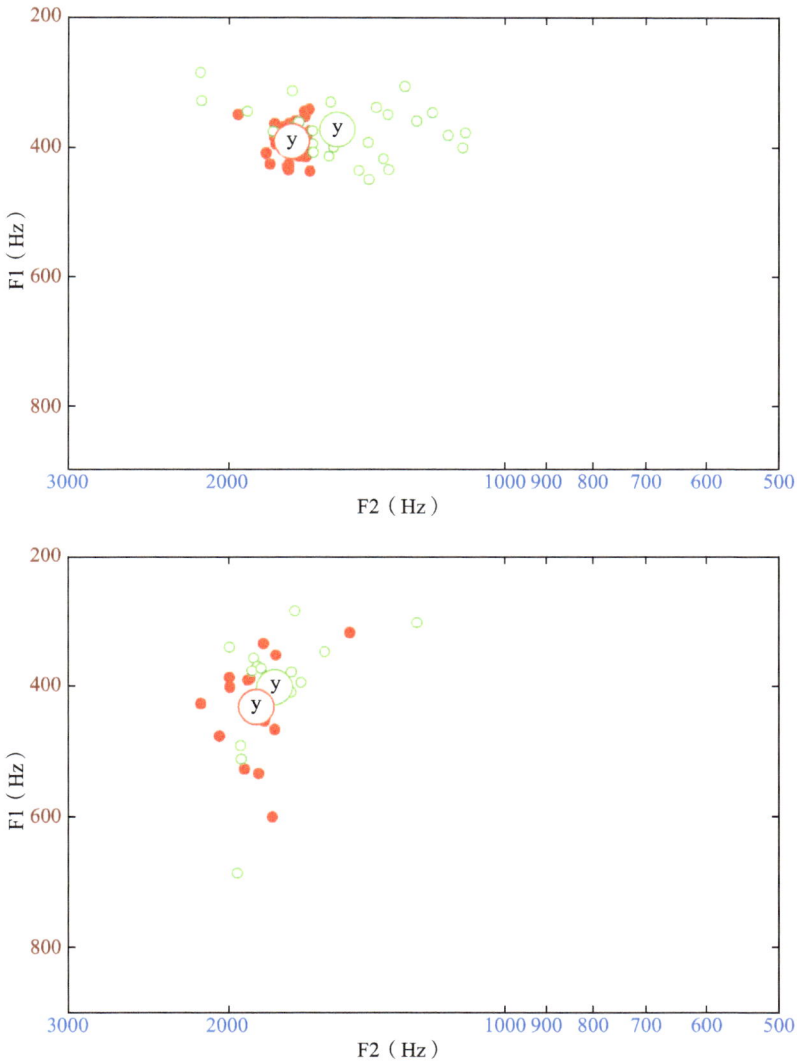

图 2.82　[y] 元音目标位置共振峰（F1/F2）及其后过渡段共振峰
（TP1/TP2）分布比较（M&F）

2.2　元音声学参数与音节数量之间的相关性分析

2.2.1　[y] 元音在单音节和多音节词中的出现频率统计

表 2.53 为 [y] 元音在单音节和多音节词中的出现频率统计。表 2.53 显示，[y] 元音在双音节词中的出现频率最高，约占所有出现次数的 56%（M）和 47%（F）。

表 2.53 ［y］元音出现频率统计

y	单音节词		双音节词		三音节词		四音节词		共计	
发音人	M	F	M	F	M	F	M	F	M	F
出现次数	3	5	18	8	10	4	1	—	32	17
百分比	9%	29%	56%	47%	3%	24%	3%	—	100%	100%

2.2.2 ［y］元音音长、音强和共振峰参数与音节数量之间的相关性分析

表 2.54 为在单音节词、双音节词和三音节词中出现的［y］元音的音长（VD）、音强（VA）和共振峰目标值（F）统计。从表 2.54 中可以看出，男、女发音人［y］元音声学参数与其所出现词的音节数量之间呈现出一定的共同性、具有统计学意义的规律。男、女发音人［y］元音的音长、音强与其所出现的词的音节数量之间有一定的相关性，即男、女发音人［y］元音音长和音强随着其所出现词的音节数量的增加而相对缩短、变弱。如：

M：158ms → 63ms→49ms→42ms

M：75.33dB → 66.39dB →65.40dB→63.00dB

F：70ms → 57ms→52ms

F：72.80dB →62.88dB→68.25dB

表 2.54 单音节和多音节词中出现的［y］元音声学参数统计

	y	M					F				
		VD	VA	F1	F2	F3	VD	VA	F1	F2	F3
单音节词	平均值	158	75.33	406	1693	2431	70	72.80	472	1997	3161
	标准差	25	0.94	8	13	80	14	2.14	53	101	230
	变异系数	16%	1%	2%	1%	3%	20%	3%	11%	5%	7%
双音节词	平均值	63	66.39	390	1727	2514	57	62.88	392	1778	3055
	标准差	18	2.29	26	77	98	25	4.73	56	129	230
	变异系数	29%	3%	7%	4%	4%	44%	8%	14%	7%	8%
三音节词	平均值	49	65.40	382	1685	2523	52	68.25	447	1871	2898
	标准差	16	3.58	30	61	88	34	3.49	89	91	199
	变异系数	33%	5%	8%	4%	3%	66%	5%	20%	5%	7%

续表

y		M					F				
		VD	VA	F1	F2	F3	VD	VA	F1	F2	F3
四音节词	平均值	42	63.00	406	1646	2387	—	—	—	—	—
	标准差	—	—	—	—	—	—	—	—	—	—
	变异系数	—	—	—	—	—	—	—	—	—	—

2.3　元音声学参数与音节类型之间的相关性分析

2.3.1　［y］元音在不同音节类型中的出现频率统计

表 2.55 是［y］元音在不同音节类型中出现的频率统计。该表显示，［y］元音在 CV 音节中的出现频率最高，分别为 69%（M）和 65%（F）。

表 2.55　不同音节类型中出现的［y］元音的频率统计

发音人	音节类型	CV	CVC	CCV	CCVC	共计
M	出现次数	22	6	2	2	32
	百分比	69%	19%	6%	6%	100%
F	出现次数	11	3	—	3	17
	百分比	65%	17.5%	—	17.5%	100%

2.3.2　［y］元音声学参数与音节类型之间的相关性分析

表 2.56 为不同音节类型中出现的［y］元音的声学参数统计，图 2.83 为不同音节类型中出现的［y］元音第一（F1）、第二共振峰（F2）均值比较图。从上述图表中可以看出，男、女发音人［y］元音声学参数与其所出现的音节类型之间没有明显的相关性。这有可能跟［y］元音与特定的辅音（［tɕ-，tɕʰ-，ɕ-，j-］）组成有关系。

表 2.56-1　不同音节类型中出现的［y］元音声学参数统计（M）

y		VD	VA	F1	F2	F3
CV	平均值	54	65.27	381	1708	2501
	标准差	18	2.83	23	81	85
	变异系数	34%	4%	6%	5%	3%

续表

		VD	VA	F1	F2	F3
CVC	平均值	105	71.17	422	1709	2479
	标准差	48	3.48	14	53	138
	变异系数	46%	5%	3%	3%	6%
CCV	平均值	93	69.00	385	1701	2565
	标准差	46	5.00	26	8	21
	变异系数	49%	7%	7%	0.4%	1%
CCVC	平均值	54	65.27	381	1708	2501
	标准差	18	2.83	23	81	85
	变异系数	34%	4%	6%	5%	3%

表 2.56-2 不同音节类型中出现的 [y] 元音声学参数统计 （F）

		VD	VA	F1	F2	F3
CV	平均值	57	65.18	418	1815	3034
	标准差	29	4.95	76	130	216
	变异系数	51%	8%	18%	7%	7%
CVC	平均值	59	67.67	451	1920	2981
	标准差	18	6.18	73	111	232
	变异系数	31%	9%	16%	6%	8%
CCV	平均值	70	73.33	453	2002	3173
	标准差	15	2.49	57	119	295
	变异系数	22%	3%	13%	6%	9%

2.4 元音声学参数与前置辅音音质之间的相关性分析

图 2.84 为不同辅音之后出现的词首音节 [y] 元音的音长均值比较图，图 2.85 为不同辅音之后出现的 [y] 元音目标位置第一、第二和第三共振峰的前过渡段的变化示意图。

从图 2.84 和图 2.85 中可以看出，男、女发音人 [y] 元音声学参数与其前置辅音音质之间具有一定的相关性。如：在送气辅音和清擦音之后出现的 [y] 元音音长比在不送气塞音和塞擦音之后出现的 [y] 元音音长短。这说明前置辅音发音方法（送气与否）影响其该元音的音长。

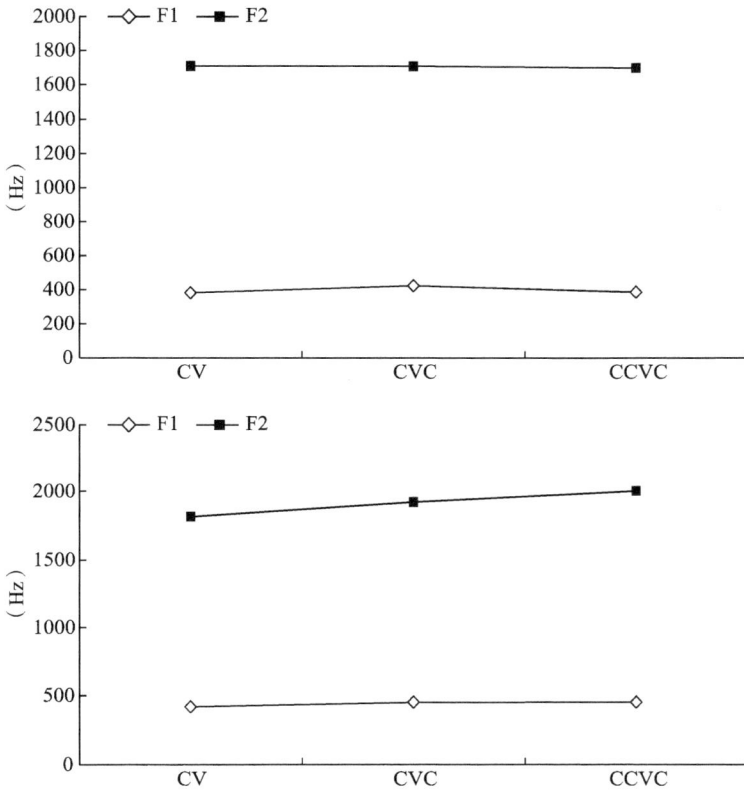

图 2.83　不同音节类型中出现的[y] 元音第一（F1）、
第二共振峰（F2）比较（M&F）

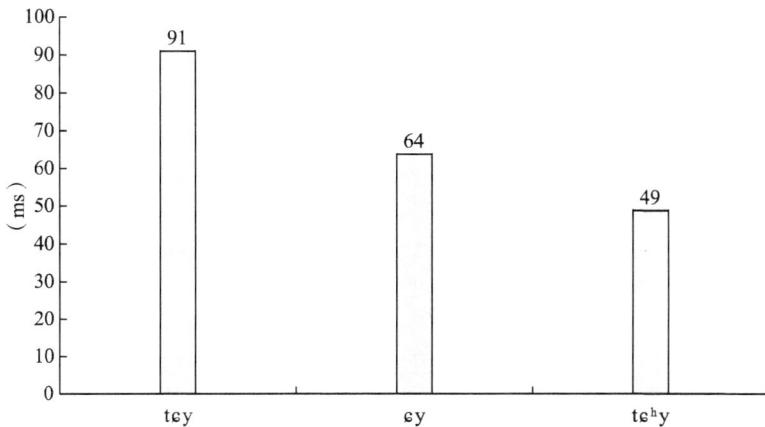

图 2.84-1　词首不同辅音之后出现的 [y] 元音音长均值比较（M）

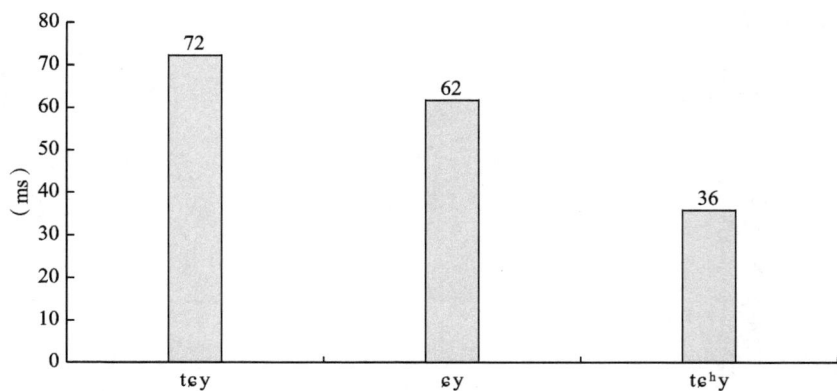

图 2.84-2　词首音节不同辅音之后出现的［y］元音音长均值比较（F）

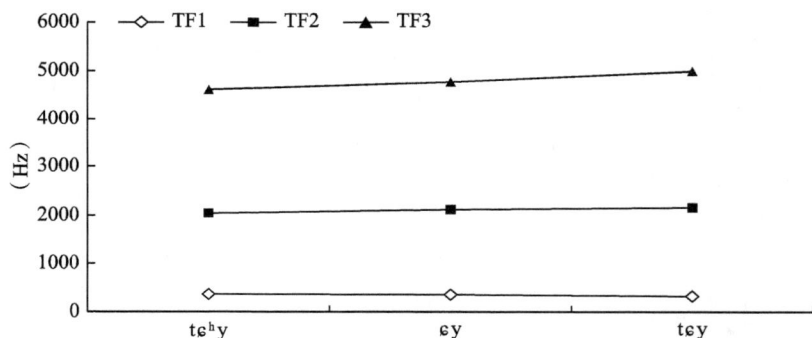

图 2.85-1　词首音节不同辅音之后出现的［y］元音三个共振峰前过渡段 TF1、
　　　　　 TF2、TF3 的变化示意（以 TF2 参数的自小至大排列）（M）

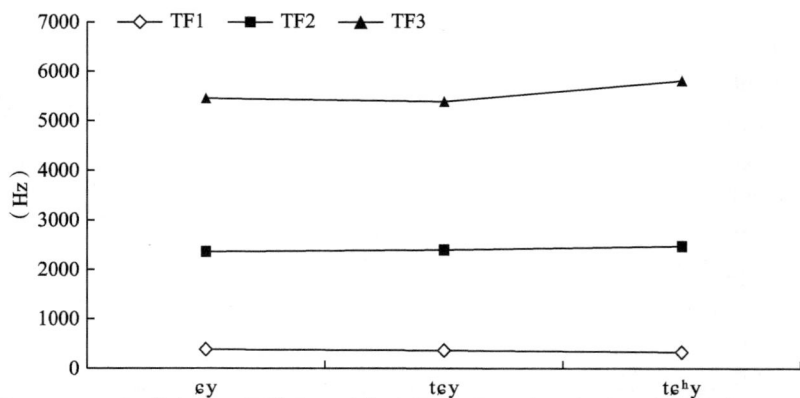

图 2.85-2　词首音节不同辅音之后出现的［y］元音三个共振峰前过渡段 TF1、
　　　　　 TF2、TF3 的变化示意（以 TF2 参数的自小至大排列）（F）

四　非词首音节短元音

（一）非词首音节［ɐ］元音

1. 声学特征与音色

1.1　非词首音节［ɐ］元音三维语图和语音标注

图 2.86 为男发音人［nɐɹɐ］"太阳"一词的三维语图和三层标注实例。其中，非词首音节元音［ɐ］目标位置的 F1～F4 共振峰分别为 661Hz、1287Hz、2362Hz、3614Hz。从图 2.86 中可以看出非词首音节［ɐ］元音的共振峰横杠及其分布特点与词首［ɐ］元音相同，第一共振峰较高，第二共振峰居中。这是非词首音节［ɐ］元音比较典型的声学语图。

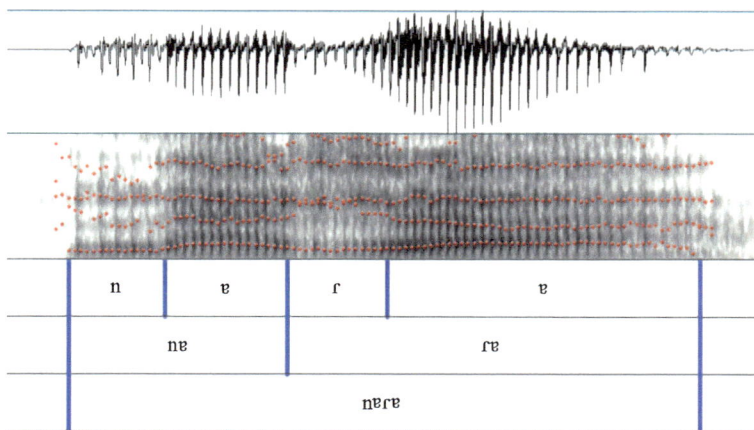

图 2.86　男发音人［nɐɹɐ］"太阳"一词的三维语图和三层标注实例

1.2　非词首音节［ɐ］元音声学参数和声学特征

表 2.57 为非词首音节［ɐ］元音参数统计总表。图 2.87 为男、女发音人非词首音节［ɐ］元音在声学空间中的分布模式。从表 2.57 中可以看出，男、女发音人非词首音节［ɐ］元音的平均时长、平均音强分别为 M：VD = 235ms，F：VD = 249ms；M：VA = 71.84dB，F：VA = 74dB。该元音 F1 和 F2 的频率均值分别为 M：F1 = 667Hz，F2 = 1358Hz；F：F1 = 888Hz，F2 = 1629Hz。

从表 2.57 和图 2.87 可以看出，（1）男、女发音人的非词首音节［ɐ］

元音在声学空间中的分布位置位于最下面（舌位高低）、中间（舌位前后）位置；（2）非词首音节［ɐ］元音在声学空间中的分布范围为：F1 = 500 ~ 800Hz，F2 = 1300 ~ 1700Hz（M）；F1 = 650 ~ 1100Hz，F2 = 1500 ~ 2100Hz（F），分布位置和范围与词首音节［ɐ］元音基本相同；（3）根据上述分析结果，我们认为土族语非词首音节［ɐ］元音为低、央、展唇元音，用［ɐ］音标标记该元音接近其实际音值；（4）男发音人非词首音节［ɐ］元音共振峰在声学空间中的分布范围较为集中，相比之下，女发音人［ɐ］元音的 F1 分布范围较广，离散度大。

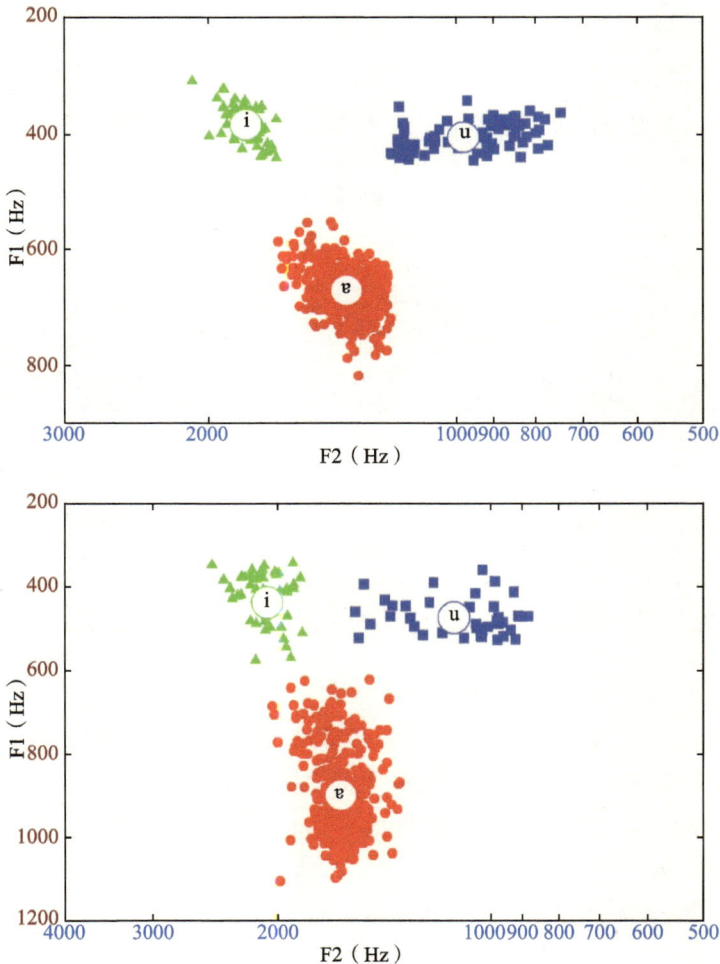

图 2.87　非词首音节［ɐ］元音声学元音图（M&F）

表 2.57 非词首音节 ［ɐ］元音声学参数统计

ɐ	M					F				
	VD	VA	F1	F2	F3	VD	VA	F1	F2	F3
平均值	235	71.84	667	1358	2384	249	74	888	1629	3288
标准差	91	2.9	37	87	124	114	3.23	107	114	234
变异系数	39%	4%	6%	6%	5%	46%	4%	12%	7%	7%

2. 语流中的声学音变特征分析

2.1 目标位置共振峰与其前、后过渡段共振峰频率参数之间的显著性差异分析

图 2.88 和图 2.89 为非词首音节 ［ɐ］元音目标位置第一、第二共振峰

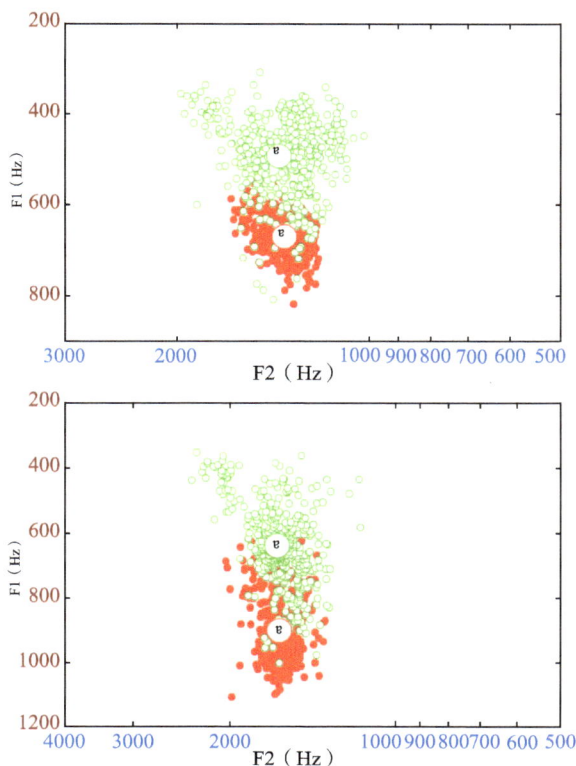

图 2.88 非词首音节 ［ɐ］元音目标位置共振峰（F1/F2）及其前
过渡段共振峰（TF1/TF2）分布比较（M&F）

F1/F2 及其前过渡段 TF1/TF2 和后过渡段 TP1/TP2 共振峰分布比较图。其中，图 2.88 为目标位置共振峰和前过渡段共振峰分布比较图，图 2.89 为目标位置共振峰和后过渡段共振峰分布比较图。

图 2.88 和图 2.89 显示，男、女发音人非词首音节 [ɐ] 元音目标位置

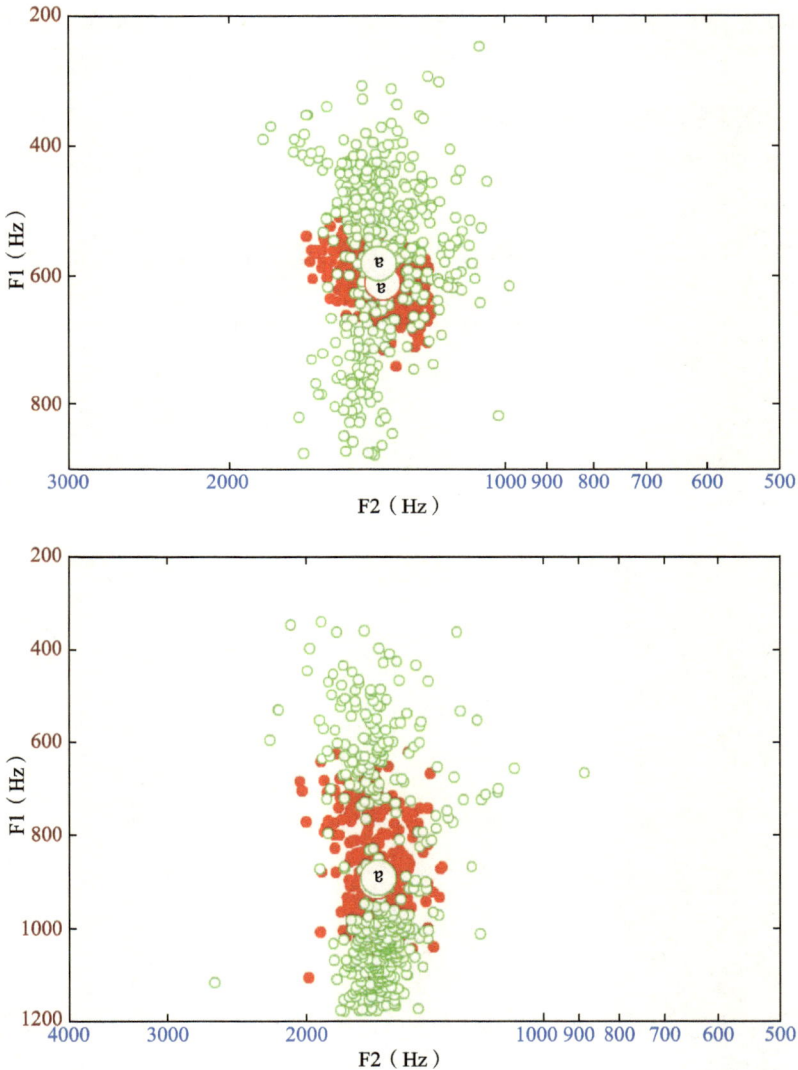

图 2.89　非词首音节 [ɐ] 元音目标位置共振峰（F1/F2）及其后
过渡段共振峰（TP1/TP2）分布比较（M&F）

共振峰频率与其前、后过渡段共振峰频率之间存在一定的共同性、具有统计学意义的规律：（1）男、女发音人非词首音节［ɐ］元音的前过渡段位置与目标位置相比，在声学元音图上整体靠上，说明前置辅音影响［ɐ］元音舌位，使其变高；（2）非词首音节［ɐ］元音的后过渡段位置与目标位置相比，在声学元音图上向上下扩散，说明后置辅音对［ɐ］元音的影响是将其舌位变高、变低。

2.2　元音声学参数与音节数量之间的相关性分析

2.2.1　非词首音节［ɐ］元音在单音节和多音节词中的出现频率统计

表 2.58 为非词首音节［ɐ］元音在多音节单词中出现的频率统计。表 2.58 显示，非词首音节［ɐ］元音在双音节词中的出现频率最高，约占所出现次数的 50%（M）和 51%（F）。这与词首音节［ɐ］元音特点相同。

表 2.58　非词首音节［ɐ］元音出现频率统计

ɐ	双音节词		三音节词		四音节词		共计	
发音人	M	F	M	F	M	F	M	F
出现次数	246	240	219	212	22	20	486	472
占比	50%	51%	45%	45%	5%	4%	100%	100%

2.2.2　［ɐ］元音音长、音强和共振峰参数与音节数量之间的相关性分析

表 2.59 为出现在多音节词中非词首音节［ɐ］元音的音长（VD）、音强（VA）、共振峰目标值（F）统计。图 2.90 和图 2.91 为音节数量与非词首音节［ɐ］元音音长和音强关系示意图。从表 2.59、图 2.90 和图 2.91 中可以看出，音节数量与非词首音节［ɐ］元音音长、音强之间具有一定的相关性。如，该元音音长随着音节数量的增加而相对缩短，而其音强随着音节数量的增多相对变弱。

M：274ms → 200ms → 152ms；M：72.66dB → 71.11dB →69.86dB

F：275ms → 225ms→ 193ms；F：74.6dB →73.64dB →71dB

图 2.92 为音节数量与非词首音节［ɐ］元音共振峰之间的关系示意图。本次实验结果显示，音节数量与该元音共振峰之间没有相关性。

表 2.59 不同音节词非词首音节中［ɐ］元音声学参数统计

发音人统计项		M					F				
		VD	VA	F1	F2	F3	VD	VA	F1	F2	F3
双音节词	平均值	274	72.66	679	1349	2371	275	74.6	920	1643	3330
	标准差	68	2.0	34	79	117	90	2.52	73	94	141
	变异系数	25%	3%	5%	6%	5%	33%	3%	8%	6%	4%
三音节词	平均值	200	71.11	659	1370	2398	225	73.64	859	1619	3234
	标准差	94	3.28	38	94	130	129	3.67	127	125	302
	变异系数	47%	5%	6%	7%	5%	57%	5%	15%	8%	9%
四音节词	平均值	152	69.86	654	1345	2392	193	71	826	1569	3353
	标准差	88	4.16	30	79	132	124	3.46	114	172	171
	变异系数	58%	6%	5%	6%	6%	64%	5%	14%	11%	5%

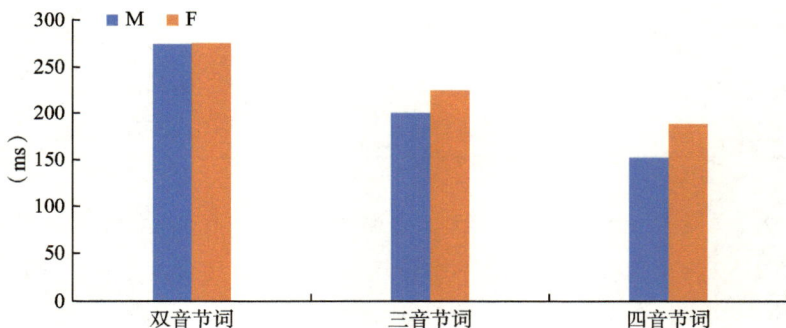

图 2.90 音节数量与非词首音节［ɐ］元音音长之间的关系示意（M&F）

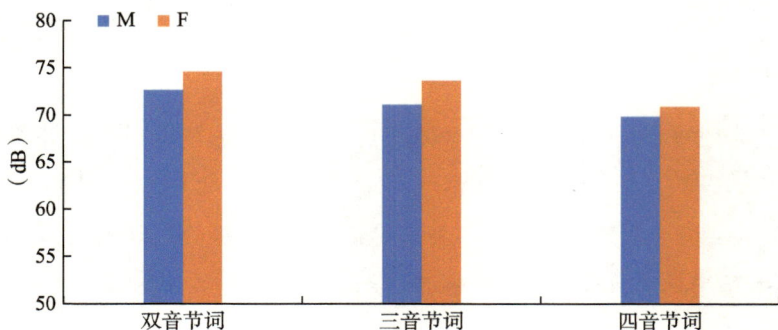

图 2.91 音节数量与非词首音节［ɐ］元音音强之间的关系示意（M&F）

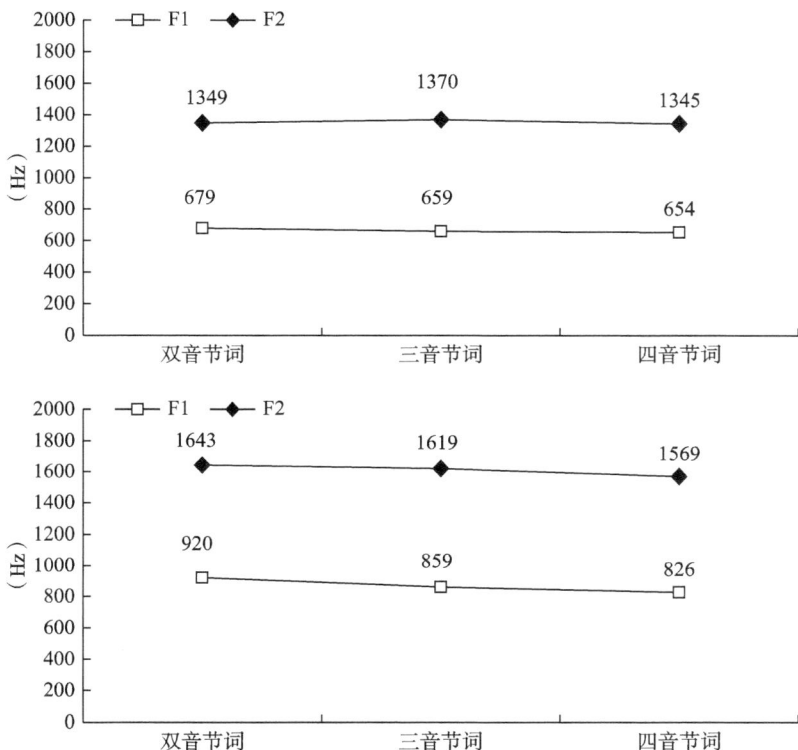

图 2.92　音节数量与非词首音节［ɐ］元音共振峰之间的关系示意（M&F）

2.3　元音声学参数与音节类型之间的相关性分析

2.3.1　非词首音节［ɐ］元音在不同音节类型中的出现频率统计

表 2.60 是非词首音节［ɐ］元音在不同音节类型中的出现比例统计。该表显示，非词首音节［ɐ］元音在 CV 音节中的出现比例最高，达到 74%（M）和 76%（F）。可以说，非词首音节［ɐ］元音与 CV 音节之间的关系较密切，与词首音节［ɐ］元音特点相同。

表 2.60　不同音节类型中非词首音节［ɐ］元音的频率统计（M&F）

发音人	音节类型	CV	CVC	CVCC	共计
M	出现次数	360	125	1	486
	占比	74%	26%	——	100%
F	出现次数	361	111	0	472
	占比	76%	24%	——	100%

2.3.2 非词首音节［ɐ］元音声学参数与音节类型之间的相关性分析

表 2.61 为出现在 CV 和 CVC 音节中非词首音节［ɐ］元音的声学参数统计。图 2.93 为 CV 和 CVC 音节中非词首音节［ɐ］元音第一（F1）、第二共振峰（F2）比较图。上述图表显示，男、女发音人非词首音节［ɐ］元音音长、音强与音节类型之间有一定的相关性，即非词首音节［ɐ］元音在 CV 音节中的音长和音强比在 CVC 音节中相对长且强。

表 2.61-1　不同音节类型中非词首音节［ɐ］元音声学参数统计（M）

ɐ		VD	VA	F1	F2	F3
CV	平均值	260	72	670	1348	2397
	标准差	88	2.82	37	80	111
	变异系数	34%	4%	6%	6%	5%
CVC	平均值	164	71.4	664	1388	2351
	标准差	53	3.05	37	99	148
	变异系数	32%	4%	6%	7%	6%

表 2.61-2　不同音节类型中非词首音节［ɐ］元音声学参数统计（F）

ɐ		VD	VA	F1	F2	F3
CV	平均值	292	74.44	910	1615	3296
	标准差	95	3.12	100	97	225
	变异系数	32%	4%	11%	6%	7%
CVC	平均值	111	72.63	816	1677	3260
	标准差	34	3.2	100	149	258
	变异系数	31%	4%	12%	9%	8%

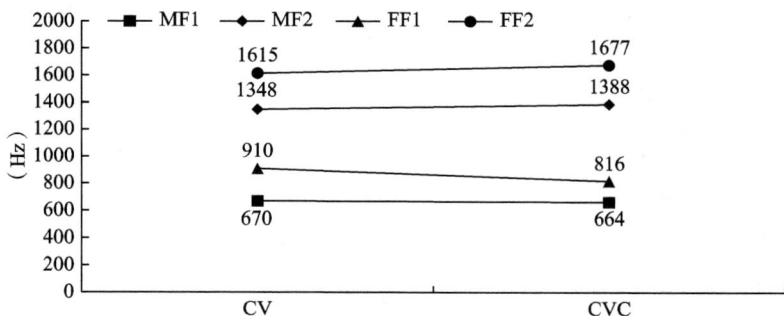

图 2.93　不同音节类型中非词首音节［ɐ］元音第一（F1）、
第二共振峰（F2）比较（M&F）

2.4 元音声学参数与前置辅音音质之间的相关性分析

图 2.94 为出现在非词首音节不同辅音之后 [ɐ] 元音音长比较图，图 2.95 为出现在非词首音节（包括单音节词）[k-，l-，m-，n-，p-，ɾ-，s-，t-，w-，x-] 等辅音（前置辅音）之后 [ɐ] 元音的第一、第二和第三共振峰前过渡段（TF1、TF2、TF3）的变化示意图。

从图 2.94 和图 2.95 中可以看出，男、女发音人非词首音节 [ɐ] 元音声学参数与前置辅音之间具有一定的相关性。

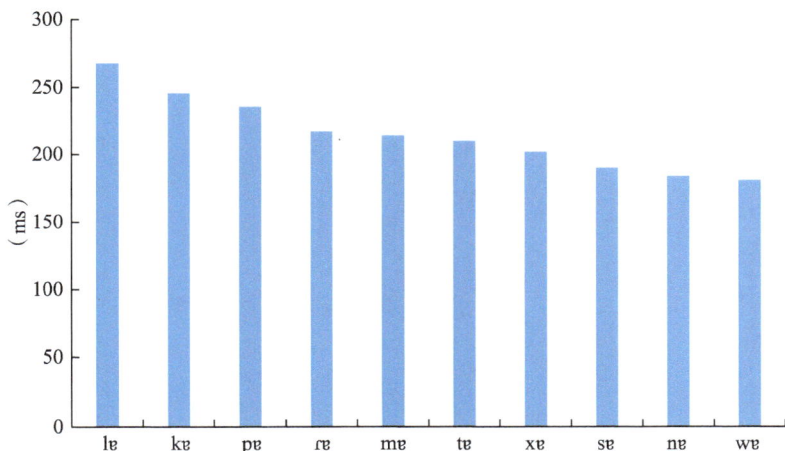

图 2.94-1 非词首音节不同辅音之后 [ɐ] 元音音长比较（M）

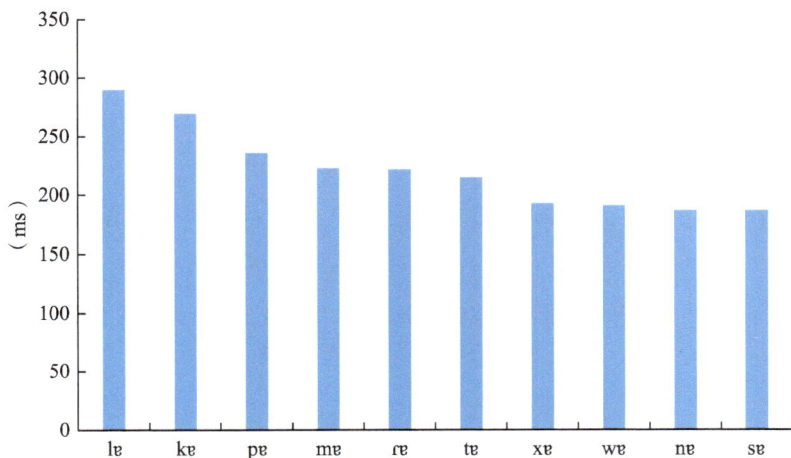

图 2.94-2 非词首音节不同辅音之后 [ɐ] 元音音长比较（F）

（1）男、女发音人非词首音节［ɐ］元音在阻塞音［k-，l-，m-，p-，ɽ-，t-］（除［n-］外）之后的时长比其在擦音［s-，w-，x-］之后的时长相对长，这说明前置辅音的发音方法会影响其后置元音［ɐ］的音长。

（2）男、女发音人非词首音节［ɐ］元音在双唇辅音［m-，p-，w-］之后的 TF2 值比其他辅音之后的 TF2 值小，这说明双唇辅音会拉后非词首元音［ɐ］的舌位。

（3）从图 2.95 中可以看到，在［t，ɽ，s］等辅音后的非词首音节［ɐ］元音 TF2 值相对上涨，而［p，m，w］等双唇辅音后，该元音前过渡段 TF2 值相对下降。显然，前置辅音的发音部位影响了非词首音节［ɐ］元音的舌位前、后。

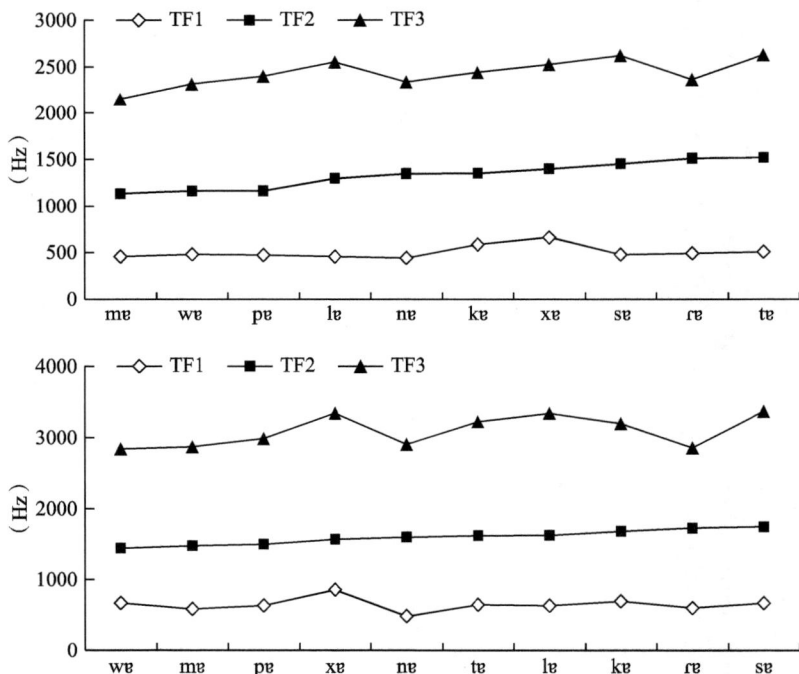

图 2.95 非词首音节不同辅音之后的［ɐ］元音三个共振峰前过渡段
TF1、TF2、TF3 的变化示意（M&F）

（二）非词首音节 ［ɛ］ 元音

1. 非词首音节 ［ɛ］ 元音三维语图和语音标注

图 2.96 为男发音人 ［jʉːjɛn］ "鞭子" 一词的三维语图和三层标注实例。其中，非词首音节元音 ［ɛ］ 的目标位置的 F1～F4 共振峰分别为 593Hz、1606Hz、2450Hz、3562Hz。从三维语图可以看出，非词首音节 ［ɛ］ 元音第一、第二共振峰横杠分布与词首音节 ［ɛ］ 元音相似，受前置辅音影响其前半段第二共振峰较高，第一共振峰较低。该语图比较真实地显示了非词首音节 ［ɛ］ 元音在实际语流中的存在形式。

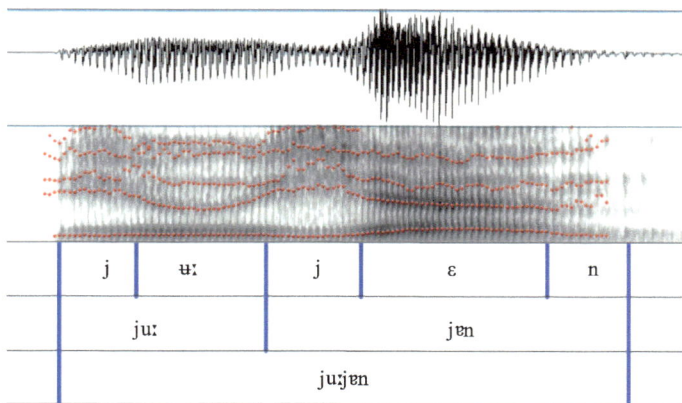

图 2.96　男发音人［jʉːjɛn］"鞭子"一词的三维语图和三层标注实例

2. ［ɛ］ 元音声学参数和声学特征

表 2.62 为非词首音节 ［ɛ］ 元音参数统计总表，图 2.97 为男、女发音人非词首音节 ［ɛ］ 元音在声学空间中的分布模式。非词首音节 ［ɛ］ 元音在同一平台里共出现 7 次（M）和 10 次（F）。从表 2.62 和图 2.97 中可以看出以下几点。（1）男、女发音人 ［ɛ］ 元音的平均时长、平均音强分别为 M：VD＝154ms，F：VD＝269ms；M：VA＝69.71dB，F：VA＝74.2dB，该元音 F1 和 F2 的频率均值分别为 M：F1＝566Hz，F2＝1608Hz；F：F1＝862Hz，F2＝1799Hz。（2）与词首音节 ［ɛ］ 元音相同，该元音在语图中的分布范围为：与 ［ɐ］ 元音（低、央元音）相比，舌位相对高而前，但比 ［i］ 元音明显低而后。根据前人研究和本次实验，我们认为非词首音节 ［ɛ］ 为中低（中开）、前、展唇元音，用 ［ɛ］ 音标标记接近其实际音值。

表 2.62 [ɛ] 元音声学参数统计

ε	M					F				
	VD	VA	F1	F2	F3	VD	VA	F1	F2	F3
平均值	154	69.71	566	1608	2447	269	74.2	862	1799	3289
标准差	48	3.01	23	60	123	117	3.09	97	156	71
变异系数	31%	4%	4%	4%	5%	43%	4%	11%	9%	2%

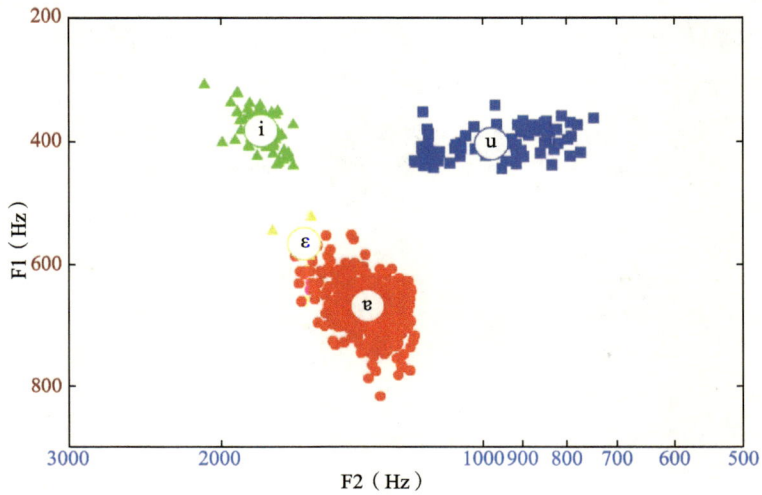

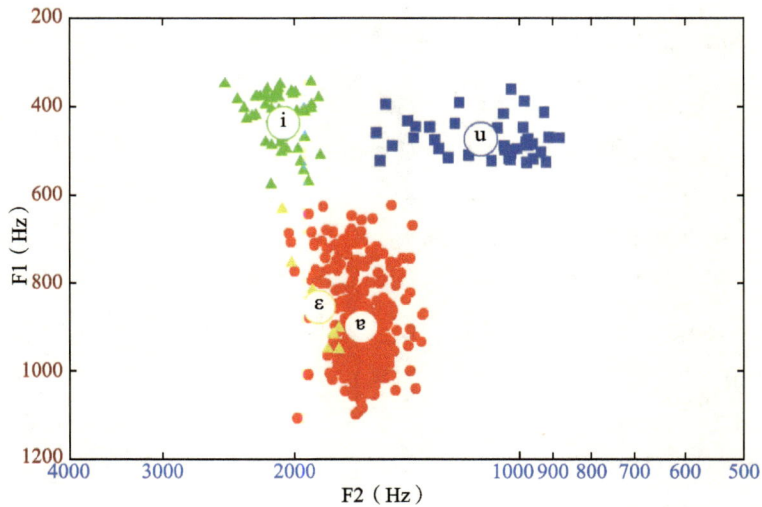

图 2.97 非词首音节 [ɛ] 元音声学元音图（M&F）

（三）非词首音节 ［ʌ］元音

1. ［ʌ］元音三维语图和语音标注

图 2.98 为男发音人 ［uʒʌχ］"初乳"一词的三维语图和三层标注实例。从图 2.98 中可以看出，第二共振峰较低，与第一共振峰距离较近。这说明该元音的舌位较低、较靠后，与词首音节 ［ʌ］元音的特点相同。其目标位置的 F1～F4 共振峰参数分别为 636Hz、1125Hz、2402Hz、3501Hz。图 2.98 比较真实地展示了非词首音节 ［ʌ］元音在实际语流中的存在形式。

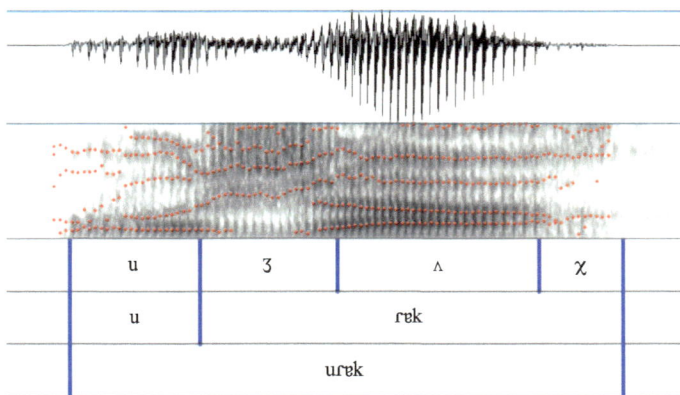

图 2.98　男发音人 ［uʒʌχ］"初乳"一词的三维语图和三层标注实例

2. 非词首音节 ［ʌ］元音声学参数和声学特征

表 2.63 为非词首音节 ［ʌ］元音参数统计。图 2.99 为男、女发音人非词首音节 ［ʌ］元音在声学空间中的分布模式。非词首音节 ［ʌ］元音在同一平台里共出现 27 次（M）和 13 次（F）。从表 2.63 和图 2.99 中可以看出，（1）男、女发音人该元音的平均时长、平均音强分别为 M：VD = 224ms，F：VD = 178ms；M：VA = 72.15dB，F：VD = 71.62dB，该元音 F1 和 F2 的频率均值分别为 M：F1 = 661Hz，F2 = 1129Hz；F：F1 = 833Hz，F2 = 1399Hz；（2）非词首音节 ［ʌ］元音在声学空间中的位置为：F1 = 600～850Hz，F2 = 900～1200Hz（M）；F1 = 700～1100Hz，F2 = 1100～1500Hz（F），舌位位于非词首音节 ［ɐ］元音之后，我们认为土族语非词首音节 ［ʌ］为次低、后、展唇元音，用国际音标 ［ʌ］标记。

表 2.63　非词首音节 ［ʌ］元音声学参数统计

ʌ	M					F				
	VD	VA	F1	F2	F3	VD	VA	F1	F2	F3
平均值	224	72.15	661	1129	2231	178	71.62	833	1399	3185
标准差	45	1.92	34	61	160	108	4.31	96	135	398
变异系数	20%	3%	5%	5%	7%	60%	6%	11%	10%	13%

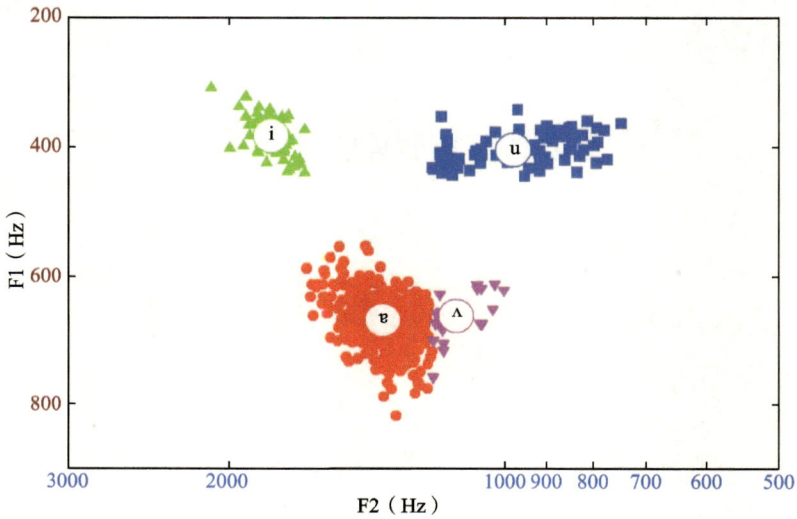

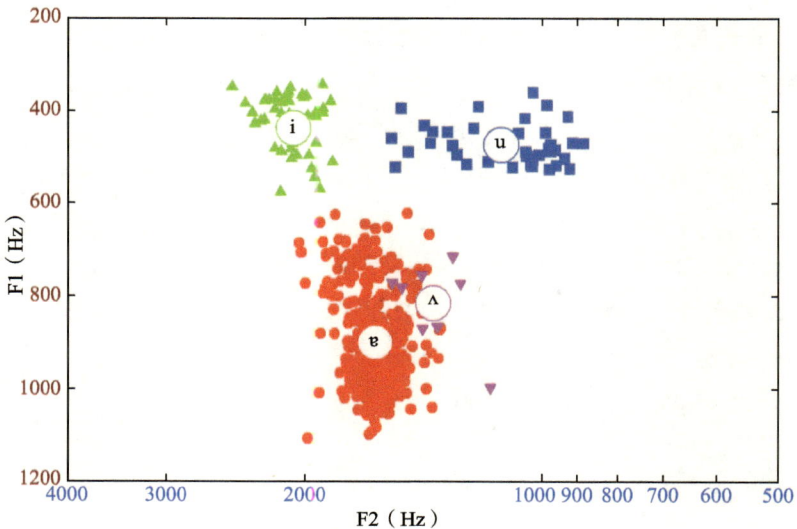

图 2.99　非词首音节 ［ʌ］元音声学元音图 （M&F）

（四）非词首音节 ［e］元音

1. 声学特征与音色

1.1 非词首音节 ［e］元音三维语图和语音标注

图 2.100 为男发音人［ire］"来"一词的三维语图和三层标注实例。三维语图展示了非词首音节 ［e］元音第一至第四共振峰（F1~F4）横杠及其分布特点。其共振峰参数值分别为 484Hz、1769Hz、2428Hz、3969Hz。该元音的第一共振峰较低，第二共振峰较高。该语图比较真实地显示了非词首音节 ［e］元音在实际语流中的存在形式。

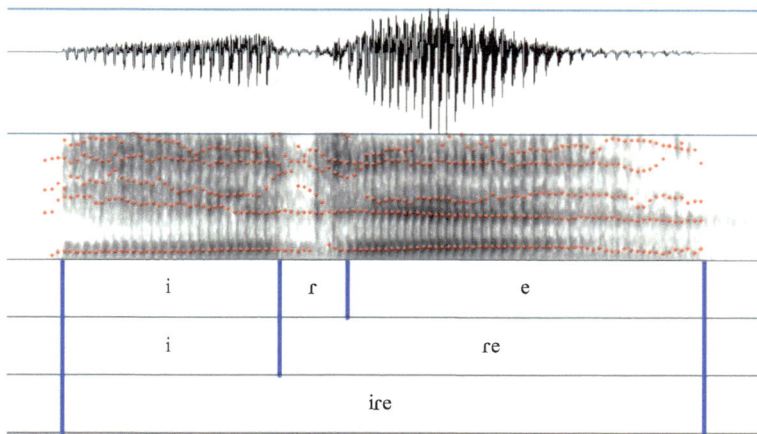

图 2.100　男发音人［ire］"来"一词的三维语图和三层标注实例

1.2 非词首音节 ［e］元音声学参数和声学特征

表 2.64 为非词首音节 ［e］元音参数统计。该统计表显示男、女发音人非词首音节 ［e］元音的平均时长、平均音强分别为 M：VD=214ms，F：VD=110ms；M：VA=70.62dB，F：VA=72dB。该元音 F1 和 F2 的频率均值分别为 M：F1=523Hz，F2=1675Hz；F：F1=641Hz，F2=1990Hz。（2）从表 2.64 数据和图 2.101 中可以看到，与土族语非词首音节 ［ɐ］（央、后元音）相比，非词首音节 ［e］元音是次高、前元音。根据前人研究和本次实验，我们认为土族语非词首音节 ［e］为次高、前、展唇元音，用 ［e］音标标记接近其实际音值。（3）女发音人 ［e］元音的第一、第二共振峰的变异系数（F1=14%，F2=7%）比男发音人第一、第二共振峰的变异系数（F1=9%，F2=5%）相对大。这说明女发音人 ［e］元音的离散度比男发音人的相对大。

表 2.64　非词首音节 [e] 元音声学参数统计

e	M					F				
	VD	VA	F1	F2	F3	VD	VA	F1	F2	F3
平均值	214	70.62	523	1675	2568	110	72	641	1990	3216
标准差	101	2.75	49	84	115	34	2.82	91	139	203
变异系数	47%	4%	9%	5%	4%	31%	4%	14%	7%	6%

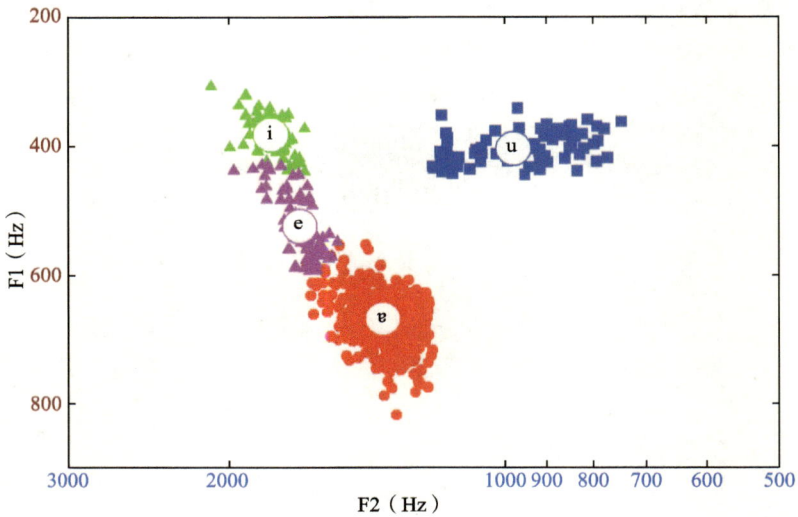

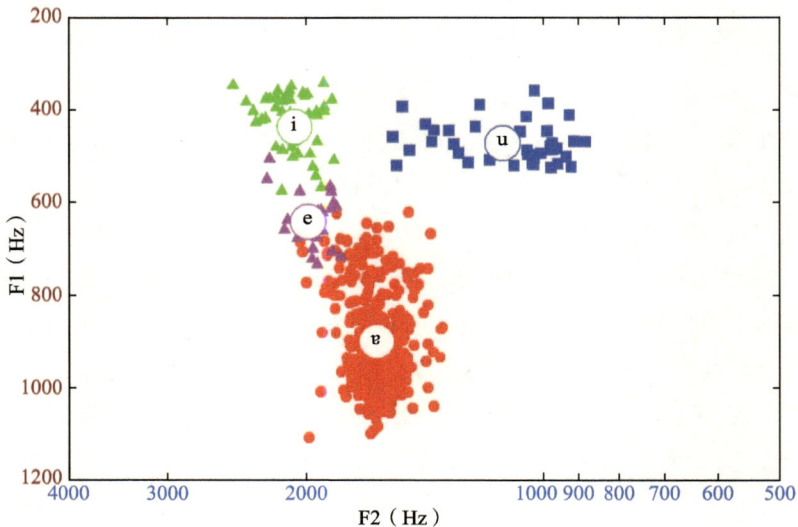

图 2.101　非词首音节 [e] 元音声学元音图 （M&F）

2. 语流中的音变特征分析

2.1　目标位置共振峰与其前、后过渡段共振峰频率参数之间的显著性差异分析

图 2.102 和图 2.103 为非词首音节 [e] 元音目标位置第一、第二共振峰 F1/F2 及其前过渡段 TF1/TF2 和后过渡段 TP1/TP2 共振峰分布比较图。其

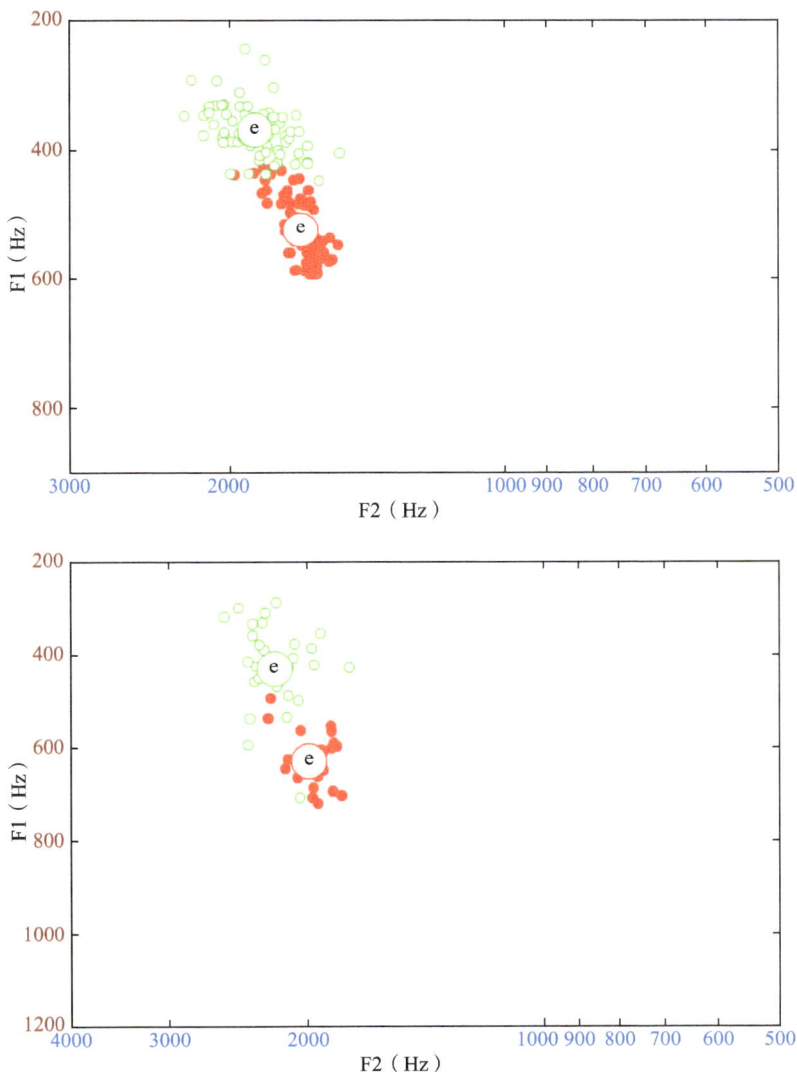

图 2.102　非词首音节 [e] 元音目标位置共振峰（F1/F2）及其前
过渡段共振峰（TF1/TF2）分布比较（M&F）

中，图 2.102 为非词首音节［e］元音目标位置共振峰和前过渡段共振峰分布比较图，图 2.103 非词首音节［e］元音为目标位置共振峰和后过渡段共振峰分布比较图。

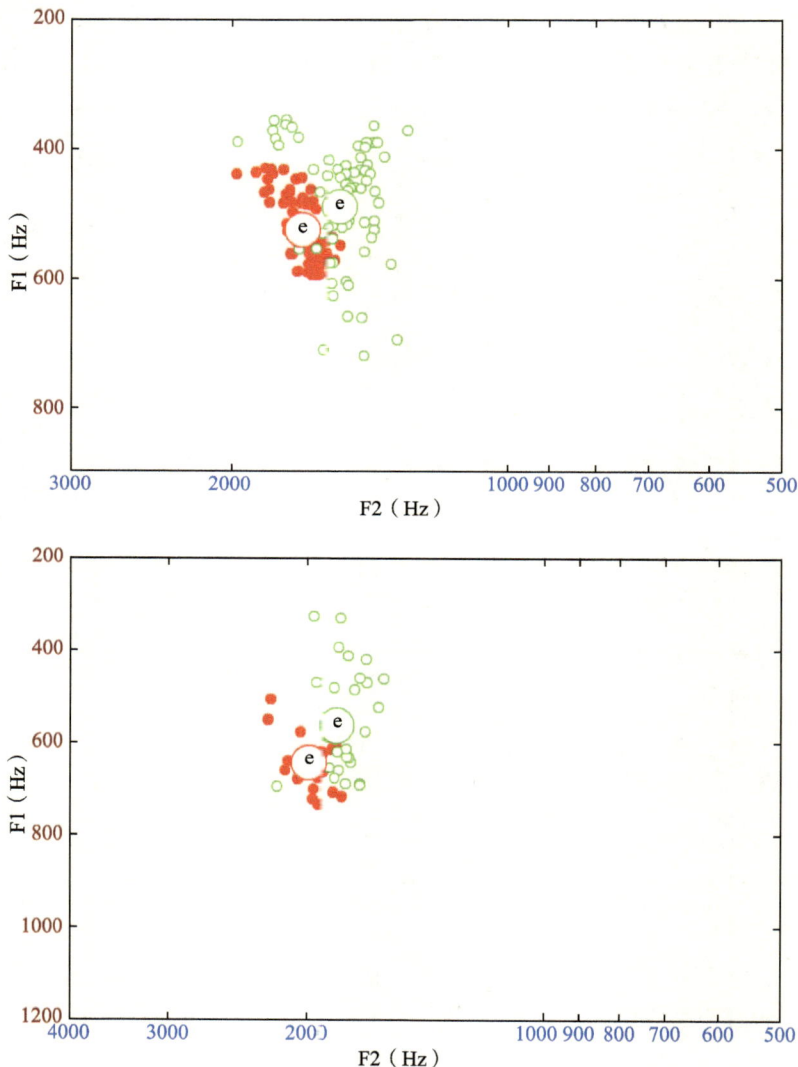

图 2.103　非词首音节［e］元音目标位置共振峰（F1/F2）及其后过渡段共振峰（TP1/TP2）分布比较（M&F）

图 2.102 和图 2.103 显示，男、女发音人非词首音节［e］元音目标位置共振峰频率与其前、后过渡段共振峰频率之间存在一定的共同性、具有

统计学意义的规律：（1）男、女发音人非词首音节［e］元音的前过渡段位置与目标位置相比，在声学元音图上整体靠前、靠上，说明前置辅音影响［e］元音舌位，使其变高变前；（2）非词首音节［e］元音的后过渡段位置与目标位置相比，在声学元音图上整体靠后、靠上，说明后置辅音对［e］元音的影响是将其舌位变高变后，与前置辅音相反。

2.2　元音声学参数与音节数量之间的相关性分析

2.2.1　非词首音节［e］元音在单音节和多音节词中的出现频率统计

表 2.65 为非词首音节［e］元音在多音节词中出现的频率统计。表 2.65 显示，男发音人非词首音节［e］元音主要出现在双音节词中，而女发音人非词首音节［e］元音主要出现在三音节词中。两位发音人该元音在四音节词中出现的次数各 1 次。

表 2.65　非词首音节［e］元音出现频率统计

e	双音节词		三音节词		四音节词		共计	
发音人	M	F	M	F	M	F	M	F
出现次数	38	11	37	19	1	1	76	31
百分比	50%	36%	49%	61%	1%	3%	100%	100%

表 2.66 为出现在双音节词和三音节词中非词首音节［e］元音的音长（VD）、音强（VA）、共振峰目标值（F）统计表。图 2.104 和图 2.105 为音节数量不同时该元音音长、音强和共振峰等声学参数比较图。从表 2.66、图 2.104 和图 2.105 中可以看出，音节数量与［e］元音音长、音强的声学参数与其所出现词的音节数量之间呈现出一定的共同性、具有统计学意义的规律。如，该元音音长随着音节数量的增加而相对缩短，而其音强随着音节数量的增多相对变弱。如，

M：287ms →142ms；M：72.11dB →69.08dB

F：137ms → 95ms；F：72.36dB →71.78dB

图 2.106 为音节数量与非词首音节［e］元音共振峰之间的关系示意图。本次实验结果显示，音节数量与该元音共振峰之间没有统计学意义的相关性。

表 2.66 双音节词和三音节词中非词首音节 [e] 元音声学参数统计

e		M					F				
		VD	VA	F1	F2	F3	VD	VA	F1	F2	F3
双音节词	平均值	287	72.11	546	1650	2544	137	72.36	708	1945	3294
	标准差	66	2.25	37	67	107	38	2.53	57	68	109
	变异系数	23%	3%	7%	4%	4%	28%	3%	8%	3%	3%
三音节词	平均值	142	69.08	500	1701	2596	95	71.78	611	2000	3175
	标准差	75	2.39	50	92	117	21	3.02	87	153	234
	变异系数	53%	3%	10%	5%	5%	22%	4%	14%	8%	7%

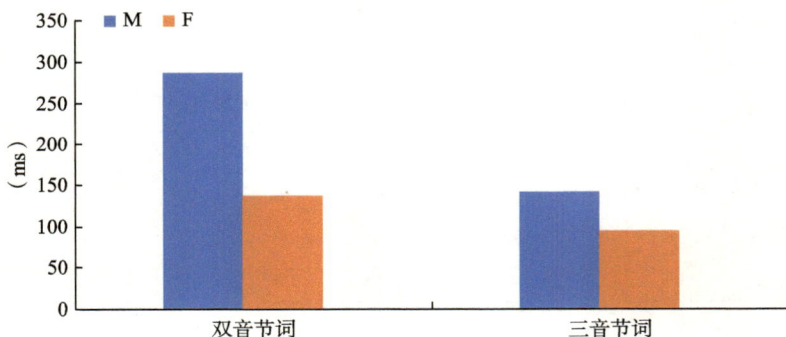

图 2.104 词中音节数量与非词首音节 [e] 元音音长之间的关系示意 (M&F)

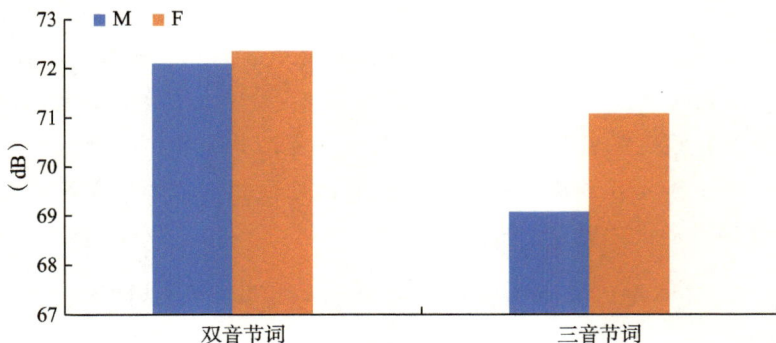

图 2.105 词中音节数量与非词首音节 [e] 元音音强之间的关系示意 (M&F)

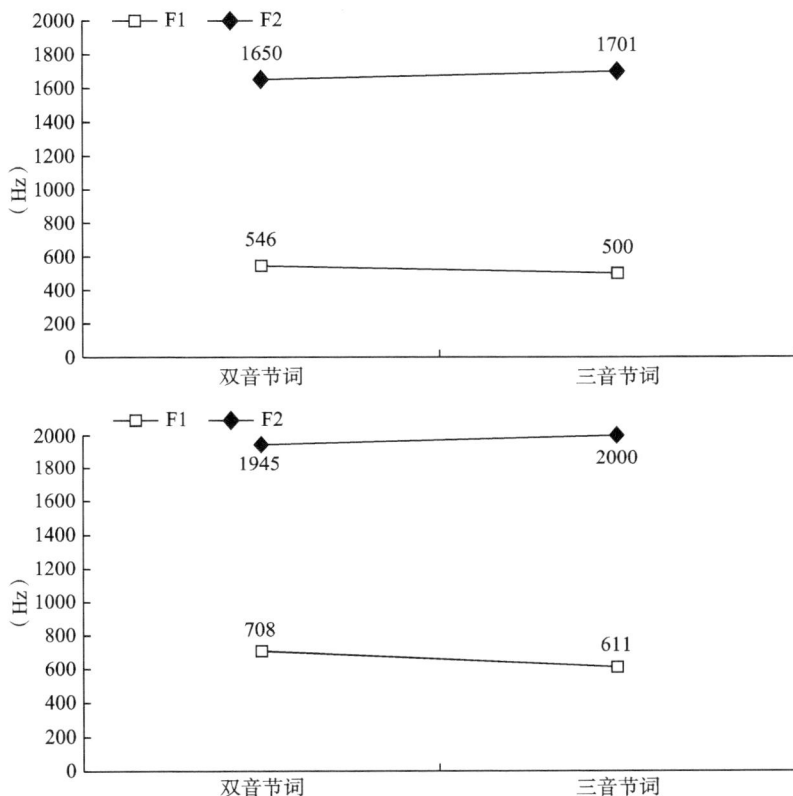

图 2.106　词中音节数量与非词首音节［e］元音第一、
第二共振峰频率之间的关系示意（M&F）

2.3　元音声学参数与音节类型之间的相关性分析

2.3.1　非词首音节［e］元音在不同音节类型中的出现频率统计

表 2.67 为非词首音节［e］元音在不同音节类型中的出现比例统计。该表显示，男发音人非词首音节［e］元音在 CV 音节中的出现比例为 61%，在 CVC 音节中的出现比例为 39%。女发音人非词首音节［e］元音在 CV 音节中的出现比例为 29%，在 CVC 音节中的出现比例为 71%。

表 2.67　不同音节类型中非词首音节［e］元音的频率统计（M&F）

发音人	音节类型	CV	CVC	共计
M	出现次数	46	30	76
	占比	61%	39%	100%

续表

发音人	音节类型	CV	CVC	共计
F	出现次数	9	22	31
	占比	29%	71%	100%

2.3.2 非词首音节［e］元音声学参数与音节类型之间的相关性分析

表 2.68 为非词首音节［e］元音出现在 CV 和 CVC 两种音节中的声学参数统计表。图 2.107 为非词首音节［e］元音出现在 CV 和 CVC 两种音节中第一（F1）、第二共振峰（F2）的比较图。可以看出，出现在 CV 音节中的非词首音节［e］元音音长比出现在 CVC 音节中的音长相对长，而音强则相对弱。

表 2.68-1　不同音节类型中出现的非词首音节［e］元音声学参数统计（M）

e		VD	VA	F1	F2	F3
CV	平均值	232	70.43	512	1689	2583
	标准差	118	2.88	48	93	117
	变异系数	51%	4%	9%	5%	5%
CVC	平均值	187	70.9	540	1654	2545
	标准差	60	2.51	46	60	109
	变异系数	32%	4%	9%	4%	4%

表 2.68-2　不同音节类型中出现的非词首音节［e］元音声学参数统计（F）

e		VD	VA	F1	F2	F3
CV	平均值	94	71.56	555	1983	3212
	标准差	18	2.99	62	181	182
	变异系数	19%	4%	11%	9%	6%
CVC	平均值	116	72.18	678	1993	3218
	标准差	37	2.72	75	116	211
	变异系数	32%	4%	11%	6%	7%

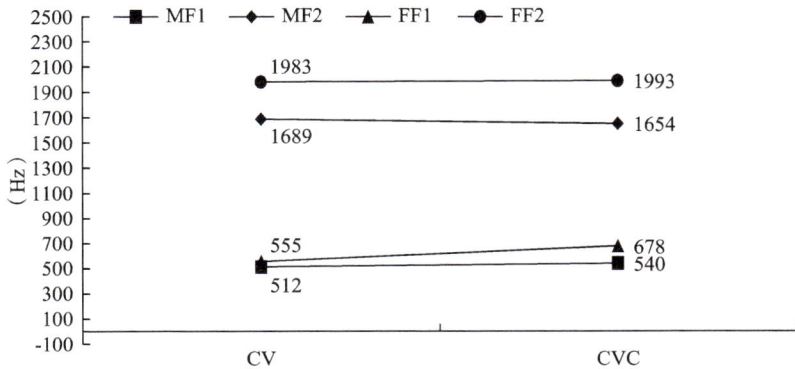

图 2.107 不同音节类型中出现的非词首音节 [e] 元音第一（F1）、
第二共振峰（F2）比较（M&F）

2.4 元音声学参数与前置辅音音质之间的相关性分析

图 2.108 为出现在非词首音节中不同辅音之后出现的 [e] 元音音长比较图，图 2.109 为在非词首音节（包括单音节词）[k-，l-，m-，t-] 等辅音（前置辅音）之后出现的非词首音节 [e] 元音的第一至第三共振峰前过渡段（TF1、TF2、TF3）的变化示意图。

从图 2.108 和图 2.109 中可以看出，男、女发音人非词首音节 [e] 元音声学参数与其前置辅音音质之间没有共同的、具有统计学意义的相关性。

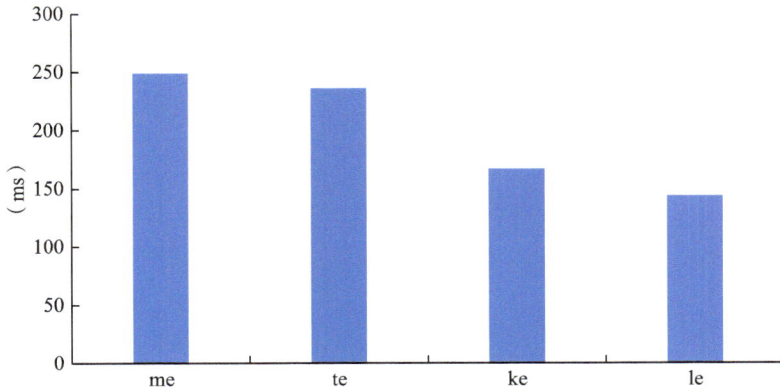

图 2.108-1 非词首不同辅音之后出现的 [e] 元音音长均值比较（M）

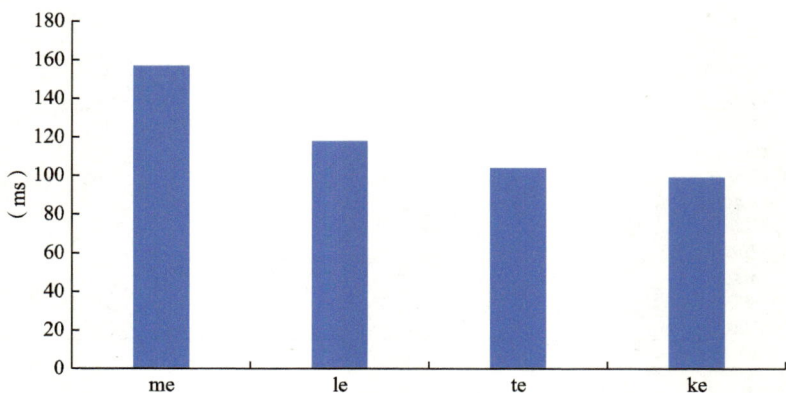

图 2.108-2　非词首不同辅音之后出现的［e］元音音长均值比较（F）

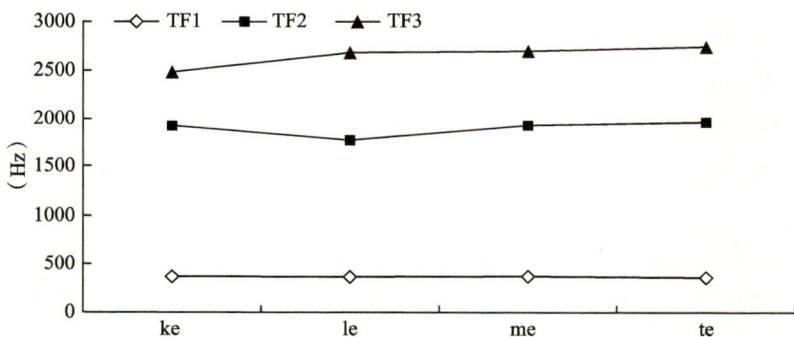

图 2.109-1　非词首不同辅音之后出现的［e］元音三个共振峰前过渡段 TF1、TF2、TF3 的变化示意（M）

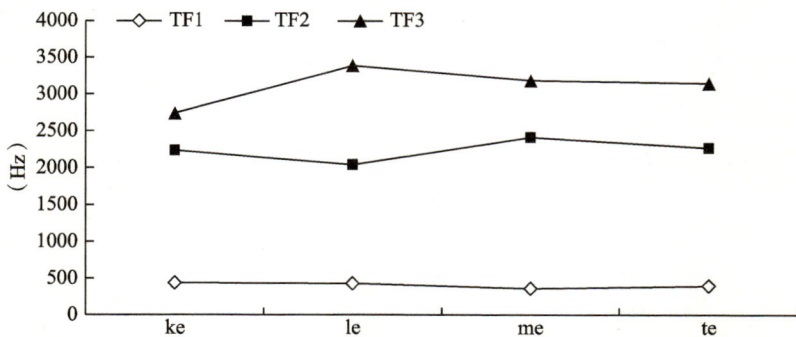

图 2.109-2　非词首不同辅音之后出现的［e］元音三个共振峰前过渡段 TF1、TF2、TF3 的变化示意（F）

（五）非词首音节 [ɜ] 元音

1. 声学特征与音色

1.1 非词首音节 [ɜ] 元音三维语图和语音标注

图 2.110 为男发音人 [kʰɜlɜ] "说" 一词的三维语图和三层标注实例。语图显示非词首音节 [ɜ] 元音的第一共振峰较低，第二共振峰居中，前半段受 [l] 影响第二共振峰有所上升。目标位置 F1~F4 共振峰参数值分别为 599Hz、1539Hz、2494Hz、3917Hz。该语图比较真实地显示了非词首音节 [ɜ] 元音在实际语流中的存在形式。

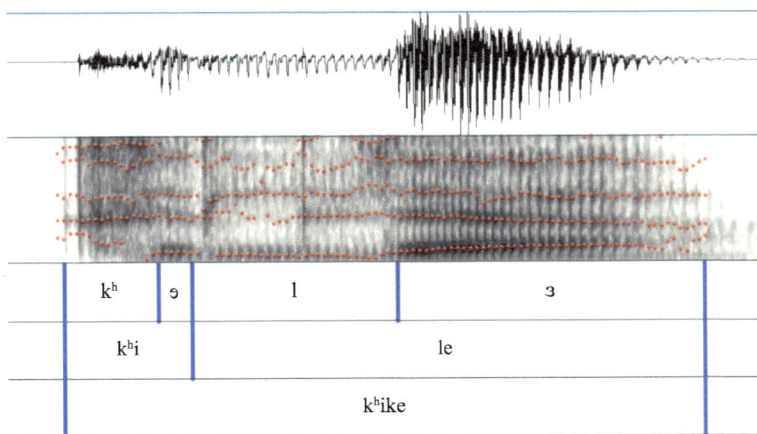

图 2.110 男发音人 [kʰɜlɜ] "说" 一词的三维语图和三层标注实例

1.2 非词首音节 [ɜ] 元音声学参数和声学特征

非词首音节 [ɜ] 元音在同一平台里共出现 7 次（M）和 10 次（F）。表 2.69 为 [ɜ] 元音参数统计。图 2.111 为男、女发音人 [ɜ] 元音在声学空间中的分布模式。

表 2.69 和图 2.111 显示，（1）男、女发音人 [ɜ] 元音的平均时长、平均音强分别为 M：VD = 298ms，F：VD = 356ms；M：VA = 72.59dB，F：VA = 74.89dB。该元音 F1 和 F2 的频率均值分别为 M：F1 = 603Hz，F2 = 1529Hz；F：F1 = 856Hz，F2 = 1771Hz。（2）土族语非词首音节 [ɜ] 元音在声学空间中分布在比 [ɐ] 元音稍前、稍高的位置。根据前人研究和本次实验，我们

认为土族语非词首音节 [ɜ] 为半低、前、展唇元音，用 [ɜ] 音标标记接近其实际音值。

表 2.69　非词首音节 [ɜ] 元音声学参数统计

ɜ	M					F				
	VD	VA	F1	F2	F3	VD	VA	F1	F2	F3
平均值	298	72.59	603	1529	2524	356	74.89	856	1771	3273
标准差	43	1.52	26	66	86	50	2.92	104	148	168
变异系数	14%	2%	4%	4%	3%	14%	4%	12%	8%	5%

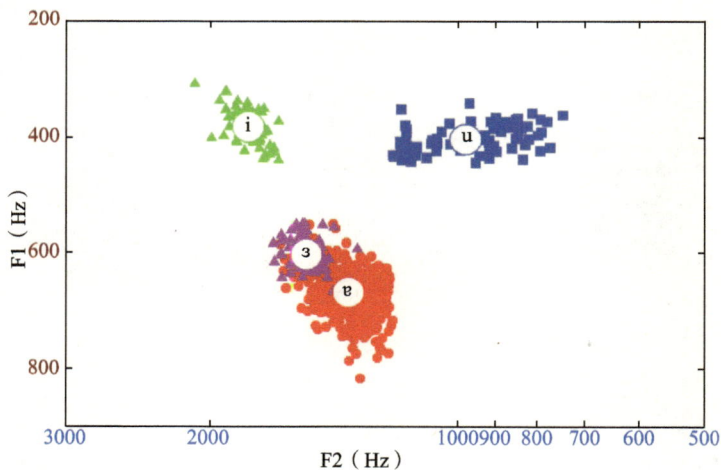

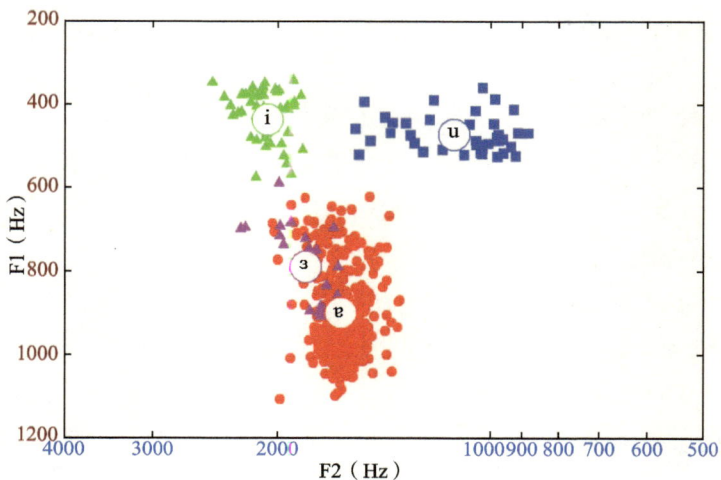

图 2.111　非词首音节 [ɜ] 元音声学元音图 （M&F）

2. 语流中的音变特征分析

2.1 目标位置共振峰与其前、后过渡段共振峰频率参数之间的显著性差异分析

图 2.112~2.113 为非词首音节〔ɜ〕元音目标位置第一、第二共振峰 F1/F2 及其前过渡段 TF1/TF2 和后过渡段 TP1/TP2 共振峰分布比较图。其

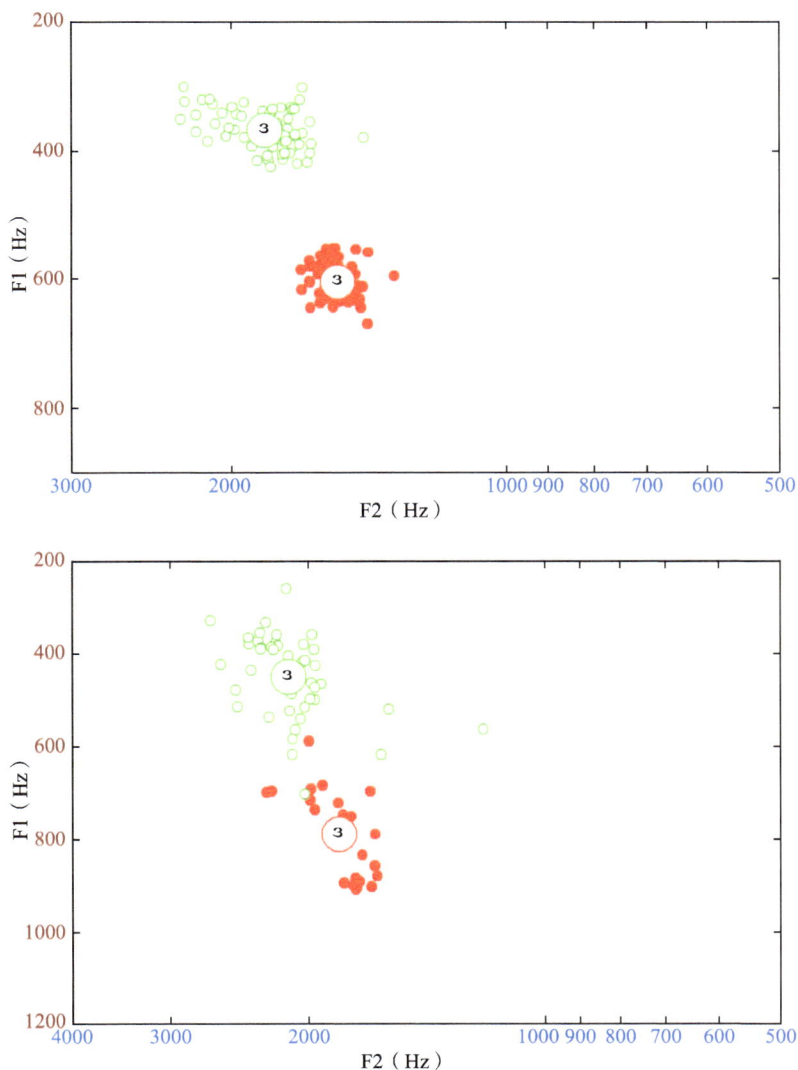

图 2.112 〔ɜ〕元音目标位置共振峰（F1/F2）及其前过渡段共振峰
（TF1/TF2）分布比较（M&F）

中，图 2.112 为目标位置共振峰和前过渡段共振峰分布比较图，图 2.113 为目标位置共振峰和后过渡段共振峰分布比较图。男、女发音人［ɜ］元音目标位置共振峰频率与其前、后过渡段共振峰频率之间存在一定的共同性、具有统计学意义的规律：（1）男、女发音人非词首音节［ɜ］元音的前过渡段位置与目标位置相比，在声学元音图上整体靠前、靠上，这说明前置辅

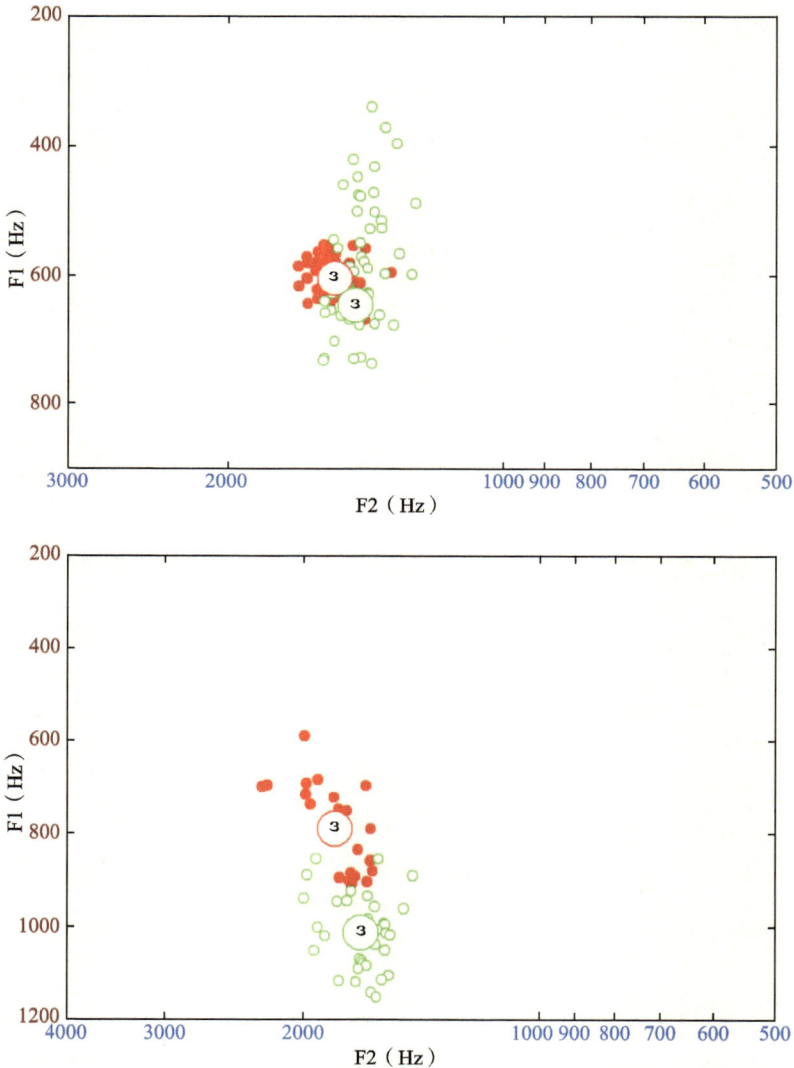

图 2.113　［ɜ］元音目标位置共振峰（F1/F2）及其后过渡段共振峰
（TP1/TP2）分布比较（M&F）

音影响［ɜ］元音舌位，使其变高变前；（2）男发音人非词首音节［ɜ］元音的后过渡段位置与目标位置相比，在声学元音图上整体靠后、在高低维度向上下扩散；（3）女发音人非词首音节［ɜ］元音的后过渡段位置与目标位置相比，在声学元音图上整体靠后、靠下，说明后置辅音影响［ɜ］元音舌位，使其变低变后；（4）男、女发音人非词首音节［ɜ］元音的前、后过渡段第一共振峰变化大于第二共振峰变化。

2.2　元音声学参数与音节数量之间的相关性分析

2.2.1　［ɜ］元音在单音节和多音节词中的出现频率统计

表 2.70 为［ɜ］元音在多音节词中出现的频率统计表。表 2.70 显示，在双音节词中出现的比例最高，约 56%（M）和 50%（F）。

表 2.70　［ɜ］元音出现频率统计

发音人	单音节词		双音节词		三音节词		四音节词		共计	
	M	F	M	F	M	F	M	F	M	F
出现次数	2	5	40	22	25	10	4	7	71	44
百分比	3%	11%	56%	50%	35%	23%	6%	16%	100%	100%

2.2.2　［ɜ］元音音长、音强和共振峰参数与音节数量之间的相关性分析

表 2.71 为出现在多音节词中［ɜ］元音的音长（VD）、音强（VA）、共振峰目标值（F）统计表。图 2.114~2.116 为音节数量不同时该元音音长、音强和共振峰等声学参数的比较图。从表 2.71、图 2.114~2.115 中可以看出，男、女发音人［ɜ］元音声学参数与其所出现词的音节数量之间没有共同的、具有统计学意义的规律。

表 2.71　单音节和多音节词中出现的［ɜ］元音声学参数统计

ɜ		M					F				
		VD	VA	F1	F2	F3	VD	VA	F1	F2	F3
单音节词	平均值	309	71.5	618	1508	2490	364	75.2	688	2073	3268
	标准差	10	0.5	5	12	7	29	2.04	6	—	—
	变异系数	3%	0.6%	0.8%	0.8%	0.3%	8%	3%	0.8%	7%	6%

续表

3		M					F				
		VD	VA	F1	F2	F3	VD	VA	F1	F2	F3
双音节词	平均值	304	72.8	599	1549	2542	355	74.68	828	1795	3274
	标准差	40	1.72	24	63	82	62	3.08	103	152	154
	变异系数	13%	2%	4%	4%	3%	17%	4%	12%	8%	5%
三音节词	平均值	296	72.4	604	1506	2518	363	76.9	897	1717	3290
	标准差	44	1.1	27	64	81	38	2.3	82	46	42
	变异系数	15%	2%	5%	4%	3%	10%	3%	9%	3%	6%
四音节词	平均值	256	72.25	625	1484	2394	344	72.43	940	1679	3346
	标准差	4	1.48	29	48	58	24	1.18	24	55	35
	变异系数	16%	2%	5%	3%	2%	7%	2%	3%	3%	1%

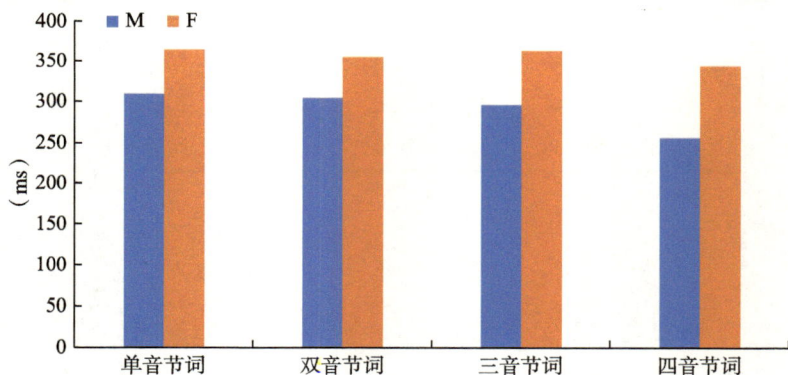

图 2.114　词中音节数量与［3］元音音长之间的关系示意（M&F）

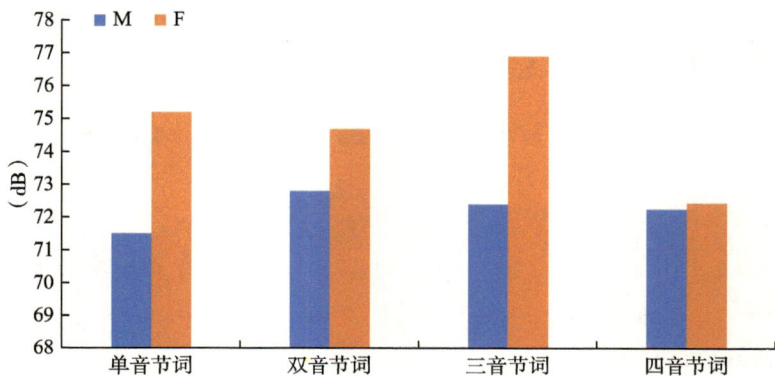

图 2.115　词中音节数量与［3］元音音强之间的关系示意（M&F）

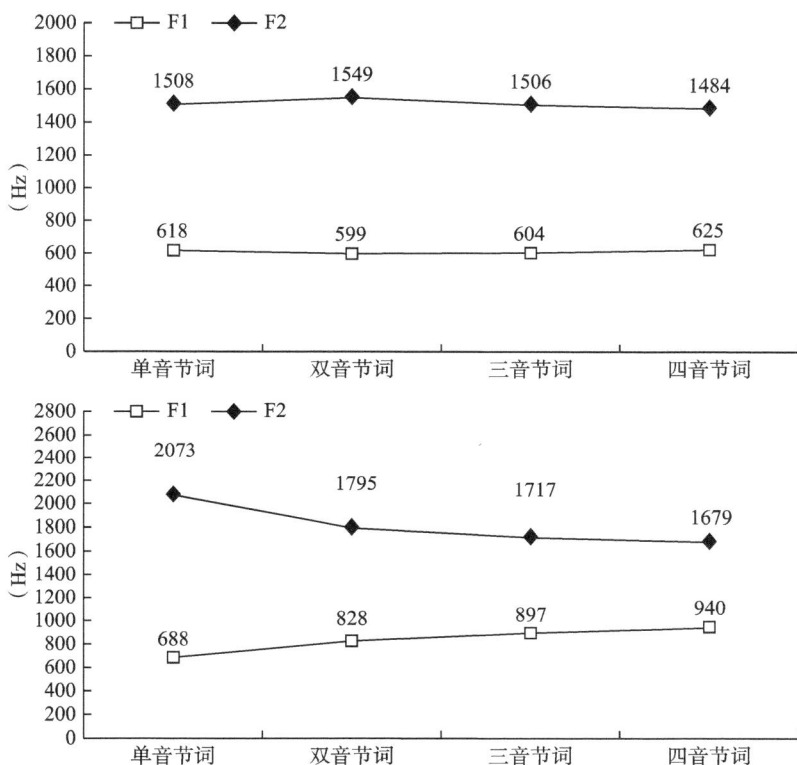

图 2.116　词中音节数量与 [ɜ] 元音第一、第二共振峰
频率之间的关系示意 （M&F）

（六） 非词首音节 [i] 元音

1. 声学特征与音色

1.1　非词首音节 [i] 元音三维语图和语音标注

图 2.117 为男发音人 [kʰuɕin]"邻/毗邻"一词的三维语图和语音标注
实例。三维语图显示的非词首音节 [i] 元音共振峰分布特点为：第一共振
峰较低，第二共振峰较高。其中，前过渡第二共振峰高、后半段第二共振
峰急速下降是受前置辅音 [ɕ] 和后置辅音 [n] 的影响。目标位置共振峰
参数值分别为 353Hz、1917Hz、2668Hz、3917Hz。该语图比较真实地显示
了非词首音节 [i] 元音在实际语流中的存在形式。

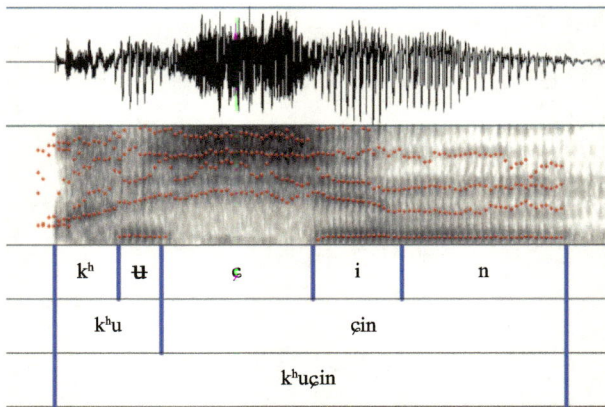

图 2.117　男发音人［kʰuɕin］"邻/毗邻"一词的三维语图和三层标注实例

1.2　非词首音节［i］元音声学参数和声学特征

表 2.72 为男、女发音人非词首音节［i］元音声学参数统计。图 2.118 为男、女发音人非词首音节［i］元音声学元音图。

从表 2.72 和图 2.118 中可以看出，（1）统计表显示男、女发音人非词首音节［i］元音的平均时长、平均音强分别为 M：VD = 85ms，F：VD = 62ms；M：VA = 68.87dB，F：VA = 68.59dB。该元音 F1 和 F2 的频率均值分别为 M：F1 = 382Hz，F2 = 1802Hz；F：F1 = 435Hz，F2 = 2069Hz。（2）从表 2.72 和图 2.118 中可以看到，与土族语非词首音节［ɐ］（央、低元音）和非词首音节［u］（后、高元音）相比，非词首音节［i］元音是高、前元音。根据前人研究和本次实验，我们认为土族语非词首音节［i］为高、前、展唇元音，用［i］音标标记接近其实际音值。（3）女发音人非词首音节［i］元音的第一、第二共振峰的变异系数（F1 = 16%，F2 = 7%）比男发音人第一、第二共振峰的变异系数（F1 = 8%，F2 = 5%）相对大。这说明女发音人非词首音节［i］元音的离散度比男发音人的相对大。

表 2.72　非词首音节［i］元音声学参数统计

i	M					F				
	VD	VA	F1	F2	F3	VD	VA	F1	F2	F3
平均值	85	68.87	382	1802	2584	62	68.59	435	2069	3299
标准差	37	3.85	31	87	93	20	3.01	72	151	132
变异系数	44%	6%	8%	5%	4%	33%	4%	16%	7%	4%

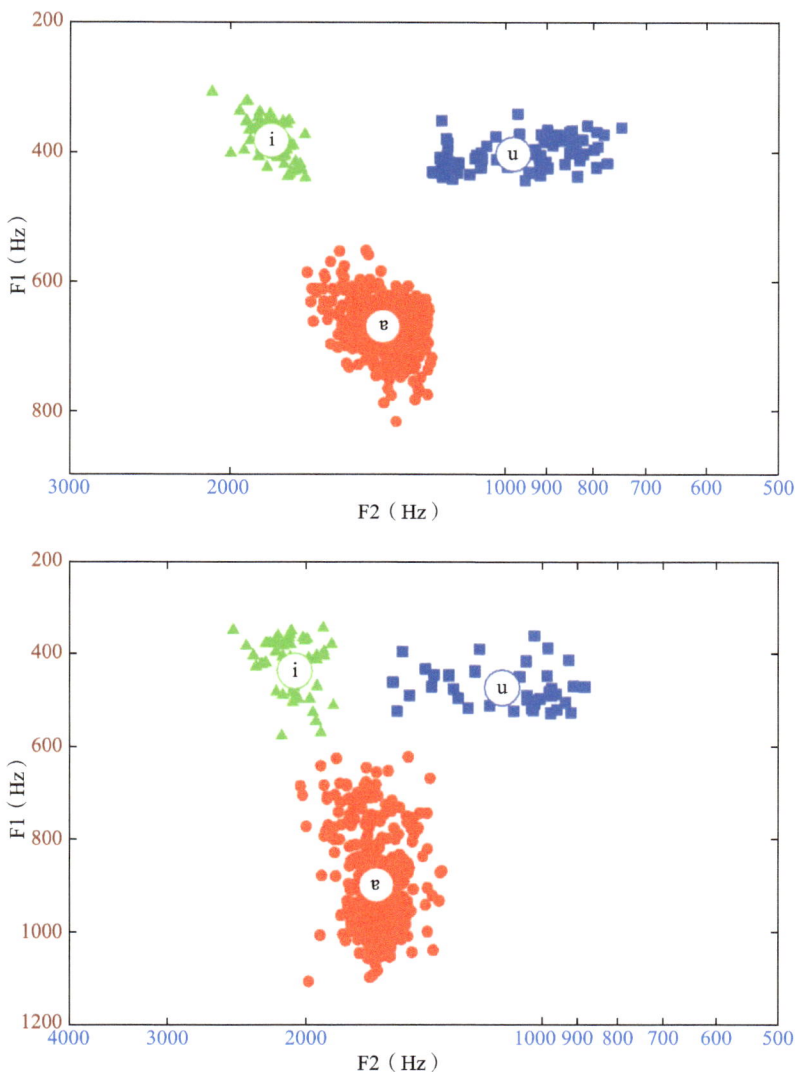

图 2.118　非词首音节［i］元音声学元音图（M&F）

2. 语流中的音变特征分析

2.1　目标位置共振峰与其前、后过渡段共振峰频率参数之间的显著性差异分析

图 2.119 为非词首音节［i］元音目标位置共振峰及其前过渡段共振峰分布比较图。图 2.120 为非词首音节［i］元音目标位置共振峰及其后过渡

段共振峰分布比较图。

图 2.119 和图 2.120 显示，男、女发音人非词首音节［i］元音目标位置共振峰频率与其前、后过渡段共振峰频率之间存在一定的共同的、具有统计学意义的规律：（1）男、女发音人非词首音节［i］元音的前过渡段位置与目标位置相比，在声学元音图上整体靠前、靠上，说明前置辅音影响

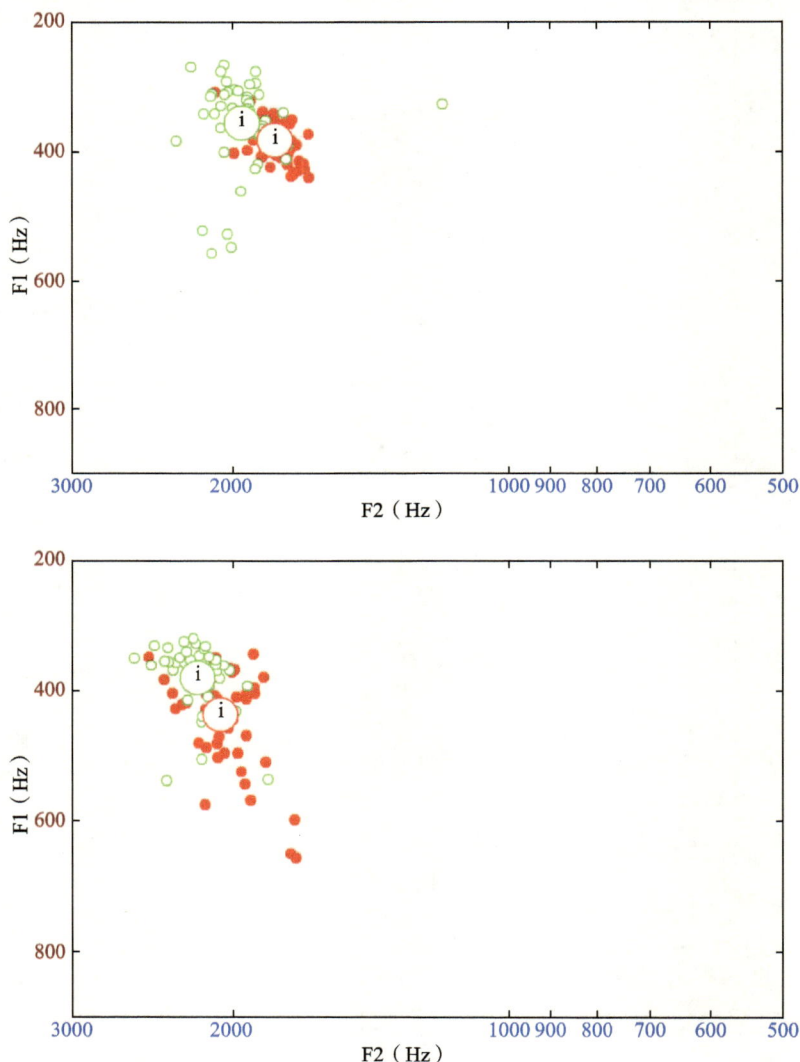

图 2.119　非词首音节［i］元音目标位置共振峰（F1/F2）及其前
过渡段共振峰（TF1/TF2）分布比较（M&F）

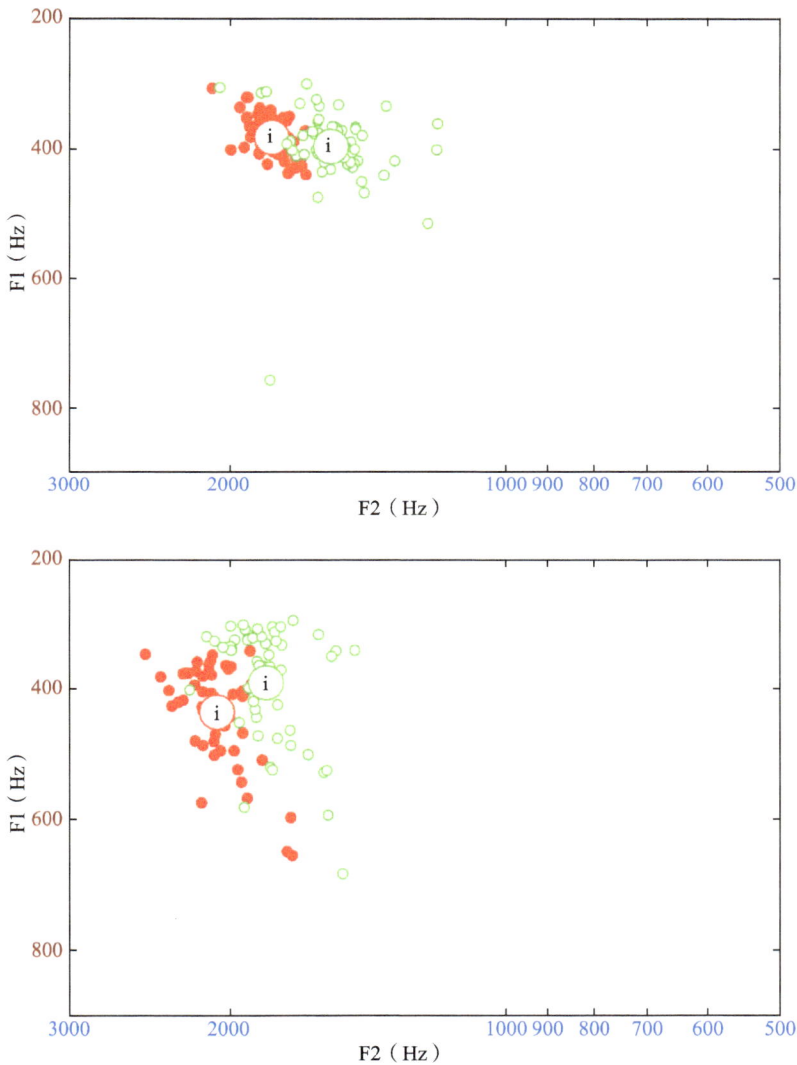

**图 2.120 非词首音节 [i] 元音目标位置共振峰 (F1/F2) 及其后过渡段
共振峰 (TP1/TP2) 分布比较 (M&F)**

[i] 元音舌位，使其变高变前；（2）男、女发音人非词首音节 [i] 元音的
后过渡段位置与目标位置相比，在声学元音图上整体靠后，说明后置辅音
对 [i] 元音的影响是将其舌位变后，与前置辅音相反；但在高低维度男、
女发音人后置音段对元音影响略有不同，其中，受后置辅音影响，在声学
元音图上男发音人稍微靠下、女发音人稍微靠上。

2.2 元音声学参数与音节数量之间的相关性分析

2.2.1 非词首音节［i］元音在单音节和多音节词中的出现频率统计

表 2.73 为非词首音节［i］元音在单音节和多音节词中的出现频率统计。表 2.73 显示，非词首音节［i］元音在双音节和三音节词中的出现比率较高。

表 2.73 非词首音节［i］元音出现频率统计

发音人	双音节词		三音节词		四音节词		共计	
	M	F	M	F	M	F	M	F
出现次数	27	21	34	34	1	1	62	59
百分比	44%	36%	55%	58%	1%	7%	100%	100%

2.2.2 非词首音节［i］元音音长、音强和共振峰参数与音节数量之间的相关性分析

表 2.74 为在多节词中出现的非词首音节［i］元音的音长（VD）、音强（VA）和共振峰目标值（F）统计表。图 2.121~2.123 为根据表 2.74 所绘制的音节数量与音长、音强和第一、第二共振峰之间关系示意图。

从表 2.74 和图 2.121、图 2.122 可以看出，男、女发音人非词首音节［i］元音声学参数与其所出现词的音节数量之间呈现出一定的共同性、具有统计学意义的规律。男、女发音人非词首音节［i］元音的音长、音强与其所出现的词的音节数量之间有一定的相关性，即男、女发音人非词首音节［i］元音音长和音强随着其所出现词的音节数量的增加而相对缩短、变弱。如：

$$M：111ms \rightarrow 63ms；M：71.85dB \rightarrow 66.5dB$$

$$F：78ms \rightarrow 55ms \rightarrow 47ms；F：69.57dB \rightarrow 68.47dB \rightarrow 64.5dB$$

从图 2.123 可以看出，非词首音节［i］元音目标位置的 F1 和 F2 与音节个数之间没有相关性。男、女发音人，其 F1 和 F2 较为稳定，如 M：F1 = 385Hz，（双），F1 = 380Hz（三），F1 = 348Hz（四）；F：F1 = 429Hz（双），F1 = 436Hz（三），F1 = 461Hz（四）。M：F2 = 1815Hz（双），F2 = 1791Hz（三），F2 = 1806Hz（四）；F：F2 = 2110Hz（双），F2 = 2047Hz（三），F2 = 2041Hz（四）。

表 2.74 多音节词中出现的非词首音节［i］元音声学参数统计

发音人统计项		M					F				
		VD	VA	F1	F2	F3	VD	VA	F1	F2	F3
双音节词	平均值	111	71.85	385	1815	2575	78	69.57	429	2110	3374
	标准差	36	2.07	30	90	94	17	2.77	71	173	103
	变异系数	32%	3%	8%	5%	4%	22%	4%	16%	8%	3%
三音节词	平均值	63	66.5	380	1791	2596	55	68.47	436	2047	3257
	标准差	22	3.32	32	84	89	17	2.86	65	124	126
	变异系数	35%	5%	8%	5%	3%	30%	4%	15%	6%	4%
四音节词	平均值	79	69	348	1806	2433	47	64.5	461	2041	3267
	标准差	—	—	—	—	—	15	2.06	113	192	148
	变异系数	—	—	—	—	—	31%	3%	24%	9%	5%

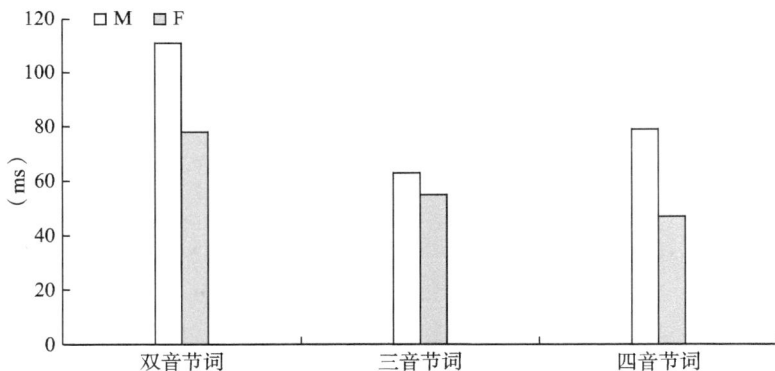

图 2.121 音节数量与非词首音节［i］元音音长之间关系示意（M&F）

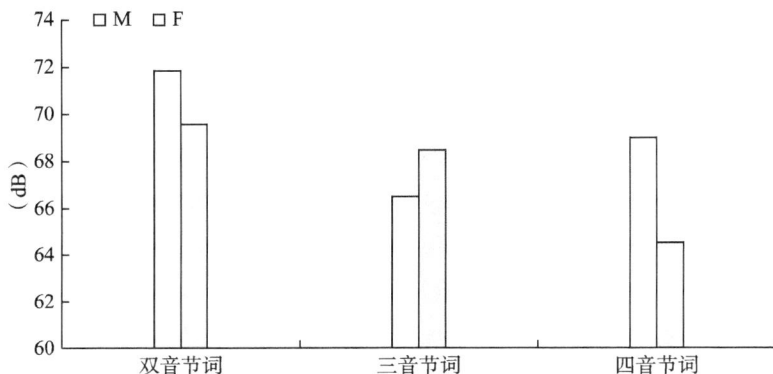

图 2.122 音节数量与非词首音节［i］元音音强之间关系示意（M&F）

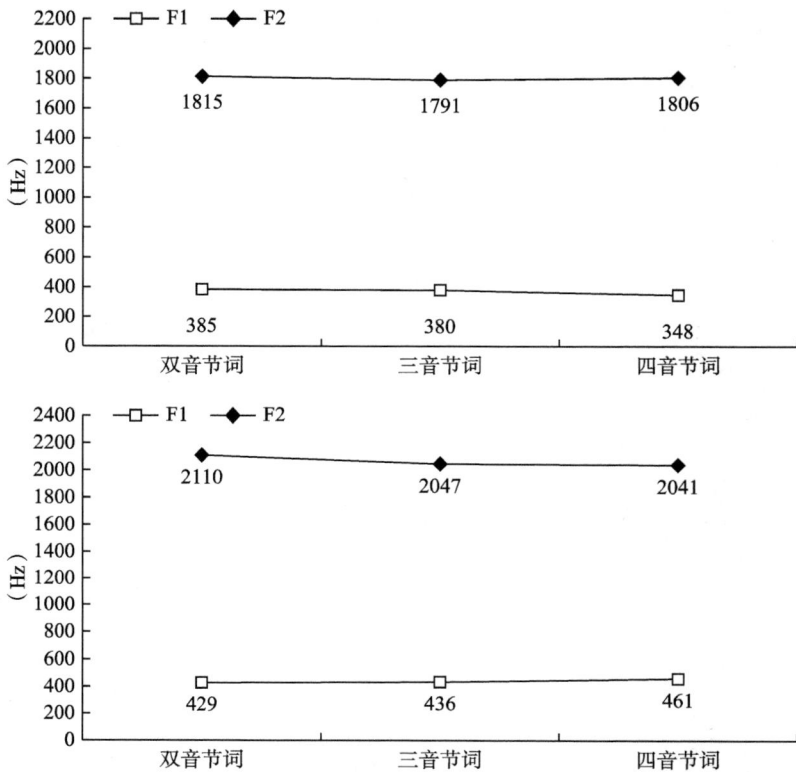

图 2.123　词中音节数量与非词首音节［i］元音第一、第二共振峰频率之间的关系示意（M&F）

2.3　元音声学参数与音节类型之间的相关性分析

2.3.1　非词首音节［i］元音在不同音节类型中的出现频率统计

表 2.75 为非词首音节［i］元音在不同音节类型中出现的频率统计。该表显示，非词首音节［i］元音只出现在 CV 和 CVC 两种音节类型中。

表 2.75　不同音节类型中出现的非词首音节［i］元音的频率统计

发音人	音节类型	CV	CVC	共计
M	出现次数	18	44	62
	百分比	29%	71%	100%
F	出现次数	22	37	59
	百分比	37%	63%	100%

2.3.2　非词首音节［i］元音声学参数与音节类型之间的相关性分析

表 2.76 为出现在 CV 和 CVC 音节中非词首音节［i］元音的声学参数统计，图 2.124 为根据表 2.76 所绘制的 CV 和 CVC 音节中非词首音节［i］元音第一、第二共振峰均值比较图。从表 2.76 可以看出，音节类型与元音声学参数之间具有较好相关性。（1）非词首音节［i］元音在闭音节中音长相对长。如，M：在 CV 音节中非词首音节［i］元音音长均值为 48ms，而在 CVC 音节中音长均值为 100ms，相差 52ms；F：在 CV 音节中非词首音节［i］元音的音长均值为 47ms，而在 CVC 音节中音长均值为 71ms，相差 24ms。（2）而非词首音节［i］元音在闭音节中音强相对强。如，M：在 CV 音节中［i］元音音强均值为 65.39dB，在 CVC 音节中音强均值为 70.3dB，相差 4.91dB；F：在 CV 音节中［i］元音的音强均值为 67.13dB，在 CVC 音节中音强均值为 69.46dB，相差 2.33dB。

表 2.76-1　不同音节类型中出现的非词首音节［i］元音声学参数统计（M）

	i	VD	VA	F1	F2	F3
	平均值	48	65.39	383	1792	2598
CV	标准差	13	3.51	37	107	92
	变异系数	28%	5%	10%	6%	4%
	平均值	100	70.3	381	1805	2578
CVC	标准差	33	2.98	29	76	93
	变异系数	34%	4%	8%	4%	4%

表 2.76-2　不同音节类型中出现的非词首音节［i］元音声学参数统计（F）

	i	VD	VA	F1	F2	F3
	平均值	47	67.13	442	2016	3238
CV	标准差	13	2.96	77	150	151
	变异系数	28%	4%	17%	7%	5%
	平均值	71	69.46	432	2100	3336
CVC	标准差	19	2.74	68	143	104
	变异系数	26%	4%	16%	7%	3%

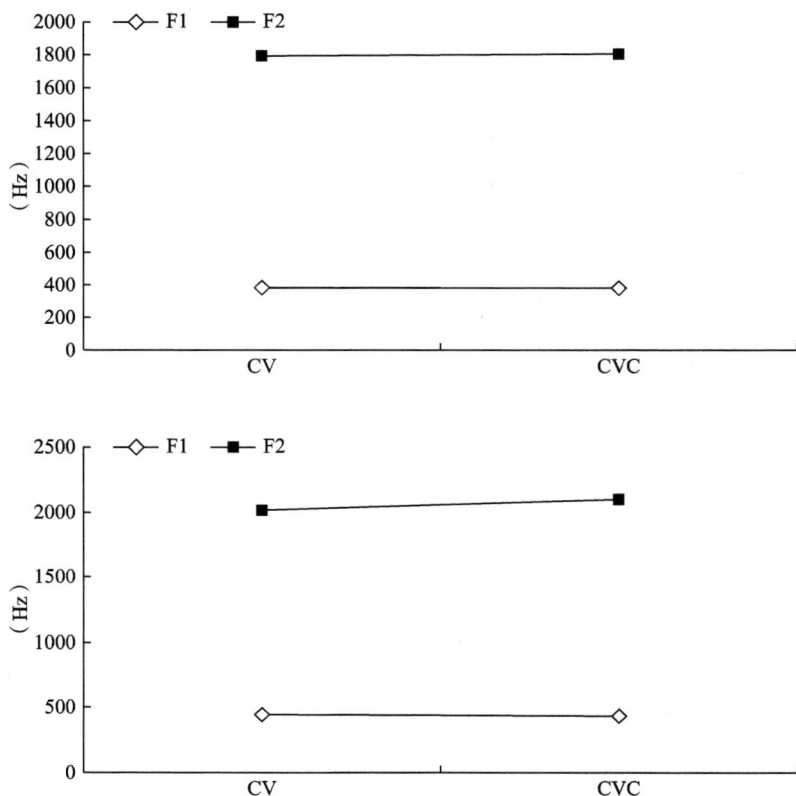

图 2.124　不同音节类型中出现的非词首音节［i］元音第一（F1）、
第二共振峰（F2）比较（M&F）

2.4　元音声学参数与前置辅音音质之间的相关性分析

图 2.125 为非词首音节不同辅音（如：［tɕ-，tɕʰ-，ɕ-，j-］）之后出现的［i］元音的音长均值比较图，图 2.126 为不同辅音之后出现的非词首音节［i］元音第一、第二和第三共振峰的前过渡段共振峰的变化示意图。可以看出，非词首音节［i］元音第二共振峰频率与前置辅音音质之间有相关性。如，半元音之后出现的非词首音节［i］元音第二共振峰频率最高，其次是擦音和不送气塞擦音之后出现时第二共振峰频率，送气塞音之后出现时第二共振峰频率最低。

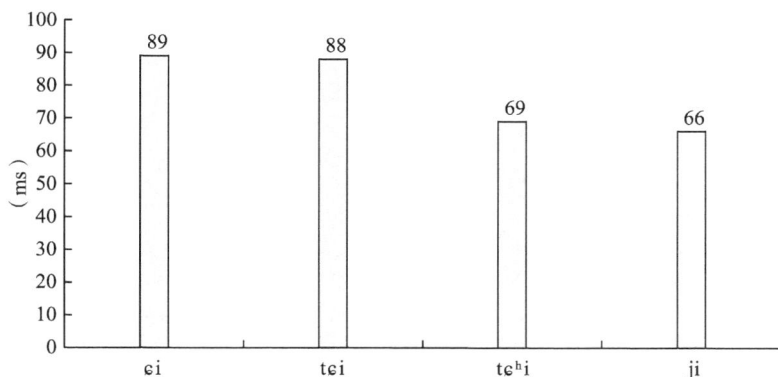

图 2.125-1　非词首音节不同辅音之后出现的［i］元音音长均值比较（M）

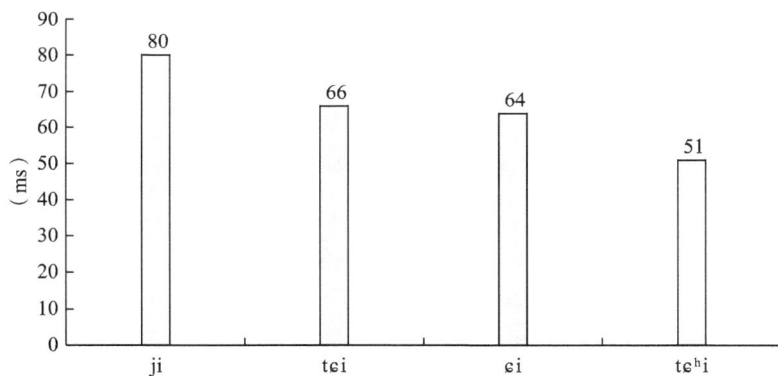

图 2.125-2　非词首音节不同辅音之后出现的［i］元音音长均值比较（F）

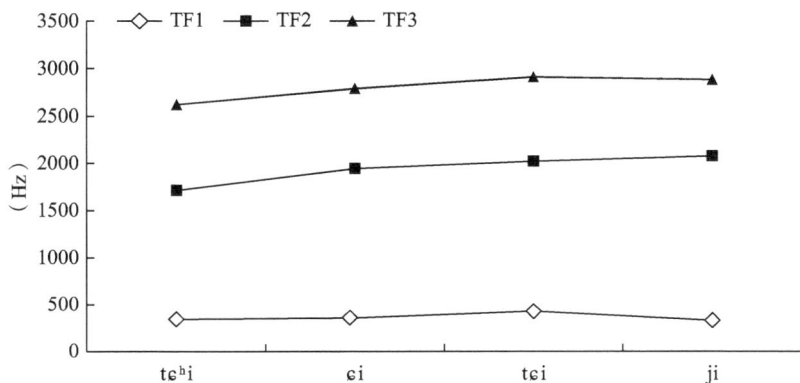

图 2.126-1　非词首音节不同辅音之后出现的［i］元音三个共振峰前过渡段 TF1、
TF2、TF3 的变化示意（以 TF2 参数的自小至大排列）（M）

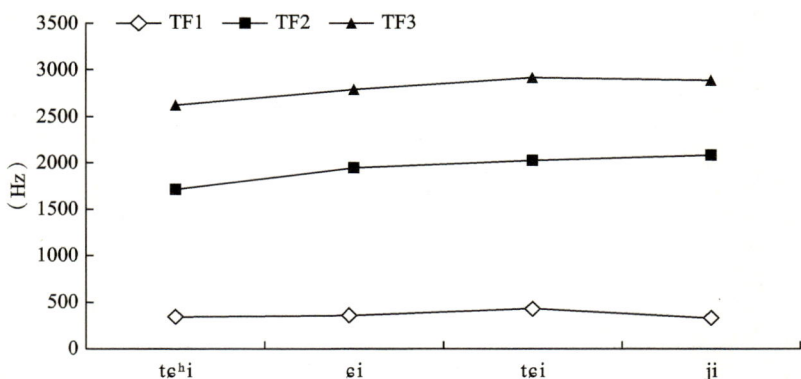

图 2.126-2　非词首音节不同辅音之后出现的［i］元音三个共振峰前过渡段 TF1、TF2、TF3 的变化示意（以 TF2 参数的自小至大排列）（F）

（七）非词首音节［ə］元音

1. 声学特征与音色

1.1　非词首音节［ə］元音三维语图和语音标注

图 2.127 为男发音人［tʉʒə］"漏"一词的三维语图和三层标注实例。该图展示了非词首音节［ə］元音第一至第四共振峰（F1~F4）横杠及其分布特点。如目标位置第一共振峰较低，第二共振峰居中，而前半段第一共

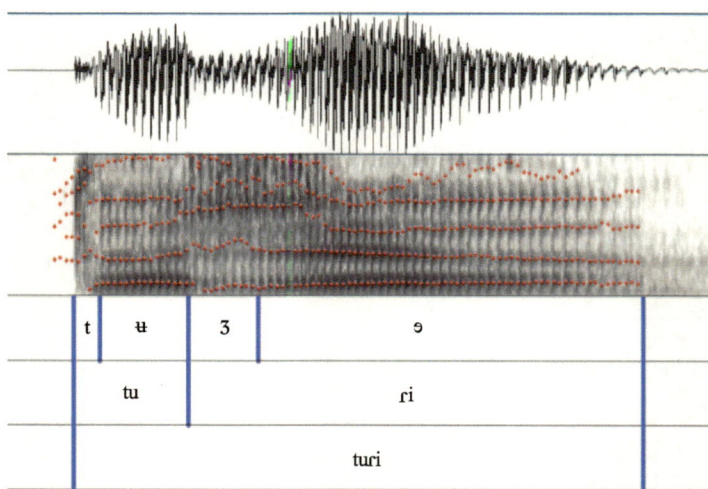

图 2.127　男发音人［tʉʒə］"漏"一词的三维语图和三层标注实例

振峰下降、第二共振峰上升是受前置辅音［ɜ］的影响。该元音第一至第四共振峰参数值分别为 449Hz、1382Hz、2386Hz、3375Hz。语图比较真实地显示了非词首音节［ɘ］元音在实际语流中的存在形式。

1.2　非词首音节［ɘ］元音声学参数和声学特征

表 2.77 为男、女发音人非词首音节［ɘ］元音声学参数统计。图 2.128 为男、女发音人非词首音节［ɘ］元音声学元音图。

从表 2.77 和图 2.128 中可以看出以下几点。（1）统计表显示男、女发音人非词首音节［ɘ］元音的平均时长、平均音强分别为 M：VD = 215ms，F：VD = 251ms；M：VA = 69.97dB，F：VA = 71.12dB。该元音 F1 和 F2 的频率均值分别为 M：F1 = 431Hz，F2 = 1453Hz；F：F1 = 573Hz，F2 = 1516Hz。（2）上述图表显示，非词首音节［ɘ］元音声学空间中的分布在［i］（前、高元音）和［u］（后、高元音）两个元音之间相对靠下位置，根据前人研究和本次实验，我们认为土族语非词首音节［ɘ］为半高、央、展唇元音，用国际音标［ɘ］标记较接近其实际音质。（3）女发音人非词首音节［ɘ］元音的第一、第二共振峰的变异系数（F1 = 14%，F2 = 33%）比男发音人第一、第二共振峰的变异系数（F1 = 6%，F2 = 8%）相对大。这说明女发音人非词首音节［ɘ］元音的离散度比男发音人的相对大。

表 2.77　非词首音节［ɘ］元音声学参数统计

ɘ	M					F				
	VD	VA	F1	F2	F3	VD	VA	F1	F2	F3
平均值	215	69.97	431	1453	2519	251	71.12	573	1516	3246
标准差	123	3.5	28	122	122	144	3.71	81	496	214
变异系数	57%	5%	6%	8%	5%	57%	5%	14%	33%	7%

2. 语流中的音变特征分析

2.1　目标位置共振峰与其前、后过渡段共振峰频率参数之间的显著性差异分析

图 2.129 为非词首音节［ɘ］元音目标位置共振峰及其前过渡段共振峰分布比较图。图 2.130 为非词首音节［ɘ］元音目标位置共振峰及其后过渡段共振峰分布比较图。

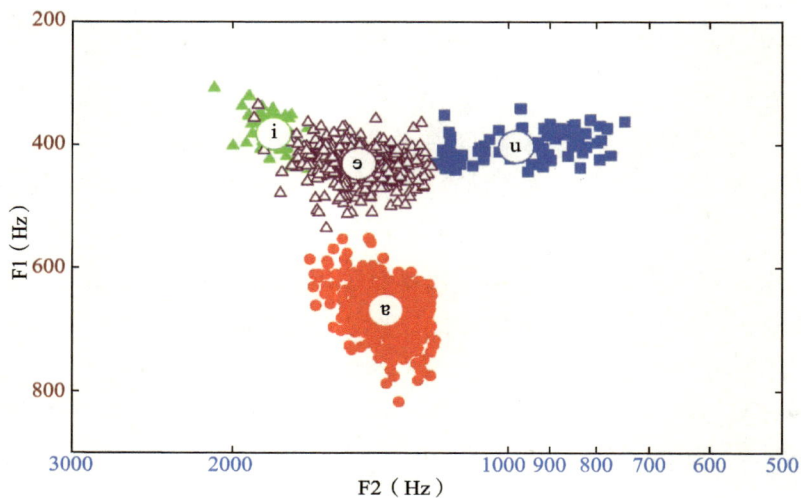

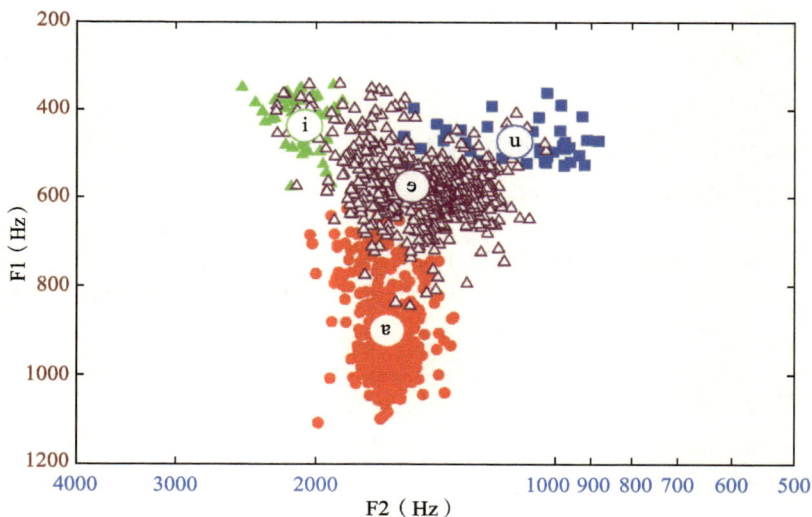

图 2.128　非词首音节［ə］元音声学元音图（M&F）

　　图 2.129 和图 2.130 显示，与目标位置共振峰频率相比，非词首音节［ə］元音前、后过渡段共振峰频率都有所变化。其中，与目标位置相比，男、女发音人前过渡段 TF1 频率下降，TF2 频率上升，说明前置辅音影响该元音舌位，使其变高变前；而后过渡段 TP2 频率有所下降，说明后置辅音影响该元音舌位（前、后），使其变得更靠后。此外，与目标位置相比，女

发音人后过渡段在高、低维度有明显向上、下扩散的情况。

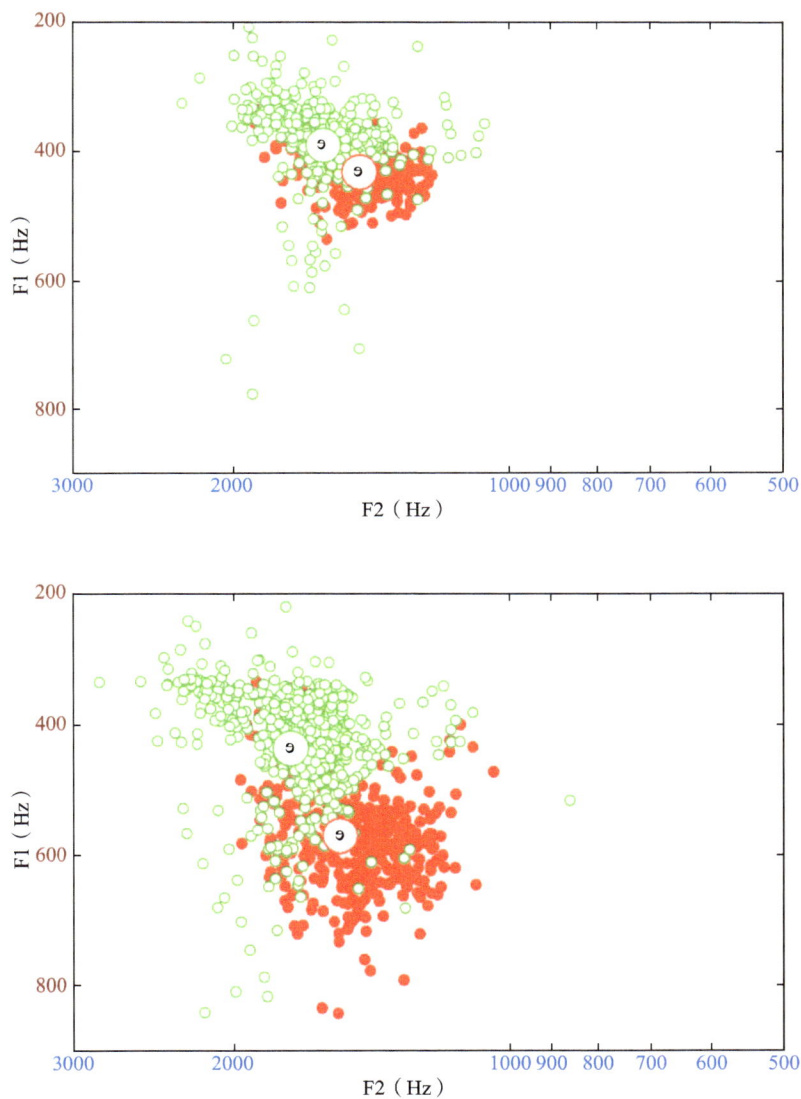

图 2.129　非词首音节 [ə] 元音目标位置共振峰（F1/F2）及其
前过渡段共振峰（TF1/TF2）分布比较（M&F）

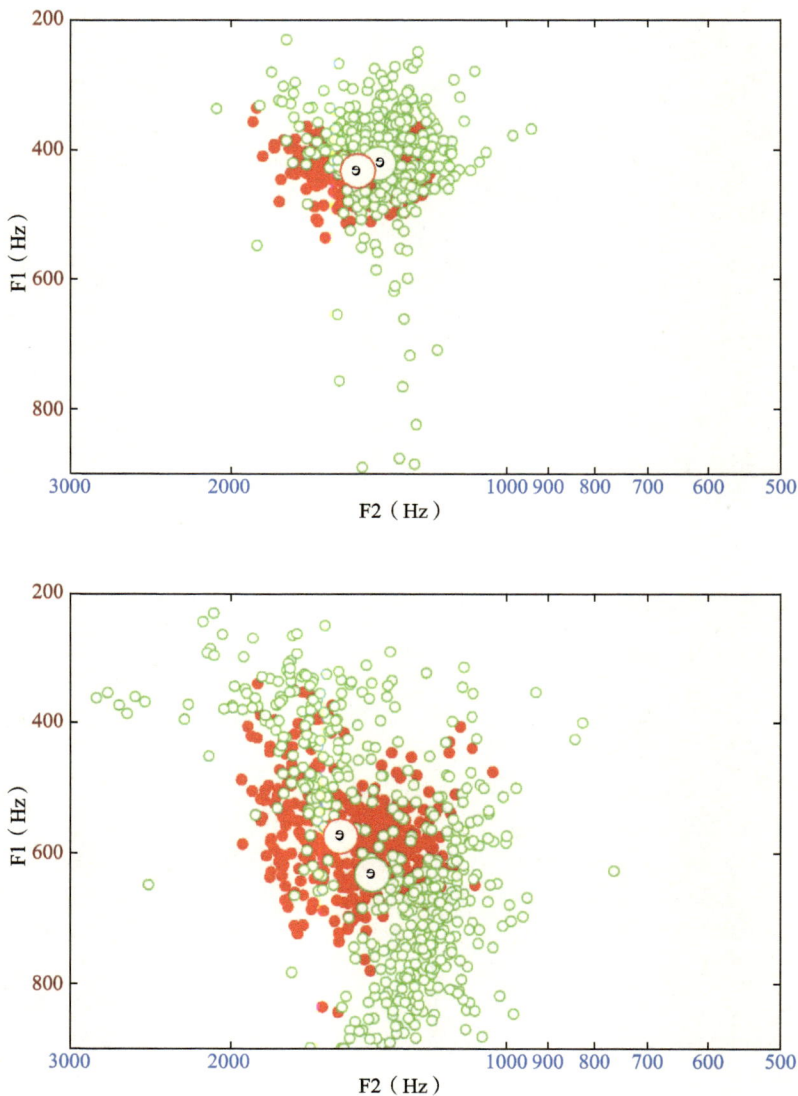

图 2.130　非词首音节［ə］元音目标位置共振峰（F1/F2）及其后
过渡段共振峰（TP1/TP2）分布比较（M&F）

2.2　元音声学参数与音节数量之间的相关性分析

2.2.1　［ə］元音在单音节和多音节词中的出现频率统计

表 2.78 为非词首音节［ə］元音在单音节和多音节词中的出现频率统

计。表 2.78 显示，非词首音节 ［ə］元音在双音节和三音节词中的出现比率较高。

表 2.78 非词首音节 ［ə］元音出现频率统计

ə	双音节词		三音节词		四音节词		共计	
发音人	M	F	M	F	M	F	M	F
出现次数	164	262	251	286	13	22	428	570
占比	38%	46%	59%	50%	3%	4%	100%	100%

2.2.2 非词首音节 ［ə］元音音长、音强和共振峰参数与音节数量之间的相关性分析

表 2.79 为在多音节词中出现的非词首音节 ［ə］元音的音长（VD）、音强（VA）和共振峰目标值（F）统计。图 2.131~2.133 为根据表 2.78 所画的音节数量与音长、音强和第一、第二共振峰之间关系示意图。

从表 2.79 和图 2.131、图 2.132 可以看出，男、女发音人非词首音节 ［ə］元音声学参数与其所出现词的音节数量之间呈现出一定的共同性、具有统计学意义的规律。非词首音节 ［ə］元音的音长、音强与其所出现词的音节数量之间有一定的相关性，即该元音音长和音强随着其所出现词的音节数量的增加而相对缩短、变弱。如：

M：259ms → 189ms →44ms；M：71.17dB → 69.33dB →67dB

F：292ms → 222ms→ 54ms；F：71.47dB → 71.06dB →67.95dB

从表 2.79 和图 2.133 中可以看出，非词首音节 ［ə］元音目标位置的 F1 和 F2 与音节个数之间没有明显的相关性。

表 2.79 单音节和多音节词中出现的非词首音节 ［ə］元音声学参数统计

ə		M					F				
		VD	VA	F1	F2	F3	VD	VA	F1	F2	F3
双音节词	平均值	259	71.17	432	1452	2495	292	71.47	580	1437	3263
	标准差	100	2.09	26	106	116	108	2.75	61	218	162
	变异系数	39%	3%	6%	7%	5%	37%	4%	10%	15%	5%

续表

ə		M					F				
		VD	VA	F1	F2	F3	VD	VA	F1	F2	F3
三音节词	平均值	189	69.33	432	1455	2534	222	71.06	568	1516	3231
	标准差	129	3.9	30	131	125	160	4.33	93	209	234
	变异系数	68%	6%	7%	9%	5%	72%	6%	16%	14%	7%
四音节词	平均值	44	67	427	1431	2521	54	67.95	555	1495	3234
	标准差	7	4.52	24	136	66	13	3.27	110	230	403
	变异系数	17%	7%	6%	9%	3%	25%	5%	19%	15%	12%

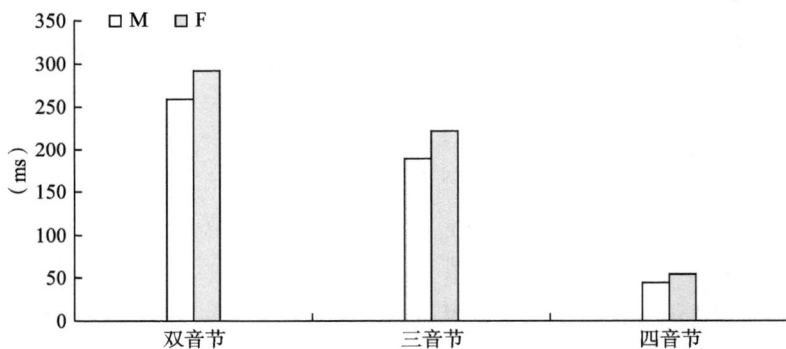

图 2.131　音节数量与非词首音节〔ə〕元音音长之间关系示意（M&F）

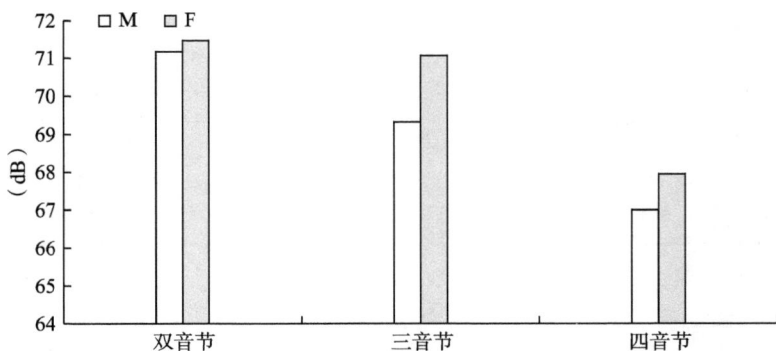

图 2.132　音节数量与非词首音节〔ə〕元音音强之间关系示意（M&F）

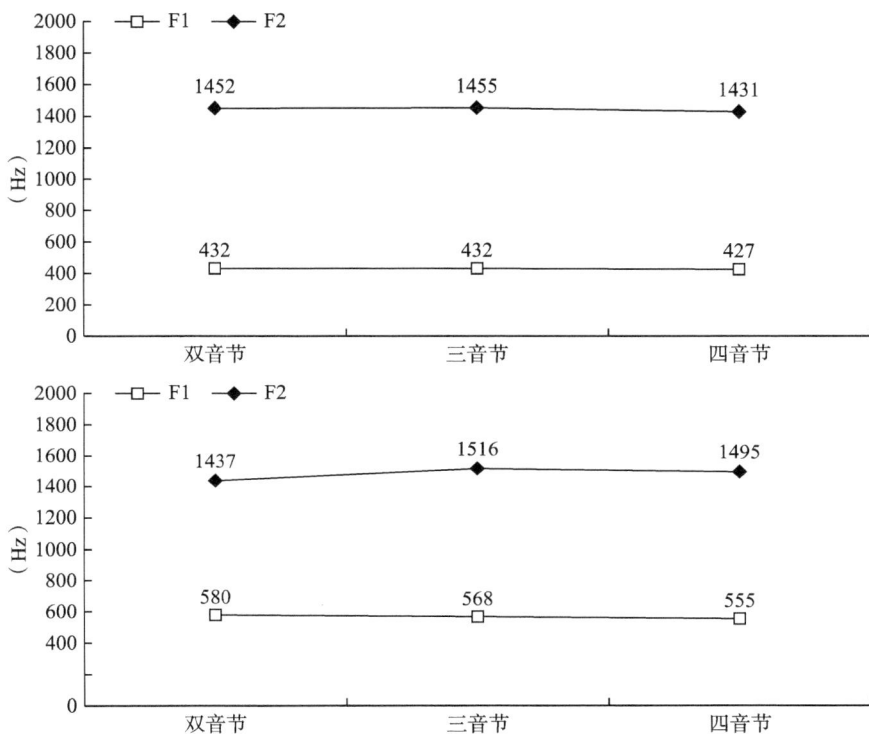

图 2.133 词中音节数量与非词首音节［ə］元音第一、第二共振
峰频率之间的关系示意（M&F）

2.3 元音声学参数与音节类型之间的相关性分析

2.3.1 ［ə］元音在不同音节类型中的出现频率统计

表 2.80 是［ə］元音在不同音节类型中出现的频率统计。该表显示，非词首音节［ə］元音在 CV 音节中的出现频率最高，达到了 83%（M）和 82.1%（F）。

表 2.80 不同音节类型中出现的非词首音节［ə］元音的频率统计

发音人	音节类型	CV	CVC	CCV	CCVC	共计
M	出现次数	354	70	3	1	428
	占比	83%	16%	0.7%	0.3%	100%
F	出现次数	468	94	8	—	570
	占比	82.1%	16.5	1.4%	—	100%

2.3.2 非词首音节 ［ə］ 元音声学参数与音节类型之间的相关性分析

表 2.81 为出现在不同音节类型中非词首音节 ［ə］ 元音的声学参数统计，图 2.134 为根据表 2.81 所绘制的不同音节中非词首音节 ［ə］ 元音第一、第二共振峰均值比较图。从表 2.81 可以看出，音节类型与元音音长间具有较好相关性。如，在开音节中非词首音节 ［ə］ 元音音长明显长于闭音节中 ［ə］ 元音音长。如：M（CV）= 242ms，M（CCV）= 196ms，M（CVC）= 84ms；F（CV）= 287ms，F（CCV）= 307ms，F（CVC）= 71ms。

表 2.81-1　不同音节类型中出现的非词首音节 ［ə］ 元音声学参数统计 （M）

ə		VD	VA	F1	F2	F3
CV	平均值	242	70.03	431	1440	2523
	标准差	118	3.61	27	121	115
	变异系数	49%	5%	6%	8%	5%
CVC	平均值	84	69.76	433	1512	2495
	标准差	37	2.91	32	115	148
	变异系数	44%	4%	7%	8%	6%
CCV	平均值	196	67.67	428	1525	2573
	标准差	52	2.87	18	25	106
	变异系数	27%	4%	4%	2%	4%

表 2.81-2　不同音节类型中出现的非词首音节 ［ə］ 元音声学参数统计 （F）

ə		VD	VA	F1	F2	F3
CV	平均值	287	71.38	578	1483	3232
	标准差	131	3.81	80	535	193
	变异系数	46%	5%	14%	36%	6%
CVC	平均值	71	69.98	549	1682	3325
	标准差	22	2.88	84	170	292
	变异系数	32%	4%	15%	10%	9%
CCV	平均值	307	69.63	559	1445	3139
	标准差	102	2.91	46	165	105
	变异系数	33%	4%	8%	11%	3%

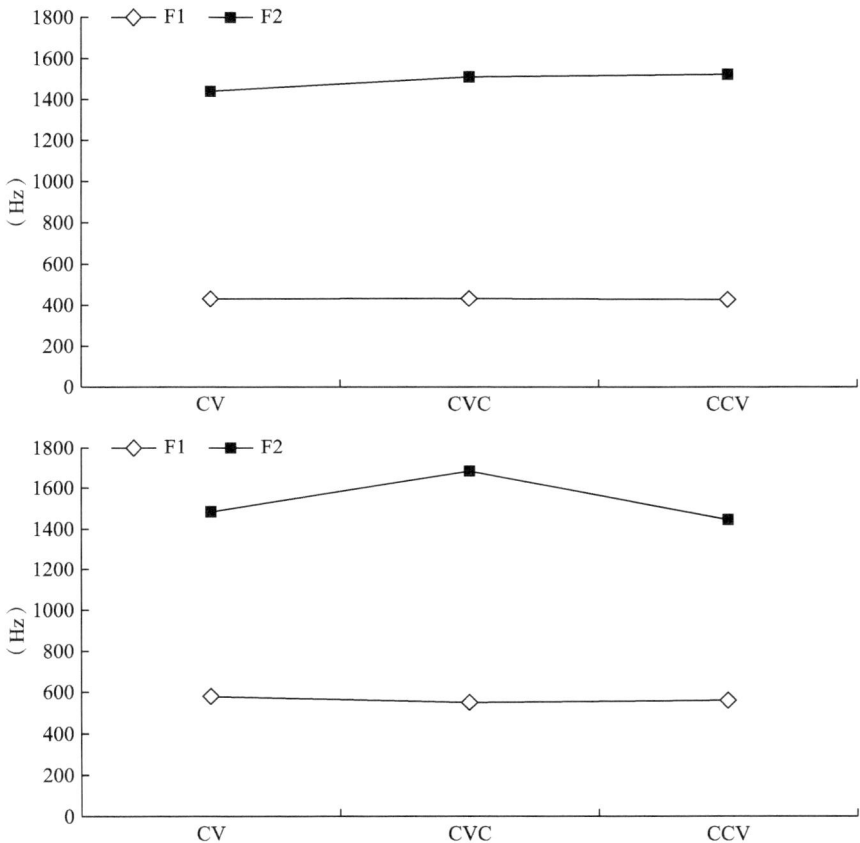

图 2.134 不同音节类型中出现的非词首音节 [ə] 元音第一（F1）、
第二共振峰（F2）比较（M&F）

2.4 元音声学参数与前置辅音音质之间的相关性分析

图 2.135 为不同辅音（如：[t−，tʰ−，p−，k−，s−，ç−，tɕ−，tɕʰ−，ts−，m−，n−，l−，ɻ−]）之后出现的非词首音节 [ə] 元音的音长均值比较图，图 2.136 为不同辅音之后出现的非词首音节 [ə] 元音目标位置第一、第二和第三共振峰的前过渡段变化示意图。从图 2.135 中可以看出，辅音音质与 [ə] 元音有些声学参数之间具有较好的相关性：（1）擦音和塞擦音之后出现的 [ə] 元音音长比其他辅音之后出现的 [ə] 元音音长较长，说明前置辅音发音方法影响该元音的音长；（2）送气辅音 [tʰ] 后出现的非词首音节 [ə] 元音音长为 M：61ms，F：53ms，而在不送气塞音 [t] 之后的该元音音长为 M：224ms，F：248ms，相差 163ms（M）和 195ms

（F）；送气塞擦音［tɕʰ］后出现的［ə］元音音长为 M：282ms，F：339ms，而在不送气塞擦音［tɕ］之后的［ə］元音音长 M：265ms，F：331ms，相差 17ms（M）和 8ms（F）。这说明塞音和塞擦音的送气与否影响其该元音的时长；（3）前置辅音音质对非词首音节［ə］元音的 F2（舌位前后）有一定的影响，对其 F2 前过渡的影响更为显著。从图 2.102 中可以看到，非词首［ə］元音出现在［tɕ-，tɕʰ-，ɕ-］等辅音后时前过渡段 TF2 较高。

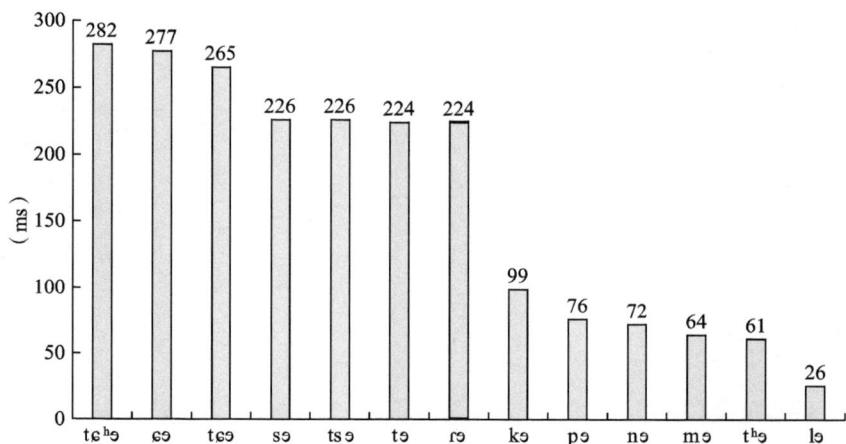

图 2.135-1 不同辅音之后出现的非词首音节［ə］元音音长均值比较（M）

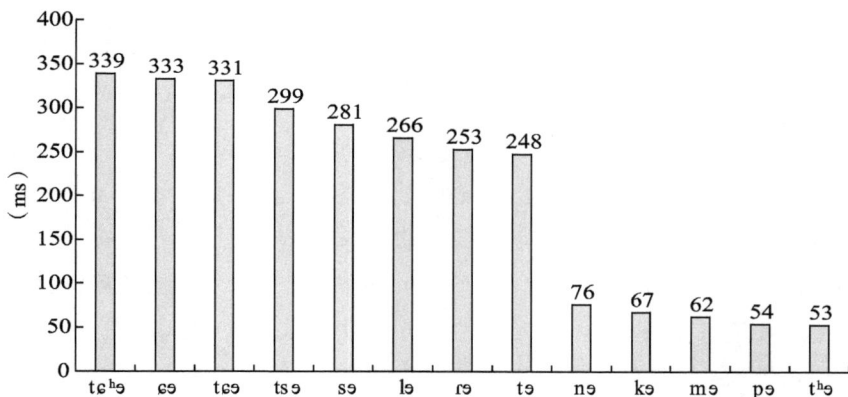

图 2.135-2 不同辅音之后出现的非词首音节［ə］元音音长均值比较（F）

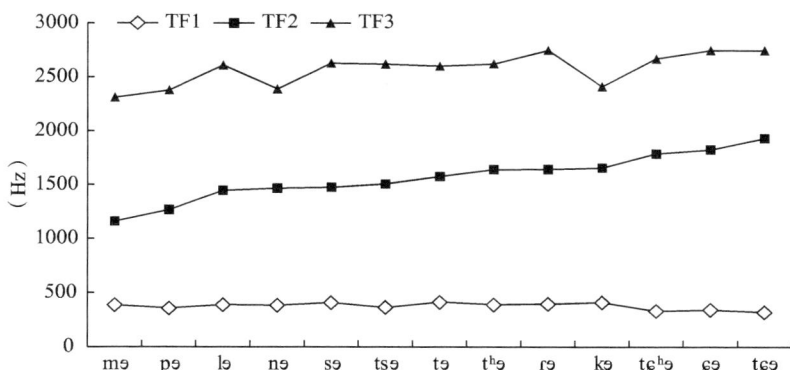

图 2.136-1　不同辅音之后出现的非词首音节 [ɘ] 元音三个共振峰前过渡段 TF1、
TF2、TF3 的变化示意（以 TF2 参数的自小至大排列）（M）

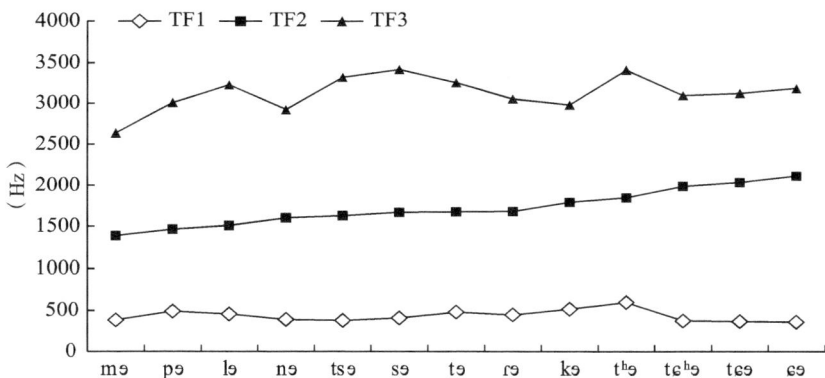

图 2.136-2　不同辅音之后出现的非词首音节 [ɘ] 元音三个共振峰前过渡段 TF1、
TF2、TF3 的变化示意（以 TF2 参数的自小至大排列）（F）

（八）非词首音节 [o] 元音

1. 声学特征与音色

1.1 [o] 元音三维语图和语音标注

图 2.137 为男发音人 [pɛkoɹ] "木盒" 一词的三维语图和三层标注
实例。从三维语图上可以看到非词首音节 [o] 元音第一共振峰和第二共
振峰较接近。F1 ~ F4 共振峰参数值分别为 485Hz、990Hz、2622Hz、
3566Hz。该语图比较真实地显示了 [o] 元音在实际语流中的存在形式。

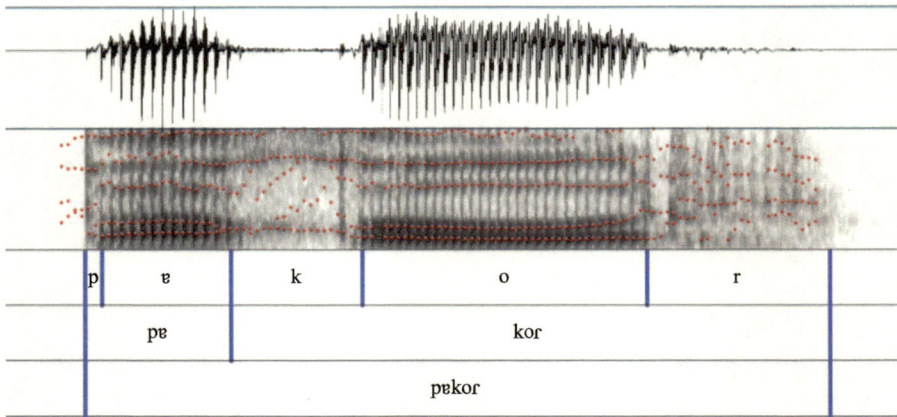

图 2.137　男发音人[pɐkoɾ]"木盒"一词的三维语图和三层标注实例

1.2　非词首音节 ［o］ 元音声学参数和声学特征

表 2.82 为非词首音节 ［o］ 元音声学参数总统计。图 2.138 为男、女发音人非词首音节 ［o］ 元音在声学元音图中的位置及其声学空间中的分布模式。从表 2.82 和图 2.138 中可以看出，（1）男、女发音人 ［o］ 元音的平均时长、平均音强分别为 M：VD = 83ms，F：VD = 185ms；M：VA = 68.63dB，F：VA = 68.38dB。该元音 F1 和 F2 的频率均值分别为 M：F1 = 466Hz，F2 = 1042Hz；F：F1 = 479Hz，F2 = 1208Hz；（2）女发音人非词首音节 ［o］ 元音的第一、第二共振峰的变异系数（F1 = 8%，F2 = 20%）比男发音人第一、第二共振峰的变异系数（F1 = 4%，F2 = 9%）相对大。这说明女发音人非词首音节 ［o］ 元音的离散度比男发音人的相对大。

表 2.82　非词首音节 ［o］ 元音声学参数统计

o	M					F				
	VD	VA	F1	F2	F3	VD	VA	F1	F2	F3
平均值	83	68.63	466	1042	2515	185	68.38	479	1208	3058
标准差	58	2.45	18	97	115	132	3.89	37	242	324
变异系数	70%	4%	4%	9%	5%	71%	6%	8%	20%	11%

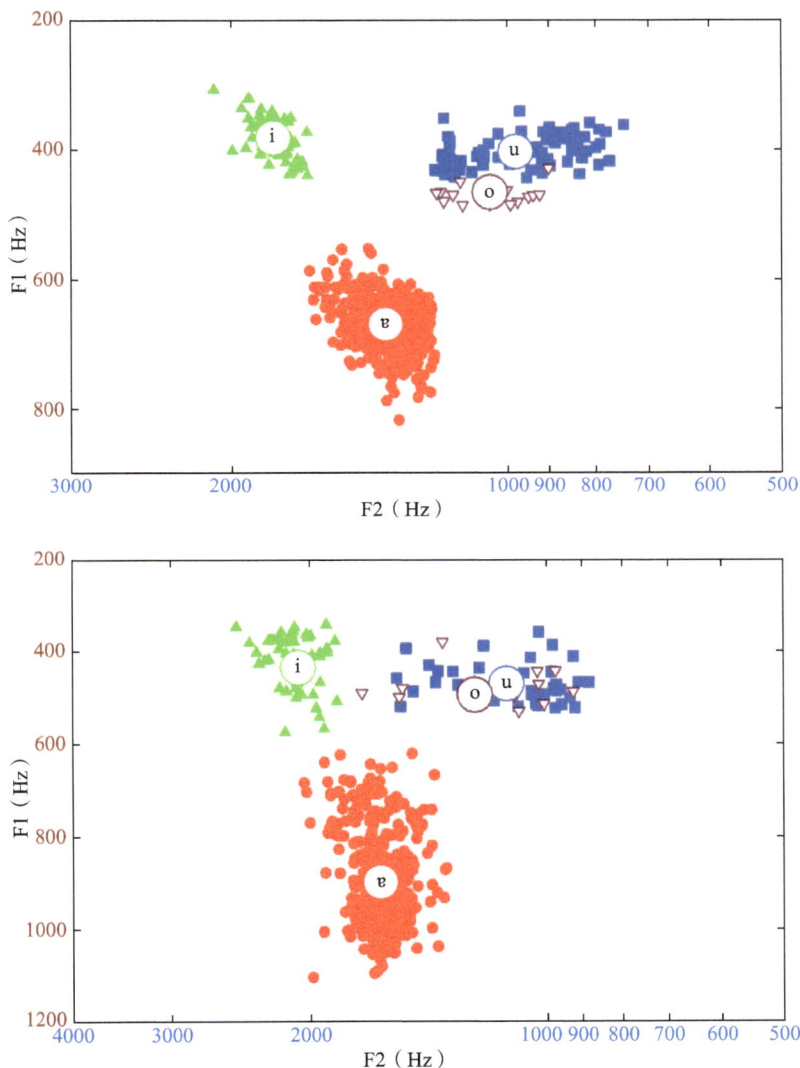

图 2.138　非词首音节 ［o］元音声学元音图 （M&F）

2. 语流中的音变特征分析

2.1　目标位置共振峰与其前、后过渡段共振峰频率参数之间的显著性差异分析

图 2.139 和图 2.140 为非词首音节 ［o］元音目标位置共振峰及其前、后过渡段共振峰分布比较图。其中，图 2.139 为目标位置共振峰 F1/F2 和前过渡段共振峰 TF1/TF2 分布比较图，图 2.140 为目标位置共振峰共振峰 F1/

F2 和后过渡段 TP1/TP2 分布比较图。图 2.139 和图 2.140 显示，男发音人非词首音节 [o] 元音的前、后过渡段位置与目标位置相比，在声学元音图上整体靠上，这说明前、后辅音影响 [o] 元音舌位，使其变高。女发音人非词首音节 [o] 元音的前、后过渡段位置与目标位置相比，在声学元音图上向四周扩散。

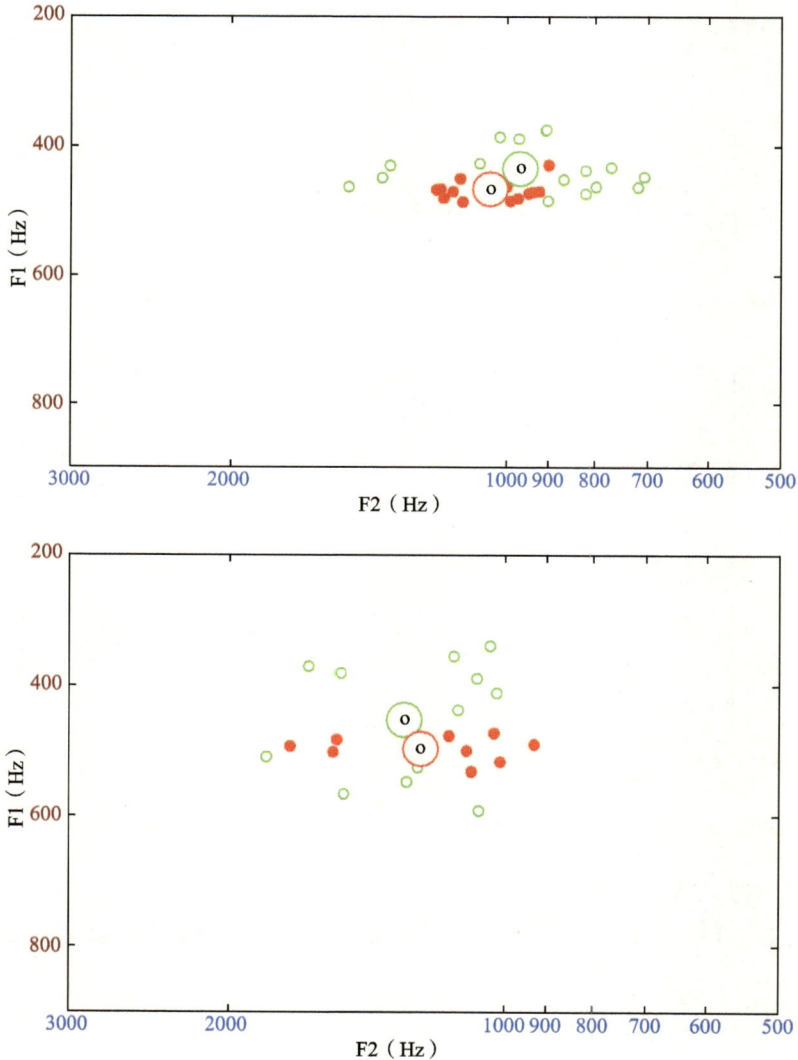

图 2.139　非词首音节 [o] 元音目标位置共振峰（F1/F2）及其前过渡段共振峰（TF1/TF2）分布比较（M&F）

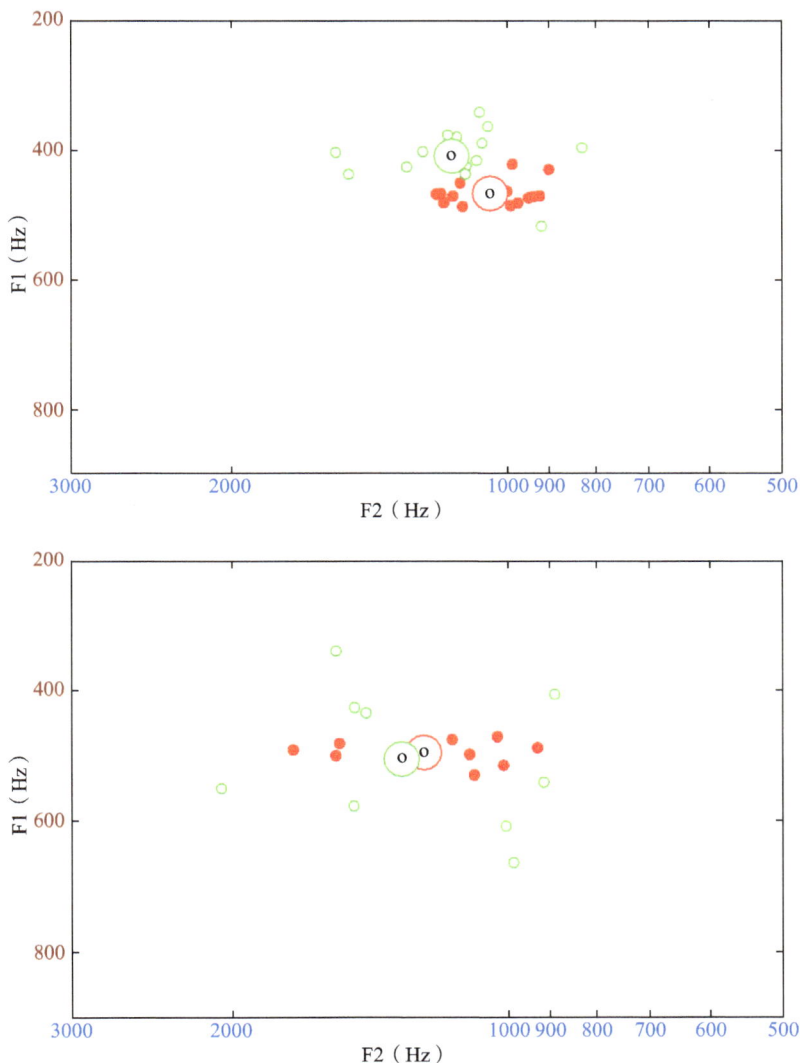

图 2.140　非词首音节 [o] 元音目标位置共振峰（F1/F2）及其后过渡
段共振峰（TP1/TP2）分布比较（M&F）

2.2　元音声学参数与音节数量之间的相关性分析

2.2.1　[o] 元音在多音节词中的出现频率统计

表 2.83 为非词首音节 [o] 元音在多音节词中的出现频率统计。表 2.83 显示，约 13%（M）和 50%（F）的非词首音节 [o] 元音是在双音节

词中出现的；约有 69%（M）和 40%（F）的非词首音节［o］元音是在三音节词中出现的；约有 19%（M）和 10%（F）的非词首音节［o］元音是在四音节词中出现的。

表 2.83　非词首音节［o］元音在不同音节词中出现频率统计

发音人	音节数目	双音节词	三音节词	四音节词	共计
M	出现次数	2	11	3	16
F	出现次数	5	4	1	10
M	占比	13%	69%	19%	100%
F	占比	50%	40%	10%	100%

　　2.2.2　非词首音节［o］元音音长、音强和共振峰参数与音节数量之间的相关性分析

　　表 2.84 为出现在双音节词、三音节词和四音节词中的非词首音节［o］元音的音长（VD）、音强（VA）、共振峰目标值（F）统计表。图 2.141～2.143 为根据表 2.84 所画，音节数量与非词首音节［o］元音音长、音强和第一、第二共振峰之间关系示意图。从表 2.84、图 2.141～2.143 可以看出，音节数量与非词首音节［o］元音声学参数之间具有较好的相关性。如，［o］音长随着音节数量的增加而相对缩短，音强随着音节数量的增多相对变弱。如，

　　M：223ms → 69ms → 40ms；M：72.00dB → 68.18dB → 68.00dB

　　F：331ms → 89ms→73ms；F：71.00dB →69.00dB→65.5dB

　　表 2.84 和图 2.143 显示，非词首音节［o］元音目标位置的 F1 和 F2 与音节数量之间没有相关性。

表 2.84　不同音节词中出现的非词首［o］元音声学参数统计

o		M					F				
		VD	VA	F1	F2	F3	VD	VA	F1	F2	F3
双音节词	平均值	223	72.00	476	1086	2574	331	71.00	497	1012	3387
	标准差	42	1.00	10	96	48	40	1.63	25	66	92
	变异系数	19%	1%	2%	9%	2%	12%	2%	5%	7%	3%

o		M					F				
		VD	VA	F1	F2	F3	VD	VA	F1	F2	F3
三音节词	平均值	69	68.18	473	1045	2527	89	69.00	503	1403	2565
	标准差	19	2.37	8	95	122	2	5.00	2	137	67
	变异系数	28%	3%	2%	9%	5%	2%	7%	—	10%	3%
四音节词	平均值	40	68.00	433	1003	2430	73	65.00	516	1009	2999
	标准差	5	1.41	12	93	64	—	—	—	—	—
	变异系数	12%	2%	3%	9%	3%	—	—	—	—	—

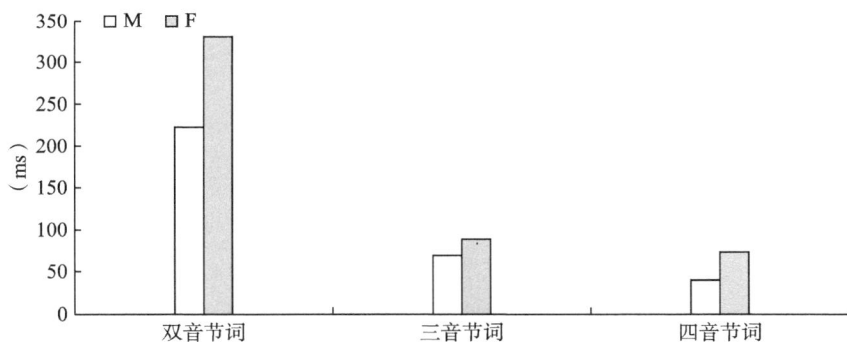

图 2.141　词中音节数量与非词首音节 [o] 元音音长
之间的关系示意（M&F）

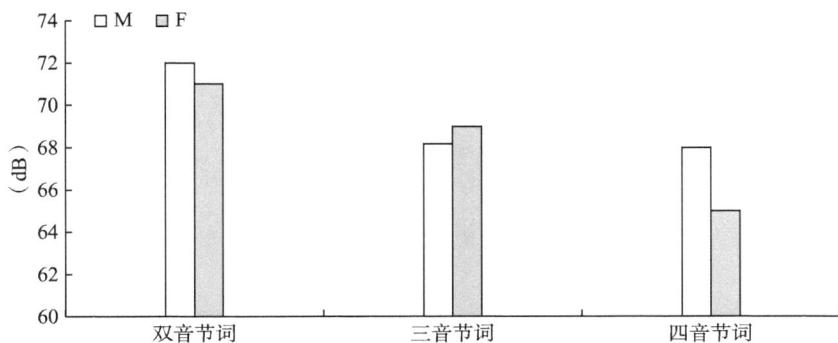

图 2.142　词中音节数量与非词首音节 [o] 元音音强
之间的关系示意（M&F）

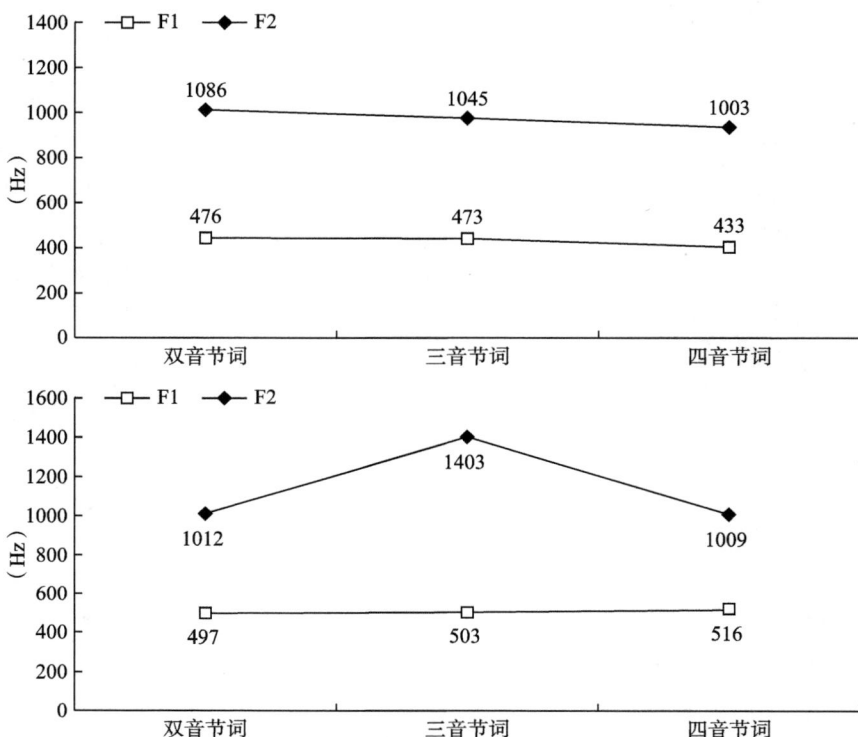

图 2.143　词中音节数量与非词首音节 ［o］元音第一、第二共振峰
频率之间的关系示意 （M&F）

2.3　元音声学参数与音节类型之间的相关性分析

2.3.1　非词首音节 ［o］元音在不同音节类型中的出现频率统计

非词首音节 ［o］元音在统一平台中共出现 16 次（M）和 10 次（F）。
表 2.85 为在不同音节类型中出现的非词首音节 ［o］元音出现频率统计表。
可以看出，［o］元音只出现在 CV 和 CVC 两种音节类型中。

表 2.85　不同音节类型中出现的非词首音节 ［o］元音的频率统计

发音人	音节类型	CV	CVC	共计
M	出现次数	13	3	16
	百分比	81%	19%	100%
F	出现次数	7	3	10
	百分比	70%	30%	100%

2.3.2　［o］元音声学参数与音节类型之间的相关性分析

表 2.86 为在不同音节类型中出现的非词首音节［o］元音声学参数统计表，图 2.144 为根据表 2.86 所绘制的不同音节中出现的非词首音节［o］元音第一、第二共振峰均值比较图。从表 2.86 中可以看出，非词首音节［o］元音音强在一定程度上受到音节类型的影响。该元音在闭音节中的音强相对强。如，M：在 CV 音节中［o］元音音强均值为 68.08dB，而在 CVC 音节中音强均值为 71.00dB，相差 2.92dB；F：在 CV 音节中［o］元音的音强均值为 68.43dB，而在 CVC 音节中音强均值为 69.00dB，相差 0.57dB。

表 2.86-1　不同音节类型中出现的非词首音节［o］
元音声学参数统计（M）

o		VD	VA	F1	F2	F3
CV	平均值	61	68.08	465	1023	2501
	标准差	21	2.27	19	88	122
	变异系数	34%	3%	4%	9%	5%
CVC	平均值	178	71.00	473	1122	2573
	标准差	71	1.63	9	93	39
	变异系数	40%	2%	2%	8%	2%

表 2.86-2　不同音节类型中出现的非词首音节［o］
元音声学参数统计（F）

o		VD	VA	F1	F2	F3
CV	平均值	244	68.43	502	1012	3200
	标准差	120	2.92	23	57	223
	变异系数	49%	4%	5%	6%	7%
CVC	平均值	85	69.00	499	1507	2856
	标准差	6	4.08	5	185	415
	变异系数	7%	6%	1%	12%	15%

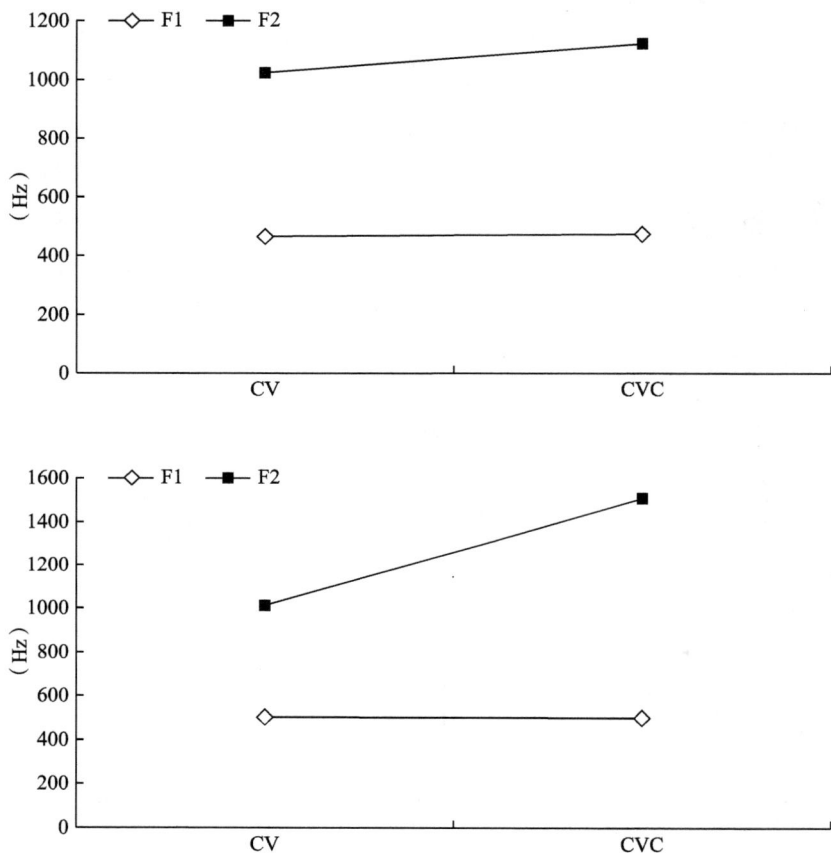

图 2.144　不同音节类型中出现的非词首音节 ［o］元音第一（F1）、
第二共振峰（F2）比较（M&F）

2.4　元音声学参数与前置辅音音质之间的相关性分析

图 2.145 为非词首音节 ［k-、t-、m-］ 等辅音之后出现的 ［o］元音
音长比较图。图 2.146 为不同辅音之后出现的非词首音节 ［o］ 元音第一、
第二和第三共振峰前过渡段（TF1、TF2、TF3）的变化示意图。可以看出，
非词首音节 ［o］ 元音声学参数与其前置辅音音质之间没有共同的、具有统
计学意义的相关性。

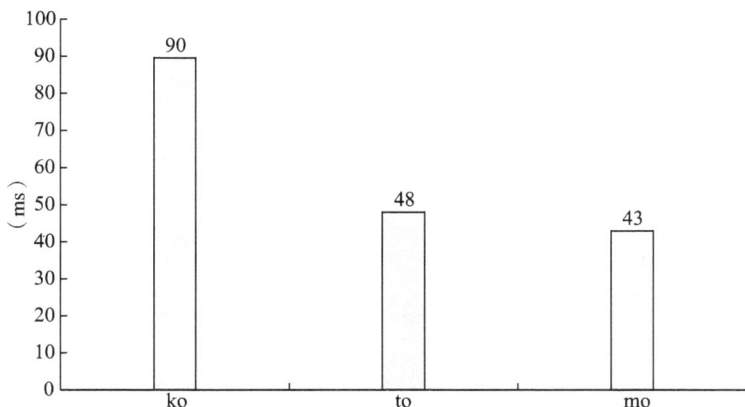

图 2.145-1 不同辅音之后出现的非词首音节［o］元音音长比较（M）

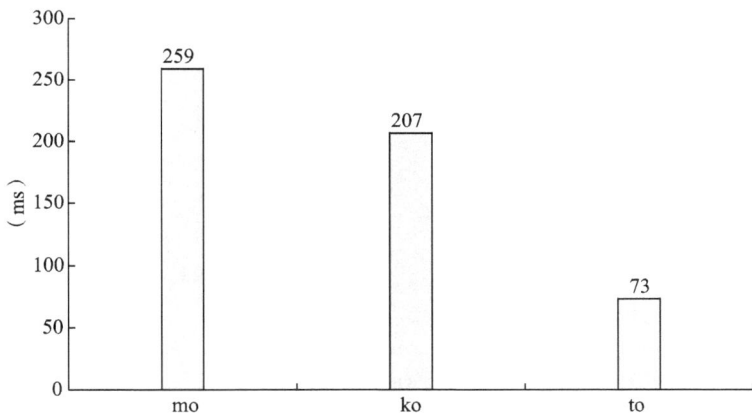

图 2.145-2 不同辅音之后出现的非词首音节［o］元音音长比较（F）

（九）非词首音节［ɔ］元音

1. 声学特征与音色

1.1 非词首音节［ɔ］元音三维语图和语音标注

图 2.147 为男发音人［ulɔŋ］"云"一词的三维语图和三层标注实例。非词首音节［ɔ］元音第一至第四共振峰（F1~F4）横杠及其分布特点在该语图中得到了体现。它们的参数值分别为 667Hz、966Hz、2177Hz、3286Hz。可以看出该元音第一共振峰较高，第二共振峰较低。该语图比较真实地显示了［ɔ］元音在实际语流中的存在形式。

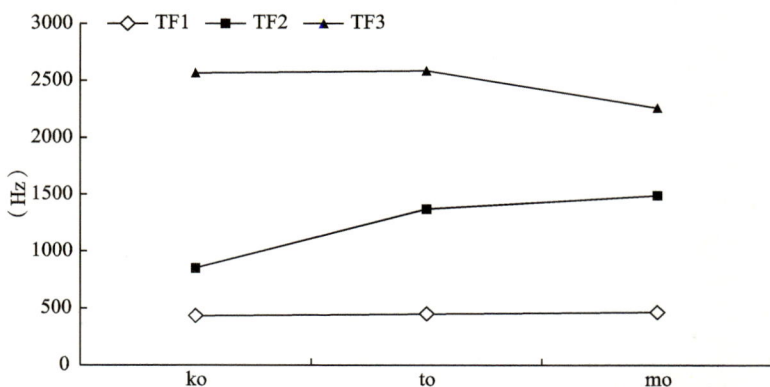

图 2.146　不同辅音之后出现的非词首音节［o］元音三个共振峰前过渡
TF1、TF2、TF3 的变化示意（M&F）

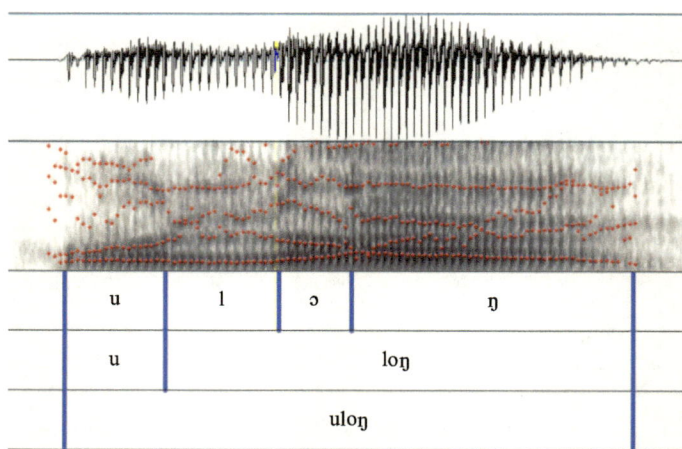

图 2.147　男发音人［uloŋ］"云"一词的三维语图和三层标注实例

1.2　非词首音节［ɔ］元音声学参数和声学特征

表 2.87 为非词首音节［ɔ］元音参数统计。图 2.148 为男、女发音人
非词首音节［ɔ］元音在声学元音图中的位置及其声学空间中的分布模式。
表 2.87 和图 2.148 显示，（1）男、女发音人［ɔ］元音的平均时长、平均
音强分别为 M：VD＝211ms，F：VD＝154ms；M：VA＝72.27dB，F：VA＝
72.00 dB。该元音 F1 和 F2 的频率均值分别为 M：F1＝615Hz，F2＝
1059Hz；F：F1＝797Hz，F2＝1377Hz。（2）非词首音节［ɔ］元音在舌位
高、低方面位于高元音［u］和次低元音［ɐ］之间，舌位前、后方面，比

后元音［u］稍靠前，属于后元音。据前人研究和本次实验，我们认为该元音为次低、后、圆唇元音，用［ɔ］音标标记接近其实际音值。

表2.87　非词首音节［ɔ］元音声学参数统计

ɔ	M					F				
	VD	VA	F1	F2	F3	VD	VA	F1	F2	F3
平均值	211	72.27	615	1059	2238	154	72.00	797	1377	3224
标准差	65	2.57	23	76	174	92	4.16	73	145	290
变异系数	31%	4%	4%	7%	8%	60%	6%	9%	11%	9%

2. 语流中的音变特征分析

2.1　目标位置共振峰与其前、后过渡段共振峰频率参数之间的显著性差异分析

图2.149和图2.150为非词首音节［ɔ］元音目标位置共振峰及其前、后过渡段共振峰分布比较图。其中，图2.149为目标位置共振峰F1/F2和前过渡段共振峰TF1/TF2分布比较图，图2.150为目标位置共振峰F1/F2和后过渡段TP1/TP2分布比较图。图2.149～2.150显示，男、女发音人非词首音节［ɔ］元音目标位置共振峰频率与其前、后过渡段共振峰频率之间存在一定的共同性、具有统计学意义的规律：（1）男、女发音人非词首音节［ɔ］元音的前过渡段位置与目标位置相比，在声学元音图上整体靠前、靠上，这说明前置辅音影响［ɔ］元音舌位，使其变高变前；（2）男发音人非词首音节［ɔ］元音的后过渡段与目标位置相比，在声学元音图上整体靠上，女发音人非词首音节［ɔ］元音的后过渡段与目标位置相比，在声学元音图上整体靠后、靠上。

2.2　元音声学参数与音节数量之间的相关性分析

2.2.1　非词首音节［ɔ］元音在多音节词中的出现频率统计

表2.88为非词首音节［ɔ］元音在多音节词中出现的频率统计。该表显示，［ɔ］元音在统一平台中出现52次（M）和112次（F），大约65%的［ɔ］都是在双音节词中出现的。

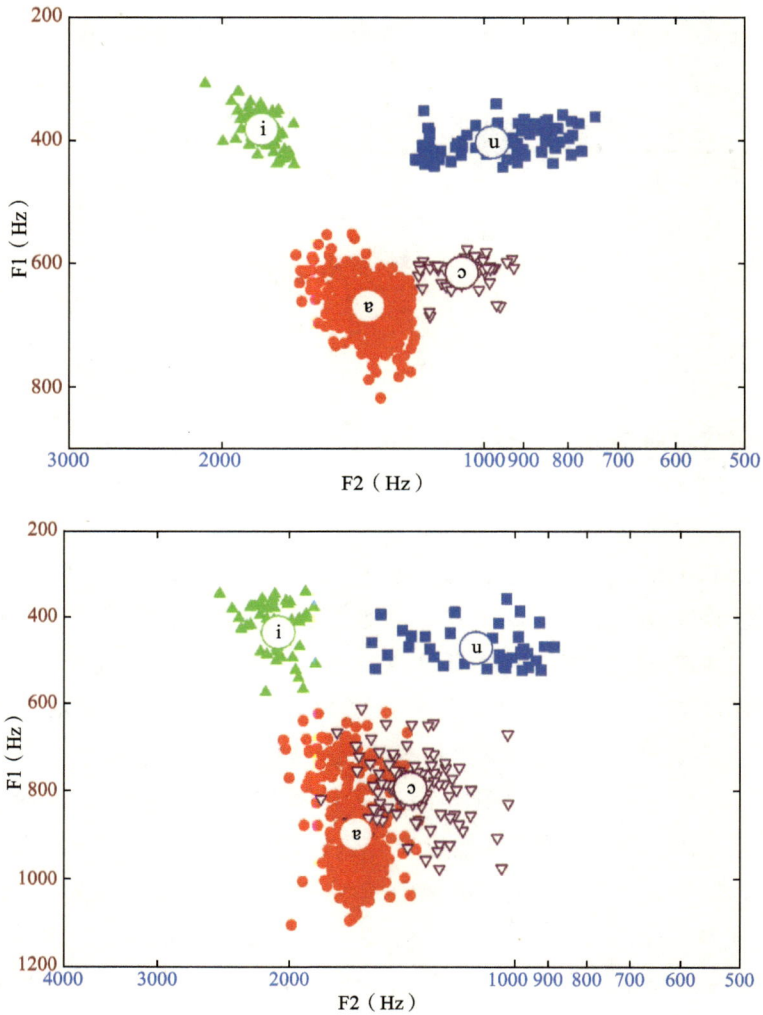

图 2.148 非词首音节 [ɔ] 元音声学元音图（M&F）

表 2.88 非词首音节 [ɔ] 元音在不同音节词中出现频率统计

ɔ	双音节词		三音节词		四音节词		共计	
发音人	M	F	M	F	M	F	M	F
出现次数	34	73	18	38	—	1	52	112
百分比	65%	65%	35%	34%	—	1%	100%	100%

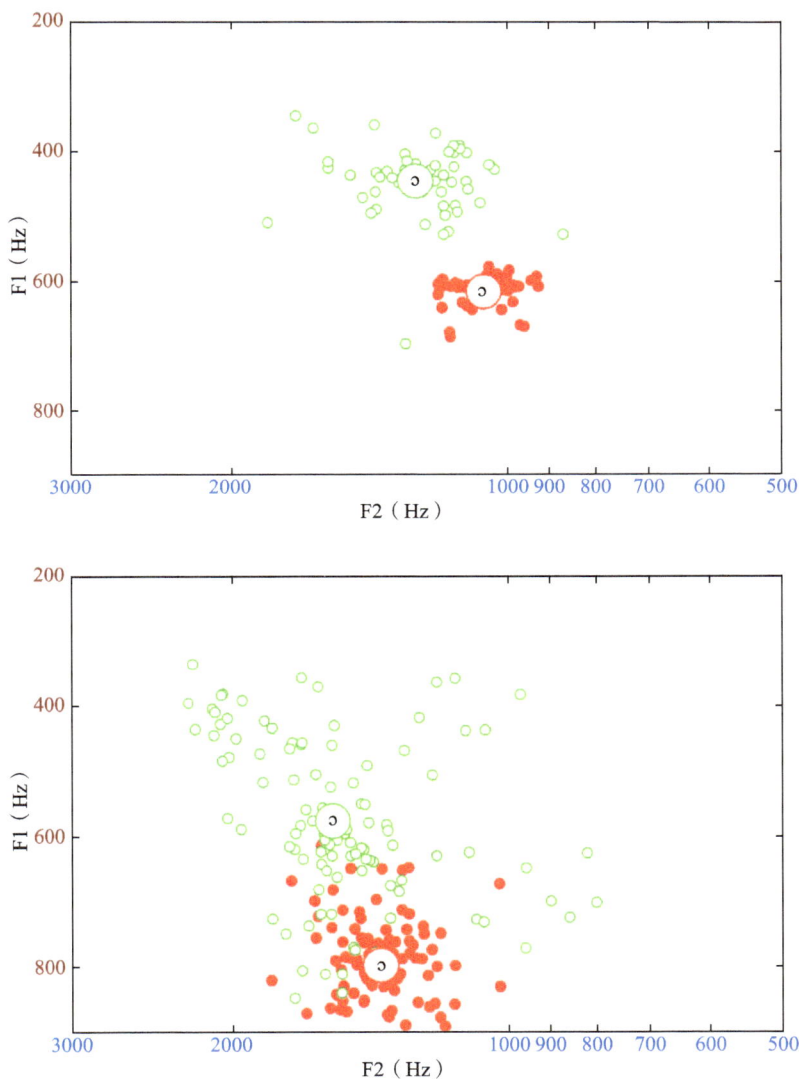

图 2.149　非词首音节［ɔ］元音目标位置共振峰（F1/F2）及其前过渡
段共振峰（TF1/TF2）分布比较（M&F）

2.2.2　非词首音节［ɔ］元音音长、音强和共振峰参数与音节数量之
间的相关性分析

表 2.89 为出现在双音节词、三音节词和四音节词中非词首音节［ɔ］
元音的音长（VD）、音强（VA）、共振峰目标值（F）统计。图 2.151 为根
据表 2.89 绘制的，音节数量与非词首音节［ɔ］元音第一、第二共振峰之

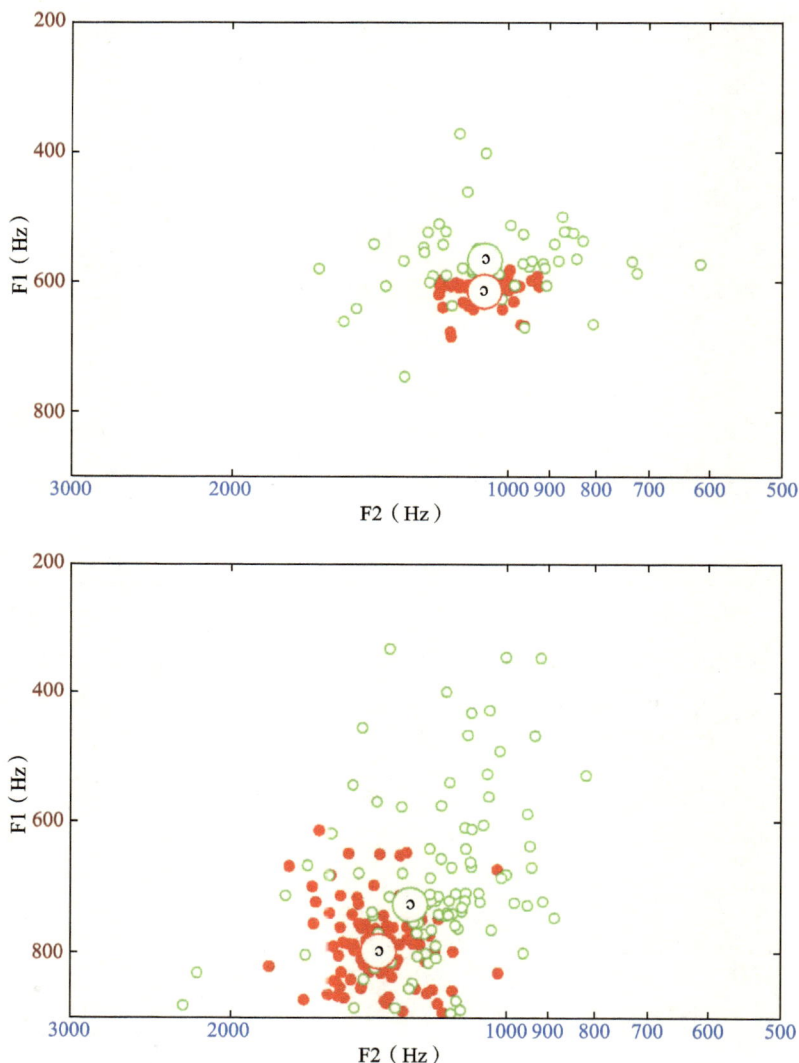

图 2.150　非词首音节［ɔ］元音目标位置共振峰（F1/F2）及其后过渡
段共振峰（TP1/TP2）分布比较（M&F）

间关系示意图。从表 2.89 中可以看出，该元音音长、音强与音节数量之间
具有一定的相关性。即，音长随着音节数量的增加而相对缩短，而其音强
会随着音节数量的增多相对变弱。如：

M：238ms（双）→159ms（三）；M：72.76dB（双）→71.33dB（三）

F：179ms（双）→109ms（三）；F：72.93dB（双）→70.21dB（三）

表 2.89　不同音节词中出现的非词首音节 ［ɔ］ 元音声学参数统计

ɔ		M					F				
		VD	VA	F1	F2	F3	VD	VA	F1	F2	F3
双音节词	平均值	238	72.76	611	1063	2244	179	72.93	792	1373	3272
	标准差	55	1.88	20	80	178	97	3.09	69	136	243
	变异系数	23%	3%	3%	8%	8%	55%	4%	9%	10%	7%
三音节词	平均值	159	71.33	622	1051	2226	109	70.21	806	1384	3134
	标准差	49	3.33	25	68	164	59	5.27	80	164	349
	变异系数	31%	5%	4%	6%	7%	54%	8%	10%	12%	11%
四音节词	平均值	—	—	—	—	—	70	72.00	851	1437	3085
	标准差	—	—	—	—	—	—	—	—	—	—
	变异系数	—	—	—	—	—	—	—	—	—	—

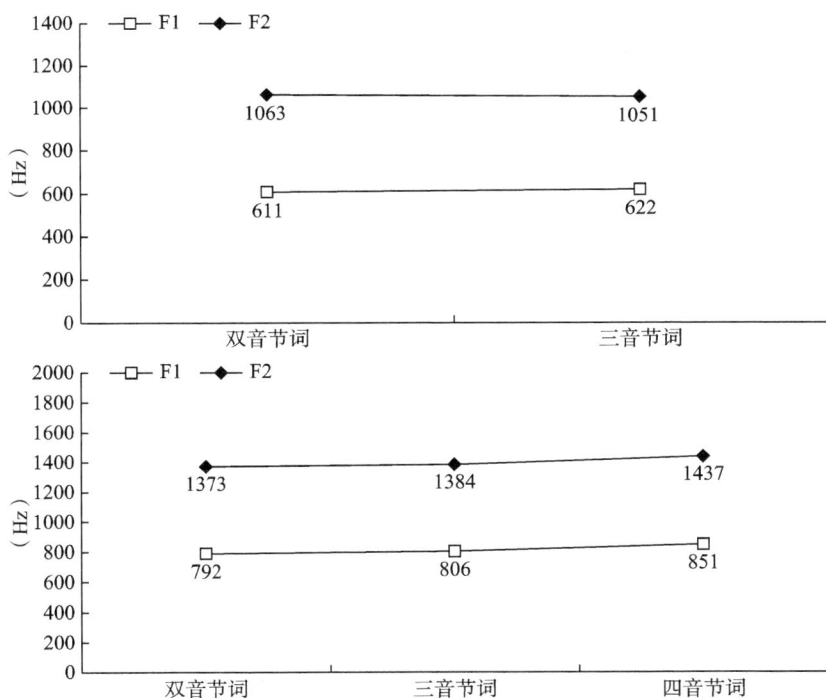

图 2.151　词中音节数量与非词首音节 ［ɔ］ 元音第一、第二共振峰
频率之间的关系示意 （M&F）

2.3 元音声学参数与音节类型之间的相关性分析

2.3.1 非词首音节 [ɔ] 元音在不同音节类型中的出现频率统计

表 2.90 为不同音节类型中出现的非词首音节 [ɔ] 元音的频率统计表。该表显示，非词首音节 [ɔ] 元音共出现 52 次（男）和 112 次（女）。其中，主要出现在 CV 和 CVC 两种音节类型中。

表 2.90　不同音节类型中出现的非词首音节 [ɔ] 元音的频率统计

发音人	音节类型	CV	CVC	CVCC	共计
M	出现次数	7	45	—	52
	百分比	13%	87%	—	100%
F	出现次数	17	94	1	112
	百分比	15%	84%	1%	100%

2.3.2 非词首音节 [ɔ] 元音声学参数与音节类型之间的相关性分析

表 2.91 为不同音节类型中出现的非词首音节 [ɔ] 元音声学参数统计表。图 2.152 为根据表 2.91 绘制的，不同音节类型出现的非词首音节中 [ɔ] 元音第一、第二共振峰均值比较图。从男、女发音人 CV 和 CVC 两种音节类型中出现的 [ɔ] 元音声学参数可以看出：（1）在开音节中 [ɔ] 元音音长明显长于闭音节中 [ɔ] 元音音长。如，M（CV）= 312ms，M（CVC）= 195ms；F（CV）= 329ms，F（CVC）= 123ms。（2）在开音节中 [ɔ] 元音音强明显强于闭音节中 [ɔ] 元音音强。如，M（CV）= 73.86dB，M（CVC）= 72.02dB；F（CV）= 73.71dB，F（CVC）= 71.65dB。从表 2.91 和图 2.152 中可以看出非词首音节 [ɔ] 元音共振峰参数与其出现的音节类型没有明显的相关性。

表 2.91-1　不同音节类型中出现的非词首音节
[ɔ] 元音声学参数统计（M）

ɔ		VD	VA	F1	F2	F3
CV	平均值	312	73.86	604	1172	2359
	标准差	24	1.12	4	21	58
	变异系数	8%	2%	1%	2%	2%
CVC	平均值	195	72.02	616	1041	2219
	标准差	54	2.65	24	66	178
	变异系数	28%	4%	4%	6%	8%

表 2.91-2　不同音节类型中出现的非词首音节 ［ɔ］
元音声学参数统计 （F）

ɔ		VD	VA	F1	F2	F3
CV	平均值	329	73.71	799	1317	3227
	标准差	90	4.23	49	125	331
	变异系数	27%	6%	6%	9%	10%
CVC	平均值	123	71.65	797	1387	3226
	标准差	47	4.07	76	146	283
	变异系数	38%	6%	10%	11%	9%
CCVC	平均值	109	76.00	755	1447	2962
	标准差	—	—	—	—	—
	变异系数	—	—	—	—	—

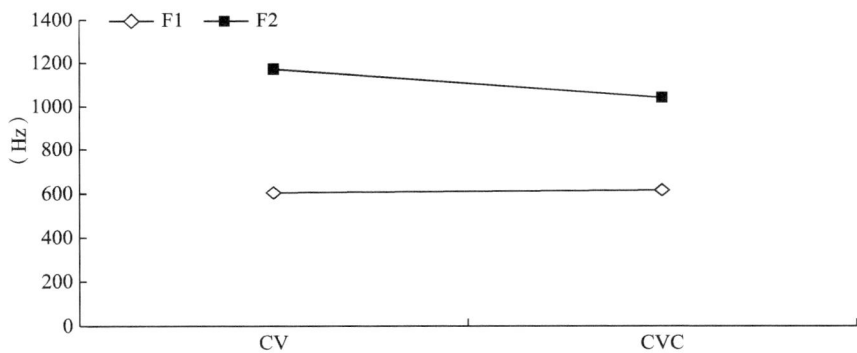

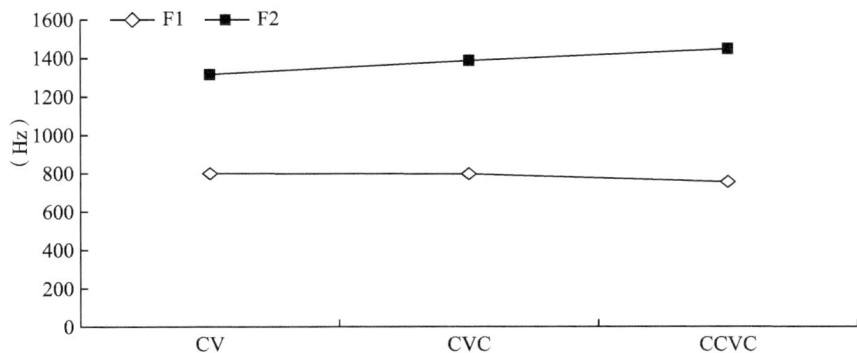

图 2.152　不同音节类型中出现的非词首音节 ［ɔ］元音第一 （F1）、
第二共振峰 （F2） 比较 （M&F）

2.4 元音声学参数与前置辅音音质之间的相关性分析

图 2.153 为非词首音节 [t-，tʰ-，tɕ-，tɕʰ-，n-，l-，ɾ-] 等辅音之后出现的 [ɔ] 元音音长比较图。图 2.154 为不同辅音之后出现的非词首音节 [ɔ] 元音第一、第二和第三共振峰前过渡段 TF1、TF2、TF3 的变化示意图。从图 2.153 中可以看出，辅音音质与非词首音节 [ɔ] 元音音长和共振峰之间具有一定的相关性。如，出现在 [tɕ，tɕʰ，t，tʰ] 等塞音和塞擦音后的该元音音长相对短，这说明发音方法影响非词首音节 [ɔ] 元音的音长；[tɕ，tɕʰ] 辅音后出现的该元音前过渡段 TF2 值较高，这说明前置辅音发音方法影响非词首音节 [ɔ] 元音舌位前后。

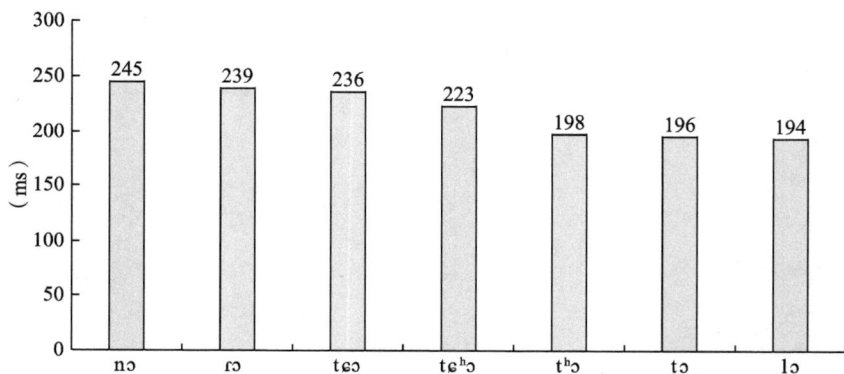

图 2.153-1 不同辅音之后出现的非词首音节 [ɔ] 元音音长均值比较（M）

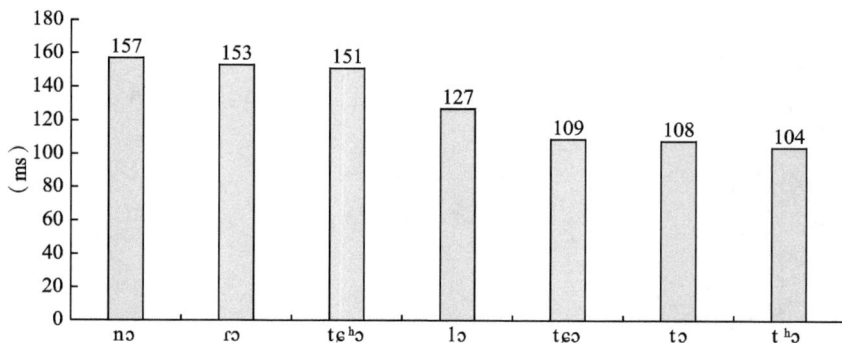

图 2.153-2 不同辅音之后出现的非词首音节 [ɔ] 元音音长均值比较（F）

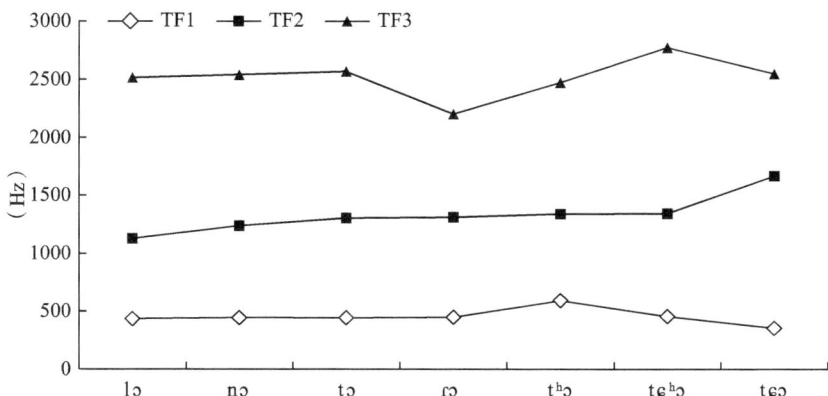

图 2.154-1　不同辅音之后出现的非词首音节 [ɔ] 元音三个共振峰前过渡段 TF1、
TF2、TF3 的变化示意（以 TF2 参数的自小至大排列）（M）

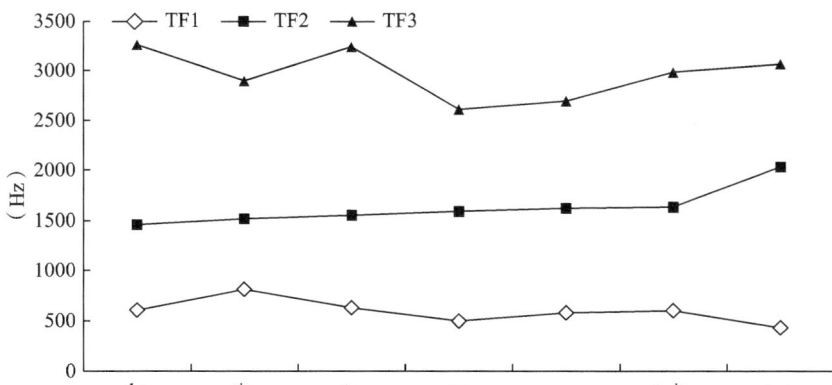

图 2.154-2　不同辅音之后出现的非词首音节 [ɔ] 元音三个共振峰前过渡段 TF1、
TF2、TF3 的变化示意（以 TF2 参数的自小至大排列）（F）

（十）非词首音节 [ʊ] 元音

1. 声学特征与音色

1.1　非词首音节 [ʊ] 元音三维语图和语音标注

图 2.155 为男发音人 [ukʊ] "话" 一词的三维语图和三层标注实例。可以看到 [ʊ] 元音第一、第二共振峰偏低、距离较近，是 [ʊ] 元音典型的声学语图。目标位置共振峰参数值分别为 526Hz、1041Hz、2609Hz、3380Hz。该语图比较真实地显示了 [ʊ] 元音在实际语流中的存在形式。

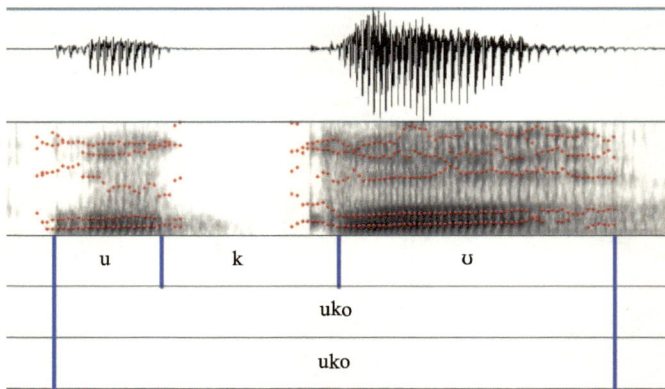

图 2.155　男发音人[ukʊ]"话"一词的三维语图和三层标注实例

1.2　[ʊ]元音声学参数和声学特征

表 2.92 为非词首音节 [ʊ] 元音声学参数统计。图 2.156 为男、女发音人非词首音节 [ʊ] 元音在声学元音图中的位置及其声学空间中的分布模式。表 2.92 和图 2.156 显示，（1）男、女发音人 [ʊ] 元音的平均时长、平均音强分别为 M：VD = 204ms，F：VD = 89ms；M：VA = 71.21dB，F：VA = 69.21dB。该元音 F1 和 F2 的频率均值分别为 M：F1 = 547Hz，F2 = 1150Hz；F：F1 = 647Hz，F2 = 1298Hz；

表 2.92　非词首音节 [ʊ] 元音声学参数统计

参数 统计项	M					F				
	VD	VA	F1	F2	F3	VD	VA	F1	F2	F3
平均值	204	71.21	547	1150	2452	89	69.21	647	1298	3182
标准差	100	2.88	26	114	130	71	4.19	55	204	368
变异系数	49%	4%	5%	10%	5%	80%	6%	9%	16%	12%

2. 语流中的音变特征分析

2.1　目标位置共振峰与其前、后过渡段共振峰频率参数之间的显著性差异分析

图 2.157～2.158 为非词首音节 [ʊ] 元音目标位置共振峰及其前、后过渡段共振峰分布比较图。其中，图 2.157 为目标位置共振峰 F1/F2 和前

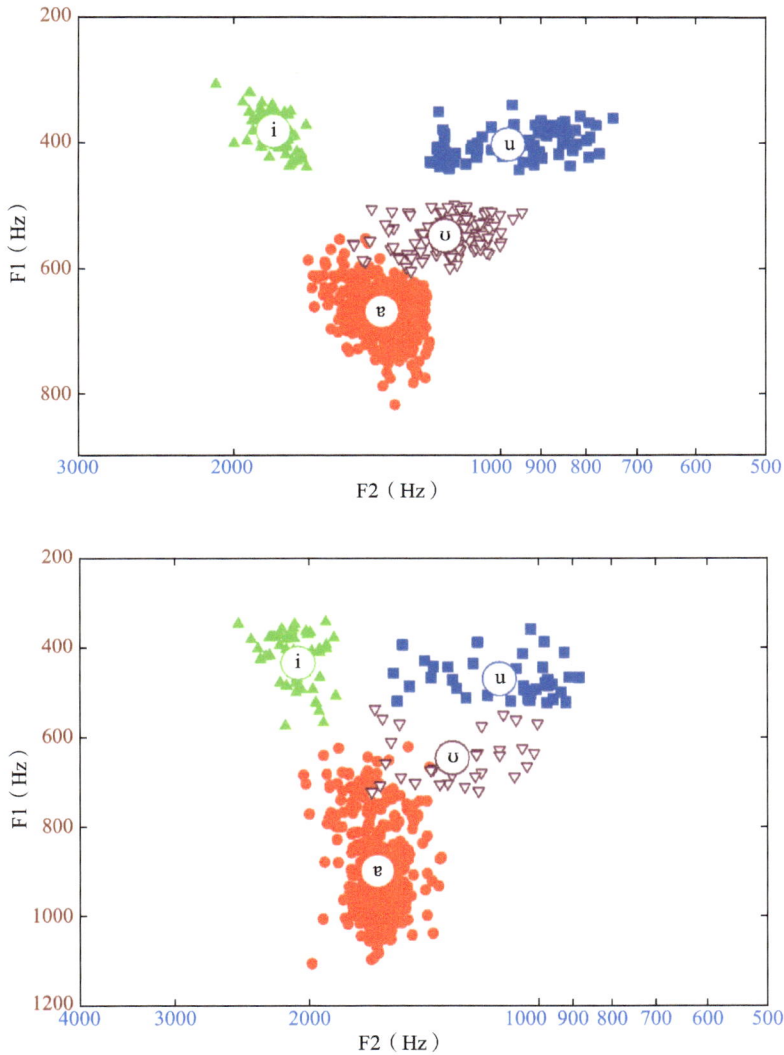

图 2.156　非词首音节 [ʊ] 元音声学元音图 （M&F）

过渡段共振峰 TF1/TF2 分布比较图，图 2.158 为目标位置共振峰 F1/F2 和后过渡段共振峰 TP1/TP2 分布比较图。图 2.157 和图 2.158 显示，男、女发音人非词首音节 [ʊ] 元音目标位置共振峰频率与其前、后过渡段共振峰频率之间存在一定的共同性、具有统计学意义的规律：（1）男、女发音人非词首音节 [ʊ] 元音的前过渡段位置与目标位置相比，在声学元音

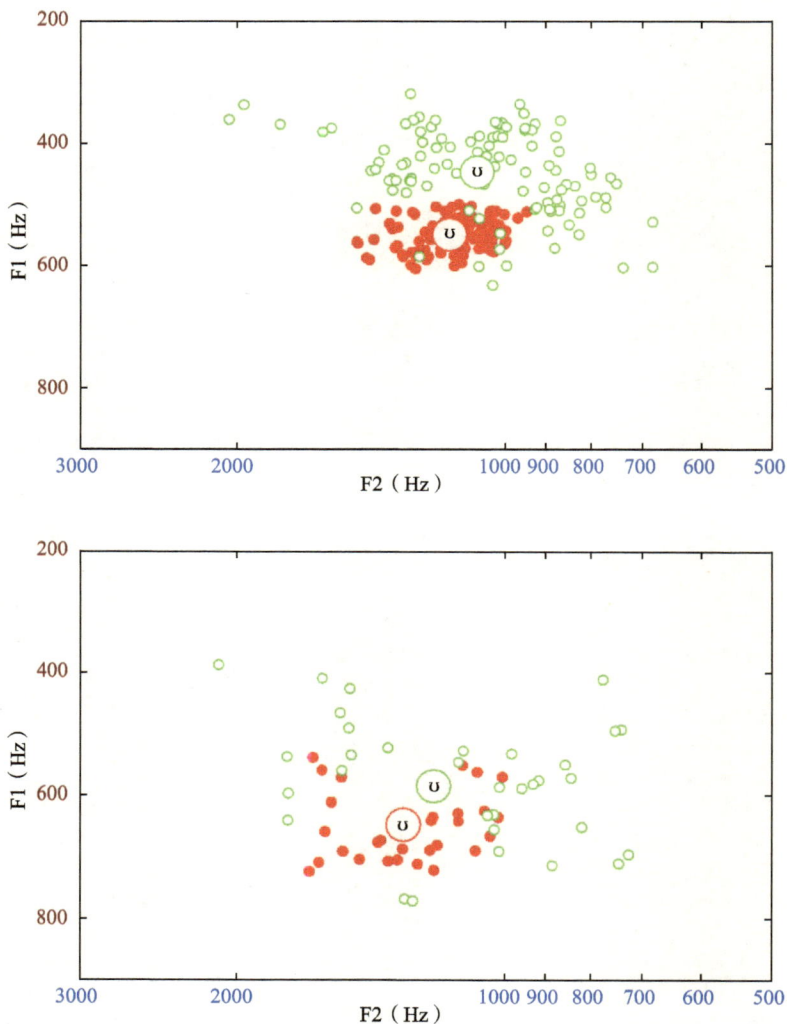

图 2. 157　非词首音节［ʊ］元音目标位置共振峰（F1/F2）及其前过渡段
共振峰（TF1/TF2）分布比较（M&F）

图上整体靠后、靠上，这说明前置辅音影响［ʊ］元音舌位，使其变高变后；（2）男、女发音人非词首音节［ʊ］元音的后过渡段位置与目标位置相比，在声学元音图上整体靠前、靠上，这说明后置辅音对［ʊ］元音的影响是将其舌位变高变前，与前置辅音相反。

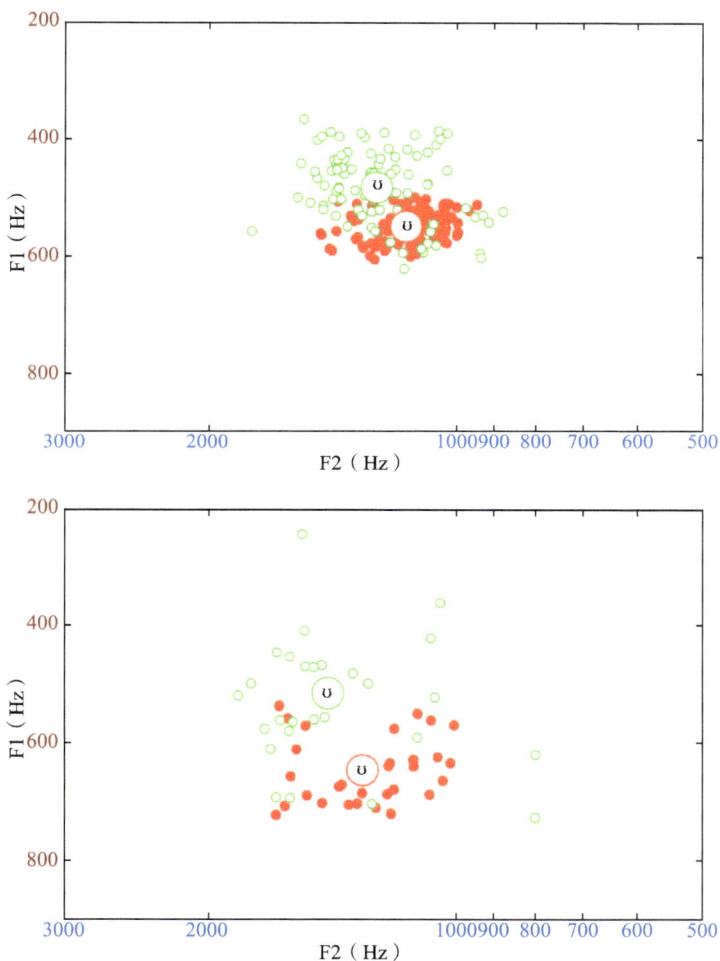

图 2.158 非词首音节 ［ʊ］元音目标位置共振峰（F1/F2）及其后过渡段
共振峰（TP1/TP2）比较（M&F）

2.2 元音声学参数与音节数量之间的相关性分析

2.2.1 非词首音节［ʊ］元音在多音节词中的出现频率统计

表 2.93 为非词首音节［ʊ］元音在多音节词中出现的频率统计。表
2.93 显示，约 58%（M）和 35%（F）的非词首音节［ʊ］元音是在双音节
词中出现的；约有 37%（M）和 56%（F）的非词首音节［ʊ］元音是在三
音节词中出现的；约有 5%（M）和 9%（F）的非词首音节［ʊ］元音是在
四音节词中出现的。

表 2.93　非词首音节［ʋ］元音在不同音节词中出现频率统计

发音人	音节数目	双音节词	三音节词	四音节词	共计
M	出现次数	59	38	5	102
F	出现次数	12	19	3	34
M	占比	58%	37%	5%	100%
F	占比	35%	56%	9%	100%

2.2.2　非词首音节［ʋ］元音音长、音强和共振峰参数与音节数量之间的相关性分析

表 2.94 为出现在双音节词、三音节词和四音节词中的非词首音节［ʋ］元音的音长（VD）、音强（VA）、共振峰目标值（F）统计。图 2.159、图 2.160 和图 2.161 为根据表 2.94 绘制的，音节数量与非词首音节［ʋ］元音音长、音强和第一、第二共振峰之间关系示意图。从表 2.94、图 2.159、图 2.160 中可以看出，男、女发音人非词首音节［ʋ］元音声学参数与其所出现词的音节数量之间呈现了一定的、共同性、具有统计学意义的规律。男、女发音人［ʋ］元音的音长、音强与其所出现词的音节数量之间有一定的相关性，即非词首音节［ʋ］元音音长和音强随着其所出现词的音节数量的增加而相对缩短、变弱。如：

M：270ms → 120ms →68ms；M：72.69dB → 69.45dB → 67.00dB

F：223ms →77ms→56ms；F：70.17dB →69.00dB→66.67dB

从表 2.94 中可以看出非词首音节［ʋ］元音 F2 在三音节词中频率最高。

表 2.94　不同音节词中出现的非词首［ʋ］元音声学参数统计

ʋ		M					F				
		VD	VA	F1	F2	F3	VD	VA	F1	F2	F3
双音节词	平均值	270	72.69	555	1123	2430	223	70.17	657	1261	3246
	标准差	65	2.22	24	100	141	163	3.53	50	197	512
	变异系数	24%	3%	4%	9%	6%	73%	5%	8%	16%	16%

续表

	υ	M					F				
		VD	VA	F1	F2	F3	VD	VA	F1	F2	F3
三音节词	平均值	120	69.45	536	1197	2477	77	69.00	647	1340	3130
	标准差	60	2.26	24	123	102	36	4.61	58	203	251
	变异系数	50%	3%	4%	10%	4%	47%	7%	9%	15%	8%
四音节词	平均值	68	67.00	545	1114	2520	56	66.67	601	1120	3259
	标准差	18	2.28	33	86	121	33	1.89	25	69	222
	变异系数	26%	3%	6%	8%	5%	60%	3%	4%	6%	7%

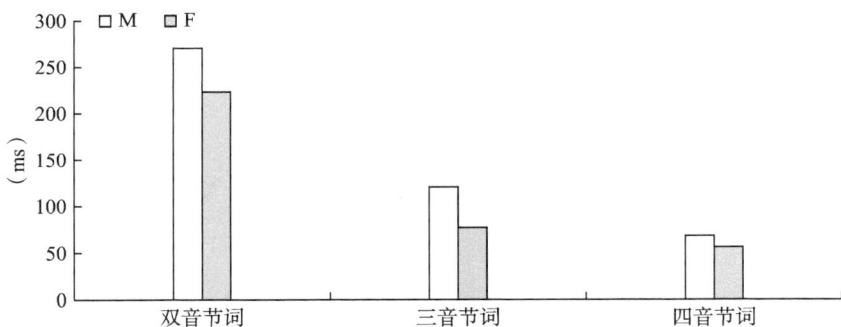

图 2.159　词中音节数量与非词首音节 [υ] 元音音长
之间的关系示意 （M&F）

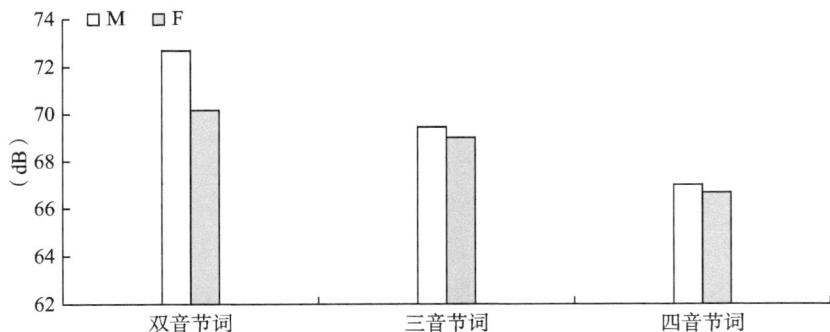

图 2.160　词中音节数量与非词首音节 [υ] 元音音强
之间的关系示意 （M&F）

2.3　元音声学参数与音节类型之间的相关性分析

2.3.1　非词首音节 [υ] 元音在不同音节类型中的出现频率统计

表 2.95 为出现在不同音节类型中的非词首音节 [υ] 元音的频率统计

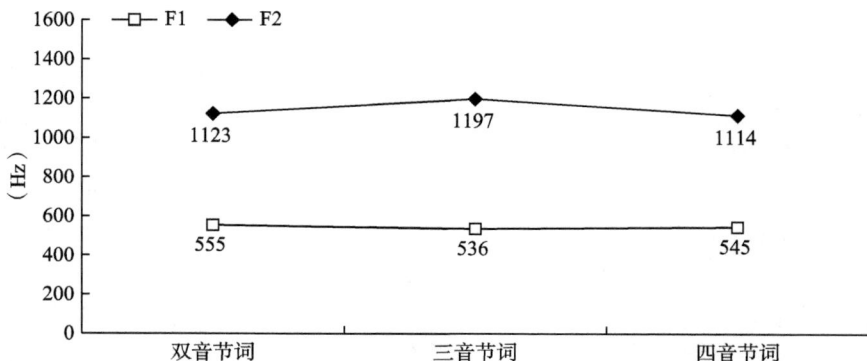

图 2.161　词中音节数量与非词首音节 [ʊ] 元音第一、第二共振峰频率之间的关系示意 （M&F）

表。非词首音节 [ʊ] 元音在统一平台中共出现 102 次（M）和 34 次（F）。该元音主要出现在 CV 和 CVC 两种音节类型中。

表 2.95　不同音节类型中出现的非词首音节 [ʊ] 元音的频率统计

发音人	音节类型	CV	CVC	共计
M	出现次数	62	40	102
	占比	61%	39%	100%
F	出现次数	20	14	34
	占比	69%	41%	100%

2.3.2　非词首音节 [ʊ] 元音声学参数与音节类型之间的相关性分析

表 2.96 为在 CV 和 CVC 音节中出现的非词首音节 [ʊ] 元音的声学参数统计表，图 2.162 为根据表 2.96 绘制的在 CV 和 CVC 音节中出现的非词首音节 [ʊ] 元音第一、第二共振峰均值比较图。从表 2.96 中可以看出，音节类型与非词首音节 [ʊ] 元音音长之间具有一定的相关性。音长在一定程度上受到音节类型的影响，非词首音节 [ʊ] 元音在开音节中音长相对长。如，M：在 CV 音节中 [ʊ] 元音音长均值为 233ms，而在 CVC 音节中音长均值为 160ms，相差 73ms；F：在 CV 音节中 [ʊ] 元音的音长均值为 126ms，而在 CVC 音节中音长均值为 87ms，相差 39ms；从图 2.162 可以看出，在 CVC 音节中 [ʊ] 元音第二共振峰频率较高。

表 2.96-1　不同音节类型中出现的非词首音节 [ʊ]
元音声学参数统计（M）

ʊ		VD	VA	F1	F2	F3
CV	平均值	233	71.32	547	1127	2482
	标准差	106	3.16	26	109	126
	变异系数	45%	4%	5%	10%	5%
CVC	平均值	160	71.03	548	1187	2406
	标准差	68	2.37	27	113	122
	变异系数	43%	3%	5%	9%	5%

表 2.96-2　不同音节类型中出现的非词首音节 [ʊ]
元音声学参数统计（F）

ʊ		VD	VA	F1	F2	F3
CV	平均值	126	67.85	641	1212	3178
	标准差	110	3.72	52	178	299
	变异系数	87%	5%	8%	15%	9%
CVC	平均值	87	71.14	655	1402	3188
	标准差	29	4.05	58	184	449
	变异系数	33%	6%	9%	13%	14%

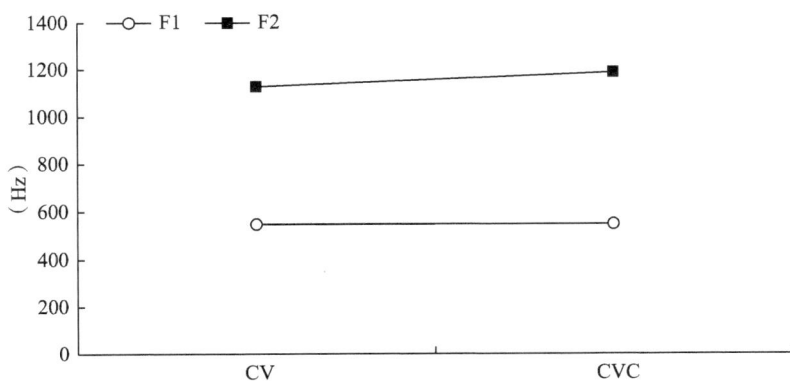

图 2.162　不同音节类型中出现的非词首音节 [ʊ] 元音第一（F1）、
第二共振峰（F2）均值比较（M&F）

2.4　元音声学参数与前置辅音音质之间的相关性分析

图 2.163 为非词首音节 ［t-、k-、kʰ-、m-］ 等辅音之后出现的 ［ʊ］元音音长比较图。图 2.164 为不同辅音之后出现的非词首音节 ［ʊ］ 元音第一、第二和第三共振峰前过渡段 （TF1、TF2、TF3） 的变化示意图。从图 2.163~2.164 中可以看出，辅音音质与非词首音节 ［ʊ］ 元音声学参数之间几乎没有相关性。

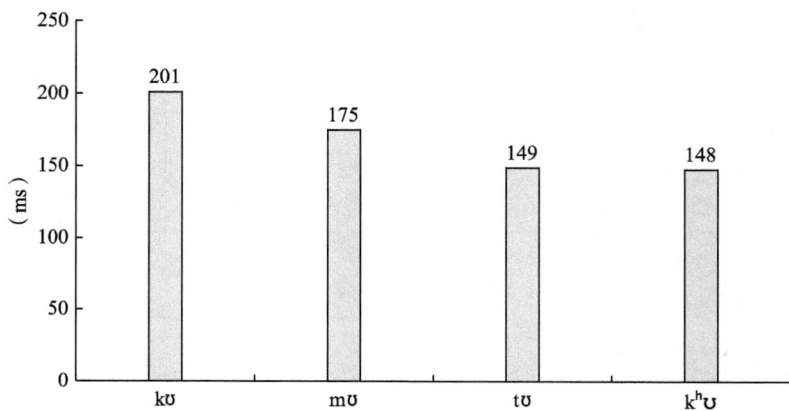

图 2.163-1　不同辅音之后出现的非词首音节 ［ʊ］
元音音长比较 （M）

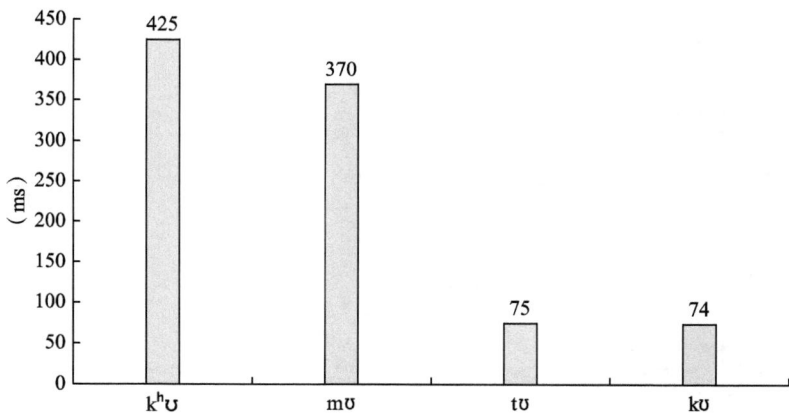

图 2.163-2　不同辅音之后出现的非词首音节 ［ʊ］ 元音音长比较 （F）

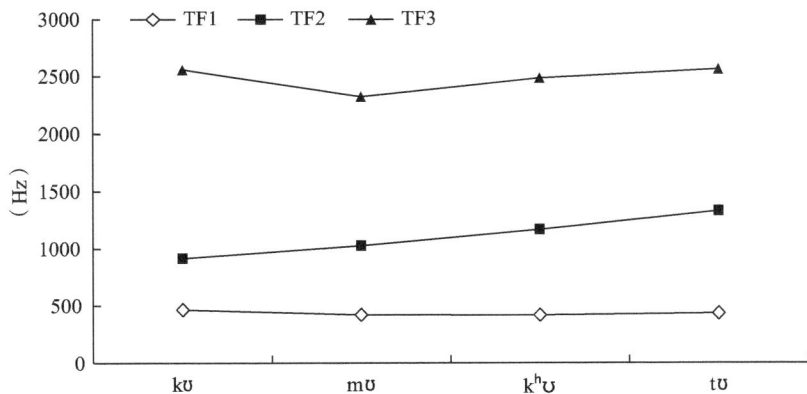

图 2.164-1　不同辅音之后出现的非词首音节 [ʊ] 元音三个共振峰前过渡段 TF1、
TF2、TF3 的变化示意（以 TF2 参数的自小至大排列）（M）

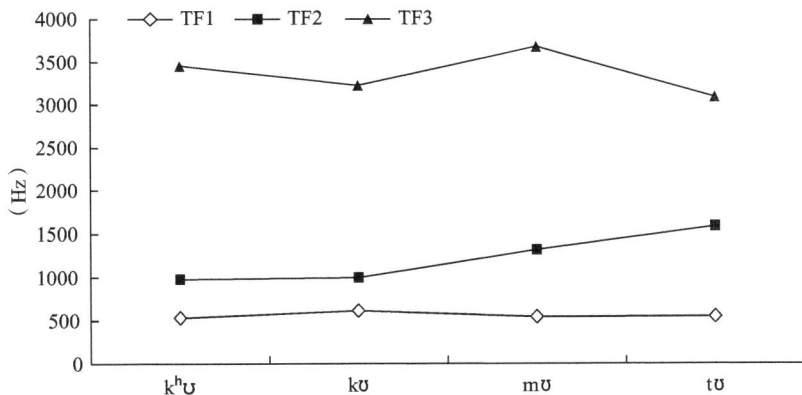

图 2.164-2　不同辅音之后出现的非词首音节 [ʊ] 元音三个共振峰前过渡段 TF1、
TF2、TF3 的变化示意（以 TF2 参数的自小至大排列）（F）

（十一）非词首音节 [u] 元音

1. 声学特征与音色

1.1　非词首音节 [u] 元音三维语图和语音标注

图 2.165 为男发音人 [oːsku] "肺" 一词的三维语图和三层标注实例。从三维语图上可以清楚地看到非词首音节 [u] 元音第一至第四共振峰（F1~F4）横杠及其分布特点。该元音的第一共振峰较低，第二共振峰较高。它们的参数值分别为 373Hz、911Hz、2355Hz、3542Hz。该语图比较真实地显示了 [u] 元音在实际语流中的存在形式。

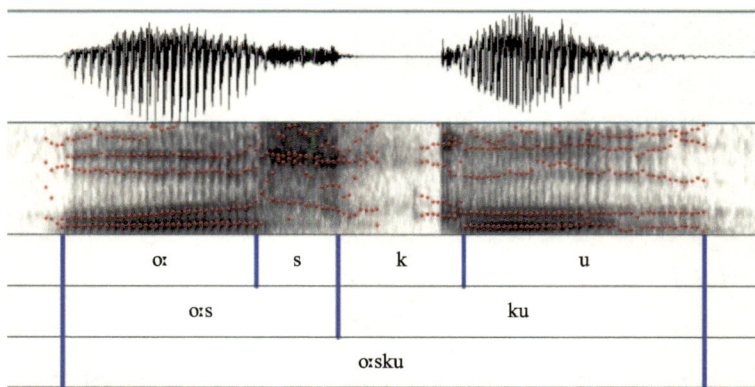

图 2.165　男发音人［oːsku］"肺"一词的三维语图和三层标注实例

1.2　非词首音节［u］元音声学参数和声学特征

表 2.97 为男、女发音人非词首音节［u］元音声学参数统计。图 2.166 为男、女发音人非词首音节［u］元音声学元音图。

从表 2.97 和图 2.166 中可以看出，（1）统计表显示男、女发音人非词首音节［u］元音的平均时长、平均音强分别为 M：VD＝244ms，F：VD＝190ms；M：VA＝70.61dB，F：VA＝67.76dB。该元音 F1 和 F2 的频率均值分别为 M：F1＝403Hz，F2＝977Hz；F：F1＝471Hz，F2＝1125Hz；（2）上述图表显示，与土族语非词首音节［ɐ］（央、低元音）和［i］（前、高元音）相比，非词首音节［u］元音是后、前元音。根据前人研究和本次实验，我们认为土族语非词首音节［u］为高、后、圆唇元音，用［u］音标标记接近其实际音值；（3）女发音人［u］元音的第一、第二共振峰的变异系数（F1＝9%，F2＝17%）比男发音人第一、第二共振峰的变异系数（F1＝6%，F2＝14%）相对大。这说明女发音人［u］元音的离散度比男发音人的相对大。

表 2.97　非词首音节［u］元音声学参数统计总表

u	M					F				
	VD	VA	F1	F2	F3	VD	VA	F1	F2	F3
平均值	244	70.61	403	977	2521	190	67.76	471	1125	3078
标准差	117	2.21	24	137	143	162	4.64	42	192	270
变异系数	48%	3%	6%	14%	6%	86%	7%	9%	17%	9%

2. 语流中的音变特征分析

2.1 目标位置共振峰与其前、后过渡段共振峰频率参数之间的显著性差异分析

图 2.167 为非词首音节〔u〕元音目标位置共振峰及其前过渡段共振峰分布比较图。图 2.168 为非词首音节〔u〕元音目标位置共振峰及其后过渡段共振峰分布比较图。

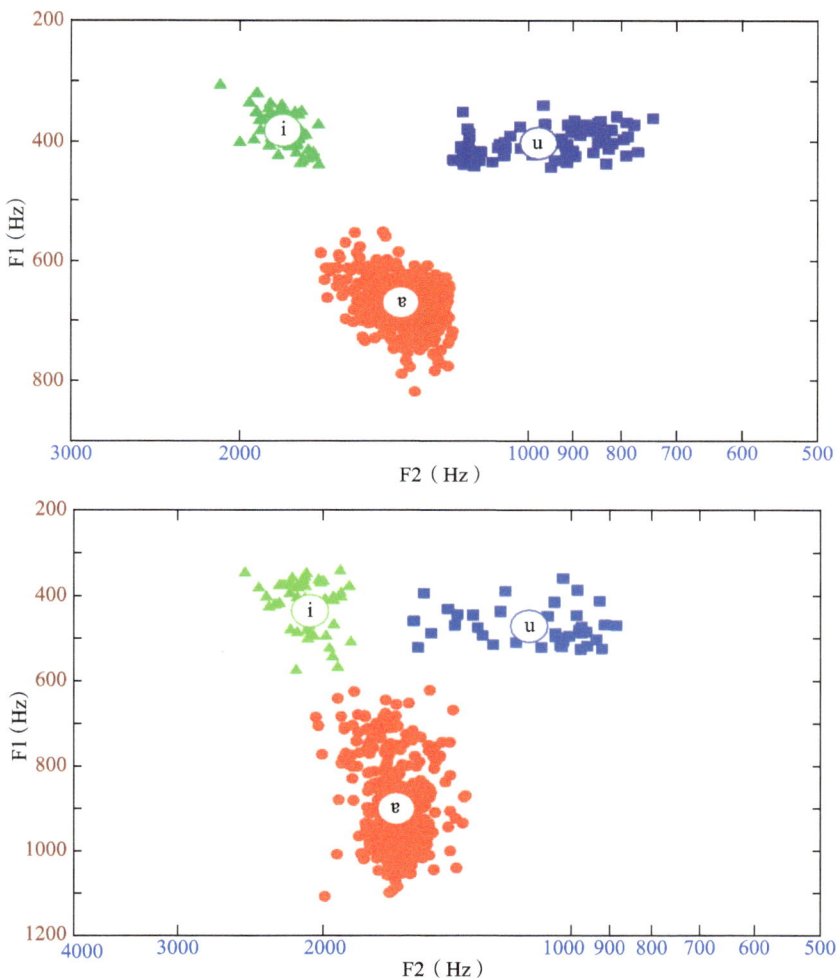

图 2.166 非词首音节〔u〕元音声学元音图（M&F）

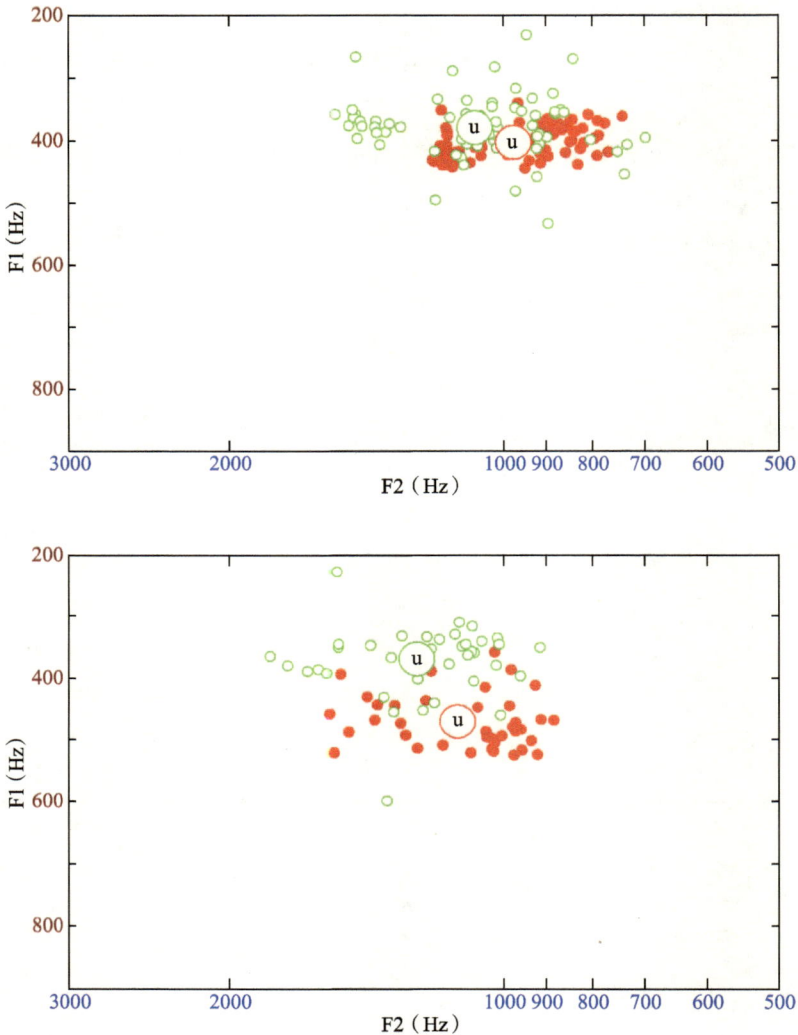

图 2.167　非词首音节［u］元音目标位置共振峰（F1/F2）及其前过渡段共振峰（TF1/TF2）分布比较（M&F）

　　图 2.167 和图 2.168 显示，与目标位置共振峰频率相比，男、女发音人［u］元音前、后过渡段共振峰频率都有所变化，其中，男发音人前、后过渡段第二共振峰的频率上升，第一共振峰的频率下降；女发音人前、后过渡段位置与目标位置相比，在语图上向四周扩散。

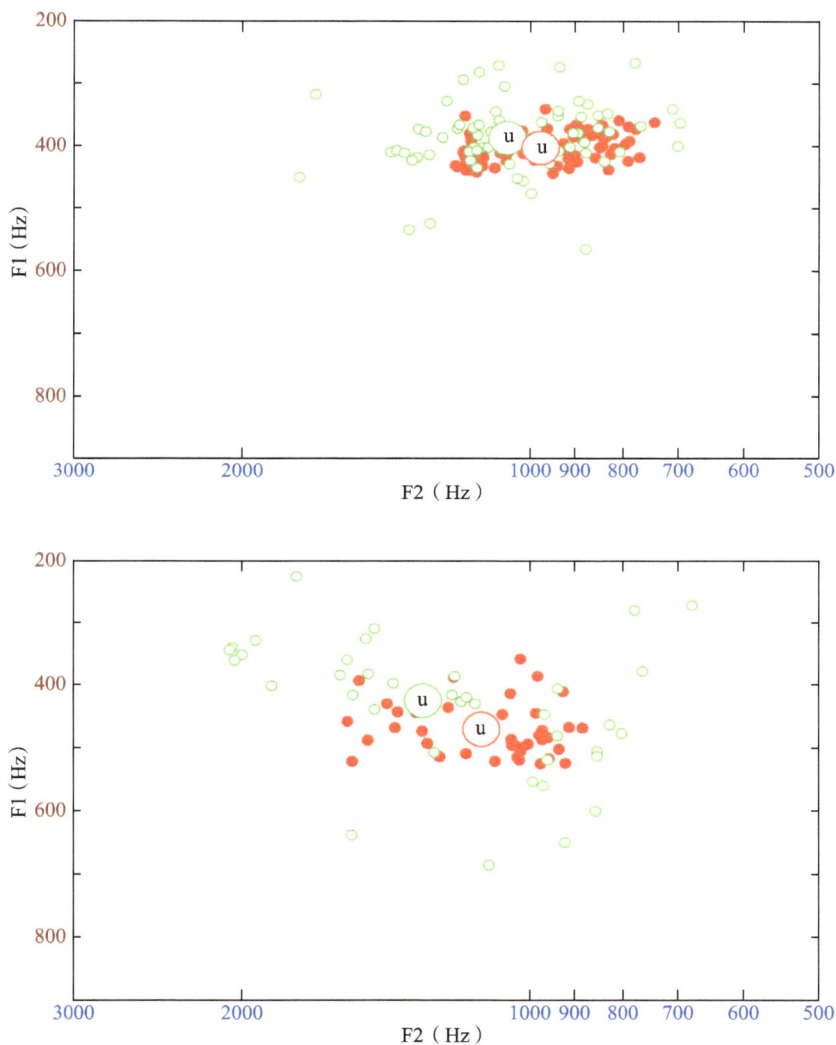

**图 2.168 非词首音节 [u] 元音目标位置共振峰（F1/F2）及其
后过渡段共振峰（TP1/TP2）分布比较（M&F）**

2.2 元音声学参数与音节数量之间的相关性分析

2.2.1 非词首音节 [u] 元音在多音节词中的出现频率统计

表 2.98 为非词首音节 [u] 元音在单音节和多音节词中的出现频率统计表。表 2.98 显示，非词首音节 [u] 元音在双音节和三音节词中的出现比率较高。

表 2.98　非词首音节 ［u］ 元音出现频率统计

u	双音节词		三音节词		四音节词		共计	
发音人	M	F	M	F	M	F	M	F
出现次数	50	15	23	27	2	3	75	45
百分比	67%	33%	31%	60%	2%	7%	100%	100%

2.2.2　非词首音节 ［u］ 元音音长、音强和共振峰参数与音节数量之间的相关性分析

表 2.99 为在多音节词中出现的非词首音节 ［u］ 元音的音长（VD）、音强（VA）和共振峰目标值（F）统计。图 2.169、图 2.170 和图 2.171 为根据表 2.99 绘制的音节数量与音长、音强和第一、第二共振峰之间关系示意图。

从表 2.99 和图 2.169 中可以看出，男、女发音人非词首音节 ［u］ 元音声学参数与其所出现词的音节数量之间呈现出一定的共同性、具有统计学意义的规律。如，男、女发音人 ［u］ 元音的音长、音强与其所出现词的音节数量之间有一定的相关性，即男、女发音人 ［u］ 元音音长和音强随着其所出现词的音节数量的增加而相对缩短、变弱。如：

M：296ms → 148ms → 51ms；M：71.04dB → 69.96dB → 67.50dB

F：370ms → 56ms → 49ms；F：70.07dB →67.44dB → 59.00dB

从图 2.171 可以看出，非词首音节 ［u］ 元音目标位置的 F1 和 F2 与音节个数之间没有明显的相关性。

表 2.99　多音节词中出现的非词首音节 ［u］ 元音声学参数统计

u		M					F				
		VD	VA	F1	F2	F3	VD	VA	F1	F2	F3
双音节词	平均值	296	71.04	405	941	2526	370	70.07	486	978	3157
	标准差	78	1.90	22	128	142	63	2.86	39	54	142
	变异系数	26%	3%	6%	14%	6%	17%	4%	8%	6%	4%
三音节词	平均值	148	69.96	402	1046	2520	56	67.44	465	1227	3059
	标准差	117	2.51	25	126	135	16	3.54	40	188	297
	变异系数	79%	4%	6%	12%	5%	29%	5%	9%	15%	10%

u		M					F				
		VD	VA	F1	F2	F3	VD	VA	F1	F2	F3
四音节词	平均值	51	67.50	385	1068	2411	49	59.00	387	983	2844
	标准差	5	1.50	44	102	203	25	8.04	—	—	—
	变异系数	9%	2%	11%	10%	8%	51%	14%	—	—	—

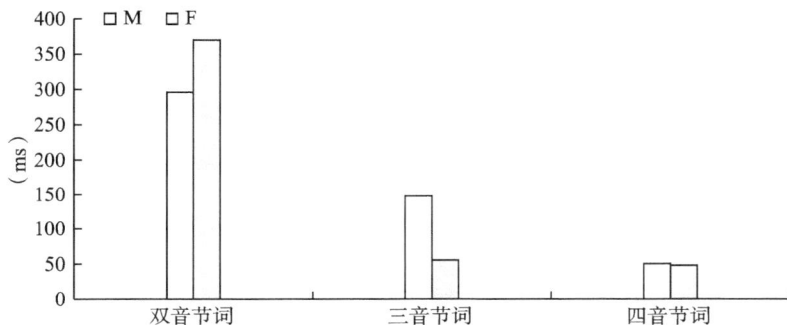

图 2.169 音节数量与非词首音节［u］元音音长之间关系示意（M&F）

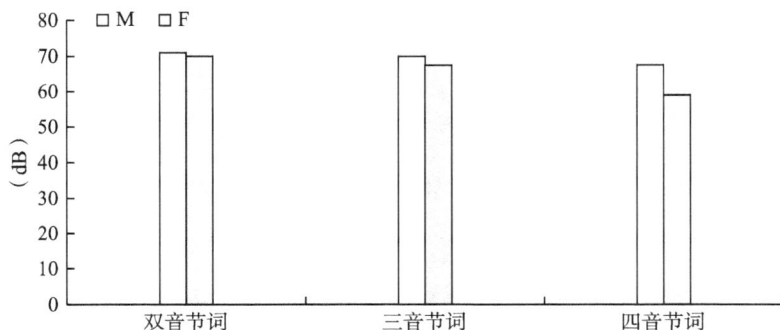

图 2.170 音节数量与非词首音节［u］元音音强之间关系示意（M&F）

2.3 元音声学参数与音节类型之间的相关性分析

2.3.1 非词首音节［u］元音在不同音节类型中的出现频率统计

表 2.100 为非词首音节［u］元音在 CV 和 CVC 音节中出现的频率统计表。该表显示，非词首音节［u］元音在 CV 音节中的出现频率最高，到达了 92%（M）和 98%（F）。

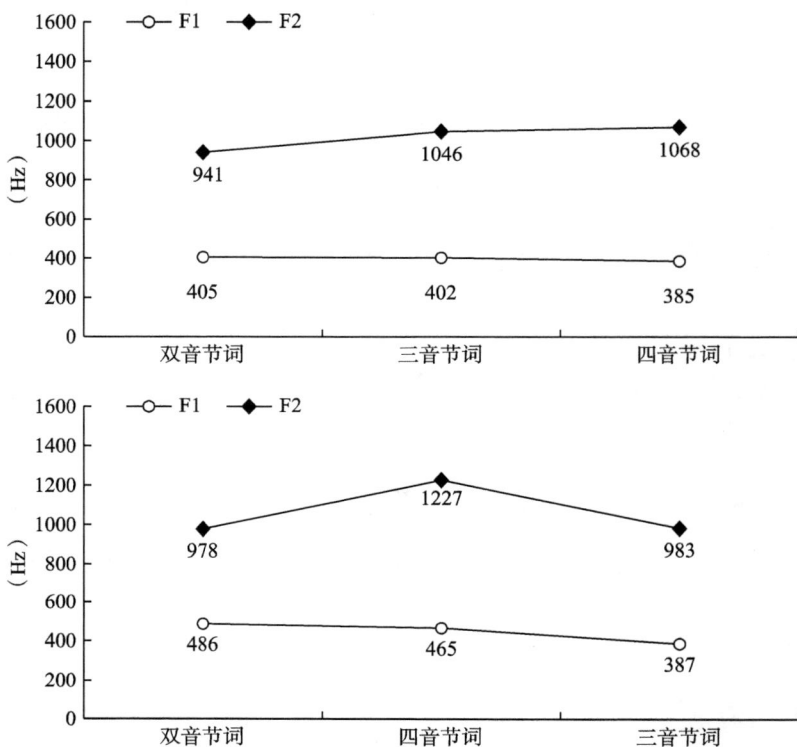

图 2.171　词中音节数量与非词首音节［u］元音第一、第二共振峰频率之间的关系示意（M&F）

表 2.100　不同音节类型中出现的非词首音节［u］元音的频率统计

发音人	音节类型	CV	CVC	共计
M	出现次数	69	6	75
	占比	92%	8%	100%
F	出现次数	44	1	45
	占比	98%	2%	100%

2.3.2　非词首音节［u］元音声学参数与音节类型之间的相关性分析

表 2.101 为出现在 CV 和 CVC 音节中的非词首音节［u］元音的声学参数统计表，可以看出，音长在一定程度上受到音节类型的影响，非词首音节［u］元音在开音节中音长相对长。如，M：在 CV 音节中［u］元音音长均值为 255ms，而在 CVC 音节中音长均值为 114ms，相差 141ms；F：在

CV 音节中〔u〕元音的音长均值为 192ms，而在 CVC 音节中音长均值为
65ms，相差 127ms。

表 2.101-1　不同音节类型中出现的非词首音节〔u〕
元音声学参数统计（M）

u		VD	VA	F1	F2	F3
CV	平均值	255	70.41	402	960	2528
	标准差	115	2.18	24	130	141
	变异系数	45%	3%	6%	14%	6%
CVC	平均值	114	73.00	417	1165	2433
	标准差	28	0.82	15	24	138
	变异系数	25%	1%	4%	2%	6%

表 2.101-2　不同音节类型中出现的非词首音节〔u〕
元音声学参数统计（F）

u		VD	VA	F1	F2	F3
CV	平均值	192	67.89	473	1115	3085
	标准差	163	4.61	41	184	269
	变异系数	85%	7%	9%	17%	9%
CVC	平均值	65	62.00	394	1508	2773
	标准差	—	—	—	—	—
	变异系数	—	—	—	—	—

2.4　元音声学参数与前置辅音音质之间的相关性分析

图 2.172 为非词首音节不同辅音（如：〔p-，t-，k-，m-〕）之后出
现的〔u〕元音的音长均值比较图，图 2.173 为不同辅音之后出现的非词首
音节〔u〕元音目标位置第一、第二和第三共振峰的前过渡段的变化示意
图。从图 2.172 中可以看出，非词首音节〔u〕元音参数与前置辅音之间有
一定的相关性。如，女发音人舌尖辅音〔t〕辅音后出现的非词首音节〔u〕
元音音长最长，过渡段第二共振峰频率较高。

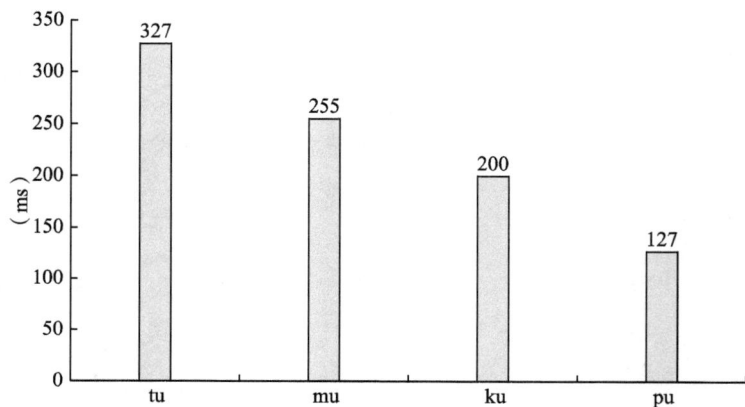

图 2.172-1　非词首音节不同辅音之后出现的［u］元音音长均值比较（M）

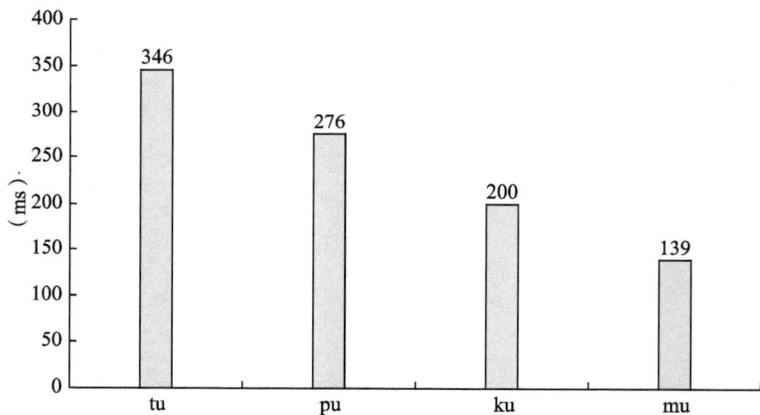

图 2.172-2　非词首音节不同辅音之后出现的［u］元音音长均值比较（F）

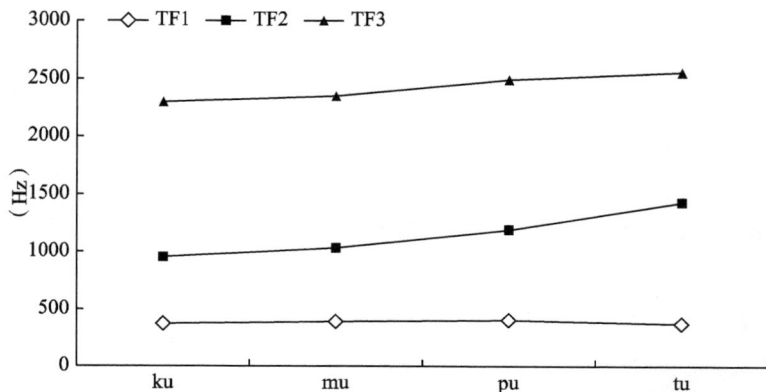

图 2.173-1　非词首音节不同辅音之后出现的［u］元音三个共振峰前过渡段 TF1、
TF2、TF3 的变化示意（以 TF2 参数的自小至大排列）（M）

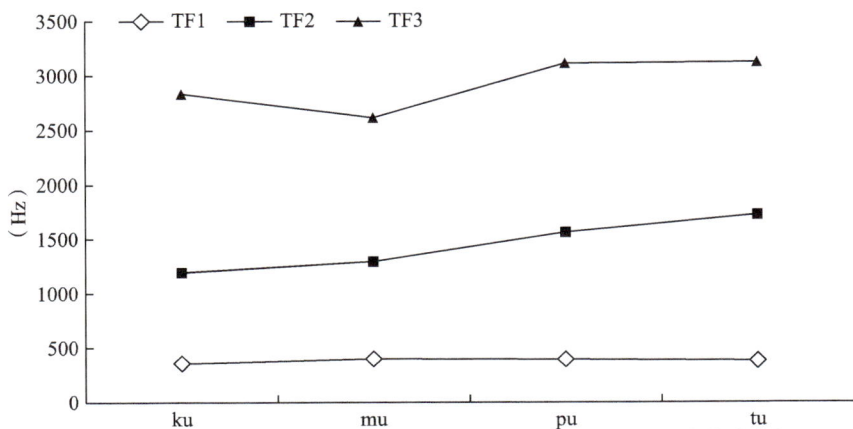

图 2.173-2 非词首音节不同辅音之后出现的 [u] 元音三个共振峰前过渡段 TF1、
TF2、TF3 的变化示意 （以 TF2 参数的自小至大排列）（F）

（十二） 非词首音节 [ʉ] 元音

1. 声学特征与音色

1.1 非词首音节 [ʉ] 元音三维语图和语音标注

图 2.174 为男发音人 [untʉr]"高"一词的三维语图和三层标注实例。可以看出，非词首音节 [ʉ] 元音第一共振峰较低、第二共振峰较高。该特点与词首音节 [ʉ] 元音一致。非词首音节 [ʉ] 元音目标位置共振峰参数值分别为 449Hz、1301Hz、2420Hz、3790Hz。该语图比较真实地显示了非词首音节 [ʉ] 元音在实际语流中的存在形式。

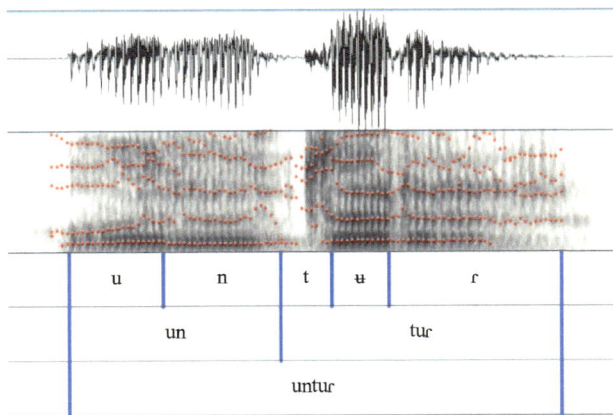

图 2.174 男发音人 [untʉr]"高"一词的三维语图和三层标注实例

1.2 非词首音节 ［ʉ］元音声学参数和声学特征

表 2.102 为男、女发音人非词首音节 ［ʉ］元音声学参数统计。图 2.175 为男、女发音人非词首音节 ［ʉ］元音声学元音图。

从表 2.102 和图 2.175 中可以看出，（1）统计表显示男、女发音人非词首音节 ［ʉ］元音的平均时长、平均音强分别为 M：VD = 67ms，F：VD = 76ms；M：VA = 68.78dB，F：VA = 68.64 dB。该元音 F1 和 F2 的频率均值分别为 M：F1 = 402Hz，F2 = 1335Hz；F：F1 = 470Hz，F2 = 1513Hz。（2）从表 2.102 和图 2.175 中可以看到，土族语非词首音节 ［ʉ］元音位于 ［i］（前、高元音）和 ［u］（后、高元音）之间，是央、高元音。根据前人研究和本次实验，我们认为土族语非词首音节 ［ʉ］为高、央、圆唇元音，用 ［ʉ］音标标记接近其实际音值。（3）女发音人非词首音节 ［ʉ］元音的第一、第二共振峰的变异系数（F1 = 13%，F2 = 10%）比男发音人第一、第二共振峰的变异系数（F1 = 8%，F2 = 7%）相对大。这说明女发音人 ［ʉ］元音的离散度比男发音人的相对大。

表 2.102 非词首音节 ［ʉ］元音声学参数统计

ʉ	M					F				
	VD	VA	F1	F2	F3	VD	VA	F1	F2	F3
平均值	67	68.78	402	1335	2442	76	68.64	470	1513	2802
标准差	28	2.45	32	90	85	43	3.11	62	157	355
变异系数	42%	4%	8%	7%	3%	56%	5%	13%	10%	13%

2. 语流中的音变特征分析

2.1 目标位置共振峰与其前、后过渡段共振峰频率参数之间的显著性差异分析

图 2.176 为非词首音节 ［ʉ］元音目标位置共振峰及其前过渡段共振峰分布比较图。图 2.143 为非词首音节 ［ʉ］元音目标位置共振峰及其后过渡段共振峰分布比较图。

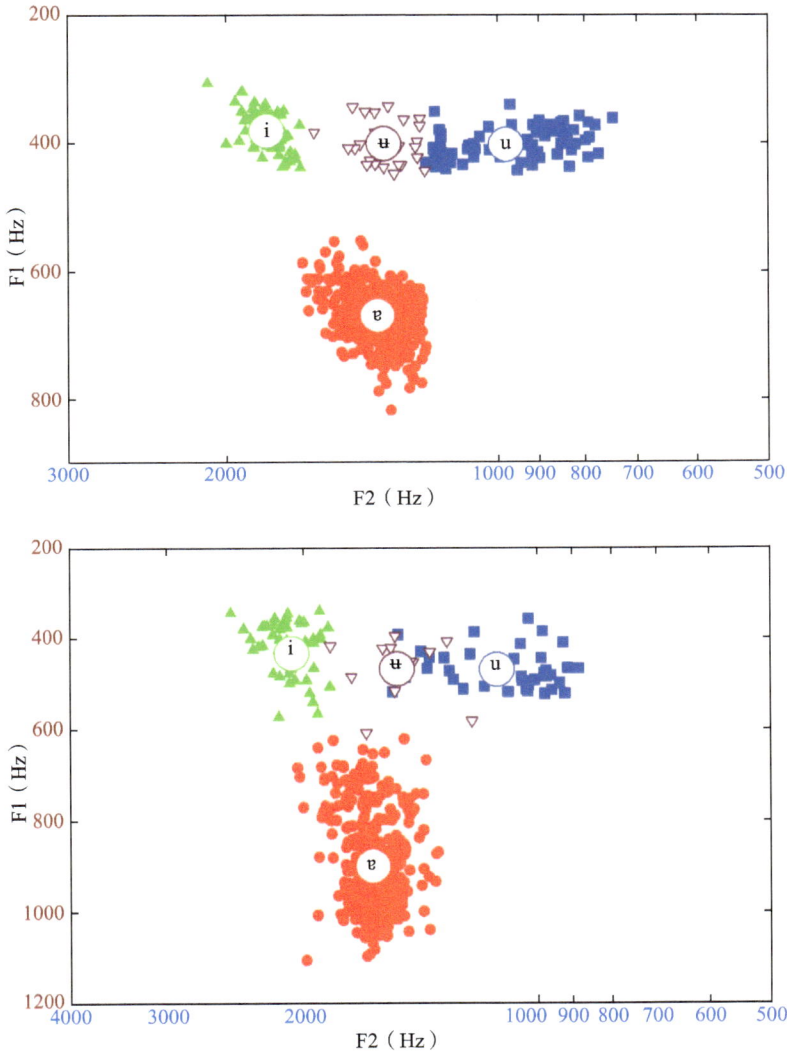

图 2.175　非词首音节 ［ʉ］ 元音声学元音图（M&F）

　　图 2.176 和图 2.177 显示，与目标位置共振峰频率相比，非词首音节 ［ʉ］ 元音前、后过渡段共振峰频率都有所变化。如：（1）男、女发音人非词首音节 ［ʉ］ 元音的前过渡段位置与目标位置相比，在声学元音图上整体靠后、靠上，说明前置辅音影响 ［ʉ］ 元音舌位，使其变高变后；（2）非词首音节 ［ʉ］ 元音的后过渡段位置与目标位置相比，在声学元音图上整体靠前、靠上，说明后置辅音对 ［ʉ］ 元音的影响是将其舌位变高变前。

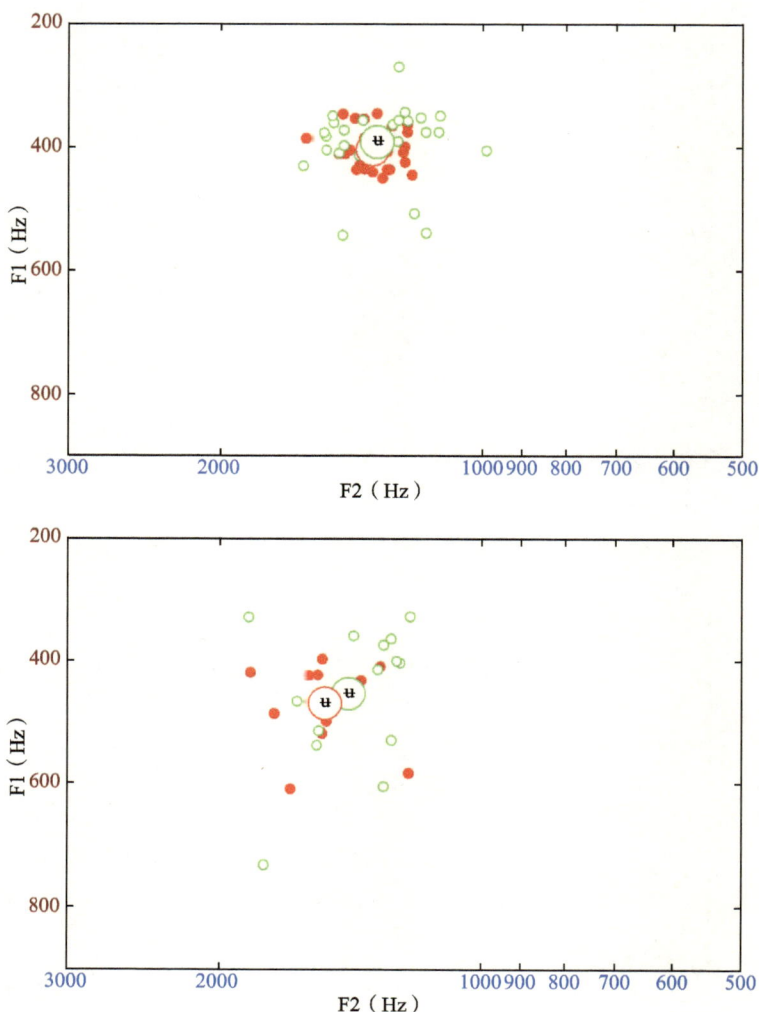

图 2.176　非词首音节 ［ʉ］ 元音目标位置共振峰 （F1/F2） 及其
前过渡段共振峰 （TF1/TF2） 分布比较 （M&F）

2.2　元音声学参数与音节数量之间的相关性分析

2.2.1　非词首音节 ［ʉ］ 元音在多音节词中的出现频率统计

表 2.103 为非词首音节 ［ʮ］ 元音在单音节和多音节词中的出现频率统计。表 2.103 显示，非词首音节 ［ʉ］ 元音在三音节词中的出现比率最高，分别达到 81%（M） 和 71%（F）。

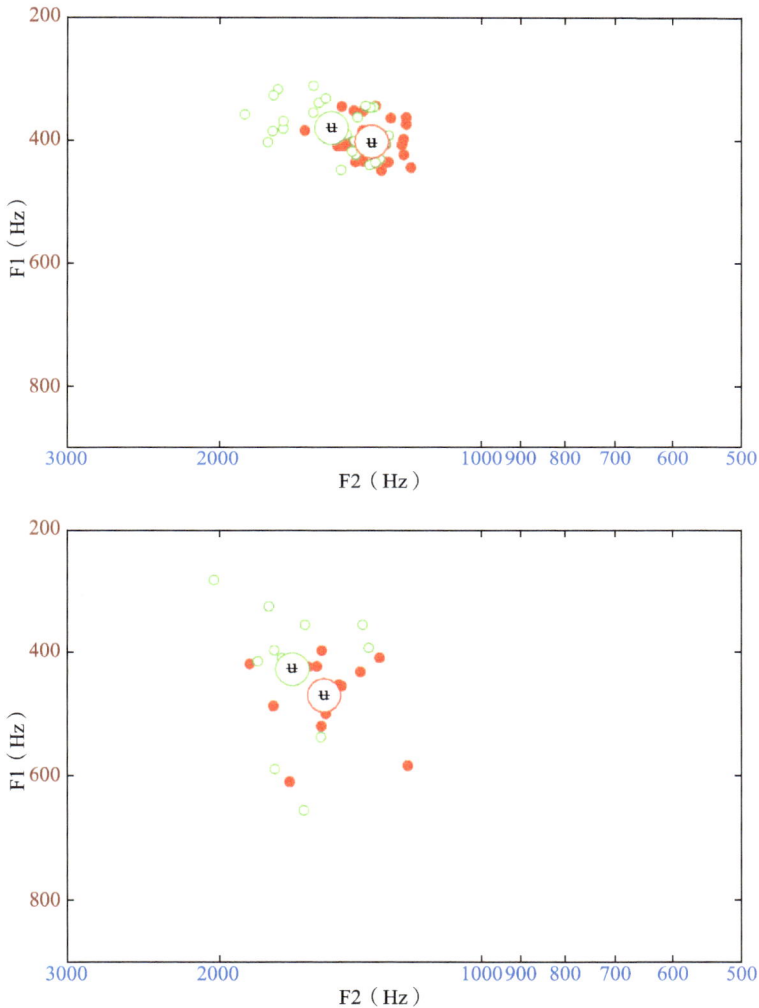

图 2.177 非词首音节 [ʉ] 元音目标位置共振峰（F1/F2）及其
后过渡段共振峰（TP1/TP2）分布比较（M&F）

表 2.103 非词首音节 [ʉ] 元音出现频率统计

ʉ	双音节词		三音节词		四音节词		共计	
发音人	M	F	M	F	M	F	M	F
出现次数	4	4	22	10	1	—	27	14
百分比	15%	29%	81%	71%	4%	—	100%	100%

2.2.2 非词首音节［ʉ］元音音长、音强和共振峰参数与音节数量之间的相关性分析

表 2.104 为在多音节词中出现的［ʉ］元音的音长（VD）、音强（VA）和共振峰目标值（F）统计。可以看出，男、女发音人［ʉ］元音声学参数与其所出现词的音节数量之间呈现了一定的共同的、具有统计学意义的规律。如，男、女发音人［ʉ］元音的音长与其所出现的词的音节数量之间有一定的相关性，即男、女发音人［ʉ］元音音长随着其所出现词的音节数量的增加而相对缩短。如：

$$M：85ms \rightarrow 65ms \rightarrow 37ms$$

$$F：113ms \rightarrow 61ms$$

表 2.104　多音节词中出现的非词首音节［ʉ］元音声学参数统计

ʉ		M					F				
		VD	VA	F1	F2	F3	VD	VA	F1	F2	F3
双音节词	平均值	85	70.50	428	1311	2386	113	68.50	499	1466	2875
	标准差	22	2.60	16	54	23	56	2.18	50	184	405
	变异系数	26%	4%	4%	4%	1%	50%	3%	10%	13%	14%
三音节词	平均值	65	68.55	400	1336	2450	61	68.70	458	1531	2772
	标准差	28	2.33	31	96	90	23	3.41	62	141	328
	变异系数	43%	3%	8%	7%	4%	38%	5%	14%	9%	12%
四音节词	平均值	37	67.00	352	1400	2473	—	—	—	—	—
	标准差	—	—	—	—	—	—	—	—	—	—
	变异系数	—	—	—	—	—	—	—	—	—	—

2.3 元音声学参数与音节类型之间的相关性分析

2.3.1 非词首音节［ʉ］元音在不同音节类型中的出现频率统计

表 2.105 为非词首音节［ʉ］元音在不同音节类型中出现的频率统计。该表显示，非词首音节［ʉ］元音只出现在 CV 和 CVC 两种音节类型中。

表 2.105 不同音节类型中出现的 [ʉ] 元音的频率统计

发音人	音节类型	CV	CVC	共计
M	出现次数	14	13	27
	占比	52%	48%	100%
F	出现次数	3	11	14
	占比	21%	79%	100%

2.3.2 非词首音节 [ʉ] 元音声学参数与音节类型之间的相关性分析

表 2.106 为出现在 CV 和 CVC 音节中 [ʉ] 元音的声学参数统计，可以看出，音节类型与元音声学参数之间具有较好相关性，即在开音节中非词首音节 [ʉ] 元音音长短于闭音节中 [ʉ] 元音音长。如：M（CV）= 46ms，M（CVC）= 89ms；F（CV）= 65ms，F（CVC）= 79ms。

表 2.106-1 不同音节类型中出现的非词首音节 [ʉ]
元音声学参数统计 （M）

ʉ		VD	VA	F1	F2	F3
CV	平均值	46	67.29	384	1346	2474
	标准差	14	1.79	24	106	71
	变异系数	30%	3%	6%	8%	3%
CVC	平均值	89	70.38	422	1322	2406
	标准差	22	2.02	26	68	85
	变异系数	25%	3%	6%	5%	4%

表 2.106-2 不同音节类型中出现的非词首音节 [ʉ] 元音声学参数统计 （F）

ʉ		VD	VA	F1	F2	F3
CV	平均值	65	69.33	447	1643	2787
	标准差	29	0.47	37	145	313
	变异系数	45%	1%	8%	9%	11%
CVC	平均值	79	68.45	476	1477	2805
	标准差	45	3.47	66	141	365
	变异系数	57%	5%	14%	10%	13%

2.4 元音声学参数与前置辅音音质之间的相关性分析

图 2.178 为非词首音节不同辅音（如 [t-, p-, k-, m-]）之后出现的 [ʉ] 元音的音长均值比较图。可以看出，辅音音质与非词首音节 [ʉ] 元音音长之间具有较好的相关性。非词首音节 [ʉ] 元音出现在舌尖辅音后的音长最长，其次是舌根辅音，出现在双唇辅音后的音长最短。这说明前置辅音唇型对该元音音长的影响明显。

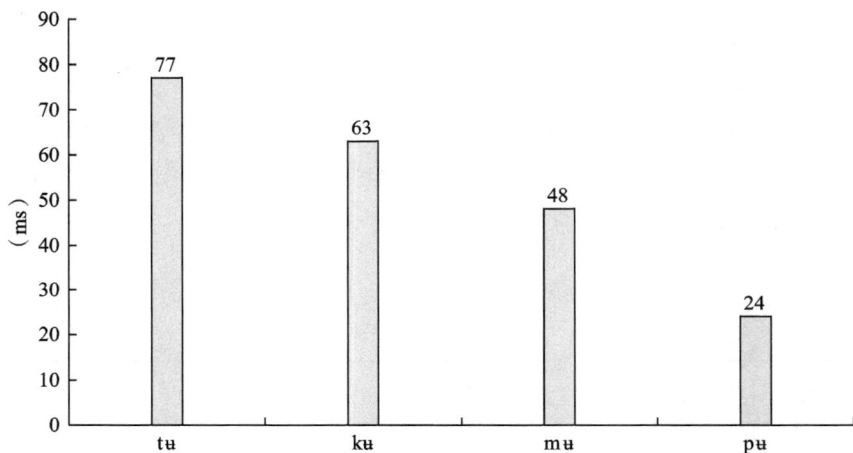

图 2.178-1 非词首音节不同辅音之后出现的 [ʉ] 元音音长均值比较（M）

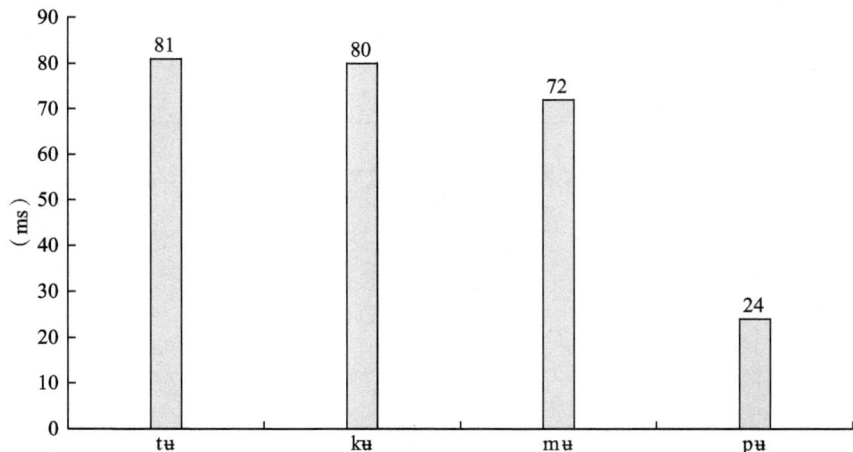

图 2.178-2 非词首音节不同辅音之后出现的 [ʉ] 元音音长均值比较（F）

五　长元音

（一）［ɐː］元音

1. 声学特征与音色

1.1　［ɐː］元音三维语图和语音标注

图 2.179 为男发音人［ɐːsə］"牛"一词的三维语图和三层标注实例。该图的上部分为三维语图，下部分为语音标注部分（下同）。从三维语图上可以清楚地看到［ɐː］元音第一至第四共振峰（F1～F4）横杠及其分布特点。它们的参数值分别为 821Hz、1257Hz、2365Hz、3639Hz。这是［ɐː］元音在实际语流中比较典型的语图。

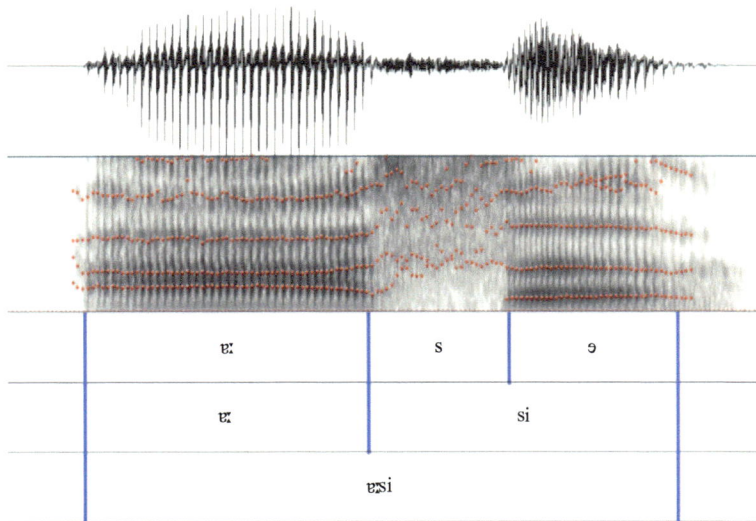

图 2.179　男发音人［ɐːsə］"牛"一词的三维语图和三层标注实例

1.2　［ɐː］元音声学特征参数与音色定位

1.2.1　词首和非词首音节长元音［ɐː］的声学特征比较

（1）声学参数均值比较

表 2.107 和表 2.108 为词首和非词首音节［ɐː］元音参数统计。统计表显示，词首音节男、女发音人［ɐː］元音音长、音强和共振峰均值分别为：VD＝249ms（M），206ms（F）；VA＝70.51dB（M），71.33dB（F）；F1＝

771Hz（M），999Hz（F）；F2＝1315Hz（M），1659Hz（F）。

非词首音节男、女发音人［ɐː］元音音长、音强和共振峰均值分别为：VD＝297ms（M），308ms（F）；VA＝72.56dB（M），73.66dB（F）；F1＝748Hz（M），987Hz（F）；F2＝1298Hz（M），1643Hz（F）。

可以看出，词首和非词首音节［ɐː］元音声学参数具有一定的差异。如，在音长、音强和共振峰均值方面的差异分别为：VD：−48ms（M），−102ms（F）；VA：−2.05dB（M），−2.33dB（F）；F1：+23Hz（M），+12Hz（F）；F2：+17Hz（M），+16Hz（F）。

其中，"+"显示词首大于非词首；"−"表示词首小于非词首，下同。

表 2.107　词首［ɐː］元音统计

ɐː	M					F				
	VD	VA	F1	F2	F3	VD	VA	F1	F2	F3
平均值	249	70.51	771	1315	2304	206	71.33	999	1659	3160
标准差	88	2.55	29	75	136	96	2.89	76	93	275
变异系数	35%	4%	4%	6%	6%	47%	4%	8%	6%	9%

表 2.108　非词首［ɐː］元音统计

ɐː	M					F				
	VD	VA	F1	F2	F3	VD	VA	F1	F2	F3
平均值	297	72.56	748	1298	2321	308	73.66	987	1643	3230
标准差	89	2.53	29	56	114	112	3.1	85	87	302
变异系数	30%	3%	4%	4%	5%	36%	4%	9%	5%	9%

从上述分析中得知，词首和非词首音节长元音之间的声学参数差异主要体现在音长和共振峰参数上。如，非词首音节长元音［ɐː］的音长明显长于词首音节长元音［ɐː］的音长；非词首音节长元音［ɐː］的音强明显强于词首音节长元音［ɐː］的音强。词首音节长元音［ɐː］的F1频率高于非词首音节长元音［ɐː］的F1频率，说明词首音节长元音［ɐː］的舌位比非词首音节长元音［ɐː］相对低；非词首音节长元音［ɐː］的F2频率低于词首音节长元音［ɐː］的F2频率，说明非词首音节长元音［ɐː］的舌位比

词首音节长元音［ɐː］的相对靠后。

（2）声学元音图比较

图2.180为词首和非词首音节长元音［ɐː］在声学空间中所处位置及其分布比较图。图中，红色图标为词首音节长元音，绿色图标为非词首音节长元音（下同）；其中，上为男发音人图，下为女发音人图（下同）。图上可以看到，词首音节长元音［ɐː］的舌位比非词首音节长元音［ɐː］相对低。

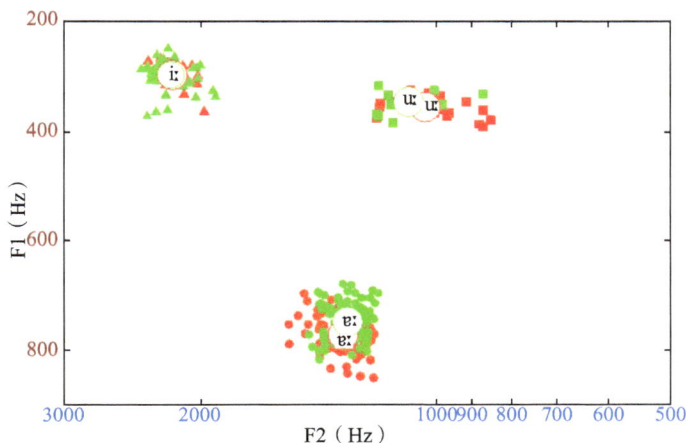

图2.180-1 词首和非词首音节长元音［ɐː］在声学空间
中所处位置及其分布比较（M）

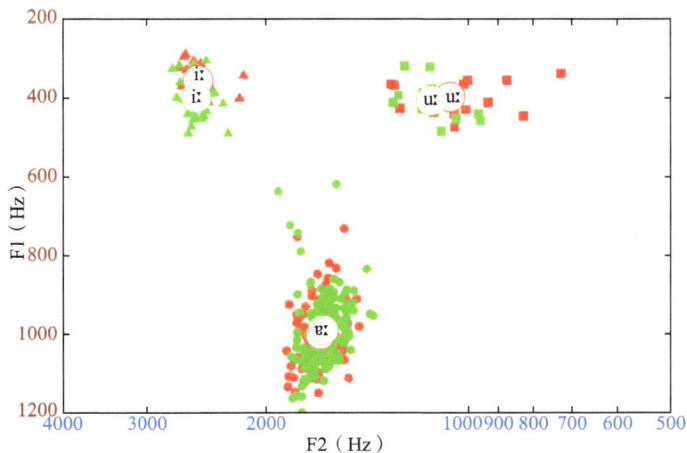

图2.180-2 词首和非词首音节长元音［ɐː］在声学空间
中所处位置及其分布比较（F）

1.2.2 长元音 [ɐ:] 的音色（音质）定位

从上述比较中得知，在声学层面上，土族语词首和非词首音节长元音 [ɐ:] 的音色差别较小。为此，我们认为：土族语词首和非词首音节该元音为低、央、展唇元音。用 [ɐ:] 标记符合其实际音质。

2. 语流中的音变特征分析

2.1   目标位置共振峰频率与其前、后过渡段共振峰频率参数之间的显著性差异分析

图 2.181 和图 2.182 为词首音节和非词首音节长元音 [ɐ:] 的目标位置共振峰（F1/F2）及其前过渡段共振峰（TF1/TF2）、后过渡段共振峰（TP1/TP2）分布比较图。图中，红色图标为目标位置共振峰分布图；绿色图标为前过渡段共振峰分布图；蓝色图标为后过渡段共振峰分布图。

从图 2.181 和图 2.182 中可以看出，男、女发音人 [ɐ:] 元音目标位置共振峰频率与其前、后过渡段共振峰频率之间存在一定的共同性、具有统计学意义的规律：（1）与目标位置共振峰频率相比，该元音前过渡段和后过渡段的共振峰分布离散较大；（2）男、女发音人词首、非词首音节 [ɐ:]

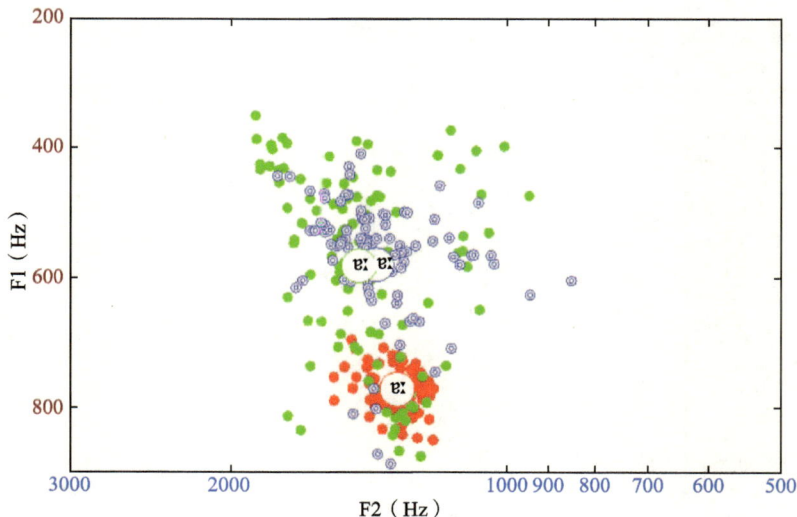

图 2.181-1   词首音节 [ɐ:] 元音目标位置共振峰及其
前、后过渡段共振峰分布比较（M）

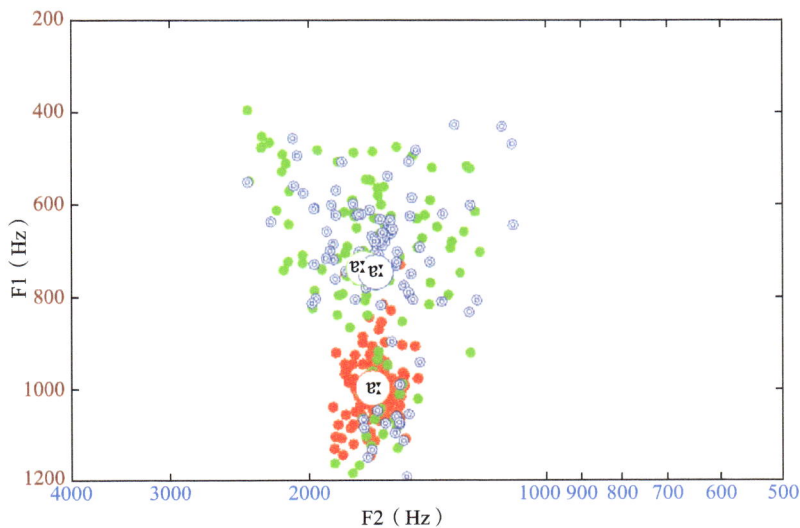

图 2.181-2　词首音节 [ɐː] 元音目标位置共振峰及其前、后过渡段共振峰分布比较（F）

元音的前、后过渡段位置与目标位置相比，在声学元音图上整体靠上，这说明前后辅音影响 [ɐː] 元音舌位，使其变高。

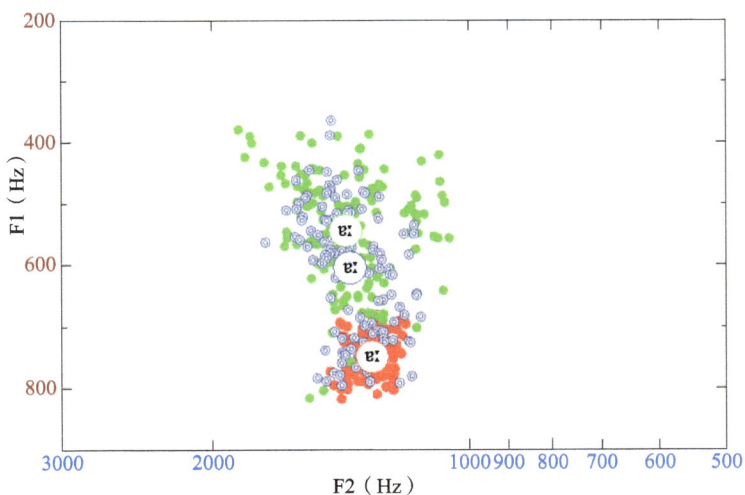

图 2.182-1　非词首音节 [ɐː] 元音目标位置共振峰及其前、后过渡段共振峰分布比较（M）

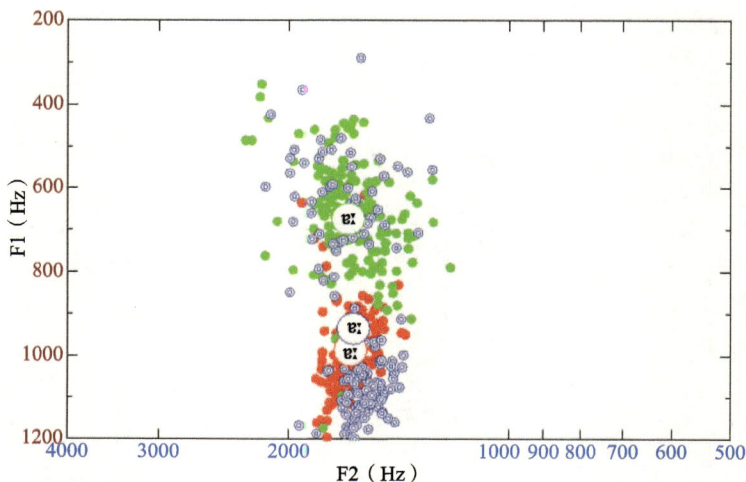

图 2.182-2　非词首音节［ɐ:］元音目标位置共振峰及其
前、后过渡段共振峰分布比较（F）

2.2　元音声学参数与音节数量之间的相关性分析

表 2.109 为在单音节词、双音节词和三音节词中出现的［ɐ:］元音的音长（VD）、音强（VA）、目标位置共振峰（F）均值统计，图 2.183、图 2.184 和图 2.185 为音节数量与［ɐ:］元音音长、音强和目标位置共振峰之间的关系示意图。

从上述表和图中可以看出，音节数量与［ɐ:］元音音长和音强之间具有一定的相关性。随着音节数量的增多［ɐ:］元音音长和音强相对变短、变弱。

表 2.109　在单音节和多音节词中出现的［ɐ:］元音声学参数统计

发音人统计项		M					F				
		VD	VA	F1	F2	F3	VD	VA	F1	F2	F3
单音节词	平均值	414	73.63	773	1287	2351	360	73.58	1012	1703	3380
	标准差	33	1.81	24	42	138	64	1.8	102	113	105
	变异系数	8%	2%	3%	3%	6%	18%	2%	10%	7%	3%
双音节词	平均值	291	71.68	765	1295	2318	275	72.88	1019	1654	3232
	标准差	8	2.76	29	62	121	106	3.27	63	95	267
	变异系数	27%	4%	4%	5%	5%	39%	4%	6%	6%	8%

续表

发音人统计项		M					F				
		VD	VA	F1	F2	F3	VD	VA	F1	F2	F3
三音节词	平均值	223	71.26	745	1330	2303	243	72.6	947	1636	3150
	标准差	81	2.7	30	67.49	124	129	3.36	75	86	284
	变异系数	36%	4%	4%	5%	5%	53%	5%	8%	5%	9%

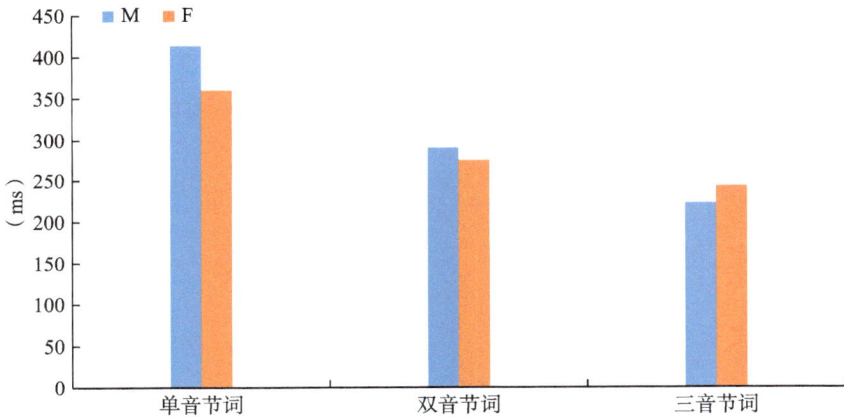

图 2.183　在单音节和多音节词中出现的 ［ɐː］元音音长均值分布（M&F）

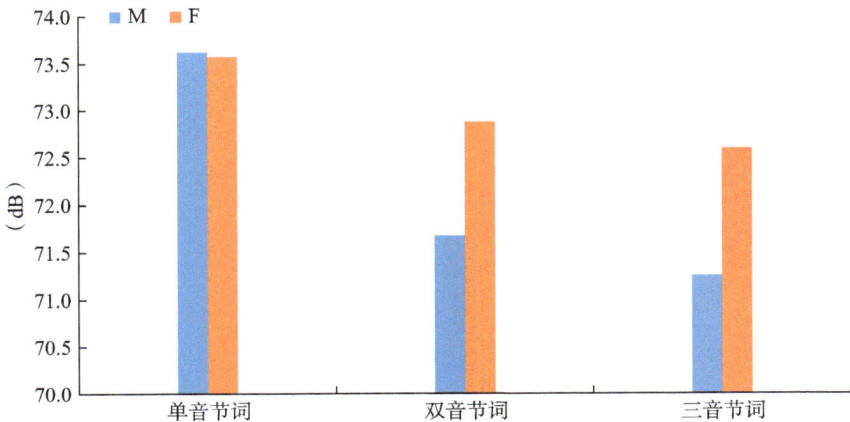

图 2.184　在单音节和多音节词中出现的 ［ɐː］元音音强均值分布（M&F）

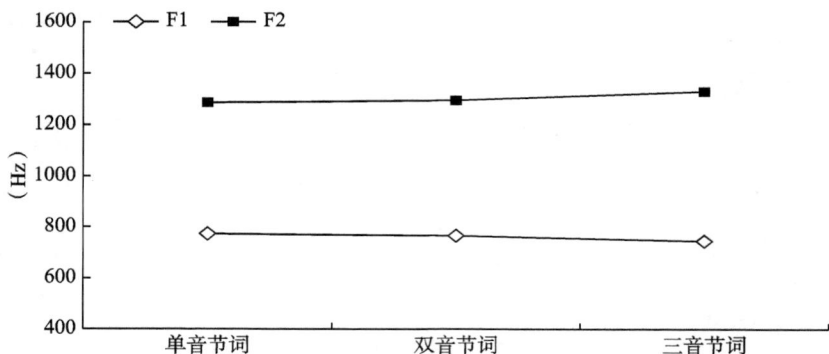

图 2.185-1　在单音节和多音节词中出现的〔ɐː〕元音目标位置共振峰均值分布示意（M）

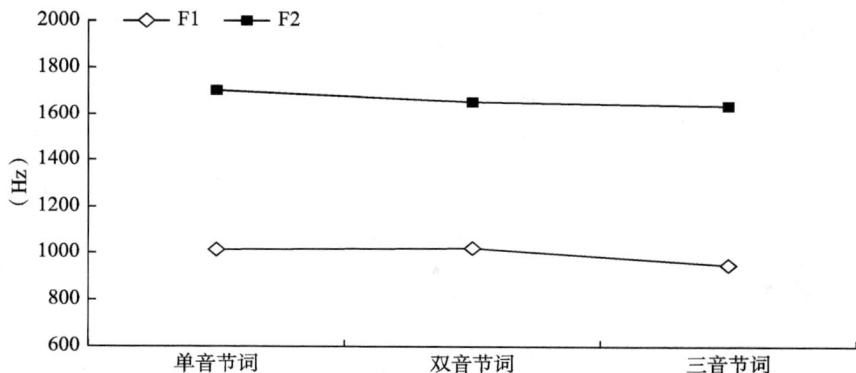

图 2.185-2　在单音节和多音节词中出现的〔ɐː〕元音目标位置共振峰均值分布示意（F）

2.3　元音声学参数与前置辅音音质之间的相关性分析

图 2.186 为词首音节不同辅音之后和无前置辅音音节中〔ɐː〕元音音长比较图，图 2.187 为词首音节不同辅音之后〔ɐː〕元音三个共振峰（F1～F3）前过渡段（TF1、TF2、TF3）的变化示意图，图 2.188 为非词首音节不同辅音之后〔ɐː〕元音三个共振峰（F1～F3）前过渡段（TF1、TF2、TF3）的变化示意图。其中，图 2.187 和图 2.188 是以 TF2 的上升为准排列的，即以舌位自后至前排列的。辅音音质与〔ɐː〕元音第二共振峰前过渡频率之间具有一定的相关性。如，〔ɐː〕元音在〔tɕ-、tɕʰ-、j-、ɾ-〕等辅音之后出现的第二共振峰前过渡频率比其他辅音之后出现的第二共振峰前过渡频率相对高，而〔ɐː〕元音音长与其前置辅音音质之间没有相关性。

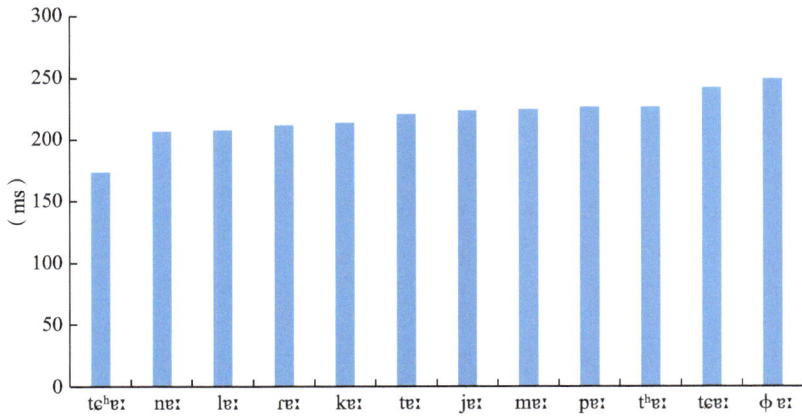

图 2.186-1　词首音节不同辅音之后和无前置辅音音节中 ［ɐː］元音音长比较（M）

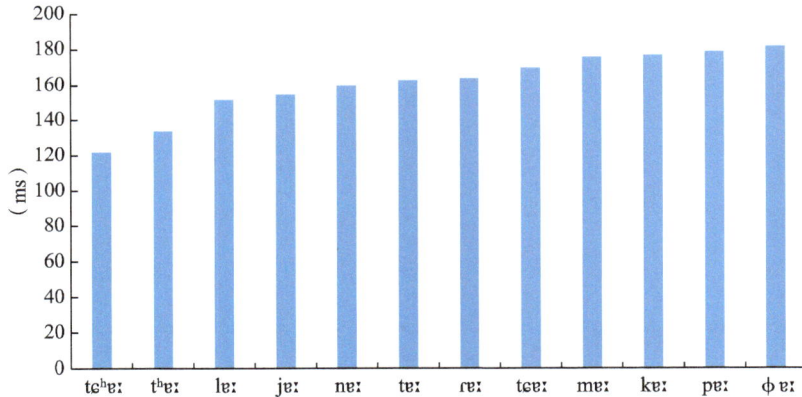

图 2.186-2　词首音节不同辅音之后和无前置辅音音节中 ［ɐː］元音音长比较（F）

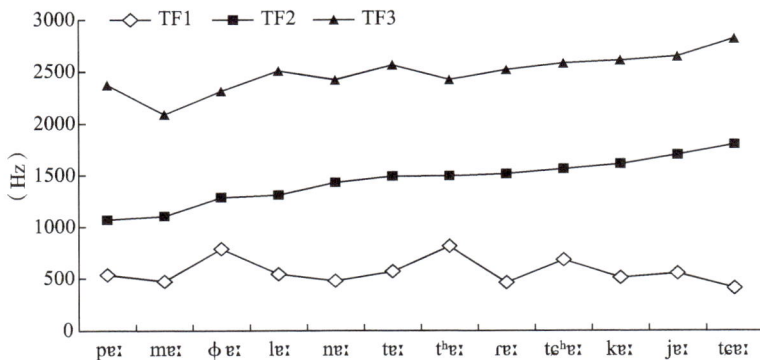

图 2.187-1　词首音节不同辅音之后出现的 ［ɐː］三个共振峰前过渡段
TF1、TF2、TF3 的变化示意（M）

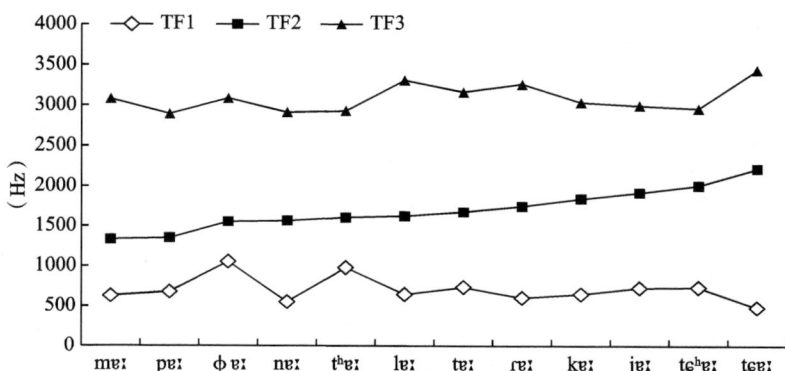

图 2.187-2　词首音节不同辅音之后出现的［ɐ:］三个共振峰前过渡段 TF1、TF2、TF3 的变化示意（F）

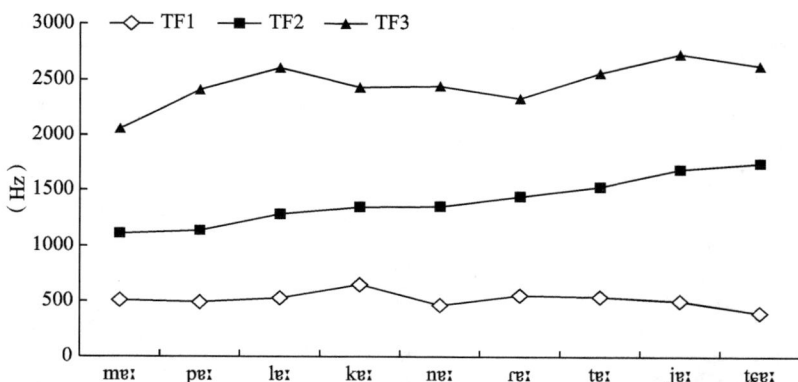

图 2.188-1　非词首音节不同辅音之后出现的［ɐ:］三个共振峰前过渡段 TF1、TF2、TF3 的变化示意（M）

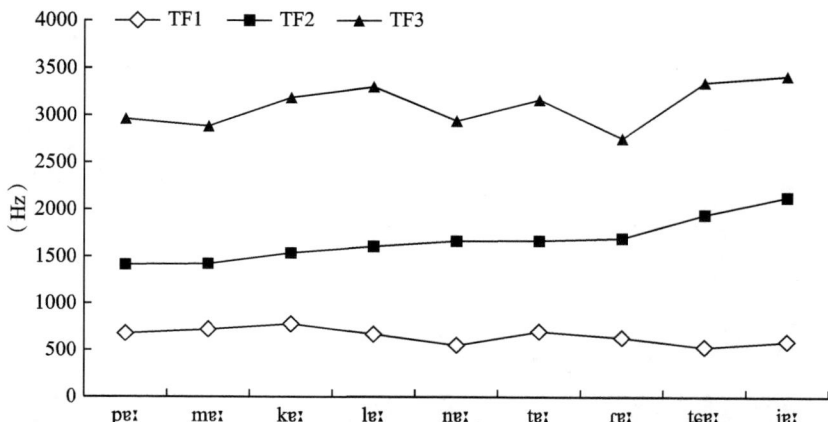

图 2.188-2　非词首音节不同辅音之后出现的［ɐ:］三个共振峰前过渡段 TF1、TF2、TF3 的变化示意（F）

（二）［eː］元音

1. 声学特征与音色

1.1　［eː］元音三维语图和语音标注

图 2.189 为男发音人［peːsə］"高兴"一词的三维语图和三层标注实例。三维语图显示［eː］元音第一共振峰较低，第二共振峰较高，受后置［s］辅音影响第二共振峰后段有所下降。该元音目标位置共振峰参数值分别为 412Hz、1928Hz、2499Hz、3897Hz。该语图比较真实地显示了［eː］元音在实际语流中的存在形式。

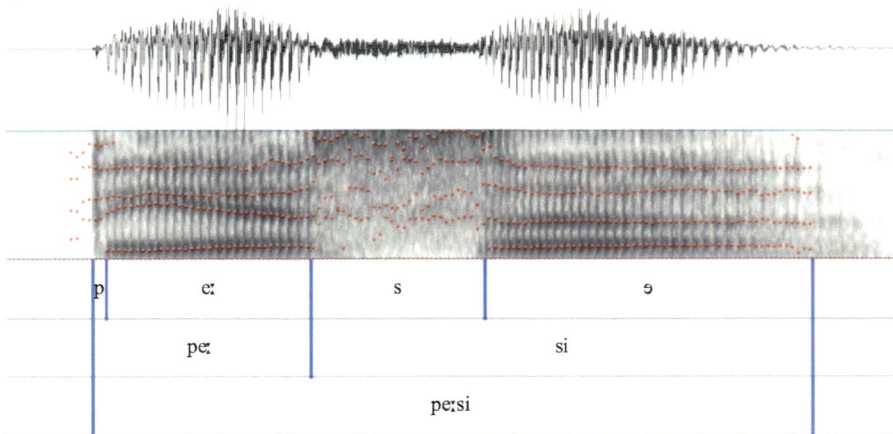

图 2.189　男发音人［peːsə］"高兴"一词的三维语图和三层标注实例

1.2　［eː］元音声学特征参数与音色定位

1.2.1　词首和非词首音节长元音［eː］的声学特征比较

（1）声学参数均值比较

表 2.110 和表 2.111 为词首和非词首音节长元音［eː］的声学参数统计。该两个表显示，词首音节男、女发音人［eː］元音音长、音强和共振峰均值分别为：VD = 300ms（M），258ms（F）；VA = 70.68dB（M），70.73 dB（F）；F1 = 432Hz（M），495Hz（F）；F2 = 1882Hz（M），2284Hz（F）。

非词首音节［eː］元音音长、音强和共振峰均值分别为：VD = 332ms（M），337ms（F）；VA = 71.91dB（M），72.59 dB（F）；F1 = 467Hz（M），645Hz（F）；F2 = 1797Hz（M），2096Hz（F）。

词首和非词首音节 ［eː］元音的声学参数存在一定的差异。如，在音长、音强和共振峰均值之间的差异分别为：VD：－32 ms（M），－79ms（F）；VA：－1.23dB（M），－1.86dB（F）；F1：－35Hz（M），－150Hz（F）；F2：+85Hz（M），+188Hz（F）。

表 2.110　词首音节 ［eː］ 元音声学参数统计

eː	M					F				
	VD	VA	F1	F2	F3	VD	VA	F1	F2	F3
平均值	300	70.68	432	1882	2604	258	70.73	495	2284	3333
标准差	116	3.39	25	93	103	113	4	96	252	188
变异系数	39%	5%	6%	5%	4%	44%	6%	19%	11%	6%

表 2.111　非词首音节 ［eː］ 元音声学参数统计

eː	M					F				
	VD	VA	F1	F2	F3	VD	VA	F1	F2	F3
平均值	332	71.91	467	1797	2598	337	72.59	645	2096	3219
标准差	96	2.56	35	98	112	127	2.68	105	169	299
变异系数	29%	4%	8%	5%	4%	38%	4%	16%	8%	9%

从上述分析中得知，词首和非词首音节长元音之间的声学参数差异主要表现在它们的音长和共振峰参数上。如，非词首音节长元音 ［eː］ 的音长明显长于词首音节长元音 ［eː］ 的音长；非词首音节长元音 ［eː］ 的音强明显强于词首音节长元音 ［eː］ 的音强。非词首音节长元音 ［eː］ 的 F1 频率高于词首音节长元音 ［eː］ 的 F1 频率，说明非词首音节长元音 ［eː］ 的舌位比词首音节长元音 ［eː］ 相对低；词首音节长元音 ［eː］ 的 F2 频率低于非词首音节长元音 ［eː］ 的 F2 频率，说明词首音节长元音 ［eː］ 的舌位比非词首音节长元音 ［eː］ 的相对靠后。

（2）声学元音图比较

图 2.190 为词首和非词首音节长元音 ［eː］ 的声学元音图。图中，紫色图标为词首音节长元音，蓝色图标为非词首音节长元音。从图中可以看到，词首音节长元音 ［eː］ 的舌位比非词首音节长元音 ［eː］ 相对高且靠前。

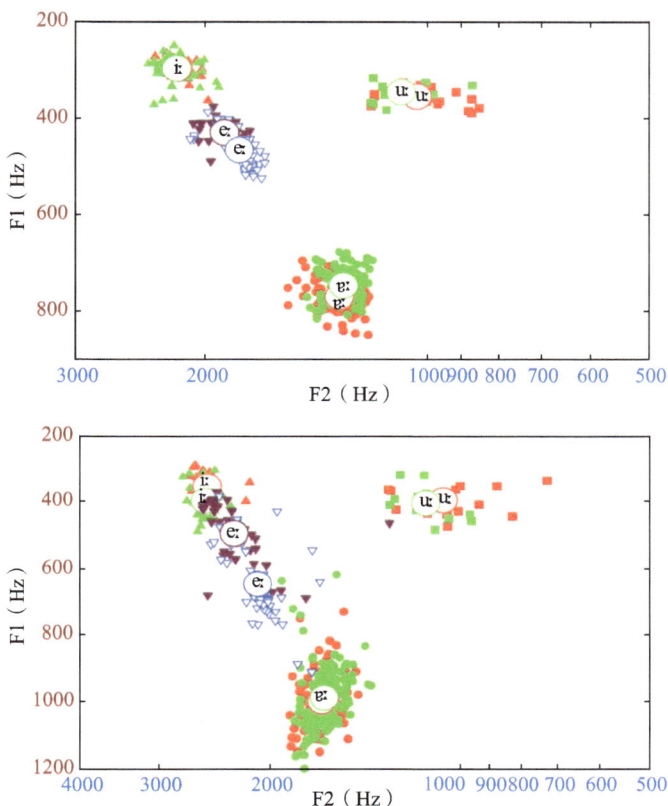

图 2.190　词首音节［eː］和非词首音节长元音［eː］在声学空间中
所处位置及其分布比较（M&F）

1.2.2　长元音［eː］的音色（音质）定位

从上述比较中得知，声学语言学层面，土族语词首和非词首音节长元音［eː］的音色虽存在细微差异，但无法凭感知区分。为此，我们认为：土族语词首和非词首音节中的该长元音为中高、前、展唇元音，用［eː］音标记接近其实际音值。

2. 语流中的音变特征分析

2.1　目标位置共振峰频率与其前、后过渡段共振峰频率参数之间的显著性差异分析

图 2.191 和图 2.192 为词首音节和非词首音节长元音［eː］的目标位置共振峰（F1/F2）及其前过渡段共振峰（TF1/TF2）和后过渡段共振峰（TP1/TP2）比较图。

从图 2.191 和图 2.192 中可以看出，词首和非词首音节［eː］元音的目标位置共振峰频率与其前、后过渡段共振峰频率之间都有显著性差异。词首和非词首音节［eː］元音的前过渡段共振峰普遍分布在比目标位置共振峰更前、更高的位置。而词首和非词首音节［eː］元音的后过渡段共振峰普遍分布在离目标位置共振峰更后、更低的位置。

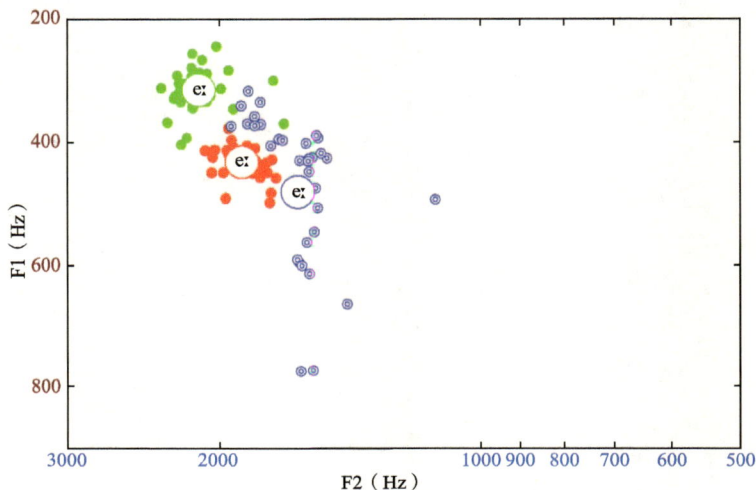

图 2.191-1　词首音节［eː］元音目标位置共振峰及其前、后过渡段共振峰分布比较（M）

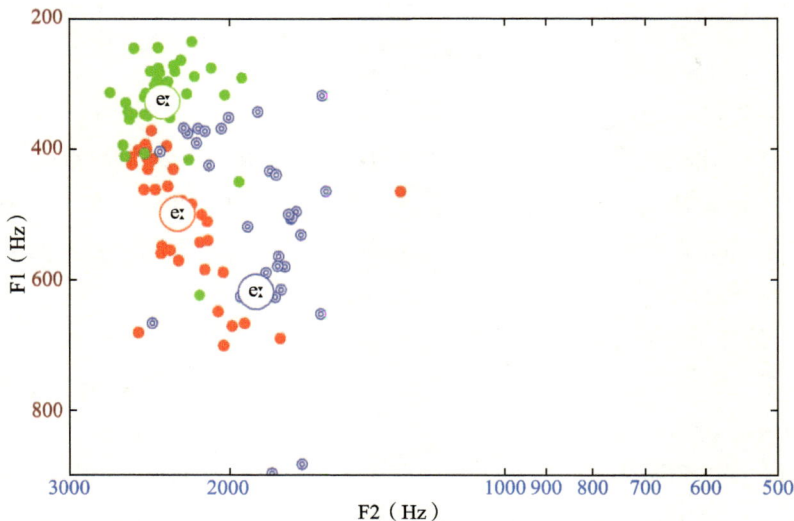

图 2.191-2　词首音节［eː］元音目标位置共振峰及其前、后过渡段共振峰分布比较（F）

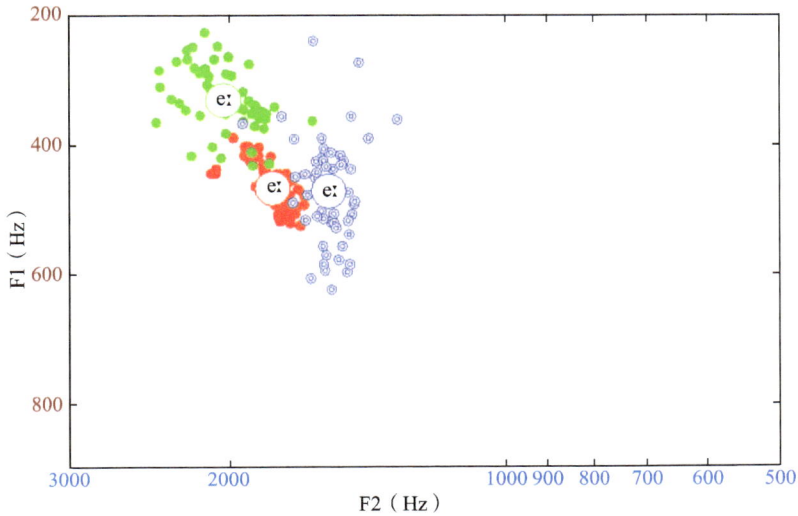

图 2.192-1　非词首音节［eː］元音目标位置共振峰及其
前、后过渡段共振峰分布比较（M）

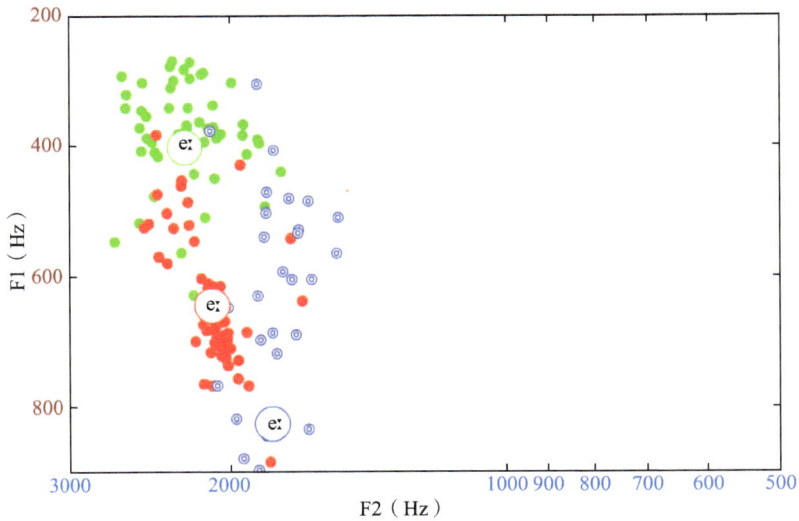

图 2.192-2　非词首音节［eː］元音目标位置共振峰及其
前、后过渡段共振峰分布比较（F）

2.2　元音声学参数与音节数量之间的相关性分析

表 2.112 为在单音节、双音节和三音节词中出现的［eː］元音音长

（VD）、音强（VA）和目标位置共振峰（F）均值统计表，图2.193和图2.194为单音节、双音节和三音节词中出现的［eː］元音音长、音强均值分布图，图2.195为单音节、双音节和三音节词中出现的［eː］元音目标位置共振峰均值分布示意图。

从上述表和图中可以看出，元音声学参数与音节数量之间具有一定的相关性。如，随着音节数量的增多该元音音长相对变短。

如，M：445ms → 324ms — 235 ms；F：377ms → 301ms →262 ms

表2.112　在单音节和多音节词中出现的［eː］元音声学参数统计

发音人统计项		M					F				
		VD	VA	F1	F2	F3	VD	VA	F1	F2	F3
单音节词	平均值	445	74	453	1820	2594	377	75	586	2143	3388
	标准差	40	1.66	17	53	116	88	2.63	86	194	234
	变异系数	9%	2%	4%	3%	4%	23%	4%	15%	9%	7%
双音节词	平均值	324	71.45	451	1830	2597	301	70.83	583	2198	3283
	标准差	87	2.84	40	103	105	114	3.33	130	235	239
	变异系数	27%	4%	9%	6%	4%	38%	5%	22%	11%	7%
三音节词	平均值	235	69.87	458	1845	2612	262	72.22	579	2135	3145
	标准差	97	2.86	34	125	113	158	2.7	136	221	295
	变异系数	41%	4%	7%	7%	4%	60%	4%	23%	10%	9%

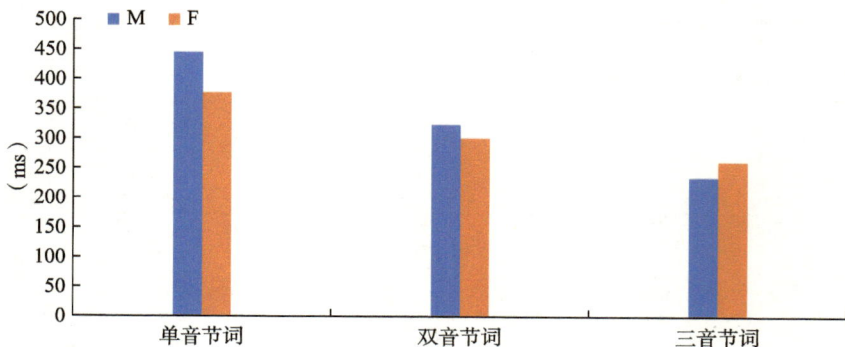

图2.193　在单音节和多音节词中出现的［eː］元音音长均值分布（M&F）

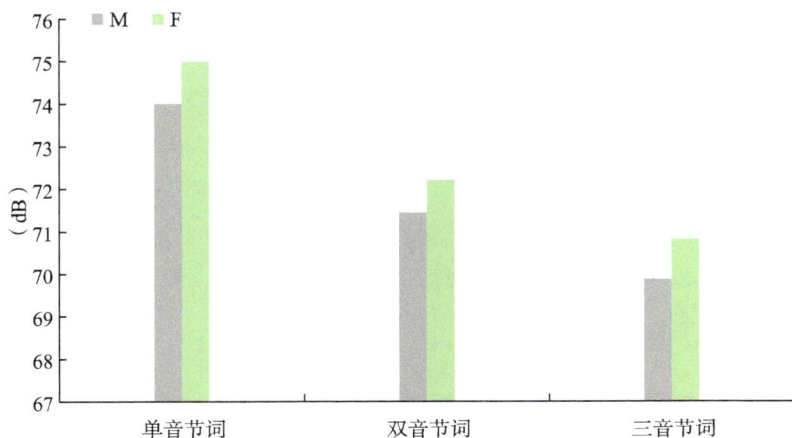

图 2.194　在单音节和多音节词中出现的 ［e:］元音音强均值分布 （M&F）

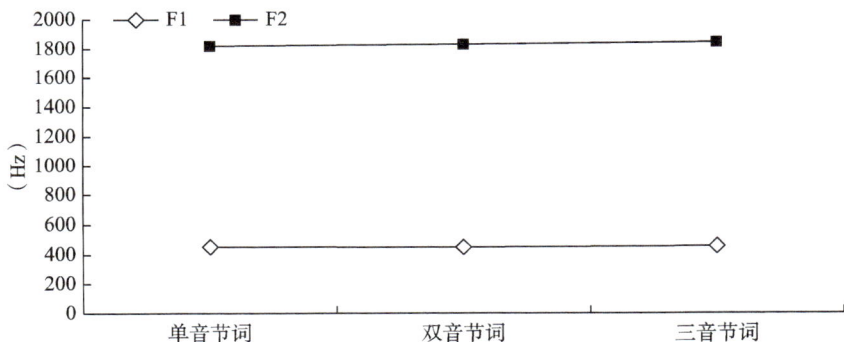

图 2.195-1　在单音节和多音节词中出现的 ［e:］元音目标
位置共振峰均值分布示意 （M）

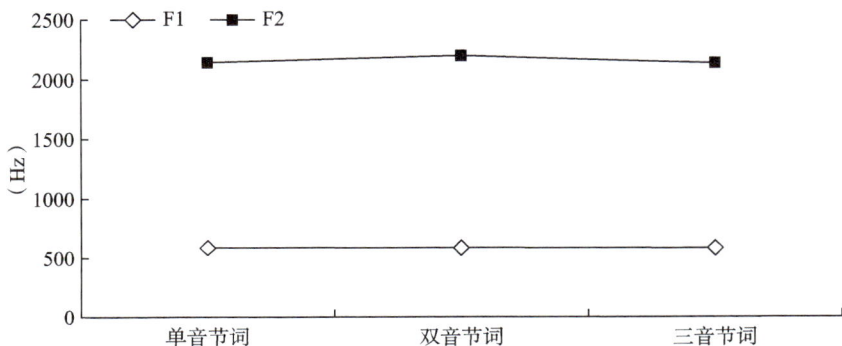

图 2.195-2　在单音节和多音节词中出现的 ［e:］元音目标
位置共振峰均值分布示意 （F）

2.3　元音声学参数与前置辅音音质之间的相关性分析

图 2.196 为词首音节不同辅音之后出现的 ［eː］ 元音音长比较图，图 2.197 为词首音节不同辅音之后出现的 ［eː］ 元音三个共振峰（F1～F3）前过渡段频率（TF1、TF2、TF3）的变化示意图，图 2.198 为非词首音节不同辅音之后出现的 ［eː］ 元音三个共振峰（F1～F3）前过渡段频率（TF1、TF2、TF3）的变化示意图。其中，图 2.197 和图 2.198 是以 TF2 的上升为准排列的，即以舌位自后至前排列的。从这些图中可以看出，［eː］ 元音在擦音后音长较长。

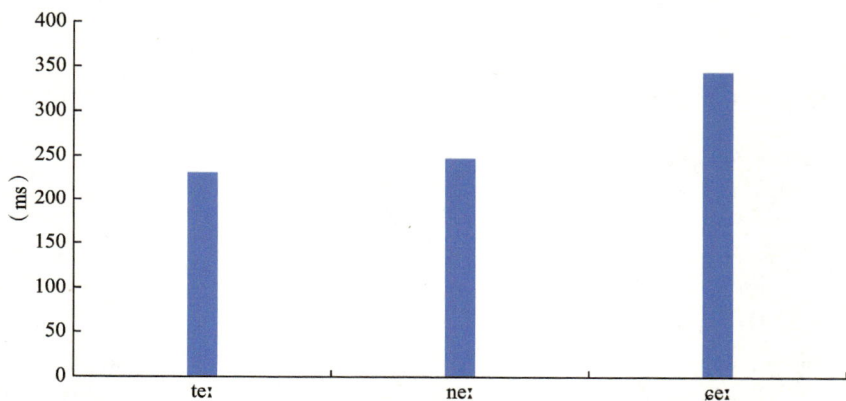

图 2.196-1　词首音节不同辅音之后出现的 ［eː］ 元音音长均值比较 （M）

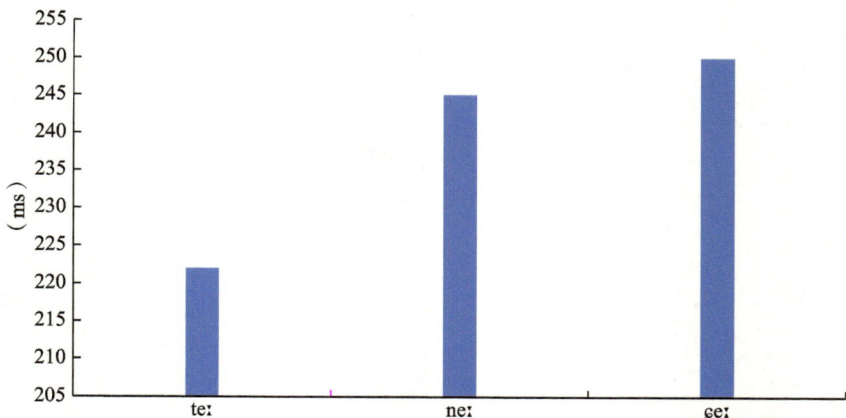

图 2.196-2　词首音节不同辅音之后出现的 ［eː］ 元音音长均值比较 （F）

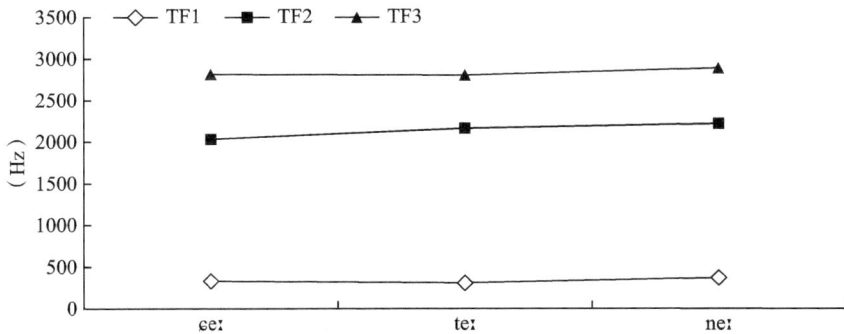

图 2.197-1　词首音节不同辅音之后出现的 ［eː］ 元音三个共振峰前过渡段
TF1、TF2、TF3 的变化示意 （M）

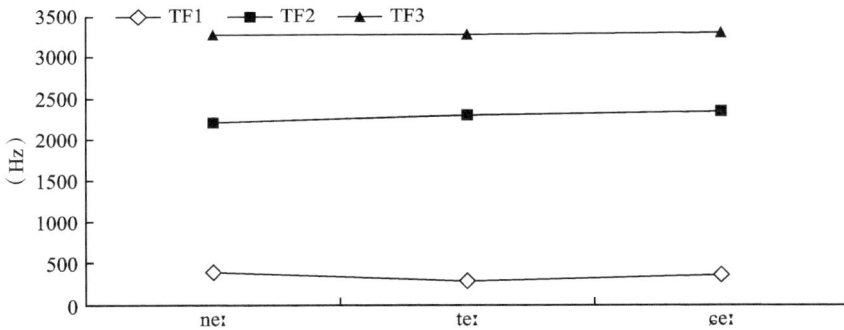

图 2.197-2　词首音节不同辅音之后出现的 ［eː］ 元音三个共振峰前过渡段
TF1、TF2、TF3 的变化示意 （F）

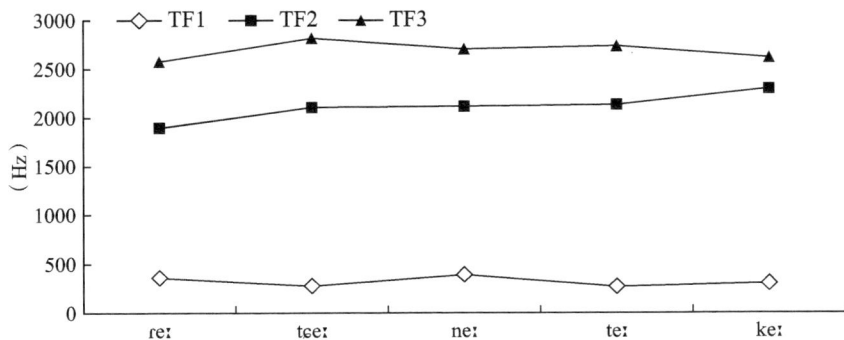

图 2.198-1　非词首音节不同辅音之后出现的 ［eː］ 元音三个共振峰前过渡段
TF1、TF2、TF3 的变化示意 （M）

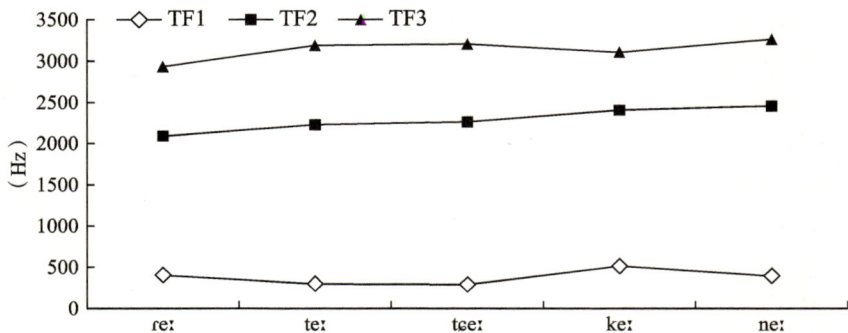

图 2.198-2　非词首音节不同辅音之后出现的 [eː] 元音三个共振峰前过渡段
TF1、TF2、TF3 的变化示意 （F）

（三）［iː］元音

1. 声学特征与音色

1.1　［iː］元音三维语图和语音标注

图 2.199 为男发音人［iːçə］"更加"一词的三维语图和三层标注实例。从三维语图上可以清楚地看到［iː］元音第一共振峰较低，第二共振峰较高、距离较大，是［iː］元音典型的声学语图。该元音目标位置共振峰参数值分别为 306Hz、2369Hz、3019Hz。该语图比较真实地显示了［iː］元音在实际语流中的存在形式。

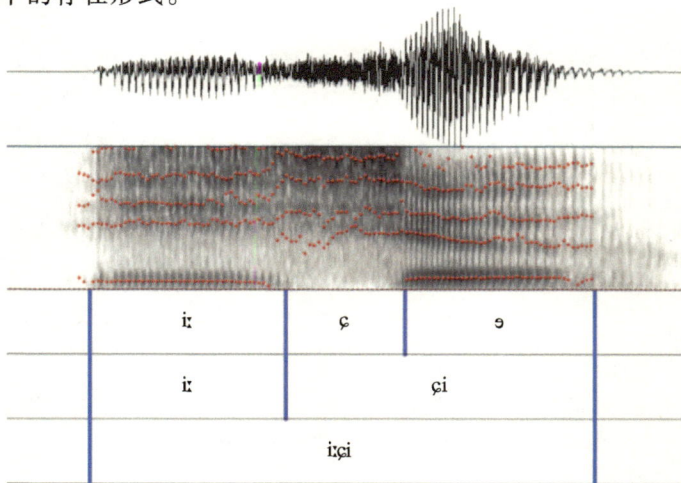

图 2.199　男发音人［iːçə］"更加"一词的三维语图和三层标注实例

1.2　[iː] 元音声学特征参数与音色定位

1.2.1　词首和非词首音节长元音 [iː] 的声学特征比较

（1）声学参数均值比较

表 2.113 和表 2.114 为词首和非词首音节长元音 [iː] 的声学参数统计。这两个表显示，男、女发音人词首音节 [iː] 元音音长、音强和共振峰均值分别为：VD = 271ms（M），214ms（F）；VA = 66.78dB（M），67.11dB（F）；F1 = 298Hz（M），352Hz（F）；F2 = 2177Hz（M），2521Hz（F）。

男、女发音人非词首音节 [iː] 元音音长、音强和共振峰均值分别为：VD = 337ms（M），402ms（F）；VA = 68.3dB（M），69.05dB（F）；F1 = 297Hz（M），396Hz（F）；F2 = 2185Hz（M），2538Hz（F）。

从表 2.113 和表 2.114 可以看出，词首和非词首音节长元音 [iː] 的声学参数具有一定的差异。如音长、音强和共振峰均值方面的差异分别为：VD：−66ms（M），−188ms（F）；VA：−1.52dB（M），−1.94dB（F）；F1：+1Hz（M），−44Hz（F）；F2：−8Hz（M），−17Hz（F）。

表 2.113　词首 [iː] 元音统计

iː	M					F				
	VD	VA	F1	F2	F3	VD	VA	F1	F2	F3
平均值	271	66.78	298	2177	2757	214	67.11	352	2521	3314
标准差	140	2.47	19	89	121	129	3.92	30	104	209
变异系数	52%	4%	6%	4%	4%	60%	6%	8%	4%	6%

表 2.114　非词首 [iː] 元音统计

iː	M					F				
	VD	VA	F1	F2	F3	VD	VA	F1	F2	F3
平均值	337	68.3	297	2185	2725	402	69.05	396	2538	3290
标准差	101	2.39	23	97	116	120	2.88	41	86	184
变异系数	30%	4%	8%	4%	4%	30%	4%	10%	3%	6%

（2）声学元音图比较

图 2.200 为词首和非词首音节长元音 [iː] 的声学元音图。可以看出，男发

音人词首音节和非词首音节的［iː］元音目标位置的共振峰分布情况差别不大。相比之下，女发音人词首音节［iː］元音舌位比非词首音节的［iː］相对较高。

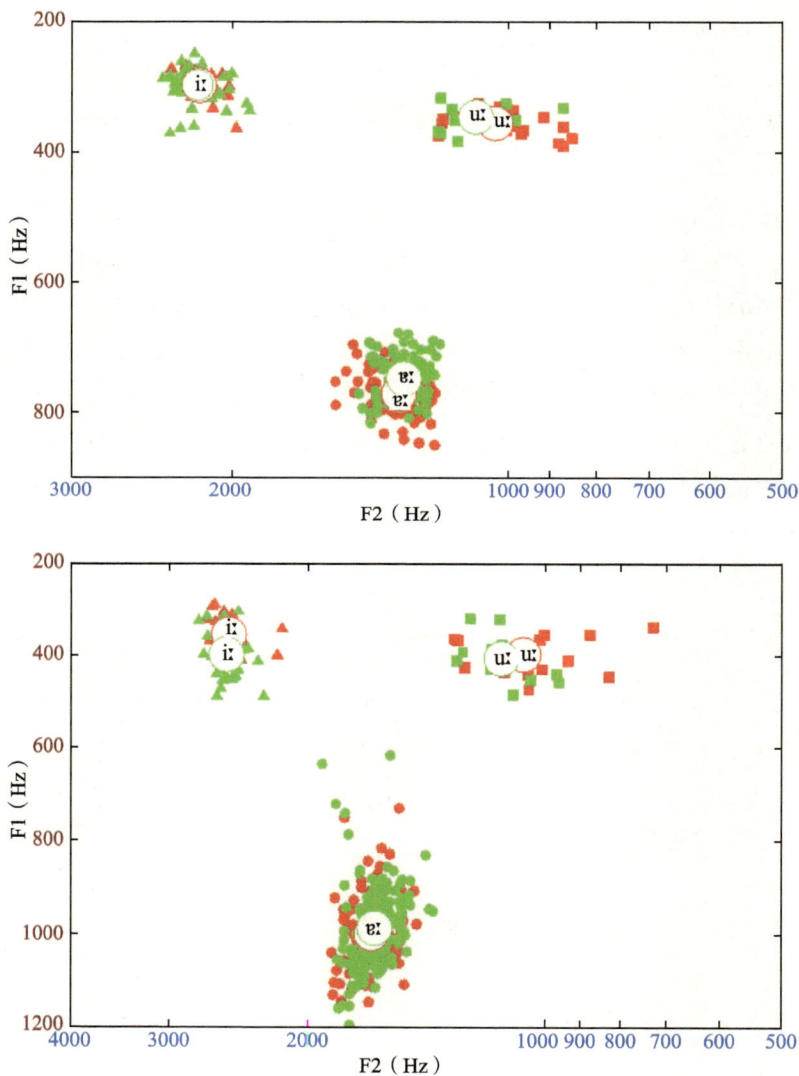

图 2.200 　词首和非词首音节长元音［iː］在声学空间中所处位置及其分布比较（M&F）

1.2.2 　长元音［iː］的音色（音质）定位

从上述比较中得知，声学语言学层面，土族语词首和非词首音节长元音［iː］的音色虽存在细微差异，但无法凭感知区分。为此，我们认为：土族语词首和非词首音节中的该长元音为高、前、展唇元音，用［iː］音标记接近其实际音值。

2. 语流中的音变特征分析

2.1　目标位置共振峰与其前、后过渡段共振峰频率参数之间的显著性差异分析

图 2.201 和图 2.202 为词首音节和非词首音节长元音［iː］的目标位置

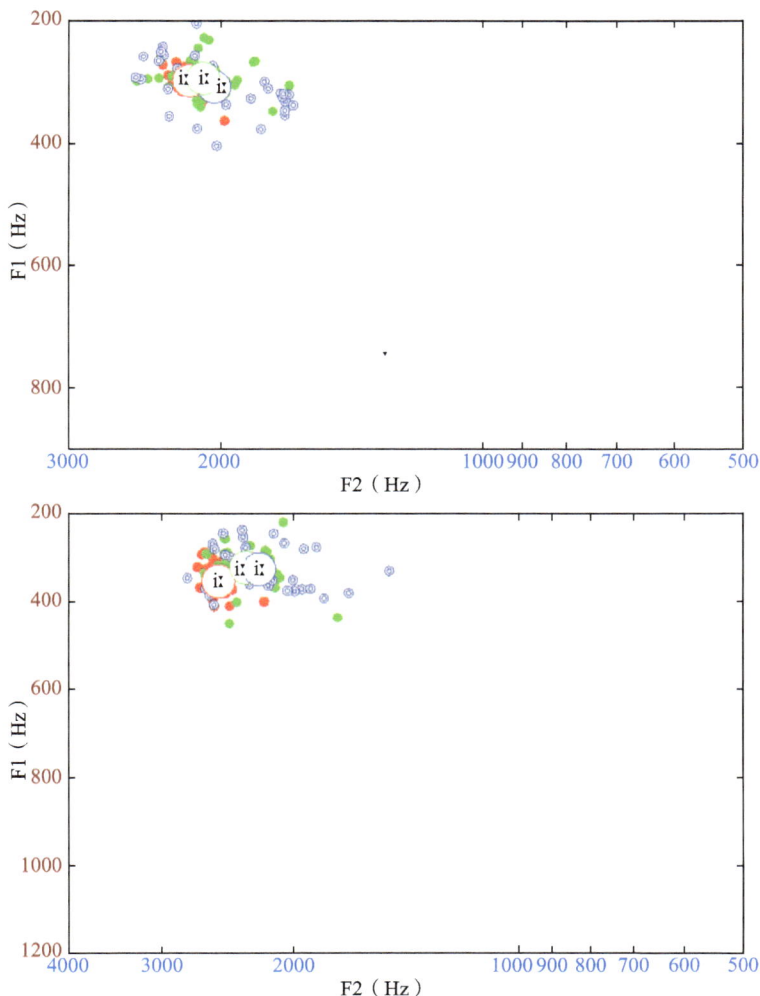

图 2.201　词首音节［iː］元音目标位置共振峰及其
前、后过渡段共振峰分布比较（M&F）

共振峰（F1/F2）及其前过渡段共振峰（TF1/TF2）、后过渡段共振峰（TP1/TP2）分布比较图。可以看出，与目标位置共振峰频率相比，词首和非词首音节［iː］元音前、后过渡段共振峰频率变化不明显。词首音节［iː］元音前、后过渡段共振峰频率在舌位前后维度上的离散度较大。非词首音节［iː］元音前、后过渡段共振峰频率在舌位高低维度上的离散度较大。

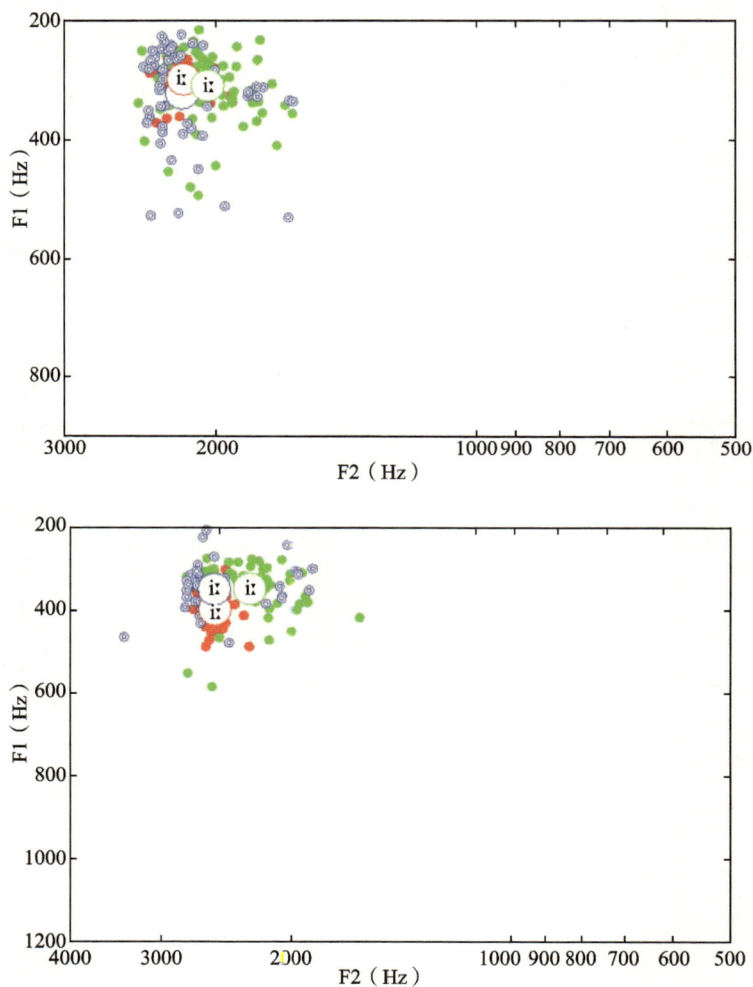

图 2.202　非词首音节［iː］元音目标位置共振峰及其前、后过渡段共振峰分布比较（M&F）

2.2　元音声学参数与音节数量之间的相关性分析

表 2.115 为在单音节词、双音节词和三音节词中出现的［iː］元音的音长（VD）、音强（VA）、目标位置共振峰（F）均值统计，图 2.203、图 2.204 和图 2.205 为音节数量与［iː］元音音长、音强和目标位置共振峰之间的关系示意图。从上述表和图中可以看出，音节数量与［iː］元音声学参数之间具有一定的相关性。如，随着音节数量的增多该元音音长相对变短，音强也相对变弱。音节数量与［iː］元音目标位置共振峰频率之间几乎没有明显相关性。

表 2.115　在单音节和多音节词中出现的［iː］元音声学参数统计

发音人统计项		M					F				
		VD	VA	F1	F2	F3	VD	VA	F1	F2	F3
单音节词	平均值	466	68.4	287	2193	2796	439	72.13	370	2518	3370
	标准差	51	2.06	14	81	78	36	1.90	23	43	113
	变异系数	11%	3%	5%	4%	3%	8%	3%	6%	2%	3%
双音节词	平均值	318	67.97	298	2188	2764	331	68.08	381	2515	3323
	标准差	103	2.86	23	85	113	148	3.27	46	94	182
	变异系数	32%	4%	8%	4%	4%	45%	5%	12%	4%	5%
三音节词	平均值	260	67.17	301	2174	2653	291	67.75	387	2570	3324
	标准差	119	1.67	17	111	89	170	3.73	57	74	206
	变异系数	46%	2%	6%	5%	3%	58%	6%	15%	3%	6%

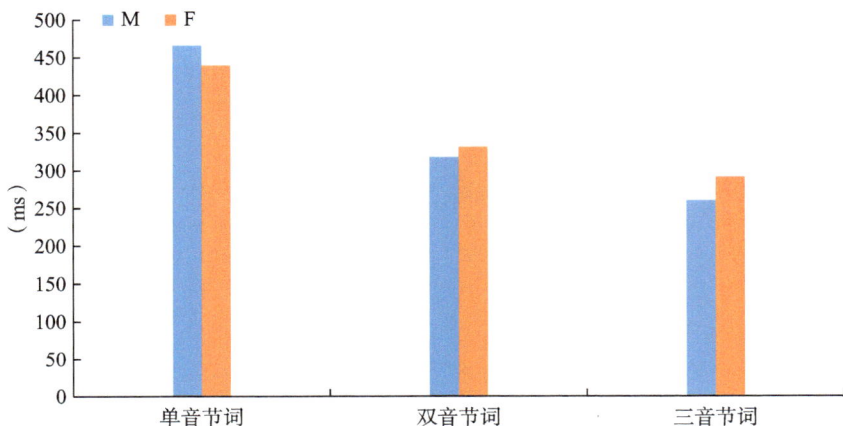

图 2.203　音节数量与［iː］元音音长之间的关系示意（M&F）

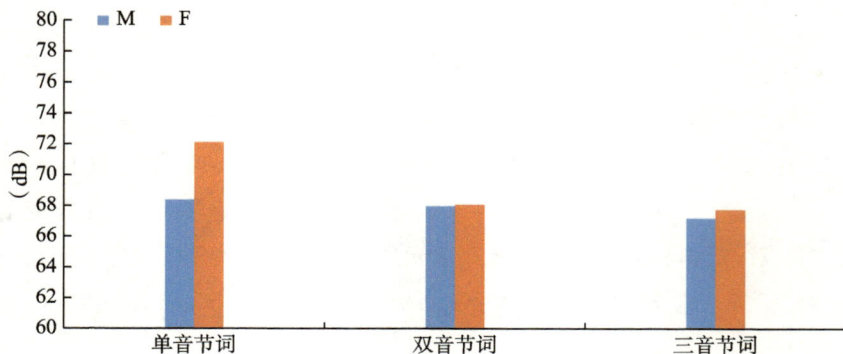

图 2.204　音节数量与 [iː] 元音音强之间的关系示意 （M&F）

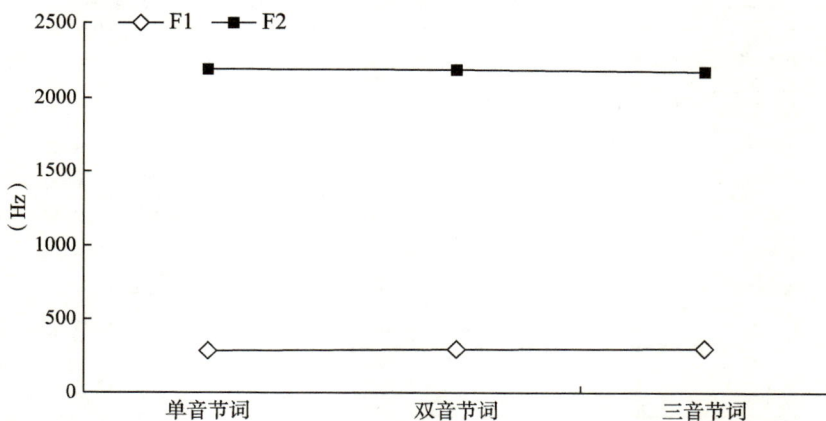

图 2.205-1　音节数量与 [iː] 元音目标位置共振峰之间的关系示意 （M）

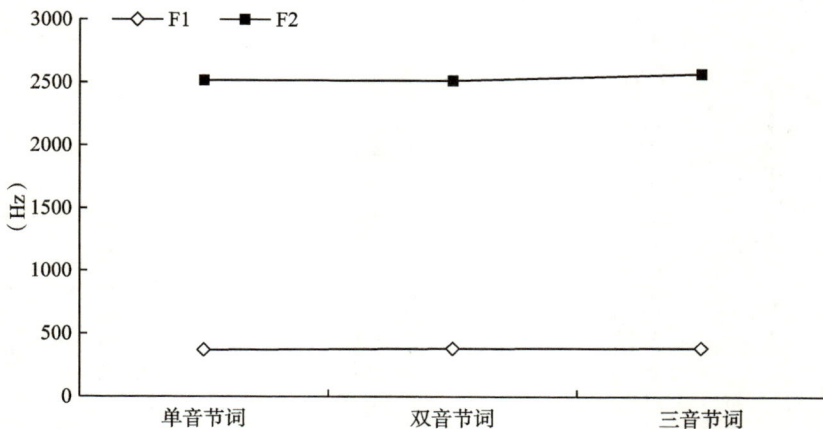

图 2.205-2　音节数量与 [iː] 元音目标位置共振峰之间的关系示意 （F）

2.3　元音声学参数与前置辅音音质之间的相关性分析

图 2.206 为不同辅音之后出现的词首音节 ［iː］ 元音的音长均值比较图，图 2.207 为不同辅音之后出现的 ［iː］ 元音目标位置第一、第二和第三共振峰的变化示意图。

从图 2.206 和图 2.207 中可以看出，前置辅音音质与 ［iː］ 元音前过渡段频率没有表现出明显的关联性。音长方面，无前置辅音的 ［iː］ 元音音长比有前置辅音的 ［iː］ 元音相对长。

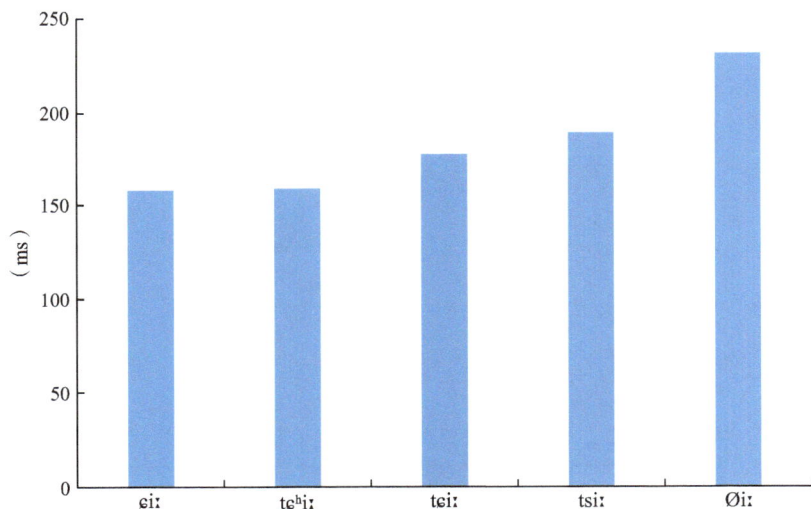

图 2.206-1　词首音节不同辅音之后出现的 ［iː］ 元音音长均值比较 （M）

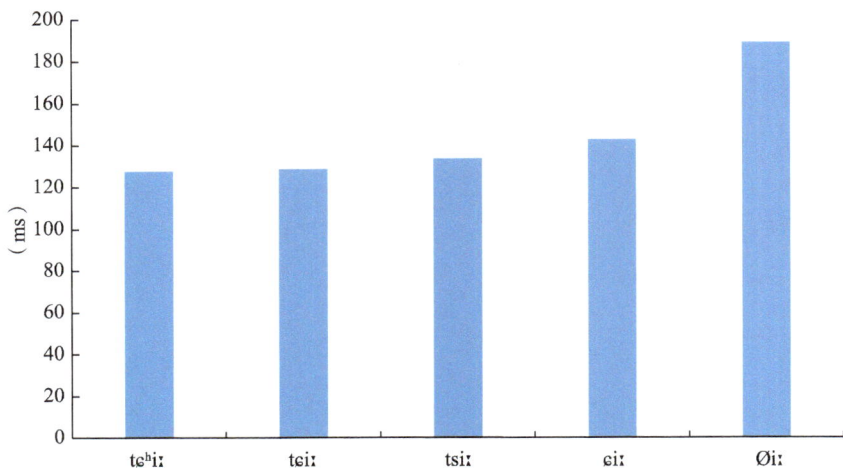

图 2.206-2　词首音节不同辅音之后出现的 ［iː］ 元音音长均值比较 （F）

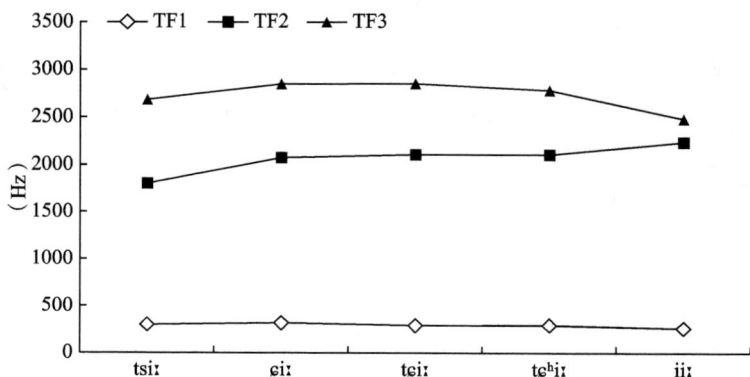

图 2.207-1 词首音节不同辅音之后出现的 [iː] 元音三个共振峰前过渡段 TF1、
TF2、TF3 的变化示意（以 TF2 参数的自小至大排列）（M）

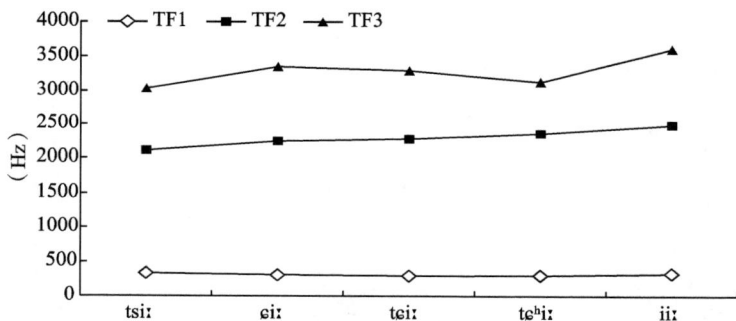

图 2.207-2 词首音节不同辅音之后出现的 [iː] 元音三个共振峰前过渡段 TF1、
TF2、TF3 的变化示意（以 TF2 参数的自小至大排列）（F）

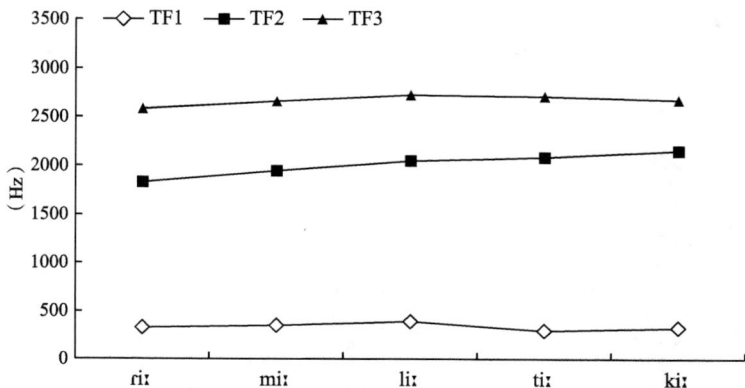

图 2.207-3 非词首音节不同辅音之后出现的 [iː] 元音三个共振峰前过渡段 TF1、
TF2、TF3 的变化示意（以 TF2 参数的自小至大排列）（M）

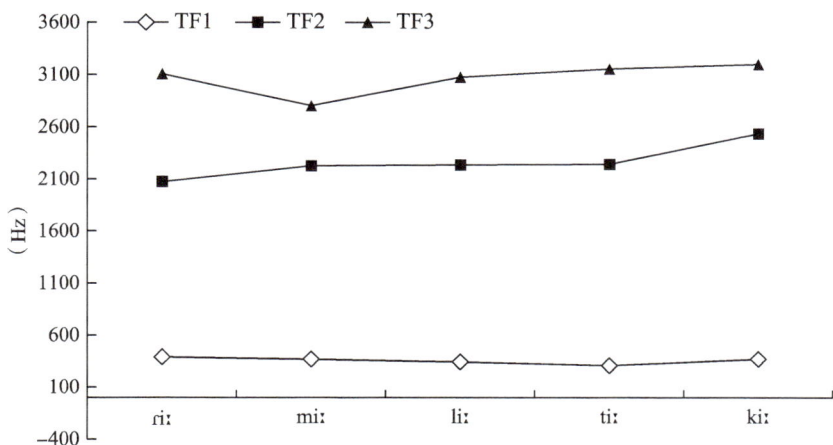

图 2. 207-4　非词首音节不同辅音之后出现的 ［i:］元音三个共振峰前过渡段 TF1、
　　　　　 TF2、TF3 的变化示意（以 TF2 参数的自小至大排列）（F）

（四）［ɔ:］元音

1. 声学特征与音色

1.1　［ɔ:］元音三维语图和语音标注

图 2. 208 为男发音人［ɔ:sə］"生长"一词的三维语图和三层标注实例。
从三维图上可以看到，［ɔ:］元音第一至第四共振峰（F1~F4）横杠及其

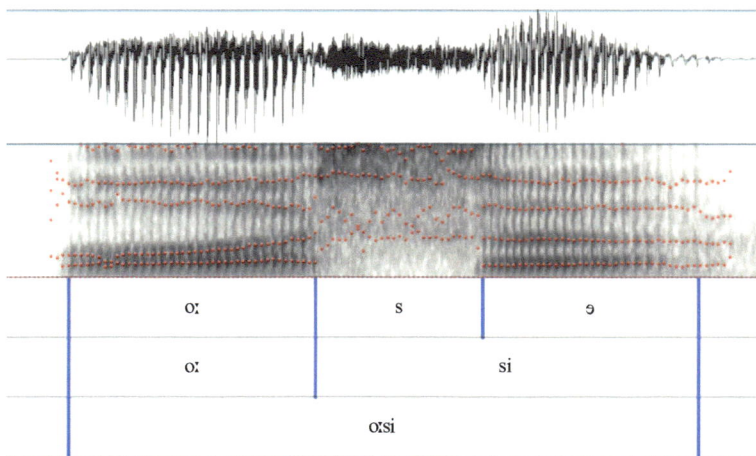

图 2. 208　男发音人［ɔ:sə］"生长"一词的三维语图和三层标注实例

分布特点。该元音的第二共振峰较低，靠近第一共振峰。F1~F4 的参数值分别为 486Hz、888Hz、2801Hz、3451Hz。该语图比较真实地显示了［oː］元音在实际语流中的存在形式。

1.2 ［oː］元音声学参数和声学特征

1.2.1 词首和非词首音节长元音［oː］的声学特征比较

（1）声学参数均值比较

表 2.116 和表 2.117 为词首和非词首音节［oː］元音声学参数统计。可以看出，词首和非词首音节［oː］元音声学参数具有一定的差异。如：词首音节长元音［oː］的音长、音强和共振峰均值分别为：VD = 224ms（M），205ms（F）；VA = 69.42dB（M），69.67 dB（F）；F1 = 454Hz（M），500Hz（F）；F2 = 978Hz（M），1073Hz（F）。

非词首音节［oː］元音音长、音强和共振峰均值分别为：VD = 347ms（M），289ms（F）；VA = 72.93dB（M），73.88 dB（F）；F1 = 474Hz（M），645Hz（F）；F2 = 1006Hz（M），1209Hz（F）。

词首和非词首音节［oː］元音声学参数之间的差异分别为：VD：-123ms（M），-84ms（F）；VA：-3.51dB（M），-4.21dB（F）；F1：-20Hz（M），-145Hz（F）；F2：-28Hz（M），-136Hz（F）。

表 2.116　词首音节长元音［oː］的声学参数总统计

oː	M					F				
	VD	VA	F1	F2	F3	VD	VA	F1	F2	F3
平均值	224	69.42	454	978	2610	205	69.67	500	1073	3259
标准差	36	2.26	26	71	136	84	3.09	77	133	220
变异系数	16%	3%	6%	7%	5%	41%	4%	15%	12%	7%

表 2.117　非词首音节长元音［oː］的声学参数总统计

oː	M					F				
	VD	VA	F1	F2	F3	VD	VA	F1	F2	F3
平均值	347	72.93	474	1006	2523	289	73.88	645	1209	3241
标准差	8	2.58	19.53	88	108	112	4.03	87	102	143
变异系数	24%	4%	4%	9%	4%	39%	5%	13%	8%	4%

从上述分析中得知，词首和非词首音节长元音之间的声学参数之间有一定的相关性。如，非词首音节长元音［oː］的音长明显长于词首音节长元音［oː］的音长；非词首音节长元音［oː］的音强明显强于词首音节长元音［oː］的音强。非词首音节长元音［oː］的 F1 频率高于词首音节长元音［oː］的 F1 频率，这说明非词首音节长元音［oː］的舌位比词首音节长元音［oː］相对低；词首音节长元音［oː］的 F2 频率低于非词首音节长元音［oː］的 F2 频率，这说明词首音节长元音［oː］的舌位比非词首音节长元音［oː］的相对靠后。

（2）声学元音图比较

图 2.209 为词首和非词首音节长元音［oː］的声学元音图。从图上可以看出，词首和非词首音节长元音［oː］在声学空间所处位置及其分布。图中，蓝色半实心圆图标为词首音节长元音，黑色半实心三角形图标为非词首音节长元音；可以看出，非词首音节长元音［oː］的舌位比词首［oː］相对前而低。

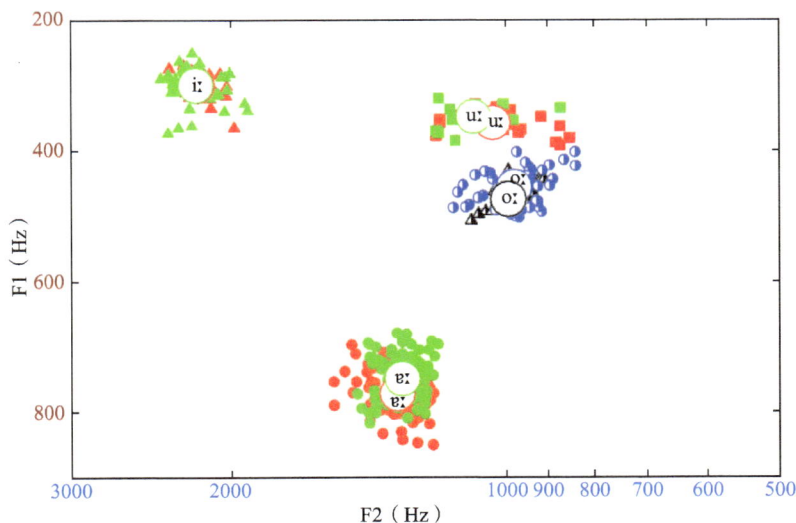

图 2.209-1　词首和非词首音节长元音［oː］在声学空间中所处
位置及其分布比较（M）

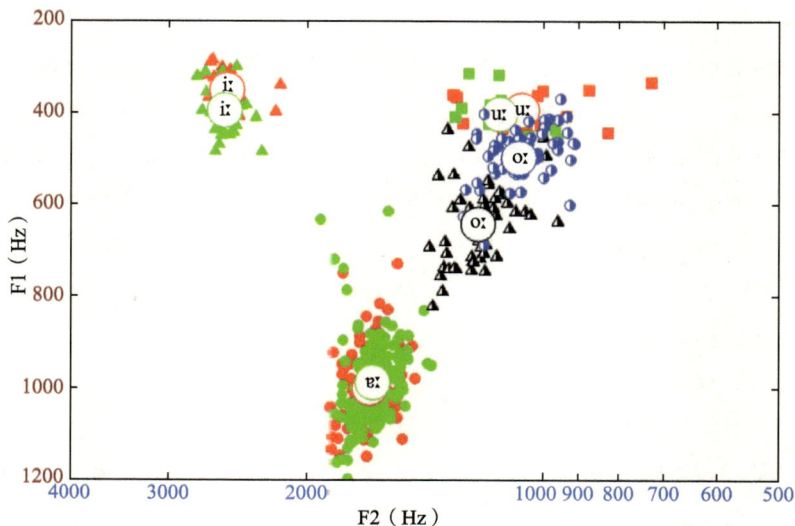

**图 2.209-2　词首和非词首音节长元音［oː］在声学空间中所处
位置及其分布比较（F）**

2. 语流中的音变特征分析

2.1　目标位置共振峰频率与其前、后过渡段共振峰频率参数之间的显
著性差异分析

图 2.210 和图 2.211 为词首音节和非词首音节长元音［oː］的目标位置

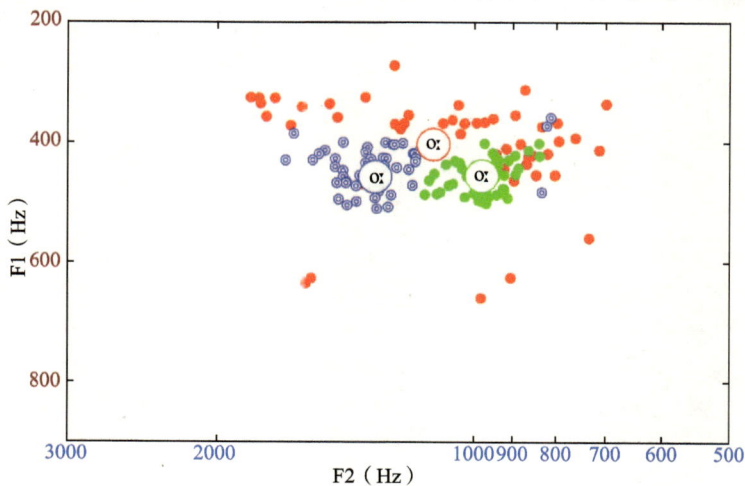

**图 2.210-1　词首音节［oː］元音目标位置共振峰及其
前后过渡段共振峰分布比较（M）**

共振峰（F1/F2）及其前过渡段共振峰（TF1/TF2）、后过渡段共振峰（TP1/TP2）分布比较图。图中红色实心圆表示目标位置共振峰频率分布模式，绿

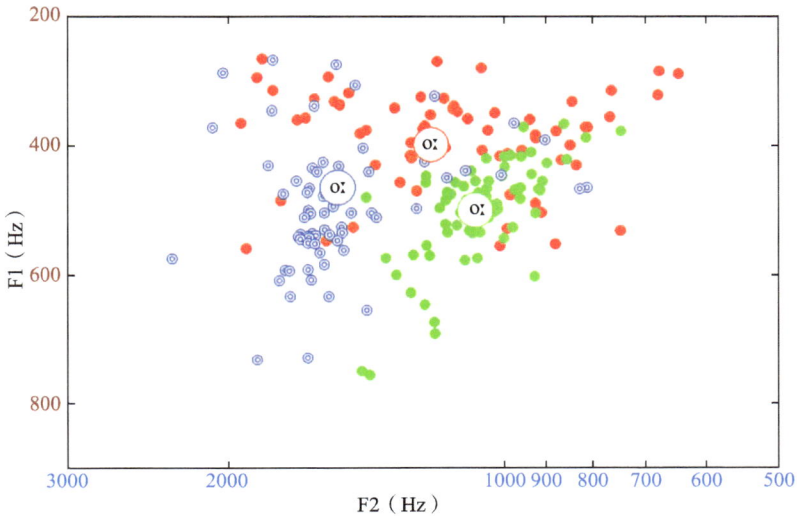

图 2.210-2　词首音节［oː］元音目标位置共振峰及其
前、后过渡段共振峰分布比较（F）

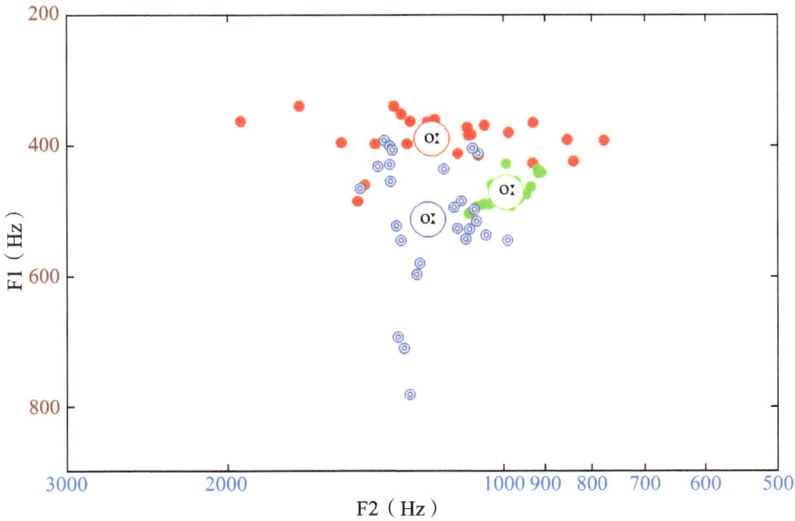

图 2.211-1　非词首音节［oː］元音目标位置共振峰及其
前、后过渡段共振峰分布比较（M）

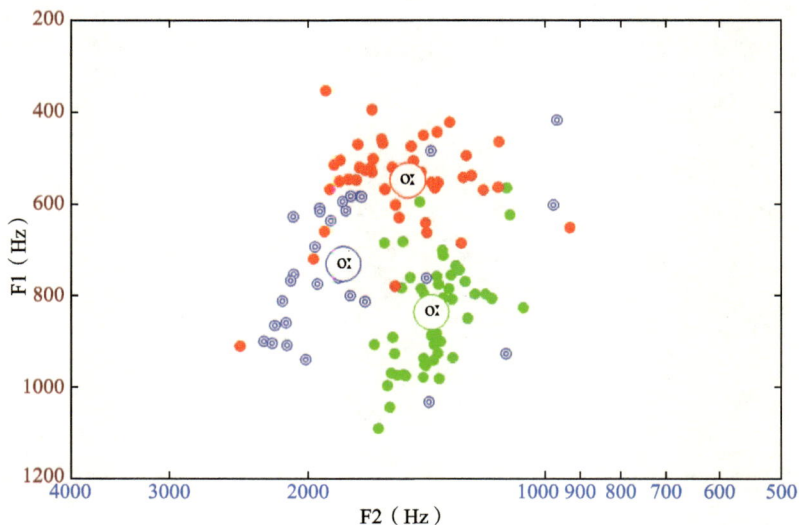

图 2.211-2　非词首音节［oː］元音目标位置共振峰及其前、后过渡段共振峰分布比较（F）

色实心圆表示前过渡段共振峰频率分布，蓝色半心圆表示后过渡段共振峰频率分布，从图 2.210 和图 2.211 中可以看出，与目标位置相比，词首和非词首音节［oː］元音的前过渡段共振峰普遍分布在离目标位置共振峰更后、更低的位置，而［oː］元音的后过渡段共振峰普遍分布在离目标位置共振峰更前、更低的位置。

2.2　元音声学参数与音节数量之间的相关性分析

表 2.118 为女发音人数据库中在单音节词、双音节词和三音节词中出现的［oː］元音的音长（VD）、音强（VA）、目标位置共振峰（F）均值统计表，在男发音人数据库中含［oː］元音的单音节和三音节词分别只出现了两次和一次，因此并未对男发音人数据进行统计。图 2.212、图 2.213 和图 2.214 为音节数量与［oː］元音音长、音强和目标位置共振峰之间的关系示意图。从上述图中可以看出，女发音人［oː］元音在双音节词中的音长和音强比三音节词中的音长和音强长且强，至于音节数对该元音的音长和音强有多大影响，有待进一步研究。

表 2.118　在单音节和多音节词中出现的［oː］元音声学参数统计（F）

发音人统计项		F				
		VD	VA	F1	F2	F3
单音节词	平均值	394	75.38	657	1274	3380
	标准差	81	1.58	69.34	89	102
	变异系数	21%	2%	11%	7%	3%
双音节词	平均值	242	71.19	543	1096	3273
	标准差	88	3.98	110	136	182
	变异系数	36%	6%	20%	12%	6%
三音节词	平均值	165	70.6	565	1180	3129
	标准差	93	4.2	78	106	202
	变异系数	57%	6%	14%	9%	6%

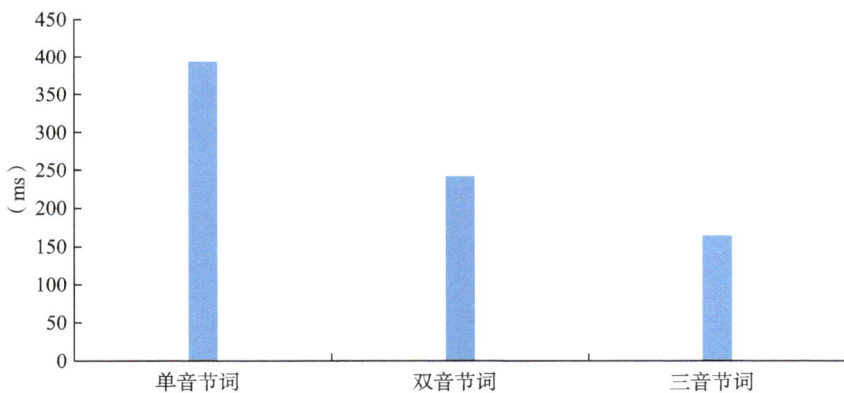

图 2.212　在单音节和多音节词中出现的［oː］元音音长均值分布（F）

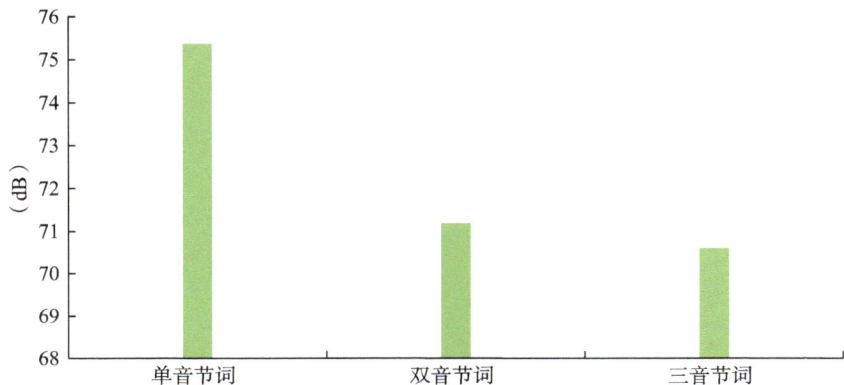

图 2.213　在单音节和多音节词中出现的［oː］元音音强均值分布（F）

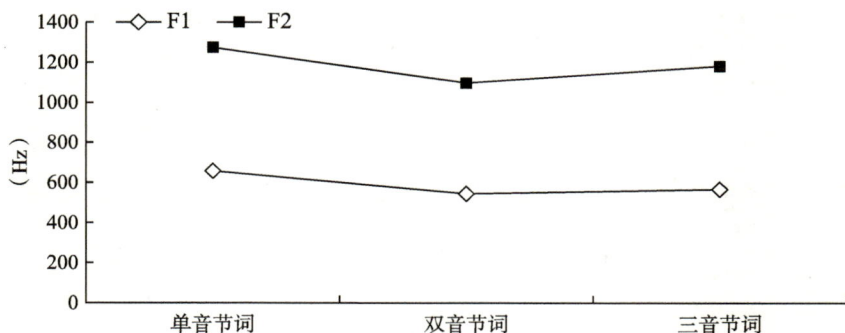

图 2.214　在单音节和多音节词中出现的〔oː〕元音目标位置共振峰均值分布示意（F）

2.3　元音声学参数与前置辅音音质之间的相关性分析

图 2.215 为词首音节不同辅音之后和无前置辅音音节中〔oː〕元音音长均值比较图，图 2.216 为词首音节不同辅音之后〔oː〕元音三个共振峰（F1~F3）前过渡段频率（TF1、TF2、TF3）的变化示意图，图 2.217 为非词首音节不同辅音之后〔oː〕元音三个共振峰（F1~F3）前过渡段频率（TF1、TF2、TF3）的变化示意图。其中，图 2.216 和图 2.217 是以 TF2 的上升为准排列的，即以舌位自后至前排列的。从这些图中可以看出，辅音音质与〔oː〕元音音长和第二共振峰前过渡段频率之间具有一定的相关性。如，〔oː〕元音在塞音和塞擦音之后出现时音长比其他辅音之后出现时的音长相对长；在词首音节〔tɕ-，tsʰ-，t-，tʰ-〕辅音之后〔oː〕元音第二共振峰前过渡段频率比其他辅音之后的相对高。

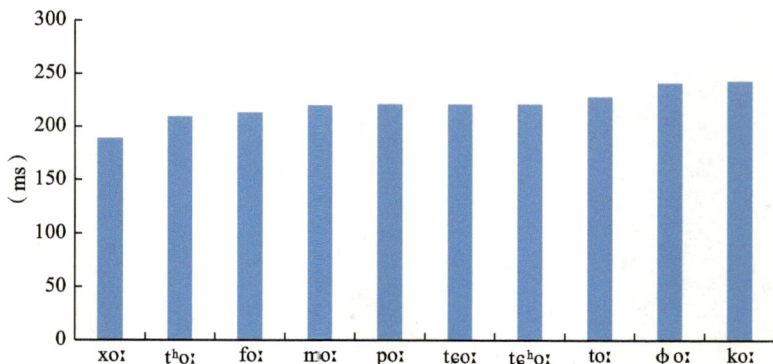

图 2.215-1　词首音节不同辅音之后出现的〔oː〕元音音长均值比较（M）

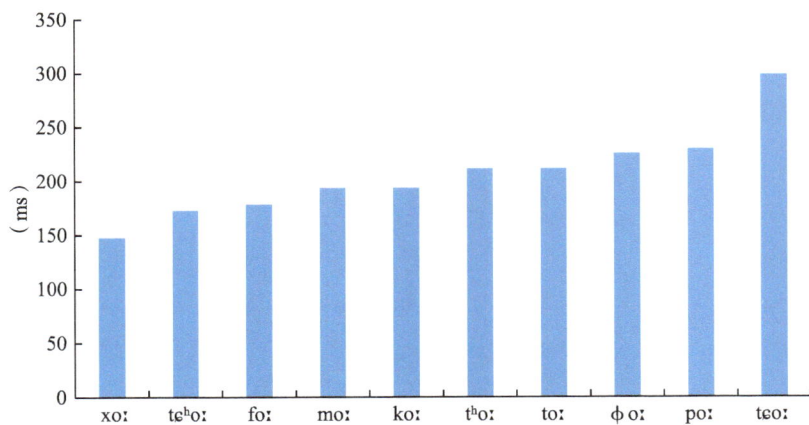

图 2.215-2　词首音节不同辅音之后出现的［oː］元音音长均值比较（F）

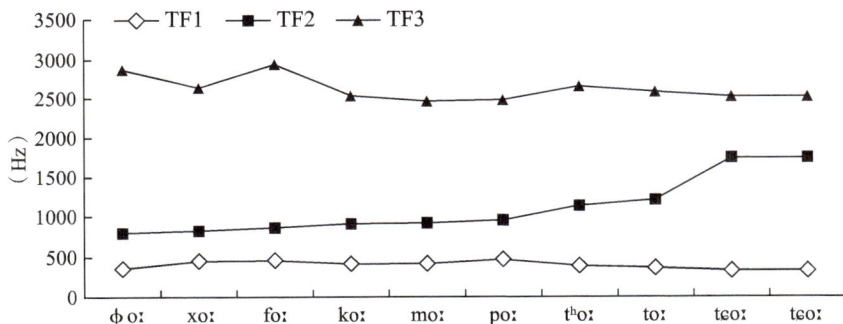

图 2.216-1　词首音节不同辅音之后出现的［oː］三个共振峰前过渡段
TF1、TF2、TF3 的变化示意（M）

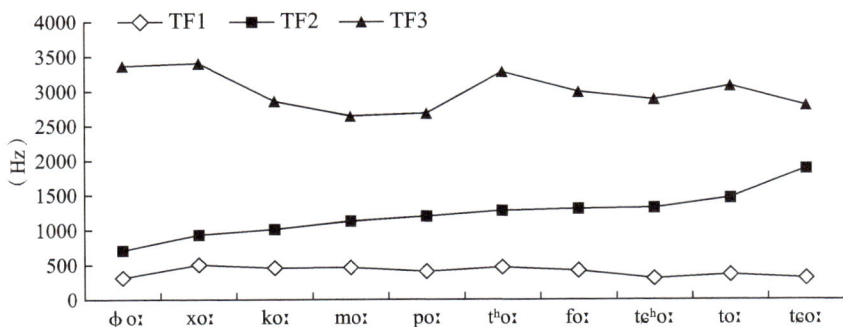

图 2.216-2　词首音节不同辅音之后出现的［oː］三个共振峰前过渡段
TF1、TF2、TF3 的变化示意（F）

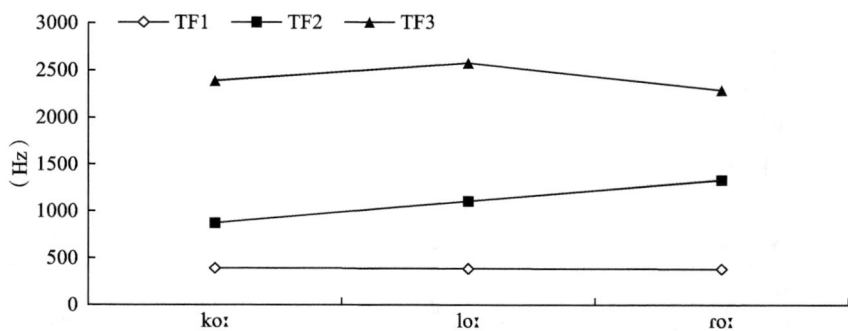

图 2.217-1　非词首音节不同辅音之后出现的［o:］三个共振峰前过渡段
TF1、TF2、TF3 的变化示意（M）

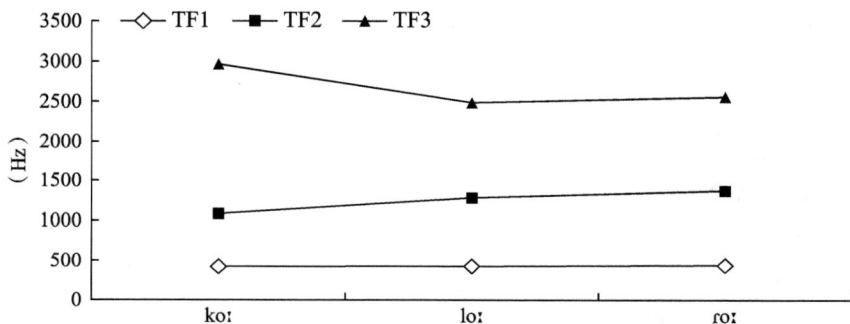

图 2.217-2　非词首音节不同辅音之后出现的［o:］三个共振峰前过
渡段 TF1、TF2、TF3 的变化示意（F）

（五）［ʊ:］元音

1. 声学特征与音色

1.1　［ʊ:］元音三维语图和语音标注

图 2.218 为男发音人［qʊ:ʒ］"二"一词的三维语图和三层标注实例。其中［ʊ:］元音目标位置第一至第四共振峰（F1～F4）分别为 503Hz、927Hz、2567Hz、3101Hz。这是［ʊ:］元音比较典型的声学语图。

1.2　［ʊ:］元音声学特征参数与音色定位

1.2.1　词首和非词首音节长元音［ʊ:］的声学特征比较

（1）声学参数均值比较

表 2.119～2.120 为词首和非词首音节［ʊ:］元音声学参数统计。可以看出，词首和非词首音节［ʊ:］元音声学参数具有一定的差异。如：词首

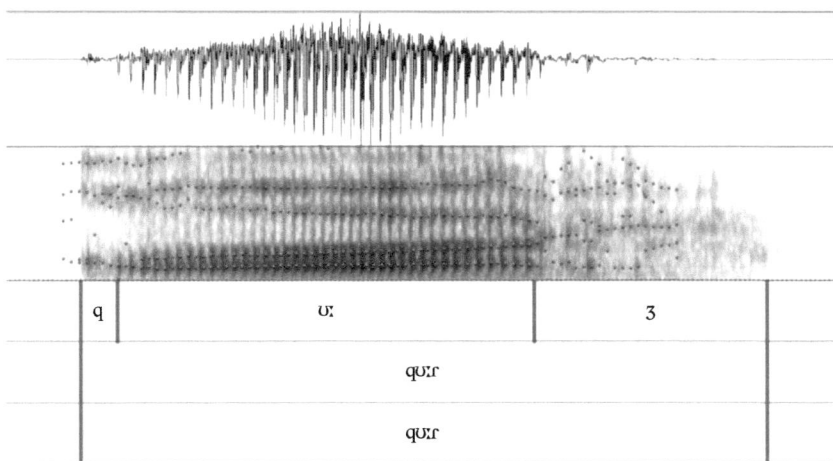

图 2.218　男发音人[qʊːʒ]"二"一词的三维语图和三层标注实例

音节［ʊː］元音音长、音强和共振峰均值分别为：VD = 179ms（M），175ms（F）；VA = 69.67dB（M），70.29 dB（F）；F1 = 523Hz（M），498Hz（F）；F2 = 1066Hz（M），F2 = 959Hz（F）。

　　非词首音节［ʊː］元音音长、音强和共振峰均值分别为：VD = 224ms（M），349ms（F）；VA = 70.94dB（M），72.5dB（F）；F1 = 525Hz（M），610Hz（F）；F2 = 1075Hz（M），F2 = 1063Hz（F）。

　　显然，词首和非词首音节［ʊː］元音声学参数具有一定的差异。如，在音长、音强和共振峰均值方面的差异分别为：VD：−45 ms（M），−174ms（F）；VA：−1.27dB（M），−2.21dB（F）；F1：−2Hz（M），−112Hz（F）；F2：−9Hz（M），−104Hz（F）。

表 2.119　词首［ʊː］元音统计

ʊː	M					F				
	VD	VA	F1	F2	F3	VD	VA	F1	F2	F3
平均值	179	69.67	523	1066	2470	175	70.29	498	959	3293
标准差	66	2.58	13	98	103	49	6.61	62	94	152
变异系数	37%	4%	3%	9%	4%	28%	9%	12%	10%	5%

表 2.120　非词首［ʊː］元音统计

ʊː	M					F				
	VD	VA	F1	F2	F3	VD	VA	F1	F2	F3
平均值	224	70.94	525	1075	2482	349	72.5	610	1063	3357
标准差	111	2.7	15	89	107	58	2.69	125	103	29
变异系数	50%	4%	3%	8%	4%	17%	4%	20%	10%	0.8%

　　从上述分析中得知，词首和非词首音节长元音之间的声学参数差异主要表现在它们的音长和共振峰参数上。如，非词首音节长元音［ʊː］的音长和音强都比非词首音节［ʊː］元音的音长和音强长且强；非词首音节长元音［ʊː］的 F1 频率高于词首音节长元音［ʊː］的 F1 频率，说明非词首音节长元音［ʊː］的舌位比词首音节长元音［ʊː］相对低；词首音节长元音［ʊː］的 F2 频率低于非词首音节长元音［ʊː］的 F2 频率，说明词首音节长元音［ʊː］的舌位比非词首音节长元音［ʊː］的相对靠后。

　　（2）声学元音图比较

　　图 2.219 为词首和非词首音节长元音［ʊː］在声学空间中所处位置及其

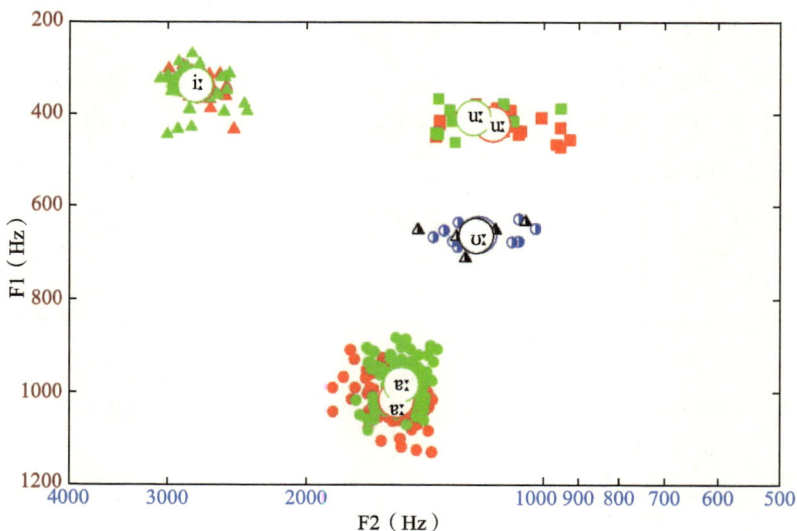

图 2.219-1　词首和非词首音节长元音［ʊː］在声学空间中所处位置及其分布比较（M）

分布比较图。图中，蓝色半实心圆图标为词首音节长元音，黑色半实心三角形图标为非词首音节长元音。可以看出，女发音人非词首音节长元音［ʊː］的舌位比词首音节［ʊː］相对前而低。

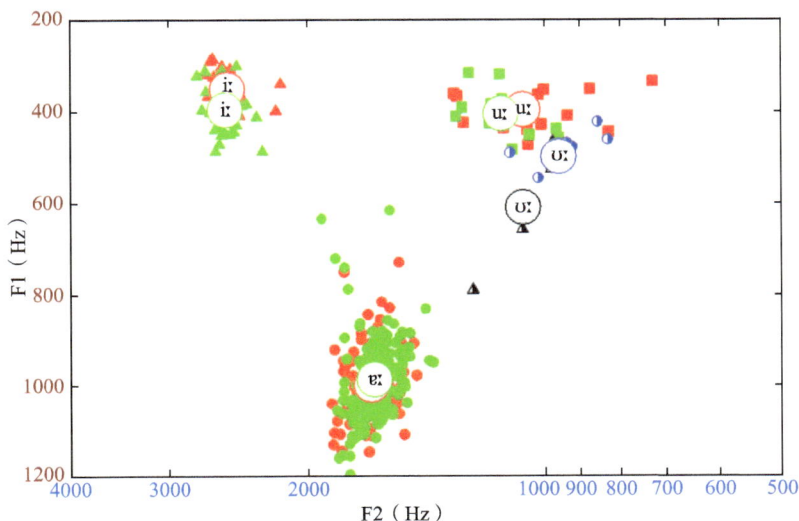

图 2.219-2　词首和非词首音节长元音［ʊː］在声学空间中所处位置及其分布比较（F）

2. 语流中的音变特征分析

2.1　目标位置共振峰频率与其前、后过渡段共振峰频率参数之间的显著性差异分析

图 2.220~2.221 为词首音节和非词首音节长元音［ʊː］的目标位置共振峰（F1/F2）及其前过渡段共振峰（TF1/TF2）、后过渡段共振峰（TP1/TP2）分布比较图。

可以看出，词首和非词首音节［ʊː］元音的前、后过渡段共振峰变化均比较大。其中前过渡段共振峰普遍分布在离目标位置共振峰更为靠上的位置，只有在女发音人非词首音节中分布在偏低的位置，而后过渡段共振峰普遍分布在离目标位置共振峰更为靠前的位置。

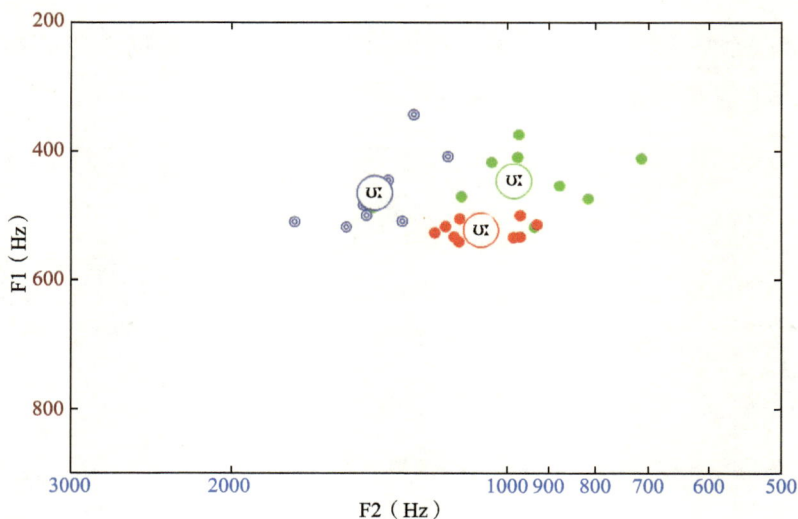

图 2.220-1　词首音节 [ʊ:] 元音目标位置共振峰及其
前、后过渡段共振峰分布比较（M）

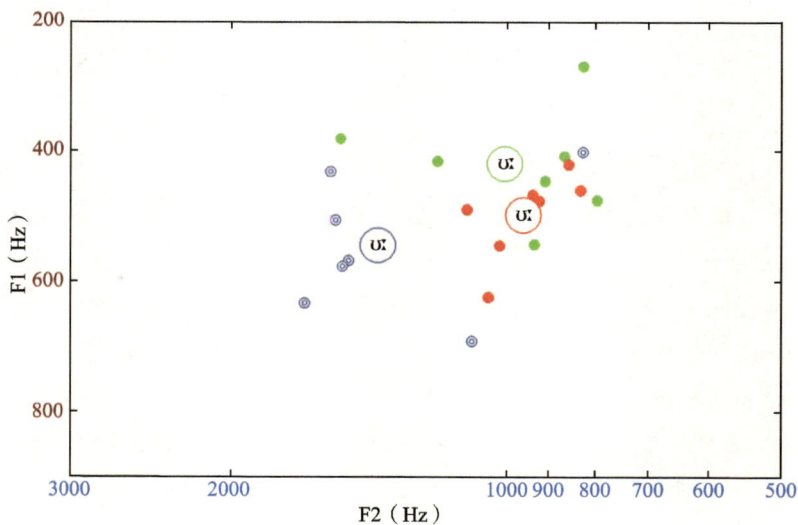

图 2.220-2　词首音节 [ʊ:] 元音目标位置共振峰及其
前、后过渡段共振峰分布比较（F）

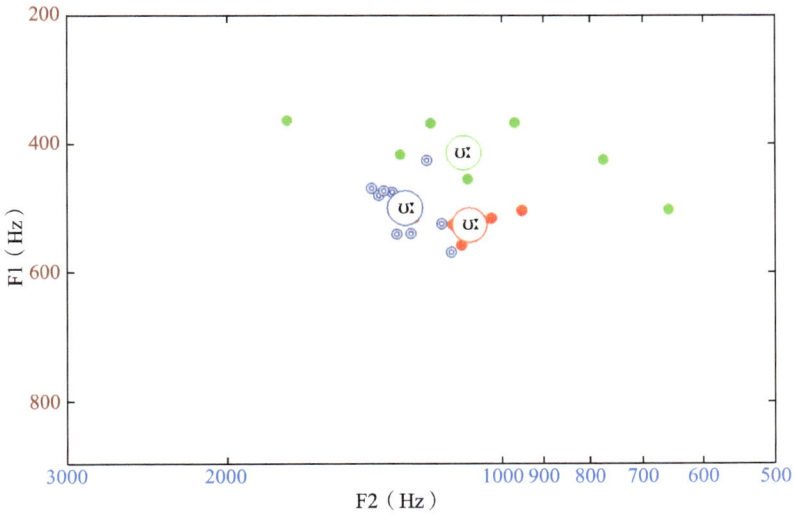

图 2.221-1　非词首音节［ʊː］元音目标位置共振峰及其
前、后过渡段共振峰分布比较（M）

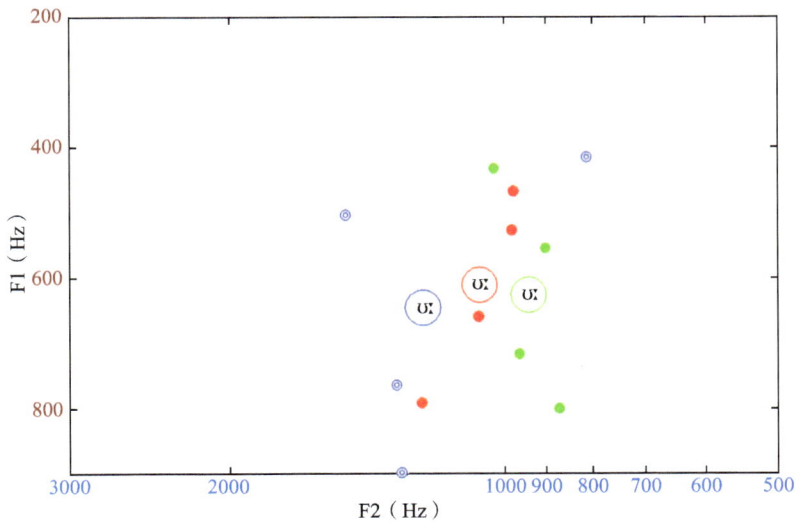

图 2.221-2　非词首音节［ʊː］元音目标位置共振峰及其
前、后过渡段共振峰分布比较（F）

（六）[u:] 元音

1. 声学特征与音色

1.1 [u:] 元音三维语图和语音标注

图 2.222 为男发音人 [su:]"腋"一词的三维语图和三层标注实例。从三维语图上可以看到 [u:] 元音共振峰分布特点为第一、第二共振峰较低、距离较近，这说明此元音舌位高而后。该图上元音 [u:] 的目标位置第一至第三共振峰（F1~F3）分别为 385Hz、1090Hz、2499Hz。该语图比较真实地显示了 [u:] 元音在实际语流中的存在形式。

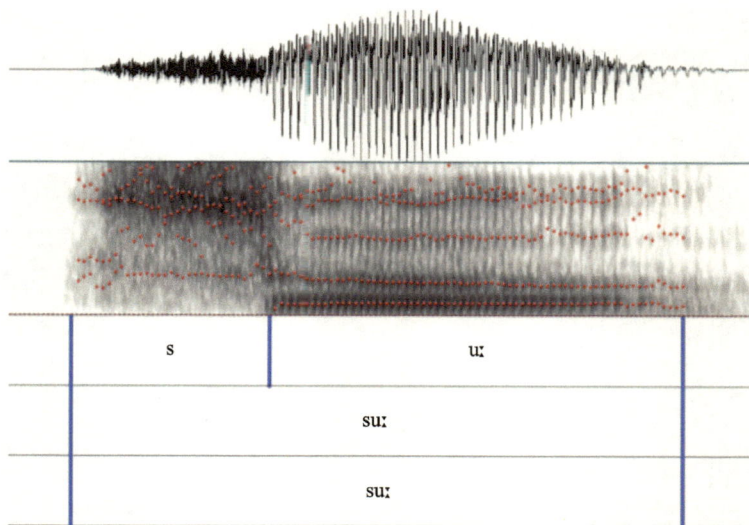

图 2.222　男发音人 [su:]"腋"一词的三维语图和三层标注实例

1.2 [u:] 元音声学特征参数与音色定位

1.2.1 词首和非词首音节长元音 [u:] 的声学特征比较

（1）声学参数均值比较

表 2.121 和表 2.122 为词首和非词首音节长元音 [u:] 的声学参数统计。这两个表显示，词首音节男、女发音人 [u:] 元音音长、音强和共振峰均值分别为：VD = 264ms（M），208ms（F）；VA = 68.85dB（M），66.72dB（F）；F1 = 355Hz（M），396Hz（F）；F2 = 1032Hz（M），1064Hz（F）。

非词首音节男、女发音人［uː］元音音长、音强和共振峰均值分别为：
VD＝316ms（M），351ms（F）；VA＝70.86dB（M），70.33dB（F）；F1＝
346Hz（M），405Hz（F）；F2＝1083Hz（M），1134Hz（F）。

从表2.121和表2.122可以看出，词首和非词首音节长元音［uː］的
声学参数具有一定的差异，音长、音强和共振峰均值方面的差异分别为：
VD：－52ms（M），－143ms（F）；VA：－2.01dB（M），－3.61dB（F）；
F1：＋9Hz（M），－9Hz（F）；F2：－51Hz（M），－70Hz（F）。

表2.121　词首［uː］元音统计

uː	M					F				
	VD	VA	F1	F2	F3	VD	VA	F1	F2	F3
平均值	264	68.85	355	1032	2458	208	66.72	396	1064	3184
标准差	111	2.77	17	100	113	133	4.01	37	151	255
变异系数	42%	4%	5%	10%	5%	64%	6%	9%	14%	8%

表2.122　非词首［uː］元音统计

uː	M					F				
	VD	VA	F1	F2	F3	VD	VA	F1	F2	F3
平均值	316	70.86	346	1083	2416	351	70.33	405	1134	3207
标准差	92	2.39	18	89	101	155	2.62	49	103	101
变异系数	29%	3%	5%	8%	4%	44%	4%	12%	9%	3%

（2）声学元音图比较

图2.223为词首和非词首音节长元音［uː］的声学元音图。可以看出，
男、女发音人非词首音节［uː］元音的舌位都比词首音节的更为靠前。

1.2.2　长元音［uː］的音色（音质）定位

从上述比较中得知，在声学语言学层面上，土族语词首和非词首音节
长元音［uː］的音色差别较小。为此，我们认为：土族语词首和非词首音
节中的该长元音为高、后、圆唇元音，用［uː］音标记接近其实际音值。

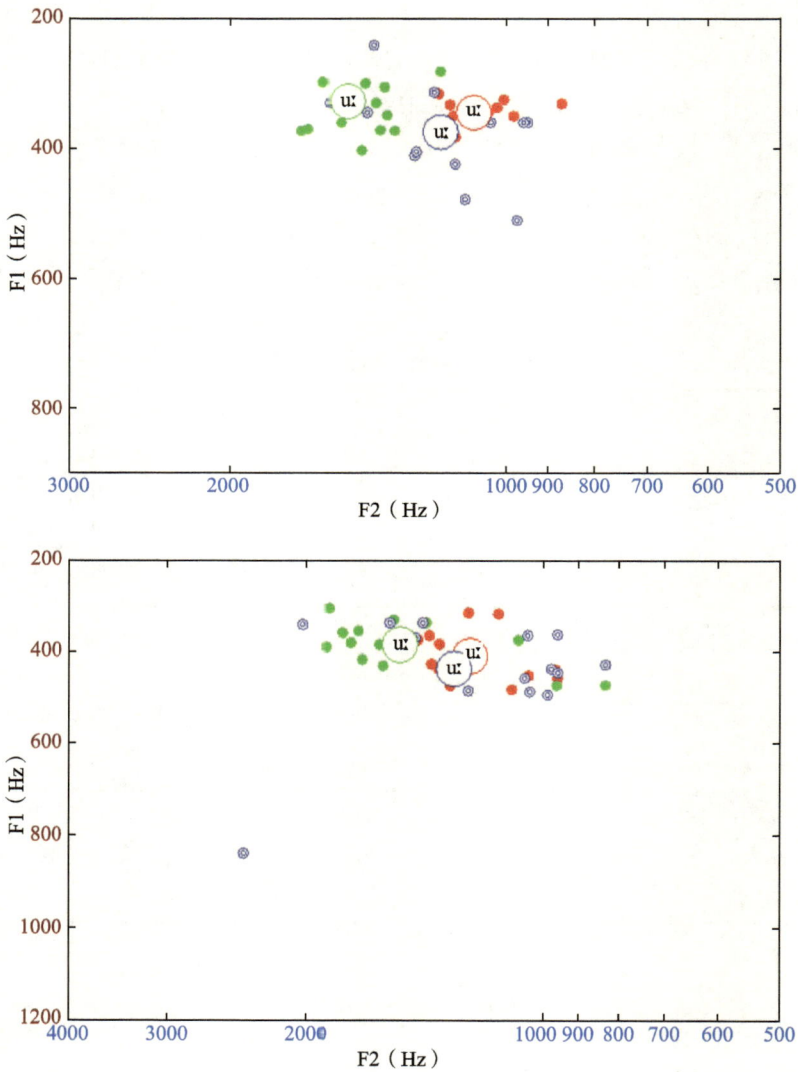

图 2.223 非词首音节 [uː] 元音目标位置共振峰及其
前、后过渡段共振峰分布比较 （M&F）

2. 语流中的音变特征分析

2.1 目标位置共振峰与其前、后过渡段共振峰频率参数之间的显著性
差异分析

图 2.224 和图 2.225 为词首音节和非词首音节长元音 [uː] 的目标位置

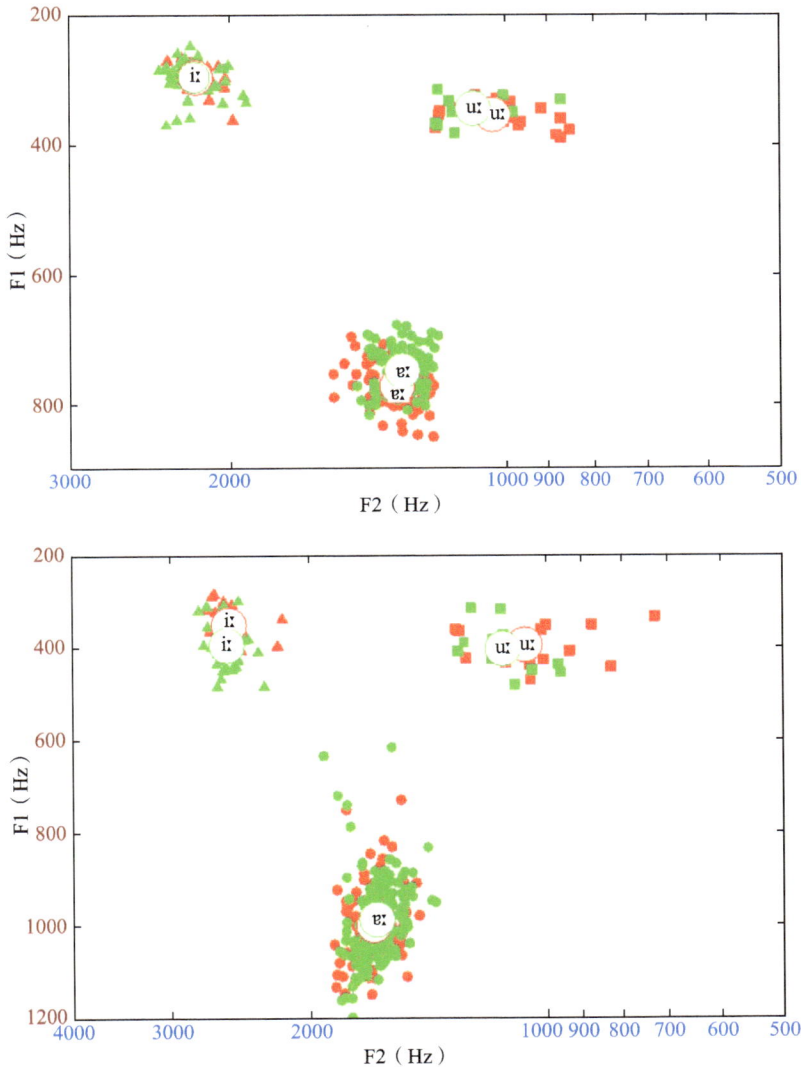

图 2.224 词首和非词首音节长元音 [u:] 在声学空间中所处位置及其分布比较 (M&F)

共振峰（F1/F2）及其前过渡段共振峰（TF1/TF2）、后过渡段共振峰（TP1/TP2）分布比较图。可以看出，与目标位置共振峰频率相比，词首和非词首音节 [u:] 元音前、后过渡段共振峰频率都有所变化。如，男、女发音人 [u:] 元音的前、后过渡段位置与目标位置相比，在声学元音图上整体靠前，这说明前后辅音影响 [u:] 元音舌位，使其变前。

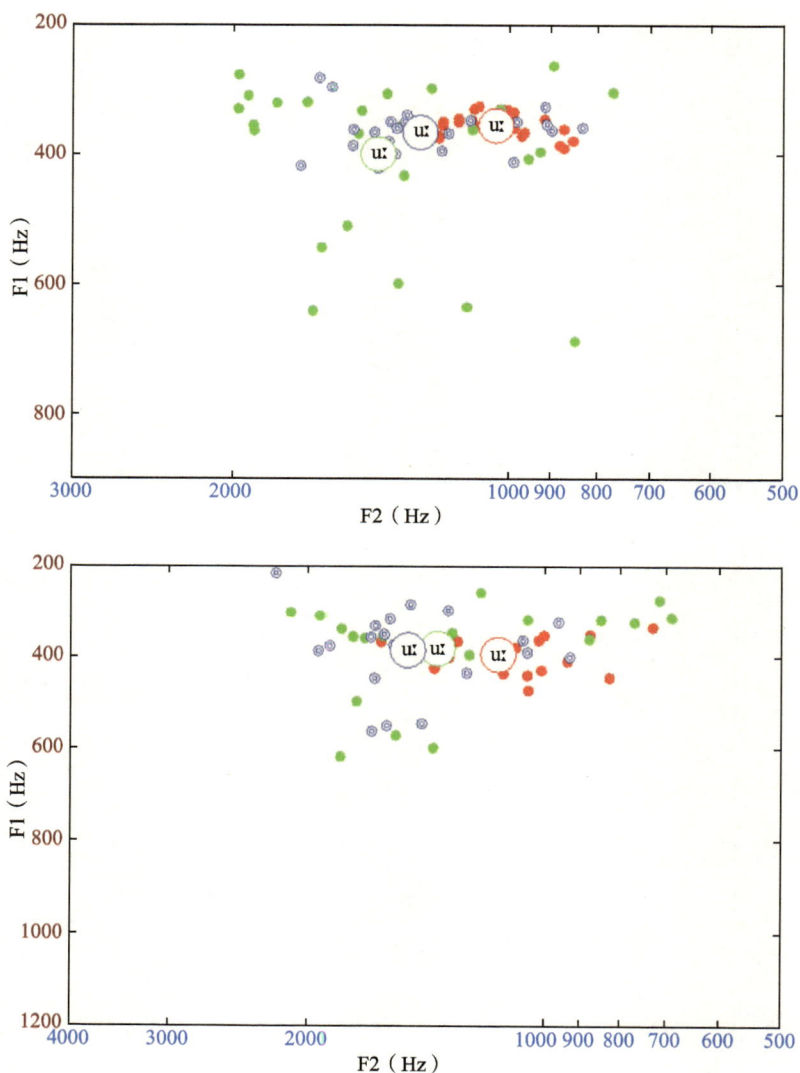

图 2.225　词首音节［uː］元音目标位置共振峰及其
前、后过渡段共振峰分布比较（M&F）

2.2　元音声学参数与音节数量之间的相关性分析

表 2.123 为在单音节词、双音节词和三音节词中出现的［uː］元音的音长（VD）、音强（VA）、目标位置共振峰目标值（F）均值统计，图 2.226、图 2.227 和图 2.228 为音节数量与［uː］元音音长、音强和目标位

置共振峰之间的关系示意图。从上述表和图中可以看出，音节数量与［u:］
元音声学参数之间具有一定的相关性。实验显示，在单音节词里女发音人
［u:］元音的音强和音高都比男发音人的高，但是在双音节词和三音节词当
中，男发音人［u:］元音的音长相对较长，音强相对较强。总体来看，随
着音节数量的增多该元音音长会相对变短。此外，可以从下列图表看出，
音节数量与［u:］元音目标位置共振峰频率之间几乎没有明显相关性。

表 2.123　不同音节词中 ［u:］元音声学参数统计

发音人统计项		M					F				
		VD	VA	F1	F2	F3	VD	VA	F1	F2	F3
单音节词	平均值	378	70.75	348	1009	2425	412	72.43	426	1052	3393
	标准差	55	1.83	19	92	95	96	1.05	32	171	87
	变异系数	15%	3%	5%	9%	4%	23%	1%	7%	16%	3%
双音节词	平均值	257	68.83	353	1067	2460	249	66.37	409	1190	3160
	标准差	90	2.76	17	96	124	150	3.25	54	191	232
	变异系数	35%	4%	5%	9%	5%	60%	5%	13%	16%	7%
三音节词	平均值	187	69.83	358	1064	2420	193	68.4	391	1192	3183
	标准差	113	3.62	16	103	68	132	4.18	59	187	140
	变异系数	60%	5%	5%	10%	3%	69%	6%	15%	16%	4%

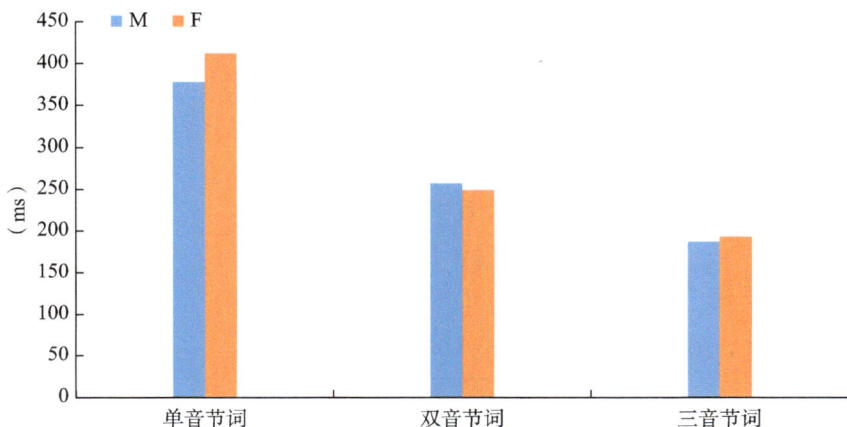

图 2.226　音节数量与 ［u:］元音音长之间的关系示意 （M&F）

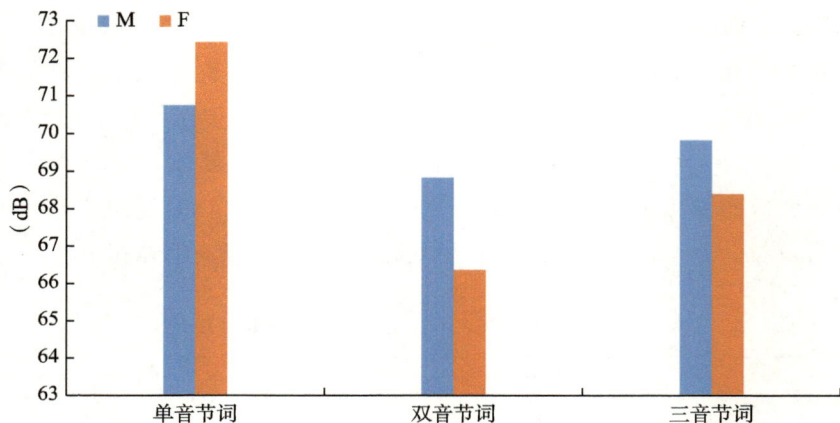

图 2.227 音节数量与［uː］元音音强之间的关系示意（M&F）

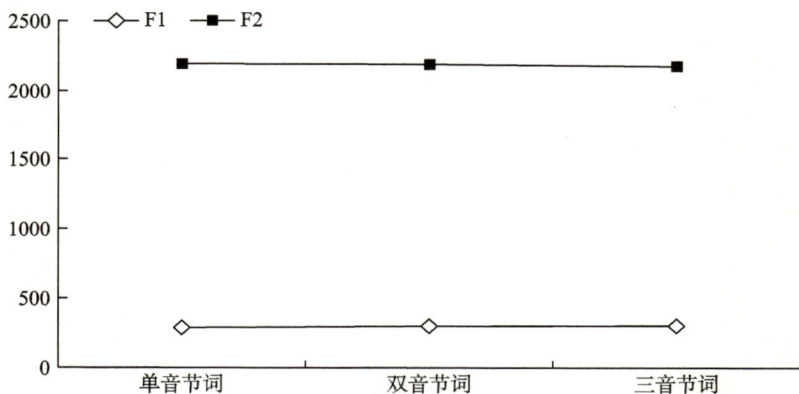

图 2.228-1 音节数量与［uː］元音目标位置共振峰之间的关系示意（M）

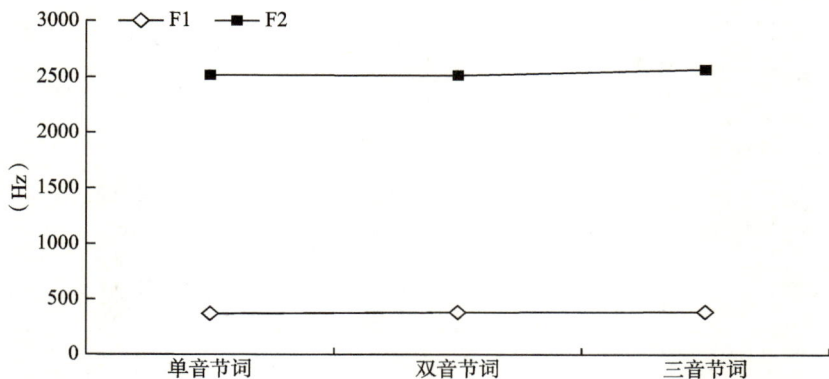

图 2.228-2 音节数量与［uː］元音目标位置共振峰之间的关系示意（F）

（七）［ʉː］元音

1. 声学特征与音色

1.1　［ʉː］元音三维语图和语音标注

图 2.229 为男发音人［tɕʉːʒə］"写"一词的三维语图和三层标注实例。其中，目标位置第一至第三共振峰（F1 ~ F3）分别为 390Hz、1494Hz、2510Hz。可以看出，［ʉː］元音的第一共振峰较低，第二共振峰居中。虽然受前置辅音［tɕ］和后置辅音［ʒ］的影响，前、后过渡段第二共振峰急速上升，但该语图还是比较真实地显示了［ʉː］元音在实际语流中的存在形式。

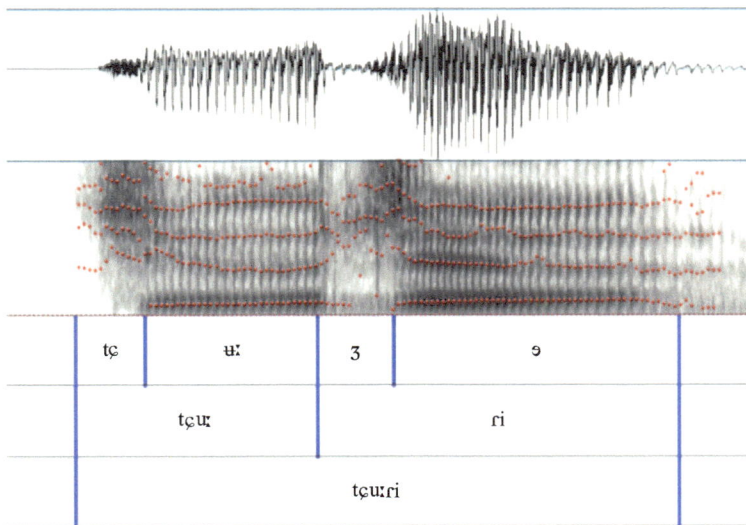

图 2.229　男发音人［tɕʉːʒə］"写"一词的三维语图和三层标注实例

1.2　［ʉː］元音声学特征参数与音色定位

1.2.1　词首和非词首音节长元音［ʉː］的声学特征比较

（1）声学参数均值比较

表 2.124 和表 2.125 为词首和非词首音节长元音［ʉː］的声学参数统计。这两个表显示，词首音节男、女发音人［ʉː］元音音长、音强和共振峰均值分别为：VD = 160ms（M），219ms（F）；VA = 66.67dB（M），66.79dB（F）；F1 = 334Hz（M），375Hz（F）；F2 = 1418Hz（M），1500Hz（F）。

非词首音节男、女发音人［ʉː］元音音长、音强和共振峰均值分别为：VD＝184ms（M），273ms（F）；VA＝68.71dB（M），68.4dB（F）；F1＝346Hz（M），389Hz（F）；F2＝1337Hz（M），1383Hz（F）。

从表2.124~2.125可以看出，词首和非词首音节长元音［ʉː］的声学参数具有一定的差异。如音长、音强和共振峰均值方面的差异分别为：VD：−24ms（M），−54ms（F）；VA：−2.04dB（M），−1.61dB（F）；F1：−12Hz（M），−14Hz（F）；F2：−81Hz（M），+117Hz（F）。

表2.124　词首［ʉː］元音统计

ʉː	M					F				
	VD	VA	F1	F2	F3	VD	VA	F1	F2	F3
平均值	160	66.67	334	1418	2440	219	66.79	375	1500	3089
标准差	36	1.41	11	94	59	146	4.11	35	165	221
变异系数	23%	2%	3%	7%	2%	67%	6%	9%	11%	7%

表2.125　非词首［ʉː］元音统计

ʉː	M					F				
	VD	VA	F1	F2	F3	VD	VA	F1	F2	F3
平均值	184	68.71	346	1337	2388	273	68.4	389	1383	3198
标准差	79	2.86	22	127	109	129	3.07	22	74	189
变异系数	43%	4%	6%	9%	5%	47%	4%	6%	5%	6%

（2）声学元音图比较

图2.230为词首和非词首音节长元音［ʉː］的声学元音图。其中蓝色倒三角形表示词首音节［ʉː］元音共振峰分布，粉色倒三角形表示非词首音节［ʉː］元音的共振峰分布。可以看出，两位发音人词首音节［ʉː］元音的舌位比非词首音节［ʉː］元音的更加靠前。

1.2.2　长元音［ʉː］的音色（音质）定位

从上述比较中得知，虽然在声学语言学层面上，土族语词首和非词首音节长元音［ʉː］的音色有所差别，但凭感知无法区分声学特征上所存在的差异。为此，我们认为：土族语词首和非词首音节中的该长元音为高、

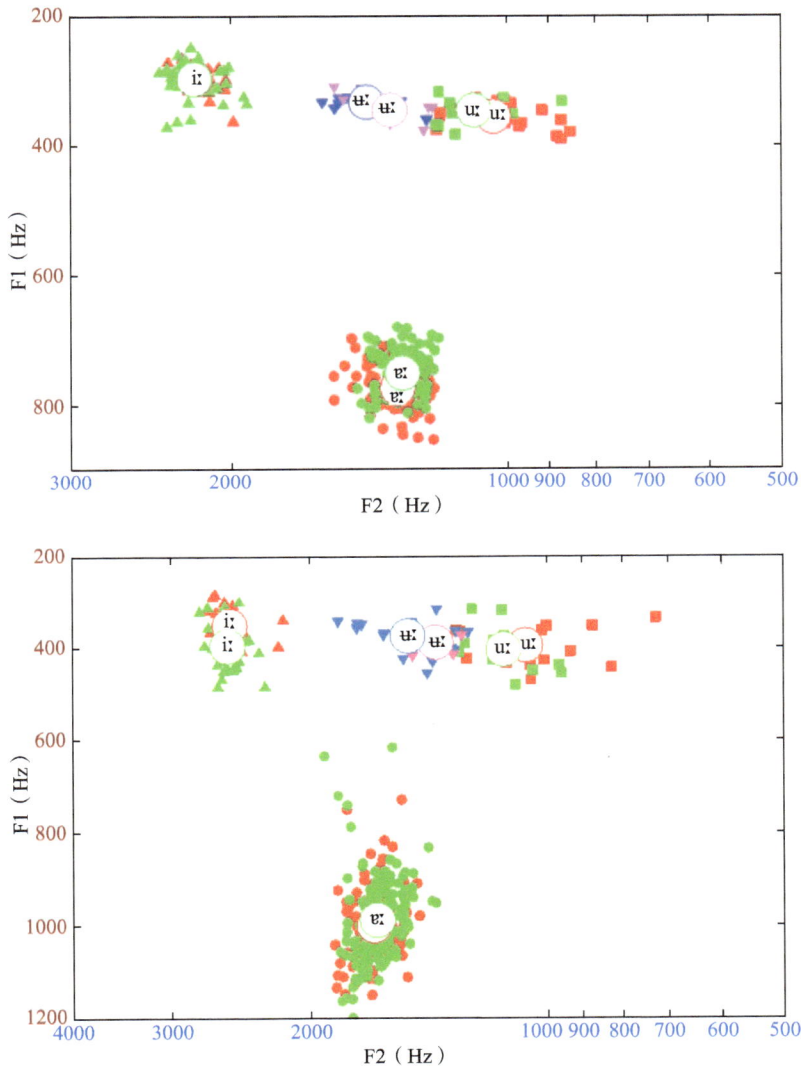

图 2.230 词首和非词首音节长元音［ʉː］在声学空间中
所处位置及其分布比较（M&F）

央、圆唇元音，用［ʉː］音标记接近其实际音值。

2. 语流中的音变特征分析

图 2.231 和图 2.232 为词首音节和非词首音节长元音［ʉː］的目标位置
共振峰（F1/F2）及其前过渡段共振峰（TF1/TF2）、后过渡段共振峰（TP1/
TP2）分布比较图。可以看出，与目标位置共振峰频率相比，词首和非词首音节［ʉː］元音前、后过渡段共振峰频率都有所变化。从舌位图上的分布来看，无论是在词首音节，还是在非词首音节中，［ʉː］元音前过渡段的分布范围都更加靠前，但是后过渡段的分布范围更加离散。

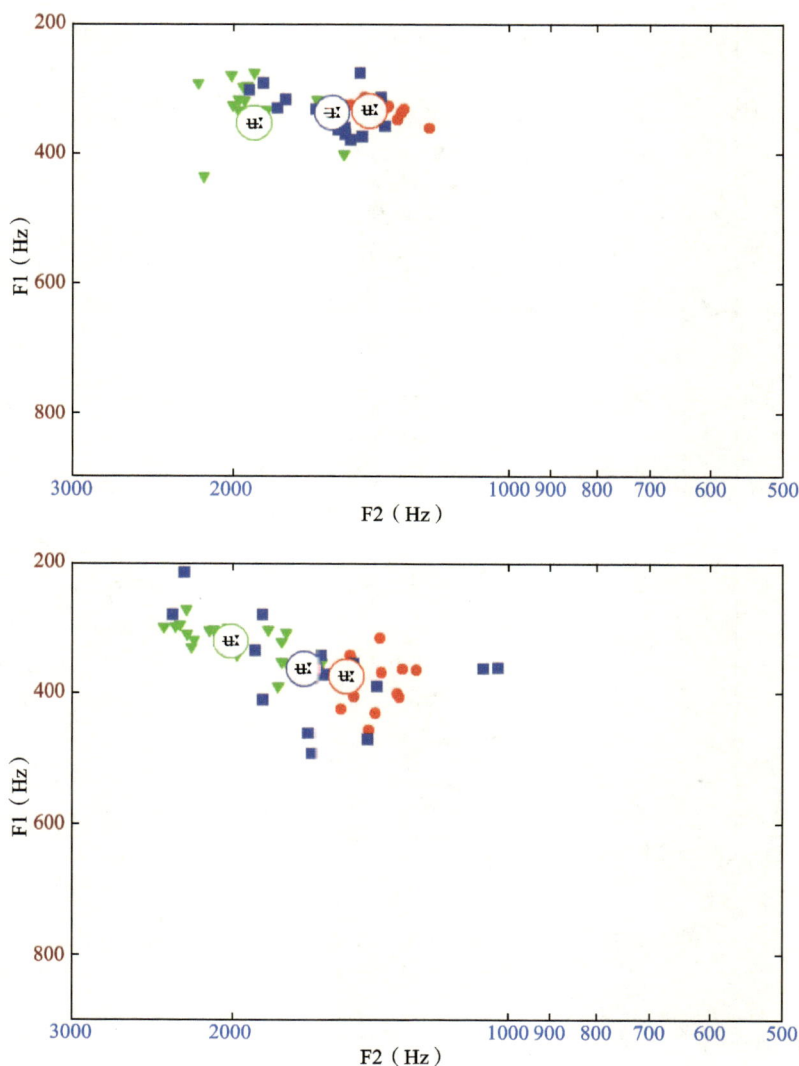

图 2.231　词首音节［ʉː］元音目标位置共振峰及其前、后过渡段共振峰分布比较（M&F）

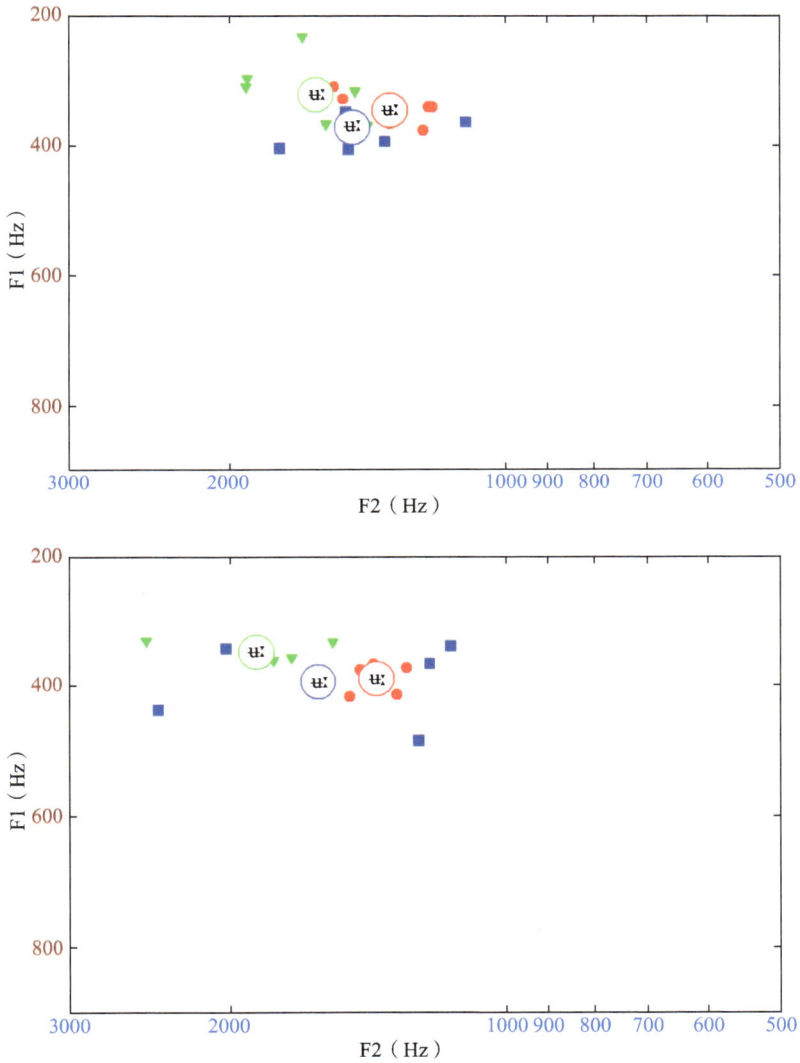

图 2.232　非词首音节 ［ʉː］元音目标位置共振峰及其
前、后过渡段共振峰分布比较 （M&F）

六　复合元音

土族语有 ［ɐi, ɐe, ɜi, ɜu, əu, ɜʊ, ɣu, ʌu, iu, iʉ, ʉɐ, ʊɐ, oi,
ʊi, ʉi］ 等 15 个二合元音和 ［ʊei］ 1 个三合元音。其中， ［ɐi, ɐe, ɜi,

ɜe〕是/ɐi/的条件变体；〔 əu，ɜu，ɤu，ʌu〕是/ɜu/的条件变体；〔iu，iʉ〕是 /iu/ 的条件变体；〔ʉɐ，ʊɐ，ɐʉ〕是 /ɐu/ 的条件变体；〔oi，ʊi，ʉi〕是 /oi/ 的条件变体。

（一） 复合元音/ɐi/

土族语/ɐi/有〔ɐi〕、〔ɐe〕、〔ɜi〕、〔ɜe〕4 个条件变体。其中〔ɐi〕出现于词中〔x，q〕等后辅音和以〔tɕ〕起始的音节之间，词末〔tʰ，pʰ〕等送气塞音后；〔ɜi〕出现在词末〔x，q，p〕等后辅音后；〔ɐe〕出现于词首和词中〔x，tʰ〕等辅音和〔ʒ，l，n，m，t〕等辅音之间；〔ɜe〕出现于词中〔n，m，s，p〕等辅音和〔ʒ，ɾ，l，m，n〕辅音起始的音节之间。表 2.126 为男发音人/ɐi/的 4 个变体出现频率和共振峰平均值统计表。从表 2.126 中可以看出，〔ɜi〕的出现频率最高，出现了 18 次，其次是〔ɜe〕，出现了 11 次，〔ɐi〕和〔ɐe〕的出现频率较低，分别出现了 6 次和 7 次，4 个变体之间的区别在于起始段和结尾段，〔ɐi〕和〔ɐe〕、〔ɜi〕和〔ɜe〕的区别在于结尾段，〔ɐi〕和〔ɜi〕、〔ɐe〕和〔ɜe〕的区别在于起始段，而〔ɐe〕和〔ɜi〕、〔ɐi〕和〔ɜe〕在起始段和结尾段都有区别，主要原因为出现的位置和邻音的不同。图 2.233、图 2.234、图 2.235 和 2.236 为包含复合元音〔ɐi〕、〔ɐe〕、〔ɜi〕、〔ɜe〕的例词的三维语图和三层标注实例。

表 2.126　复合元音/ɐi/的共振峰统计 （M）

单位：Hz

元音	起始段				结尾段				个数
	F1		F2		F1		F2		
	范围	均值	范围	均值	范围	均值	范围	均值	
ɐi	650~678	666	1466~1673	1567	270~400	359	2003~2407	2150	6
ɐe	634~776	681	1565~1624	1598	450~463	453	1827~1999	1942	7
ɜi	500~610	546	1423~1706	1559	244~369	311	2050~2468	2219	18
ɜe	513~595	551	1479~1755	1557	412~486	460	1719~2045	1943	11

（二） 复合元音/ɜu/

土族语/ɜu/有〔əu〕、〔ɜu〕、〔ɤu〕、〔ʌu〕等 4 个变体。其中〔ɜu〕

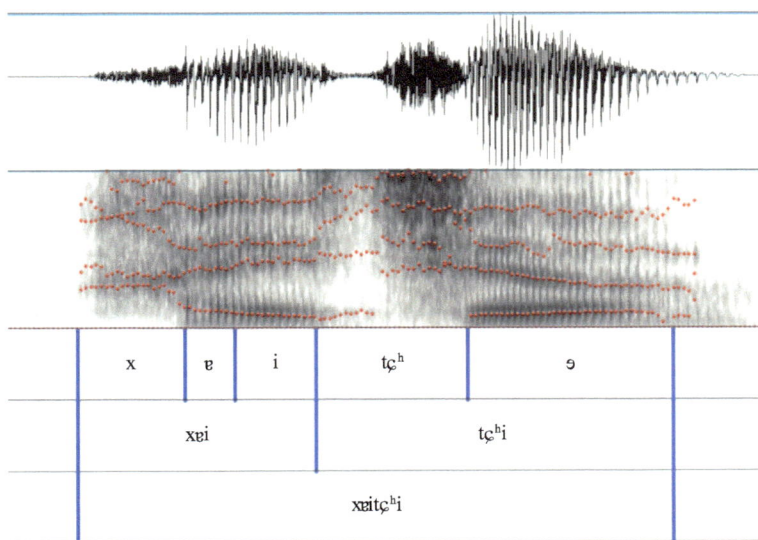

图 2.233　男发音人 ［xɐitɕʰə］ "剪刀" 一词的三维语图和三层标注实例

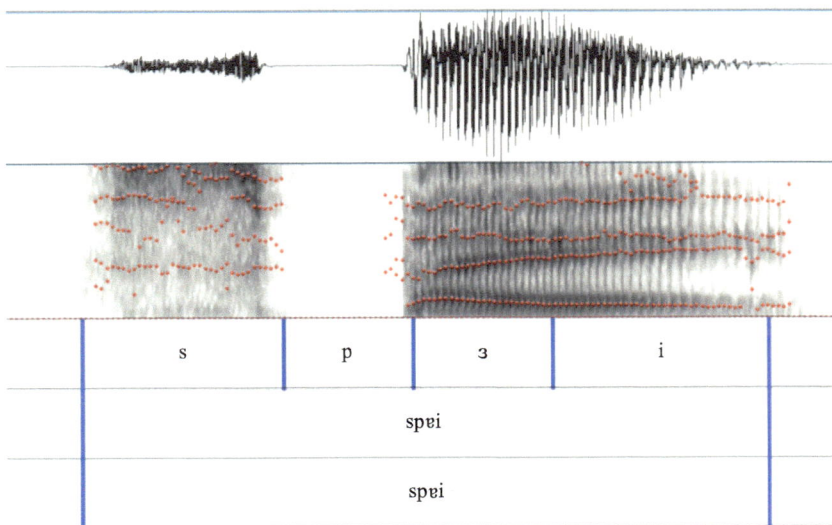

图 2.234　男发音人 ［spɜi］ "青稞" 一词的三维语图和三层标注实例

出现在词中和词末 ［t，l，n，s］ 等辅音后；［əu］ 主要出现在词中 ［tɕ，
ɕ，ʂ，j］ 和词末 ［s］ 后；［ʊu］ 只出现在词中 ［m］ 辅音后；［ʌu］ 可
以出现在词的任何位置，词中主要出现在 ［x］ 辅音后，词末主要出现在
［q，tʰ，p］ 等辅音后。表 2.127 为男发音人/ɜu/的 4 个变体出现频率和共

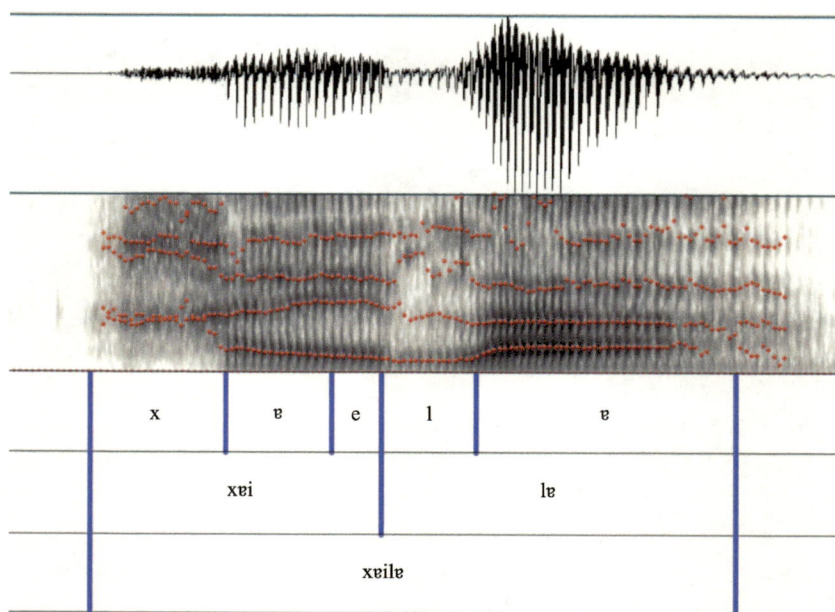

图 2.235 男发音人［xɐeleɐ］"鸣；嘶；叫"一词的三维语图和三层标注实例

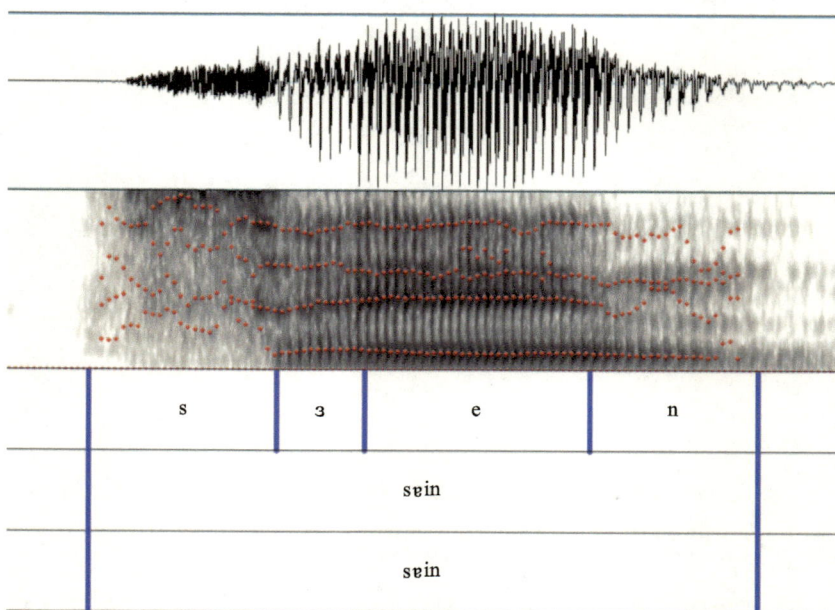

图 2.236 男发音人［sʒen］"好"一词的三维语图和三层标注实例

振峰平均值统计表。从表 2.127 可以看出，［ɜu］和［ʌu］的出现频率较高，分别出现了 12 次和 14 次，其次是［əu］，出现了 8 次，［ɤu］的出现频率较低，出现了 3 次。4 个变体之间的主要区别在于起始段，原因为出现的位置和前置辅音的不同。图 2.237、图 2.238、图 2.239 和图 2.240 为包含复合元音［əu］、［ɜu］、［ɤu］、［ʌu］的例词的三维语图和三层标注实例。

表 2.127　复合元音/ɜu/的共振峰统计（M）

单位：Hz

元音	起始段				结尾段				个数
	F1		F2		F1		F2		
	范围	均值	范围	均值	范围	均值	范围	均值	
əu	429~472	454	1204~1526	1338	388~427	414	902~1077	1026	8
ɜu	480~535	511	1210~1303	1273	391~445	420	882~1178	977	12
ɤu	430~471	445	896~1121	931	373~406	393	692~1145	941	3
ʌu	488~598	534	932~1162	1019	384~476	422	800~1171	977	14

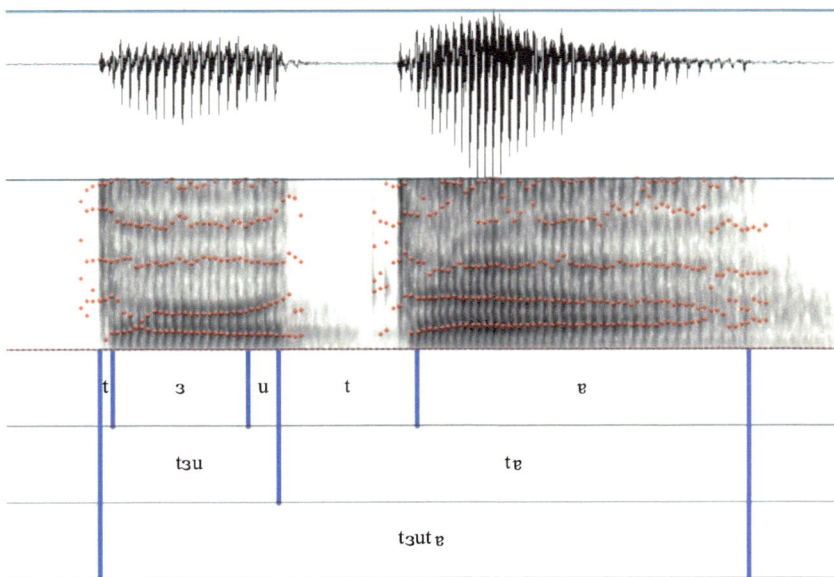

图 2.237　男发音人［tɜutɐ］"叫、唤；称呼"一词的三维语图和三层标注实例

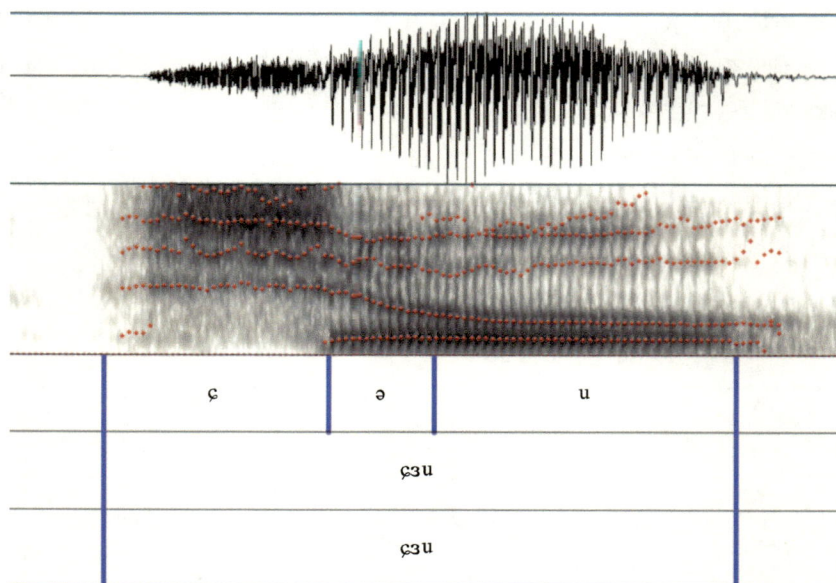

图 2.238　男发音人［çəu］"鸟"一词的三维语图和三层标注实例

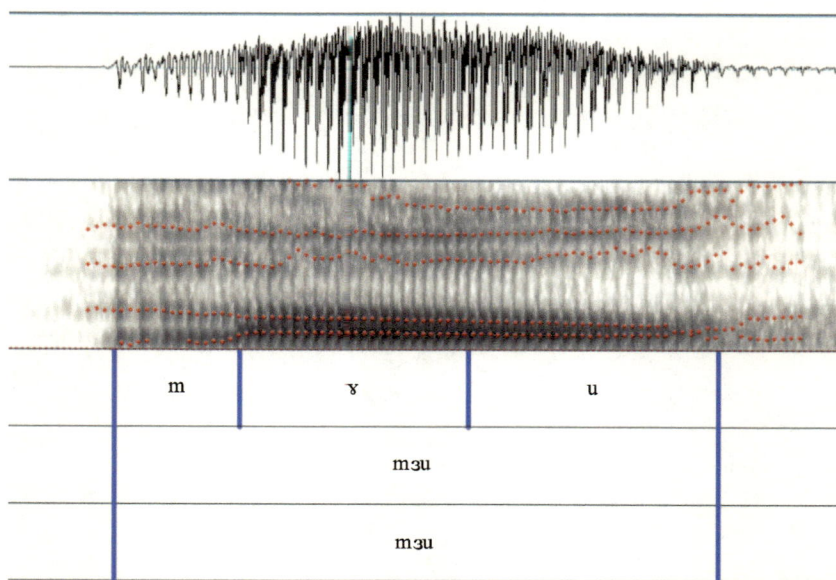

图 2.239　男发音人［mɤu］"坏"一词的三维语图和三层标注实例

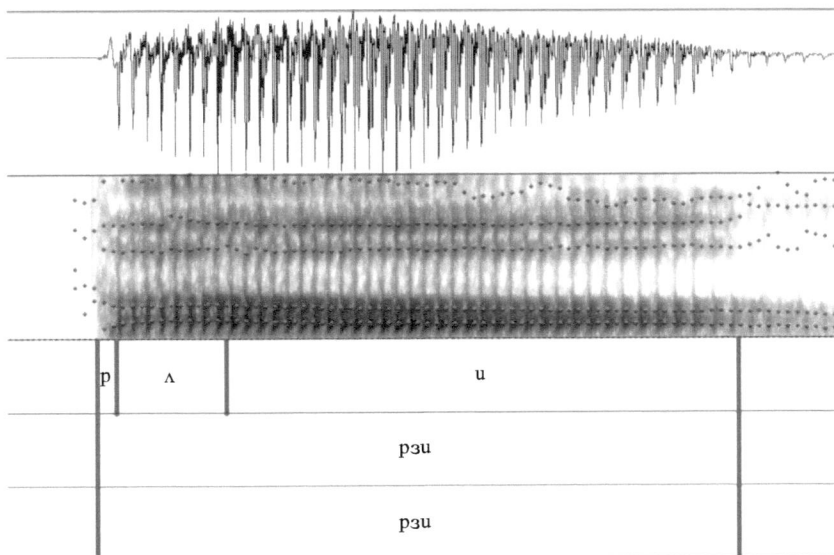

图 2.240 男发音人［pʌu］"下来"一词的三维语图和三层标注实例

（三）复合元音/iu/

土族语/iu/有［iu］和［iʉ］2 个条件变体。其中［iu］只出现在词末位置；［iʉ］出现在词中位置。表 2.128 为男发音人/iu/的两个变体出现频率和共振峰平均值统计表。从表 2.128 中可以看出，［iu］和［iʉ］在数据库中分别出现了 12 次，2 个变体之间的主要区别在于结尾段，原因为出现的位置不同。图 2.241 和图 2.242 为包含复合元音［iu］和［iʉ］的例词的三维语图和三层标注实例。

表 2.128 复合元音/iu/的共振峰统计（M）

单位：Hz

元音	起始段				结尾段				个数
	F1		F2		F1		F2		
	范围	均值	范围	均值	范围	均值	范围	均值	
iʉ	270~361	322	1703~2141	1960	319~391	355	1319~1470	1382	12
iu	281~380	323	1902~2372	2083	283~362	328	896~1181	1069	12

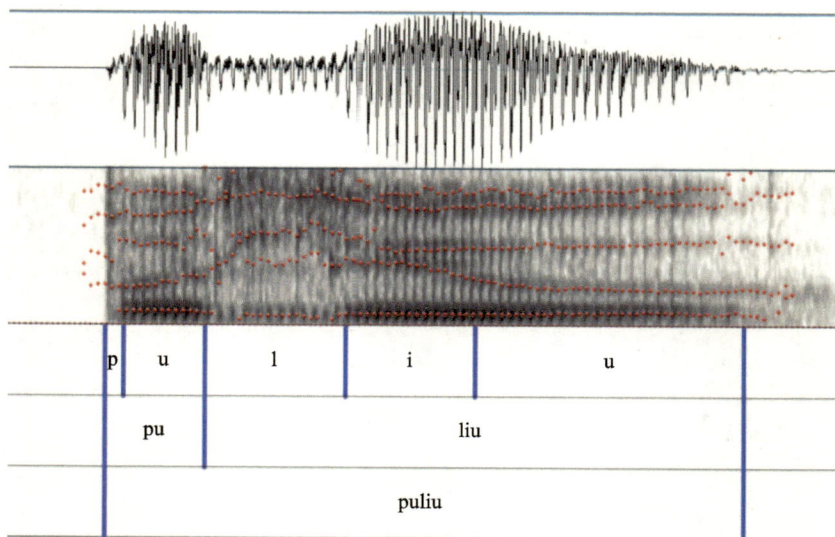

p u l i u

pu liu

puliu

图 2.241　男发音人［puliu］"磨石"一词的三维语图和三层标注实例

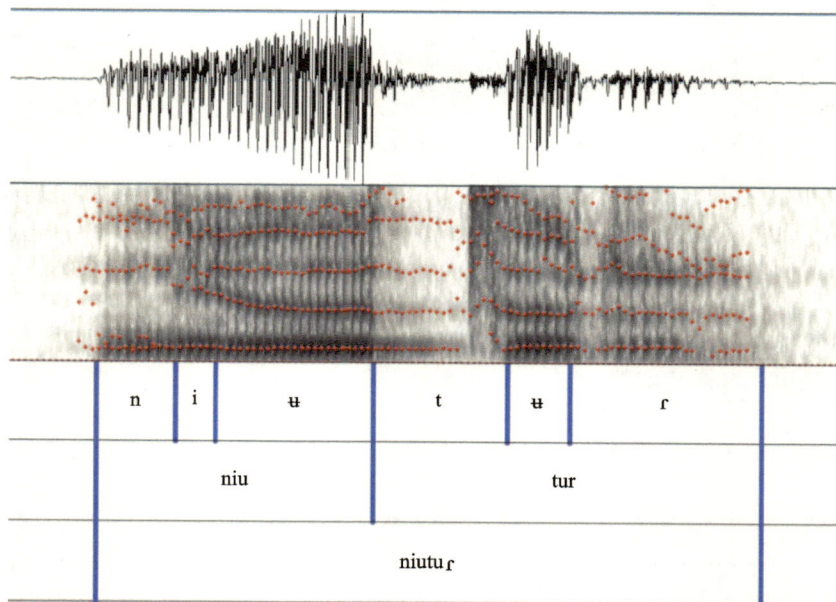

n i ʉ t ʉ ɻ

niu tur

niutuɻ

图 2.242　男发音人［niʉtʉˑ］"今天"一词的三维语图和三层标注实例

（四）复合元音/oi/

土族语/oi/有［oi］、［ʊi］、［ʉi］3 个变体。其中［oi］出现在词中和词末［q，k］之后；［ʊi］只出现在［xʊinɔ］"以后；背后，后"和［xʊimoʒ］"室内平地；地板"两个例词中，出现在词首音节［x］后；［ʉi］只出现在［ʉilele］"作活儿，劳动"、［xʉitɕʰɐ:］"经书"、［urʉi］"晚的；迟的"3 个例词中。表 2.129 为男发音人/oi/的三个变体出现频率和共振峰平均值统计表。从表 2.129 中可以看出，数据库中［oi］出现频率最高，共出现了 15 次，［ʊi］和［iʉ］出现频率较低，分别出现了 2 次和 3 次。3 个变体之间的主要区别在于起始段，原因为前置辅音不同。图 2.243、图 2.244 和图 2.245 为包含复合元音［oi］、［ʊi］、［ʉi］的例词的三维语图和三层标注实例。

表 2.129　复合元音/oi/的共振峰统计（M）

单位：Hz

元音	起始段				结尾段				个数
	F1		F2		F1		F2		
	范围	均值	范围	均值	范围	均值	范围	均值	
oi	413～449	464	856～1133	1006	229～406	366	1804～2297	1956	15
ʊi	526～532	529	1117～1167	1142	432～459	446	1841～1879	1860	2
ʉi	299～443	359	1380～1574	1456	258～319	296	2017～2366	2211	3

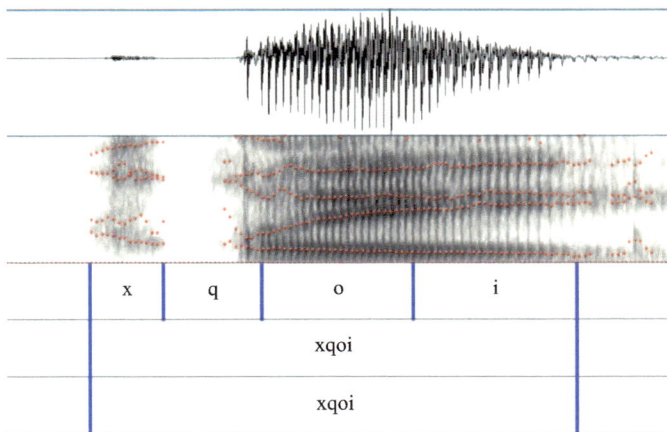

图 2.243　男发音人［xqoi］"故事"一词的三维语图和三层标注实例

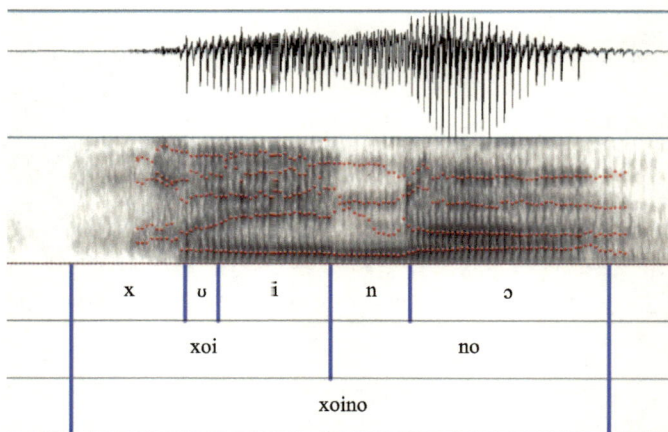

图 2.244　男发音人 [xʊinɔ] "以后；背后，后" 一词的三维语图和三层标注实例

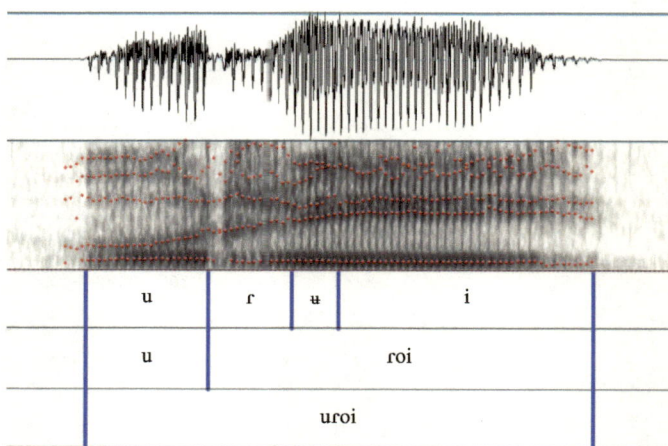

图 2.245　男发音人 [urɐi] "晚的；迟的" 一词的三维语图和三层标注实例

（五）复合元音/ʊɐ/

土族语/ʊɐ/有 [ɐɐ] 和 [ʊɐ] 2个变体。数据库中出现的次数较少，其中 [ɐɐ] 出现在 [ntɕɐɐn] "肉方子" 和 [tɕɐtɕɐɐn] "厚；茂盛" 2个例词中，[ʊɐ] 出现在 [ŋɔʊɐ] "洗"、[ŋquɐsɐ] "屁"、[xɔʊɐ] "分；掰；除" 3个词中。2个变体之间的区别在于起始段，原因为前置辅音不同。图2.246 和图2.247 为包含复合元音 [ɐɐ] 和 [ʊɐ] 的例词的三维语图和三层标注实例。

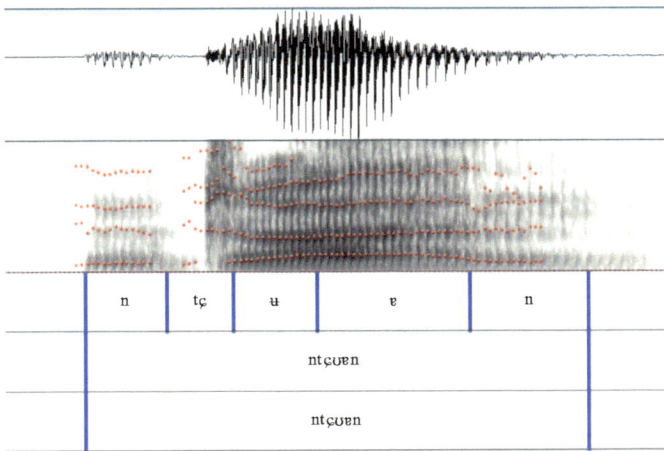

图 2.246　男发音人〔ntɕʉɐn〕"肉方子"一词的三维语图和三层标注实例

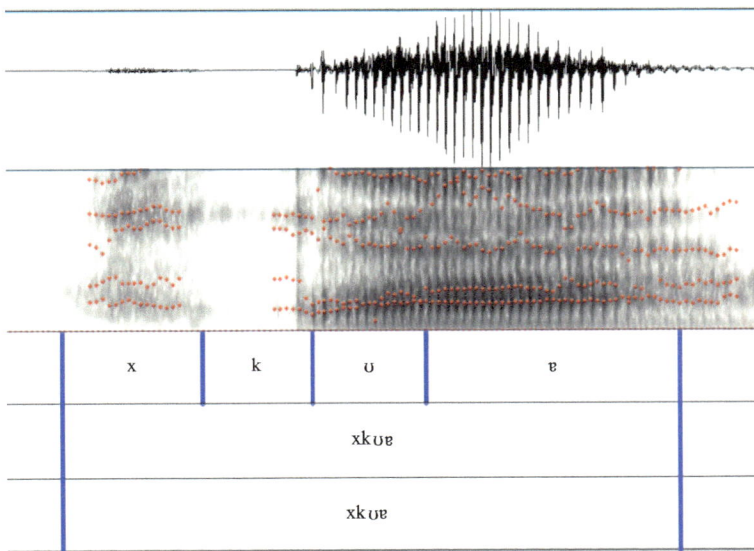

图 2.247　男发音人〔xkʊɐ〕"分"一词的三维语图和三层标注实例

（六）复合元音/ʊei/

土族语/ʊei/在数据库中只在〔kʊei〕"跑"一个例子出现。图 2.248 为〔kʊei〕"跑"一词中出现的〔ʊei〕的三维语图。

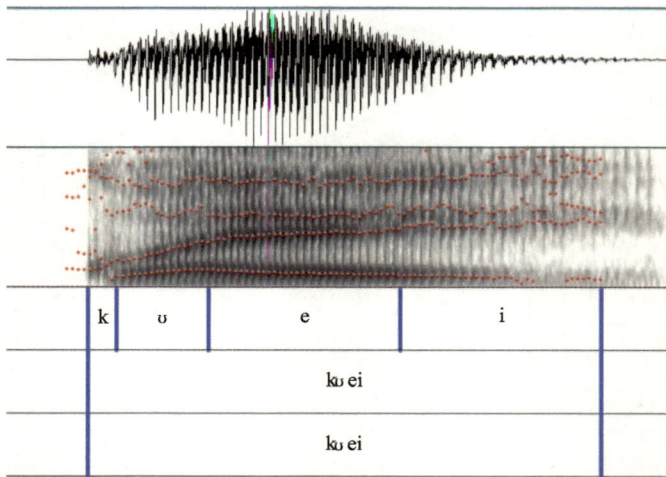

图 2.248　男发音人［kʊei］"跑"一词的三维语图和三层标注实例

第三章

土族语辅音声学特征

　　鲍怀翘研究员在其实验语音学讲义中，从以下几个方面比较准确地总结了辅音的发音特点。以下是对鲍氏观点稍做修改后的阐述。（1）声源：气流克服阻碍通过口腔时激发阻碍的各部位而形成声波，发浊辅音时在上述声源上加载声带振动波；（2）感知：噪声（除半元音外）；（3）时程：虽然相对短促，但不一定比元音短；（4）气流类型：脉冲波（塞音）和湍流（擦音）；（5）气流受阻方式：口腔中存在不同程度的阻塞（塞音）或阻碍（擦音）；（6）肌肉活动范围：发音成阻部位肌肉紧张，这是辅音的共性。下面从土族语自身的特点总结其辅音系统的某些特点。

一　辅音声学特征参数及分析方法

（一）冲直条（Spike）

　　塞音破裂产生的脉冲频谱，表现为一直条。时程较短，10~20ms，意味着在所有的频率成分上都有能量分布。图 3.1 为［tʊtʰ］"近便的"一词中［t］和［tʰ］的冲直条示例。请见该图中两个斜线箭头所指位置。

（二）无声空间（GAP）

　　在塞音和塞擦音破裂之前有一段空白，这是辅音成阻、持阻时段的表现，造成清塞音的效果。这一段虽是空白，但对塞音感知来说是不可缺少的，可以说"此处无声胜有声"。请见图 3.1 中直线箭头所指位置。

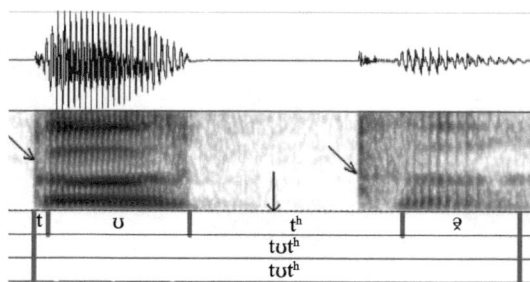

图 3.1　在［tʊtʰ］"近便的"一词中［t］和［tʰ］的冲直条示例

（三）嗓音横杠（Voice Bar）

这是声带振动的浊音流经鼻腔辐射到空气中在语图上的表现。冲直条之前若有一条 500Hz 以下较宽的嗓音横杠，说明这是浊塞音。土族语中没有浊塞音。

（四）乱纹（Fills）

这是气流流经口腔某部位狭窄通道造成的湍流，所有的擦音在语图上都表现为乱纹。图 3.2 为［sum］"寺庙"一词中［s］的乱纹示例，请见斜线箭头所指位置。

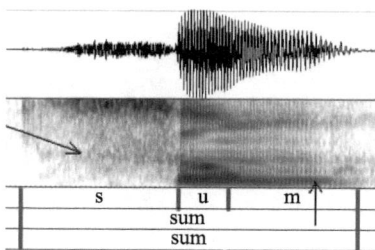

图 3.2　在［sum］"寺庙"一词中［s］的乱纹示例

（五）共振峰（Formant）

共振峰是由声带振动作为激励源经声腔共鸣形成的，鼻音、边音等浊辅音都有共振峰。请见图 3.2 中直线箭头所指位置。

以下是引自鲍怀翘讲义的辅音声学特征基本模式图。

因辅音发音方法的不同，这些基本模式的组合方式也不同。如，浊塞

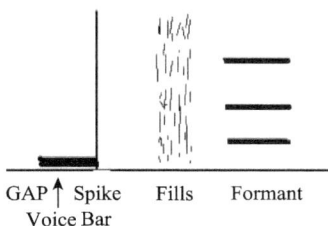

图 3.3　辅音声学特征基本模式

音的声学表现为噪音横条与冲直条、清塞音为无声间隙与冲直条、清塞擦音为冲直条与一段较短时程的乱纹、清送气塞擦音为冲直条与一段较长时程的乱纹、清擦音为较长的乱纹、浊擦音为乱纹与共振峰等。

（六）　噪音起始时间（Voice Onset Time，VOT）

如图 3.4 所示，噪音起始时间是指声带振动产生的浊音流（噪音）出现在冲直条前后的位置及其时间。出现在冲直条之前，就是浊音，VOT 为负值，出现在冲直条之后为正值，就是清辅音。它们都分布在时间轴上，因此都可以用时间来量化。根据 VOT 数据，比较容易区分清塞音、清塞擦音、送气清塞音、送气清塞擦音。图 3.4 为引自鲍怀翘讲义的噪音起始时间（VOT）示意图。

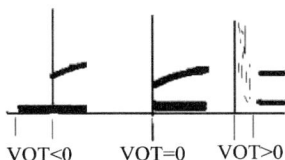

图 3.4　噪音起始时间（VOT）示意

（七）　强频集中区（Concentrated Frequency Area，CFA）

强频集中区（CFA）又称辅音共振峰，是清擦音和一切摩擦噪声（塞擦音中的摩擦段和送气音）经声腔共鸣形成的共振峰（我们在参数库中标记为 CF1，CF2，……）。擦音是一种摩擦噪声，在语图上表现为乱纹。但由于发音部位的不同（气流受阻位置不同），形成特定的共鸣腔和反共鸣腔，于是某些频率位置的能量得到加强，这就是强频区。发音部位越靠前，共鸣腔越短，共鸣频率（特别是最强共鸣）就越高，反之则相反。所以 /s/

音最高，/h/音最低。/f/是唇齿音，几乎没有共鸣腔体，因此它的乱纹也没有特别强的频率区（鲍怀翘，2005）。

虽然清擦音、清塞音和清塞擦音的 CF 是有效参数，但与其他声学参数相比提取该参数需要经验。我们在"中国少数民族语言语音声学参数统计分析统一平台"中采用自动提取和手工修改相结合的方法。提取原则和方法是：每个人的共鸣腔是固定的，决定上下移动幅度的是舌位（高低前后）。这对准确采集擦音、塞音和塞擦音等的共振峰具有非常重要的意义。我们采用这种"顺藤摸瓜"的方法，比较容易找到这些辅音的共振峰。

（八）辅音谱特征

在清擦音噪声谱分析中，Svantesson 提出了"谱重心"（Center of Gravity，COG）和"离散"（Dispersion）程度方法。具体做法是在擦音谱稳定段的某一时间点上做 FFT 分析，然后将其转换为临界带（critical band）。将 0 ~ 10000Hz 频率范围划分为 24 个子带，计算出每个子带的平均能量。谱重心即为能量最强的子带的频率，计算重心的公式为：

$$m = \sum n \times 10^{(xn/10)} / F \quad \text{其中 } m \text{ 为重心子带，} n \text{ 为 1~24 个子带}$$

离散度表示语音频谱的离散程度，离散度越大表示谱越离散，反之则反是。离散度的计算公式为：

$$s = \ddot{O}(\sum (n - m)^2 \times 10^{(xn/10)} / F) \quad s \text{ 为离散度}$$
$$F = \sum 10^{(xn/10)} \qquad\qquad F \text{ 为语音谱能量}$$

以谱重心为横轴，分散度为纵轴可以绘制图 3.5 擦音空间分布图。

对以上公式做一些修正，用 $S(f)$ 表示语音的复数谱，f 表示频率，将频率域改为连续域，则参数的积分式定义如下（周学文，2013）：

谱能量（Energy）$= \int_0^\infty |S(f)|^2 df$；

谱重心（COG）为：$\int_0^\infty |S(f)|^2 df$ 除以谱能量，单位赫兹，以下公式中 fc 等于谱重心 COG；

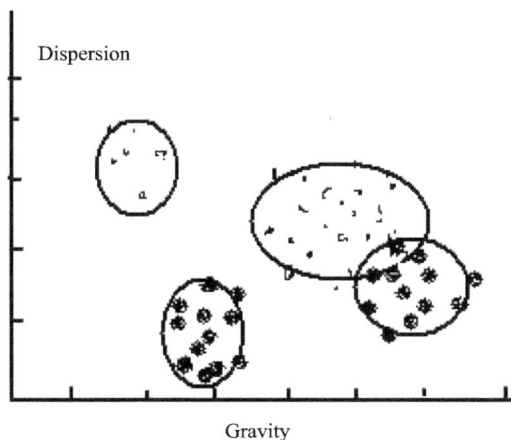

图 3.5　擦音谱重心 — 分散度分布图示例

离散度（Dispersion）为：$\int_0^\infty (f-fc)^2 \mid S(f) \mid^2 df$ 除以谱能量，单位赫兹，然后取平方根；

令 A 为：$\int_0^\infty (f-fc)^3 \mid S(f) \mid^2 df$ 除以 $\int_0^\infty \mid S(f) \mid^2 df$；B 为：$\int_0^\infty (f-fc)^2 \mid S(f) \mid^2 df$ 除以 $\int_0^\infty \mid S(f) \mid^2 df$，则倾斜度 SKEW 为：$A / (B)^{1.5}$。

倾斜度 SKEW 表示低于谱重心的谱与平均频率以上的谱的差，无单位。

冉启斌在他的博士学位论文（2005）中引入了这种方法并对普通话及几种方言的擦音进行了深入的研究并给出了具体的数据。结论是：普通话 5 个清擦音可分为两类，/s/、/ɕ/、/ʂ/谱重心高而分散度小，分布范围小；/f/、/x/谱重心低而分散度大，分布范围也大。该文表明，谱重心对应的频率比语图中实际显示的高得多，从统计上看，擦辅音两两比较时才有显著性意义。尽管如此，该方法在清擦音研究中是一种值得重视的方法。

我们在"中国少数民族语言语音声学参数统计分析统一平台"中采用了 COG、Dispersion 和 SKEW 这三个谱参数。为了避免辅音受其前、后置音段的因素影响，在经过多次实验的基础上，我们采用辅音中间 1/3 段来计算的方法。

呼和用这三个参数分析蒙古语标准话辅音后得出以下结论。COG、STD

和 SKEW 三个谱参数相对稳定，能够有效区别蒙古语标准话辅音的清、浊和不同发音部位的清擦音，具有语言学意义。其中，清辅音的 COG 和 STD 值都明显大于浊辅音，而其 SKEW 值则小于浊辅音；这三个参数与清辅音发音部位之间具有较好的相关性，而与浊辅音发音部位之间的相关性较差（呼和，满语研究，2015）。

二 土族语辅音基本特点

（一）单辅音系统

土族语有 /p, pʰ, t, tʰ, k, kʰ, f, s, ʂ, ɕ, x, tɕ, tɕʰ, ts, tsʰ, m, n, ŋ, l, ɾ, j, w/ 等 22 个单辅音音位。按照发音方法可以分塞音 /p, pʰ, t, tʰ, k, kʰ/，塞擦音 /tɕ, tɕʰ, ts, tsʰ/，擦音 /f, s, ʂ, ɕ, x/，鼻音 /m, n, ŋ/，边音 /l/，半元音 /j, w/，闪音 /ɾ/。其中，/p, pʰ, t, tʰ, k, kʰ, f, s, ʂ, ɕ, x, tɕ, tɕʰ, ts, tsʰ/ 为清音，/m, n, ŋ, l, ɾ, j, w/ 为浊音。

土族语上述单辅音可以分为以下辅音音位：（1）清塞音 /p, pʰ, t, tʰ, k, kʰ/；（2）清塞擦音 /tɕ, tɕʰ, ts, tsʰ/；（3）擦音 /f, s, ʂ, ɕ, x/；（4）鼻音 /m, n, ŋ/；（5）边近音 /l/；（6）闪音 /ɾ/；（7）近音 /j, w/。其中，/m, n, ŋ, l, ɾ, j, w/ 为浊辅音。表 3.1 为土族语辅音归纳表。

表 3.1 土族语辅音归纳

发音方法 发音部位			双唇音	唇齿音	齿龈音	卷舌音	齿龈-硬腭音	软腭音
清	塞音	不送气	p		t			k
		送气	pʰ		tʰ			kʰ
	塞擦音	不送气			ts		tɕ	
		送气			tsʰ		tɕʰ	
	擦音			f	s	ʂ	ɕ	x

续表

	发音方法 发音部位	双唇音	唇齿音	齿龈音	卷舌音	齿龈- 硬腭音	软腭音
浊	鼻音	m		n			ŋ
	闪音			ɾ			
	近音	w				j	
	边近音			l			

（二）　辅音群问题

无论从词层面，还是从音节层面看，土族语是辅音群比较丰富的语言之一。我们把词中跨音节和音节内的辅音组合统称为辅音群。辅音群指出现在同一个音节（一起发音）或跨音节（有音节停顿）中的两个或三个，甚至四个连续的辅音组合。其中，由两个或三个，甚至四个辅音组成的一起发音（同一个音节）的辅音群叫作复辅音（在英文文献中叫作 Consonant Cluster），这是不可分割的音节单元，可以用 CC、CCV#、#VCC 表示（#表示任何元音和辅音下同）；而由两个或三个，甚至四个辅音组成的不一起发音（跨音节，有音节停顿）的辅音群叫作辅音串，在音节层面辅音串是跨音节的，而在词层面它们属同一个单元，可以用#C/C#、#CC/C#、#C/CC#表示。复辅音分独立（单独构成音节）或非独立（与元音一起构成音节）音节，辅音串分二辅音串、三辅音串、四辅音串等。复辅音的组合规律比较严谨，而辅音串的组合没有特定的组合规律，随机性和自由度较大。

土族语有比较丰富的词首复辅音。有关土族语复辅音形成原因，学者们的一般观点是跟重音有密切关系，土族语的词重音在词末音节，词首音节的元音轻读、清化以至脱落，因而形成了若干个词首复辅音结构。还有学者认为，除了重音之外，语音转化也是构成复辅音的一个原因，而这里所说的语音转化，指的是元音和辅音之间的转化，例如，土族语［ʂʈʂəɕ］，（线）一词中的 ʂ是从元音 u 转化而来的。[1] 表 3.2 为本次研究归纳的土族语复辅音组合。

---

① 孙竹：《蒙古语族语言词典》，青海人民出版社，1990，第 8 页。

表 3.2　土族语复辅音组合

前置辅音		后置辅音
清擦音	s	ts, k, p, m, n
	ɕ	tɕ
	ʂ	t, k
	x	k
浊（擦）音	(n)	t, tɕ, tɕʰ, tʰ, tsʰ
	(m)	p, pʰ
	(ʋ)	k, kʰ
	ʒ	ts, t, tɕ, k, p, l
闪音	ɾ	k, t

（三）　辅音的擦化和清化问题

在语流中辅音因受前后置或前后位音段的影响而改变其发音方法和部位的现象比较普遍。例如，词中清辅音后出现的 /p/ 通常会变成 ［ɸ］（塞音变成擦音），元音之间出现的 ［k］ 通常会变成 ［χ］（塞音变成擦音），音节末和词末出现的 ［ɾ］ 会变成 ［ʒ］（浊音变成清擦音）等（见图 3.6、图 3.7）。

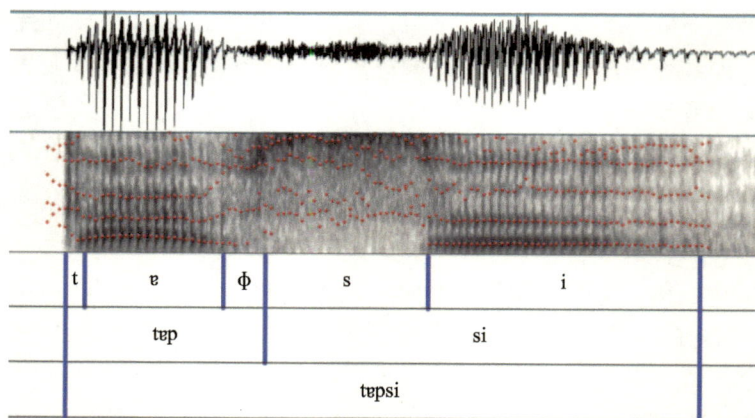

图 3.6　/p/ 辅音清化变体 ［ɸ］ 音实例

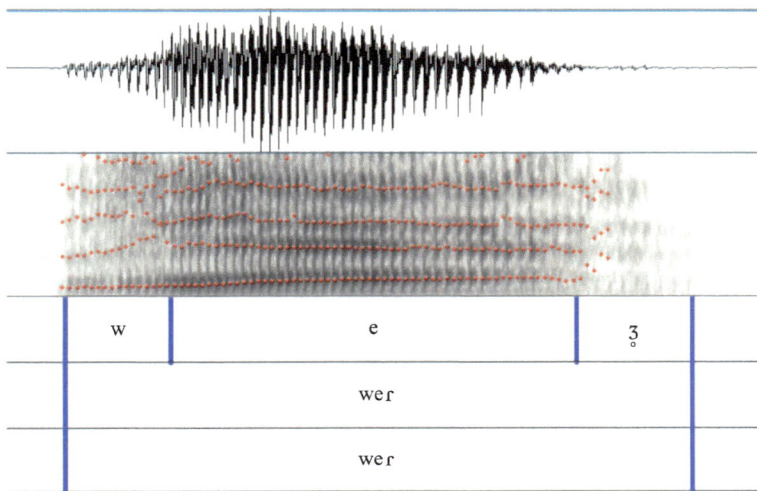

图 3.7 /ɾ/辅音浊化变体〔ʒ〕音实例

（四）辅音脱落问题

在词首复辅音前置上出现的〔n〕、〔ŋ〕、〔m〕等鼻辅音等有时会脱落。例如：ntɕɛsə（犁）→ tɕɛsə，ntikɜ（蛋）→ tikɜ，ŋquɐsə（屁）→ quɐsə，ŋquskɜ（鸽子）→quskɜ，mpɐʒ（印版）→pɐʒ。

三 辅音描写思路和方法

（一）辅音分析方法

我们从以下几个方面观察了辅音声学特征。（1）词首（CV-）和（2）词末（-VC）。其中，V 为任何一个能够在该位置上出现的元音。满足上述两种条件的是在单音节或多音节词中出现的所有开头或结尾的辅音。（3）词中音节首（-CV-）。其中，V 为任何一个能够在该位置上出现的元音。满足这种条件的是在多音节词中出现的所有非词首音节首的辅音。（4）词中音节末（-VC-）。其中，V 为任何一个能够在该位置上出现的元音。满足这种条件的是在多音节词中出现的所有非词末音节末的辅音。（5）复辅音后置辅音（C1C2V-），其中，C2 为后置辅音。（6）复辅音前置辅音（C1C2V-），其中 C1 为前置辅音，C2 为能够与其组成复辅音的辅音。满足这种条件的是在音节首（包括词首和非词首）出现的能够与其他辅音组成复辅音的所有辅音。请见图 3.8 中 6 个位置上的 6 种辅音。其中，1~4 针对单辅音，5~6 针对复辅音。显然，这 6 种位置是不重复的。

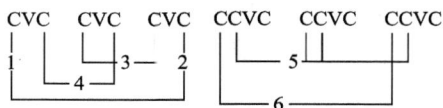

图 3.8　辅音分析条件示意

（二）辅音描写思路和方法

以下是描写辅音的目标、思路、方法和步骤，用于所有阿尔泰语系语言辅音的描写，有些语言或辅音的描写可以省略其中的方法和步骤。具体方法和步骤如下。

1. 确定辅音变体和典型变体

采用统计分析，确定一个辅音的所有变体和典型变体。

（1）统计分析

通过分析"一个辅音不同变体在词中出现的频率统计表"，找到出现频率最高的变体。

（2）分析每一个变体的出现条件

通过观察分析每一个变体的出现条件和出现位置，找到能够在词首音节位置上出现的变体。

结合上述两种分析，确定一个辅音的典型变体。

2. 确定辅音音色

用"看图说话""看数据说话"与"传统音系学研究成果"相结合的方法，确定每一个辅音的音色。这是"具体语图和抽象数据相结合"，"声学语音学与传统音系学相结合"的分析方法。

（1）"看图说话"。用一个辅音变体的典型语图（三维语图）展现该变体在实际语流中的存在形式。通过分析一个辅音三维语图上的声学特征，说明该辅音声学上的音色特点。这是通过辅音特征的具体声学表现，确定辅音音色分析法。通过展示和解释一个辅音三维语图和语音标注实例，说明一个辅音的音色特点。因为一个辅音的三维语图上的声学表现是确定其音色的最直观的依据。如，［p］变体的冲直条不明显，VOT较短等。

（2）"看数据说话"。这是通过辅音声学特征参数，确定辅音音色分析法。通过展示和解释"一个辅音的声学参数统计表"，说明一个辅音的音色特点。因为一个辅音的声学参数是确定其音色的抽象的数据依据。如，两位发音人［p］辅音第一、第二和第三共振峰的均值分别为 M：CF1 = 871Hz，CF2 = 1960Hz，CF3 = 2913Hz；F：CF1 = 696Hz，CF2 = 1695Hz，CF3 = 2694Hz。男、女发音人［p］辅音第一共振峰的变异系数较大，说明该参数相对不稳定，离散度大。但该辅音第二、第三共振峰 CF2 和 CF3 的变异系数都小于20%，说明这两个参数相对稳定，离散度小。从整体上看，男发音人［p］辅音的第一、第二和第三共振峰的均值频率都比女发音人［p］辅音的第一、第二和第三共振峰的均值频率相对高。

（3）"看图说话"、"看数据说话"与"传统音系学研究成果"相结合，最后确定辅音音色特征，即与传统音系学的辅音发音部位和发音方法的描写结果相结合，确定一个辅音的发音部位和发音方法特点（音色特点）。如，本书认为，土族语［p］是比较典型的双唇、不送气、清塞音。

3. 探讨辅音在语流中的音变特征

通过分析"辅音声学参数与词中音节位置之间的相关性分析"和"辅音声学参数与其后置元音音质之间的相关性分析"，探讨辅音在语流中的音变特征。如，［p］辅音时长均值，音强均值，第一、第二和第三共振峰频率均值与其所出现的词中音节位置之间的相关性，确定［p］辅音声学参数与词中音节位置之间是否有共同的、具有统计学意义的规律（特点）问题。

通过研究发现，用这两种分析方法所得到的结果都不理想，即没有得出共同的、具有统计学意义的结果。但是为了章节上的平衡，在辅音描写研究中保留了第一种分析。

四　塞音

塞音（Stop），又称作爆破音（Plosive），是辅音中按发音方法区分的一个基本类别。塞音的发音特点是：（1）主动发音器官上举与被动发音器官构成完全性的接触，从而关闭了口腔或鼻腔的气流通路，这就是塞音的成阻阶段；（2）声门下的气流被阻塞在关闭点后部，随着气流的积聚，口腔内形成超压（即大于体外的大气压力），这就是持阻阶段；（3）关闭点被突然打开，释放出一股强气流，冲破空气的阻力，形成一个类冲击波，这就是除阻阶段。由于发这类辅音时，口腔或鼻腔完全关闭，气流被阻塞，故而称之为塞音。塞音与塞擦音的主要区别是：发音时两个器官必须构成阻塞，气流不断在口腔内集聚，口腔内就会形成超压，突然释放，发出一个爆破音。因此塞音又叫破裂音，先是塞音破裂，口腔不马上打开，而是留有一窄缝，紧接着口腔内余气从缝隙中挤出，产生摩擦，发出塞擦音（鲍怀翘，2005）。

（一）/p/辅音

1. /p/辅音变体统计分析

表 3.3 为/p/辅音音位变体在"土族语语音声学参数库"（以下简称"统一平台"）中的出现频率统计表。可以看出，/p/辅音以［p］、［β］、［φ］等 3 种变体形式在男、女发音人数据中分别出现了 150 次（M）和 138 次（F）。其中，M 的［p］为 125 次，占所有/p/辅音的 83%；F 为 113 次，占所有/p/辅音的 82%。该变体主要出现在词首，或出现于词中音节首，也可以出现在［s，ʂ，ʒ，m］起始的复辅音后置辅音位置。M 的［β］为 7 次，占所有/p/辅音的 5%；F 为 5 次，占所有/p/辅音的 4%。该变体主要出现于词中音节末，以［l，ʒ］起始的音节前。M 的［φ］为 18 次，占所有/p/辅音的 12%。F 为 20 次，占所有/p/辅音的 14%。变体［φ］只出现于词中音节末，以［s，ç］起始的音节之前；从/p/辅音［p］、［β］、［φ］等三种变体的统计分析结果看，无论是从词和音节里的分布特点，还是从词中的出现位置和条件以及出现频率，［p］已具备了作为典型变体的条件，把［p］作为典型变体，符合土族语语音特点。/p/辅音的三个变体［p］、［β］、［φ］等是在不同条件下出现的条件变体（见表 3.3）。

表3.3 /p/**辅音音位变体统计分析**

p	M		F	
	出现次数（次）	百分比（%）	出现次数（次）	百分比（%）
/p/	150	100	138	100
[p]	125	83	113	82
[β]	7	5	5	4
[ɸ]	18	12	20	14

2. [p] **辅音**

2.1 音质及其声学特征

下面根据 [p] 辅音三维语图和目标位置上的第一至第三共振峰（CF1、CF2、CF3）均值（声学参数统计表）及其在声学空间中的分布模式（声学语图），确定其实际音色（音质）及其声学特点（下同）。

2.1.1 [p] 辅音三维语图和语音标注

如上所述，[p] 为土族语/p/辅音的典型变体。图3.9为男发音人 [pɐs] "老虎" 一词的三维语图和三层标注（音段、音节、词层，下同）实例。可以看出，土族语词首 [p] 辅音的冲直条较明显，VOT 较短，是比较典型的双唇、不送气、清塞音。因该图是词首音节 [p] 辅音实例，其 GAP 的长度无法测量。该辅音主要在词首出现。

到目前为止，有些论著中把土族语的该辅音标记为 [b]，这是不符合国际音标的标记原则的，因为土族语/p/辅音的典型变体是 [p]。

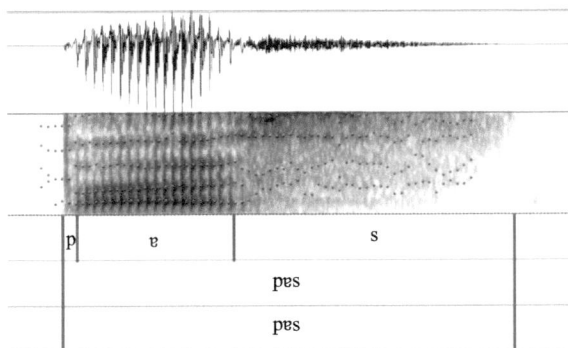

图3.9 **男发音人** [pɐs] **"老虎" 一词的三维语图和三层标注实例**

2.1.2 ［p］辅音声学参数与音色定位

表3.4为两位发音人［p］辅音的声学参数统计，图3.10为男、女两位发音人［p］辅音的第一、第二和第三共振峰（CF1、CF2、CF3）的分布图。从表3.4和图3.10中可以看出以下几点。

（1）［p］辅音的VOT比较短，只有15ms。

（2）男发音人［p］辅音的音强比女发音人［p］辅音的音强相对强。因从声学三维语图上无法准确测量词首塞音、塞擦音的GAP的时长，为此把它们的词中GAP的时长作为它们GAP时长的标准时长（下同）。

（3）两位发音人［p］辅音第一、第二和第三共振峰的均值分别为M：CF1 = 626Hz，CF2 = 1495Hz，CF3 = 2481Hz；F：CF1 = 740Hz，CF2 = 1841Hz，CF3 = 2986Hz。男、女发音人［p］辅音第一共振峰的变异系数较大，说明该参数相对不稳定，离散度大。但该辅音第二、第三共振峰CF2和CF3的变异系数都小于20%，这说明该两个参数相对稳定，离散度小。

（4）女发音人［p］辅音的第一至第三共振峰频率均值都高于男发音人，并且女发音人［p］辅音的共振峰频率的浮动范围也大。如，女发音人［p］辅音CF1围绕750Hz在450~1100Hz之间浮动，CF2围绕1850Hz在1400~2100Hz之间浮动，CF3围绕3000Hz在2400~3200Hz之间浮动。男发音人［p］辅音CF1围绕630Hz在400~1000Hz之间浮动，CF2围绕1500Hz在1200~2000Hz之间浮动；CF3围绕2500Hz在2000~3000Hz之间浮动。

总之，女发音人［p］辅音的第一、第二和第三共振峰的均值频率都比男发音人［p］辅音的第一、第二和第三共振峰的均值频率相对高。这与男、女发音人元音第一、第二共振峰频率差别相似。

通过上述分析，本书认为土族语［p］辅音是双唇、不送气、清塞音。

表3.4 ［p］辅音声学参数统计
单位：VOT为ms，CA为dB，CF为Hz（下同）

p	M					F				
	VOT	CA	CF1	CF2	CF3	VOT	CA	CF1	CF2	CF3
平均值	15	55.26	626	1495	2481	15	51.16	740	1841	2986
标准差	6	5.44	154	221	276	5	6.09	204	218	252
变异系数	37%	10%	25%	15%	11%	35%	12%	27%	12%	8%

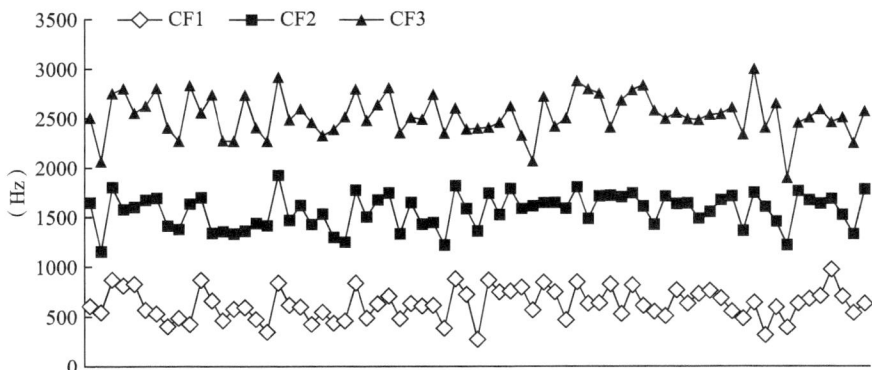

图 3.10-1　［p］辅音第一至第三共振峰（CF1、CF2、CF3）分布（M）

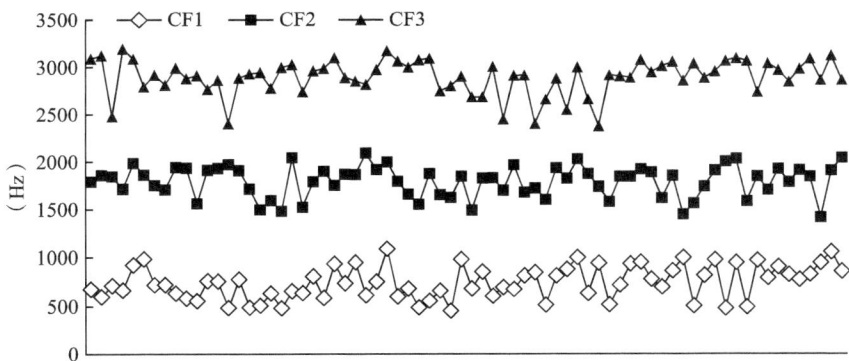

图 3.10-2　［p］辅音第一至第三共振峰（CF1、CF2、CF3）分布（F）

2.2　语流中的音变特征分析

2.2.1　［p］辅音声学参数与其后置元音音质之间的相关性分析

下面我们通过观察和分析不同元音之前出现的词首［p］辅音的音长均值、音强均值和目标位置第一、第二和第三共振峰的均值的变化，探讨塞音声学参数与其后置元音音质之间的相关性问题。为探讨这一问题，我们从"统一平台"中查找并统计了在［ɐ，e，i，o，u］等不同元音之前出现的词首［p］辅音音长、音强和共振峰参数，并进行了统计分析。表 3.5 为不同元音之前出现的词首［p］辅音声学参数统计。图 3.11 为不同元音之前出现的［p］辅音 GAP 均值比较图，图 3.12 为不同元音之前出现的［p］辅音 VOT 均值比较图，图 3.13 为不同元音之前出现的［p］辅音音强均值比较图，图 3.14 为不同元音之前出现的［p］辅音的三个共振峰均值（以

CF2 的上升顺序排列）比较图。

从表 3.5 和图 3.11、图 3.12、图 3.13、图 3.14 中可以看出，［p］辅音声学参数与其后置元音音质之间几乎没有相关性。不过［ɐ，e］等两个元音之前［p］辅音的 GAP 明显长。

表 3.5　不同元音之前出现的［p］辅音声学参数统计

p		pɐ	pe	pi	po	pu
M	GAP	77	44	32	36	42
	VOT	13	12	12	19	17
	CA	57.3	57.4	57.8	52.64	54.43
	CF1	586	497	578	658	626
	CF2	1499	1507	1493	1441	1477
	CF3	2465	2438	2446	2451	2464
F	GAP	103	85	44	50	61
	VOT	13	19	15	15	17
	CA	55.04	46.5	51.75	48.79	49.42
	CF1	746	672	658	766	693
	CF2	1808	1909	1880	1760	1803
	CF3	3000	2911	3009	2941	3011

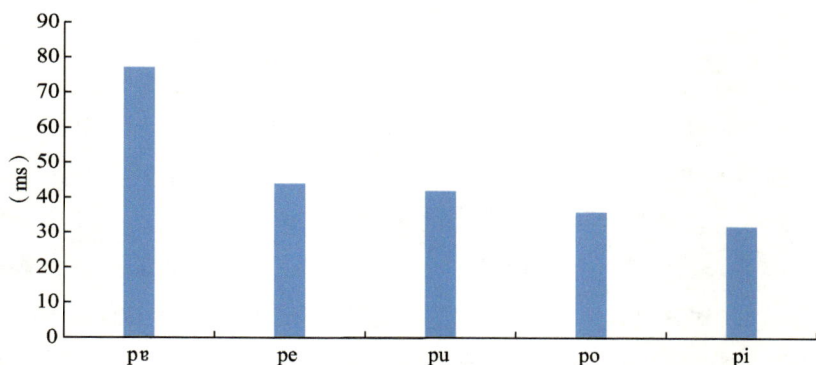

图 3.11-1　不同元音之前出现的［p］辅音 GAP 均值比较（M）

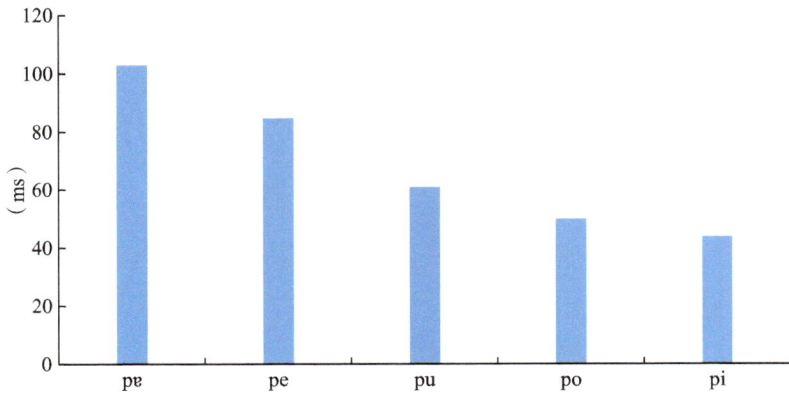

图 3.11-2　不同元音之前出现的 [p] 辅音 GAP 均值比较（F）

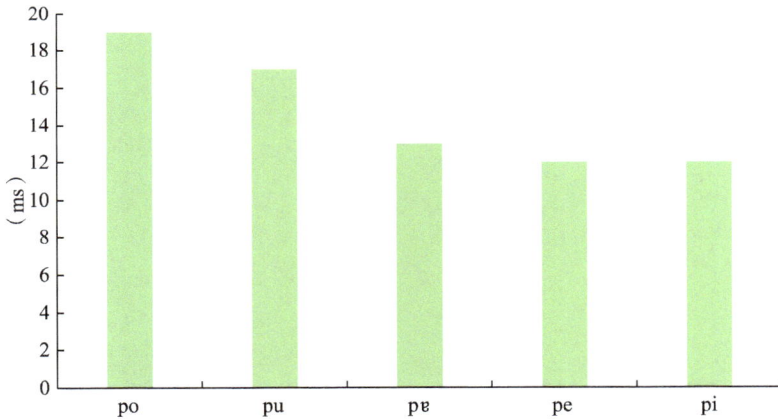

图 3.12-1　不同元音之前出现的 [p] 辅音 VOT 均值比较（M）

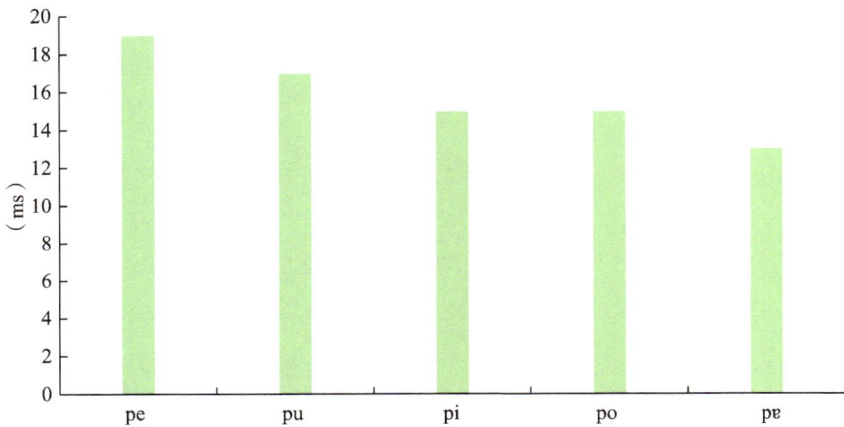

图 3.12-2　不同元音之前出现的 [p] 辅音 VOT 均值比较（F）

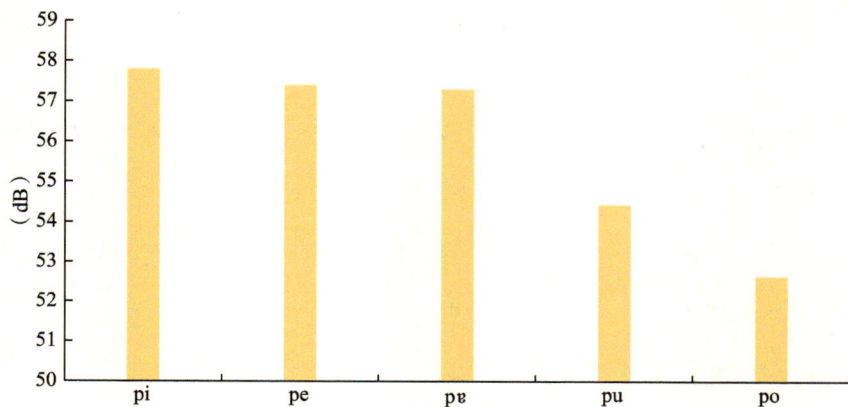

图 3. 13-1　不同元音之前出现的［p］辅音音强均值比较（M）

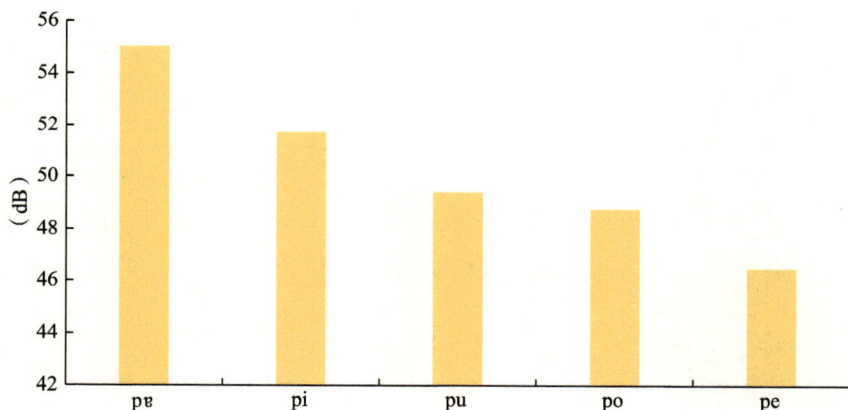

图 3. 13-2　不同元音之前出现的［p］辅音音强均值比较（F）

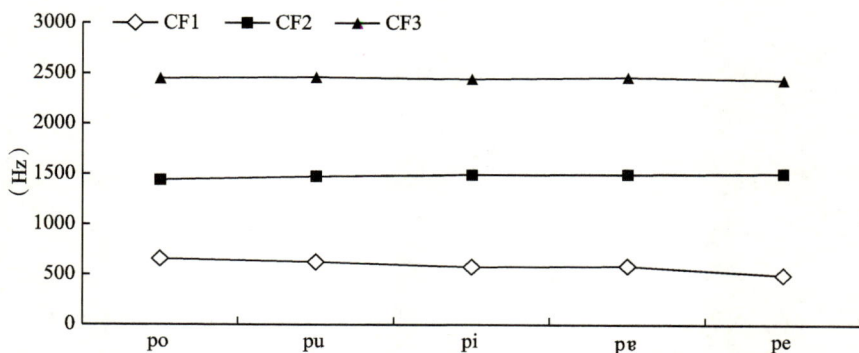

图 3. 14-1　不同元音之前出现的［p］辅音第一至第三共振峰均值比较（M）

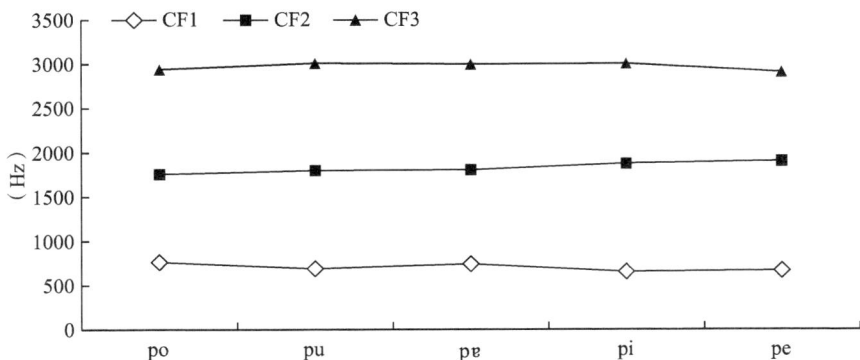

图 3.14-2　不同元音之前出现的〔p〕辅音第一至第三共振峰均值比较（F）

2.2.2　〔p〕辅音声学参数与词中音节位置之间的相关性分析

下面我们将要探讨〔p〕辅音时长均值（CD＝GAP＋VOT），音强均值，第一、第二和第三共振峰频率均值与其所出现的词中音节位置之间的相关性问题。表 3.6 为词中不同音节位置上出现的〔p〕辅音声学参数统计，图 3.15 为在词中不同音节位置上出现的〔p〕辅音的第一、第二和第三共振峰均值比较图，图 3.16 为在词中不同音节位置上出现的〔p〕辅音的 VOT 均值比较图，图 3.17 为在词中不同音节位置上出现的〔p〕辅音音强均值比较图。

从表 3.6 和图 3.15、图 3.16、图 3.17 中可以看出，〔p〕辅音声学参数与词中音节位置之间有一定的相关性。如，复辅音后置辅音位置上的〔p〕辅音第一共振峰频率最低；词首〔p〕辅音的 VOT 最长；复辅音后置辅音位置上的〔p〕辅音音强最强。

表 3.6　词中不同音节位置上出现的〔p〕辅音声学参数统计

	p	GAP	VOT	CD	CA	CF1	CF2	CF3
M	词首	–	16	–	54.6	643	1499	2464
	复辅音后置辅音	98	11	109	60.5	508	1548	2534
	词中音节首	60	14	74	57.11	617	1476	2501
F	词首	–	16	–	49.78	739	1828	2969
	复辅音后置辅音	64	12	76	56.6	589	1852	2934
	词中音节首	74	13	87	53.64	765	1868	3017

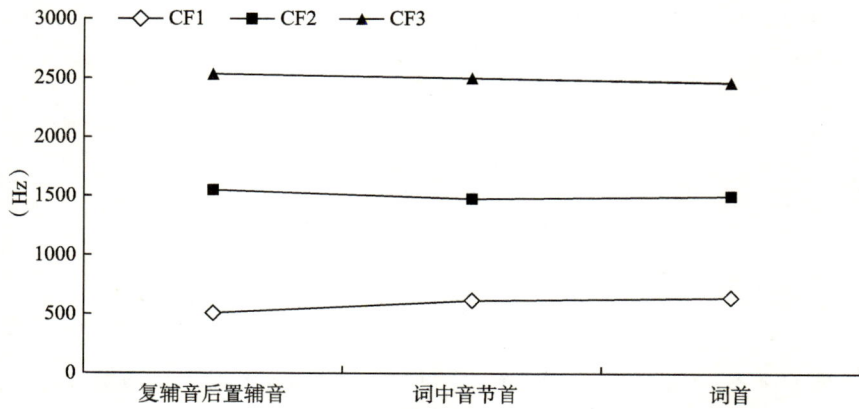

图 3.15-1　词中不同音节位置上出现的 [p] 辅音第一至第三共振峰均值比较（M）

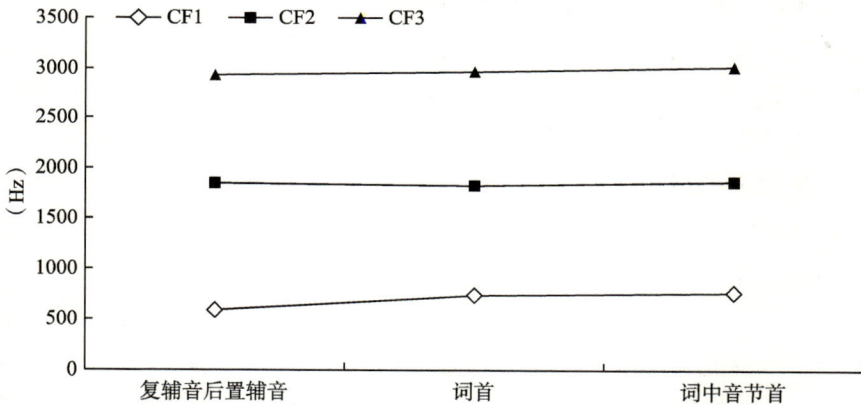

图 3.15-2　词中不同音节位置上出现的 [p] 辅音第一至第三共振峰均值比较（F）

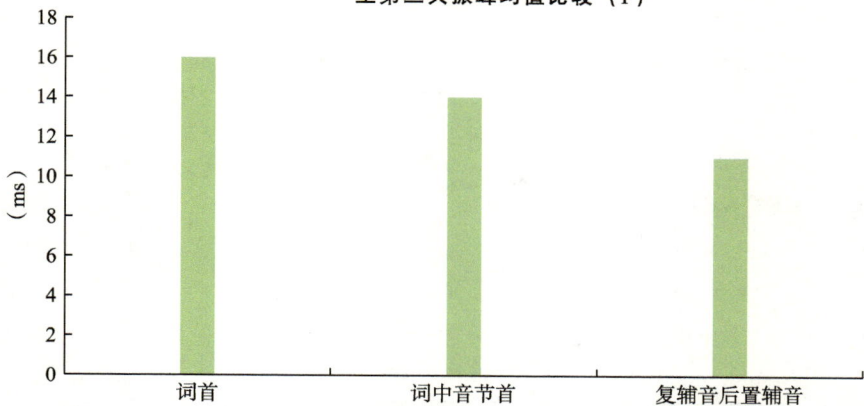

图 3.16-1　词中不同音节位置上出现的 [p] 辅音 VOT 均值比较（M）

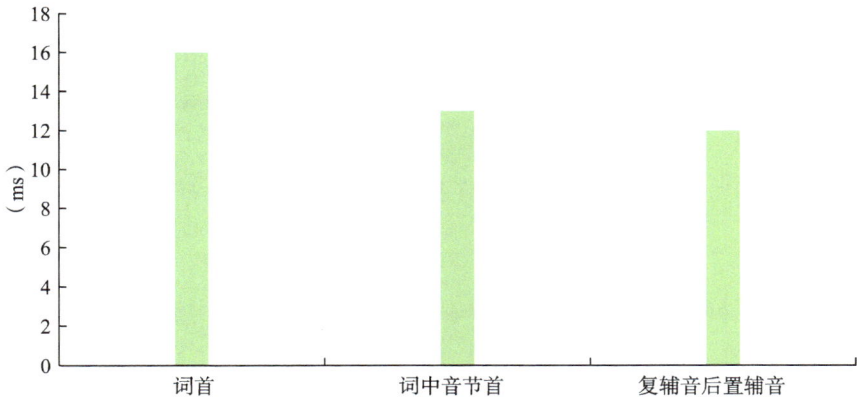

图 3.16-2　词中不同音节位置上出现的 ［p］ 辅音 VOT 均值比较 （F）

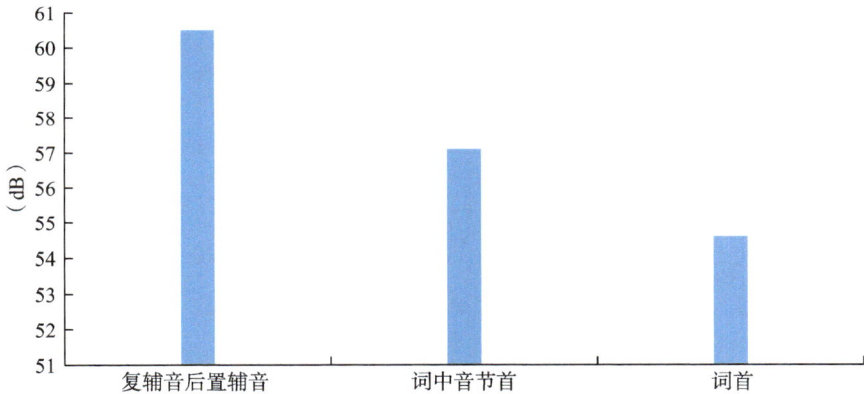

图 3.17-1　词中不同音节位置上出现的 ［p］ 辅音音强均值比较（M）

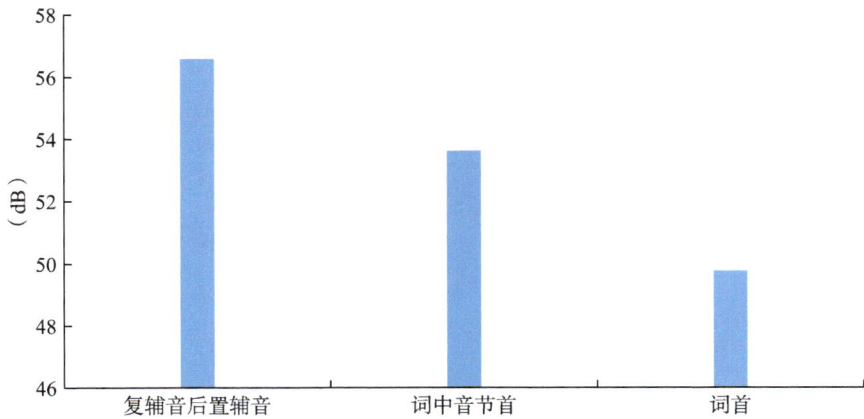

图 3.17-2　词中不同音节位置上出现的 ［p］ 辅音音强均值比较 （F）

3. ［β］辅音

土族语［β］辅音为/p /音位的条件变体，主要出现在词中音节末，且后续音节以浊辅音起始。男、女发音人数据库中出现的频率较低，分别出现了 7 次和 5 次。图 3.18 为男发音人［kʰɐːβʒə］"脆的"一词的三维语图和三层标注实例。土族语［β］辅音是比较典型的双唇浊擦音。

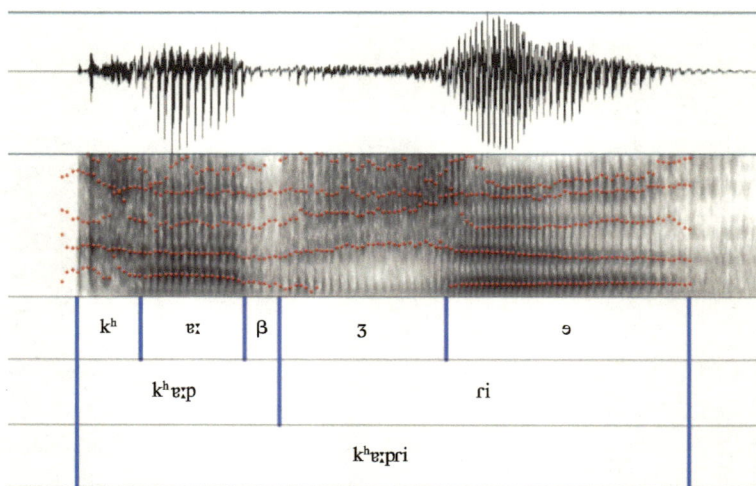

图 3.18　男发音人［kʰɐːβʒə］"脆的"一词的三维语图和三层标注实例

4. ［ɸ］辅音

4.1　音质及其声学特征

4.1.1　［ɸ］辅音三维语图和语音标注

土族语［ɸ］辅音为/p /音位的条件变体，主要出现在词中音节末，且后续音节以清辅音起始。图 3.19 为男发音人［tɐɸsʌχ］"膀胱"一词的三维语图和三层标注实例。

4.1.2　［ɸ］辅音声学参数与音色定位

表 3.7 为两位发音人［ɸ］辅音声学参数统计。图 3.20 为两位发音人［ɸ］辅音第一、第二和第三共振峰的分布图。表 3.7 显示了两位发音人［ɸ］辅音三个共振峰均值，M：CF1 = 511Hz，CF2 = 1611Hz，CF3 = 2532Hz；F：CF1 = 336Hz，CF2 = 1770Hz，CF3 = 3005Hz。

通过上述分析，本书认为土族语［ɸ］辅音是比较典型的双唇、清擦音。

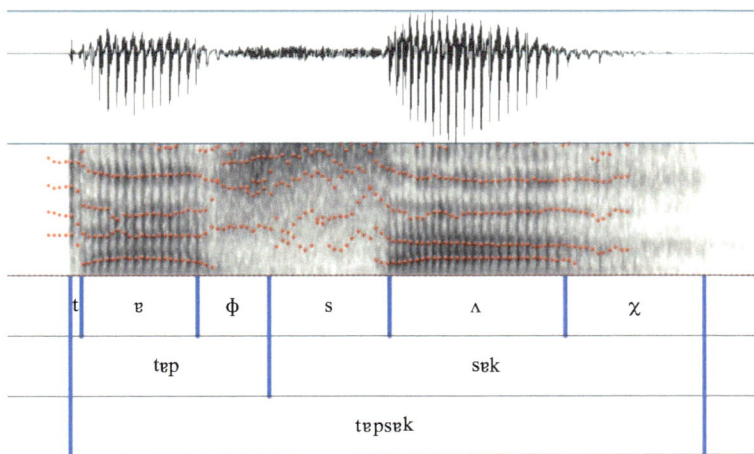

图 3.19　男发音人［tɐɸsʌχ］"膀胱"一词的三维语图和三层标注实例

表 3.7　［ɸ］辅音声学参数统计

ɸ	M					F				
	CD	CA	CF1	CF2	CF3	CD	CA	CF1	CF2	CF3
平均值	68	55.06	511	1611	2532	79	42.4	336	1770	3005
标准差	12	3.72	65	97	221	38	11.74	50	186	229
变异系数	17%	8%	13%	6%	9%	47%	28%	15%	11%	8%

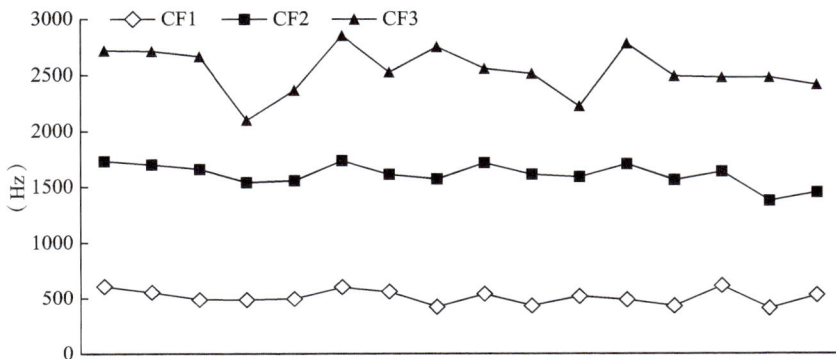

图 3.20-1　［ɸ］辅音第一至第三共振峰（CF1、CF2、CF3）分布（M）

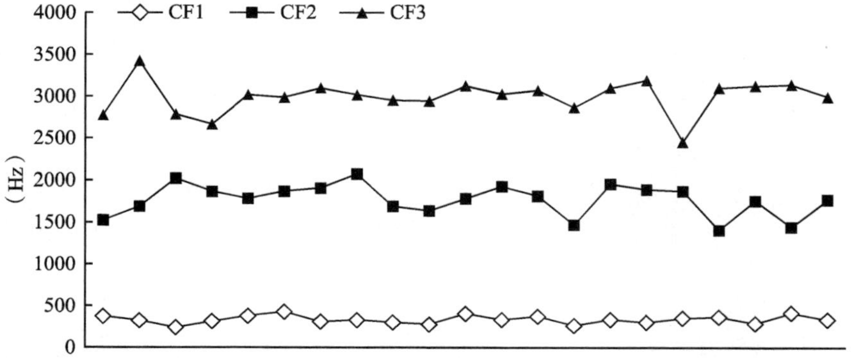

图 3.20-2 ［ɸ］辅音第一至第三共振峰（CF1、CF2、CF3）分布（F）

（二）/pʰ/辅音

1. ［pʰ］辅音统计分析

在"统一平台"中/pʰ/辅音出现的频率相对较少，男发音人数据中共出现 29 次，其中以词首单辅音形式出现了 26 次，以复辅音后置辅音形式出现了 1 次，以词中音节首形式出现了 2 次。女发音人数据中共出现了 32 次，其中以词首单辅音形式出现了 29 次，以复辅音后置辅音形式出现了 1 次，以词中音节首形式出现了 2 次。

2. 音质及其声学特征

2.1 ［pʰ］辅音三维语图和语音标注

图 3.21 为男发音人［pʰuse］"腰带"一词的三维语图和三层标注实例。可以看出，土族语词首［pʰ］辅音的冲直条较明显，VOT 较长（与词首［p］辅音相比）。因该图是词首音节［pʰ］辅音实例，其 GAP 的长度无法测量。该辅音主要在词首出现。

2.2 ［pʰ］辅音声学参数与音色定位

表 3.8 为两位发音人［pʰ］辅音声学参数统计表。图 3.22 为两位发音人［pʰ］辅音第一、第二和第三共振峰的分布图。从表 3.8 和图 3.22 中可以看出以下几点。

（1）［pʰ］辅音的 VOT 比较长，分别为 52 毫秒（M）和 48 毫秒（F）。

（2）男发音人［pʰ］辅音的音强比女发音人［pʰ］辅音的音强相对强。

（3）女发音人［pʰ］辅音的三个共振峰平均值都比男发音人相对高，

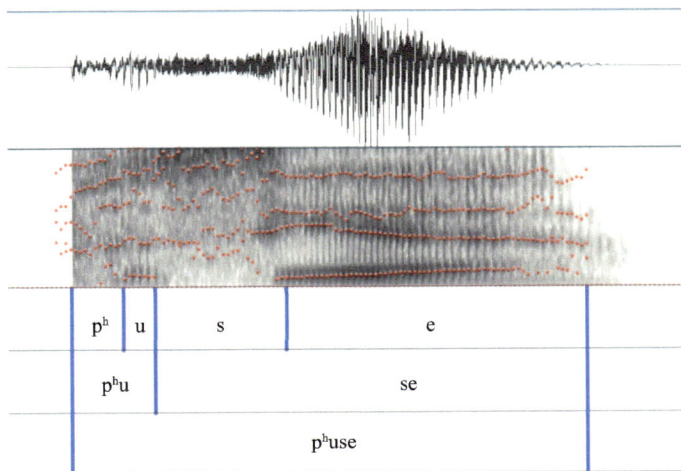

图 3.21　男发音人［pʰuse］"腰带"一词的三维语图和三层标注实例

其中 M：CF1 = 698Hz，CF2 = 1510 Hz，CF3 = 2422 Hz；F：CF1 = 879Hz，CF2 = 1850Hz，CF3 = 2973Hz。男、女发音人［pʰ］辅音第一、第二、第三共振峰的变异系数都小于 25%，说明该参数相对稳定，离散度小。

（4）女发音人［pʰ］辅音的第一至第三共振峰频率均值都高于男发音人，并且女发音人［pʰ］辅音的共振峰频率的浮动范围也大。如，女发音人［pʰ］辅音 CF1 围绕 850Hz，在 600～1000Hz 之间浮动，CF2 围绕 1850Hz，在 1500～2200Hz 之间浮动，CF3 围绕 3000Hz，在 2300～3300Hz 之间浮动；男发音人［pʰ］辅音 CF1 围绕 700Hz，在 500～1000Hz 之间浮动，CF2 围绕 1500Hz，在 1000～1800Hz 之间浮动；CF3 围绕 2400Hz，在 1900～2800Hz 之间浮动。

通过上述分析，本书认为，土族语［pʰ］是比较典型的双唇、送气、清塞音。

表 3.8　［pʰ］辅音声学参数统计

pʰ	M					F				
	VOT	CA	CF1	CF2	CF3	VOT	CA	CF1	CF2	CF3
平均值	52	55.48	698	1510	2422	48	47.06	879	1850	2973
标准差	20	5.82	144	167	226	21	4.33	110	197	229
变异系数	39%	10%	21%	11%	9%	44%	9%	12%	11%	8%

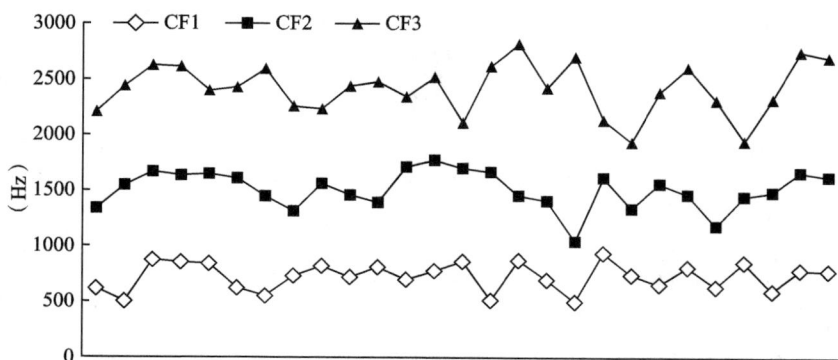

图 3.22-1 ［pʰ］辅音第一至第三共振峰（CF1、CF2、CF3）分布（M）

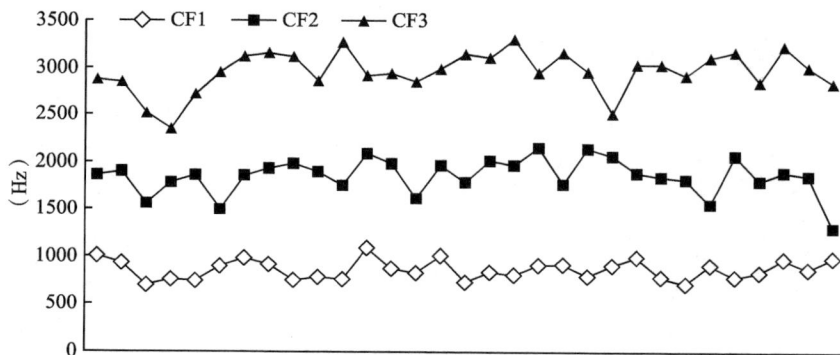

图 3.22-2 ［pʰ］辅音第一至第三共振峰（CF1、CF2、CF3）分布（F）

3. 语流中的音变特征分析

3.1 ［pʰ］辅音声学参数与其后置元音音质之间的相关性分析

表 3.9 为［pʰ］辅音不同元音之前出现时的声学参数统计，图 3.23、图 3.24、图 3.25 为［pʰ］辅音在［ɐ，i，o，u］等元音之前的 VOT、音强均值和三个共振峰均值比较图。可以看出，［pʰ］辅音声学参数与其后置元音音质之间有一定的相关性。（1）男、女发音人高元音［i，u］之前出现的［pʰ］辅音 VOT 较短；（2）低元音［ɐ］之前出现的［pʰ］辅音音强最强。这说明后接元音的舌位高低对该辅音的 VOT 和音强有一定的影响。

表 3.9　不同元音之前出现的 [pʰ] 辅音声学参数统计

pʰ		pʰɐ	pʰi	pʰo	pʰu
M	VOT	65	42	61	49
	CA	57.8	54.43	53	55.13
	CF1	628	655	842	661
	CF2	1467	1520	1346	1521
	CF3	2570	2629	2504	2305
F	VOT	51	49	60	38
	CA	48.64	45.43	44	46.4
	CF1	834	892	852	882
	CF2	1811	1790	2067	1890
	CF3	3004	2986	2513	2929

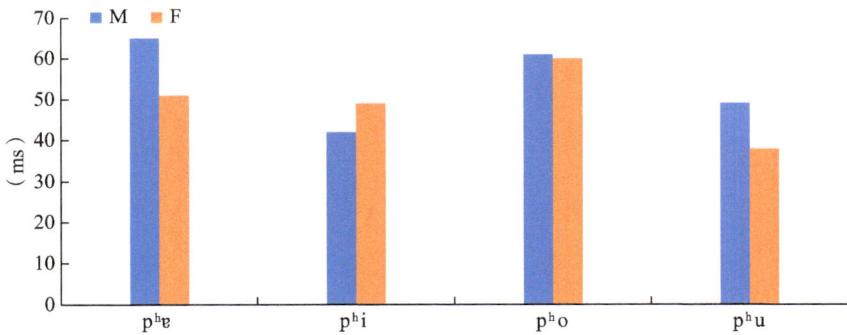

图 3.23　不同元音之前出现的 [pʰ] 辅音 VOT 均值比较 （M&F）

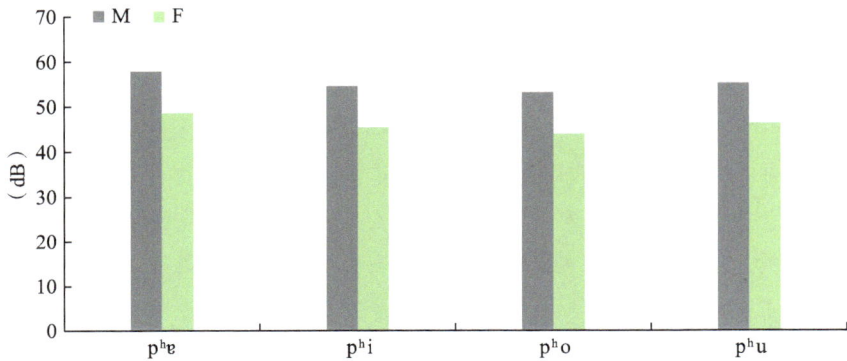

图 3.24　不同元音之前出现的 [pʰ] 辅音音强均值比较 （M&F）

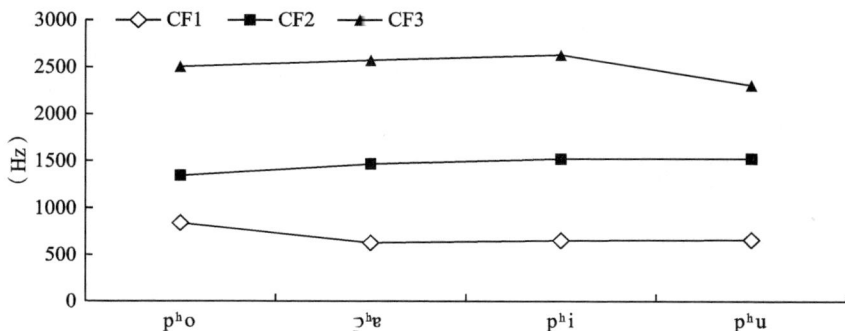

图 3.25-1　不同元音之前出现的〔pʰ〕辅音第一至第三
共振峰均值比较（M）

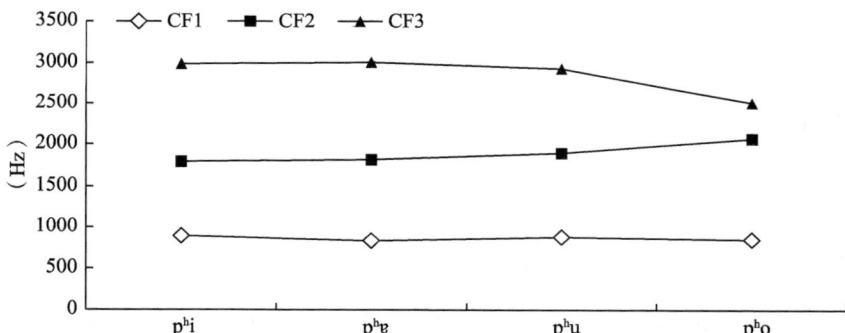

图 3.25-2　不同元音之前出现的〔pʰ〕辅音第一至第三
共振峰均值比较（F）

（三）〔t〕辅音

1.〔t〕辅音统计分析

土族语〔t〕辅音在统一平台中的出现频率较高（M：473 次，F：451
次）。该辅音以单辅音形式出现的位置为词首、词中音节首；以复辅音形式
出现的位置为复辅音后置辅音。其中，〔t〕辅音以单辅音形式出现 412 次
（M）和 392 次（F），以复辅音后置辅音形式出现 61 次（M）和 59 次
（F）。在所有〔t〕辅音中，（1）以单辅音形式在词中音节首出现的频率最
高。如，330 次，占 70%（M）；312 次，占 69%（F）。（2）其次是以单辅音
形式在词首出现的频率。如，82 次，占 17%（M）；80 次，占 18%（F）。

（3）以复辅音后置辅音形式出现的频率最低。如，61 次，占 13%（M）；59 次，占 13%（F）（见表 3.10）。

显然，［t］辅音在词中主要以单辅音形式出现在词首和词中音节首，在其他位置上出现的频率相对少。

表 3.10 ［t］辅音出现频率统计

发音人 词中位置		M		F	
		出现次数（次）	百分比（%）	出现次数（次）	百分比（%）
所有		473	100	451	100
单辅音	词首	82	17	80	18
	词中音节首	330	70	312	69
复辅音	复辅音后置辅音	61	13	59	13

2. 音质及其声学特征

2.1 ［t］辅音三维语图和语音标注

图 3.26 为男发音人［tɐ:］"承受得住；忍受得住"一词的三维语图和三层标注实例。从图 3.26 可以看出，土族语［t］辅音的冲直条明显，VOT 较短，是比较典型的舌尖齿龈、不送气、清塞音。到目前为止，大多数论著中把该辅音标记为［d］，这与国际音标标记原则不符，我们建议用［t］音标标记。

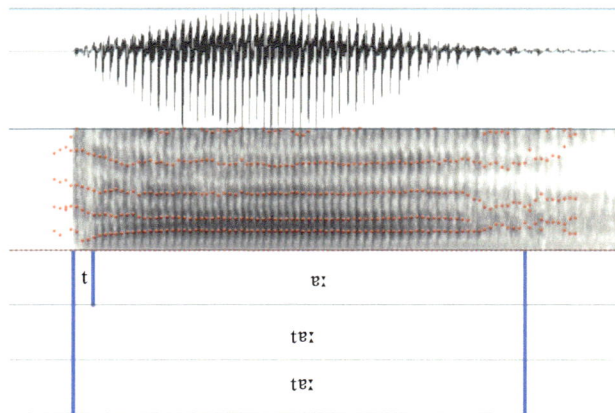

图 3.26 男发音人［tɐ:］"承受得住；忍受得住"一词的
三维语图和三层标注实例

2.2 ［t］辅音声学参数与音色定位

表 3.11 为两位发音人［t］辅音声学参数统计。图 3.27 为两位发音人
［t］辅音第一、第二和第三共振峰分布图。图 3.27 显示了两位发音人［t］
辅音三个共振峰频率范围，从表 3.11 和图 3.27 中可以看出：

（1）［t］辅音 VOT 比较短，分别为 22ms（M）和 16ms（F）；

（2）男、女发音人［t］辅音音长（CD）差距较明显，分别为 134ms
（M）和 115ms（F），相差 19ms；

（3）女发音人［t］辅音音强比男发音人该辅音音强稍强；

（4）女发音人的 CF 的频率总体上略高于男发音人，但两位发音人［t］
辅音的共振峰分布模式基本相同，如，男发音人［t］辅音 CF1 围绕 900Hz，
在 500～1000Hz 之间浮动，CF2 围绕 1800Hz 在 1500～2000Hz 之间浮动，
CF3 围绕 2800Hz 在 2500～3200Hz 之间浮动；女发音人［t］辅音 CF1 围绕
900Hz，在 500～1000Hz 之间浮动，CF2 围绕 1900Hz 在 1500～2250Hz 之间
浮动，CF3 围绕 2900Hz 在 2500～3200Hz 之间浮动。

通过上述分析，本书认为二族语辅音［t］辅音是舌尖齿龈、不送气、
清塞音。

表 3.11-1 ［t］辅音声学参数统计（M）

t	GAP	VOT	CD	CA	CF1	CF2	CF3
平均值	114	22	134	50.91	905	1845	2826
标准差	49	7	51	5.04	117	176	228
变异系数	43%	31%	38%	10%	13%	10%	8%

表 3.11-2 ［t］辅音声学参数统计（F）

t	GAP	VOT	CD	CA	CF1	CF2	CF3
平均值	100	16	115	51.12	895	1968	2991
标准差	36	6	34	7.69	237	252	314
变异系数	36%	39%	30%	15%	26%	13%	10%

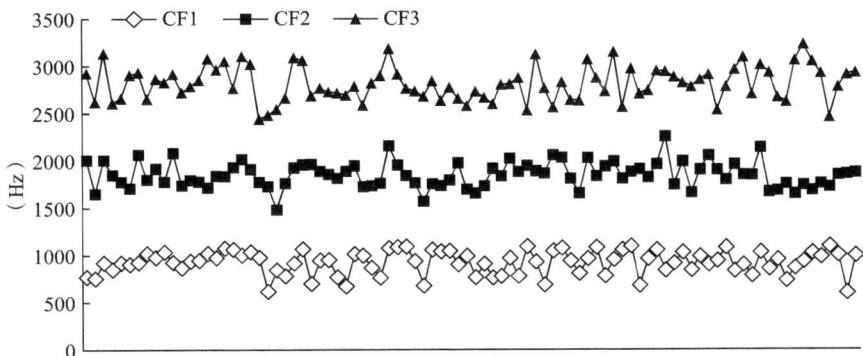

图 3.27-1 [t] 辅音第一至第三共振峰（CF1、CF2、CF3）分布（M）

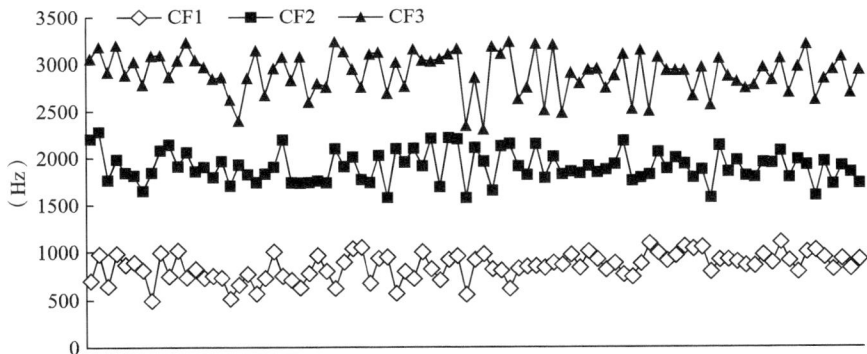

图 3.27-2 [t] 辅音第一至第三共振峰（CF1、CF2、CF3）分布（F）

3. 语流中的音变特征分析

3.1 [t] 辅音声学参数与后置元音音质之间的相关性分析

表 3.12 为不同元音之前出现的 [t] 辅音声学参数统计表，图 3.28、图 3.29、图 3.30、图 3.31 分别为在 [ɐ，e，i，o，u] 等元音之前出现的 [t] 辅音第一至第三共振峰、GAP、VOT 和音强均值的比较图。可以看出，[t] 辅音 VOT 与后接元音音质之间有一定的相关性。如，在高元音 [i，u] 之前出现的 [t] 辅音 VOT 最长，这说明舌位高低一定程度上影响该辅音的 VOT。

表 3.12　不同元音之前出现的［t］辅音声学参数统计

t		tɐ	te	ti	to	tu
M	GAP	117	86	118	113	104
	VOT	19	23	23	22	28
	CA	53.64	46.67	50.28	52.61	49.66
	CF1	995	909	990	970	990
	CF2	1759	1906	1838	1776	1866
	CF3	2759	2904	2856	2741	2807
F	GAP	101	121	93	121	101
	VOT	13	13	20	15	21
	CA	53.5	54.1	47.41	53.07	45.36
	CF1	874	946	954	892	968
	CF2	1954	2228	1926	1908	1926
	CF3	3026	3155	2951	2946	3021

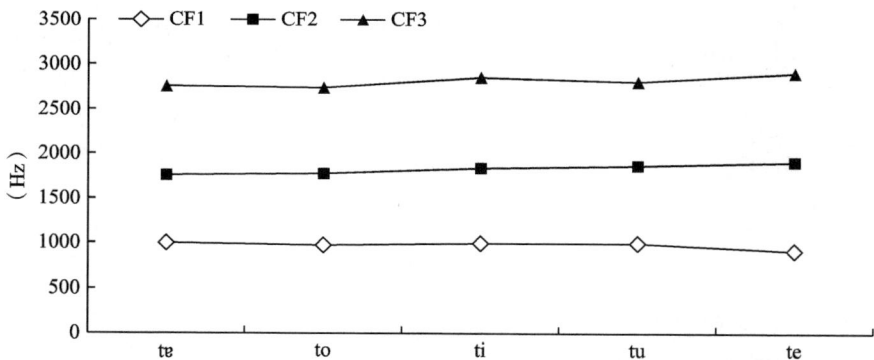

图 3.28-1　不同元音之前出现的［t］辅音第一至第三共振峰均值比较（M）

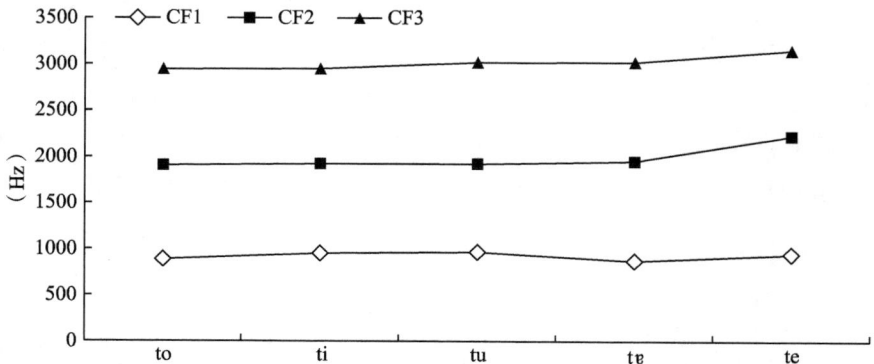

图 3.28-2　不同元音之前出现的［t］辅音第一至第三共振峰均值比较（F）

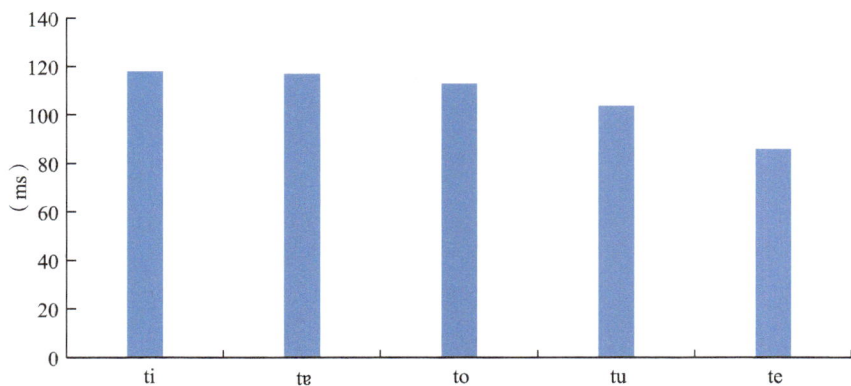

图 3.29-1　不同元音之前出现的［t］辅音 GAP 均值比较（M）

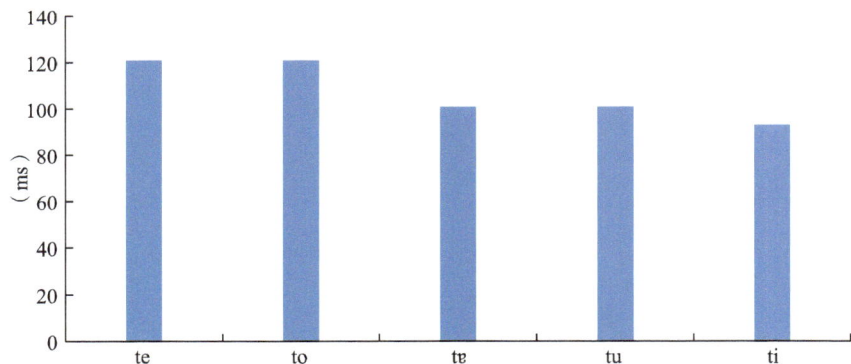

图 3.29-2　不同元音之前出现的［t］辅音 GAP 均值比较（F）

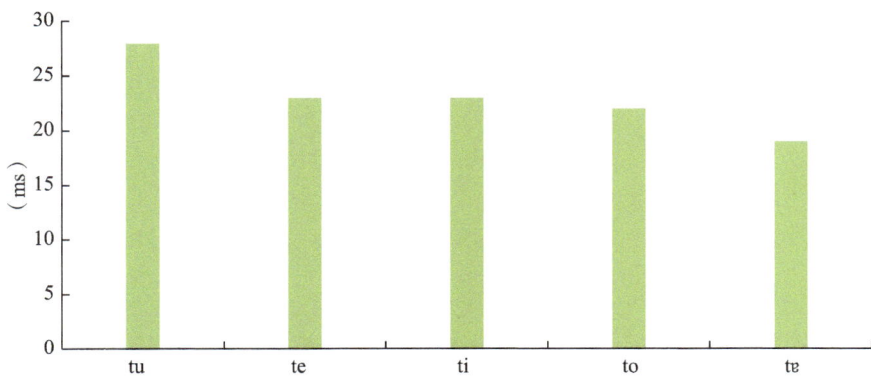

图 3.30-1　不同元音之前出现的［t］辅音 VOT 均值比较（M）

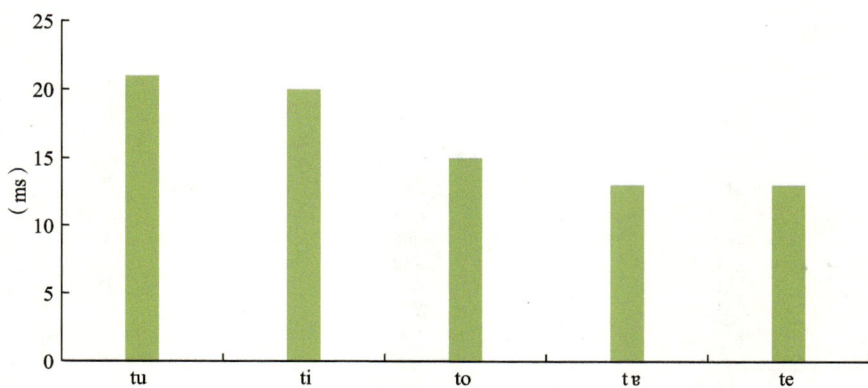

图 3.30-2　不同元音之前出现的〔t〕辅音 VOT 均值比较（F）

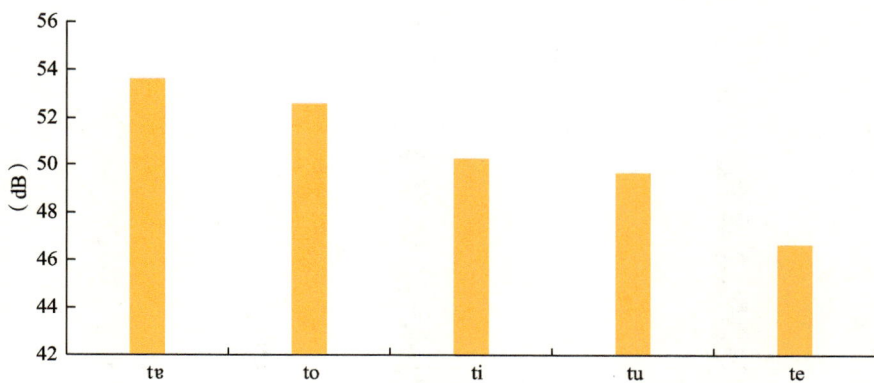

图 3.31-1　不同元音之前出现的〔t〕辅音音强均值比较（M）

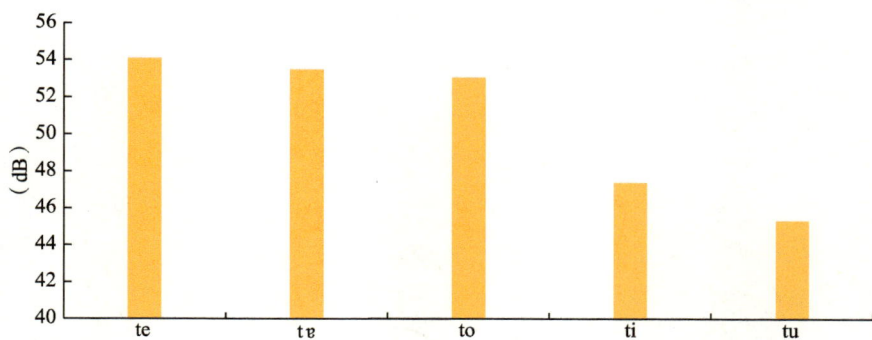

图 3.31-2　不同元音之前出现的〔t〕辅音音强均值比较（F）

3.2　〔t〕辅音声学参数与词中音节位置之间的相关性分析

　　表 3.13 为词中不同音节位置上出现的〔t〕辅音声学参数统计表。图 3.32、图 3.33、图 3.34、图 3 35、图 3.36 为根据表 3.13 绘制的词中不同

音节位置上出现的［t］辅音的 GAP、VOT、音长、音强和第一至第三共振峰均值比较图。

从上述表和图可以看出，［t］辅音声学参数与词中位置之间没有共同的、具有统计学意义的规律。

表 3.13　词中不同音节位置上出现的［t］辅音声学参数统计

	t	GAP	VOT	CD	CA	CF1	CF2	CF3
M	词首	—	22	—	49.32	876	1867	2801
	词中音节首	111	22	133	50.87	973	1815	2800
	复辅音后置辅音	90	18	109	52.07	901	1838	2843
F	词首	—	17	—	51.71	852	2013	3044
	词中音节首	76	15	90	51.3	880	1946	2882
	复辅音后置辅音	89	15	104	50.36	951	2080	3109

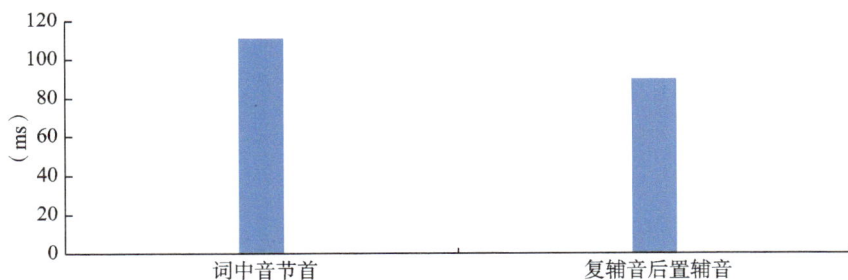

图 3.32-1　词中不同音节位置上出现的［t］辅音 GAP 均值比较（M）

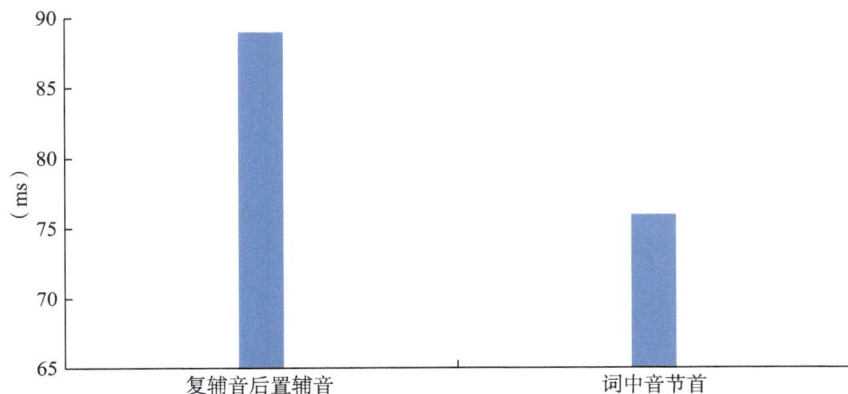

图 3.32-2　词中不同音节位置上出现的［t］辅音 GAP 均值比较（F）

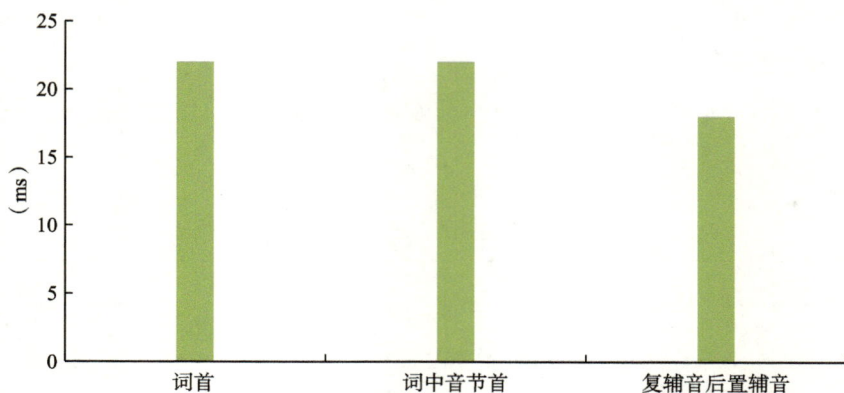
图 3.33-1　词中不同音节位置上出现的［t］辅音 VOT 均值比较（M）

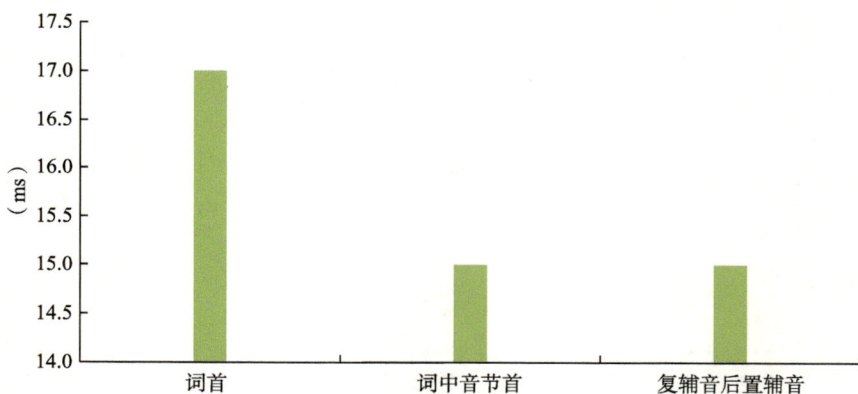
图 3.33-2　词中不同音节位置上出现的［t］辅音 VOT 均值比较（F）

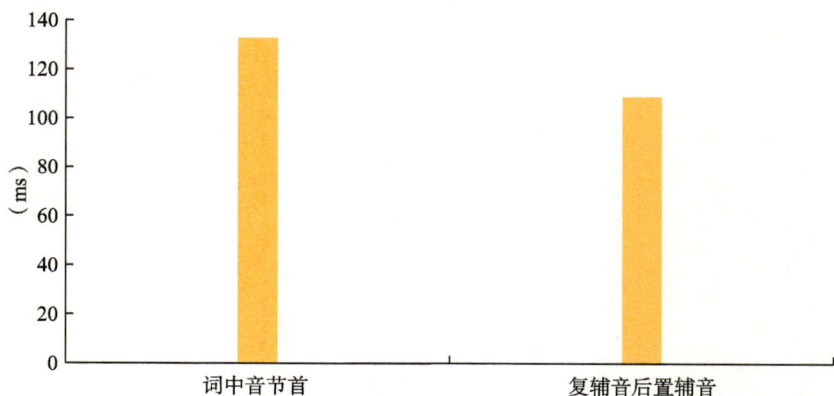
图 3.34-1　词中不同音节位置上出现的［t］辅音音长均值比较（M）

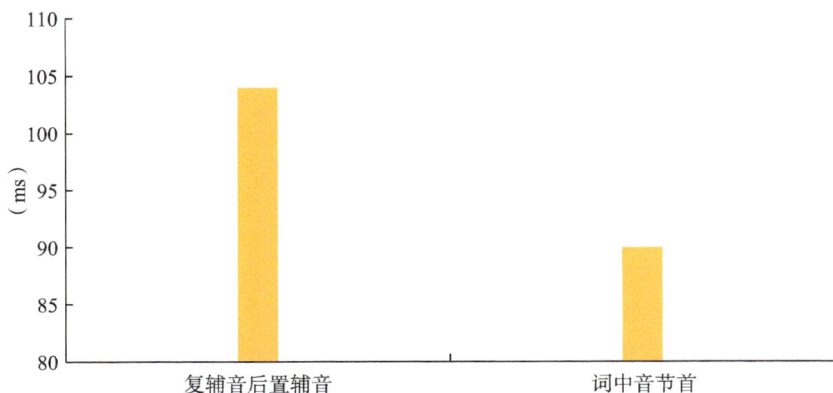

图 3.34-2　词中不同音节位置上出现的 [t] 辅音音长均值比较 （F）

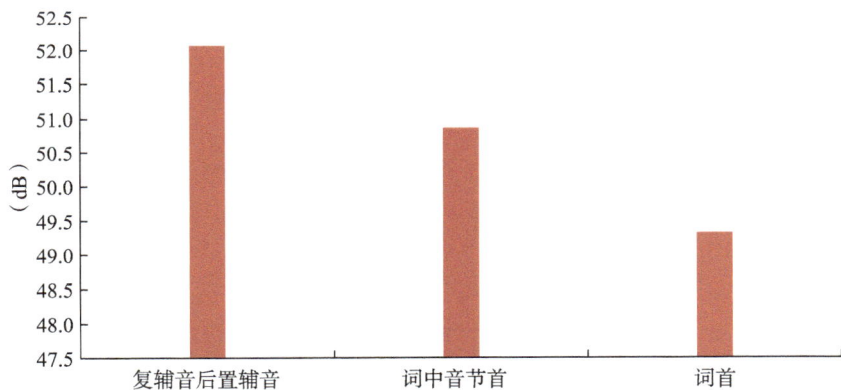

图 3.35-1　词中不同音节位置上出现的 [t] 辅音音强均值比较 （M）

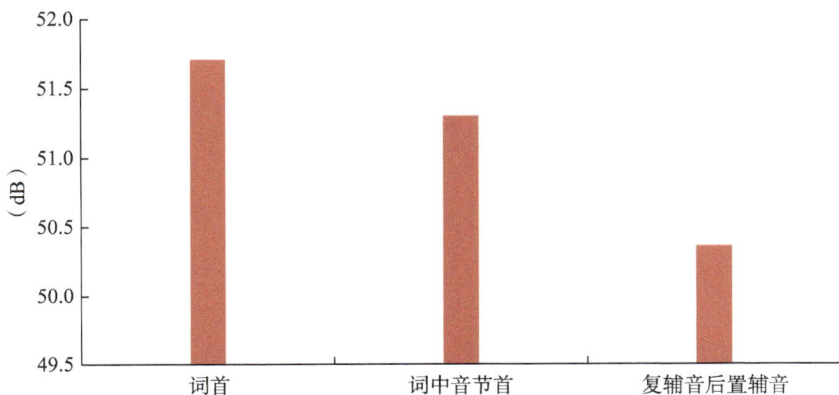

图 3.35-2　词中不同音节位置上出现的 [t] 辅音音强均值比较 （F）

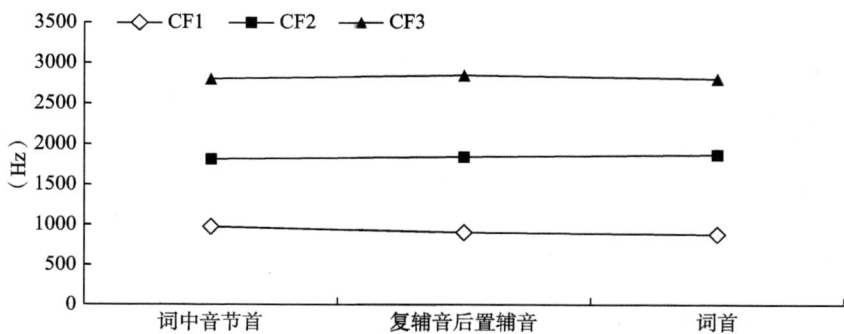

图 3.36-1 词中不同音节位置上出现的〔t〕辅音第一至第三共振峰均值比较（M）

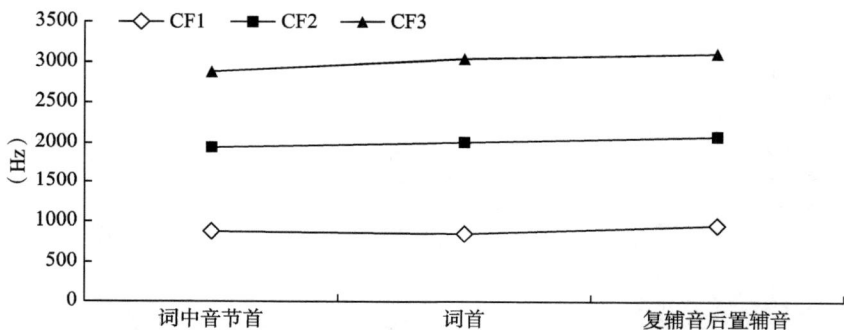

图 3.36-2 词中不同音节位置上出现的〔t〕辅音第一至第三共振峰均值比较（F）

（四）/tʰ/辅音

1.〔tʰ〕辅音统计分析

土族语〔tʰ〕辅音在"统一平台"中以单辅音或复辅音后置辅音形式共出现 159 次（M）、131 次（Ｆ）。其中，以单辅音形式出现的位置为词首、词中音节首；以复辅音形式出现的位置为复辅音后置辅音。在所有〔tʰ〕辅音中，（1）以单辅音形式在词首出现的频率最高，如 M：133 次，占 84%；F：106 次，占 81%；（2）其次是以单辅音形式在词中音节首出现的频率，如，24 次，占 15%（M）；23 次，占 18%（F）；（3）以复辅音后置辅音形式出现的频率最低，如，2 次，占 1%（M）；2 次，占 2%（F）（见表 3.14）。

显然，〔tʰ〕辅音在词中主要以单辅音形式出现于词首和词中音节首，在其他位置上出现的比例相对较小。

表 3.14　[tʰ] 辅音出现频率统计（M&F）

词中位置 发音人		M		F	
		出现次数（次）	百分比（%）	出现次数（次）	百分比（%）
所有		159	100	131	100
单辅音	词首	133	84	106	81
	词中音节首	24	15	23	18
复辅音	后置辅音	2	1	2	2

2. 音质及其声学特征

2.1　[tʰ] 辅音三维语图和语音标注

图 3.37 为男发音人 [tʰɐː] "猜" 一词的三维语图和三层标注实例。可以看出，土族语 [tʰ] 辅音的冲直条明显，与词首 [t] 辅音相比 VOT 较长，是比较典型的舌尖齿龈、送气、清塞音。

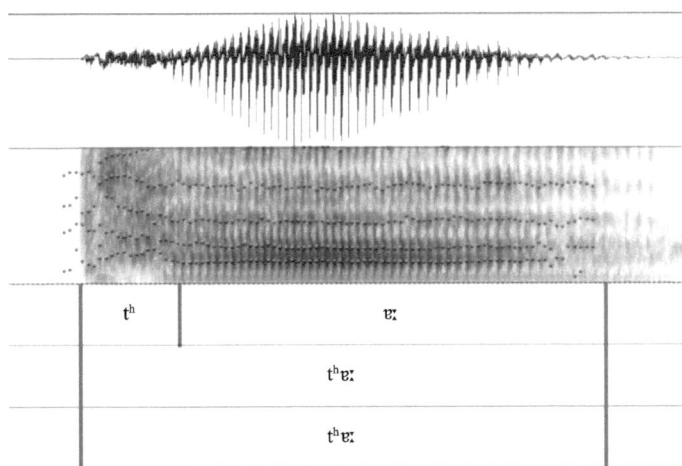

图 3.37　男发音人 [tʰɐː] "猜" 一词的三维语图和三层标注实例

2.2　[tʰ] 辅音声学参数与音色定位

表 3.15 为两位发音人 [tʰ] 辅音声学参数统计总表。图 3.38 为两位发音人 [tʰ] 辅音第一、第二和第三共振峰分布图。图 3.38 显示了两位发音人 [tʰ] 辅音三个共振峰频率范围。从表 3.15 和图 3.38 中可以看出以下几点。

（1）〔tʰ〕辅音 VOT 比较长，男、女发音人 VOT 差距较小，分别为 54ms（M）和 59ms（F）。

（2）男、女发音人〔tʰ〕辅音 GAP 差距较大，相差 19ms。

（3）女发音人的 CF 的频率总体上略高于男发音人，如，男发音人〔tʰ〕辅音 CF1 围绕 950Hz，在 500～1200Hz 之间浮动，CF2 围绕 1800Hz 在 1500～2200Hz 之间浮动，CF3 围绕 2800Hz 在 2500～3200Hz 之间浮动；女发音人〔tʰ〕辅音 CF1 围绕 900Hz，在 500～1000Hz 之间浮动，CF2 围绕 2000Hz 在 1500～2200Hz 之间浮动，CF3 围绕 3000Hz 在 2500～3500Hz 之间浮动。

通过上述分析，本书认为土族语〔tʰ〕辅音是舌尖齿龈、送气、清塞音。

表 3.15-1　〔tʰ〕辅音声学参数统计（M）

tʰ	GAP	VOT	CD	CA	CF1	CF2	CF3
平均值	109	54	154	48.78	949	1803	2800
标准差	41	17	49	4.50	170	194	257
变异系数	37%	32%	32%	9%	18%	11%	9%

表 3.15-2　〔tʰ〕辅音声学参数统计（F）

tʰ	GAP	VOT	CD	CA	CF1	CF2	CF3
平均值	90	59	148	47.87	920	1991	3008
标准差	28	21	45	5.74	215	271	313
变异系数	31%	35%	31%	12%	23%	14%	10%

3. 语流中的音变特征分析

3.1 〔tʰ〕音声学参数与后置元音音质之间的相关性分析

表 3.16 为不同元音之前出现的〔tʰ〕辅音声学参数统计表，图 3.39、图 3.40、图 3.41、图 3.42 分别为在〔ɐ, e, i, o, u〕等元音之前出现的〔tʰ〕辅音第一至第三共振峰、GAP、VOT 和音强均值的比较图。从男、女发音人的 GAP 比较图可以看出，出现在高元音〔i〕之前的〔tʰ〕辅音的 GAP 最长，其次是低元音之前的 GAP，中元音之前的〔tʰ〕辅音的 GAP 最

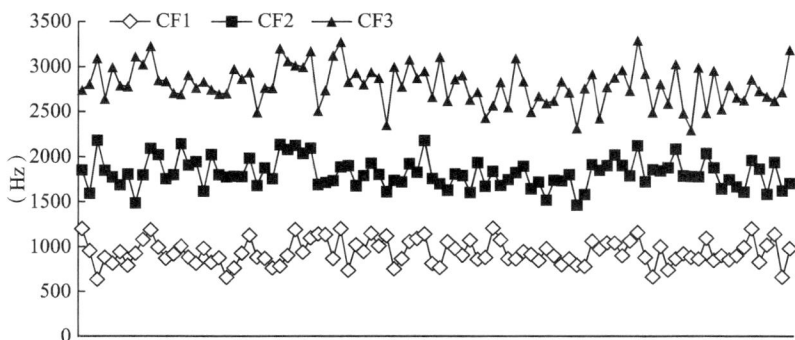

图 3.38-1　［tʰ］辅音第一至第三共振峰（CF1、CF2、CF3）分布（M）

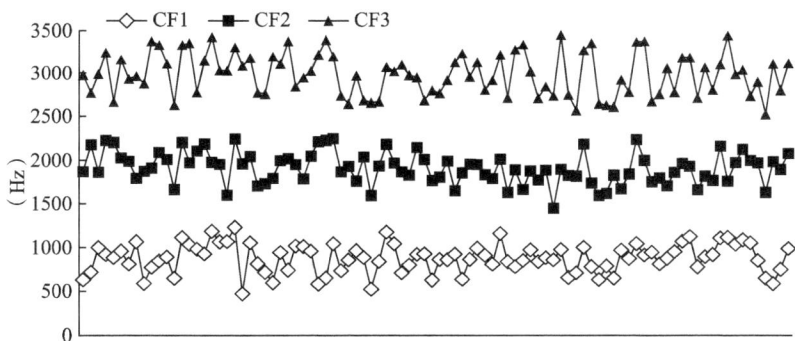

图 3.38-2　［tʰ］辅音第一至第三共振峰（CF1、CF2、CF3）分布（F）

短。这说明后接元音舌位高低对该元音的 GAP 的影响显著；从共振峰、VOT 和音强均值比较图可以看出，男、女发音人［tʰ］辅音的共振峰、VOT 和音强均值与其后接元音音质之间几乎没有关联性。

表 3.16　不同元音之前出现的［tʰ］辅音声学参数统计（M&F）

tʰ		tʰɐ	tʰe	tʰi	tʰo
M	GAP	96	96	122	52
	VOT	57	61	49	51
	CA	50.75	46.9	48	47.86
	CF1	948	908	947	964
	CF2	1766	2047	1785	1829
	CF3	2800	2967	2816	2712

续表

t^h		$t^h\mathrm{æ}$	$t^h e$	$t^h i$	$t^h o$
F	GAP	90	86	100	65
	VOT	58	62	50	53
	CA	47.63	48.25	47.43	47.36
	CF1	925	959	969	946
	CF2	1981	2251	1971	2027
	CF3	3009	3184	2983	3016

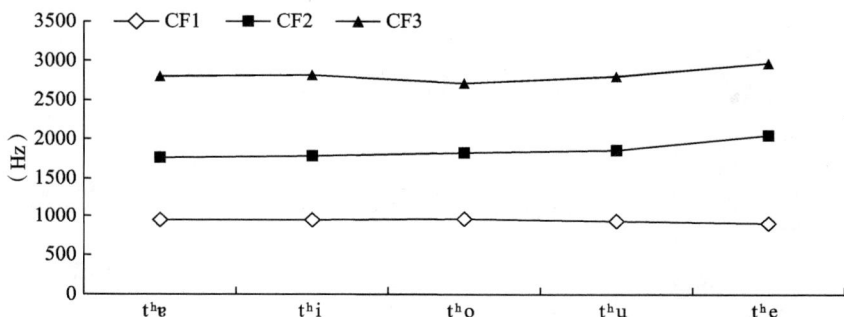

图 3.39-1　不同元音之前出现的 [t^h] 辅音第一至第三共振峰均值比较（M）

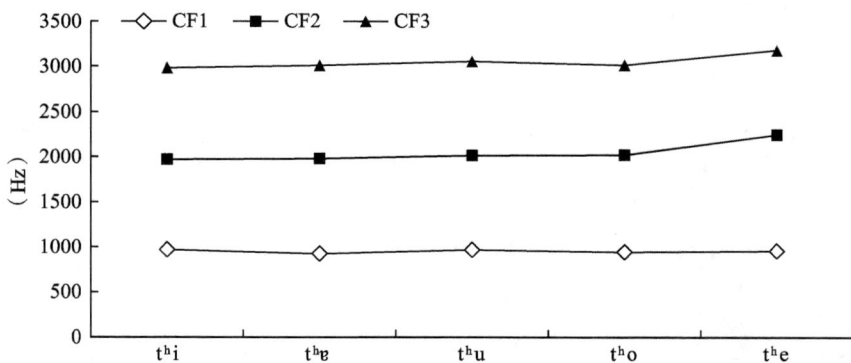

图 3.39-2　不同元音之前出现的 [t^h] 辅音第一至第三共振峰均值比较（F）

3.2　[t^h] 辅音声学参数与词中音节位置之间的相关性分析

表 3.17 为词中不同音节位置上出现的 [t^h] 辅音声学参数统计。图 3.43、图 3.44、图 3.45、图 3.46、图 3.47 为根据表 3.17 绘制的词中不同音节位置上出现的 [t^h] 辅音 GAP、VOT、音长、音强均值和第一至第三

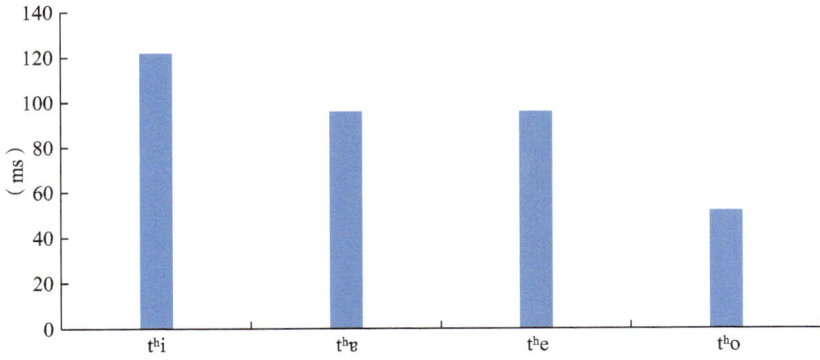

图 3.40-1　不同元音之前出现的［tʰ］辅音 GAP 均值比较（M）

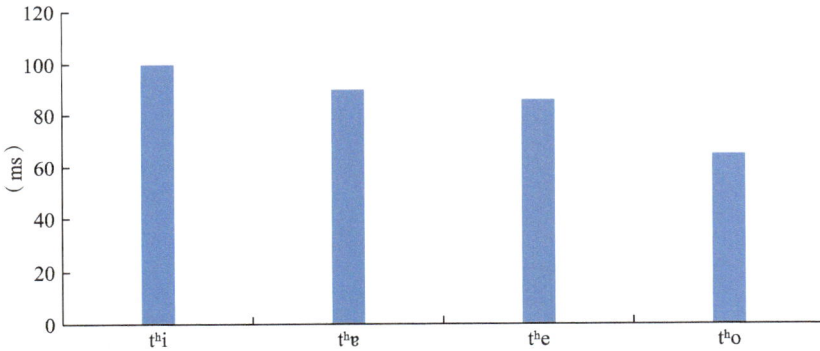

图 3.40-2　不同元音之前出现的［tʰ］辅音 GAP 均值比较（F）

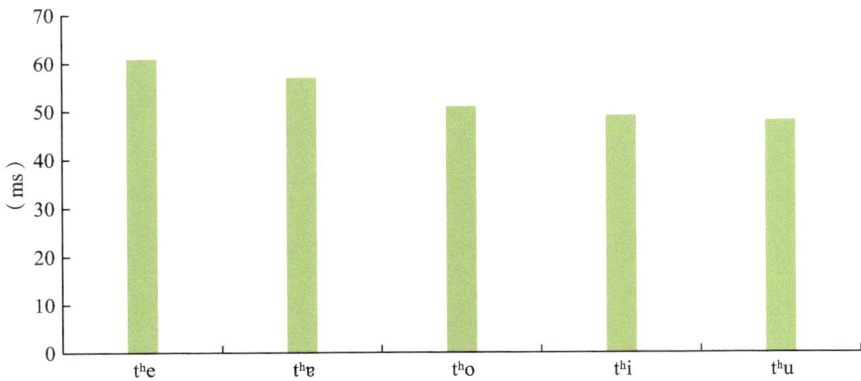

图 3.41-1　不同元音之前出现的［tʰ］辅音 VOT 均值比较（M）

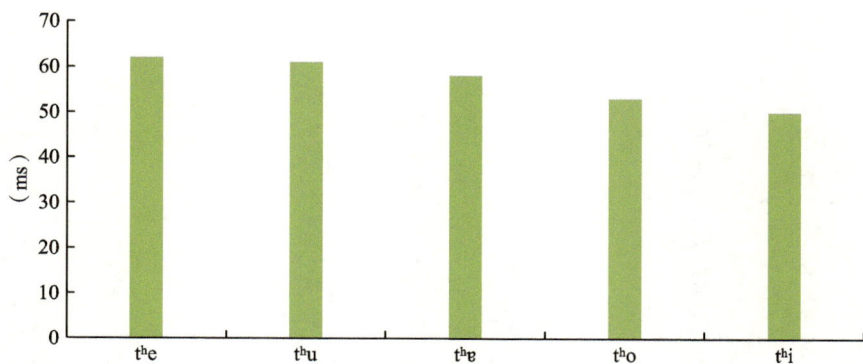

图 3.41-2　不同元音之前出现的〔tʰ〕辅音 VOT 均值比较（F）

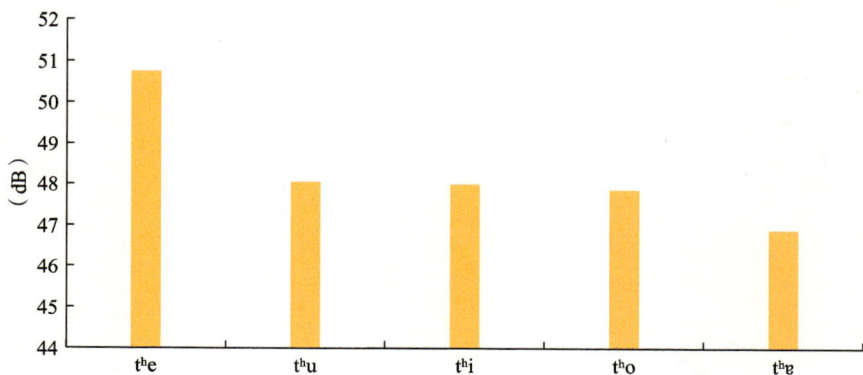

图 3.42-1　不同元音之前出现的〔tʰ〕辅音音强均值比较（M）

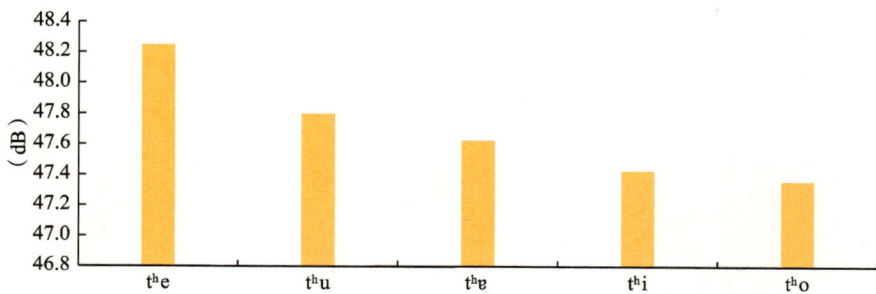

图 3.42-2　不同元音之前出现的〔tʰ〕辅音音强均值比较（F）

共振峰均值比较图。从上述表和图可以看出，（1）男、女发音人复辅音后置辅音位置出现的〔tʰ〕辅音的 GAP、VOT 和 CD 明显短于出现在词中音节首该辅音的 GAP、VOT 和 CD；（2）词中音节首位置出现的〔tʰ〕辅音音强最强。

表 3.17　词中不同音节位置上出现的 [tʰ] 辅音声学参数统计

tʰ		GAP	VOT	CD	CA	CF1	CF2	CF3
M	词首	—	56	—	55.17	895	1814	2815
	词中音节首	117	51	168	59.58	927	1787	2783
	复辅音后置辅音	37	40	77	52.5	1027	1752	2800
F	词首	—	60	—	47.81	912	1992	3001
	词中音节首	97	59	156	48.48	1035	1952	3020
	复辅音后置辅音	20	35	54	48	969	1963	3055

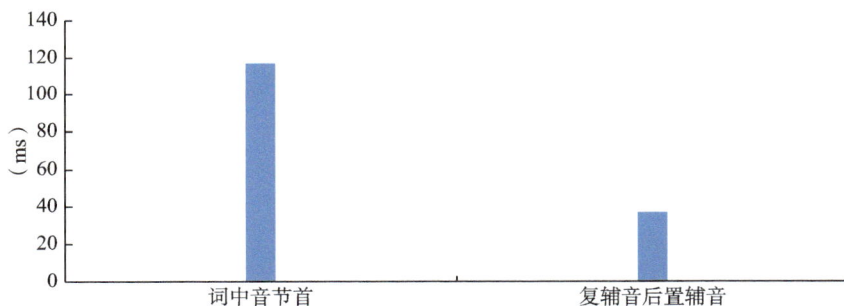

图 3.43-1　词中不同音节位置上出现的 [tʰ] 辅音 GAP 均值比较 (M)

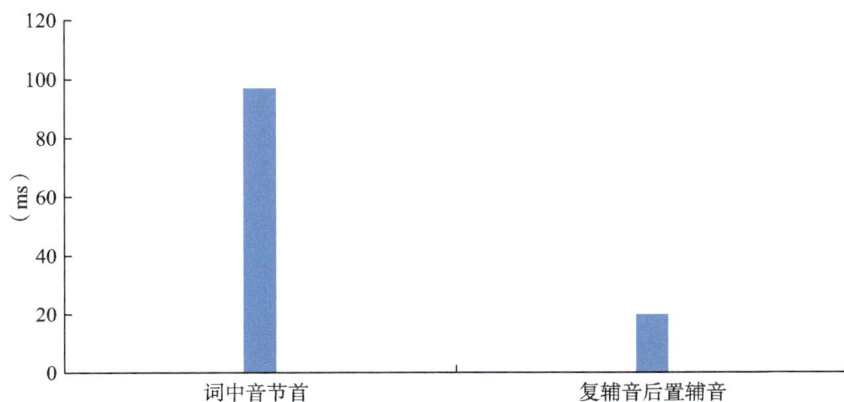

图 3.43-2　词中不同音节位置上出现的 [tʰ] 辅音 GAP 均值比较 (F)

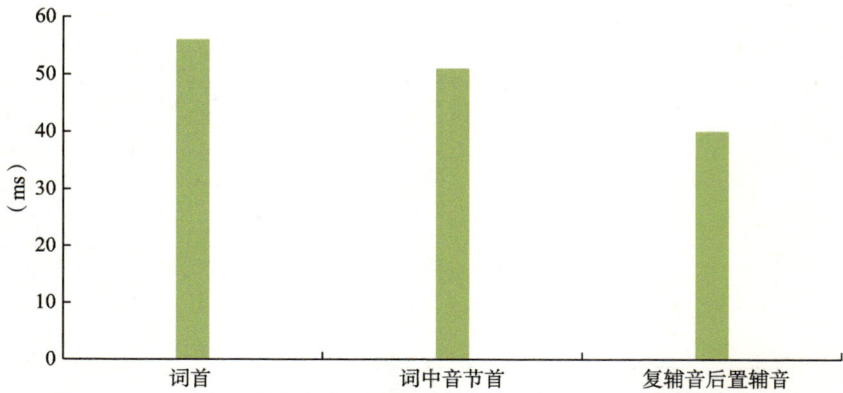

图 3.44-1 词中不同音节位置上出现的［tʰ］辅音 VOT 均值比较（M）

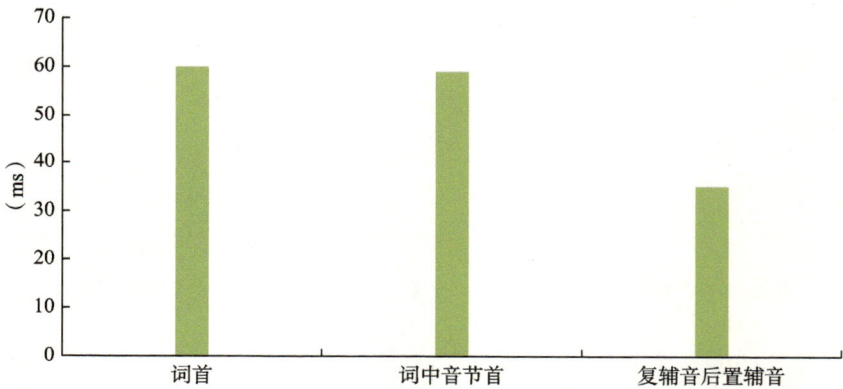

图 3.44-2 词中不同音节位置上出现的［tʰ］辅音 VOT 均值比较（F）

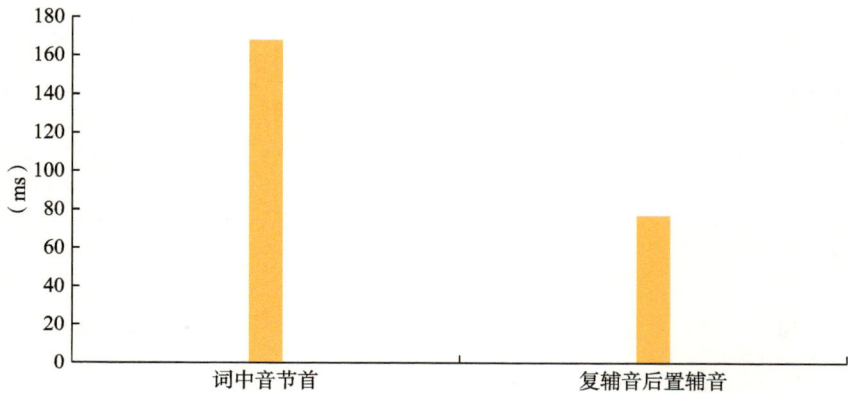

图 3.45-1 词中不同音节位置上出现的［tʰ］辅音音长均值比较（M）

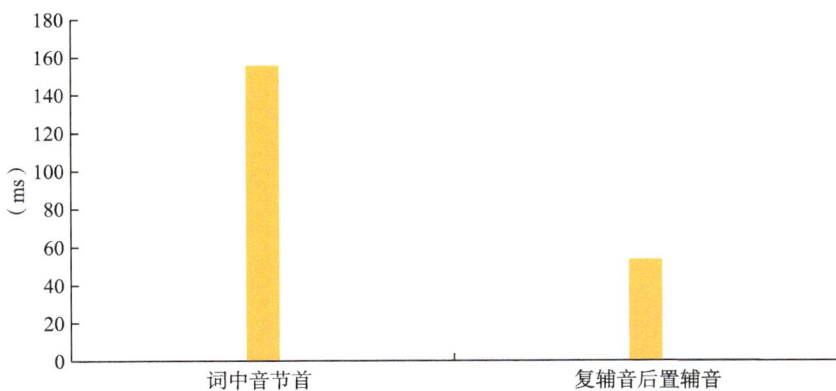

图 3.45-2　词中不同音节位置上出现的 [tʰ] 辅音音长均值比较（F）

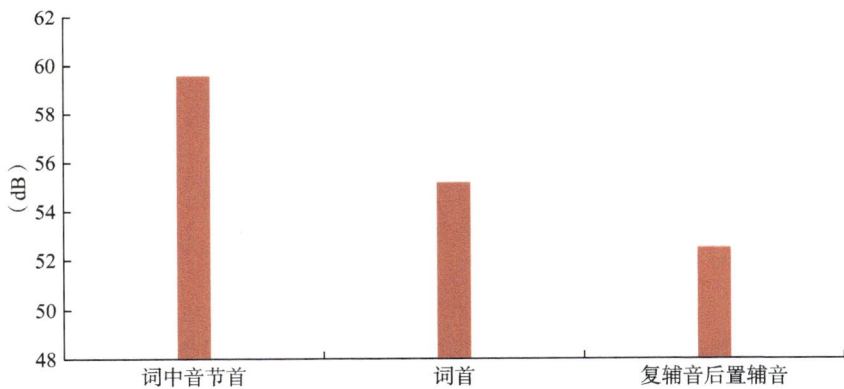

图 3.46-1　词中不同音节位置上出现的 [tʰ] 辅音音强均值比较（M）

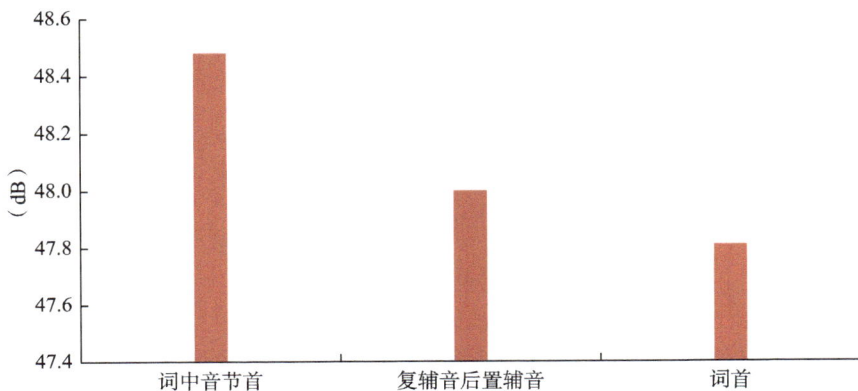

图 3.46-2　词中不同音节位置上出现的 [tʰ] 辅音音强均值比较（F）

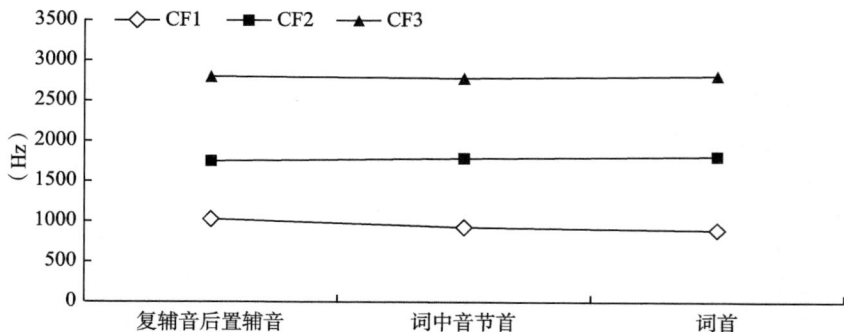

图 3.47-1 词中不同音节位置上出现的 [tʰ] 辅音第一至
第三共振峰均值比较 （M）

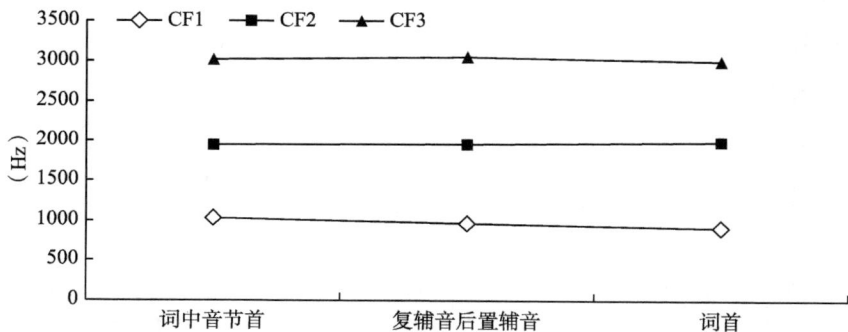

图 3.47-2 词中不同音节位置上出现的 [tʰ] 辅音第一至
第三共振峰均值比较 （F）

（五）/k/辅音

1. /k/辅音变体统计分析

表 3.18 为/k/辅音音位变体在统一平台中的出现频率统计。可以看出，/k/辅音以 [k]、[ʁ]、[χ] 等 3 种变体形式在男、女发音人数据中分别出现了 681 次 （M） 和 643 次 （F）。其中，M 的 [k] 为 456 次，占所有/k/辅音的 67%；F 为 484 次，占所有/k/辅音的 75%。该变体主要在词首和词中音节首出现，在词首以单辅音或复辅音后置辅音形式出现。M 的 [ʁ] 为 63 次，占所有/k/辅音的 9%，F 为 116 次，占所有/k/辅音的 18%。该变体一般出现在词中非重读音节首，而且前接音节以元音或 [n, ŋ, l, ɾ, ʒ] 等浊辅音结尾，音节末出现在 [m, l, ɾ] 等浊辅音起始的音节前；M 的 [χ]

为 162 次，占所有 /k/ 辅音的 24%，F 为 43 次，占所有 /k/ 辅音的 7%。变体 [χ] 一般出现在词中非重读音节首、音节末和词末；非重读音节首可以与 [ʁ] 自由替换；音节末主要出现在 [t, tɕ, tɕʰ, ts, s, ʂ] 等清辅音起始的音节前，也可以出现在词末；从 /k/ 辅音三种变体的统计分析结果看，无论是从词和音节里的分布特点，还是从词中的出现位置和条件以及出现频率，[k] 已具备了作为典型变体的条件，把 [k] 作为典型变体，符合土族语语音特点。

表 3.18　/k/ 辅音音位变体统计分析

发音人　　　　辅音	M		F	
	出现次数（次）	百分比（%）	出现次数（次）	百分比（%）
/k/	681	100	643	100
[k]	456	67	484	75
[ʁ]	63	9	116	18
[χ]	162	24	43	7

2. [k] 辅音

2.1　[k] 辅音统计分析

表 3.19 为 [k] 辅音出现频率统计表，可以看出 [k] 辅音一共出现 456 次（M）和 484 次（F）。其中，男发音人的 [k] 有 81 个出现在词首，占 18%，有 293 个出现在词中音节首，占 64%，82 个以复辅音后置辅音形式出现，占 18%。女发音人的 [k] 有 88 个出现在词首，占 18%，323 个出现在词中音节首，占 67%，73 个以复辅音后置辅音形式出现，占 15%。

表 3.19　[k] 辅音出现频率统计

发音人　　　　词中位置		M		F	
		出现次数（次）	百分比（%）	出现次数（次）	百分比（%）
所有		456	100	484	100
单辅音	词首	81	18	88	18
	词中音节首	293	64	323	67
复辅音	词首复辅音后置辅音	82	18	73	15

2.2 音质及其声学特征

2.2.1 [k] 辅音三维语图和语音标注

[k] 为土族语/k/辅音的典型变体。图3.48为男发音人 [ʂke] "大" 一词的三维语图和三层标注实例。可以看出，土族语 [k] 辅音的冲直条较明显，GAP 较短，VOT 较短。在语流中有时候 [k] 辅音可能会出现 2~3 个冲直条。我们以第一冲直条为准采集了其 VOT 时长。

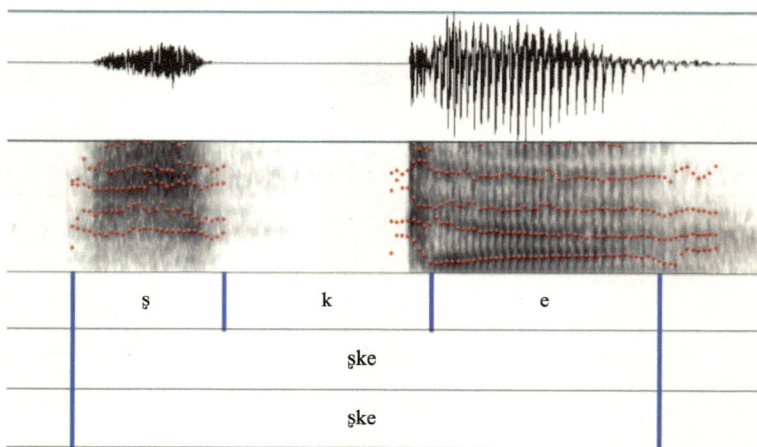

图3.48 男发音人 [ʂke] "大" 一词的三维语图和三层标注实例

2.2.2 [k] 辅音声学参数与音色定位

表3.20为 [k] 辅音声学参数统计。图3.49为两位发音人 [k] 辅音第一、第二和第三共振峰的分布图。从表3.20和图3.49中可以看出以下几点。

（1）[k] 辅音的 VOT 较短，分别为30毫秒（M），22毫秒（F）。

（2）男、女发音人 [k] 辅音音强相差不大，女发音人的音强稍强。

（3）两位发音人 [k] 辅音第一、第二和第三共振峰的均值分别为 M: CF1 = 784Hz, CF2 = 1391Hz, CF3 = 2535Hz; F: CF1 = 848Hz, CF2 = 1626Hz, CF3 = 2809Hz。

（4）女发音人 [k] 辅音的第一至第三共振峰频率均值都高于男发音人，并且女发音人 [k] 辅音的共振峰频率的浮动范围也相对较大。如，女发音人 [k] 辅音 CF1 围绕 850Hz，在 500~1200Hz 之间浮动，CF2 围绕

1630Hz，在 1300～2300Hz 之间浮动，CF3 围绕 2800Hz，在 2400～3400Hz 之间浮动；男发音人［k］辅音 CF1 围绕 780Hz，在 450～1100Hz 之间浮动，CF2 围绕 1390Hz，在 1200～1800Hz 之间浮动；CF3 围绕 2500Hz，在 2200～3400Hz 之间浮动。

通过上述分析，本书认为，土族语［k］辅音是软腭、不送气、清塞音。

表 3.20　［k］辅音声学参数统计

k	M					F				
	VOT	CA	CF1	CF2	CF3	VOT	CA	CF1	CF2	CF3
平均值	30	48.71	784	1391	2535	22	48.86	848	1626	2809
标准差	11	7.27	227	404	491	10	6.16	223	373	461
变异系数	38%	15%	29%	29%	19%	51%	13%	26%	23%	16%

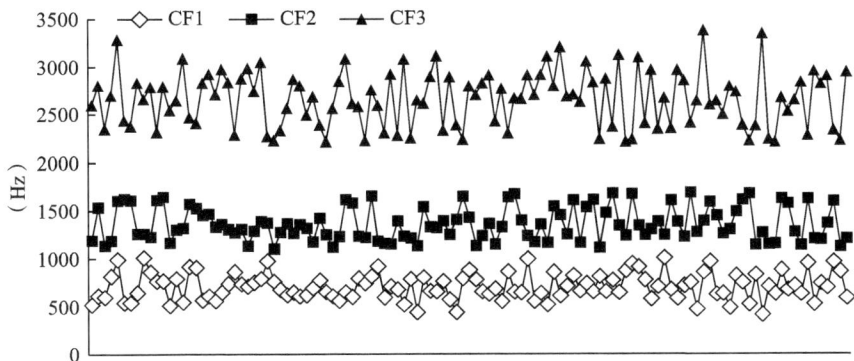

图 3.49-1　［k］辅音第一至第三共振峰（CF1、CF2、CF3）分布（M）

2.3　语流中的音变特征分析

2.3.1　［k］辅音声学参数与其后置元音音质之间的相关性分析

表 3.21 为不同元音之前出现的词首［k］辅音声学参数统计。图 3.50 为不同元音之前出现的［k］辅音 GAP 均值比较图，图 3.51 为不同元音之前出现的［k］辅音 VOT 均值比较图，图 3.52 为不同元音之前出现的［k］辅音音强均值比较图，图 3.53 为不同元音之前出现的［k］辅音的三个共振峰均值（以 CF2 的上升顺序排列）比较图。表 3.21 和图

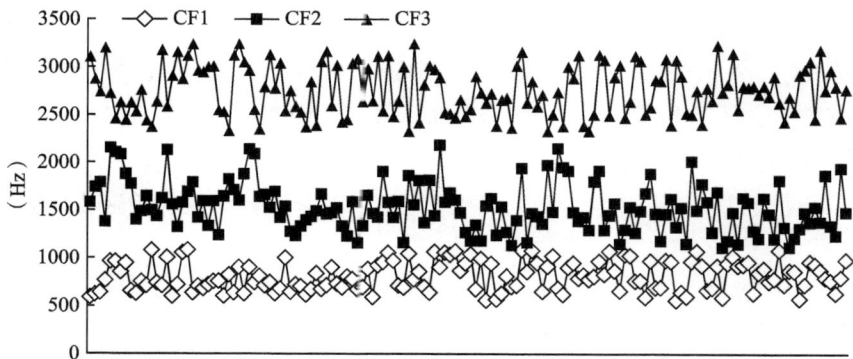

图 3.49-2 ［k］辅音第一至第三共振峰（CF1、CF2、CF3）分布（F）

3.50、图 3.51、图 3.52、图 3 53 显示，后置元音音质与［k］辅音声学参数之间具有一定的相关性：（1）在［i，e］等前元音前出现时，［k］辅音的第二共振峰频率较高；在［o，u］等后元音前出现时，［k］辅音的第二共振峰频率相对较低；（2）该辅音 GAP、VOT 和音强的参数与其后置元音音质没有明显的相关性。

表 3.21 不同元音之前出现的［k］辅音的声学参数统计

k		kɐ	ke	ki	ko	ku
M	GAP	79	106	72	106	97
	VOT	30	33	27	27	28
	CA	49.02	47.25	49.85	47.9	50.1
	CF1	752	965	828	688	677
	CF2	1350	1978	1624	1081	1047
	CF3	2605	2682	2420	2569	2182
F	GAP	100	86	76	79	80
	VOT	19	24	22	20	23
	CA	52.19	48	48.13	48.28	44.2
	CF1	1002	1041	1099	699	733
	CF2	1687	2070	1842	1443	1340
	CF3	2776	2622	2681	2861	2761

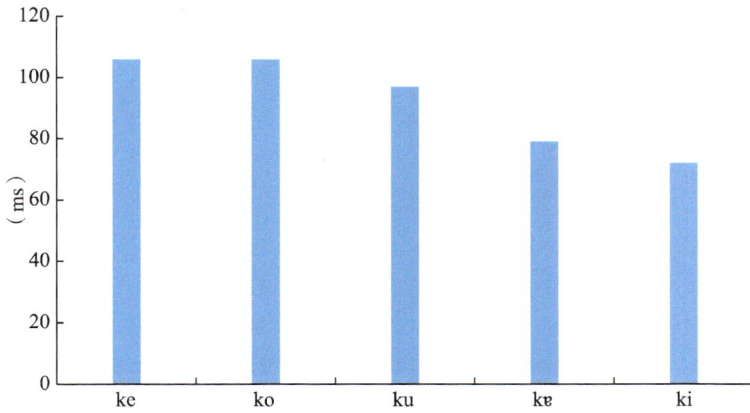

图 3.50-1　不同元音之前出现的［k］辅音 GAP 均值比较（M）

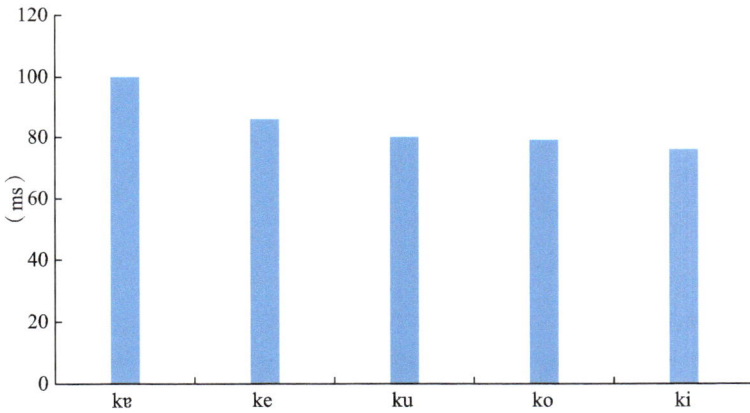

图 3.50-2　不同元音之前出现的［k］辅音 GAP 均值比较（F）

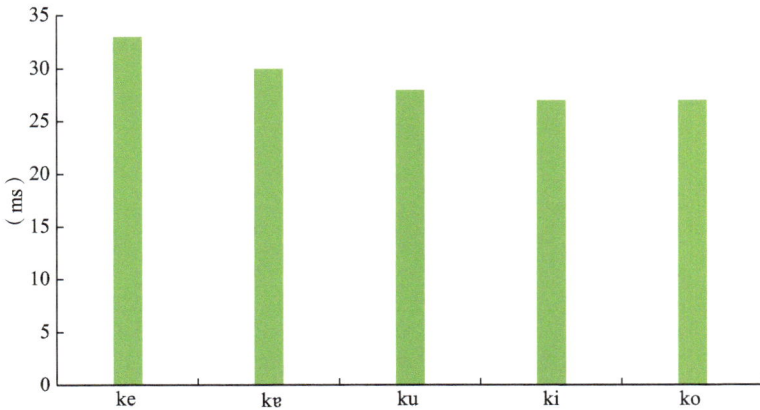

图 3.51-1　不同元音之前出现的［k］辅音 VOT 均值比较（M）

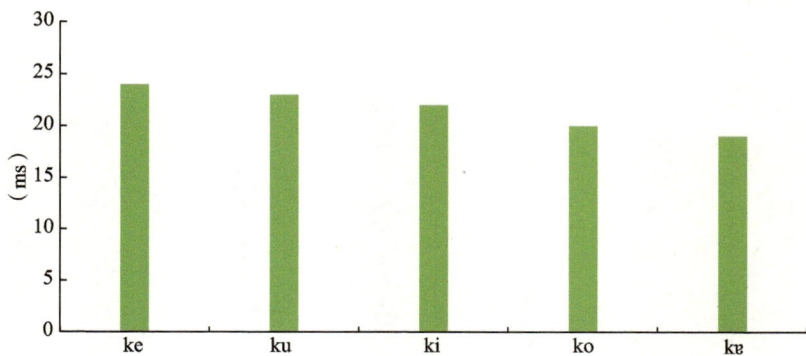

图 3.51-2　不同元音之前出现的［k］辅音 VOT 均值比较（F）

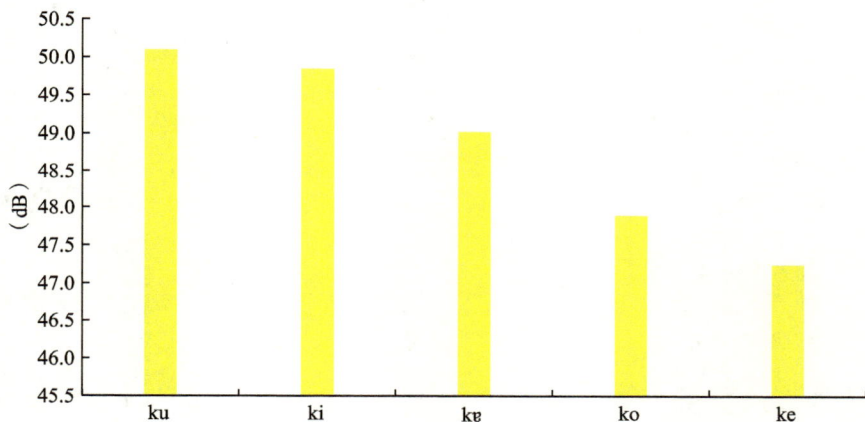

图 3.52-1　不同元音之前出现的［k］辅音音强均值比较（M）

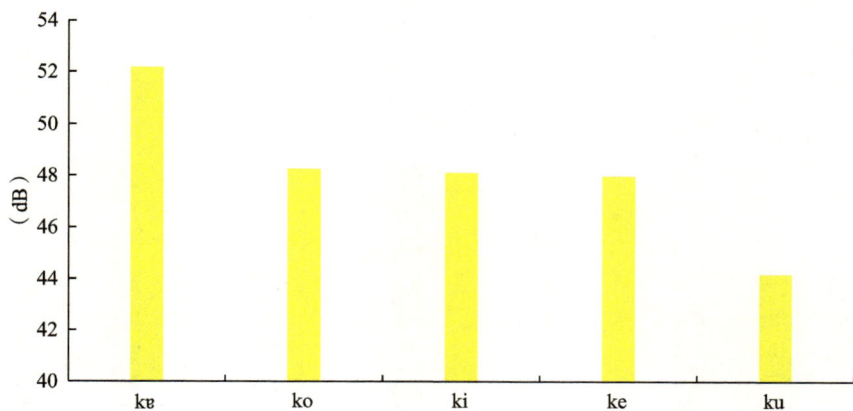

图 3.52-2　不同元音之前出现的［k］辅音音强均值比较（F）

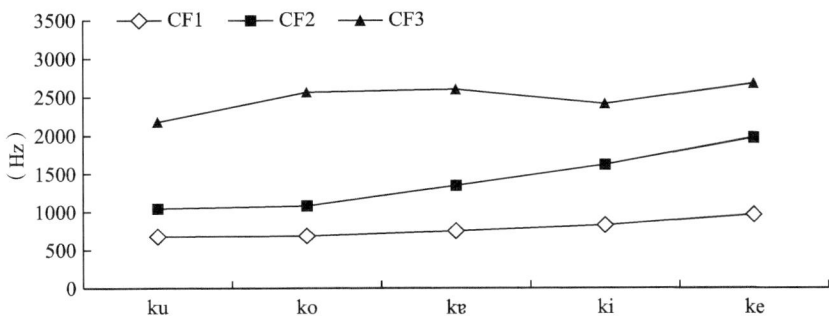

图 3.53-1 不同元音之前出现的 [k] 辅音第一至
第三共振峰均值比较 (M)

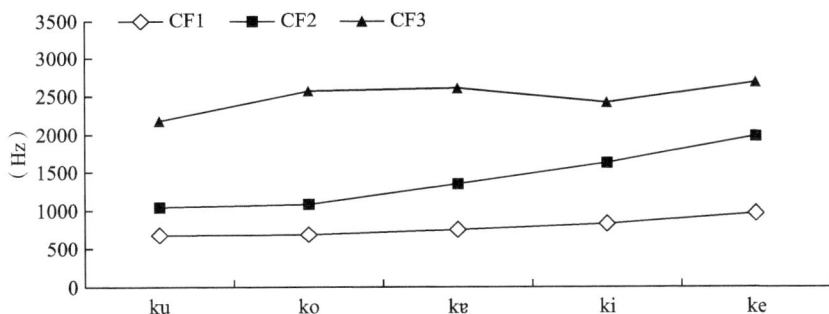

图 3.53-2 不同元音之前出现的 [k] 辅音第一至
第三共振峰均值比较 (F)

2.3.2 [k] 辅音声学参数与词中音节位置之间的相关性分析

表 3.22 为词中不同音节位置上出现的 [k] 辅音声学参数统计表, 图 3.54 为在词中不同音节位置上出现的 [k] 辅音 VOT 均值比较图, 图 3.55 为在词中不同音节位置上出现的 [k] 辅音音强均值比较图, 图 3.56 为在词中不同音节位置上出现的 [k] 辅音的第一、第二和第三共振峰均值比较图。

从表 3.22 和图 3.54、图 3.55、图 3.56 里可以看出, 词中位置与 [k] 辅音声学参数之间有一定的相关性。(1) [k] 辅音出现在词首位置时的 VOT 最长, 其次是出现在词中音节首时的 VOT, 出现在复辅音后置辅音位置时的 VOT 最短;(2) 出现在词首位置的 [k] 辅音音强最弱, 第一共振峰频率最低。从上述图表显示的数据来看, [k] 辅音音长和 GAP 的参数与其词中出现的音节位置无明显相关性。

表 3.22　词中不同音节位置上出现的 [k] 辅音声学参数统计

k	位置	GAP	VOT	CD	CA	CF1	CF2	CF3
M	词首	—	31	—	48.3	765	1234	2529
	词中音节首	92	29	121	48.58	783	1434	2517
	复辅音后置辅音	96	29	125	49.61	805	1389	2606
F	词首	—	23	—	47	806	1489	2849
	词中音节首	92	21	113	49.47	867	1660	2780
	复辅音后置辅音	65	19	84	49.16	816	1632	2860

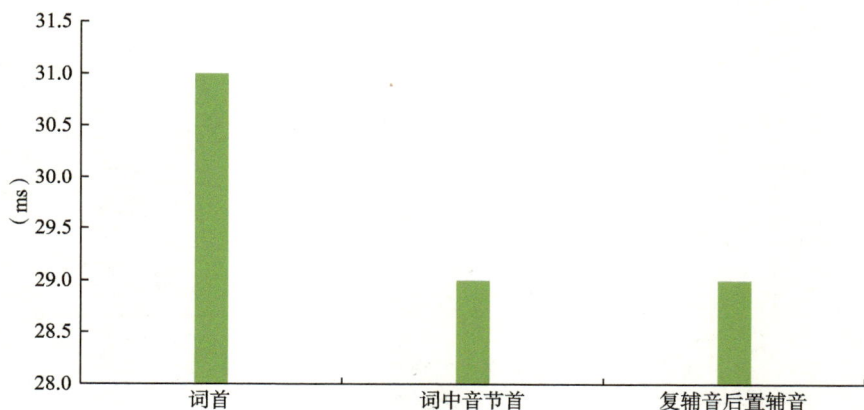

图 3.54-1　词中不同音节位置上出现的 [k] 辅音 VOT 均值比较 (M)

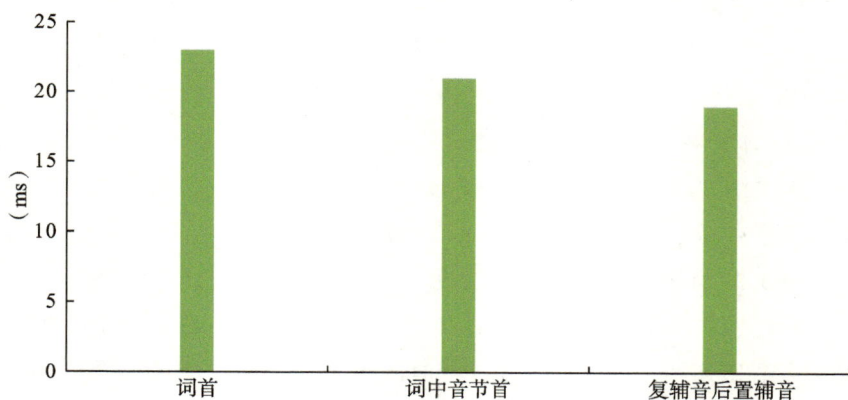

图 3.54-2　词中不同音节位置上出现的 [k] 辅音 VOT 均值比较 (F)

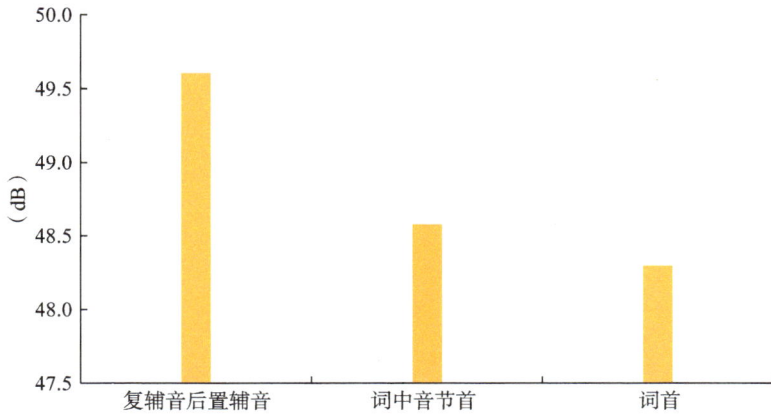

图 3.55-1　词中不同音节位置上出现的 [k] 辅音音强均值比较（M）

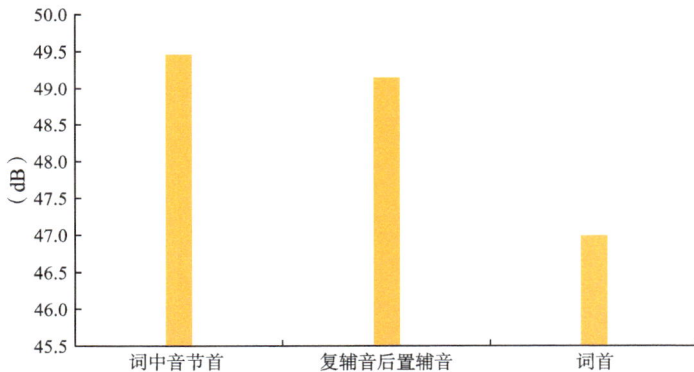

图 3.55-2　词中不同音节位置上出现的 [k] 辅音音强均值比较（F）

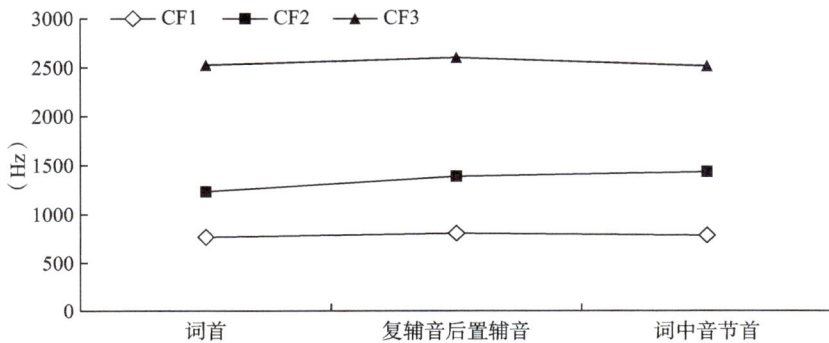

图 3.56-1　词中不同音节位置上出现的 [k] 辅音第一至
第三共振峰均值比较（M）

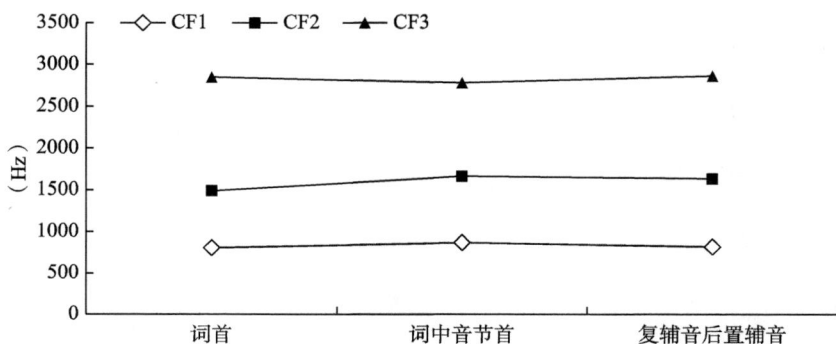

图 3.56-2　词中不同音节位置上出现的［k］辅音第一至
第三共振峰均值比较（F）

3.［ʁ］辅音

3.1　［ʁ］辅音统计分析

该辅音在统一平台中一共出现 63 次（M）和 116 次（F）。其中男发音人的［ʁ］有 26 个出现在词中音节首，占 41%，35 个出现在词中音节末，占 56%，2 个出现在词末，占 3%。女发音人的［ʁ］有 13 个出现在词中音节首，占 11%，32 个出现在词中音节末，占 28%，71 个出现在词末，占 61%。

表 3.23　［ʁ］辅音出现频率统计

发音人 词中位置		M		F	
		出现次数（次）	百分比（%）	出现次数（次）	百分比（%）
所有		63	100	116	100
单辅音	词中音节首	26	41	13	11
	词中音节末	35	56	32	28
复辅音	词末	2	3	71	61

3.2　音质及其声学特征

3.2.1　［ʁ］辅音三维语图和语音标注

［ʁ］是/k/的条件变体。图 3.57 为男发音人［pɐlʁɛsə］"墙"一词的三维语图和三层标注实例。从图 3.57 可以看出，该辅音第一、第二共振峰相对清晰，而第三、第四共振峰比较模糊。［ʁ］辅音一般出现在词中非重读音节首，而且前接音节以元音或［n，ŋ，l，ɾ，ʒ］等浊辅音结尾，音节末

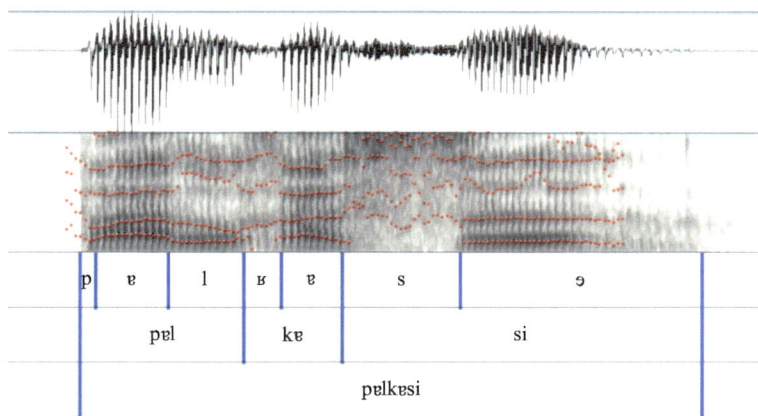

图 3.57　男发音人［pɐlʁɛsə］"墙"一词的三维语图和三层标注实例

出现在［m，l，ɾ］等浊辅音起始的音节前。

3.2.2　［ʁ］辅音声学参数与音色定位

表 3.24 为［ʁ］辅音声学参数统计表。图 3.58 为两位发音人［ʁ］辅音第一、第二和第三共振峰的分布图。表 3.24 和图 3.58 显示了两位发音人［ʁ］辅音的三个共振峰的频率范围，可以看出以下几点。

（1）女发音人［ʁ］辅音音长明显长于男发音人［ʁ］辅音的音长，相差 65ms。

（2）女发音人［ʁ］辅音音强明显强于男发音人［ʁ］辅音的音强，相差 6.22dB。

（3）两位发音人［ʁ］辅音第一、第二和第三共振峰的均值分别为 M：VF1 = 505Hz，VF2 = 1045Hz，VF3 = 2602Hz；F：VF1 = 642Hz，VF2 = 1108Hz，VF3 = 3249Hz。两位发音人［ʁ］辅音的第一、第二、第三共振峰参数变异系数都小于 25%，说明该参数相对稳定。

（4）男发音人的 VF1 在 350~700Hz 之间，VF2 在 850~1350Hz 之间，VF3 在 2000~3200Hz 之间浮动。女发音人的 VF1 在 400~700Hz 之间，VF2 在 800~1400Hz 之间，VF3 在 2800~3600Hz 之间浮动。

通过上述分析，本书认为，土族语［ʁ］辅音是小舌、浊擦音。

表 3.24　[ʁ] 辅音声学参数统计

ʁ	M					F				
	CD	CA	VF1	VF2	VF3	CD	CA	VF1	VF2	VF3
平均值	66	53.62	505	1045	2602	131	59.84	642	1108	3249
标准差	27	5.05	102	225	304	58	4.64	91	158	272
变异系数	41%	9%	20%	22%	12%	44%	8%	14%	14%	8%

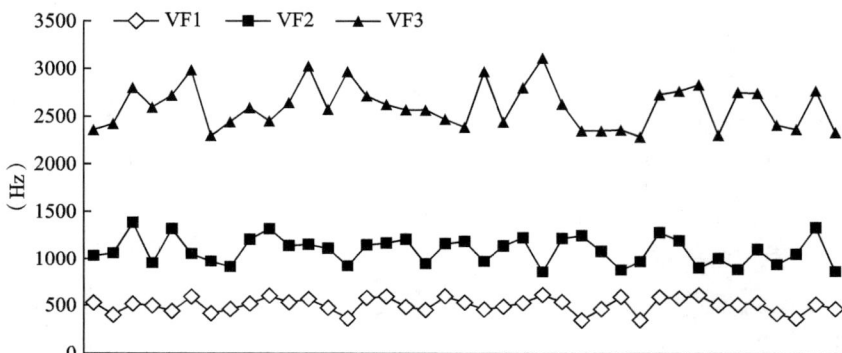

图 3.58-1　[ʁ] 辅音第一至第三共振峰（CF1、CF2、CF3）分布（M）

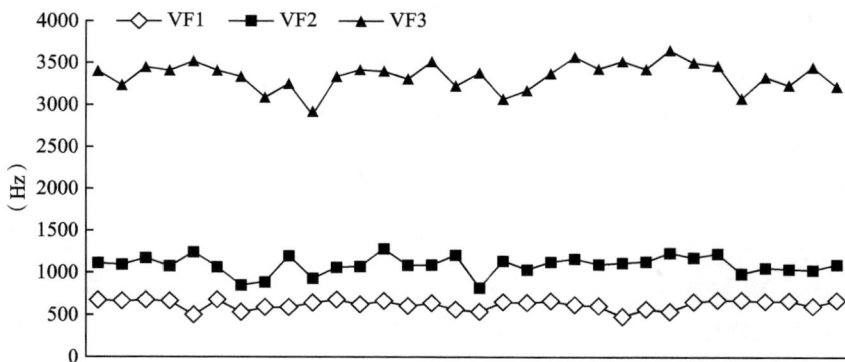

图 3.58-2　[ʁ] 辅音第一至第三共振峰（CF1、CF2、CF3）分布（F）

3.3　语流中的音变特征分析

3.3.1　[ʁ] 辅音声学参数与词中音节位置之间的相关性分析

表 3.25 为词中不同音节位置上出现的 [ʁ] 辅音的参数统计表。图 3.59、图 3.60、图 3.61 为根据表 3.25 绘制的两位发音人词中不同音节位置上出现的 [ʁ] 辅音的音长、音强和共振峰均值的比较图。因男发音人

[ʁ] 辅音出现在词末位置上的数量较少，故未统计其数据。实验结果显示，词中位置与 [ʁ] 辅音声学参数之间有一定的相关性。如，[ʁ] 辅音出现在词中音节首位置时的音长短，CF2 共振峰频率高。从上述图表显示的数据来看，[ʁ] 辅音的音强与该辅音出现的词中位置无明显相关性。

表 3.25　词中不同音节位置上出现的 [ʁ] 辅音声学参数统计

ʁ	位置	CD	CA	CF1	CF2	CF3
M	词中音节首	60	54	466	1050	2570
	词中音节末	67	53.26	536	1029	2624
F	词中音节首	49	57	591	1227	2996
	词中音节末	99	59.16	624	1193	3182
	词末	161	60.68	678	1158	3326

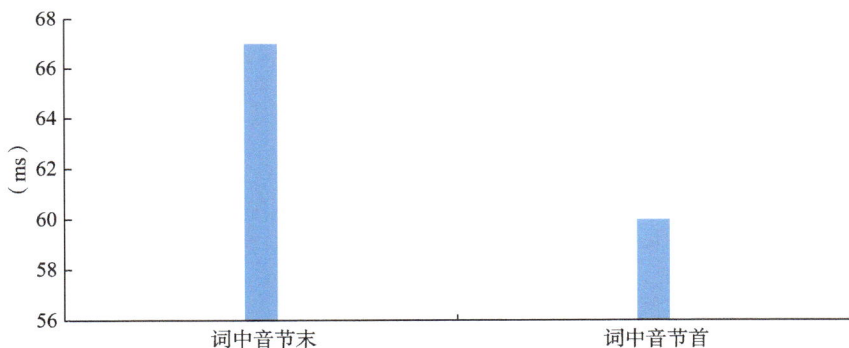

图 3.59-1　词中不同音节位置上出现的 [ʁ] 辅音音长均值比较（M）

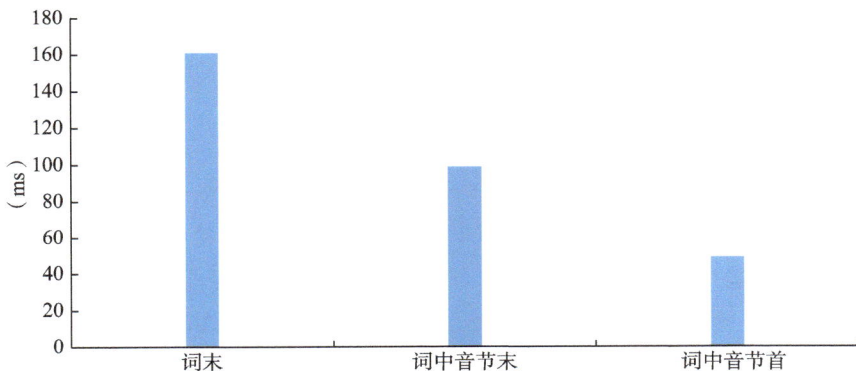

图 3.59-2　词中不同音节位置上出现的 [ʁ] 辅音音长均值比较（F）

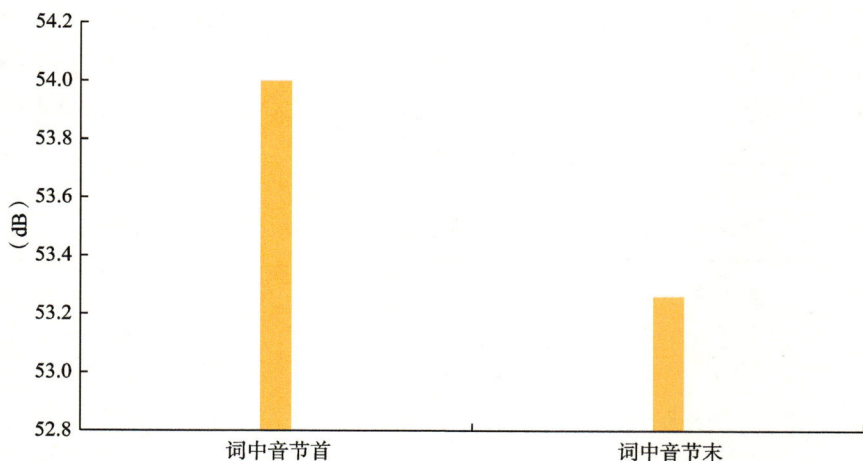

图 3.60-1　词中不同音节位置上出现的［ʁ］辅音音强均值比较（M）

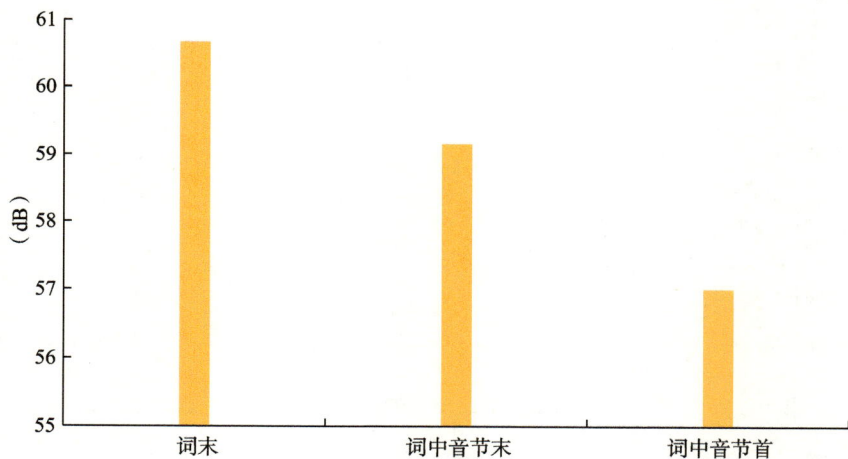

图 3.60-2　词中不同音节位置上出现的［ʁ］辅音音强均值比较（F）

4.［χ］辅音

4.1　［χ］辅音统计分析

　　表 3.26 为［χ］辅音出现频率统计，［χ］是/k/的另一个条件变体。一般出现在词中非重读音节首、音节末和词末；非重读音节首可以与［ʁ］自由替换；音节末主要出现在［t，tɕ，tɕʰ，ts，s，ʂ］等清辅音起始的音节前，也可以出现在词末。该辅音在"统一平台"中一共出现 162 次（M）和 43 次（F）。其中男发音人的［χ］有 37 个出现在词中音节首，占 23%，37 个出现在词中音节末，占 23%，88 个出现在词末，占 54%。女发音人的

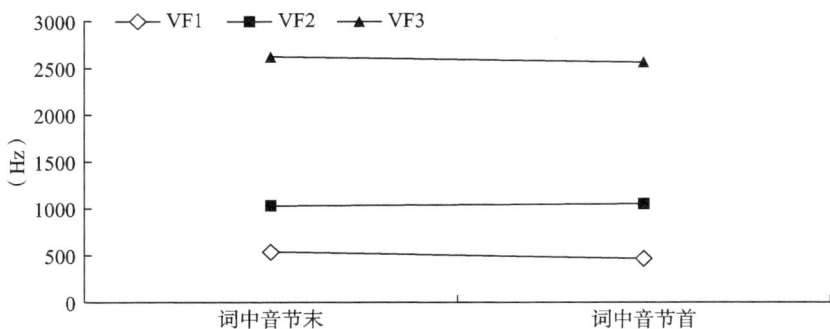

图 3.61-1 词中不同音节位置上出现的 [ʁ] 辅音第一至第三共振峰均值比较（M）

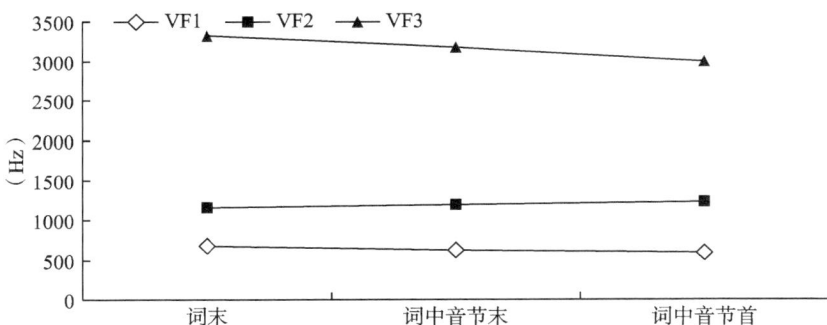

图 3.61-2 词中不同音节位置上出现的 [ʁ] 辅音第一至第三共振峰均值比较（F）

[χ] 有 9 个出现在词中音节首，占 21%，34 个出现在词中音节末，占 79%，词末没有出现。

表 3.26 [χ] 辅音出现频率统计

词中位置　　　　发音人		M		F	
		出现次数（次）	百分比（%）	出现次数（次）	百分比（%）
所有		162	100	43	100
单辅音	词中音节首	37	23	9	21
	词中音节末	37	23	34	79
复辅音	词末	88	54	—	—

4.2 音质及其声学特征

4.2.1 [χ] 辅音三维语图和语音标注

[χ] 是 /k/ 的另一个条件变体。图 3.62 是男发音人 [ɐʒɔχ] "背篓" 一

词的三维语图和三层标注实例。图上可以看到，[χ] 辅音高频区有较强的摩擦乱纹。显然，该辅音是清擦音。

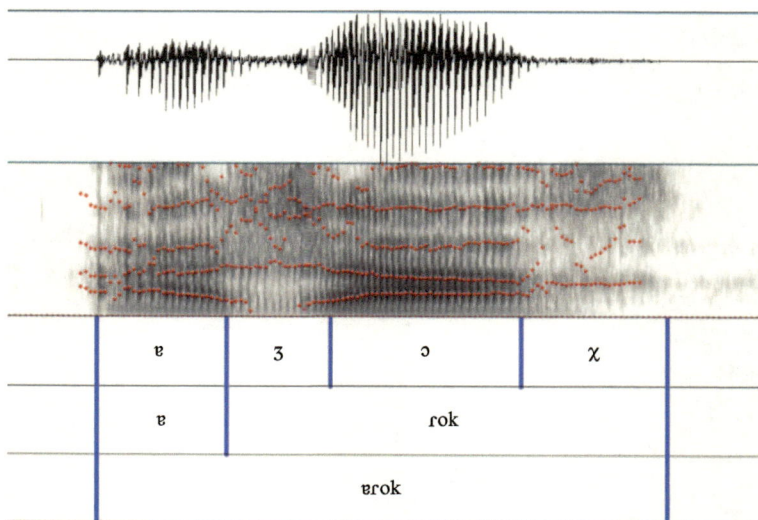

图 3.62　男发音人 [ɐʒɔχ]"背篓"一词的三维语图和三层标注实例

4.2.2　[χ] 辅音声学参数与音色定位

表 3.27 为 [χ] 辅音声学参数统计。图 3.63 为两位发音人 [χ] 辅音第一、第二和第三共振峰的分布图。从表 3.27 和图 3.63 中可以看出以下几点。

（1）男发音人 [χ] 辅音音长比女发音人 [χ] 辅音的音长更长，相差 31ms。

（2）两位发音人 [χ] 辅音第一、第二和第三共振峰的均值分别为 M：CF1 = 654Hz，CF2 = 1183Hz，CF3 = 2709Hz；F：CF1 = 955Hz，CF2 = 1400Hz，CF3 = 3159Hz。

（3）女发音人 [χ] 辅音的第一至第三共振峰频率均值都高于男发音人，并且女发音人 [χ] 辅音的共振峰频率的浮动范围也大。如，女发音人的 CF1 在 800～1100Hz 之间，CF2 在 1100～1600Hz 之间，CF3 在 2300～3700Hz 之间浮动；男发音人的 CF1 在 450～700Hz 之间，CF2 在 800～1350Hz 之间，CF3 离散较大，在 1800~3600Hz 之间浮动。

通过上述分析，本书认为，土族语 [χ] 辅音是小舌、清擦音。

表 3.27　［χ］辅音声学参数统计

χ	M					F				
	CD	CA	CF1	CF2	CF3	CD	CA	CF1	CF2	CF3
平均值	109	46.46	654	1183	2709	78	46.7	955	1400	3159
标准差	41	4.44	198	228	427	30	6.48	192	212	382
变异系数	38%	10%	30%	19%	16%	39%	14%	20%	15%	12%

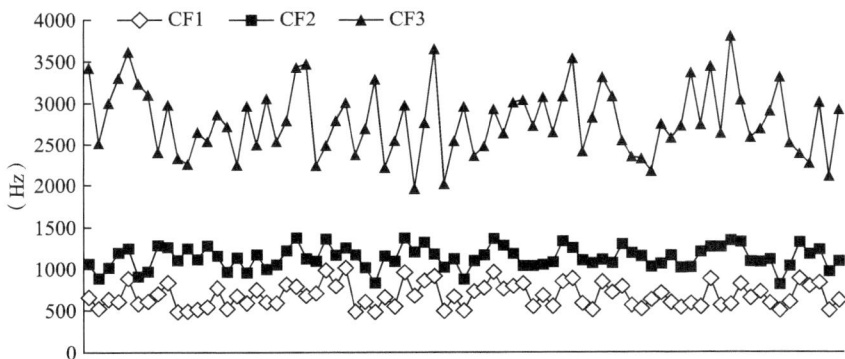

图 3.63-1　［χ］辅音第一至第三共振峰（CF1、CF2、CF3）分布（M）

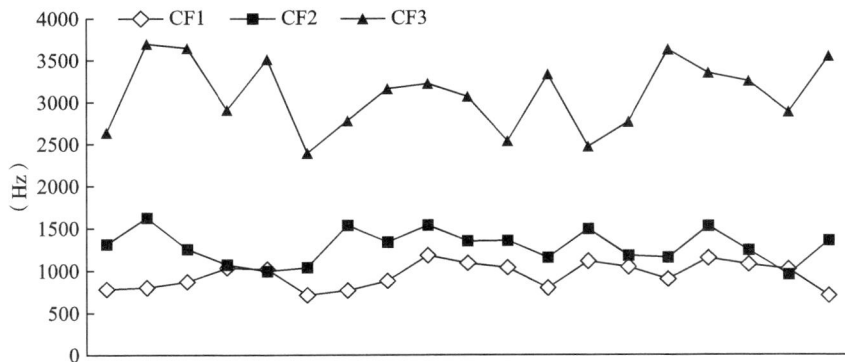

图 3.63-2　［χ］辅音第一至第三共振峰（CF1、CF2、CF3）分布（F）

4.3　语流中的音变特征分析

4.3.1　［χ］辅音声学参数与词中音节位置之间的相关性分析

表 3.28 为词中不同音节位置上出现的［χ］辅音声学参数统计。因女发音人［χ］辅音出现在词末位置上的数量占极少数，所以未将该数据录入统计表格当中。图 3.64 为男发音人［χ］辅音在词中不同音节位置上的音长、音

强均值比较图。图 3.65 为男、女发音人［χ］辅音在词中不同音节位置上出现时的第一、第二和第三共振峰均值比较图。从表 3.28 和图 3.64、图 3.65 中可以看出，词中位置与［χ］辅音声学参数之间并无明显相关性。

表 3.28　词中不同音节位置上出现的［χ］辅音声学参数统计

χ	位置	CD	CA	CF1	CF2	CF3
M	词中音节首	79	49	553	1250	2644
	词中音节末	74	49.73	775	1247	2786
	词末	137	44.07	641	1124	2696
F	词中音节首	86	43	956	1519	3017
	词中音节末	76	47.68	990	1677	3197

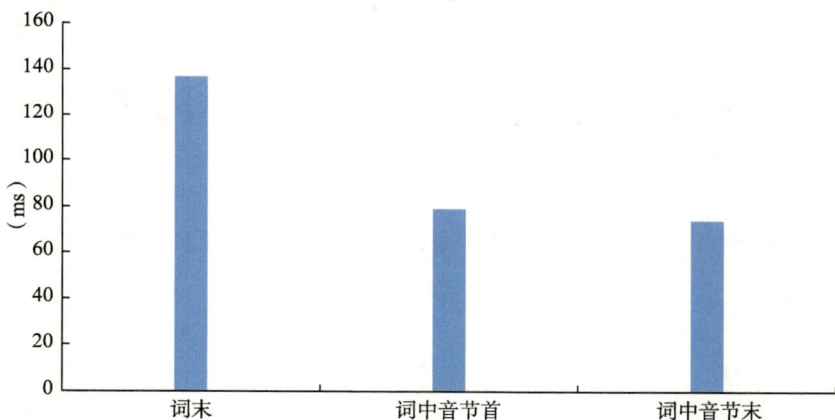

图 3.64-1　词中不同音节位置上出现的［χ］辅音音长均值比较（M）

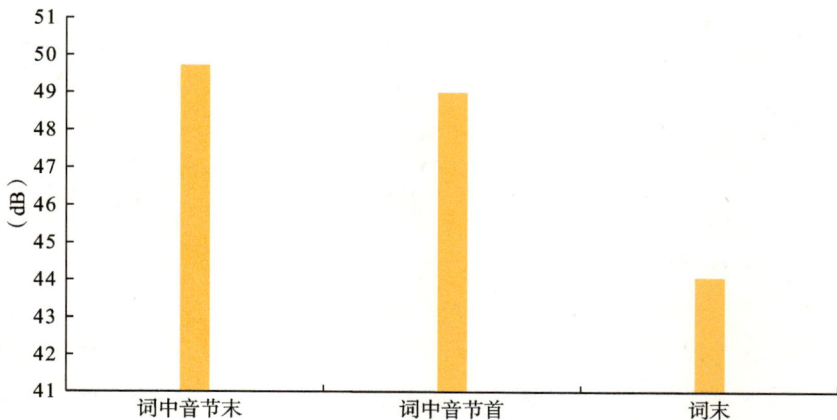

图 3.64-2　词中不同音节位置上出现的［χ］辅音音强均值比较（M）

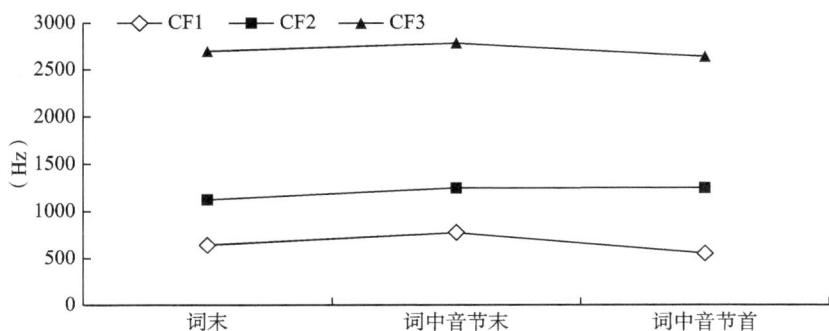

图 3.65-1　词中不同音节位置上出现的［χ］辅音第一至
第三共振峰均值比较（M）

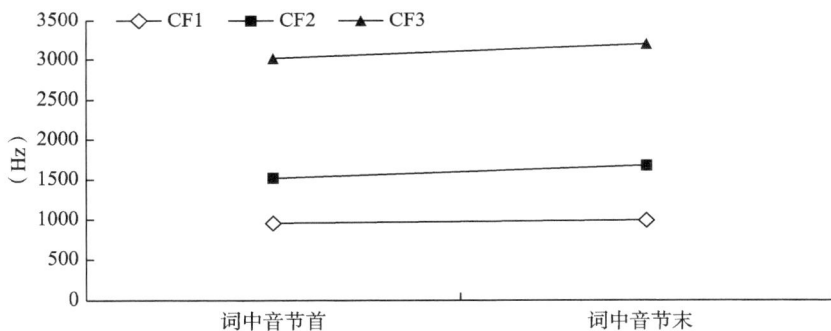

图 3.65-2　词中不同音节位置上出现的［χ］辅音第一至
第三共振峰均值比较（F）

（六）/kʰ/辅音

1. ［kʰ］辅音统计分析

表 3.29 为/kʰ/辅音音位在"统一平台"中的出现频率统计。［kʰ］辅音在统一平台中共出现了 113 次（M）和 113 次（F）。其中，男发音人所有［kʰ］辅音中的 91 个出现在词首位置，占 80%。19 个出现在词中音节首位置，占 17%，3 个出现在复辅音后置辅音位置，占 3%。女发音人所有［kʰ］辅音中的 94 个出现在词首位置，占 83%，18 个出现在词中音节首位置，占 16.2%，1 个出现在复辅音后置辅音位置，占 0.8%。显然，［kʰ］辅音在词中主要以单辅音形式出现于词首位置，在其他位置上出现的比例相对较小。

表 3.29　[kʰ] 辅音出现频率统计

发音人 词中位置		M		F	
		出现次数（次）	百分比（%）	出现次数（次）	百分比（%）
所有		113	100	113	100
单辅音	词首	91	80	94	83
	词中音节首	19	17	18	16.2
复辅音	后置辅音	3	3	1	0.8

2. [kʰ] 辅音三维语图和语音标注

图 3.66 为男发音人 [kʰiː] "风" 一词的三维语图和三层标注实例。可以看出，[kʰ] 辅音的冲直条较明显，与 [k] 辅音相比有较长的 VOT。该辅音主要在词首出现。因该图是词首 [kʰ] 辅音实例，其 GAP 的长度无法测量。

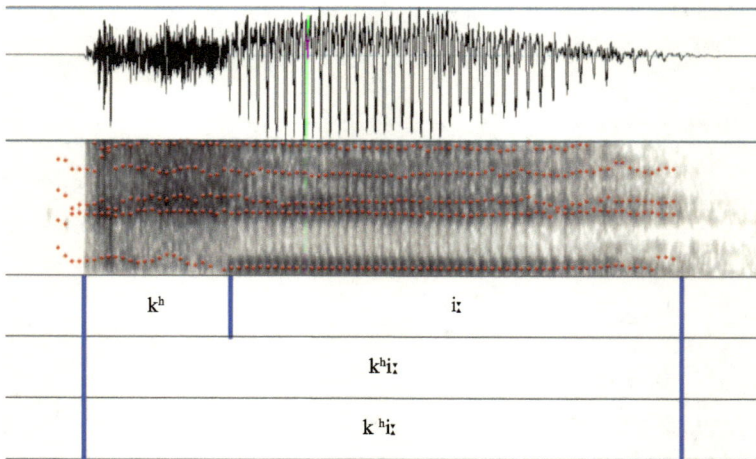

图 3.66　男发音人 [kʰiː] "风" 一词的三维语图和三层标注实例

3. [kʰ] 辅音声学参数与音色定位

表 3.30 为 [kʰ] 辅音声学参数统计。图 3.67 为两位发音人 [kʰ] 辅音第一、第二和第三共振峰的分布图。表 3.30 和图 3.67 显示了两位发音人 [kʰ] 辅音的三个共振峰的频率范围，从表 3.30 和图 3.67 可以看出以下几点。

（1）[kʰ] 辅音 VOT 较长，男、女发音人 [kʰ] 辅音的 VOT 分别为

68ms（M）和 64ms（F）。

（2）男发音人［kʰ］辅音的音强比女发音人［kʰ］辅音的音强相对强。

（3）两位发音人［kʰ］辅音第一、第二和第三共振峰的均值分别为 M：CF1 = 832Hz，CF2 = 1414Hz，CF3 = 2482Hz；F：CF1 = 943Hz，CF2 = 1596Hz，CF3 = 2697Hz。

（4）虽然女发音人 CF 的频率总体上略高于男发音人，但两位发音人［kʰ］辅音的共振峰分布模式基本趋同。男发音人［kʰ］辅音 CF1 围绕 800Hz 在 600~1100Hz 之间浮动，CF2 围绕 1400Hz 在 1200~1800Hz 之间浮动；CF3 围绕 2500Hz 在 2200~3400Hz 之间浮动；女发音人［kʰ］辅音 CF1 围绕 850Hz 在 500~1200Hz 之间浮动，CF2 围绕 1630Hz 在 1000~1800Hz 之间浮动，CF3 围绕 2500Hz 在 1900~3400Hz 之间浮动。

通过上述分析，本书认为，土族语［kʰ］辅音是比较典型的软腭、送气、清塞音。

表 3.30 ［kʰ］辅音声学参数统计

kʰ	M					F				
	VOT	CA	CF1	CF2	CF3	VOT	CA	CF1	CF2	CF3
平均值	68	56.53	832	1414	2482	64	44.63	943	1596	2697
标准差	22	4.76	164	360	409	29	5.96	250	360	406
变异系数	33%	8%	20%	25%	16%	46%	13%	27%	23%	15%

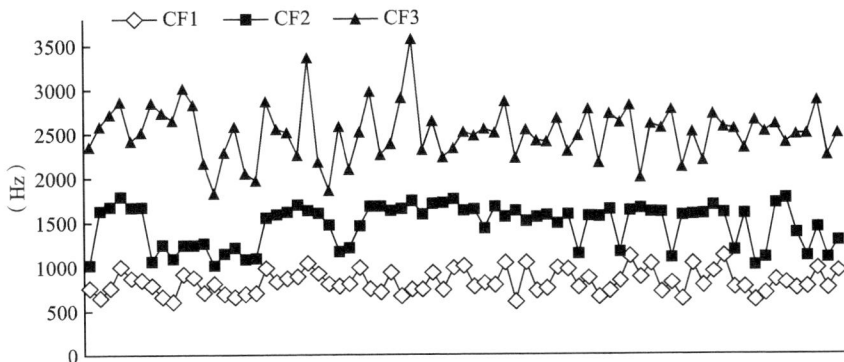

图 3.67-1 ［kʰ］辅音第一至第三共振峰（CF1、CF2、CF3）分布（M）

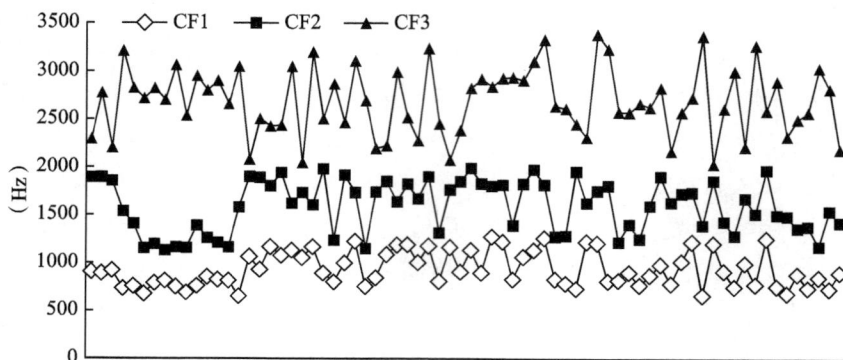

图 3.67-2　[kʰ] 辅音第一至第三共振峰（CF1、CF2、CF3）分布（F）

4. 语流中的音变特征分析

4.1 [kʰ] 辅音声学参数与其后置元音音质之间的相关性分析

表 3.31 为不同元音之前出现的 [kʰ] 辅音声学参数统计表。图 3.68、图 3.69、图 3.70 和图 3.71 为不同元音之前出现的 [kʰ] 辅音的 GAP、VOT、音强和共振峰均值比较图。从这些表和图中可以看出，[kʰ] 辅音声学参数与其后置元音音质之间有共同的、具有统计学意义的规律。（1）在 [i, e] 等前元音前出现的 [kʰ] 辅音第二共振峰频率较高；在 [ɐ, o, u] 等非前元音之前出现的 [kʰ] 辅音第二共振峰频率相对较低；（2）从女发音人 [kʰ] 辅音在不同音质元音前的 VOT 比较图中可以看出，在 [e, o] 等次高元音之前该辅音的 VOT 较长，其他元音前该辅音的 VOT 较短。（3）[kʰ] 辅音 GAP 和音强的参数与后接元音音质没有明显的相关性。

表 3.31　不同元音之前出现的 [kʰ] 辅音声学参数统计

kʰ		kʰɐ	kʰe	kʰi	kʰo	kʰu
M	GAP	72	—	87	89	59
	VOT	72	76	66	61	64
	CA	57.17	53	57	56.69	56.04
	CF1	837	1114	906	754	725
	CF2	1666	2064	1680	1059	1045
	CF3	2576	2525	2637	2228	2311

k^h		$k^h\textturnv$	k^he	k^hi	k^ho	k^hu
F	GAP	48	—	69	68	—
	VOT	66	92	54	77	57
	CA	46.85	42.67	45.92	40.75	44.35
	CF1	1132	884	1128	692	791
	CF2	1861	1893	1901	1403	1275
	CF3	2705	2513	2557	2802	2890

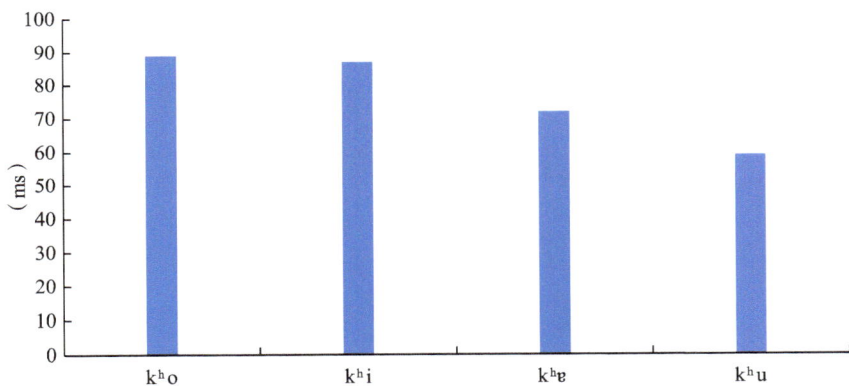

图 3.68-1　不同元音之前出现的［k^h］辅音 GAP 均值比较（M）

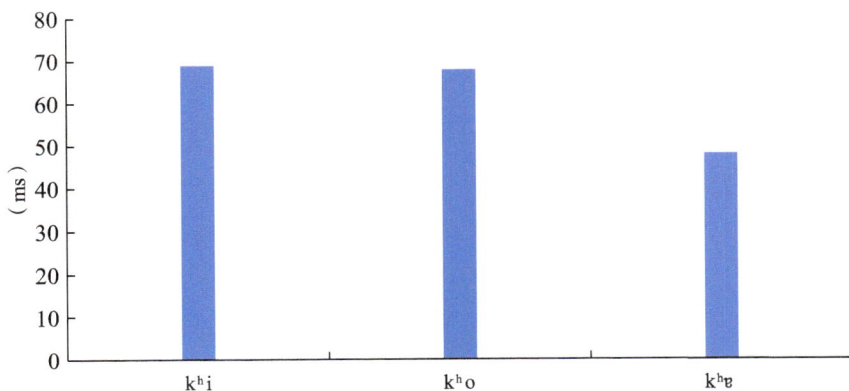

图 3.68-2　不同元音之前出现的［k^h］辅音 GAP 均值比较（F）

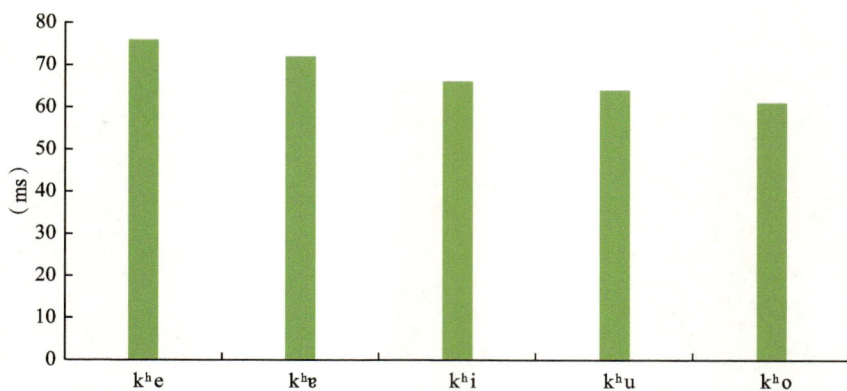

图 3.69-1　不同元音之前出现的［kʰ］辅音 VOT 均值比较（M）

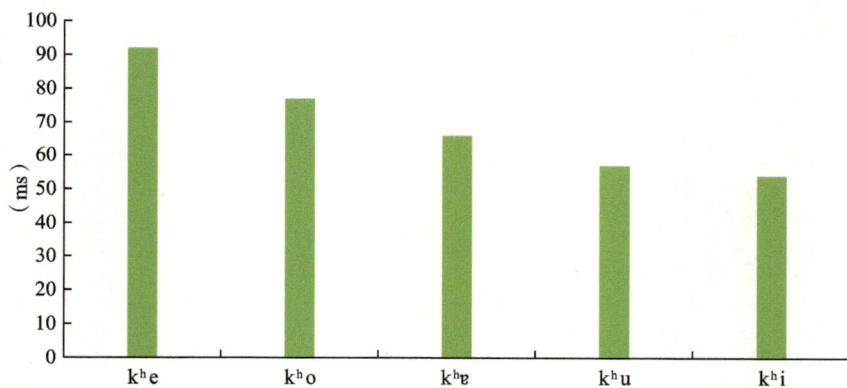

图 3.69-2　不同元音之前出现的［kʰ］辅音 VOT 均值比较（F）

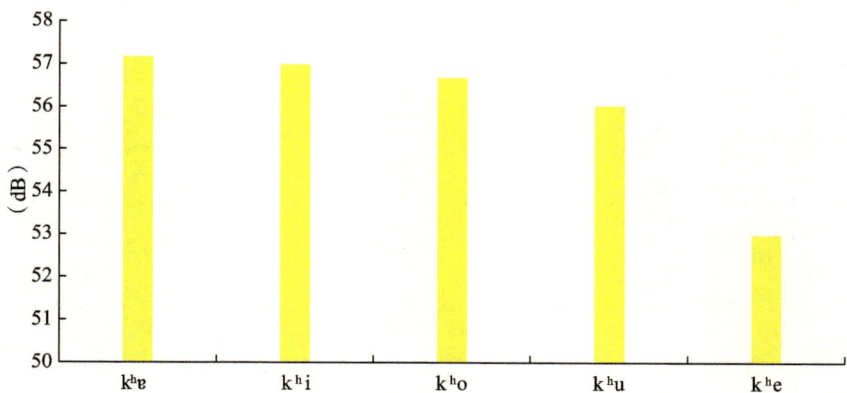

图 3.70-1　不同元音之前出现的［kʰ］辅音音强均值比较（M）

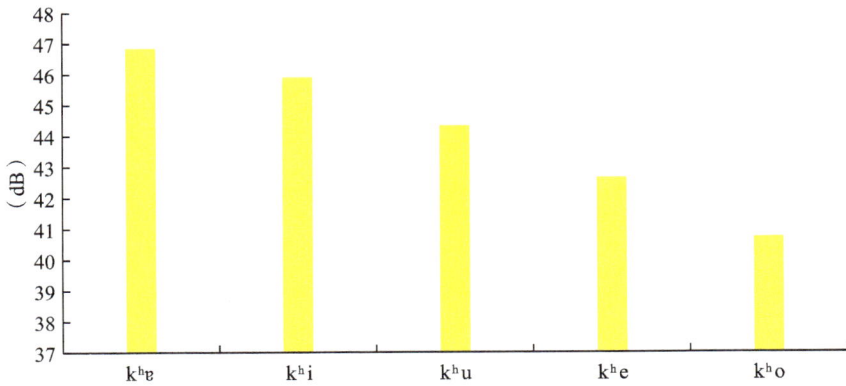

图 3.70-2 不同元音之前出现的 [kʰ] 辅音音强均值比较（F）

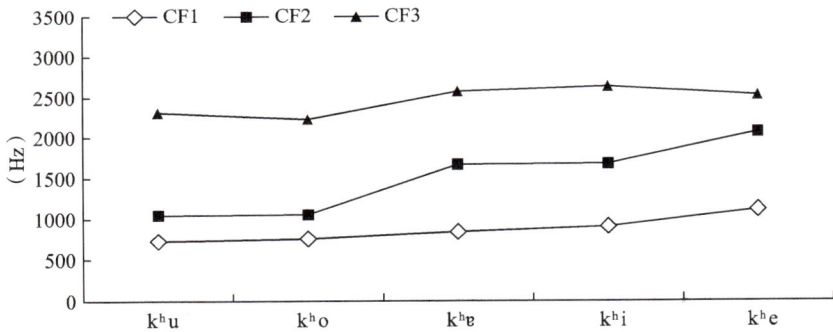

图 3.71-1 不同元音之前出现的 [kʰ] 辅音第一至第三共振峰均值比较（M）

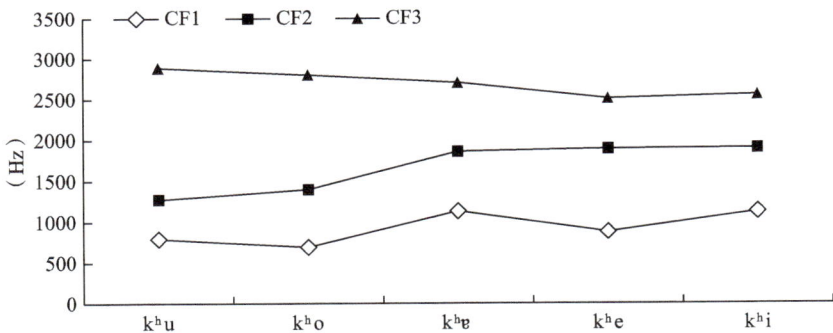

图 3.71-2 不同元音之前出现的 [kʰ] 辅音第一至第三共振峰均值比较（F）

4.2 [kʰ] 辅音声学参数与词中音节位置之间的相关性分析

表 3.32 为词中不同音节位置上出现的 [kʰ] 辅音的声学参数统计表。

图 3.72 和图 3.73 为根据表 3.32 绘制的两位发音人词中不同声学位置上出现的 [kʰ] 辅音音强和共振峰均值比较图。因出现在复辅音后置辅音位置的 [kʰ] 辅音的数量较少，故未将其数据录入统计表中。实验结果显示，词中音节位置与 [kʰ] 辅音声学参数之间有一定的、具有统计学意义的共同点。如，出现在词中音节首位置的 [kʰ] 辅音音强强，第二共振峰频率高。GAP、VOT 的数值与该辅音的出现位置无明显相关性。

表 3.32　词中不同音节位置上出现的 [kʰ] 辅音声学参数统计

kʰ	位置	GAP	VOT	CD	CA	CF1	CF2	CF3
M	词首	—	69	—	56.26	824	1410	2488
	词中音节首	90	61	151	57.42	880	1467	2497
F	词首	—	63	—	44.34	927	1574	2713
	词中音节首	61	72	133	46.17	1024	1710	2611

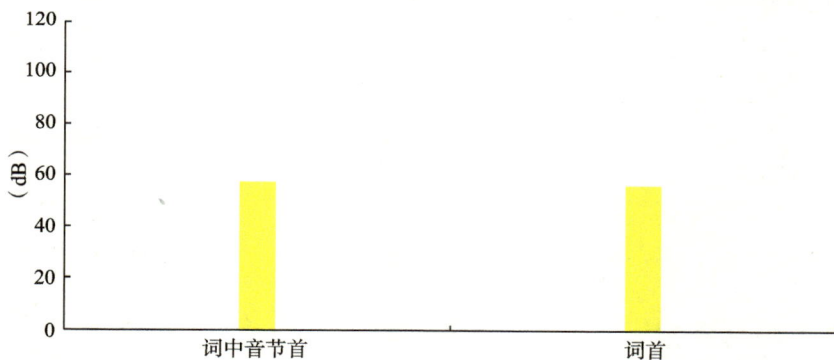

图 3.72-1　词中不同音节位置上出现的 [kʰ] 辅音音强均值比较 (M)

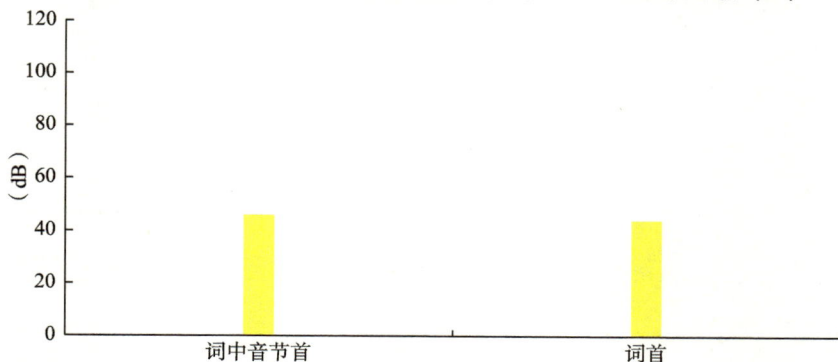

图 3.72-2　词中不同音节位置上出现的 [kʰ] 辅音音强均值比较 (F)

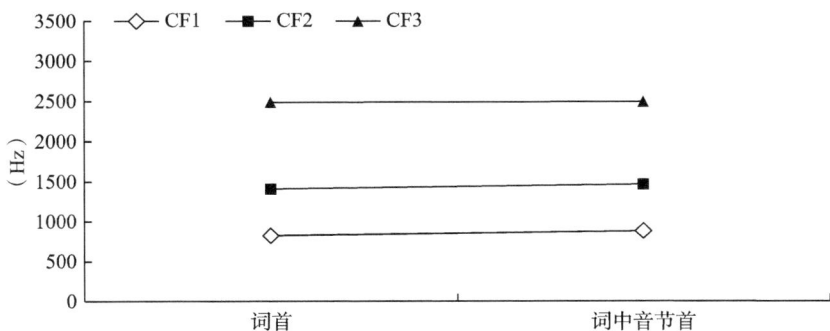

图 3.73-1 词中不同音节位置上出现的〔kʰ〕辅音的第一、
第二、第三共振峰均值比较（M）

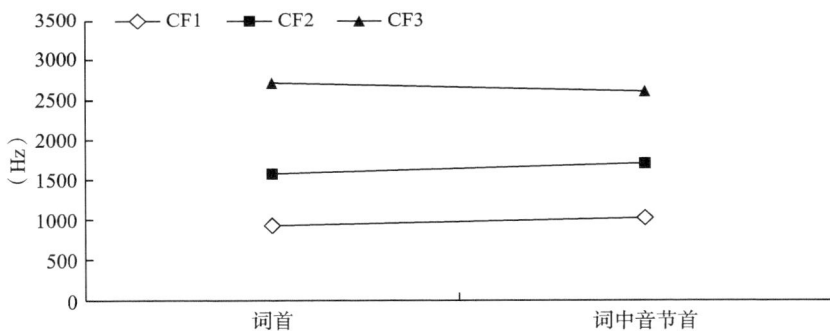

图 3.73-2 词中不同音节位置上出现的〔kʰ〕辅音的第一、
第二、第三共振峰均值比较（F）

五 擦音

擦音指发音时两个器官靠近，不完全阻塞，形成一个缝隙，气流强行通过缝隙产生摩擦噪声。这是气流流经口腔某部位狭窄通道造成的湍流，所有的擦音在语图上都表现为乱纹。土族语有 /f，s，ç，ʂ，x/ 5 个清擦音音位。

（一）/f/ 辅音

1. /f/辅音统计分析

表 3.33 为〔f〕辅音在"统一平台"中的出现频率统计表。〔f〕辅音

在"统一平台"中以单辅音形式共出现 40 次（M），37 次（F）。其中，主要以单辅音形式出现在词首，在男、女发音人数据库中只在 [pʰofɛrɛː]（发愁）这一借词里出现在词中。

表 3.33　[f] 辅音出现频率统计

词中位置　　　　　发音人		M		F	
		出现次数（次）	百分比（%）	出现次数（次）	百分比（%）
所有		40	100	37	100
单辅音	词首	39	98	36	97
	词中	1	2	1	3

2. 音质及其声学特征

2.1　[f] 辅音三维语图和语音标注

图 3.74 为男发音人 [fiː]"森林"一词的三维语图和三层标注实例。可以看出，[f] 辅音的声学语图特征为乱纹，表现出比较典型的清擦音特点。

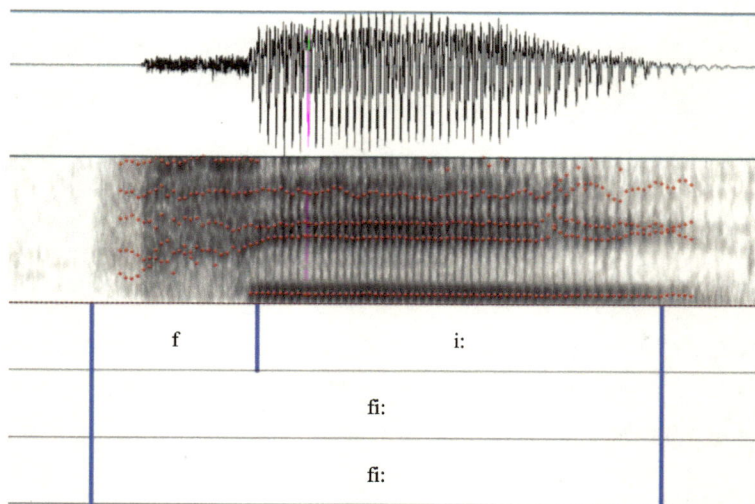

图 3.74　男发音人 [fiː]"森林"的三维语图和三层标注实例

2.2　[f] 辅音声学参数与音色定位

表 3.34 为 [f] 辅音声学参数统计表。图 3.75 为两位发音人 [f] 辅音第一至第三共振峰分布图。图 3.75 显示了 [f] 辅音第一至第三共振峰的频

率范围。从表 3.34 和图 3.75 中可以看出以下几点。

（1）男、女发音人［f］辅音音长与音强均值相差较小。

（2）两位发音人［f］辅音第一、第二和第三共振峰的均值分别为 M：CF1 = 1027Hz，CF2 = 1791Hz，CF3 = 2732Hz；F：CF1 = 1165Hz，CF2 = 1990Hz，CF3 = 3049Hz。

（3）男、女发音人第一、第二、第三共振峰分布范围基本相同，CF1 在 500～1500Hz 之间，CF2 为 1500～2000Hz 之间，CF3 为 2500～3500Hz 之间。

通过上述分析，本书认为，土族语［f］辅音是唇齿、清擦音。

表 3.34　［f］辅音声学参数统计

f	M					F				
	CD	CA	CF1	CF2	CF3	CD	CA	CF1	CF2	CF3
平均值	123	36.22	1027	1791	2732	120	38.78	1165	1990	3049
标准差	29	6.65	114	180	200	21	4.25	268	199	175
变异系数	24%	18%	11%	10%	7%	18%	11%	22%	10%	6%

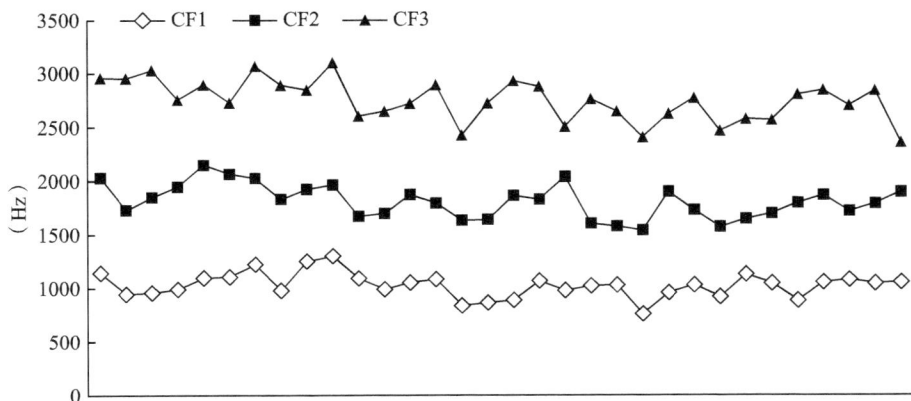

图 3.75-1　［f］辅音第一至第三共振峰（CF1、CF2、CF3）分布（M）

（二）/s/辅音

1./s/辅音统计分析

表 3.35 为［s］辅音在"统一平台"中的出现频率统计表。在"统一

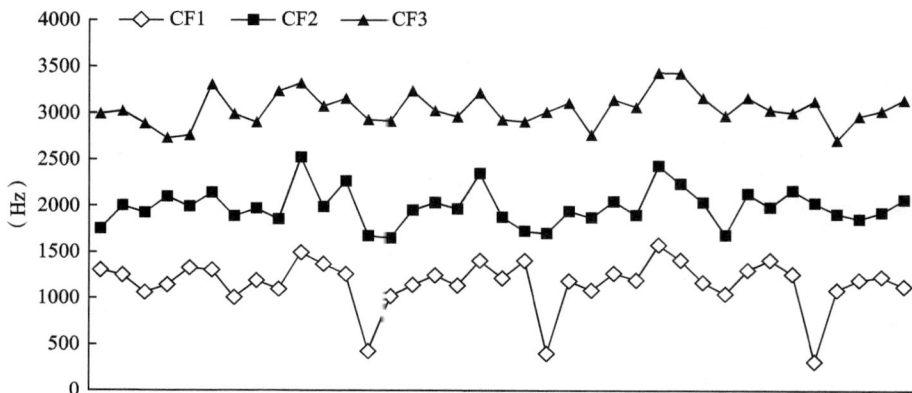

图 3.75-2 ［f］辅音第一至第三共振峰（CF1、CF2、CF3）分布（F）

平台"中［s］辅音共出现了300次（M）和233次（F），以单辅音或复辅音前置辅音形式出现。其中，单辅音形式出现在词首、词中音节首、词中音节末和词末等位置；复辅音前置辅音形式出现在词首位置。男发音人所有［s］辅音中的94个以单辅音形式出现在词首位置，占31%；100个出现在词中音节首位置，占33%；47个出现在词中音节末位置，占16%；5个出现在词末位置，占2%；54个以复辅音前置辅音形式出现在词首位置，占18%。女发音人所有［s］辅音中的94个以单辅音形式出现在词首位置，占40.3%；75个出现在词中音节首位置，占32.2%；47个出现在词中音节末位置，占11.2%；38个以复辅音前置辅音形式出现在词首位置，占16.3%；没有出现在词末。该辅音主要出现在词首和词中音节首位置。

表 3.35 ［s］辅音出现频率统计

发音人 词中位置		M		F	
		出现次数（次）	百分比（%）	出现次数（次）	百分比（%）
所有		300	100	254	100
单辅音	词首	94	31	94	40.3
	词中音节首	100	33	75	32.2
	词中音节末	47	16	47	11.2
	词末	5	2	0	
复辅音	前置辅音	54	18	38	16.3

2. 音质及其声学特征

2.1　[s] 辅音三维语图和语音标注

图 3.76 为 [sɐm]"梳子"一词三维语图和三层标注实例。可以看出，[s] 辅音的声学语图特征为乱纹，是比较典型的清擦音。

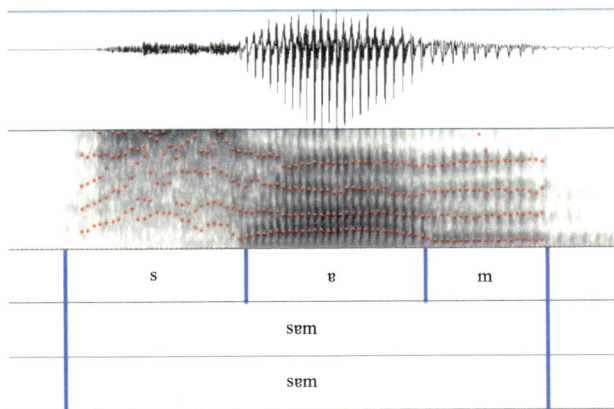

图 3.76　[sɐm]"梳子"一词的三维语图和三层标注实例

2.2　[s] 辅音声学参数与音色定位

表 3.36 为两位发音人 [s] 辅音的声学参数统计表。图 3.77 为两位发音人 [s] 辅音共振峰分布图。从表 3.36 和图 3.77 中可以看出以下几点。

（1）男发音人 [s] 辅音的音长比女发音人 [s] 辅音的音长更长，音强也更强。

（2）两位发音人 [s] 辅音第一、第二和第三共振峰的均值分别为 M：CF1 = 832Hz，CF2 = 1752Hz，CF3 = 2813Hz；F：CF1 = 1052Hz，CF2 = 2185Hz，CF3 = 3343Hz。

（3）男、女发音人第一、第二、第三共振峰变异系数都低于 25%，这说明该参数比较稳定，离散度较小。

（4）女发音人 [s] 辅音的第一至第三共振峰频率均值都高于男发音人，并且女发音人 [s] 辅音的共振峰频率的浮动范围也大。如，女发音人 CF1 围绕 1000Hz 在 800~1200Hz 之间浮动；CF2 围绕 2000Hz 在 1800~2400Hz 之间浮动；CF3 围绕 3300Hz 在 2600~3500Hz 之间浮动；男发音人 CF1 围绕 800Hz 在 650~1100Hz 之间浮动；CF2 围绕 1700Hz，在 1500~

2100Hz 之间浮动；CF3 离散较大，围绕 2800Hz 在 2600~3400Hz 之间浮动。

通过上述分析，本书认为土族语 ［s］辅音是齿龈清擦音。

表 3.36 ［s］辅音声学参数统计

s	M					F				
	CD	CA	CF1	CF2	CF3	CD	CA	CF1	CF2	CF3
平均值	147	51.7	832	1752	2813	131	43	1052	2185	3343
标准差	38	6.20	184	202	267	37	6.41	213	291	260
变异系数	26%	12%	22%	12%	9%	28%	15%	20%	13%	8%

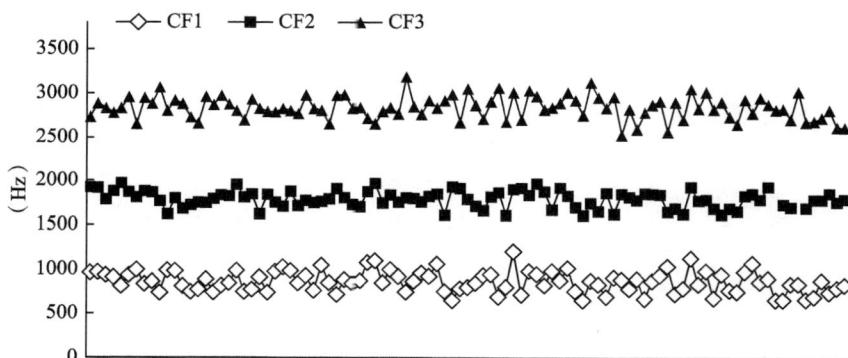

图 3.77-1 ［s］辅音第一至第三共振峰（CF1、CF2、CF3）分布（M）

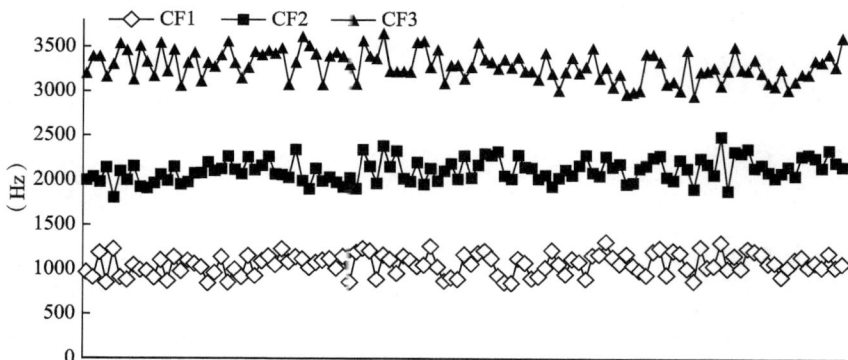

图 3.77-2 ［s］辅音第一至第三共振峰（CF1、CF2、CF3）分布（F）

3. 语流中的音变特征分析

3.1 ［s］辅音声学参数与其后置元音音质之间的相关性分析

表 3.37 为不同元音之前出现的 ［s］辅音声学参数统计。图 3.78、图 3.79 和图 3.80 为不同元音之前出现的 ［s］辅音的音长、音强和共振峰均值比较图。从表 3.37 和图 3.78、图 3.79、图 3.80 中可以看出，辅音声学参数与其后置元音音质之间有一定的、具有统计学意义的共同点。音长方面，高元音之前出现的 ［s］辅音音长最长，其次是低元音前的音长，中元音之前出现的该辅音音长最短，音长分布模式为 ［si]>[su]>[sɐ]>[so］；音强方面，出现在展唇元音 ［i，ɐ］之前的 ［s］辅音音强较大，而出现在圆唇元音 ［o，u］之前时的音强相对较弱。共振峰频率方面，其参数值与该辅音后置元音音质无明显相关性。

表 3.37　不同元音之前出现的 ［s］辅音声学参数统计

s		sɐ	si	so	su
M	CD	146	160	139	160
	CA	51.73	54.09	44.18	46.47
	CF1	828	825	786	922
	CF2	1754	1761	1877	1781
	CF3	2824	2804	3102	2894
F	CD	126	153	117	134
	CA	40.5	46.83	40	38.67
	CF1	1060	1094	941	1112
	CF2	2123	2213	2197	2421
	CF3	3299	3357	3362	3377

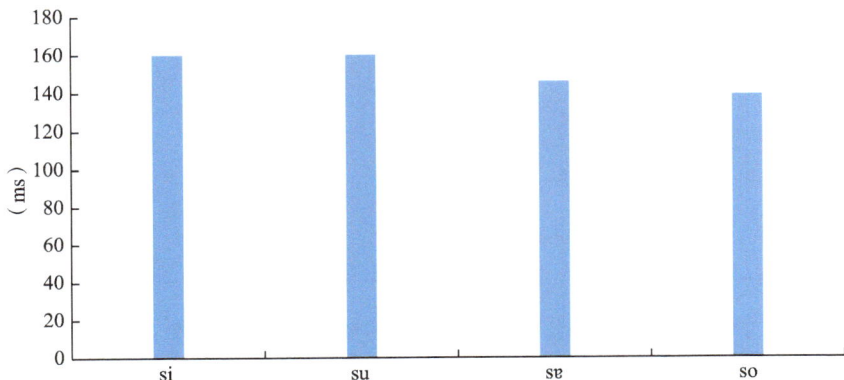

图 3.78-1　不同元音前出现的 ［s］辅音音长均值比较 （M）

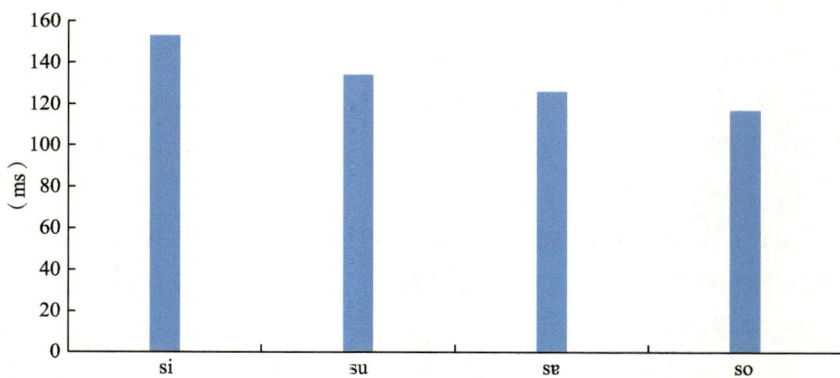

图 3.78-2　不同元音前出现的 [s] 辅音音长均值比较（F）

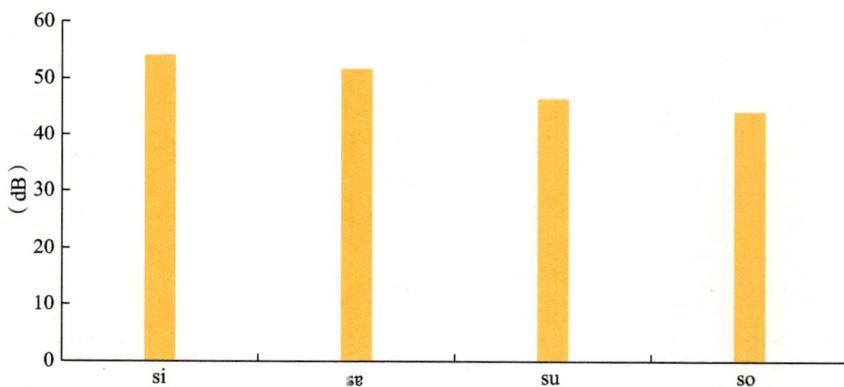

图 3.79-1　不同元音前出现的 [s] 辅音音强均值比较（M）

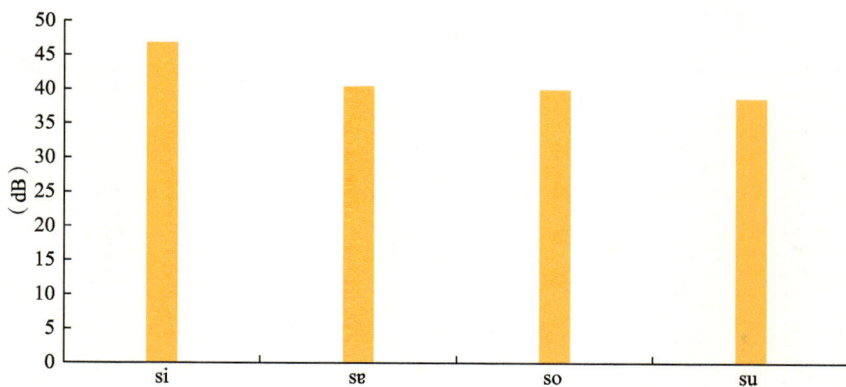

图 3.79-2　不同元音前出现的 [s] 辅音音强均值比较（F）

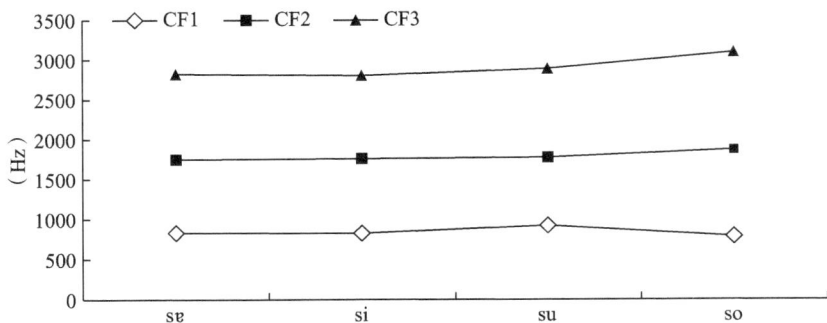

图 3.80-1　不同元音前出现的 [s] 辅音第一、第二、
第三共振峰均值比较（M）

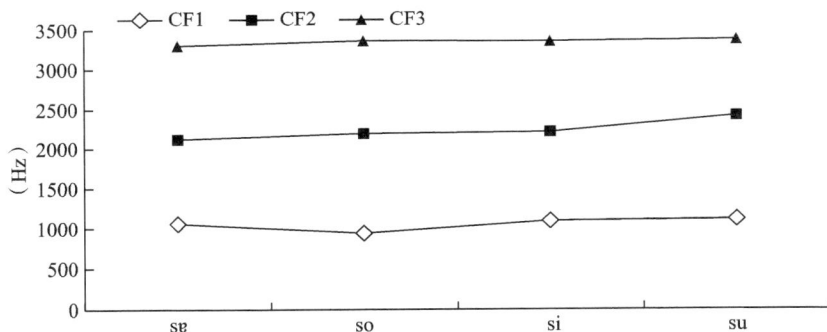

图 3.80-2　不同元音前出现的 [s] 辅音第一、第二、
第三共振峰均值比较（F）

3.2　[s] 辅音声学参数与词中音节位置之间的相关性分析

表 3.38 为词中不同音节位置上出现的 [s] 辅音声学参数统计。图 3.81、图 3.82 和图 3.83 为根据表 3.38 绘制的两位发音人词中不同音节位置上的 [s] 辅音的共振峰、音长和音强参数均值比较图。因出现在词末位置的 [s] 辅音数量占极少数，所以未将其数据计入统计表格当中。表 3.38 和图 3.81、图 3.82、图 3.83 显示，词中音节位置与 [s] 辅音声学参数之间有一定的相关性。如，出现在词首或词中音节首位置的 [s] 辅音音长最长，出现在词中音节末位置时的音长最短；音强方面，男发音人 [s] 辅音在不同位置上的音强整体上强于女发音人 [s] 辅音相应位置上的音强。

表 3.38　词中不同音节位置上出现的〔s〕辅音声学参数统计

s	位　置	CD	CA	CF1	CF2	CF3
M	词首	158	47.97	869	1795	2879
	词中音节首	153	55.04	797	1754	2795
	词中音节末	117	57.85	726	1655	2765
	复辅音前置辅音	134	46.98	887	1748	2776
F	词首	131	39.19	1020	2168	3352
	词中音节首	155	48.65	1179	2223	3342
	词中音节末	90	48.27	1104	2149	3317
	复辅音前置辅音	112	37.66	1057	2176	3341

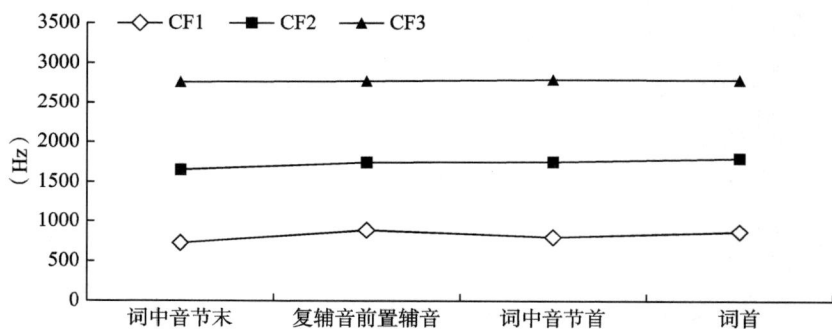

图 3.81-1　词中不同音节位置上出现的〔s〕辅音第一、
第二、第三共振峰均值比较（M）

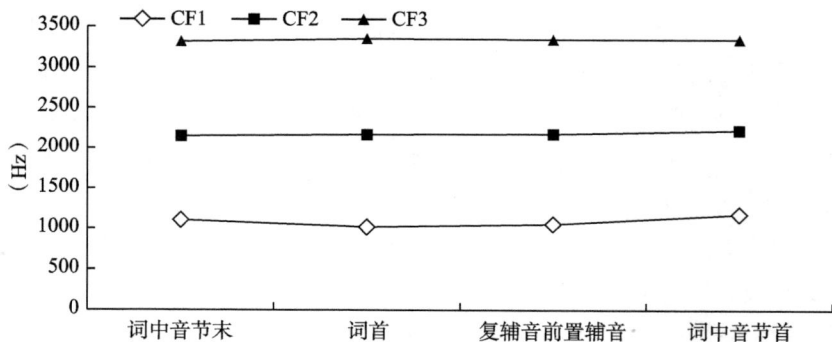

图 3.81-2　词中不同音节位置上出现的〔s〕辅音第一、第二、
第三共振峰均值比较（F）

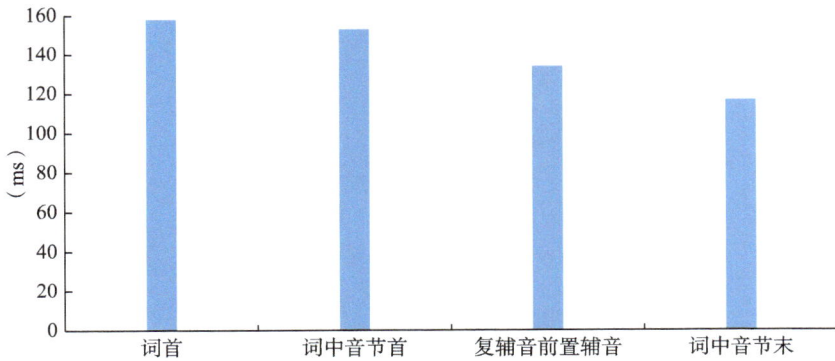

图 3.82-1　词中不同音节位置上出现的 [s] 辅音音长均值比较（M）

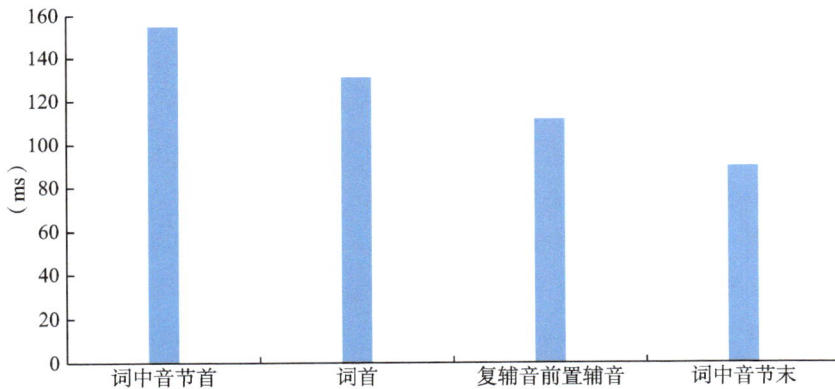

图 3.82-2　词中不同音节位置上出现的 [s] 辅音音长均值比较（F）

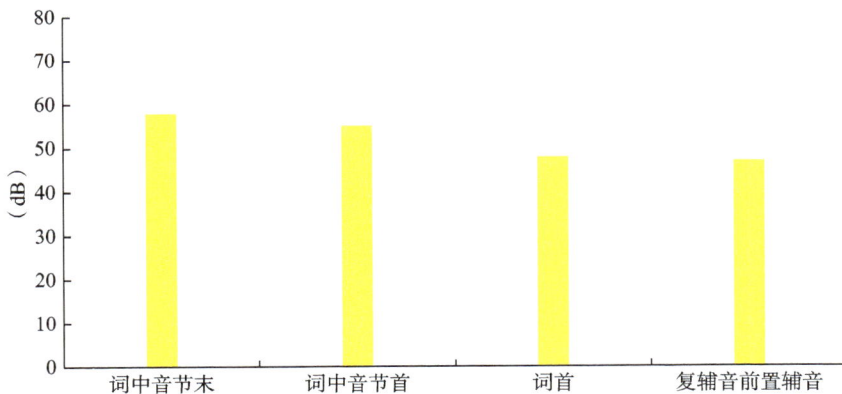

图 3.83-1　词中不同音节位置上出现的 [s] 辅音音强均值比较（M）

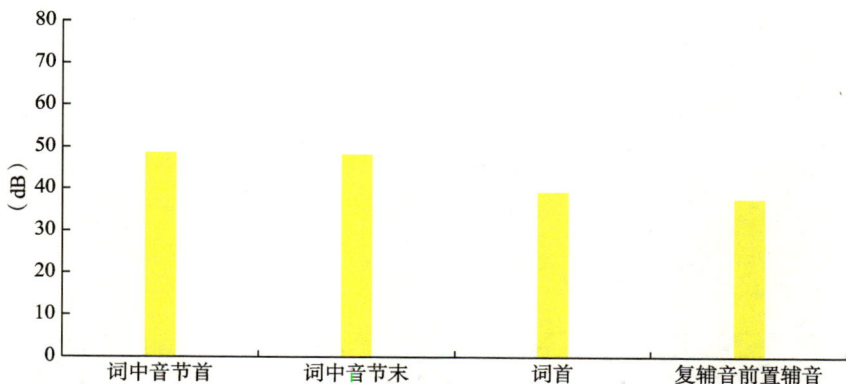

图 3.83-2　词中不同音节位置上出现的［s］辅音音强均值比较（F）

（三）/ɕ/ 辅音

1. /ɕ/辅音统计分析

表 3.39 为/ɕ/辅音在"统一平台"中的出现频率统计表。在"统一平台"中/ɕ/辅音以单辅音或复辅音前置辅音形式共出现 164 次（M）和 152 次（F）。其中，以单辅音形式主要在词首、词中音节首和词中音节末等位置上出现，后接前元音；以复辅音前置辅音形式主要在词首位置上出现，后接塞音和塞擦音，像［nɔkɕtɕil］等少数几个词中也可以出现在词中音节首复辅音前置辅音位置。在男发音人语料库中出现的 164 次/ɕ/辅音中，136 次为单辅音，28 次为复辅音前置辅音；在女发音人语料中出现的 152 次/ɕ/辅音中，115 次为单辅音，其余 37 次为复辅音前置辅音。所有/ɕ/辅音中，在词首、词中音节首和复辅音前置辅音位置上出现的频率较高，而词中音节末出现的频率较少。显然，该辅音主要出现于词首和词中音节首位置。

表 3.39　/ɕ/辅音出现频率统计

词中位置 发音人		M		F	
		出现次数（次）	百分比（％）	出现次数（次）	百分比（％）
所有		164	100	152	100
单辅音	词首	91	55.5	80	53
	词中音节首	40	24.5	31	20
	词中音节末	5	3	4	3
复辅音	前置辅音	28	17	37	24

2. 音质及其声学特征

2.1　[ɕ] 辅音三维语图和语音标注

图 3.84 为男发音人 [ɕineː] "笑" 一词三维语图和三层标注实例。可以看出，[ɕ] 辅音的声学语图特征为乱纹，是比较典型的清擦音。

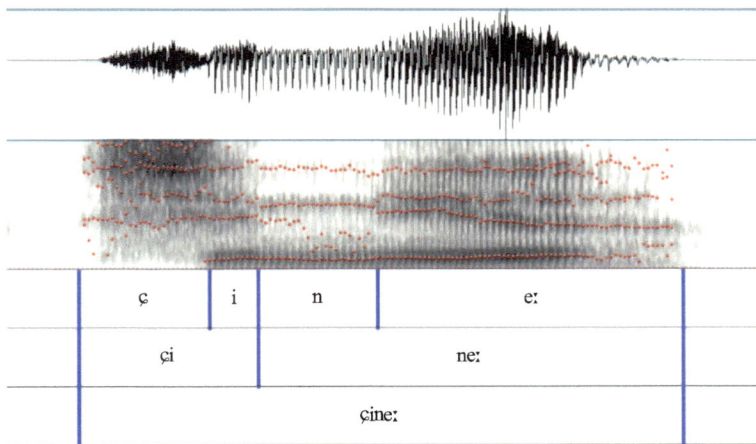

图 3.84　男发音人 [ɕineː] "笑" 一词的三维语图和三层标注实例

2.2　[ɕ] 辅音声学参数与音色定位

表 3.40 为两位发音人 [ɕ] 辅音声学参数统计表。图 3.85 为两位发音人 [ɕ] 辅音共振峰分布图。从表 3.40 和图 3.85 中可以看出以下几点。

（1）男发音人 [ɕ] 辅音的音长比女发音人 [ɕ] 辅音的音长更长，音强也更强。

（2）两位发音人 [ɕ] 辅音第一、第二和第三共振峰的均值分别为 M：$CF1 = 892Hz$，$CF2 = 1930Hz$，$CF3 = 2933Hz$；F：$CF1 = 1259Hz$，$CF2 = 2534Hz$，$CF3 = 3431Hz$。

（3）女发音人 [ɕ] 辅音的第一至第三共振峰频率均值都高于男发音人，并且女发音人 [ɕ] 辅音的共振峰频率的浮动范围也大。如，女发音人 CF1 在 500～1700Hz 之间，CF2 在 2000～3000Hz 之间，CF3 在 3000～4000Hz 之间；男发音人 CF1 在 500～1200Hz 之间，CF2 在 1500～2500Hz 之间，CF3 在 2600～3800Hz 之间。

通过上述分析认为，土族语 [ɕ] 辅音是齿龈—硬腭区清擦音。

表 3.40　［ɕ］辅音声学参数统计

ɕ	M					F				
	CD	CA	CF1	CF2	CF3	CD	CA	CF1	CF2	CF3
平均值	145	53.92	892	1930	2933	131	44.3	1259	2534	3431
标准差	34	5.58	141	144	177	40	5.58	295	327	245
变异系数	23%	10%	16%	7%	6%	30%	13%	23%	13%	7%

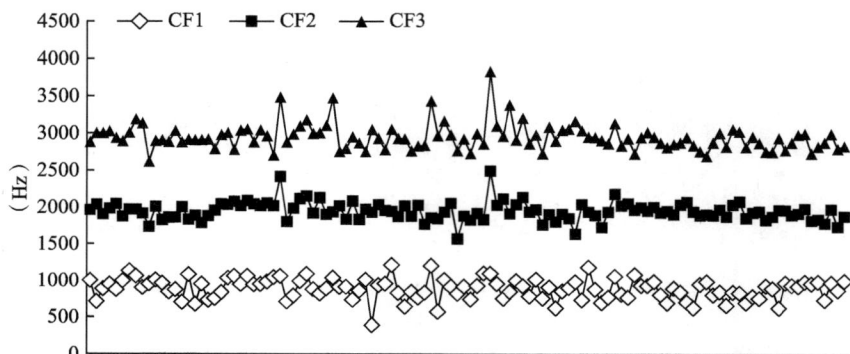

图 3.85-1　［ɕ］辅音第一至第三共振峰（CF1、
CF2、CF3）分布（M）

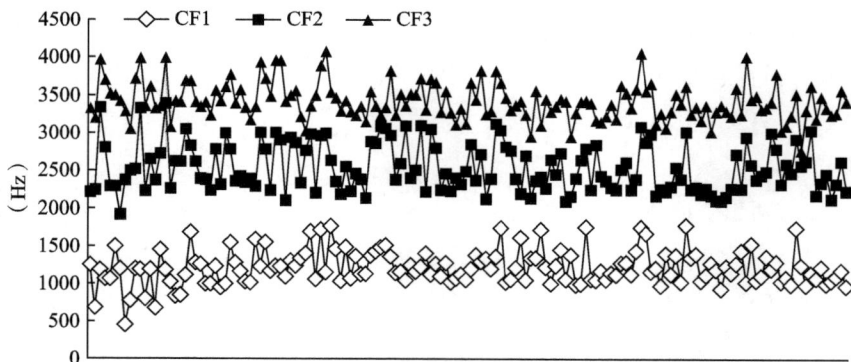

图 3.85-2　［ɕ］辅音第一至第三共振峰（CF1、CF2、
CF3）分布（F）

3. 语流中的音变特征分析

3.1　［ɕ］辅音声学参数与词中音节位置之间的相关性分析

表 3.41 为词中不同音节位置上出现的［ɕ］辅音的参数统计表。图 3.86、图 3.87 和图 3.88 为词中不同音节位置上［ɕ］辅音的共振峰、音长、

音强均值比较图。由于 [ç] 辅音在词中音节末出现次数较少，没有统计该位置参数。可以看出，词中位置与 [ç] 辅音的音长和音强参数有一定的关联性。如，该辅音在词中音节首位置的音长和音强参数值最高，而该辅音共振峰参数与其出现的音节位置无明显关联性。

表 3.41 词中不同位置 [ç] 辅音统计表

ç		CD	CA	CF1	CF2	CF3
M	词首	150	52.44	870	1964	2749
	词中音节首	165	60.6	987	1908	2904
	复辅音前置辅音	113	46.6	752	1846	2902
F	词首	139	42.7	1246	2501	3392
	词中音节首	155	49.58	1291	2598	3493
	复辅音前置辅音	96	42.95	1253	2552	3457

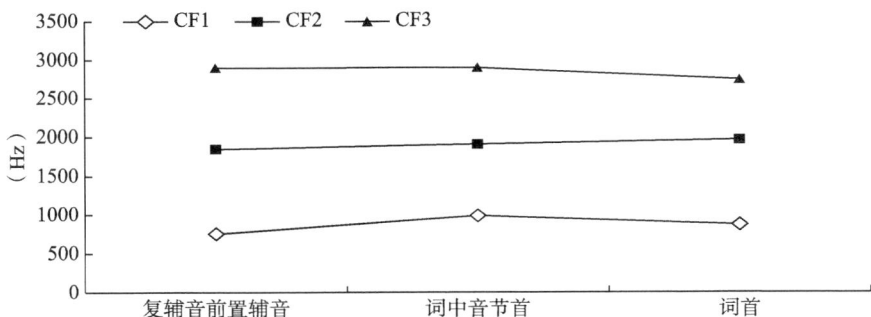

图 3.86-1 词中不同音节位置上出现的 [ç] 辅音第一至
第三共振峰均值比较（M）

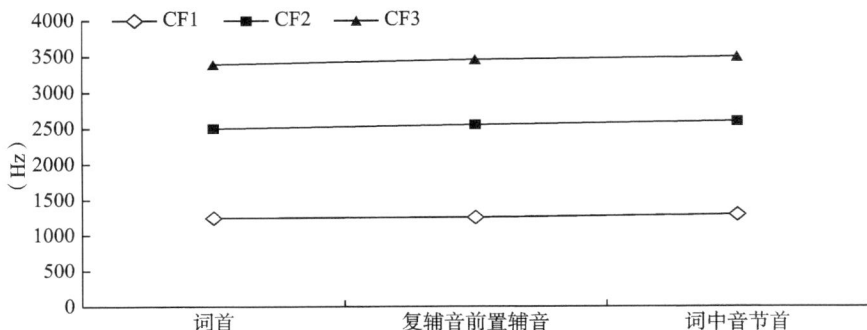

图 3.86-2 词中不同音节位置上出现的 [ç] 辅音第一至
第三共振峰均值比较（F）

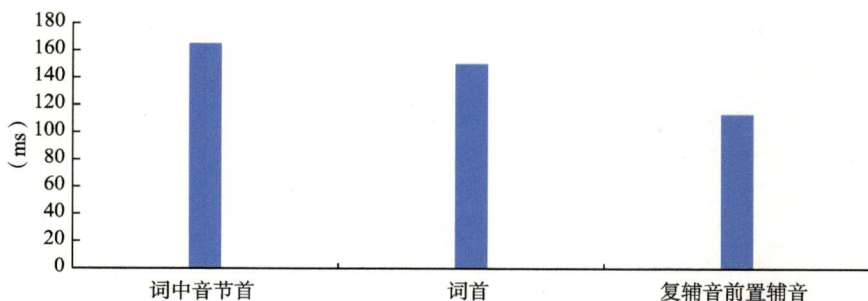

图 3.87-1　词中不同音节位置上出现的 ［ç］ 辅音音长均值比较 （M）

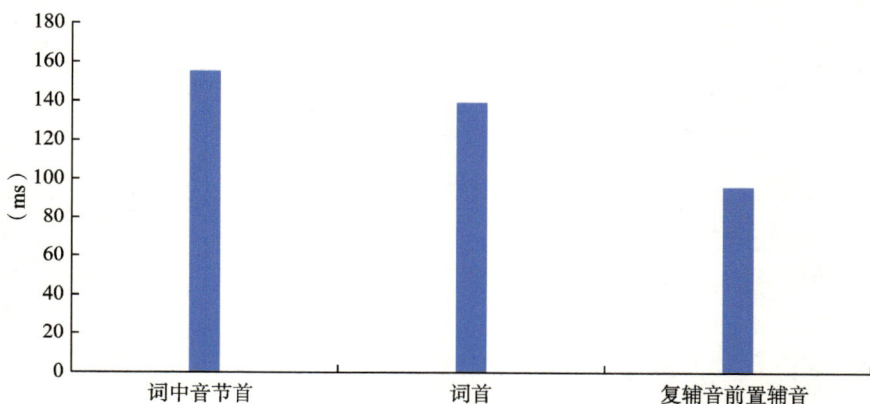

图 3.87-2　词中不同音节位置上出现的 ［ç］ 辅音音长均值比较 （F）

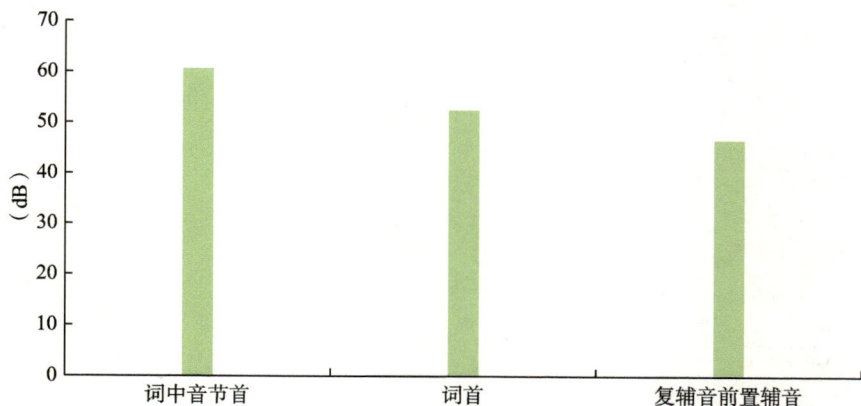

图 3.88-1　词中不同音节位置上出现的 ［ç］ 辅音音强均值比较 （M）

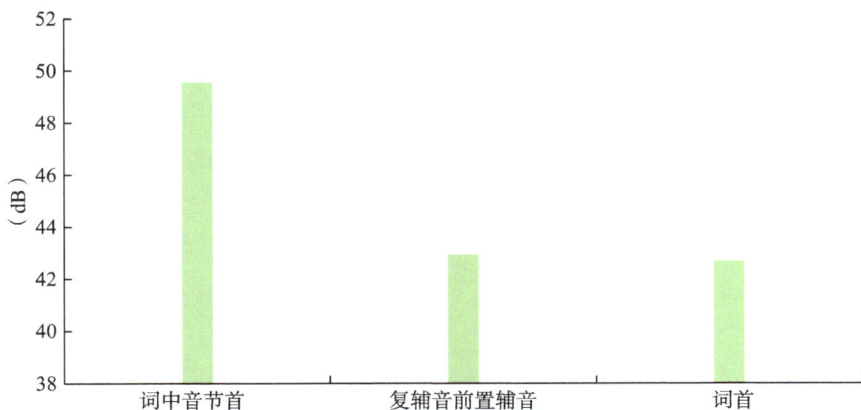

图 3.88-2　词中不同音节位置上出现的 [ç] 辅音音强均值比较（F）

（四）/ʂ/ 辅音

1. [ʂ] 辅音统计分析

表 3.42 为 [ʂ] 辅音在"统一平台"中的出现频率统计表。[ʂ] 辅音在"统一平台"中以单辅音、复辅音前置辅音形式共出现 56 次（M）和 69 次（F）。其中，以单辅音形式出现的位置为词首和词中音节末；以复辅音形式出现的位置为复辅音前置辅音。在所有 [ʂ] 辅音中，（1）以复辅音前置辅音出现的比例最高，如 M：51 次，占 91%；F：55 次，占 80%；（2）在男发音人的数据中 [ʂ] 辅音以单辅音形式在词首只出现了 2 次，在词中音节末只出现了 3 次；在女发音人数据中 [ʂ] 辅音没有以单辅音形式出现在词首，在词中音节末位置出现了 14 次。

表 3.42　[ʂ] 辅音出现频率统计

词中位置	发音人	M		F	
		出现次数（次）	百分比（%）	出现次数（次）	百分比（%）
所有		56	100	69	100
单辅音	词首	2	4	—	—
	词中音节末	3	5	14	20
复辅音	前置辅音	51	91	55	80

2. 音质及其声学特征

2.1 [ʂ] 辅音三维语图和语音标注

图 3.89 为男发音人 [ʂtɕ]"牙齿"一词的三维语图和三层标注实例。可以看出，[ʂ] 辅音的声学语图特征为乱纹，表现出比较典型的清擦音的特点。

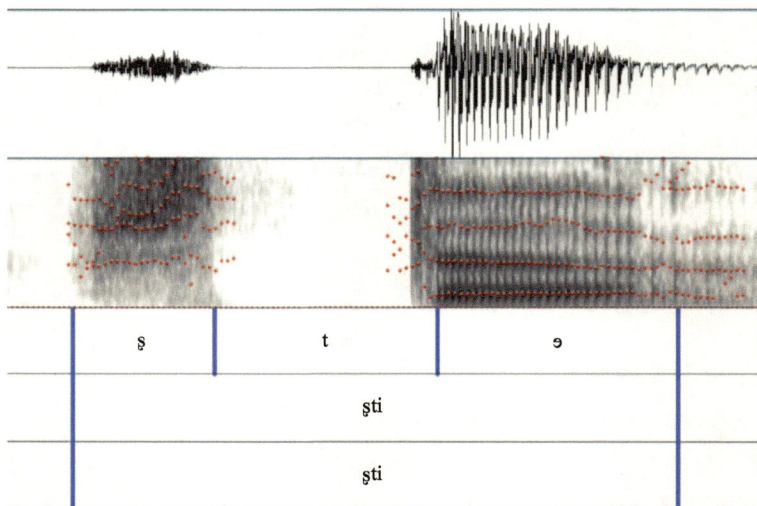

图 3.89 男发音人 [ʂtɕ]"牙齿"的三维语图和三层标注实例

2.2 [ʂ] 辅音声学参数与音色定位

表 3.43 为 [ʂ] 辅音声学参数统计。图 3.90 为两位发音人 [ʂ] 辅音共振峰分布图。从表 3.43 和图 3.90 中可以看出以下几点。

（1）男发音人 [ʂ] 辅音的音强比女发音人 [ʂ] 辅音的音强更强，但在音长方面，女发音人 [ʂ] 辅音的音长比男发音人 [ʂ] 辅音的音长更长。

（2）两位发音人 [ʂ] 辅音第一、第二和第三共振峰的均值分别为 M：CF1 = 967Hz，CF2 = 1699Hz，CF3 = 2689Hz；F：CF1 = 1314Hz，CF2 = 2380Hz，CF3 = 3217Hz。

（3）女发音人 [ʂ] 辅音的第一至第三共振峰频率均值都高于男发音人，并且女发音人 [ʂ] 辅音的共振峰频率的浮动范围也大。如，女发音人 [ʂ] 辅音 CF1 围绕 1300Hz 在 900～1500Hz 之间浮动，CF2 围绕 2300Hz 在 2000～2500Hz 之间浮动，CF3 围绕 3200Hz 在 2600～3400Hz 之间浮动。男发音人 [ʂ] 辅音 CF1 围绕 1000Hz 在 800～1200Hz 之间浮动，CF2 围绕 1700Hz 在

1500~2200Hz 之间浮动；CF3 围绕 2600Hz 在 2400~3200Hz 之间浮动。

通过上述分析，本书认为土族语［ʂ］辅音为是舌尖、后擦音。需要注意的是在土族语中［ʂ］辅音和［ɕ］辅音有交替使用的现象。

表 3.43　［ʂ］辅音声学参数统计

ʂ	M					F				
	CD	CA	CF1	CF2	CF3	CD	CA	CF1	CF2	CF3
平均值	90	47.86	967	1699	2689	94	41.26	1314	2380	3217
标准差	26	5.33	136	161	283	32	6.25	455	408	351
变异系数	29%	11%	14%	9%	11%	34%	15%	35%	17%	11%

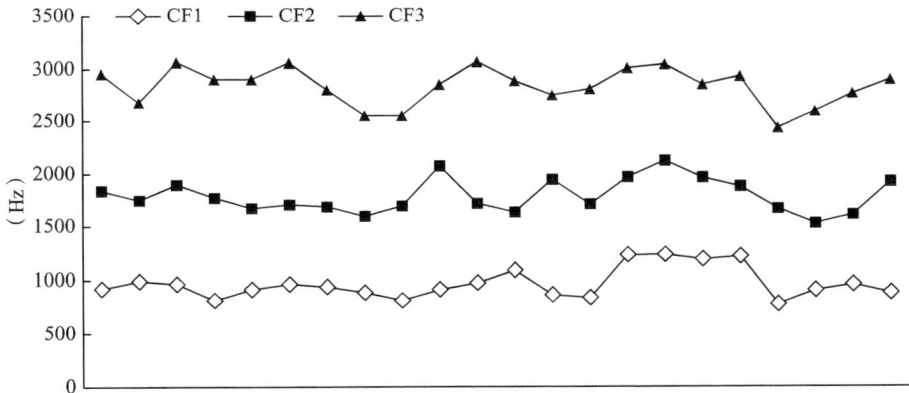

图 3.90-1　［ʂ］辅音第一至第三共振峰（CF1、CF2、CF3）分布（M）

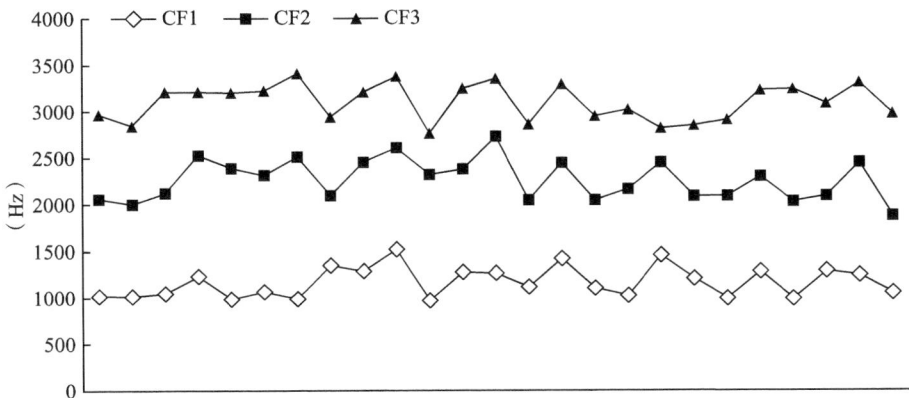

图 3.90-2　［ʂ］辅音第一至第三共振峰（CF1、CF2、CF3）分布（F）

（五）/x/ 辅音

1. ［x］辅音统计分析

表 3.44 为/x/辅音在"统一平台"中的出现频率统计。［x］辅音在"统一平台"中以单辅音形式和复辅音前置辅音形式共出现 161 次（M）和 153 次（F）。其中，主要以单辅音形式出现在词首和词中音节首位置，以复辅音形式出现在复辅音前置辅音位置。在女发音人数据库中只有在［lɐxpɐ］（大脑）和［noxto］（笼头）两个词中出现在词中音节末。显然，［x］辅音在词中主要以单辅音形式出现在词首和词中音节首位置，在其他位置上出现的比例相对小。

表 3.44　［x］辅音出现频率统计

词中位置	发音人	M		F	
		出现次数（次）	百分比（%）	出现次数（次）	百分比（%）
所有		161	100	153	100
单辅音	词首	122	76	104	68
	词中音节首	16	10	19	12
	词中音节末	—	—	2	1
复辅音	前置辅音	23	14	29	19

2. 音质及其声学特征

2.1 ［x］辅音三维语图和语音标注

图 3.91 为男发音人［xeʒən］"二十"一词的三维语图和三层标注实例。可以看出，土族语［x］辅音的声学语图特征为乱纹。

2.2 ［x］辅音声学参数与音色定位

表 3.45 为［x］辅音的声学参数统计，图 3.92 为两位发音人［x］辅音共振峰分布图。从表 3.45 和图 3.92 中可以看出以下几点。

（1）男发音人［x］辅音音长比女发音人辅音音长相对长。

（2）男、女发音人第一、第二、第三共振峰变异系数均少于 26%，说明该参数相对稳定，离散度小。

（3）两位发音人［x］辅音第一、第二和第三共振峰的均值分别为 M：CF1 = 985Hz，CF2 = 1474Hz，CF3 = 2800Hz；F：CF1 = 1054Hz，CF2 =

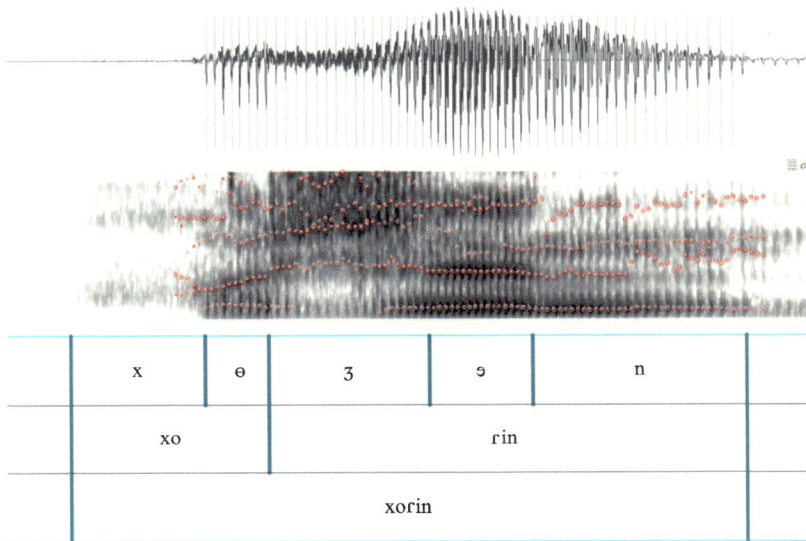

图 3.91　男发音人［xeʒən］"二十"的三维语图和三层标注实例

1701Hz，CF3 = 3248Hz。

（4）女发音人［x］辅音的第一至第三共振峰频率均值都高于男发音人，而且女发音人［x］辅音的共振峰频率的浮动范围也大。如，女发音人［x］辅音 CF1 围绕 1000Hz 在 400~1300Hz 之间浮动，CF2 围绕 1700Hz 在 1300~2400Hz 之间浮动，CF3 围绕 3200Hz 在 2500~3800Hz 之间浮动。男发音人［x］辅音 CF1 围绕 1000Hz 在 500~1300Hz 之间浮动，CF2 围绕 1500Hz 在 1200~2000Hz 之间浮动，CF3 围绕 2800Hz 在 2300~3200Hz 之间浮动。

通过上述分析，本书认为，土族语［x］辅音为软腭、清擦音。

表 3.45　［x］辅音声学参数统计

x	M					F				
	CD	CA	CF1	CF2	CF3	CD	CA	CF1	CF2	CF3
平均值	115	40.53	985	1474	2800	103	40.18	1054	1701	3248
标准差	25	9.29	204	153	265	30	7.04	279	272	319
变异系数	21%	23%	21%	10%	9%	29%	18%	26%	16%	10%

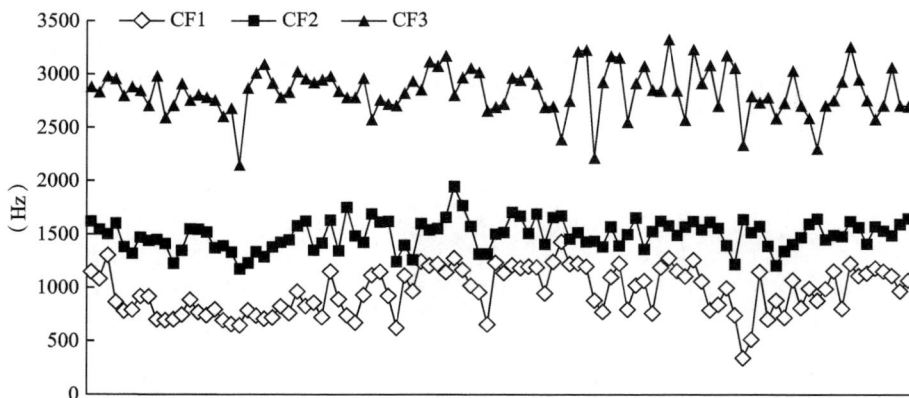

图 3.92-1　[x] 辅音第一至第三共振峰（CF1、CF2、CF3）分布（M）

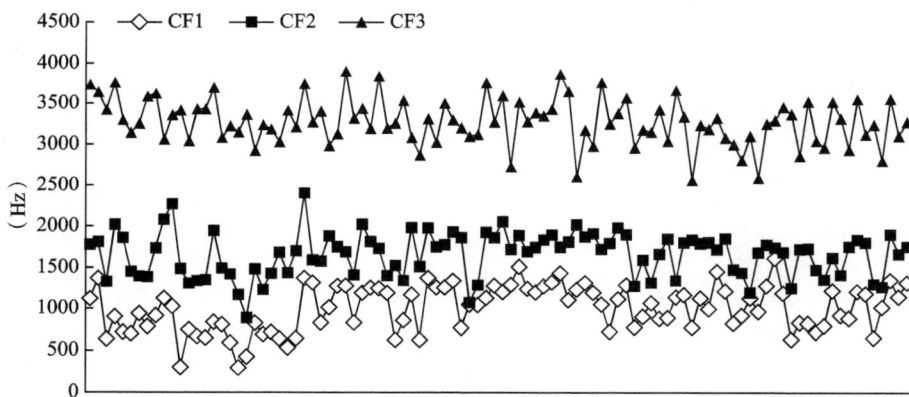

图 3.92-2　[x] 辅音第一至第三共振峰（CF1、CF2、CF3）分布（F）

3. 语流中的音变特征分析

3.1　[x] 辅音声学参数与词中音节位置之间的相关性分析

表 3.46 为词中不同音节位置上出现的 [x] 辅音声学参数统计。图 3.93、图 3.94 和图 3.95 为根据表 3.46 绘制的词中不同音节位置上出现的 [x] 辅音的音长、音强和共振峰均值比较图。根据上述表和图显示，（1）[x] 出现在复辅音前置辅音位置时音长最短；（2）[x] 辅音出现在词中音节首位置时音强最强；（3）[x] 辅音词中位置与该辅音共振峰参数之间几乎没有关联性。

表 3.46　词中不同音节位置上出现的 ［x］ 辅音声学参数统计

x		CD	CA	CF1	CF2	CF3
M	词首	121	38.84	1010	1494	2855
	词中音节首	118	50.44	861	1374	2593
	复辅音前置辅音	82	42.87	908	1436	2656
F	词首	99	40.09	1032	1695	3237
	词中音节首	136	46.72	1084	1752	3364
	复辅音前置辅音	99	35.41	1096	1685	3246

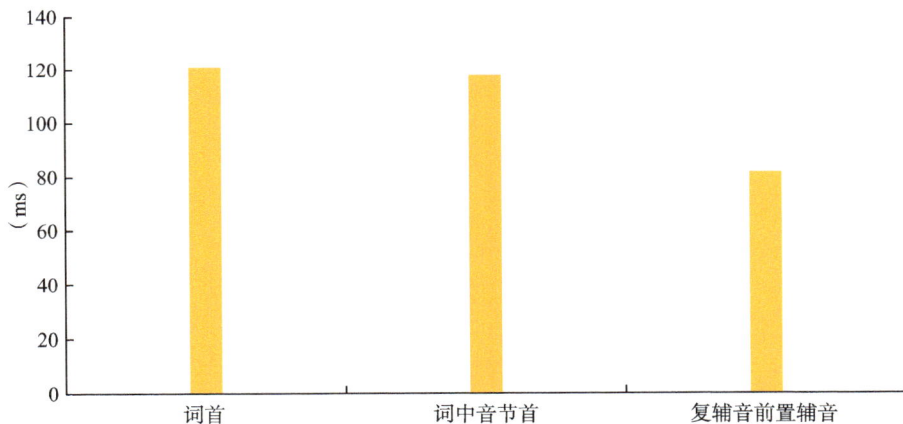

图 3.93-1　词中不同音节位置上出现的 ［x］ 辅音的音长均值比较 （M）

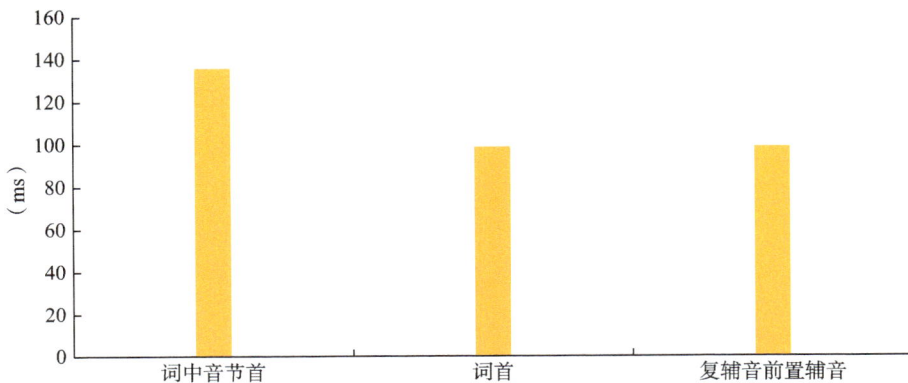

图 3.93-2　词中不同音节位置上出现的 ［x］ 辅音的音长均值比较 （F）

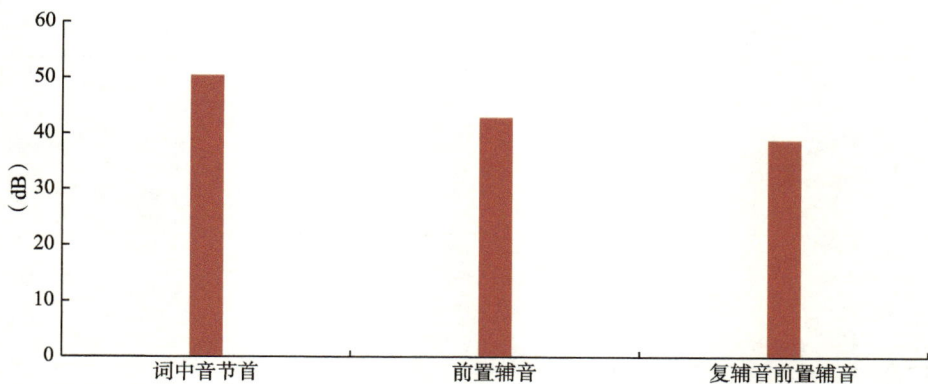

图 3.94-1　词中不同音节位置上出现的 ［x］ 辅音的音强均值比较 （M）

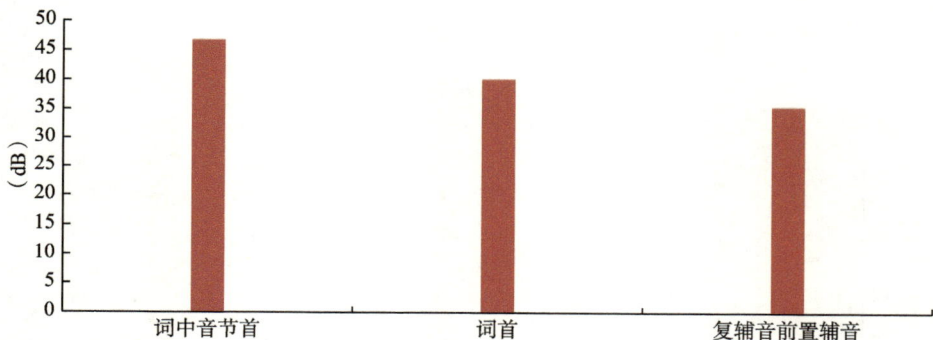

图 3.94-2　词中不同音节位置上出现的 ［x］ 辅音的音强均值比较 （F）

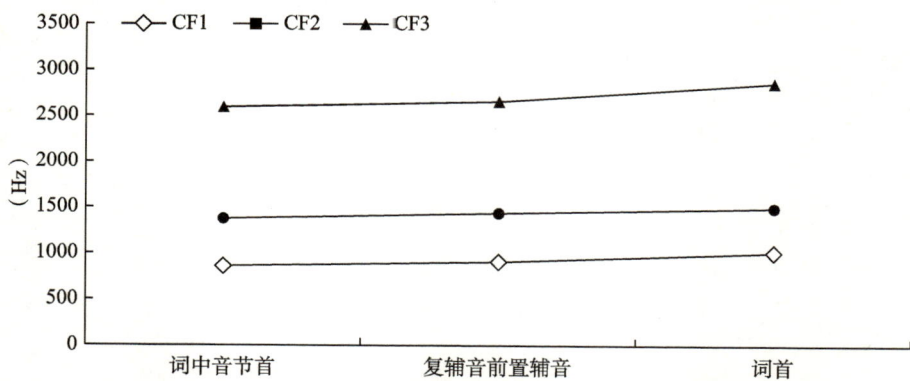

图 3.95-1　词中不同音节位置上出现的 ［x］ 辅音第一至
第三共振峰均值比较 （M）

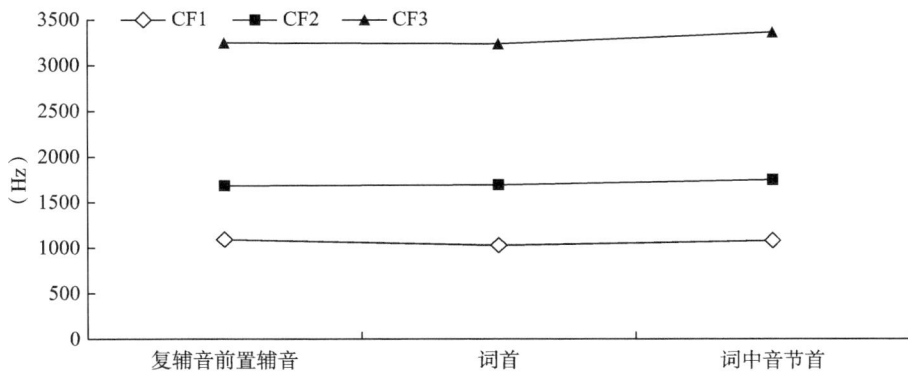

图 3.95-2　词中不同音节位置上出现的 [x] 辅音第一至
第三共振峰均值比较 (F)

六　塞擦音

塞擦音指具有先塞后擦特点的辅音，但塞擦音不是塞音和擦音在时序（时位空间）上的简单序列（组合），也不是连续发塞音和擦音的结果，而是将塞与擦的特点融于一体的特殊辅音。发音机制为：两个发音器官先产生闭塞，堵住气流，形成一个闭塞段（GAP），然后在形成闭塞处出现缝隙，气流强行通过缝隙，产生摩擦噪声。塞擦音在三维语图上表现为空白段、微弱冲直条和摩擦乱纹。土族语有/ts，tsʰ，tɕ，tɕʰ/4 个清塞擦音。

（一）/ ts /辅音

1. [ts] 辅音统计分析

表 3.47 为 [ts] 辅音在"统一平台"中的出现频率统计。[ts] 辅音在"统一平台"中共出现了 58 次（M）和 82 次（F），以单辅音或复辅音后置辅音形式出现。其中，单辅音形式出现在词首、词中音节首等位置；复辅音后置辅音形式出现在词首位置。男发音人语料中出现的 58 次 [ts] 辅音中，27 次为单辅音，其他 31 次为复辅音后置辅音；女发音人语料中出现的 82 次 [ts] 中，51 次为单辅音，其余 31 次为复辅音后置辅音。

表 3.47　[ts] 辅音出现频率统计

词中位置	发音人	M		F	
		出现次数（次）	百分比（%）	出现次数（次）	百分比（%）
所有		58	100	82	100
单辅音	词首	8	14	8	10
	词中音节首	19	33	43	52
复辅音	后置辅音	31	53	31	38

2. 音质及其声学特征

2.1　[ts] 辅音三维语图和语音标注

图 3.96 为男发音人 [tsoxɐ]"厨房、灶火"一词的三维语图和三层标注实例。可以看出 [ts] 辅音冲直条清晰，VOT 较长，乱纹也较为明显。

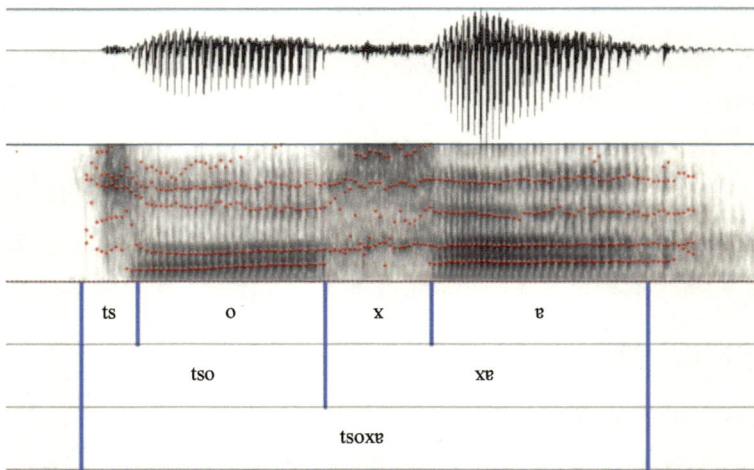

图 3.96　男发音人 [tsoxɐ]"厨房、灶火"一词的三维语图和三层标注实例

2.2　[ts] 辅音声学参数与音色定位

表 3.48 为两位发音人 [ts] 辅音的声学参数统计。图 3.97 为 [ts] 辅音第一、第二和第三共振峰的分布图。从表 3.48 和图 3.97 中可以看出以下几点。

（1）男、女发音人 [ts] 辅音 GAP 和 VOT 相差较小。而音强方面，男发音人 [ts] 辅音的音强比女发音人 [ts] 辅音音强更强。

（2）两位发音人［ts］辅音第一、第二和第三共振峰的均值分别为 M：CF1 = 1085Hz，CF2 = 1820Hz，CF3 = 2973Hz；F：CF1 = 1120Hz，CF2 = 2148Hz，CF3 = 3274Hz。

（3）女发音人［ts］辅音的第一至第三共振峰频率均值均高于男发音人，并且女发音人［ts］辅音的共振峰频率的浮动范围也大。如，女发音人的 CF1 在 800~1300Hz 之间，CF2 在 1800~2500Hz 之间，CF3 在 2800~3600Hz 之间。男发音人的 CF1 在 800~1200Hz 之间，CF2 在 1500~2300Hz 之间，CF3 在 2600~4000Hz 之间。

通过上述分析，本书认为，土族语［ts］辅音为齿龈、不送气、清塞擦音。

表 3.48　［ts］辅音声学参数统计

	ts	GAP	VOT	CA	CF1	CF2	CF3
M	平均值	64	59	50.24	1085	1820	2973
	标准差	35	19	4.81	351	356	331
	变异系数	54%	32%	10%	32%	20%	11%
F	平均值	60	56	42.87	1120	2148	3274
	标准差	20	19	4.73	146	140	283
	变异系数	54%	32%	10%	32%	20%	11%

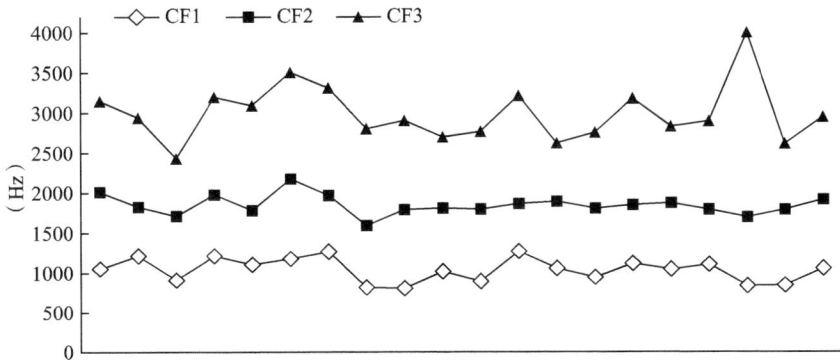

图 3.97-1　［ts］辅音第一至第三共振峰（CF1、CF2、CF3）分布（M）

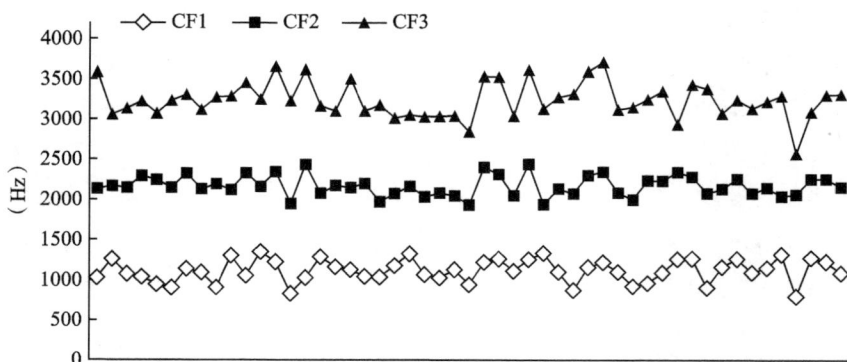

图 3.97-2 ［ts］辅音第一至第三共振峰（CF1、CF2、CF3）分布（F）

3. 语流中的音变特征分析

3.1 ［ts］辅音声学参数与词中音节位置之间的相关性分析

表 3.49 为词中不同音节位置上出现的［ts］辅音声学参数统计。图 3.98、图 3.99 和图 3.100 为根据表 3.49 绘制的词中不同音节位置上出现的［ts］辅音 VOT、音强和共振峰均值比较图。表 3.49 和图 3.98、图 3.99、图 3.100 显示，词中位置与辅音声学参数之间具有一定的相关性。如，出现在词中音节首位置上的［ts］辅音 VOT 最长，音强强；以复辅音后置辅音形式出现的［ts］辅音第二共振峰频率大。

表 3.49　词中不同音节位置上出现的［ts］辅音声学参数统计

ts		GAP	VOT	CA	CF1	CF2	CF3
M	词首	—	53	49.38	1075	1098	3041
	词中音节首	76	62	52.11	908	1773	2832
	复辅音后置辅音	61	54	49.32	1255	1825	3043
F	词首	—	49	39	1069	2215	3379
	词中音节首	64	64	43.30	1152	2190	3260
	复辅音后置辅音	55	46	43.26	1095	2228	3268

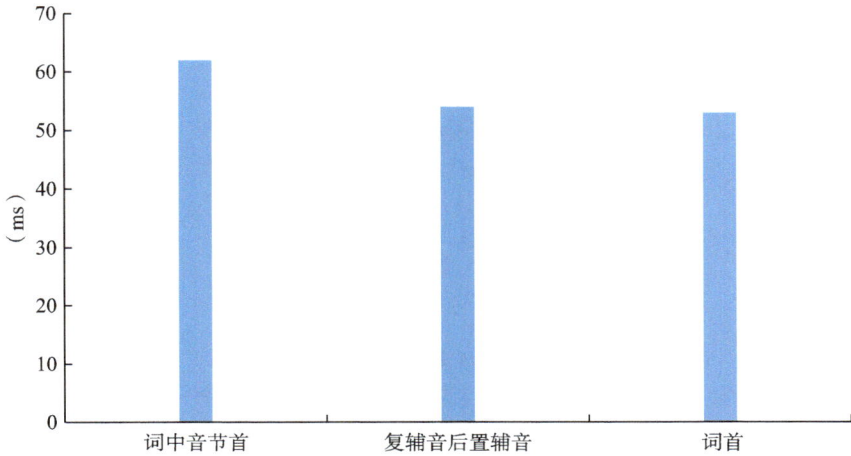

图 3.98-1　词中不同音节位置上出现的［ts］辅音 VOT 均值比较（M）

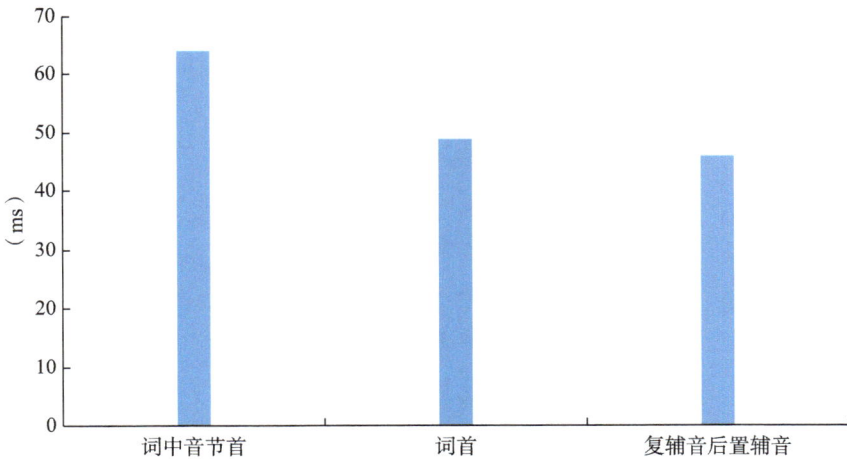

图 3.98-1　词中不同音节位置上出现的［ts］辅音 VOT 均值比较（F）

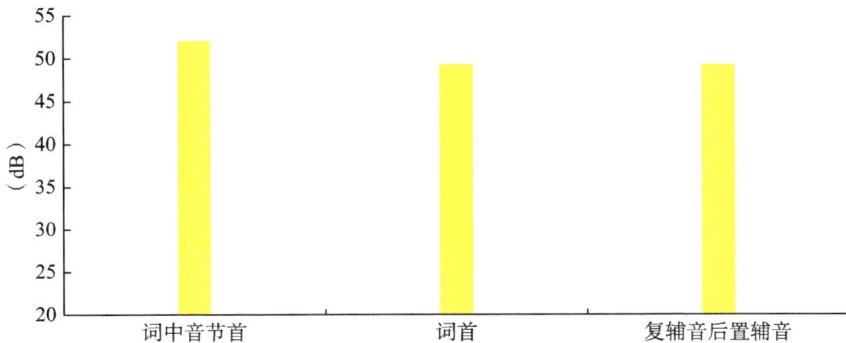

图 3.99-1　词中不同音节位置上出现的［ts］辅音音强均值比较（M）

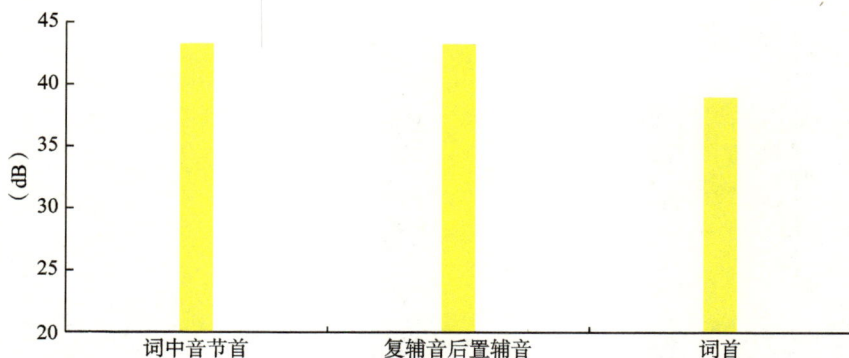

图 3.99-2　词中不同音节位置上出现的〔ts〕辅音音强均值比较（F）

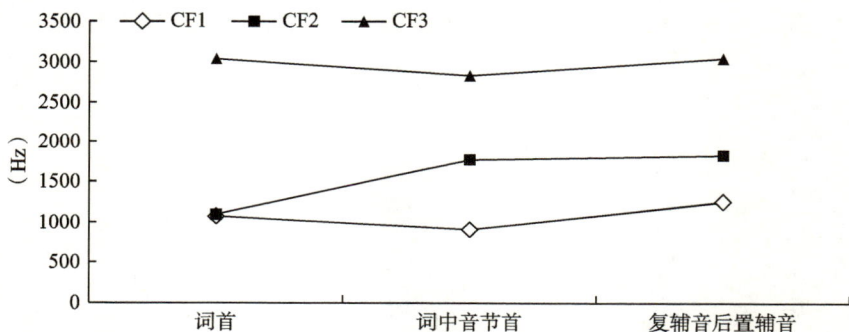

图 3.100-1　词中不同音节位置上出现的〔ts〕辅音第一至
第三共振峰均值比较（M）

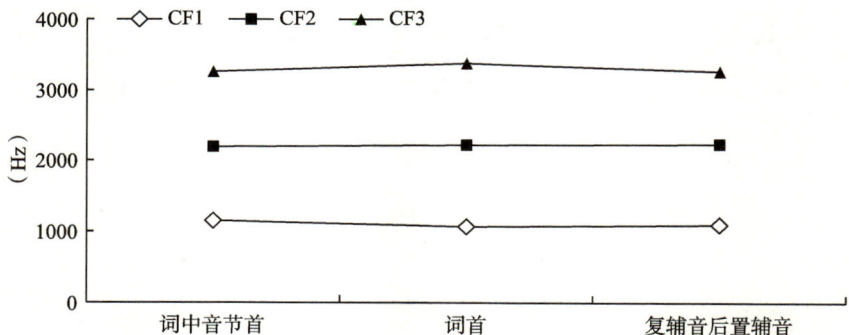

图 3.100-2　词中不同音节位置上出现的〔ts〕辅音第一至
第三共振峰均值比较（F）

（二）/tsʰ/辅音

1. ［tsʰ］辅音统计分析

［tsʰ］辅音在"统一平台"中出现的频率极低，男发音人语料中出现了 2 次，女发音人语料中出现了 5 次，全部以单辅音形式在词首位置出现。

2. ［tsʰ］辅音三维语图和语音标注

图 3.101 为男发音人［ntsʰɔʁlɐ］"集合"一词的三维语图和三层标注实例。［tsʰ］为齿龈、送气、清塞擦音。可以看出［tsʰ］辅音冲直条清晰，与［ts］辅音相比 VOT 较长，乱纹明显。

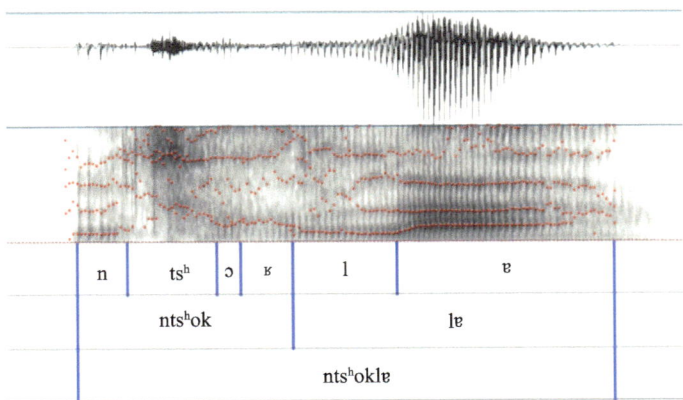

图 3.101　男发音人［ntsʰɔʁlɐ］"集合"一词的三维语图和三层标注实例

（三）/tɕ/辅音

1. ［tɕ］辅音统计分析

表 3.50 为［tɕ］辅音在"统一平台"中的出现频率统计。［tɕ］辅音在统一平台中共出现了 250 次（M）和 235 次（F），以单辅音或复辅音后置辅音形式出现。其中，以单辅音形式出现在词首和词中音节首位置；以复辅音后置辅音形式主要出现在词首复辅音后置辅音位置，少数词中也出现在词中音节首复辅音后置辅音位置。男发音人语料中出现的 250 次［tɕ］辅音中，212 次为单辅音，其他 38 次为复辅音后置辅音；女发音人语料中出现的 235 次［tɕ］中，194 次为单辅音，其余 41 次为复辅音后置辅音。在所有［tɕ］辅音中，出现在词中音节首的单辅音比例最高，其次是词首位置，

出现在复辅音后置辅音位置最低。

表 3.50　[tɕ] 辅音出现频率统计

词中位置	发音人	M		F	
		出现次数（次）	百分比（%）	出现次数（次）	百分比（%）
所有		250	100	235	100
单辅音	词首	78	31	77	33
	词中音节首	134	54	117	50
复辅音	后置辅音	38	15	41	17

2. 音质及其声学特征

2.1　[tɕ] 辅音三维语图和语音标注

图 3.102 为男发音人 [tɕiː] "伸" 一词的三维语图和三层标注实例。塞擦音 [tɕ] 的冲直条清楚，VOT 较长，乱纹也较清晰。

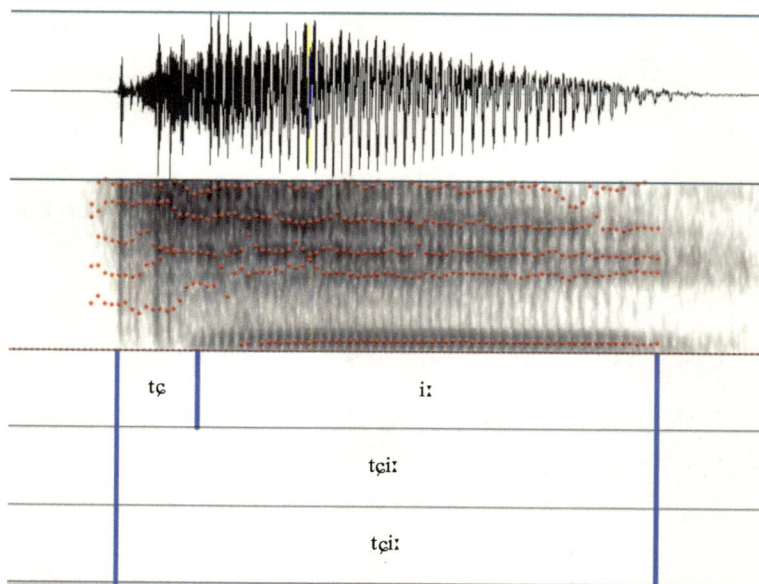

图 3.102　男发音人 [tɕiː] "伸" 一词的三维语图和三层标注实例

2.2　[tɕ] 辅音声学参数与音色定位

表 3.51 为两位发音人 [tɕ] 辅音声学参数统计表。图 3.103 为 [tɕ]

辅音第一、第二和第三共振峰的分布图。从表 3.51 和图 3.103 中可以看出以下几点。

（1）男发音人［tɕ］辅音音强比女发音人［tɕ］辅音音强相对强。

（2）女发音人［tɕ］辅音 VOT 比男发音人［tɕ］辅音 VOT 更长。

（3）两位发音人［tɕ］辅音第一、第二和第三共振峰的均值分别为 M：CF1＝961Hz，CF2＝2114Hz，CF3＝3071Hz；F：CF1＝1204Hz，CF2＝2354Hz，CF3＝3384Hz。

（4）女发音人［tɕ］辅音的第一至第三共振峰频率均值都高于男发音人，并且女发音人［tɕ］辅音的共振峰频率的浮动范围也大。如，女发音人的 CF1 在 700～1600Hz 之间，CF2 在 1800～2900Hz 之间，CF3 在 2800～4100Hz；男发音人的 CF1 在 700～1200Hz 之间，CF2 在 1700～2800Hz 之间，CF3 在 2600～3800Hz 之间。

通过上述分析我们认为，土族语［tɕ］辅音为齿龈-硬腭区、不送气、清塞擦音。

表 3.51　［tɕ］辅音声学参数统计

tɕ	M					F				
	VOT	CA	CF1	CF2	CF3	VOT	CA	CF1	CF2	CF3
平均值	57	53.78	961	2114	3071	63	41.17	1204	2354	3384
标准差	17	4.17	158	241	259	22	5.58	247	280	292
变异系数	30%	8%	16%	114%	8%	35%	14%	20%	12%	9%

3. 语流中的音变特征分析

3.1　［tɕ］辅音声学参数与词中音节位置之间的相关性分析

表 3.52 为词中不同音节位置上出现的［tɕ］辅音声学参数统计。图 3.104、图 3.105 和图 3.106 为根据表 3.52 绘制的词中不同位置上［tɕ］辅音的共振峰、VOT、音强均值比较图。表 3.52 和图 3.104、图 3.105、图 3.106 显示，词中音节首［tɕ］辅音的 GAP 最长。［tɕ］辅音其他声学参数与其出现的词中位置没有明显的相关性。

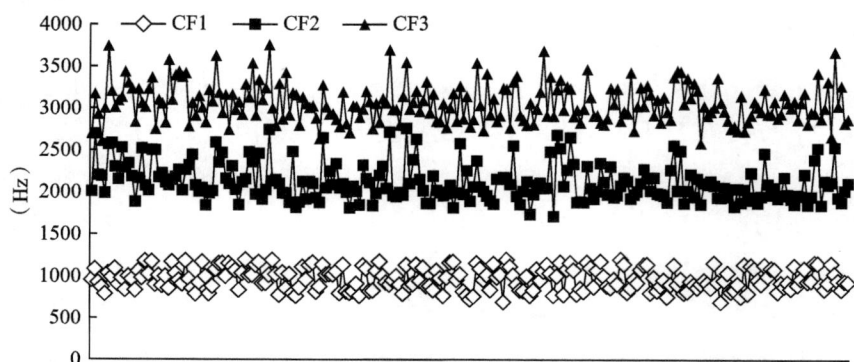

图 3.103-1 ［tɕ］辅音第一至第三共振峰（CF1、CF2、CF3）分布（M）

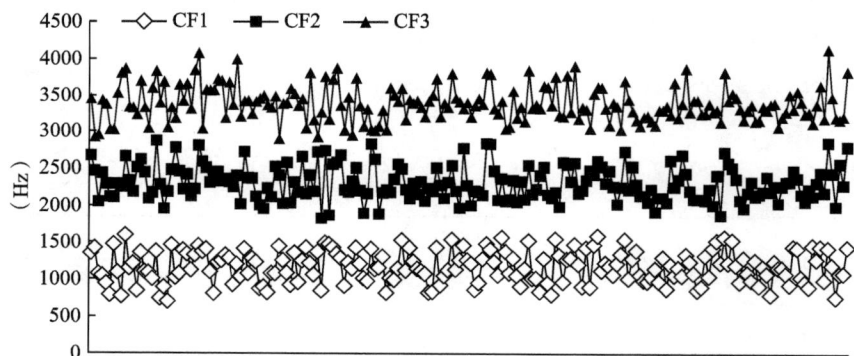

图 3.103-2 ［tɕ］辅音第一至第三共振峰（CF1、CF2、CF3）分布（F）

表 3.52 词中不同音节位置上出现的［tɕ］辅音声学参数统计

	tɕ	GAP	VOT	CA	CF1	CF2	CF3
	词首	—	58	51.72	964	2116	3082
M	词中音节首	85	57	55.04	963	2083	3060
	复辅音后置辅音	50	60	53.65	947	2215	3085
	词首	—	68	38.84	1186	2347	3326
F	词中音节首	65	64	41.32	1210	2352	3421
	复辅音后置辅音	53	48	45.02	1223	2372	3386

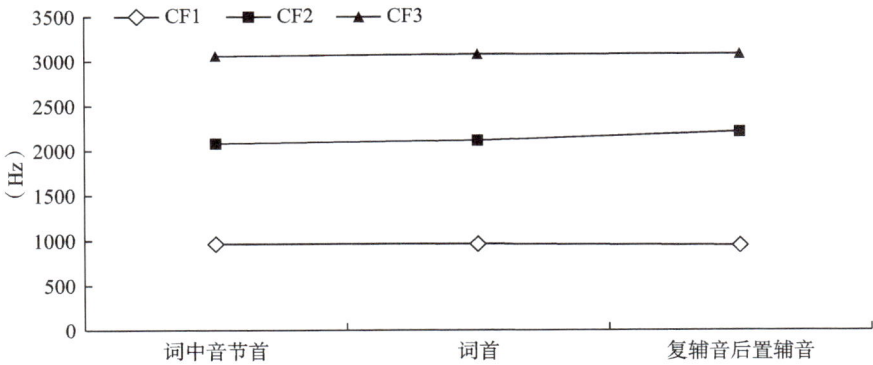

图 3.104-1　词中不同音节位置上出现的 [tɕ] 辅音第一至
第三共振峰均值比较 （M）

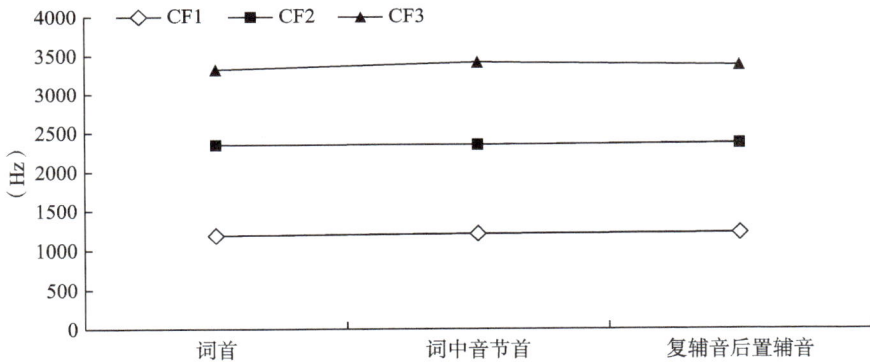

图 3.104-2　词中不同音节位置上出现的 [tɕ] 辅音第一至
第三共振峰均值比较 （F）

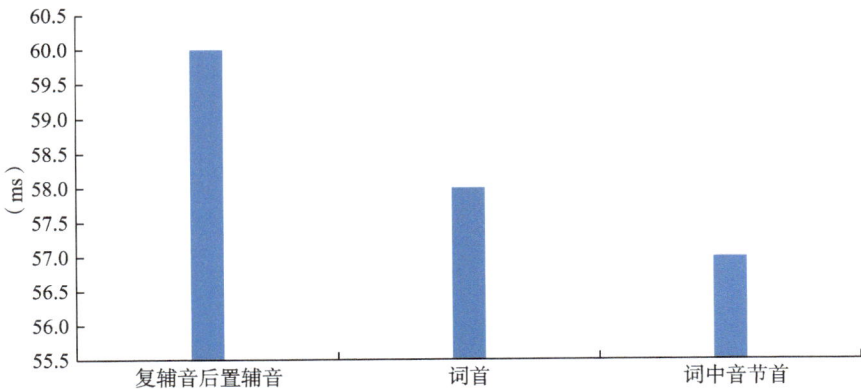

图 3.105-1　词中不同音节位置上出现的 [tɕ] 辅音 VOT 均值比较（M）

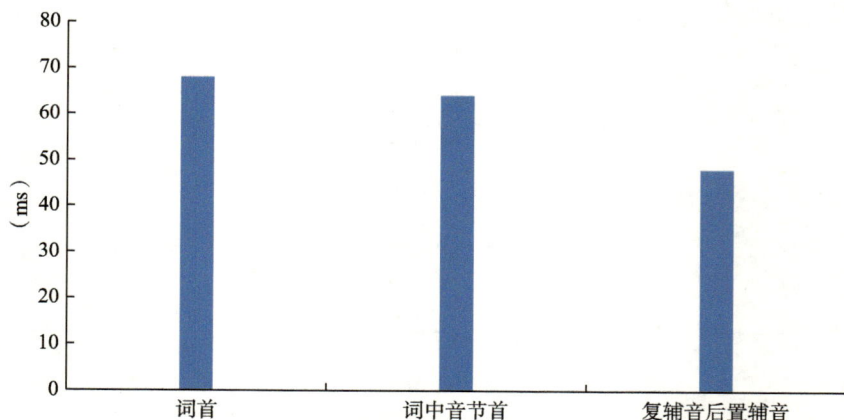

图 3.105-2　词中不同音节位置上出现的 ［tɕ］ 辅音 VOT 均值比较（F）

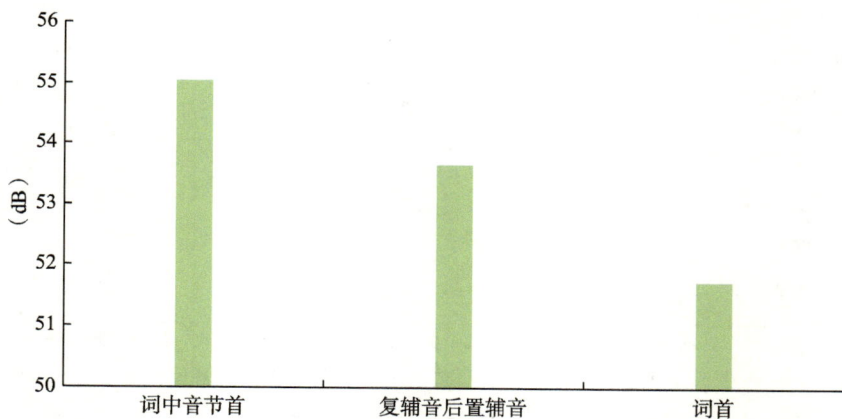

图 3.106-1　词中不同音节位置上出现的 ［tɕ］ 辅音音强均值比较（M）

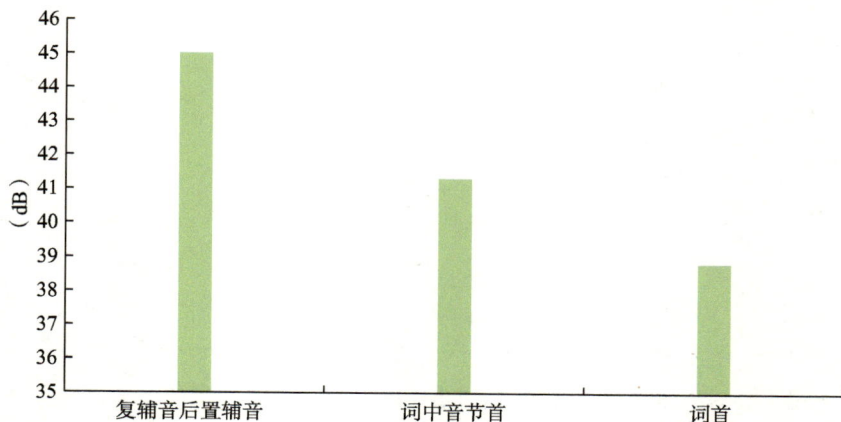

图 3.106-2　词中不同音节位置上出现的 ［tɕ］ 辅音音强均值比较（F）

（四）/tɕʰ/辅音

1. /tɕʰ/辅音统计分析

表 3.53 为［tɕʰ］辅音在"统一平台"中的出现频率统计。［tɕʰ］辅音在"统一平台"中共出现了 171 次（M）和 176 次（F），以单辅音或复辅音后置辅音形式出现。其中，以单辅音形式出现在词首和词中音节首位置；以复辅音后置辅音形式出现在词首音节。男发音人语料中出现的 171 次［tɕʰ］辅音中，164 次为单辅音，7 次为复辅音后置辅音；女发音人语料中出现的 176 次辅音［tɕʰ］中，169 次为单辅音，7 次为复辅音后置辅音。在所有［tɕʰ］辅音中，单辅音形式出现在词首和词中音节首的比例高，以复辅音后置辅音形式出现的比例极少。显然，该辅音主要以单辅音形式出现在词中音节首和词首。

表 3.53　/tɕʰ/辅音出现频率统计

词中位置	发音人	M		F	
		出现次数（次）	百分比（%）	出现次数（次）	百分比（%）
所有		171	100	176	100
单辅音	词首	87	51	84	48
	词中音节首	77	45	85	48
复辅音	后置辅音	7	4	7	4

2. 音质及其声学特征

2.1　［tɕʰ］辅音三维语图和语音标注

图 3.107 为男发音人［tɕʰimɜən］"指甲"一词的三维语图和三层标注实例。可以看出塞擦音［tɕʰ］的冲直条清晰，与［tɕ］辅音相比 VOT 较长，乱纹也较清晰。

2.2　［tɕʰ］辅音声学参数与音色定位

表 3.54 为两位发音人［tɕʰ］辅音的参数统计。图 3.108 为［tɕʰ］辅音第一、第二和第三共振峰的分布图。从表 3.54 和图 3.108 中可以看出以下几点。

（1）男发音人［tɕʰ］辅音音强比女发音人［tɕʰ］辅音音强相对强。

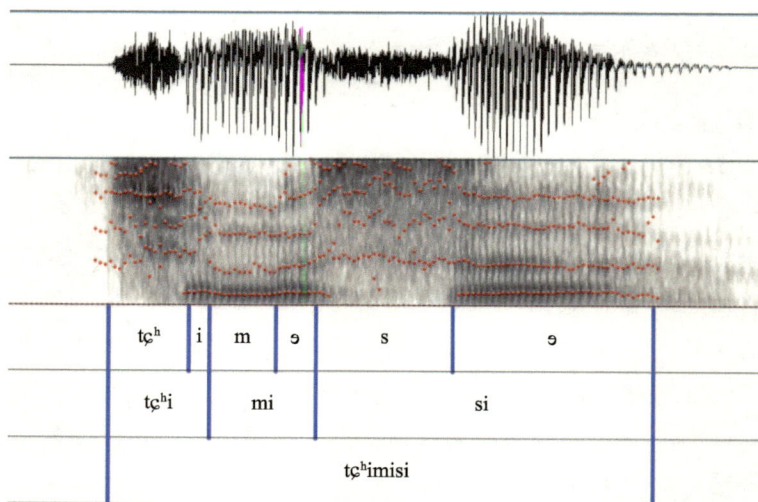

图 3.107 男发音人［tɕʰimǝsǝ］"指甲"一词的三维语图和三层标注实例

（2）女发音人［tɕʰ］辅音 VOT 比男发音人［tɕʰ］辅音 VOT 更长。

（3）两位发音人［tɕʰ］辅音第一、第二和第三共振峰的均值分别为 M：CF1 = 930Hz，CF2 = 1974Hz，CF3 = 2957Hz；F：CF1 = 1238Hz，CF2 = 2373Hz，CF3 = 3361Hz。

（4）女发音人［tɕʰ］辅音的第一至第三共振峰频率均值都高于男发音人，并且女发音人［tɕʰ］辅音的共振峰频率的浮动范围也大。如，女发音人的 CF1 在 1000～1500Hz 之间，CF2 在 1800～2900Hz 之间，CF3 在 2800～3800Hz 之间；男发音人的 CF1 在 600～1400Hz 之间，CF2 在 1800～2500 Hz 之间，CF3 在 2600～38300 Hz 之间。

根据上述分析我们认为，［tɕʰ］辅音为齿龈—硬腭区、送气、清塞擦音。

表 3.54 ［tɕʰ］辅音声学参数统计

tɕʰ	M					F				
	VOT	CA	CF1	CF2	CF3	VOT	CA	CF1	CF2	CF3
平均值	98	57.75	930	1974	2957	104	46.84	1238	2373	3361
标准差	28	4.77	192	236	221	37	6.39	413	353	298
变异系数	29%	8%	21%	12%	7%	36%	14%	33%	15%	9%

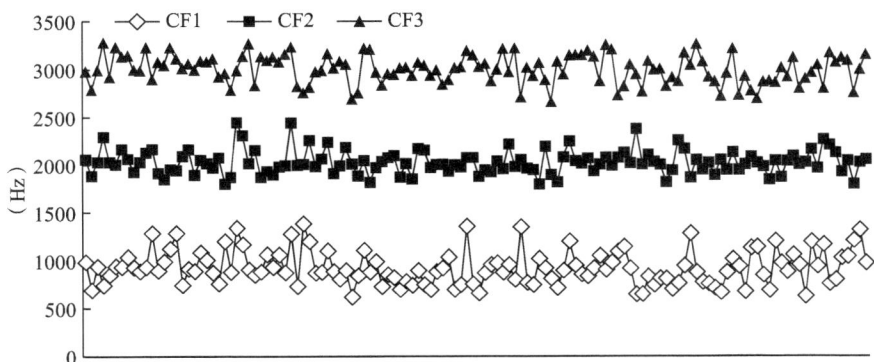

图 3.108-1 ［tɕʰ］辅音第一至第三共振峰（CF1、CF2、CF3）分布（M）

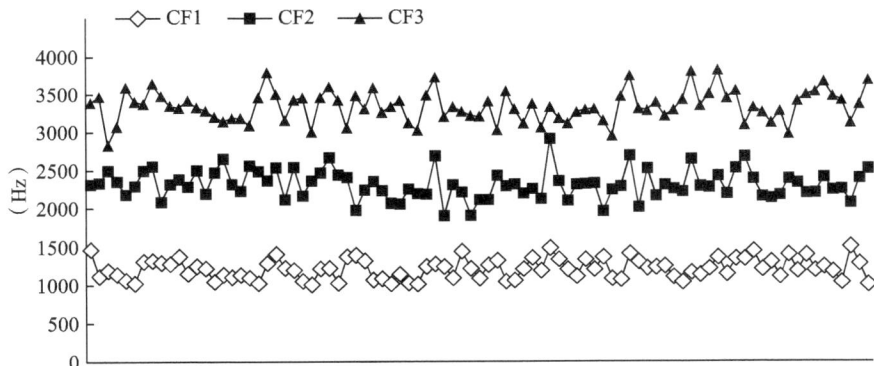

图 3.108-2 ［tɕʰ］辅音第一至第三共振峰（CF1、CF2、CF3）分布（F）

3. 语流中的音变特征分析

3.1 ［tɕʰ］辅音声学参数与词中音节位置之间的相关性分析

表 3.55 为词中不同音节位置上出现的 ［tɕʰ］ 辅音声学参数统计。图 3.109、图 3.110、图 3.111 为根据表 3.55 绘制的词中不同音节位置上出现的 ［tɕʰ］ 辅音共振峰、音长（GAP+VOT）、音强均值比较图。表 3.55 和图 3.109、图 3.110、图 3.111 显示，词中音节首位置上 ［tɕʰ］ 辅音的 VOT 最长。

表 3.55　词中不同音节位置上出现的 [tɕʰ] 辅音声学参数统计

	tɕʰ	GAP	VOT	CA	CF1	CF2	CF3
M	词首	—	94	55.53	920	1989	2980
	词中音节首	75	100	60.39	946	1956	2933
	复辅音后置辅音	34	98	57.86	923	1995	2929
F	词首	—	97	44.04	1305	2414	3378
	词中音节首	60	111	49.16	1188	2351	3349
	复辅音后置辅音	24	79	52.39	1050	2155	3292

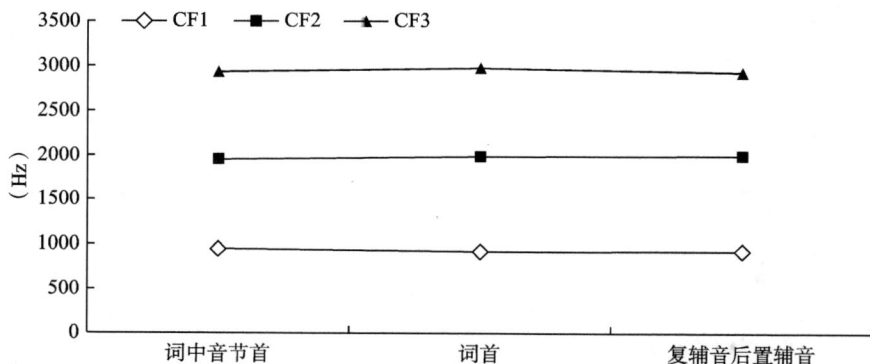

**图 3.109-1　词中不同音节位置上出现的 [tɕʰ] 辅音第一至
第三共振峰均值比较 (M)**

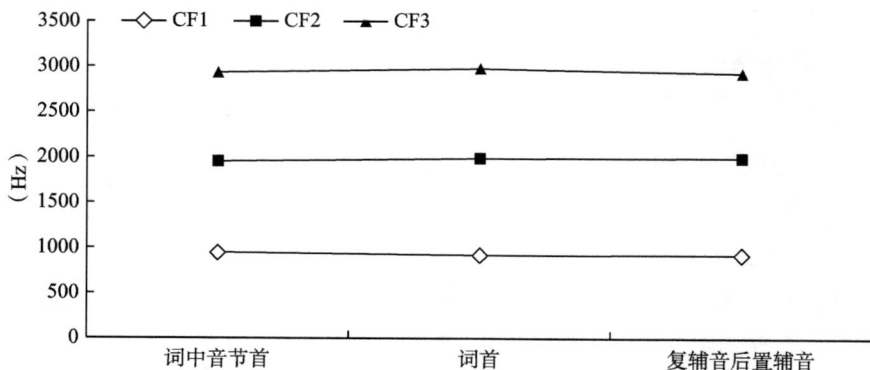

**图 3.109-2　词中不同音节位置上出现的 [tɕʰ] 辅音第一至
第三共振峰均值比较 (F)**

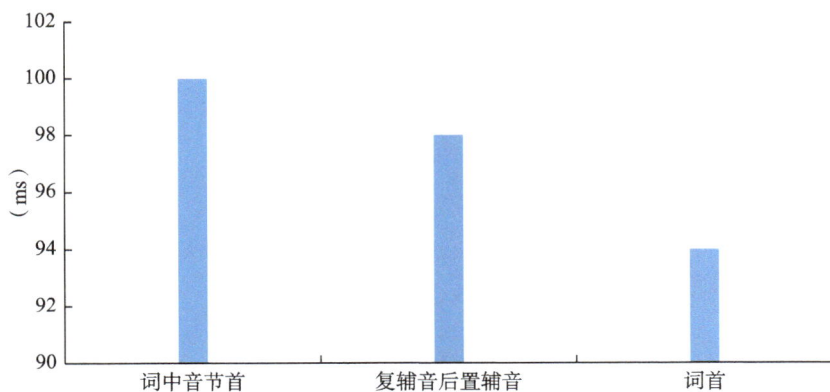

图 3.110-1　词中不同音节位置上出现的［tɕʰ］辅音 VOT 均值比较（M）

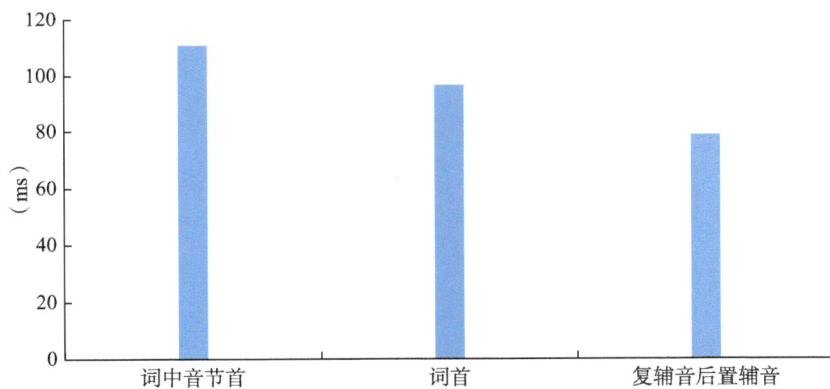

图 3.110-2　词中不同音节位置上出现的［tɕʰ］辅音 VOT 均值比较（F）

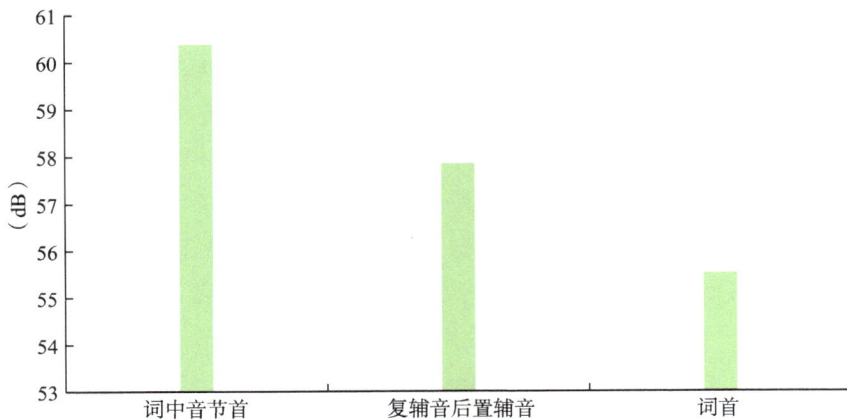

图 3.111-1　词中不同音节位置上出现的［tɕʰ］辅音音强均值比较（M）

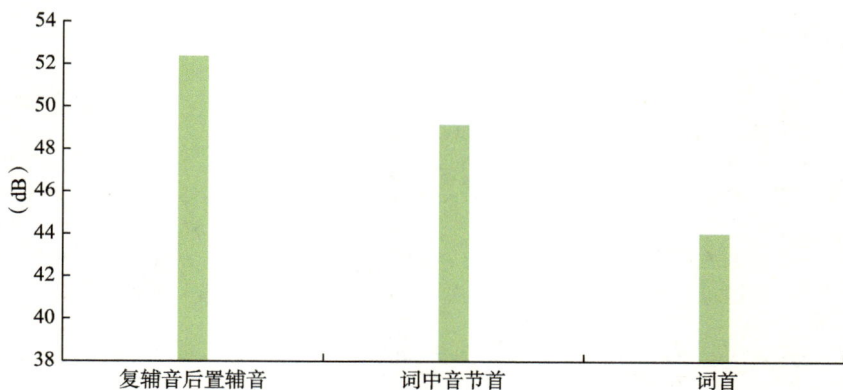

图 3.111-2　词中不同音节位置上出现的 [tɕʰ] 辅音音强均值比较 （F）

七　鼻音

鼻音是通过鼻腔辐射到外的辅音，发鼻音时口腔中成阻，声带振动，气流通过鼻腔，鼻腔产生共鸣。根据口腔内阻塞形成点的不同，可以把土族语鼻音分为双唇鼻音、舌尖—齿鼻音和舌面后—软腭鼻音。土族语有 /n/、/m/、/ŋ/等三个鼻音。

（一）/n/辅音

1./n/辅音统计分析

表 3.56 为 [n] 辅音在"统一平台"中出现频率统计。土族语 [n] 辅音在"统一平台"中以单辅音或复辅音前置和后置辅音形式共出现了 424 次（M）和 406 次（F）。以单辅音形式出现的位置有词首、词中音节首、词中音节末和词末等；以复辅音形式出现在词首音节复辅音前置辅音和后置辅音位置。男发音人的 424 次辅音 [n] 中，391 次为单辅音，33 次为复辅音前置或后置辅音，其中，前置辅音位置出现了 31 次，后置辅音位置出现了 2 次；女发音人的 406 次辅音 [n] 中，374 次为单辅音，32 次为复辅音前置或后置辅音，其中，前置辅音位置出现了 29 次，后置辅音位置出现了 3 次。从整体上看，辅音 [n] 以单辅音形式在词首和词末出现的频率较高，其次是词中音节首和音节末，复辅音形式出现的频率较低。

表 3.56 ［n］辅音出现频率统计

发音人 词中位置		M		F	
		出现次数（次）	百分比（%）	出现次数（次）	百分比（%）
共计		424	100	406	100
单辅音	词首	112	26.5	106	26
	词中音节首	68	16	73	18
	词中音节末	79	19	70	17.3
	词末	132	31	125	31
复辅音	前置辅音	31	7	29	7
	后置辅音	2	0.5	3	0.7

2. 音质及其声学特征

2.1 ［n］辅音三维语图和语音标注

图 3.112 为男发音人［nɐɾɐ］"太阳"一词的三维语图和三层标注实例。可以看出，土族语［n］辅音的声学语图特征为有明显的浊音横杠，类似元音共振峰。［n］辅音的第一至第三共振峰比较清晰，是比较典型的鼻音（浊音）。

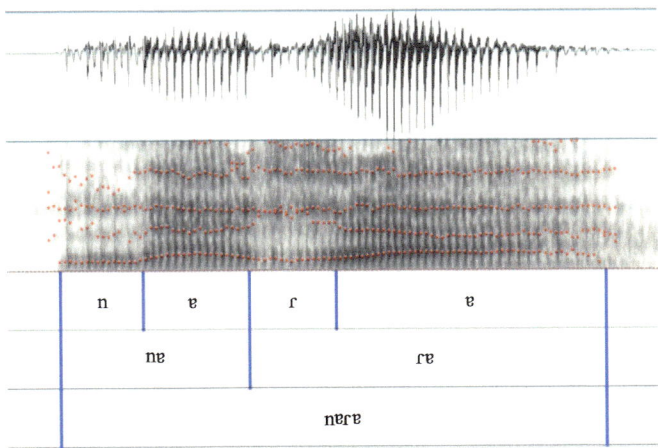

图 3.112 男发音人［nɐɾɐ］"太阳"一词的三维语图和三层标注实例

2.2 ［n］辅音声学参数与音色定位

表 3.57 为两位发音人［n］辅音声学参数统计。图 3.113 为两位发音人

[n] 辅音共振峰分布图。图 3.113 显示了 [n] 辅音的三个共振峰的频率范围。从表 3.57 中可以看出，男发音人 VF1 为 333Hz，VF2 为 1290Hz，VF3 为 2431Hz；女发音人 VF1 为 368Hz，VF2 为 1590Hz，VF3 为 2628Hz。显然，辅音 [n] 的第一共振峰比较稳定，而第二和第三共振峰的离散度较大。

从上述分析我们认为，土族语 [n] 辅音是齿龈鼻音。

表 3.57　[n] 辅音声学参数统计

n	M					F				
	CD	CA	VF1	VF2	VF3	CD	CA	VF1	VF2	VF3
平均值	127	61.56	333	1290	2431	130	61.67	368	1590	2628
标准差	60	4.59	25	143	133	85	3.61	27	409	338
变异系数	47%	7%	7%	11%	5%	65%	6%	7%	26%	13%

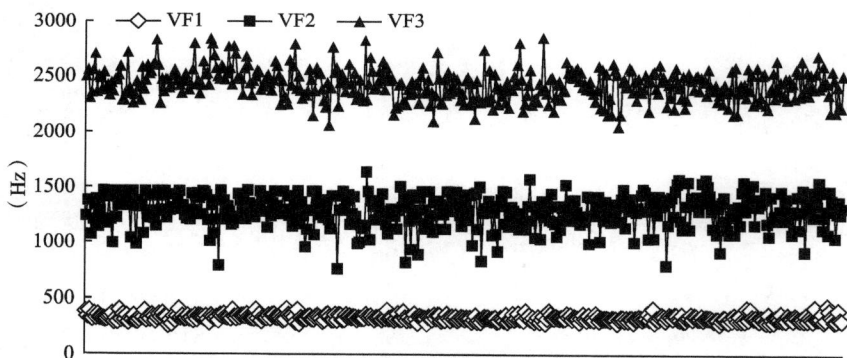

图 3.113-1　[n] 辅音第一至第三共振峰分布 （M）

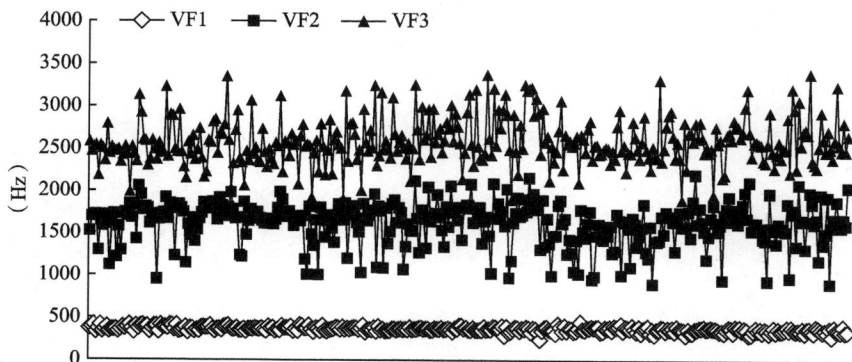

图 3.113-2　[n] 辅音第一至第三共振峰分布 （F）

3. 语流中的音变特征分析

3.1 [n] 辅音声学参数与后置元音音质之间的相关性分析

表 3.58 为不同元音之前 [n] 辅音的声学参数统计表。图 3.114、图 3.115、图 3.116 为根据表 3.58 所绘制的两位发音人 [n] 辅音在 [ɐ, e, i, o, u] 元音之前的三个共振峰、音长和音强均值比较图。上述表和图显示，高元音之前出现的 [n] 辅音第二共振峰频率比其他元音之前出现的第二共振峰频率低。有关 [u] 元音之前 [n] 辅音的音长和音强明显短且弱于其他辅音之前音长问题有待进一步探讨。

表 3.58 不同元音之前的 [n] 辅音声学参数统计

n	M					F				
	CD	CA	VF1	VF2	VF3	CD	CA	VF1	VF2	VF3
nɐ	95	62.18	331	1329	2436	70	60.04	359	1611	2576
ne	88	60.82	332	1139	2420	81	60.8	376	1415	2720
ni	93	61.64	323	1250	2395	83	61.42	365	1481	2642
no	83	60.88	319	1271	2392	78	59.36	362	1687	2695
nu	64	59.17	326	1237	2488	51	57.21	349	1518	2550

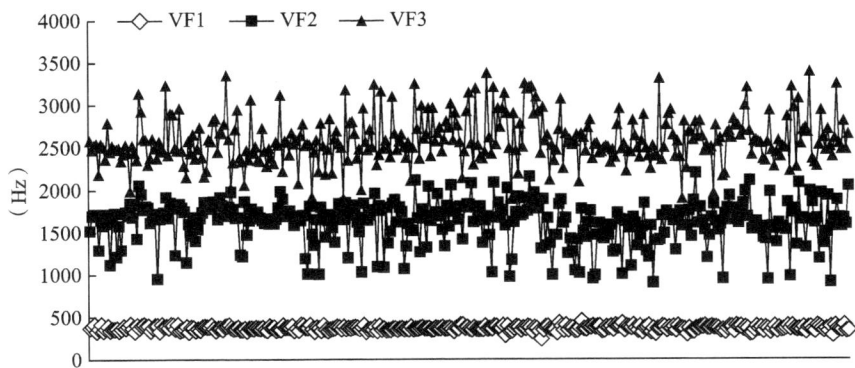

图 3.114-1 不同元音之前出现的 [n] 辅音第一至
第三共振峰均值比较 （M）

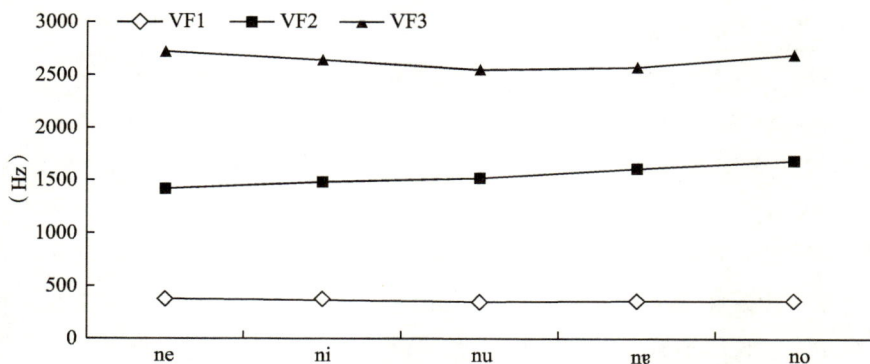

图 3.114-2　不同元音之前出现的 [n] 辅音第一至
第三共振峰均值比较（F）

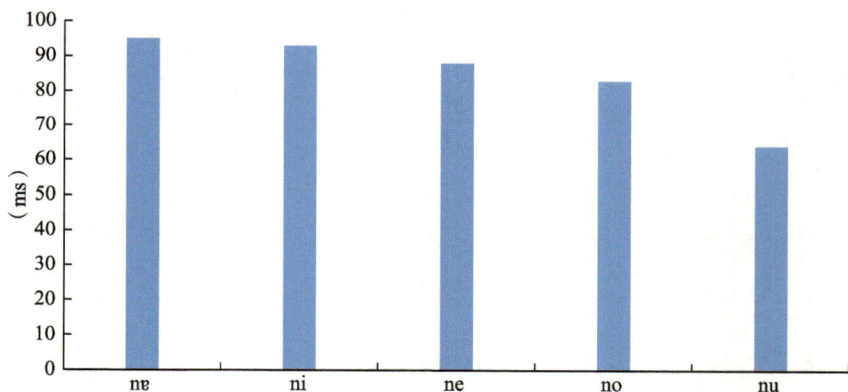

图 3.115-1　不同元音之前出现的 [n] 辅音的音长均值比较（M）

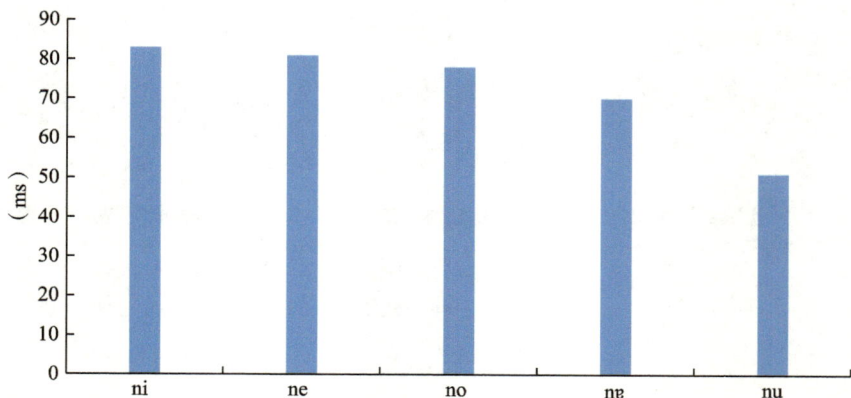

图 3.115-2　不同元音之前出现的 [n] 辅音的音长均值比较（F）

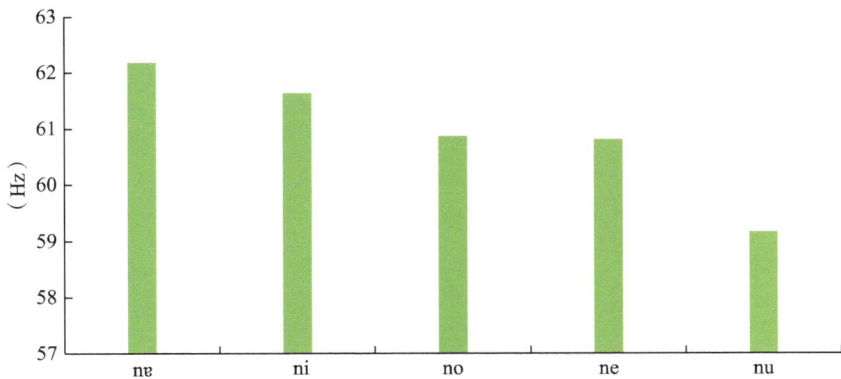

图 3.116-1　不同元音之前出现的 ［n］ 辅音的音强均值比较（M）

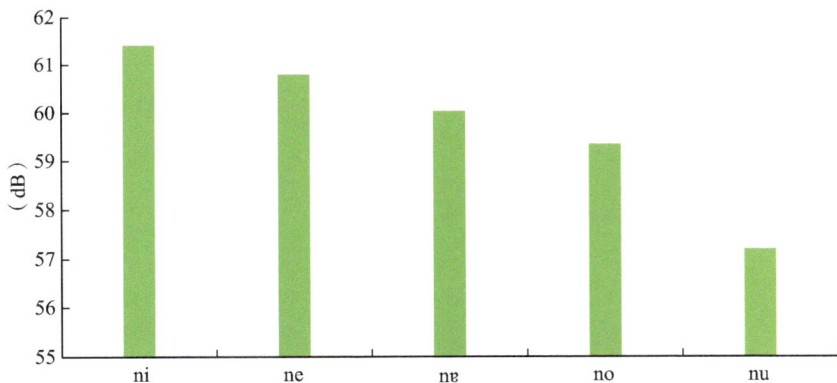

图 3.116-2　不同元音之前出现的 ［n］ 辅音的音强均值比较（F）

　　3.2　［n］ 辅音声学参数与词中音节位置之间的相关性分析

　　表 3.59 为词中不同音节位置上出现的 ［n］ 辅音声学参数统计。图 3.117、图 3.118 和图 3.119 为根据表 3.59 所画的词中不同音节位置上出现的 ［n］ 辅音的第一至第三共振峰、音长、音强均值比较图。上述表和图显示，［n］ 辅音声学参数与词中音节位置之间具有一定的相关性。如，在词末位置上 ［n］ 辅音的音长明显长于其他位置的音长，而单辅音形式在词中出现时音强比其他位置上的音强相对强。

表 3.59　词中不同音节位置上出现的［n］辅音声学参数统计

n		CD	CA	CF1	CF2	CF3
M	词首	77	59.49	320	1237	2418
	词中音节首	111	64.63	335	1281	2415
	词中音节末	120	65.12	341	1311	2437
	词末	193	60.46	339	1347	2444
	复辅音前置辅音	80	57.93	329	1205	2450
	复辅音后置辅音	103	64	333	1360	2453
F	词首	64	58.45	356	1445	2608
	词中音节首	98	64.36	375	1555	2760
	词中音节末	96	64.09	370	1572	2683
	词末	233	62.8	376	1708	2546
	复辅音前置辅音	108	58.79	362	1499	2680
	复辅音后置辅音	62	56.67	365	1656	2937

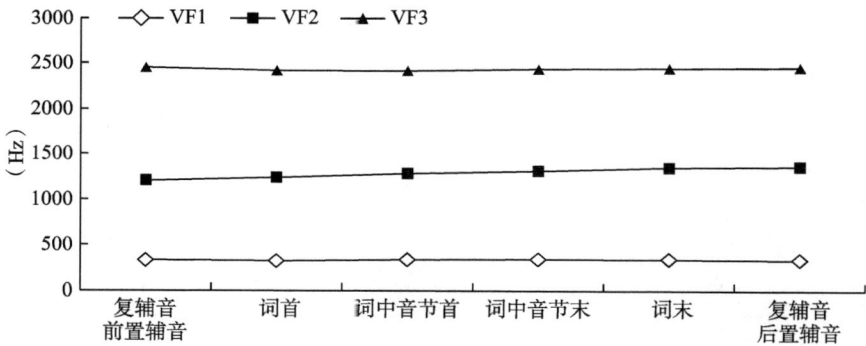

图 3.117-1　词中不同音节位置上出现的［n］辅音第一至
第三共振峰均值比较（M）

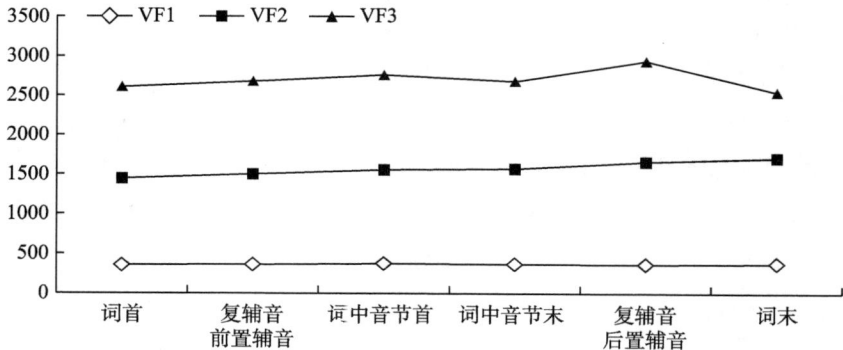

图 3.117-2　词中不同音节位置上出现的［n］辅音第一至
第三共振峰均值比较（F）

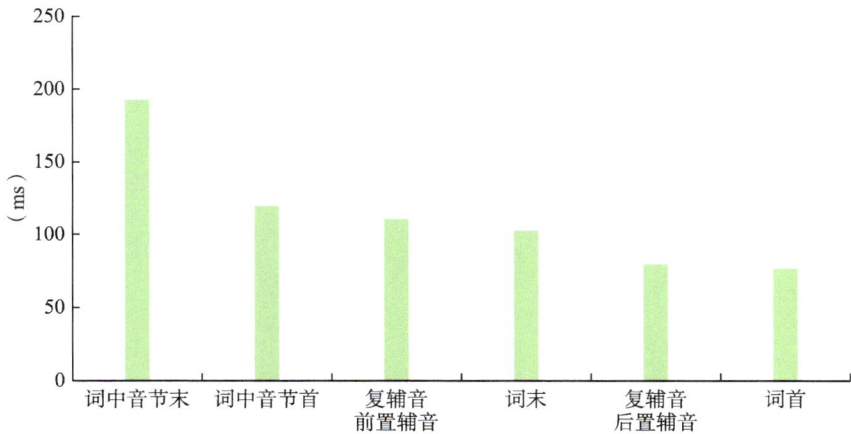

图 3.118-1　词中不同音节位置上出现的［n］辅音音长均值比较（M）

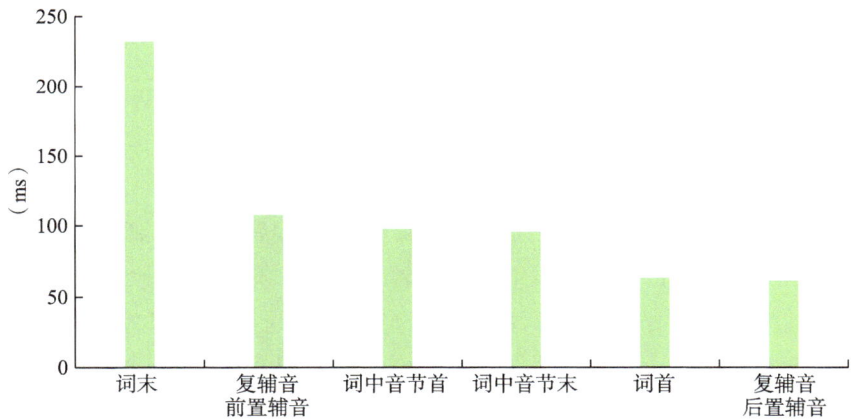

图 3.118-2　词中不同音节位置上出现的［n］辅音音长均值比较（F）

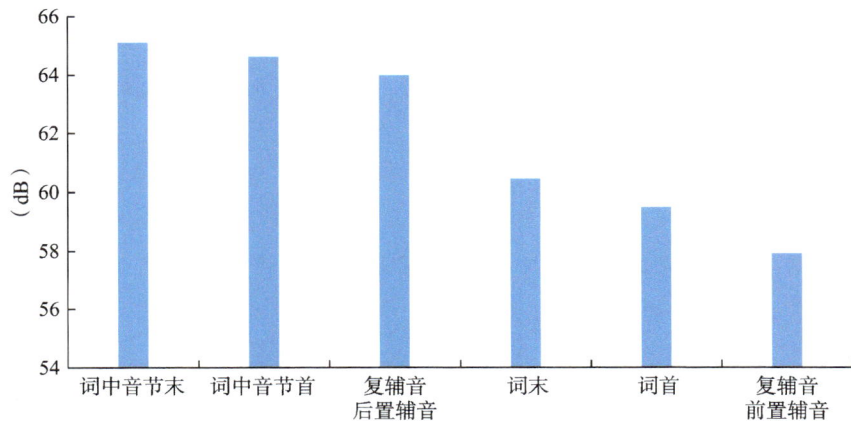

图 3.119-1　词中不同音节位置上出现的［n］辅音音强均值比较（M）

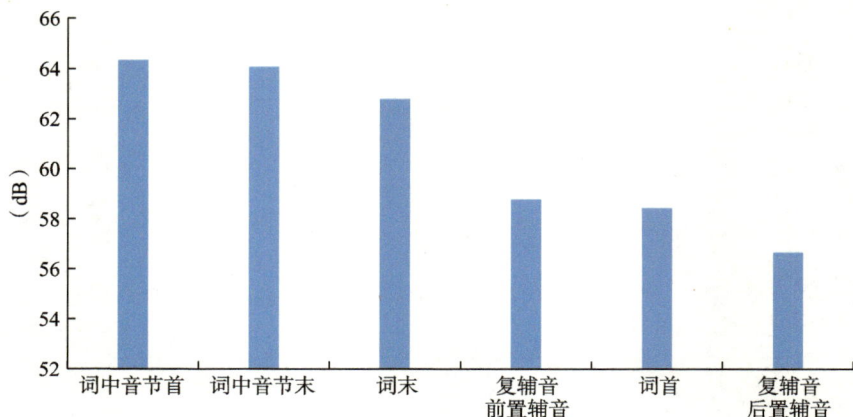

图 3.119-2　词中不同音节位置上出现的 [n] 辅音音强均值比较（F）

（二）/m/辅音

1./m/辅音统计分析

表 3.60 为 [m] 辅音在"统一平台"中出现频率统计。土族语 [m] 辅音在"统一平台"中以单辅音、复辅音前置辅音或后置辅音形式共出现 272 次（M）和 256 次（F）。以单辅音形式出现的位置为词首、词中音节首、词中音节末和词末；以复辅音形式出现的位置为词首复辅音前置辅音或后置辅音。在所有 [m] 辅音中：（1）以单辅音形式在词中音节首出现的比例最高，如 M：104 次，占 38%；F：95 次，占 37%。（2）其次是以单辅音形式在词首出现的比例，如，83 次，占 31%（M）；84 次，占 33%（F）。（3）再次以单辅音形式在词中音节末出现的频率，如，65 次，占 24%（M），62 次，占 24%（F）。（4）然后以单辅音形式在词末出现的比例，如，17 次，占 6%（M）；8 次，占 3%（F）。（5）以复辅音形式出现的比例最少，如，3 次，占 1%（M）；7 次，占 3%（F）（见表 3.60）。

显然，[m] 辅音在词中主要以单辅音形式出现于词首和词中音节首，在其他位置上出现的比例相对小。

表 3.60　[m] 辅音出现频率统计

发音人 词中位置		M		F	
		出现次数	百分比	出现次数	百分比
共计		272	100%	256	100%
单辅音	词首	83	31%	84	33%
	词中音节首	104	38%	95	37%
	词中音节末	65	24%	62	24%
	词末	17	6%	8	3%
复辅音	前置辅音	2	0.7%	5	2%
	后置辅音	1	0.3%	2	1%

2. 音质及其声学特征

2.1　[m] 辅音三维语图和语音标注

图 3.120 为男发音人 [ɐmɐ] "咀，口；口子" 一词的三维语图和三层标注实例。可以看出，土族语 [m] 辅音的第一至第四共振峰比较清晰，有明显的浊音横杠，是比较典型的鼻音（浊音）。

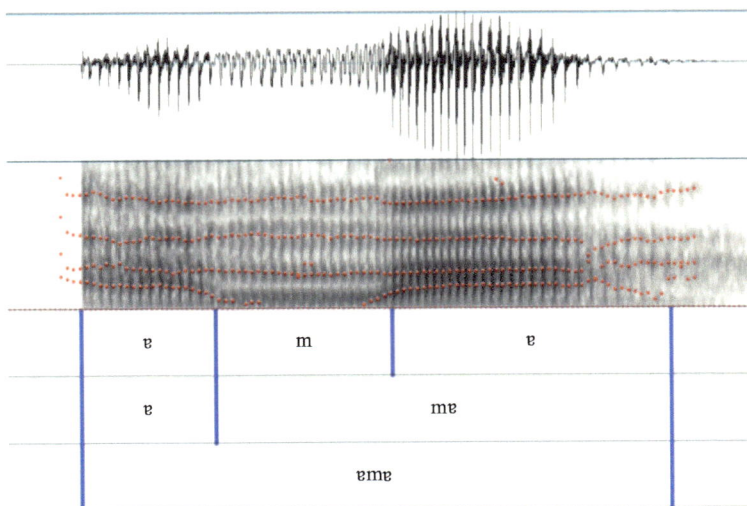

图 3.120　男发音人 [ɐmɐ] "咀，口；口子" 一词的三维语图和三层标注实例

2.2　[m] 辅音声学参数与音色定位

表 3.61 为 [m] 辅音的声学参数统计。图 3.121 为两位发音人 [m]

辅音第一至第三共振峰分布图。图 3.121 显示了 ［m］ 辅音三个共振峰的频率范围。从上述表和图中可以看出，男、女发音人 VF1 分别为 305Hz 和 325Hz，男发音人 VF2 为 1208Hz，女发音人 VF2 为 1327Hz，男发音人 VF3 为 2352Hz，女发音人 VF3 为 2503Hz。显然，［m］ 辅音第一共振峰比较稳定，而其第二和第三共振峰频率变化幅度较大。

从上述分析我们认为，土族语 ［m］ 辅音是双唇鼻音。

表 3.61 ［m］ 辅音声学参数统计

m	M					F				
	CD	CA	VF1	VF2	VF3	CD	CA	VF1	VF2	VF3
平均值	111	62.68	305	1208	2352	104	60.61	325	1327	2503
标准差	41	3.39	59	170	139	51	3.85	35	271	151
变异系数	36%	5%	19%	14%	6%	49%	6%	11%	20%	6%

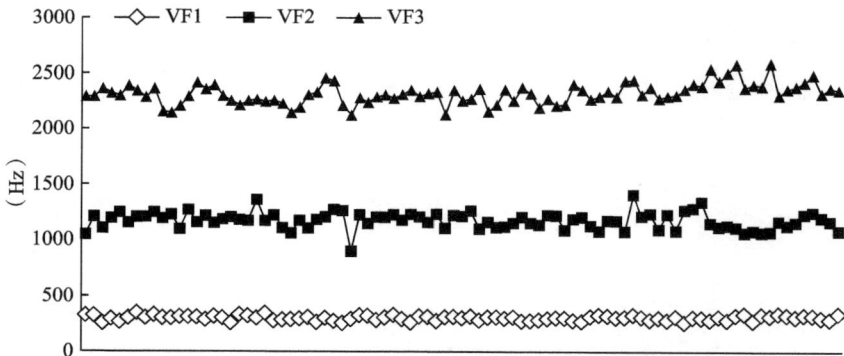

图 3.121-1 ［m］ 辅音第一至第三共振峰分布 （M）

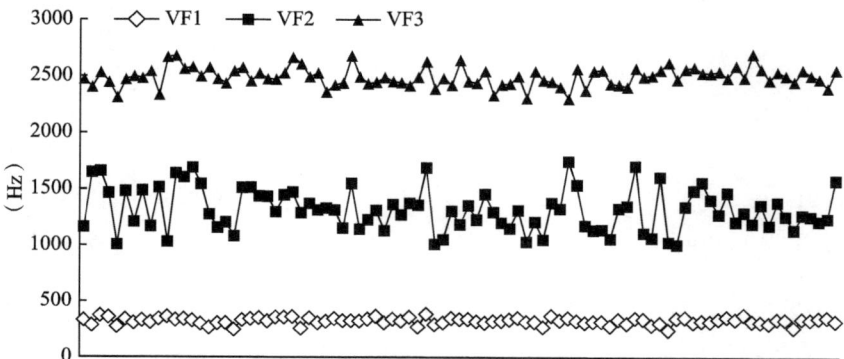

图 3.121-2 ［m］ 辅音第一至第三共振峰分布 （F）

3. 语流中的音变特征分析

3.1　［m］辅音声学参数与后置元音音质之间的相关性分析

表 3.62 为不同元音之前出现的［m］辅音声学参数统计，图 3.122、图 3.123 和图 3.124 分别为在［ɐ，e，i，o，u］等元音之前［m］辅音第一至第三共振峰、音长和音强均值比较图。从男发音人的音长比较图可以看出，［m］辅音声学参数与其后置元音音质之间几乎没有关联性。

表 3.62　不同元音之前出现的［m］辅音声学参数统计

m		mɐ	me	mi	mo	mu
M	CD	103	91	106	81	102
	CA	62.10	61.4	63.63	60.89	62.27
	VF1	302	307	299	305	300
	VF2	1205	1134	1186	1231	1157
	VF3	2342	2374	2331	2445	2352
F	CD	85	73	88	99	80
	CA	59.88	60	62	59.38	61.52
	VF1	322	335	321	301	329
	VF2	1256	1065	1245	1186	1228
	VF3	2495	2434	2505	2475	2527

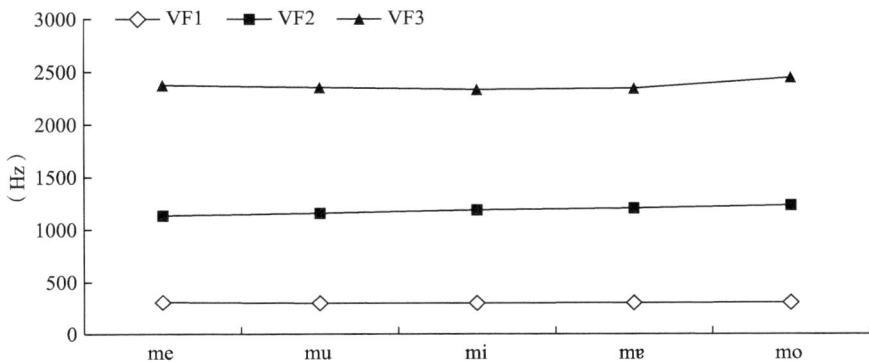

图 3.122-1　不同元音之前［m］辅音第一至第三共振峰均值比较（M）

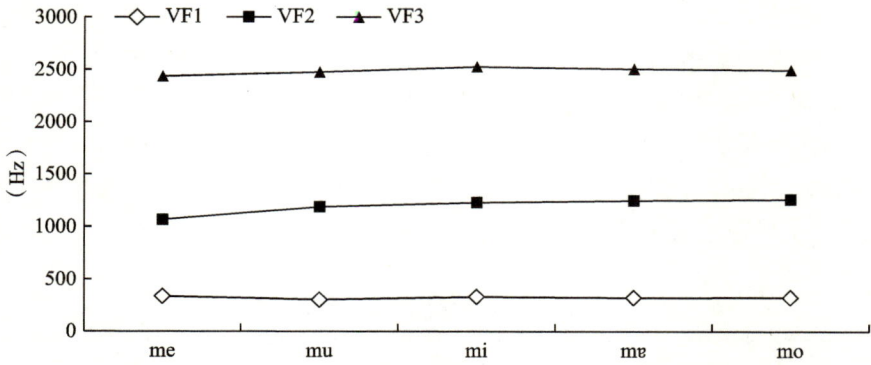

图 3.122-2　不同元音之前［m］辅音第一至第三共振峰均值比较（F）

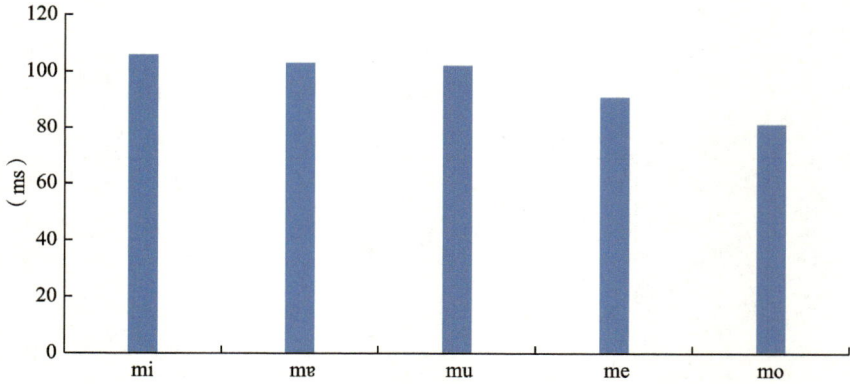

图 3.123-1　不同元音之前［m］辅音的音长均值比较（M）

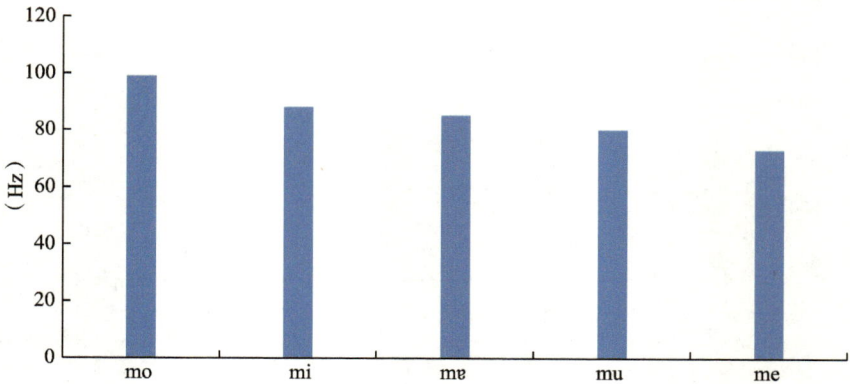

图 3.123-2　不同元音之前［m］辅音的音长均值比较（F）

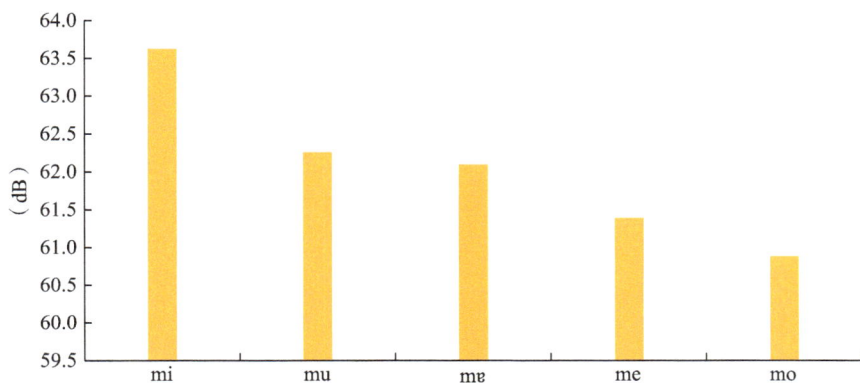

图 3.124-1　不同元音之前 ［m］辅音的音强均值比较（M）

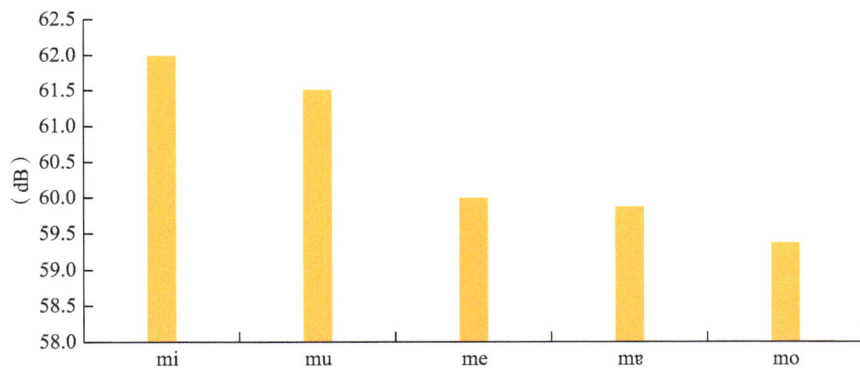

图 3.124-2　不同元音之前 ［m］辅音的音强均值比较（F）

3.2　［m］辅音声学参数与词中音节位置之间的相关性分析

表 3.63 为词中不同位置上出现的 ［m］辅音声学参数统计。图 3.125、图 3.126 和图 3.127 为根据表 3.63 绘制的词中不同音节位置上出现的 ［m］辅音的音长、音强和第一至第三共振峰均值比较图。上述表和图显示，男、女发音人 ［m］辅音出现在词末时音长最长，出现在词首时音长最短；出现在复辅音后置辅音位置时音强最强。［m］辅音词中位置与该辅音共振峰参数之间几乎没有关联性。

表 3.63　词中不同音节位置上出现的 ［m］ 辅音声学参数统计

m		CD	CA	VF1	VF2	VF3
M	词首	76	59.05	290	1175	2383
	词中音节首	118	64.65	304	1131	2310
	词中音节末	123	64.77	318	1210	2350
	词末	196	60.71	315	1301	2325
	复辅音前置辅音	96	59	312	1250	2315
	复辅音后置辅音	83	65	320	1172	2344
F	词首	68	57.17	315	1202	2473
	词中音节首	106	62.95	321	1304	2495
	词中音节末	133	61.74	341	1489	2551
	词末	224	60.88	351	1590	2481
	复辅音前置辅音	102	58.2	332	1396	2418
	复辅音后置辅音	77	64.5	316	1482	2902

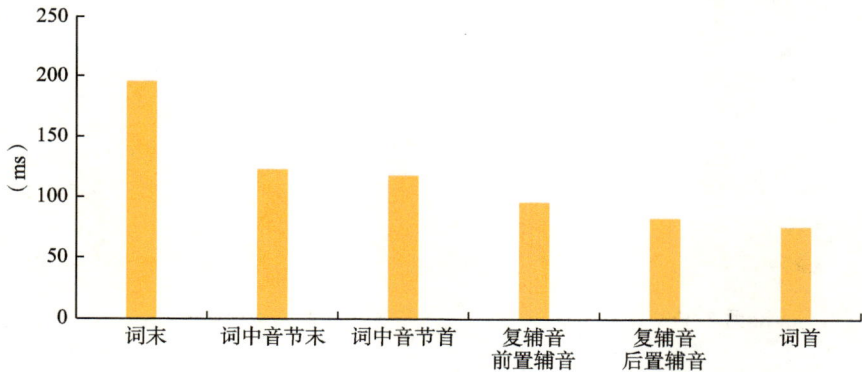

图 3.125-1　词中不同音节位置上出现的 ［m］ 辅音音长均值比较 （M）

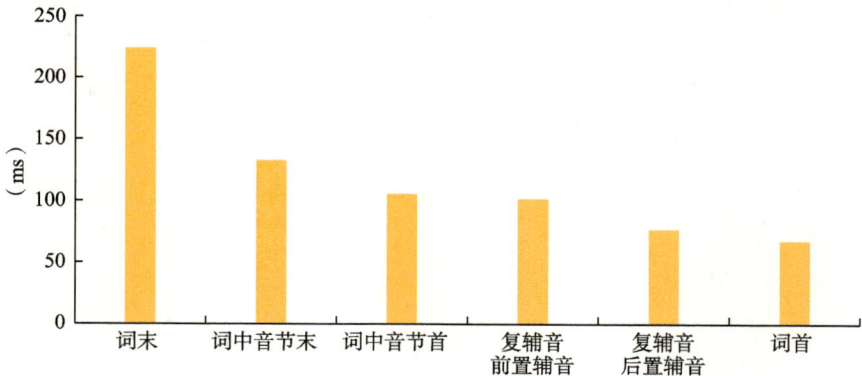

图 3.125-2　词中不同音节位置上出现的 ［m］ 辅音音长均值比较 （F）

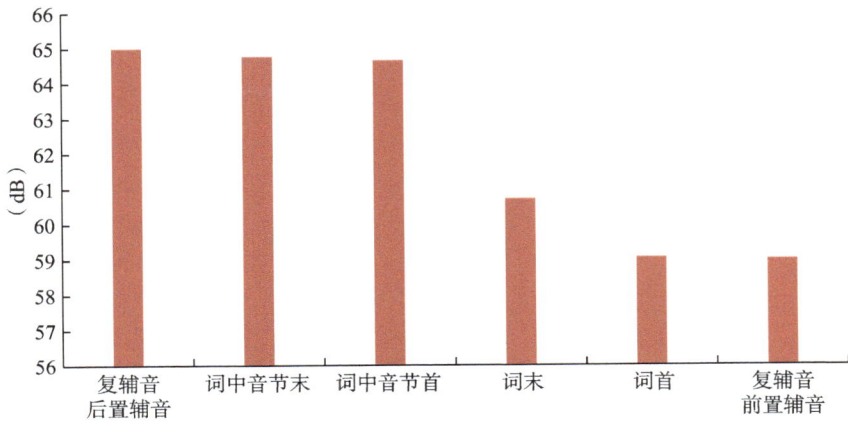

图 3.126-1　词中不同音节位置上出现的［m］辅音音强均值比较（M）

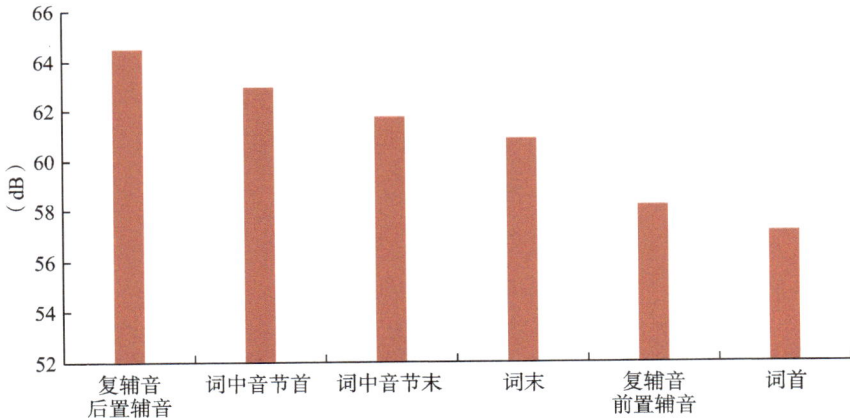

图 3.126-2　词中不同音节位置上出现的［m］辅音音强均值比较（F）

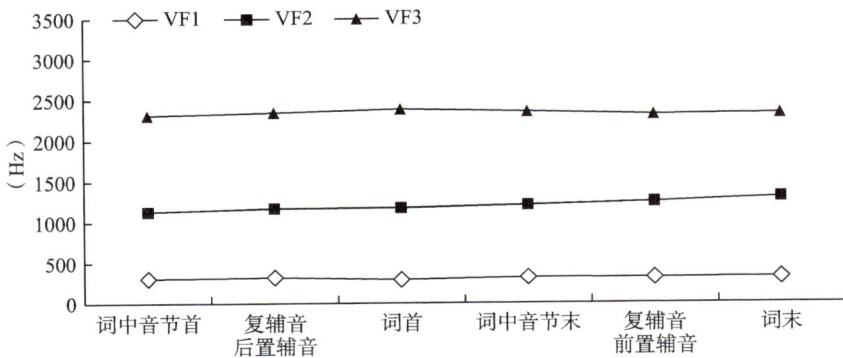

图 3.127-1　词中不同音节位置上出现的［m］辅音第一至
第三共振峰均值比较（M）

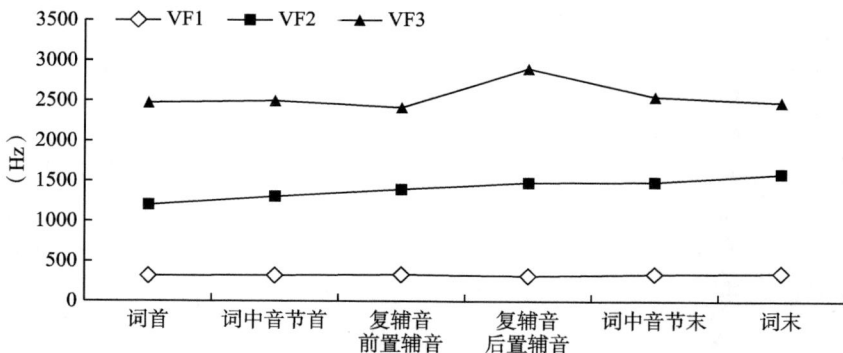

图 3.127-2　词中不同音节位置上出现的〔m〕辅音第一至第三共振峰均值比较（F）

（三）/ŋ/辅音

1.〔ŋ〕辅音统计分析

表 3.64 为〔ŋ〕辅音在"统一平台"中出现频率统计。〔ŋ〕辅音在"统一平台"中共出现了 119 次（M）和 140 次（F），以单辅音和复辅音前置辅音形式出现，其中以单辅音形式出现在词中音节末和词末，以复辅音前置辅音形式出现在词首。M 的 119 次〔ŋ〕辅音中，99 次为单辅音形式出现，其余 20 次为复辅音前置辅音形式出现；F 的 140 次〔ŋ〕辅音中，120 次为单辅音形式出现，其余 20 次为复辅音前置辅音形式出现。

表 3.64　〔ŋ〕辅音出现频率统计

发音人 词中位置		M		F	
		出现次数（次）	百分比（%）	出现次数（次）	百分比（%）
共计		119	100	140	100
单辅音	词中音节末	63	53	85	61
	词末	36	30	35	25
复辅音	前置辅音	20	17	20	14

2. 音质及其声学特征

2.1　〔ŋ〕辅音三维语图和语音标注

图 3.128 为男发音人〔ŋko〕"颜色"一词的三维语图和三层标注实例。

可以看出，［ŋ］辅音浊音横杠较明显，但第一、第二共振峰合并，较难分辨。

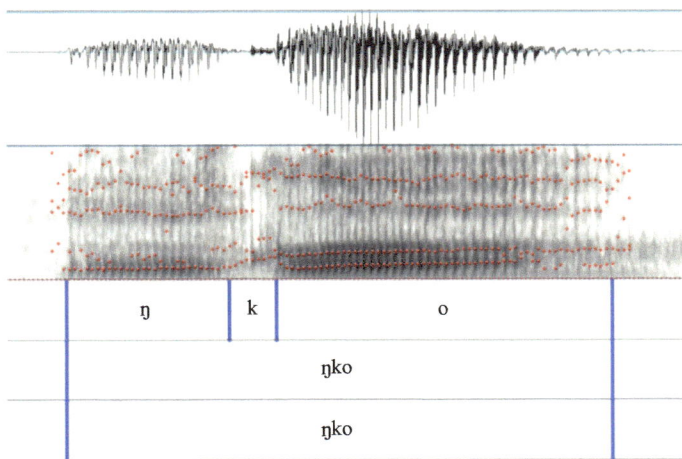

图 3.128　男发音人［ŋko］"颜色"一词的三维语图和三层标注实例

2.2　［ŋ］辅音声学参数与音色定位

表 3.65 为两位发音人［ŋ］辅音的声学参数统计表。图 3.129 为男、女发音人［ŋ］辅音第一、第二和第三共振峰分布图。图 3.129 显示，［ŋ］辅音的第一至第三共振峰的频率范围，男发音人 VF1 围绕 450Hz 在 350～550Hz 之间浮动；VF2 围绕 1100Hz 在 800～1400 Hz 之间浮动；VF3 离散较大，围绕 2400Hz 在 1800～3000 Hz 之间浮动。女发音人 VF1 围绕 400Hz 在 350～550Hz 之间浮动；VF2 围绕 1000Hz 在 800～1400Hz 之间浮动；VF3 围绕 2500Hz 在 2000～3000Hz 之间浮动。

从上述分析我们认为，土族语［ŋ］辅音为软腭鼻音。

表 3.65　［ŋ］辅音声学参数统计

ŋ	M					F				
	CD	CA	VF1	VF2	VF3	CD	CA	VF1	VF2	VF3
平均值	150	63.55	453	1118	2395	159	62.79	411	1073	2482
标准差	80	4.57	82	153	214	99	3.7	40	142	198
变异系数	53%	7%	18%	14%	9%	62%	6%	10%	13%	8%

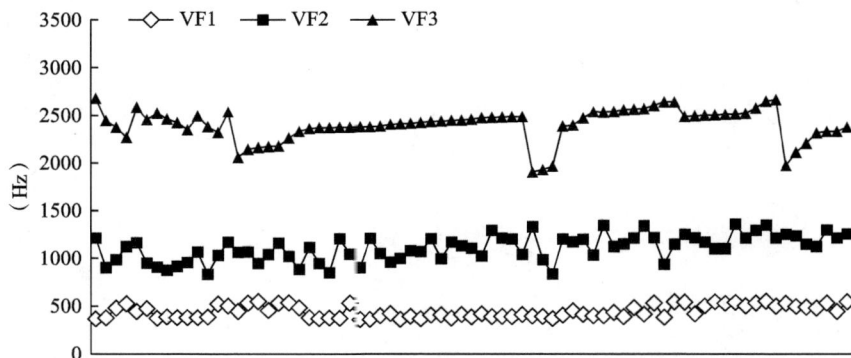

图 3.129-1　[ŋ] 辅音第一至第三共振峰分布（M）

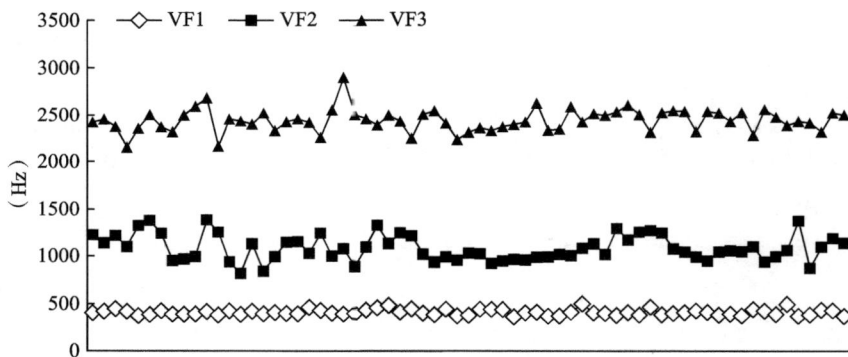

图 3.129-2　[ŋ] 辅音第一至第三共振峰分布（F）

3. 语流中的音变特征分析

3.1　[ŋ] 辅音声学参数与词中音节位置之间的相关性分析

表 3.66 为词中不同位置上出现的 [ŋ] 辅音的声学参数统计。图 3.130、图 3.131 和图 3.132 为根据表 3.66 绘制的两位发音人词中不同音节位置上出现的 [ŋ] 辅音的第一至第三共振峰、音长、音强均值比较图。实验结果显示，[ŋ] 辅音音长和音强与词中音节位置有密切的相关性。（1）[ŋ] 辅音词中不同音节位置音长分布模式以从大到小排序为：词末>词中音节末>复辅音前置辅音位置；（2）音强分布模式以从强到弱排序为：词中音节末>词末>复辅音前置辅音位置。[ŋ] 辅音共振峰频率的变化与其词中出现的位置无明显相关性。

表 3.66-1　词中不同音节位置上出现的 [ŋ] 辅音声学参数统计（M）

位置	参数	CD	CA	VF1	VF2	VF3
词中音节末	平均值	115	66.13	423	1101	2417
	标准差	48	2.11	73	124	146
	变异系数	41%	3%	17%	11%	6%
词末	平均值	242	61.41	527	1235	2329
	标准差	62	5.57	54	107	320
	变异系数	26%	9%	10%	9%	14%
复辅音前置元音	平均值	93	59.05	412	954	2449
	标准差	38	2.33	57	140	95
	变异系数	41%	4%	14%	15%	4%

表 3.66-2　词中不同音节位置上出现的 [ŋ] 辅音声学参数统计（F）

位置	参数	CD	CA	VF1	VF2	VF3
词中音节末	平均值	126	64.19	402	1089	2533
	标准差	80	3.14	36	164	207
	变异系数	63%	5%	9%	15%	8%
词末	平均值	279	62.57	497	1159	2474
	标准差	60	2.33	118	207	338
	变异系数	22%	4%	24%	18%	14%
复辅音前置元音	平均值	93	57.3	370	1197	2517
	标准差	41	2.59	34	345	217
	变异系数	44%	5%	9%	29%	9%

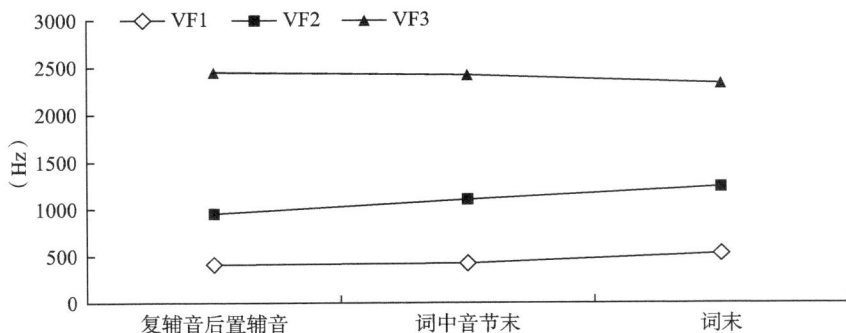

图 3.130-1　词中不同音节位置上出现的 [ŋ] 辅音第一至
第三共振峰均值比较（M）

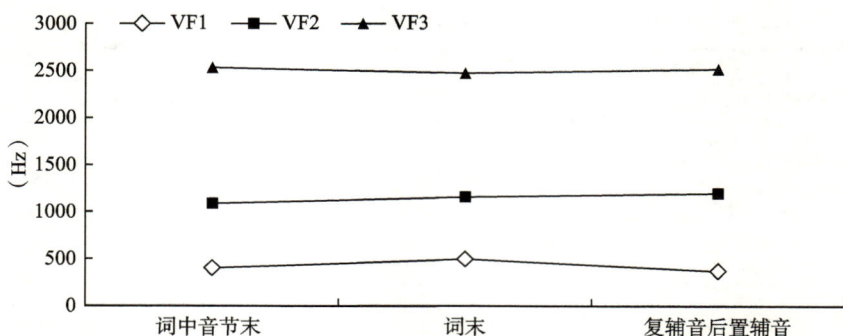

图 3.130-2　词中不同音节位置上出现的〔ŋ〕辅音第一至
第三共振峰均值比较（F）

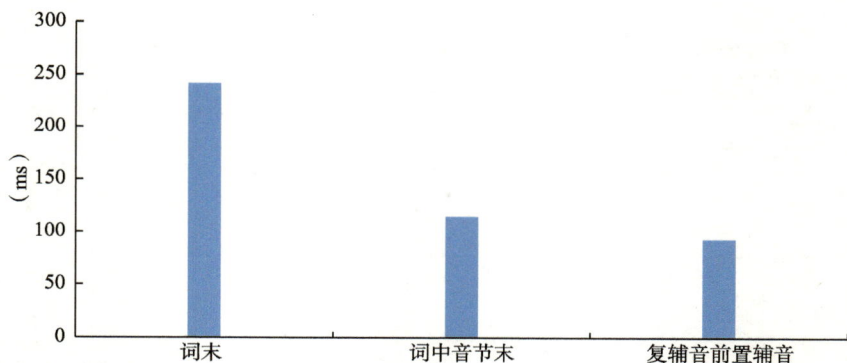

图 3.131-1　词中不同音节位置上出现的〔ŋ〕辅音音长均值比较（M）

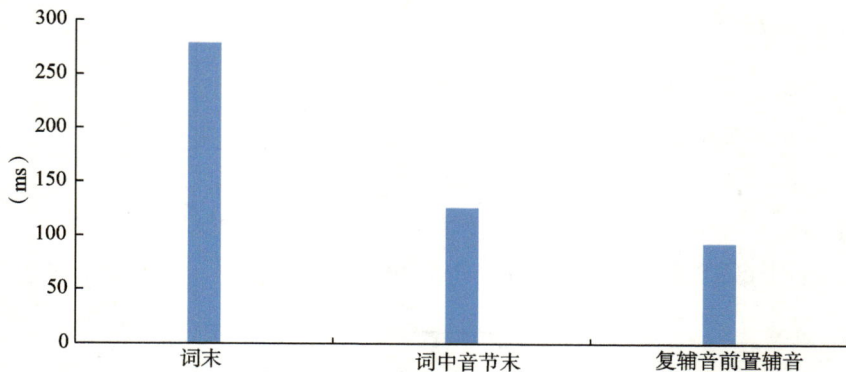

图 3.131-2　词中不同音节位置上出现的〔ŋ〕辅音音长均值比较（F）

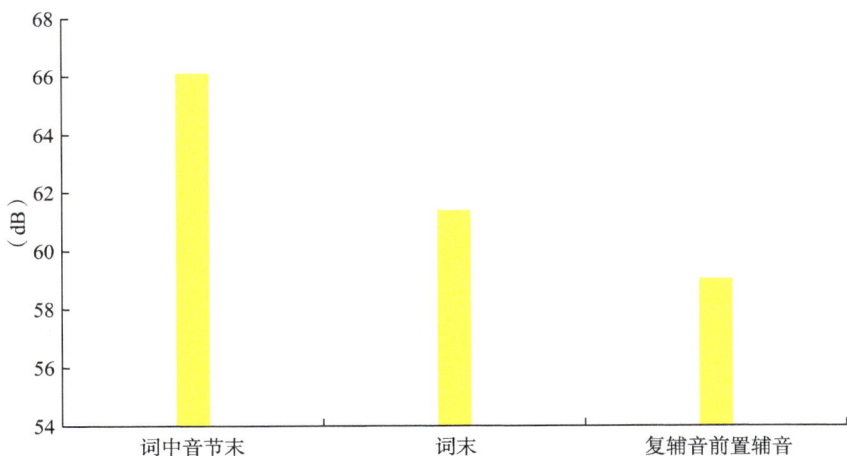

图 3.132-1　词中不同音节位置上出现的［ŋ］辅音音强均值比较（M）

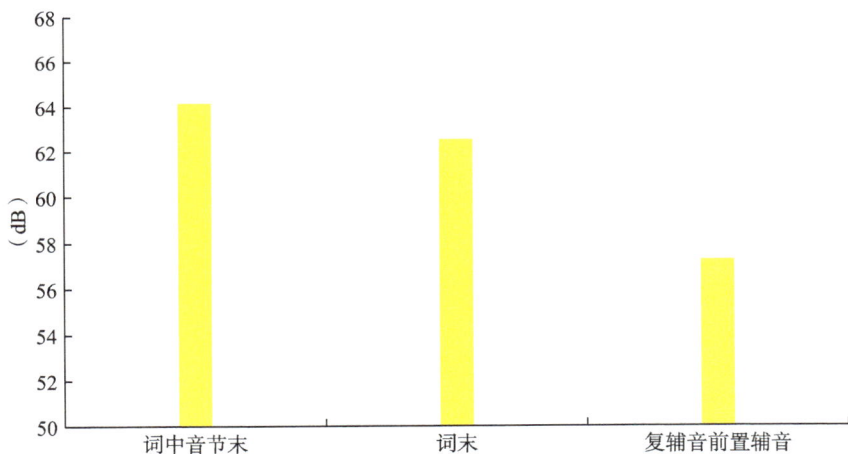

图 3.132-2　词中不同音节位置上出现的［ŋ］辅音音强均值比较（F）

八　其他辅音

本书所指的其他辅音包括边音/l/，闪音/ɾ/（有［ɾ，ʒ］等两种变体）和半元音/j/、/w/等。

（一）边音

1./l/辅音统计分析

土族语［l］辅音在"统一平台"中以单辅音形式共出现了 534 次

（M）和 519 次（F）。其中，以单辅音形式出现的位置为词首、词中音节首、词中音节末和词末。在所有 [1] 辅音中，（1）以单辅音形式在词中音节首出现的频率最高，如 M：353 次，占 66%；F：329 次，占 63%。（2）其次为以单辅音形式在词中音节末出现，如，M：95 次，占 18%；F：117 次，占 23%。（3）以单辅音形式在词首和词末出现的频率较低，分别为 M：39 次（占 7%）和 47 次（占 9%）；F：42 次（占 8%）和 31 次（占 6%）（见表 3.67）。

显然，[1] 辅音在词中主要以单辅音形式出现于词中音节，在词首、词末位置上出现的比例相对小。

表 3.67　[1] 辅音出现频率统计

词中位置	发音人	M		F	
		出现次数	百分比	出现次数	百分比
共计		534	100%	519	100%
单辅音	词首	39	7%	42	8%
	词中音节首	353	66%	329	63%
	词中音节末	95	18%	117	23%
	词末	47	9%	31	6%

2. 音质及其声学特征

2.1　[1] 辅音三维语图和语音标注

图 3.133 为男发音人 [ɐlɐ]"裤裆"一词的三维语图和三层标注实例。可以看出，土族语 [1] 辅音的声学特征为第一至第三共振峰比较清晰，是典型的边音。

2.2　[1] 辅音声学参数与音色定位

表 3.68 为 [1] 辅音声学参数统计表。图 3.134 为两位发音人 [1] 辅音第一至第三共振峰分布图。图 3.134 显示了 [1] 辅音三个共振峰的频率范围。从表 3.68 中可以看出，男、女发音人 VF1 分别为 324Hz（M）和 386Hz（F）；男发音人的 VF2 为 1415Hz，女发音人的 VF2 为 1591Hz；男发音人的 VF3 为 2737Hz，女发音人的 VF3 为 3282 Hz。显然，[1] 辅音第一共振峰比较稳定，而其第二和第三共振峰频率变化幅度较大。

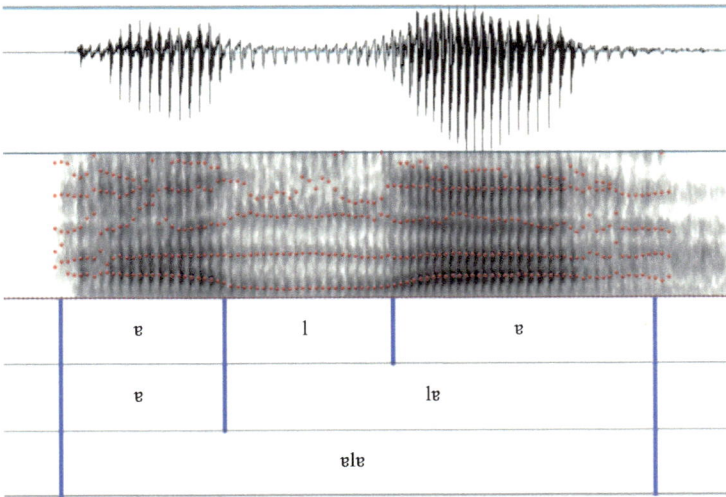

图 3.133　男发音人［ɐlɐ］"裤裆"一词的三维语图和三层标注实例

通过上述分析，我们认为土族语［1］为齿龈边音。

表 3.68　［1］辅音声学参数统计

1	M					F				
	CD	CA	VF1	VF2	VF3	CD	CA	VF1	VF2	VF3
平均值	111	61.42	324	1415	2737	104	61.79	386	1591	3282
标准差	35	5.36	45	244	257	47	4.57	93	263	395
变异系数	31%	9%	14%	17%	9%	45%	7%	34%	17%	12%

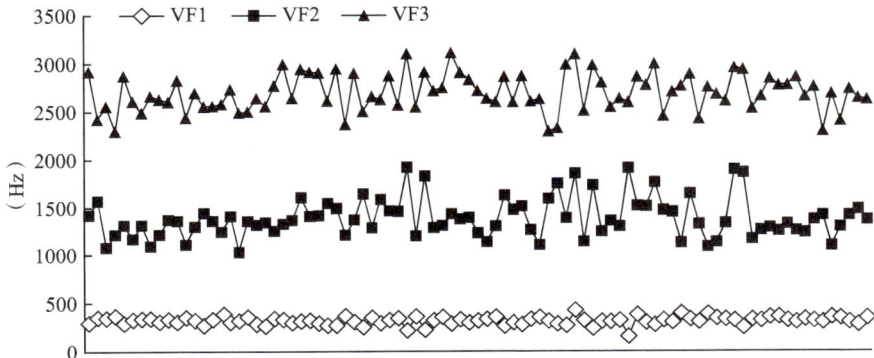

图 3.134-1　［1］辅音第一至第三共振峰分布（M）

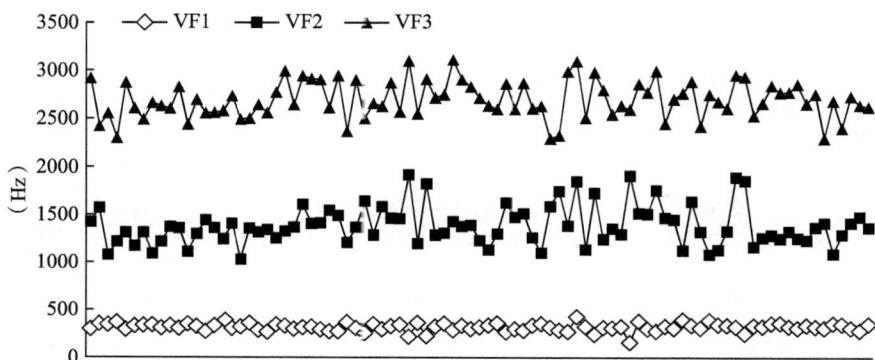

图 3.134-2　［l］辅音第一至第三共振峰分布（F）

3. 语流中的音变特征分析

3.1　［l］辅音声学参数与后置元音音质之间的相关性分析

表 3.69 为不同元音之前出现的 ［l］辅音声学参数统计，图 3.135、图 3.136 和图 3.137 分别为在 ［ɐ，e，i，o，u］等元音之前出现的 ［l］辅音第一至第三共振峰、音长和音强均值比较图。从男、女发音人的音长比较图看出，［l］辅音的音长与后置元音音质之间有一定的相关性，如，［l］辅音在高元音 ［i］之前的音长比其他元音之前的音长明显长。从共振峰和音强比较图看出，男、女发音人 ［l］辅音的共振峰和音强与其后置元音音质之间几乎没有关联性。

表 3.69　不同元音之前出现的 ［l］辅音声学参数统计

l		lɐ	le	li	lo	lu
M	CD	103	101	130	92	87
	CA	61.25	60.25	61.08	63.41	56.5
	VF1	323	272	302	324	278
	VF2	1364	1779	1446	1259	1626
	VF3	2697	3103	2723	2585	2633
F	CD	99	101	107	98	59
	CA	61.34	59.64	60.44	62.04	59
	VF1	372	337	350	376	369
	VF2	1552	1956	1579	1568	993
	VF3	3287	3290	3266	3231	2606

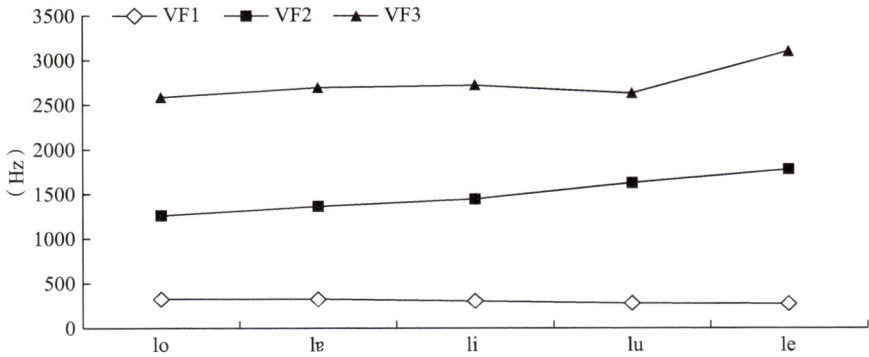

图 3.135-1　不同元音之前出现的［1］辅音第一至第三共振峰均值比较（M）

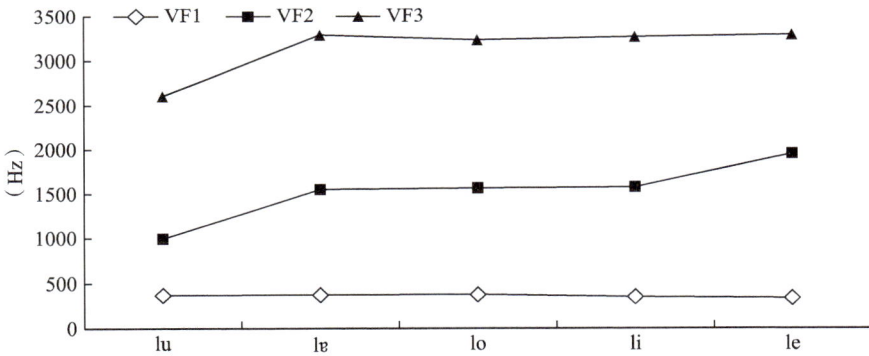

图 3.135-2　不同元音之前出现的［1］辅音第一至第三共振峰均值比较（F）

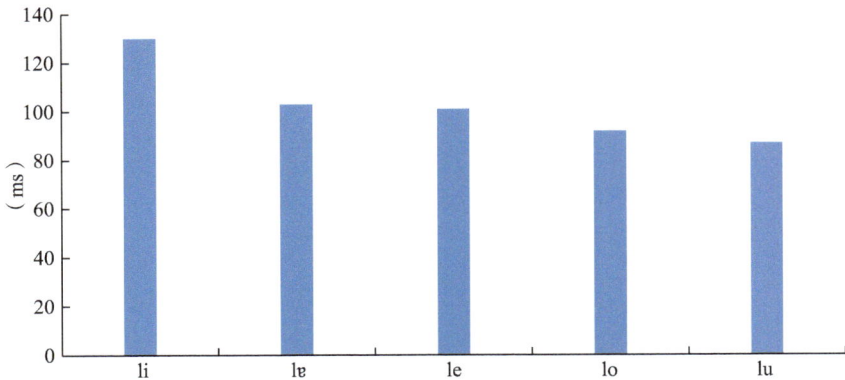

图 3.136-1　不同元音之前出现的［1］辅音音长均值比较（M）

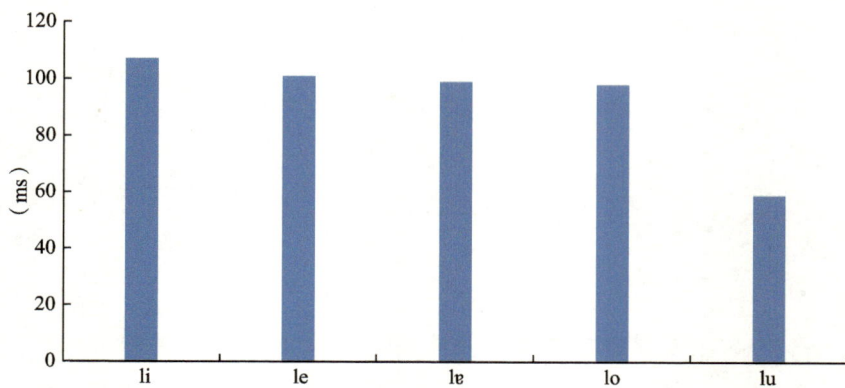

图 3.136-2　不同元音之前出现的［l］辅音音长均值比较（F）

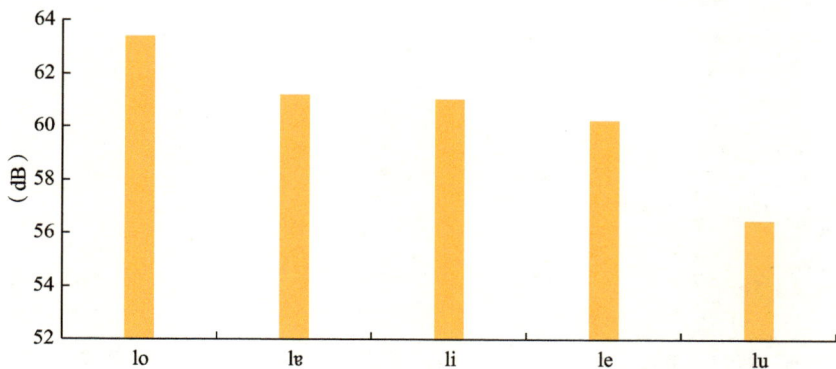

图 3.137-1　不同元音之前出现的［l］辅音音强均值比较（M）

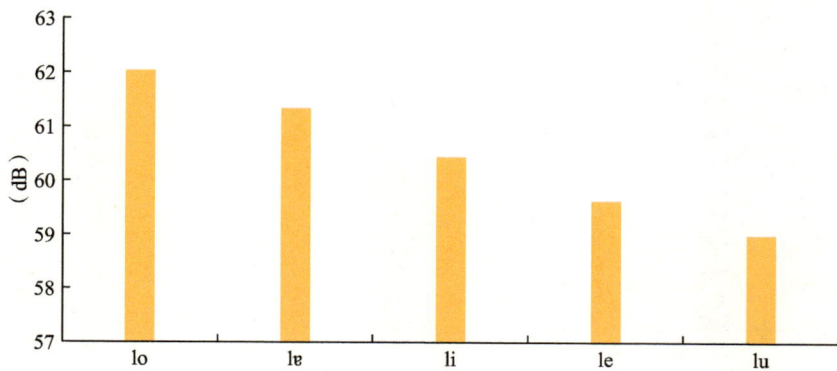

图 3.137-2　不同元音之前出现的［l］辅音音强均值比较（F）

3.2　［1］辅音声学参数与词中音节位置之间的相关性分析

表 3.70 为词中不同音节位置上出现的 ［1］辅音声学参数统计表。图 3.138、图 3.139 和图 3.140 为根据表 3.70 绘制的词中不同音节位置上出现的 ［1］辅音音长、音强和第一至第三共振峰均值比较图。上述表和图显示，［1］辅音出现在词末位置时音长最长，词首位置时音长最短。

表 3.70　**词中不同音节位置上出现的** ［1］ **辅音声学参数统计**

1		CD	CA	VF1	VF2	VF3
M	词首	76	57.26	303	1401	2731
	词中音节首	112	61.44	315	1420	2765
	词中音节末	105	63.89	355	1319	2681
	词末	149	60	357	1298	2609
F	词首	69	56.64	375	1624	3268
	词中音节首	104	61.63	371	1624	3283
	词中音节末	93	63.56	425	1489	3211
	词末	197	63.87	411	1585	3544

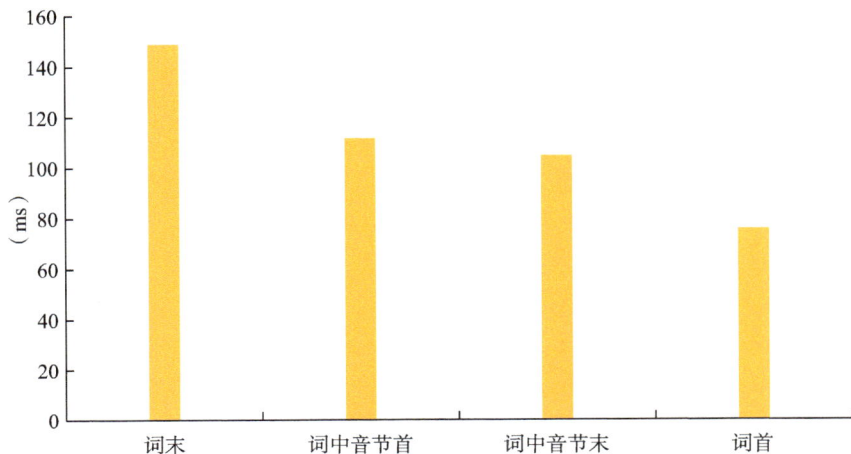

图 3.138-1　**词中不同音节位置上出现的** ［1］ **辅音音长均值比较**（M）

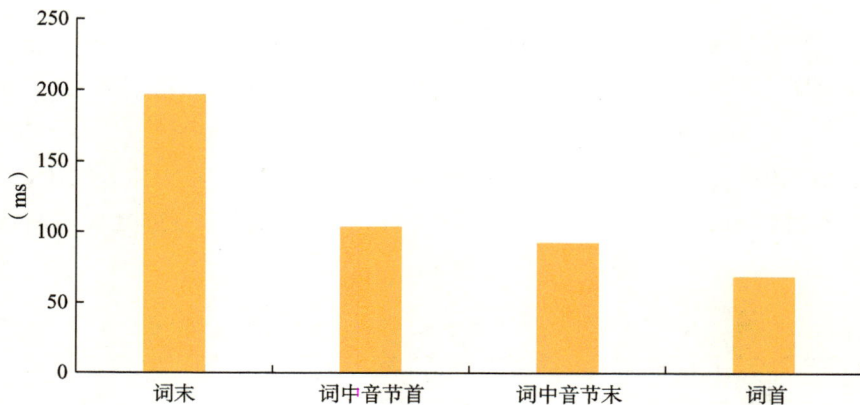

图 3.138-2　词中不同音节位置上出现的 [1] 辅音音长均值比较（F）

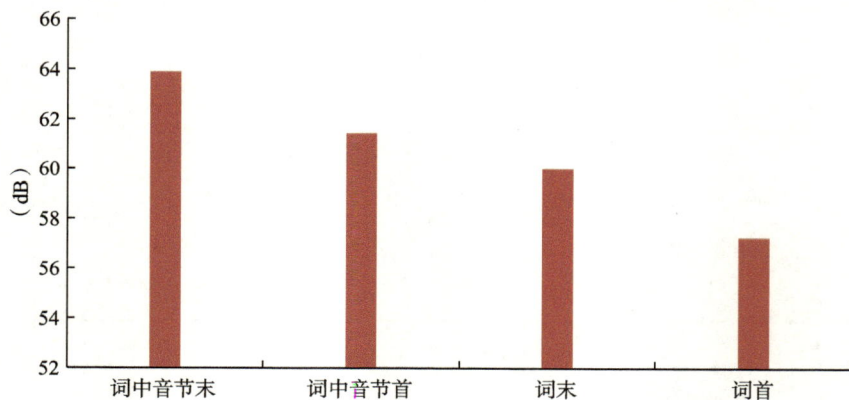

图 3.139-1　词中不同音节位置上出现的 [1] 辅音音强均值比较（M）

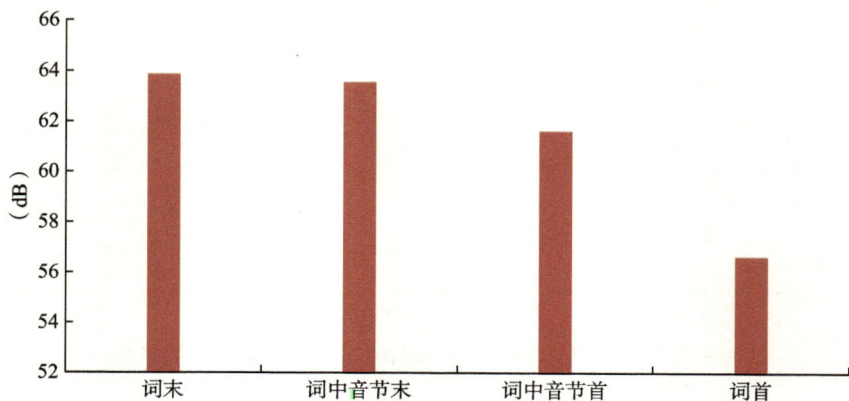

图 3.139-2　词中不同音节位置上出现的 [1] 辅音音强均值比较（F）

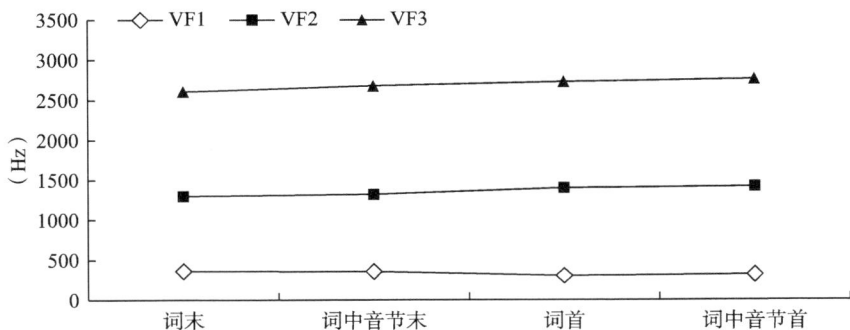

图 3.140-1　词中不同音节位置上出现的［l］辅音第一至
第三共振峰均值比较（M）

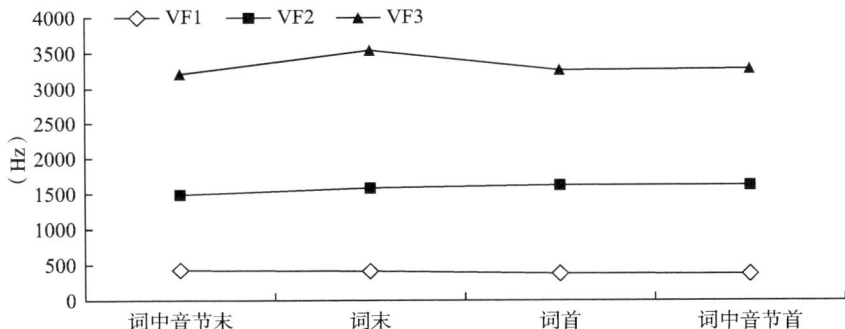

图 3.140-2　词中不同音节位置上出现的［l］辅音第一至
第三共振峰均值比较（F）

（二）闪音

土族语/r/有［ɾ］（闪音）和［ʒ］（浊擦音）等两个自由变体。

1.［ɾ］辅音

1.1　［ɾ］辅音统计分析

土族语［ɾ］辅音在"统一平台"中的出现频率较高（M：305次，F：358次）。其中，以单辅音形式出现的位置为词中音节首、词中音节末、词末；以复辅音形式出现的位置为复辅音前置辅音。在所有［ɾ］辅音中，（1）以单辅音形式在词中音节首出现的频率最高，如 M：146次（占48%），F：179次（占50%）；（2）其次为以单辅音形式在词中音节末出现的频率，如，M：92 次（占 30%）；F：100 次（占 28%）；（3）以单辅音形式在词末出现的频率位居第三，如，M：60 次（占 20%），F：68 次（占 19%）；（4）以复辅音前置辅音的形式出现的比例较少，如，M：7 次（占 2%），F：11 次（占 3%）（见表 3.71）。

表 3.71　[ɾ] 辅音出现频率统计

词中位置	发音人	M		F	
		出现次数	百分比	出现次数	百分比
共计		305	100%	358	100%
单辅音	词中音节首	146	48%	179	50%
	词中音节末	92	30%	100	28%
	词末	60	20%	68	19%
复辅音	前置辅音	7	2%	11	3%

1.2　音质及其声学特征

1.2.1　[ɾ] 辅音三维语图和语音标注

图 3.141 为男发音人 [tɐːɾɐ] "受冻" 一词的三维语图和三层标注实例。可以看出，土族语 [ɾ] 辅音的语图是 "浊音横杠+无声段+浊音横杠"，是典型的闪音语图。

1.2.2　[ɾ] 辅音声学参数与音色定位

表 3.72 为 [ɾ] 辅音声学参数统计表。图 3.142 为两位发音人 [ɾ] 辅音第一至第三共振峰分布图。图 3.142 显示了 [ɾ] 辅音第一至第三共振峰的频率范围。从表 3.72 中可以看出，男、女发音人 VF1 分别为 415Hz（M）和 501Hz（F），男发音人的 VF2 为 1488Hz，女发音人的 VF2 为 1733Hz。男发音人的 VF3 为 2441Hz，女发音人的 VF3 为 2877Hz。显然，[ɾ] 辅音第一和第二共振峰比较稳定，而其第三共振峰频率变化幅度较大。

上述分析我们认为，土族语 [ɾ] 辅音是典型的齿龈闪音。

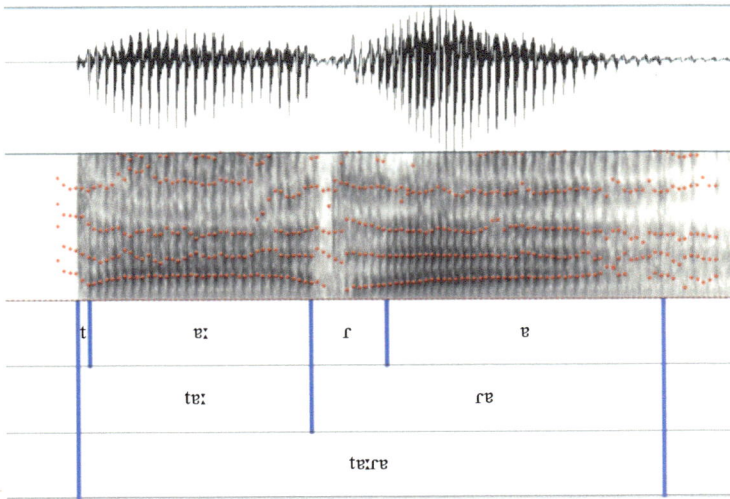

图 3.141 男发音人 ［tɛːɻɐ］ "受冻" 一词的三维语图和三层标注实例

表 3.72 ［ɻ］辅音声学参数统计

ɻ	M					F				
	CD	CA	VF1	VF2	VF3	CD	CA	VF1	VF2	VF3
平均值	97	58.31	415	1488	2441	90	61	501	1733	2877
标准差	58	5.13	53	139	208	76	5	228	241	362
变异系数	60%	9%	13%	9%	9%	84%	8%	45%	14%	13%

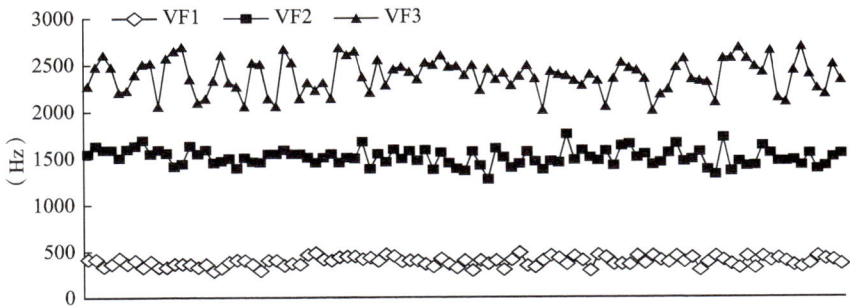

图 3.142-1 ［ɻ］辅音第一至第三共振峰分布（M）

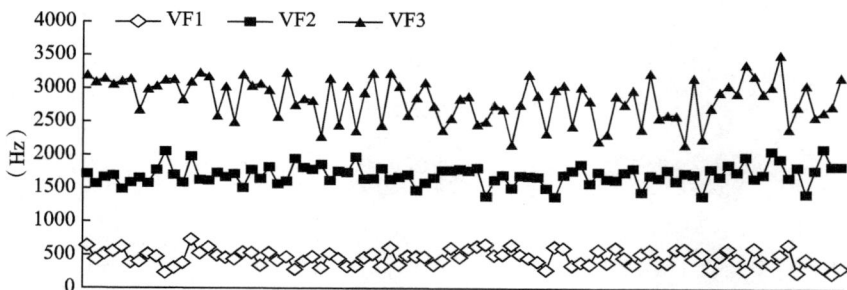

图 3.142-2　[ɾ] 辅音第一至第三共振峰分布（F）

1.3　语流中的音变特征分析

1.3.1　[ɾ] 辅音声学参数与后置元音音质之间的相关性分析

表 3.73 为不同元音之前出现的 [ɾ] 辅音声学参数统计，图 3.143～3.145 分别为在 [ɐ，e，i，o] 等元音之前出现的 [ɾ] 辅音第一至第三共振峰、音长和音强均值比较图。上述图表显示，男、女发音人 [ɾ] 辅音声学参数与其后置元音音质之间几乎没有关联性。

表 3.73　不同元音之前出现的 [ɾ] 辅音声学参数统计

ɾ		ɾɐ	ɾe	ɾi	ɾo
M	CD	66	61	70	66
	CA	58.18	55.43	57	58.18
	VF1	417	342	389	417
	VF2	1536	1554	1581	1536
	VF3	2420	2471	2570	2420
F	CD	41	64	48	65
	CA	62.5	58	59.31	57.17
	VF1	482	286	485	526
	VF2	1679	1837	1883	1775
	VF3	2679	2963	2998	2934

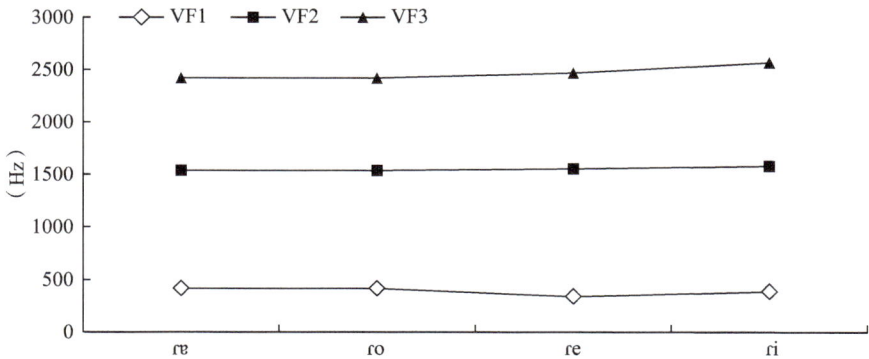

图 3.143-1　不同元音之前出现的［ɾ］辅音第一至第三共振峰均值比较（M）

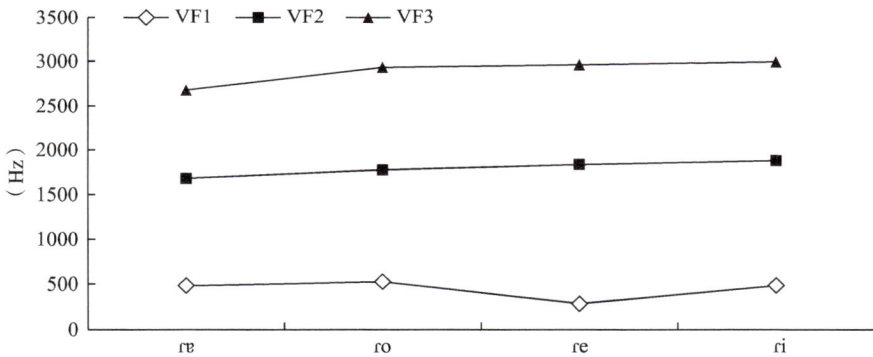

图 3.143-2　不同元音之前出现的［ɾ］辅音第一至第三共振峰均值比较（F）

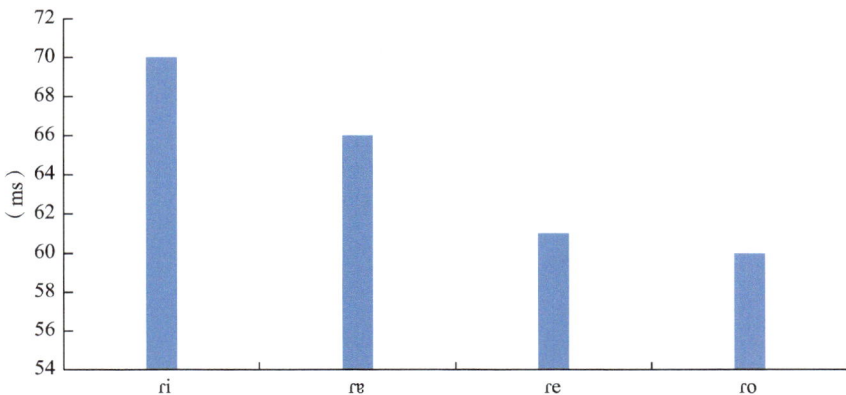

图 3.144-1　不同元音之前出现的［ɾ］辅音音长均值比较（M）

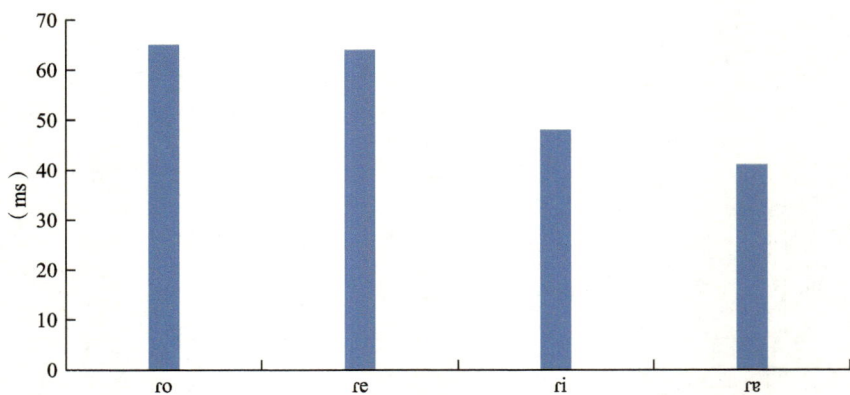

图 3.144-2　不同元音之前出现的 [ɾ] 辅音音长均值比较（F）

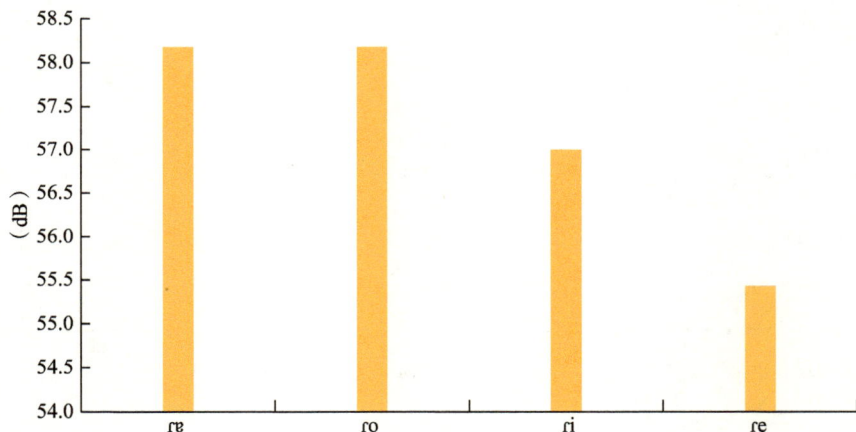

图 3.145-1　不同元音之前出现的 [ɾ] 辅音音强均值比较（M）

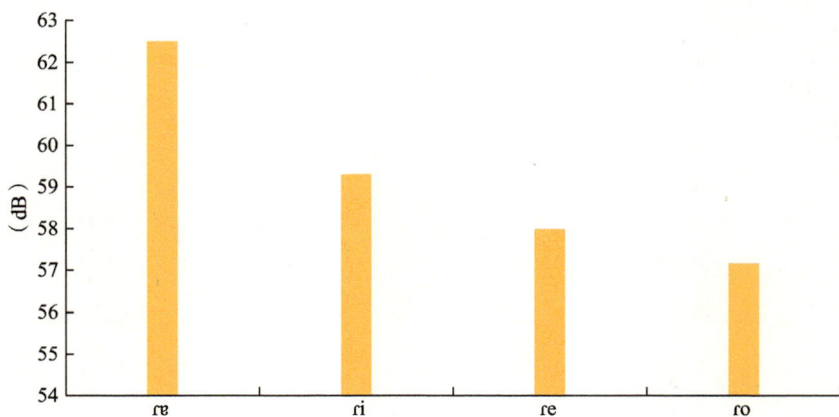

图 3.145-2　不同元音之前出现的 [ɾ] 辅音音强均值比较（F）

1.3.2　［ɾ］辅音声学参数与词中音节位置之间的相关性分析

表3.74为词中不同音节位置上出现的［ɾ］辅音声学参数统计。图3.146、图3.147和图3.148为根据表3.74绘制的词中不同音节位置上出现的［ɾ］辅音音长、音强和第一至第三共振峰均值比较图。表3.74和图3.146、图3.147、图3.148显示，［ɾ］辅音声学参数与词中音节位置之间具有一定的相关性。如，出现在词末位置时［ɾ］辅音音长最长，出现在词中音节首时音长最短；出现在复辅音前置辅音位置时［ɾ］辅音音强最弱。

表3.74　词中不同音节位置上出现的［ɾ］辅音声学参数统计

ɾ		CD	CA	VF1	VF2	VF3
M	词中音节首	70	58.07	407	1534	2483
	词中音节末	75	59.27	427	1479	2439
	词末	200	57.68	420	1401	2305
	复辅音前置辅音	97	56.43	398	1402	2439
F	词中音节首	50	60.46	495	1787	2844
	词中音节末	67	59.19	510	1696	2815
	词末	216	63.45	502	1666	3042
	复辅音前置辅音	116	58.2	449	1625	2721

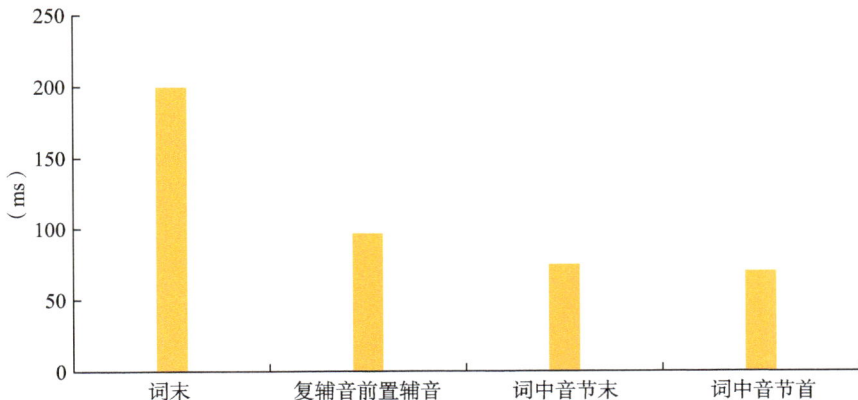

图3.146-1　词中不同音节位置上出现的［ɾ］辅音音长均值比较（M）

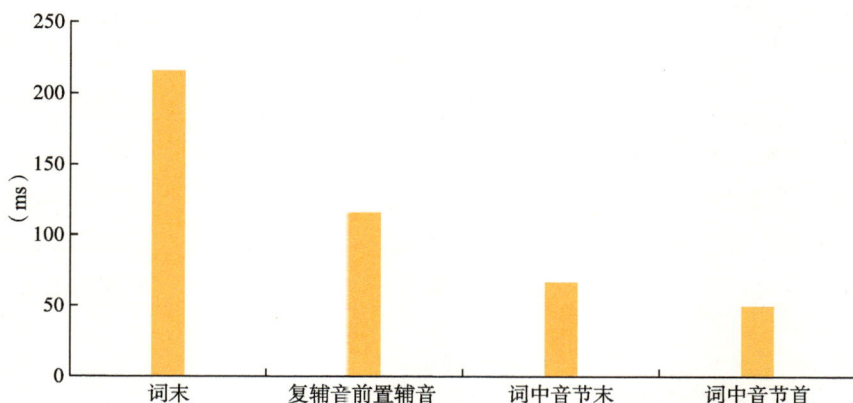

图 3.146-2　词中不同音节位置上出现的 [ɾ] 辅音音长均值比较（F）

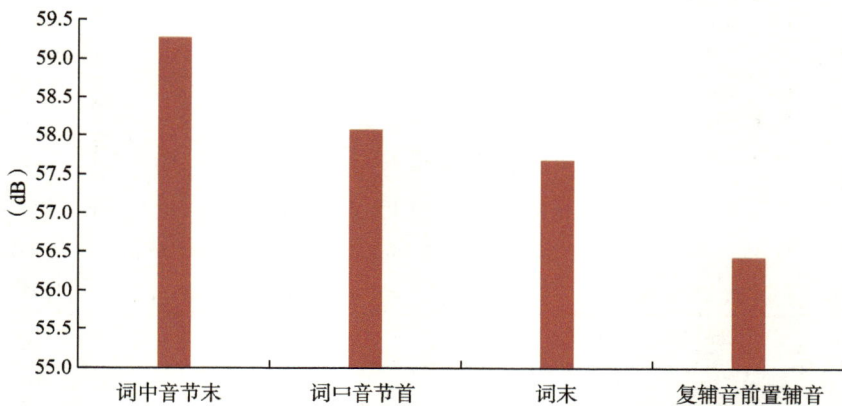

图 3.147-1　词中不同音节位置上出现的 [ɾ] 辅音音强均值比较（M）

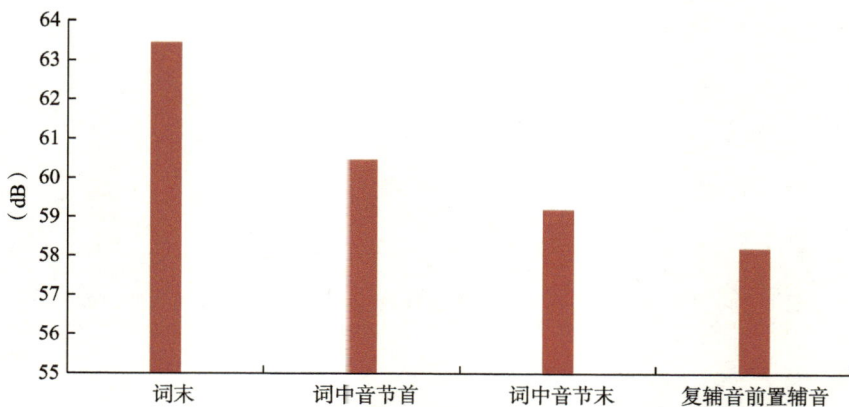

图 3.147-2　词中不同音节位置上出现的 [ɾ] 辅音音强均值比较（F）

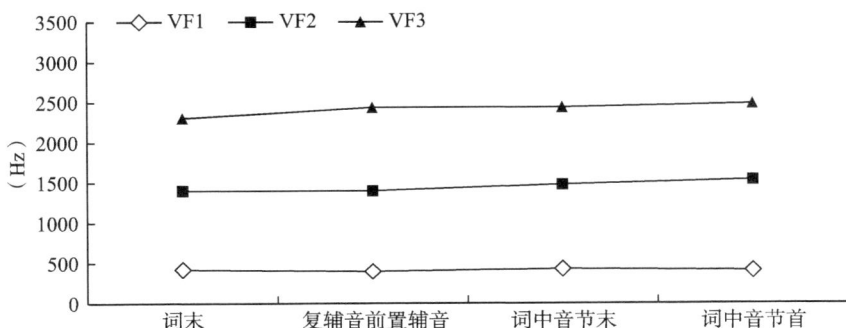

图 3.148-1　词中不同音节位置上出现的 ［ɾ］ 辅音第一至
第三共振峰均值比较 （M）

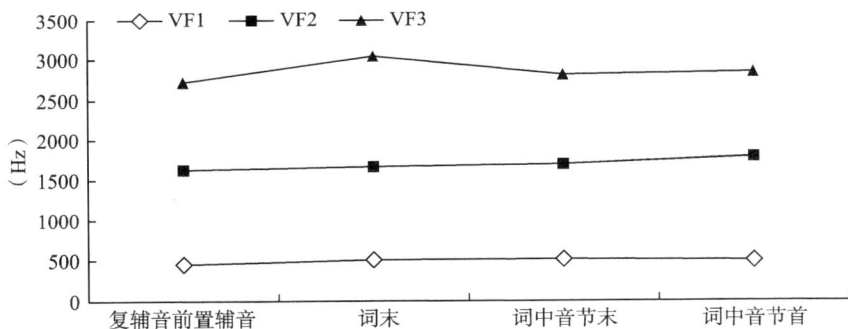

图 3.148-2　词中不同音节位置上出现的 ［ɾ］ 辅音第一至
第三共振峰均值比较 （F）

2. ［ʒ］ 辅音

2.1 ［ʒ］ 辅音统计分析

土族语 ［ʒ］ 辅音以单辅音或复辅音前置辅音形式共出现 216 次（M）和 209 次（F）。其中，以单辅音形式出现的位置为词首、词中音节首、词中音节末和词末；以复辅音形式出现的位置为复辅音前置辅音。在所有 ［ʒ］ 辅音中，（1）以单辅音形式在词中音节首出现的比例最高，如 M：102 次（占 47%），F：99 次（占 47%）；（2）以单辅音形式在词中音节末出现的比例位居第二，如，M：58 次（占 27%），F：45 次（占 32%）；（3）以单辅音形式在词首出现的比例最少，如，M：14 次（占 7%），F：12 次（占 6%）（见表 3.75）。

表 3.75　［ʒ］辅音出现频率统计

词中位置	发音人	M		F	
		出现次数（次）	百分比（%）	出现次数（次）	百分比（%）
共计		216	100	209	100
单辅音	词首	14	7	12	6
	词中音节首	102	47	99	47
	词中音节末	58	27	45	32
	词末	18	8	29	14
复辅音	前置辅音	24	11	24	11

2.2　音质及其声学特征

2.2.1　［ʒ］辅音三维语图和语音标注

图 3.149 为男发音人［mɐʒɐ］"膘"一词的三维语图和三层标注实例。从图 3.149 中可以看出，［ʒ］辅音有较清楚的共振峰模式。

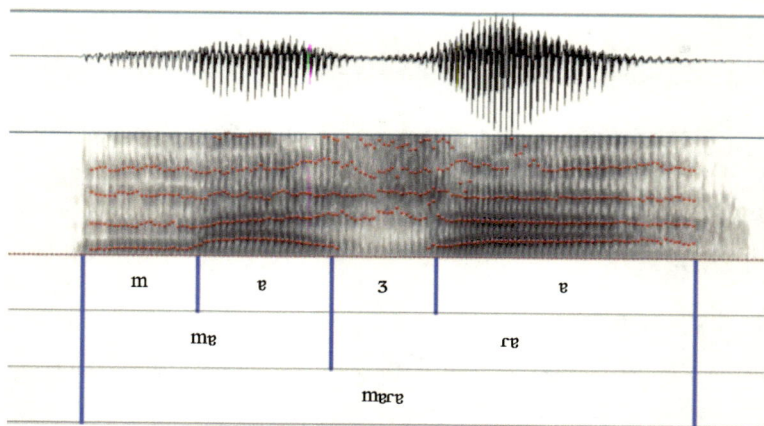

图 3.149　男发音人［mɐʒɐ］"膘"一词的三维语图和三层标注实例

2.2.2　［ʒ］辅音声学参数与音色定位

表 3.76 为［ʒ］辅音声学参数统计表。图 3.150 为两位发音人［ʒ］辅音共振峰分布图。图 3.150 显示了［ʒ］辅音第一至第三共振峰的频率范围。从表 3.76 中可以看出，M：VF1 为 385Hz，VF2 为 1515Hz，VF3 为 2400Hz；F：VF1 为 460Hz，VF2 为 1718Hz，VF3 为 2991Hz。

从上述分析我们认为，土族语［ʒ］辅音是齿龈后浊擦音。

表 3.76 ［ʒ］辅音声学参数统计

ʒ	M					F				
	CD	CA	VF1	VF2	VF3	CD	CA	VF1	VF2	VF3
平均值	102	54.83	385	1515	2400	109	57.16	460	1718	2991
标准差	44	5.37	48	131	204	55	4.69	233	246	334
变异系数	43%	10%	12%	9%	9%	50%	8%	51%	14%	11%

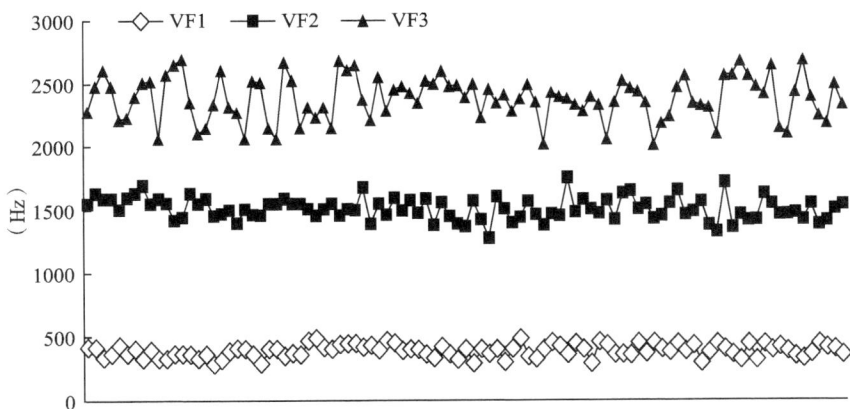

图 3.150-1 ［ʒ］辅音第一至第三共振峰分布（M）

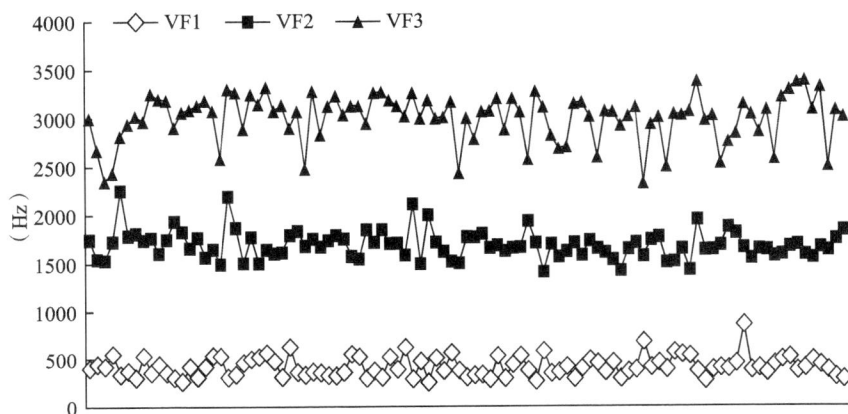

图 3.150-2 ［ʒ］辅音第一至第三共振峰分布（F）

2.3 语流中的音变特征分析

2.3.1 ［ʒ］辅音声学参数与后置元音音质之间的相关性分析

表 3.77 为不同元音之前出现的 ［ʒ］辅音声学参数统计表，图 3.151、图 3.152 和图 3.153 分别为在 ［ɐ，i，o］等元音之前 ［ʒ］辅音第一至第三共振峰、音长和音强均值比较图。从图中可以看出，［ʒ］辅音的音长、音强和三个共振峰参数与其后置元音音质之间几乎没有关联性。

表 3.77 不同元音前出现的 ［ʒ］辅音声学参数统计

ʒ		ʒɐ	ʒi	ʒo
M	CD	97	100	126
	CA	55.65	54.11	54.17
	VF1	398	374	351
	VF2	1545	1537	1448
	VF3	2365	2427	2484
F	CD	86	82	85
	CA	55.74	56	58.33
	VF1	395	477	432
	VF2	1761	1867	1621
	VF3	3092	3198	2754

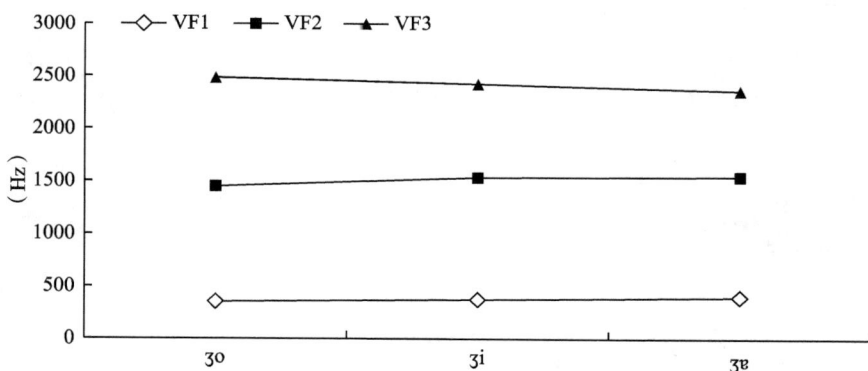

图 3.151-1 不同元音之前出现的 ［ʒ］辅音第一至第三共振峰均值比较（M）

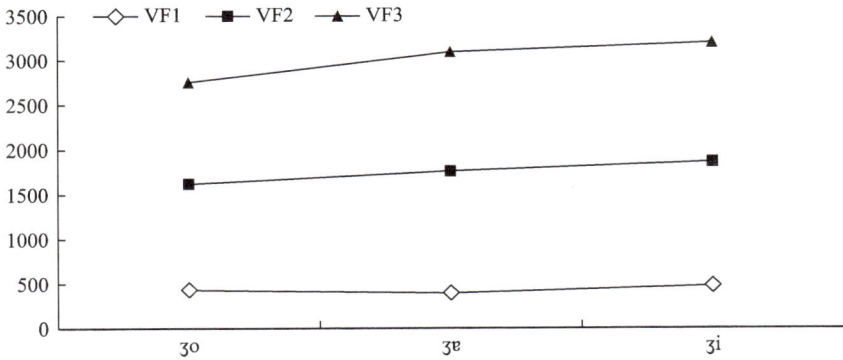

图 3.151-2　不同元音之前出现的［ʒ］辅音第一至第三共振峰均值比较（F）

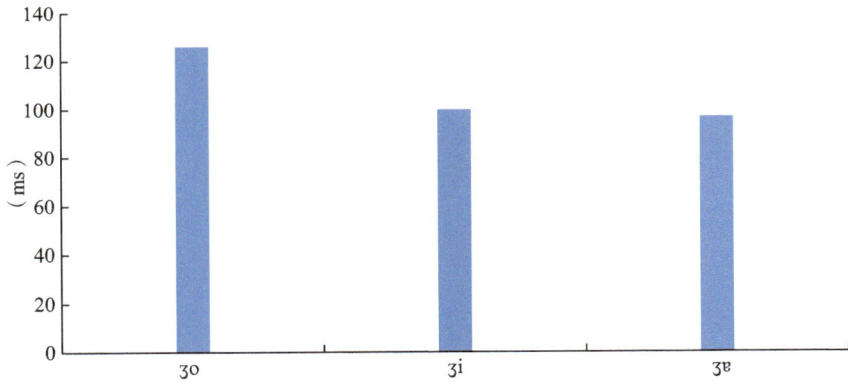

图 3.152-1　不同元音之前出现的［ʒ］辅音音长均值比较（M）

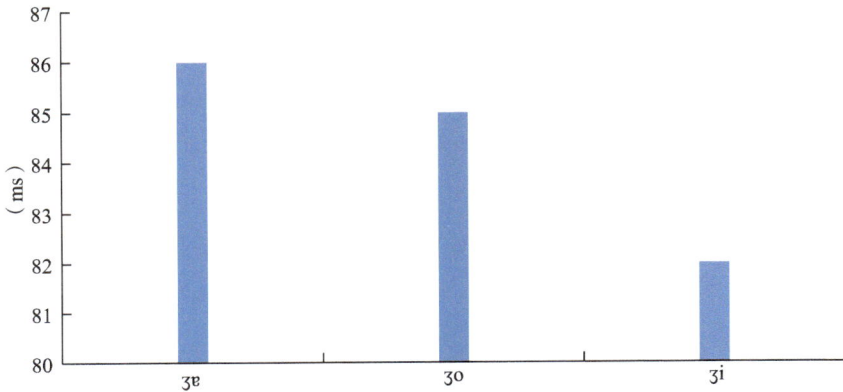

图 3.152-2　不同元音之前出现的［ʒ］辅音音长均值比较（F）

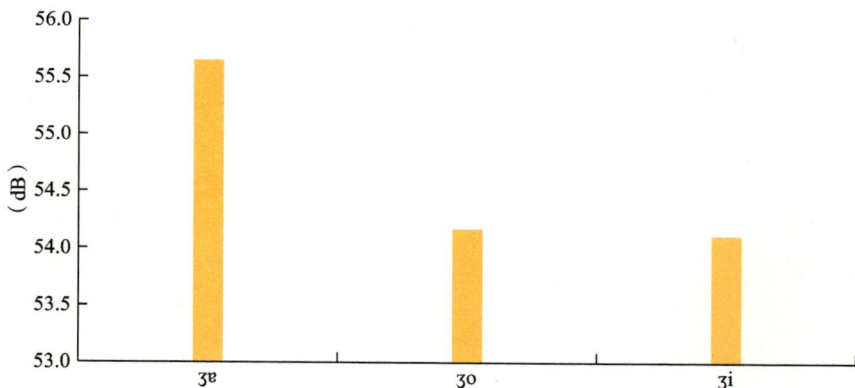

图 3.153-1　不同元音之前出现的［ʒ］辅音音强均值比较（M）

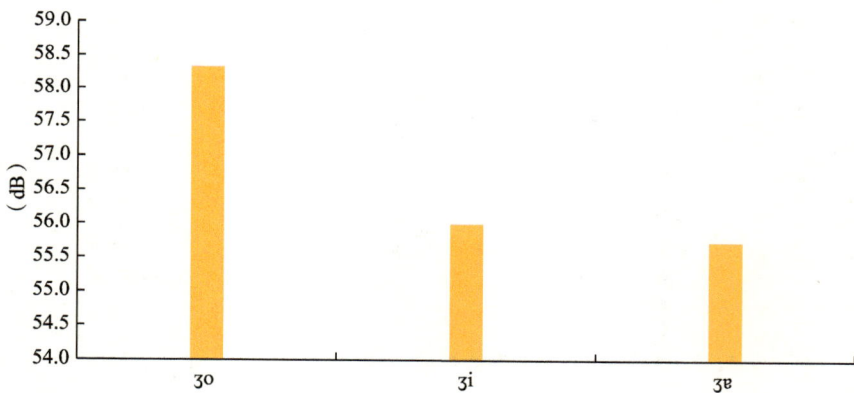

图 3.153-2　不同元音之前出现的［ʒ］辅音音强均值比较（F）

2.3.2　［ʒ］辅音声学参数与词中音节位置之间的相关性分析

表 3.78 为词中不同音节位置上出现的［ʒ］辅音声学参数统计表。图 3.154、图 3.155 和图 3.156 为根据表 3.78 绘制的词中不同音节位置上出现的［ʒ］辅音的音长、音强和共振峰均值比较图。上述表和图显示，［ʒ］辅音出现在词末位置时音长最长。词中音节位置与该辅音音强和共振峰参数之间几乎没有关联性。

表 3.78　词中不同位置上出现的 ［ʒ］辅音声学参数统计

ʒ		CD	CA	VF1	VF2	VF3
M	词首	90	53.93	394	1522	2408
	词中音节首	110	54.95	374	1526	2412
	词中音节末	74	55.71	401	1478	2403
	词末	174	53.39	438	1454	2307
	复辅音前置辅音	91	55.93	397	1487	2323
F	词首	89	53.41	390	1785	2897
	词中音节首	87	56.99	473	1779	3079
	词中音节末	108	57.59	450	1683	2970
	词末	175	58.24	502	1623	3112
	复辅音前置辅音	110	57.17	429	1700	2679

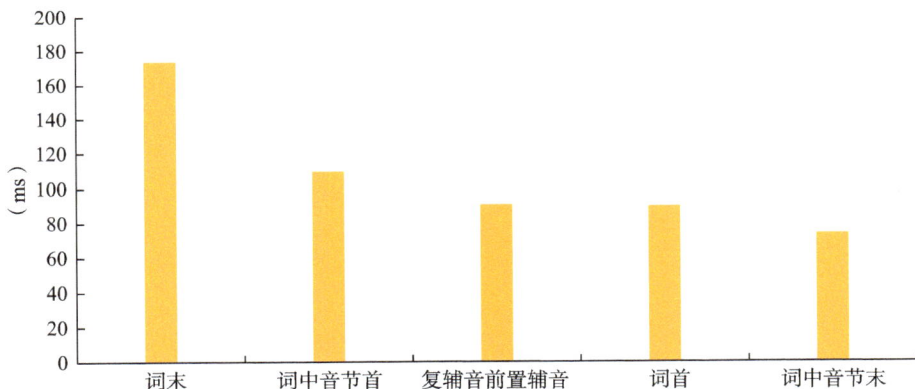

图 3.154-1　词中不同音节位置上出现的 ［ʒ］辅音音长均值比较（M）

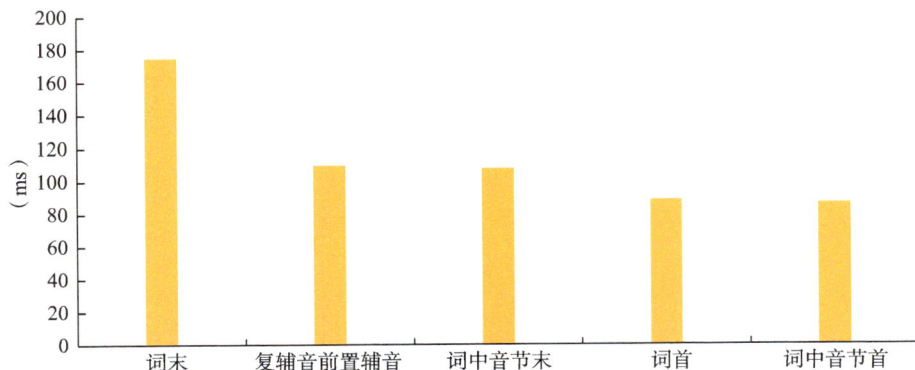

图 3.154-2　词中不同音节位置上出现的 ［ʒ］辅音音长均值比较（F）

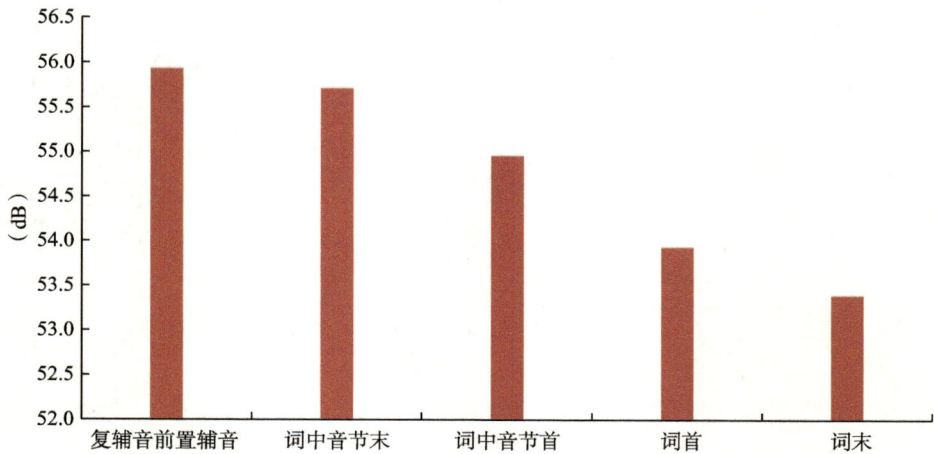

图 3.155-1　词中不同音节位置上出现的［ʒ］辅音音强均值比较（M）

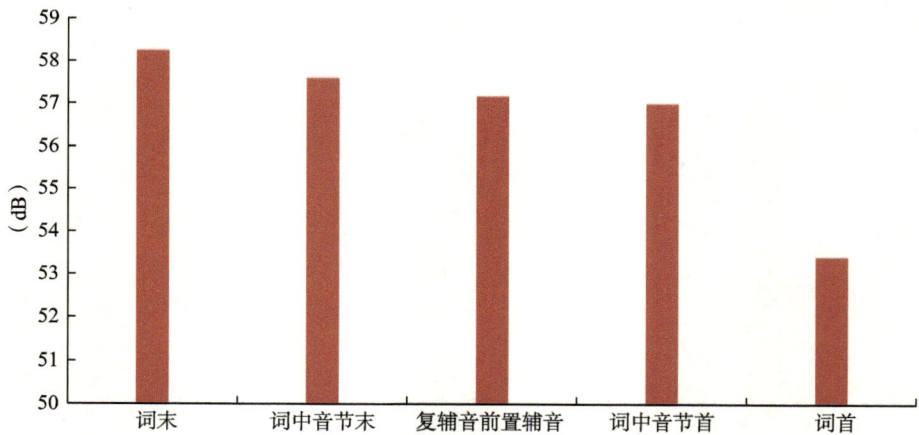

图 3.155-2　词中不同音节位置上出现的［ʒ］辅音音强均值比较（F）

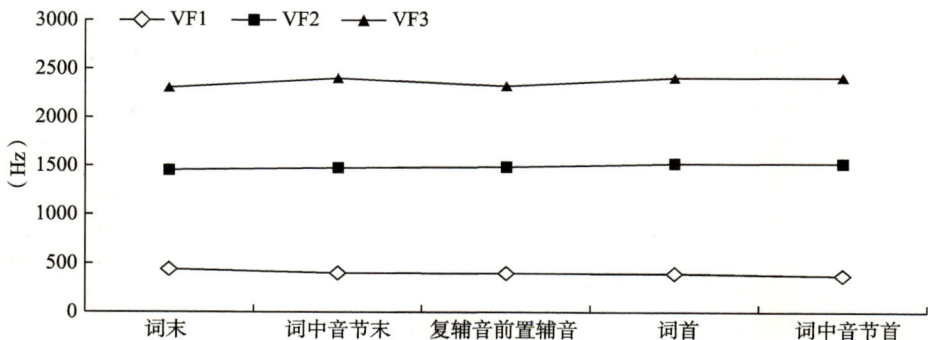

图 3.156-1　词中不同音节位置上出现的［ʒ］辅音第一至第三共振峰均值比较（M）

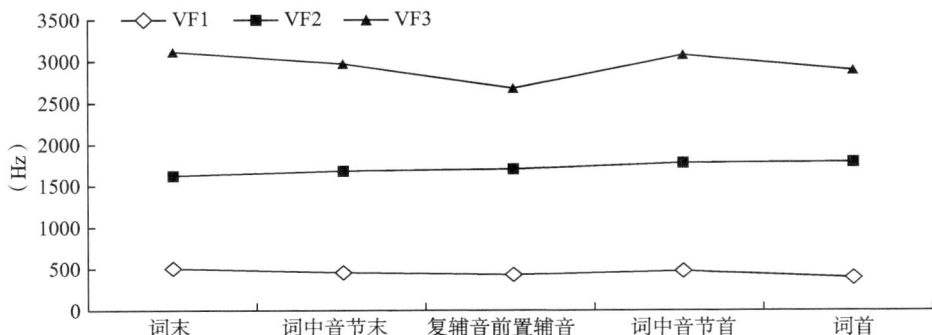

图 3.156-2　词中不同音节位置上出现的 ［ʒ］ 辅音第一至第三共振峰均值比较 （F）

（三） 半元音

1. /w/辅音

1.1　［w］辅音统计分析

表 3.79 为 ［w］ 辅音在 "统一平台" 中出现频率统计。在 "统一平台" 中 ［w］ 主要以单辅音形式在词首和词中音节首 ［ɐ］ 元音前出现，共出现了 38 次 （M） 和 41 次 （F）。在 M 的 38 次 ［w］ 中，14 次出现在词首位置，24 次出现在词中音节首位置；在 F 的 41 次 ［w］ 中，16 次出现在词首位置，25 次出现在词中音节首位置 （见表 3.79）。

表 3.79　［w］辅音出现频率统计

发音人 词中位置	M		F	
	出现次数 （次）	百分比 （%）	出现次数 （次）	百分比 （%）
共计	38	100	41	100
词首	14	37	16	39
词中音节首	24	63	25	61

1.2　音质及其声学特征

1.2.1　［w］辅音三维语图和语音标注

图 3.157 为男发音人 ［xɐɻwɐɻ］ "十" 一词的三维语图和三层标注实例。可以看出，土族语 ［w］ 辅音的语图有与 ［u］ 元音相似的共振峰模式。

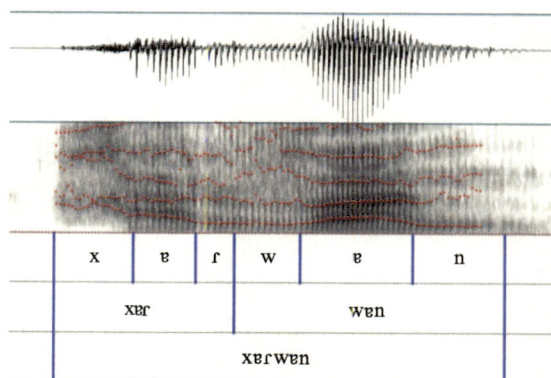

图 3.157　男发音人〔xɐrwən〕"十"一词的三维语图和三层标注实例

1.2.2　〔w〕辅音声学参数与音色定位

表 3.80 为两位发音人〔w〕辅音声学参数统计表。图 3.158 为两位发音人〔w〕辅音共振峰分布图。该图 4.150 显示了〔w〕辅音第一至第三共振峰的频率范围。从表 3.80 可以看出，男发音人 VF1 为 410Hz，VF2 为 1138Hz，VF3 为 2447Hz；女发音人的 VF1 为 432Hz，VF2 为 1401Hz，VF3 为 2817Hz。

从上述分析我们认为，土族语〔w〕辅音是双唇半元音。

表 3.80　〔w〕辅音声学参数统计

w	M					F				
	CD	CA	VF1	VF2	VF3	CD	CA	VF1	VF2	VF3
平均值	99	61.5	410	1138	2447	74	56.95	432	1401	2817
标准差	34	3.91	46	205	150	24	4.91	93	210	322
变异系数	34%	6%	11%	18%	6%	32%	9%	22%	15%	11%

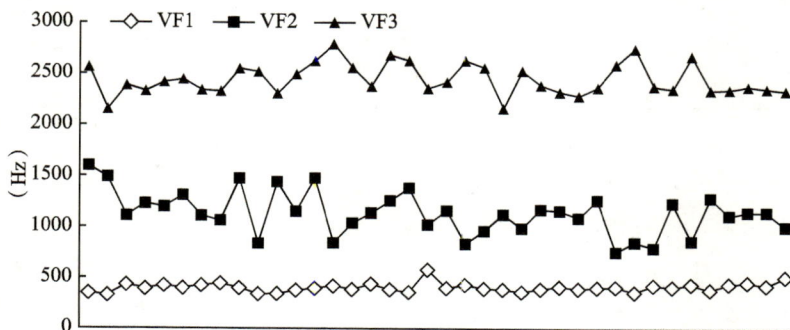

图 3.158-1　〔w〕辅音第一至第三共振峰分布（M）

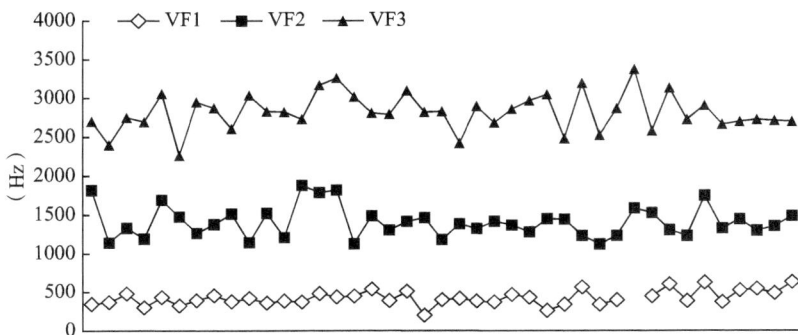

图 3.158-2　[w] **辅音第一至第三共振峰分布**（F）

1.3　语流中的音变特征分析

1.3.1　[w] 辅音声学参数与词中音节位置之间的相关性分析

表 3.81 为词中不同音节位置上出现的 [w] 辅音声学参数统计。从表 3.81 可以看出，出现位置对该辅音的声学参数有影响。男、女发音人词中音节首位置上出现的 [w] 辅音第一、第二共振峰比词首位置的相对高，音长和音强明显长且强。

表 3.81　词中不同音节位置上出现的 [w] 辅音声学参数统计（M&F）

w		CD	CA	VF1	VF2	VF3
M	词首	94	59.71	384	1100	2514
	词中音节首	103	63.04	415	1118	2408
F	词首	66	55.8	394	1332	2851
	词中音节首	79	57.68	457	1446	2795

2. /j/辅音

2.1　[j] 辅音统计分析

土族语 [j] 辅音在"统一平台"中以单辅音形式共出现了 62 次（M）和 56 次（F）。M 的 62 次 [j] 中，41 次出现在词首位置，其余 21 次出现在词中音节首；F 的 56 次/j/中，39 次出现在词首位置，其余 17 次出现在词中音节首。从整体上看，70% 的 [j] 辅音是在词首出现的，30% 的 [j] 是在词中音节首出现的。该辅音没有出现在词末位置（见表 3.82）。

表 3.82   /j/辅音出现频率统计

发音人 词中位置	M		F	
	出现次数	百分比	出现次数	百分比
共计	62	100%	56	100%
词首	41	66%	39	70%
词中音节首	21	34%	17	30%

2.2 音质及其声学特征

2.2.1 [j] 辅音三维语图和语音标注

图 3.159 为男发音人 [jɛsə]"骨头"一词的三维语图和三层标注实例。可以看出，[j] 辅音有与 [i] 元音相似的共振峰模式。

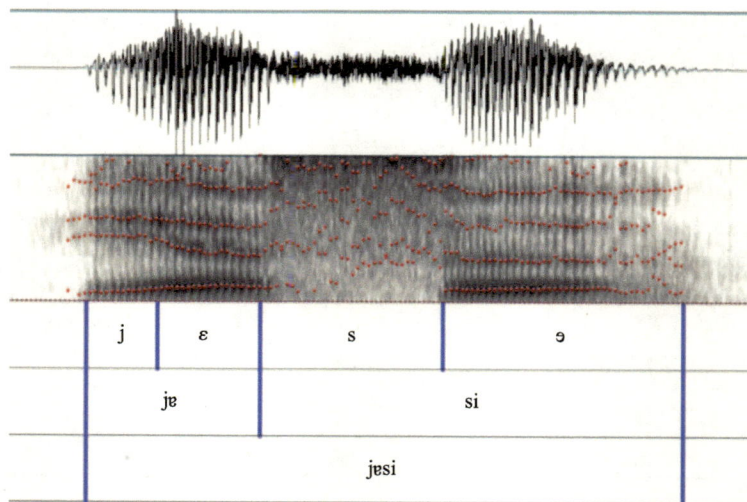

图 3.159　男发音人 [jɛsə]"骨头"一词的三维语图和三层标注实例

2.2.2 [j] 辅音声学参数与音色定位

表 3.83 为两位发音人 [j] 辅音声学参数统计表。图 3.160 为两位发音人 [j] 辅音共振峰分布图。表 3.83 和图 3.160 显示 [j] 辅音第一至第三共振峰的频率范围，男发音人 VF1 围绕 300Hz 在 250~500Hz 之间浮动；VF2 围绕 2000Hz 在 1700~2200Hz 之间浮动；VF3 离散较大，围绕 2300Hz 在 2100~3000Hz 之间浮动。女发音人 VF1 围绕 350Hz 在 250~500Hz 之间浮动；VF2 围绕 2400Hz 在 1800~2600Hz 之间浮动；VF3 围绕

3000Hz 在 2700~3500Hz 之间浮动。

从上述分析我们认为，土族语 [j] 辅音是硬腭半元音。

表 3.83　[j] 辅音声学参数统计

j	M					F				
	CD	CA	VF1	VF2	VF3	CD	CA	VF1	VF2	VF3
平均值	103	59.94	300	2093	2272	88	60.25	344	2411	3224
标准差	41	3.78	31	115	145	28	3.55	31	197	348
变异系数	40%	6%	10%	5%	5%	32%	6%	9%	8%	11%

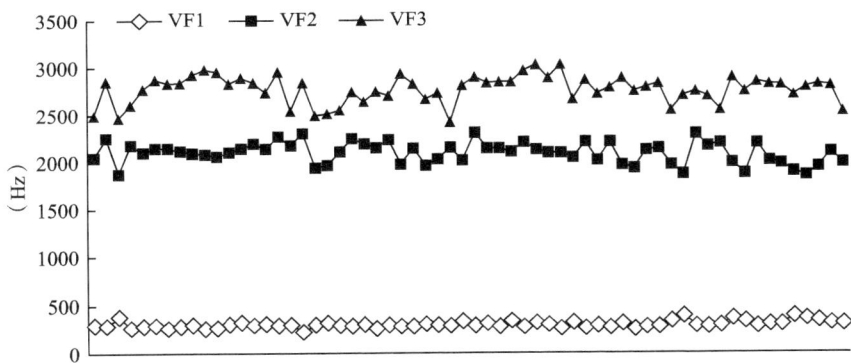

图 3.160-1　[j] 辅音第一至第三共振峰分布（M）

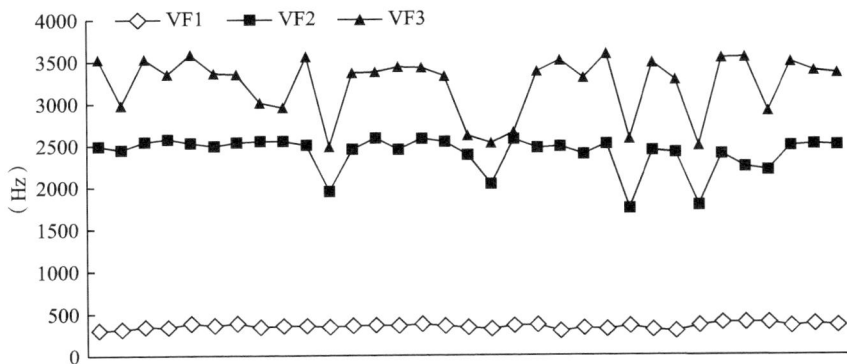

图 3.160-2　[j] 辅音第一至第三共振峰分布（F）

2.3　语流中的音变特征分析

2.3.1　[j] 辅音声学参数与后置元音音质之间的相关性分析

表 3.84 为不同元音之前出现的 [j] 辅音声学参数统计表。图 3.161、图 3.162 和图 3.163 为不同元音之前出现的 [j] 辅音的共振峰、音长和音强均值比较图。从表 3.84 和图 3.161、图 3.162、图 3.163 中可以看出，在不同元音之前出现的 [j] 辅音的第一共振峰频率差异不明显；在 [i，e] 等前高元音之前出现的 [j] 辅音的 VF2 相对较高，音长也相对较长；在 [o] 元音之前出现的 [j] 的 VF2 相对较低；[j] 辅音在 [i]、[ɛ] 之前出现时音强相对较强，[e] 之前出现的音强最弱。

表 3.84-1　不同元音之前出现的 [j] 辅音声学参数统计 （M）

条件	参数	CD	CA	VF1	VF2	VF3
je	平均值	80	60.83	305	2089	2779
	标准差	22	4.88	34	106	115
	变异系数	27%	8%	11%	5%	4%
je	平均值	100	57.67	273	2158	2834
	标准差	28	0.94	7	37	32
	变异系数	28%	2%	2%	2%	1%
ji	平均值	145	59.4	291	2095	2919
	标准差	36	3	38	113	61
	变异系数	25%	5%	13%	5%	2%
jo	平均值	68	58.83	309	1974	2579
	标准差	37	1.86	15	24	86
	变异系数	54%	3%	5%	1%	3%

表 3.84-2　不同元音之前出现的 [j] 辅音声学参数统计 （F）

条件	参数	CD	CA	VF1	VF2	VF3
jɛ	平均值	65	61.43	360	2389	3366
	标准差	12	2.77	39	158	302
	变异系数	18%	5%	11%	7%	9%

续表

条件 ＼ 参数		CD	CA	VF1	VF2	VF3
je	平均值	98	58. 42	339	2508	3261
	标准差	29	2. 1	27	64	246
	变异系数	30%	4%	8%	3%	8%
ji	平均值	99	60. 7	357	2424	3335
	标准差	34	3. 58	13	219	329
	变异系数	34%	6%	4%	10%	10%
jo	平均值	85	60. 67	333	2053	2570
	标准差	21	0. 94	13	261	36
	变异系数	25%	2%	4%	13%	1%

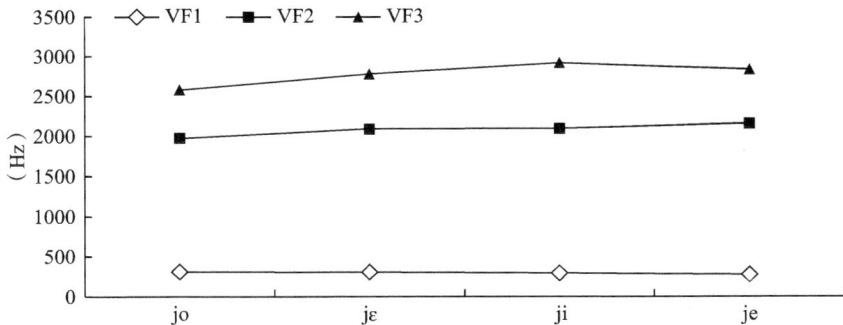

图 3.161-1　不同元音之前出现的［j］辅音第一至第三共振峰均值比较（M）

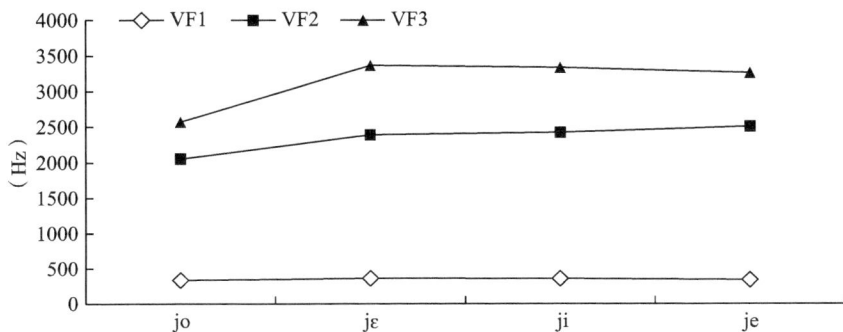

图 3.161-2　不同元音之前出现的［j］辅音第一至第三共振峰均值比较（F）

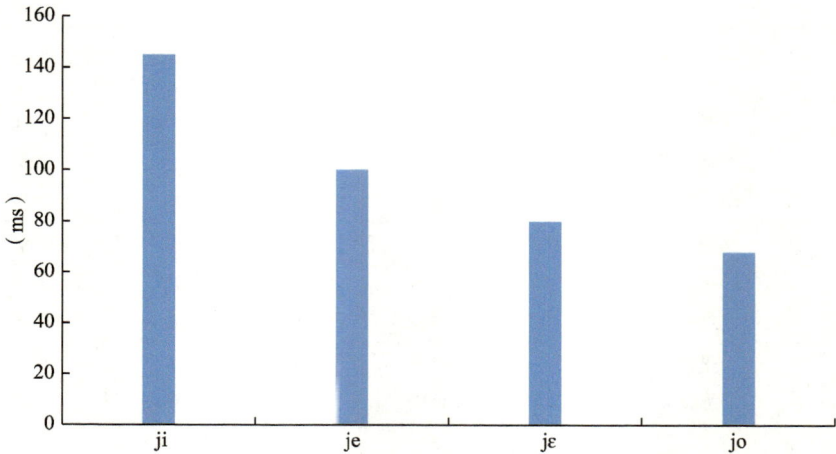

图 3.162-1　不同元音之前出现的［j］辅音音长均值比较（M）

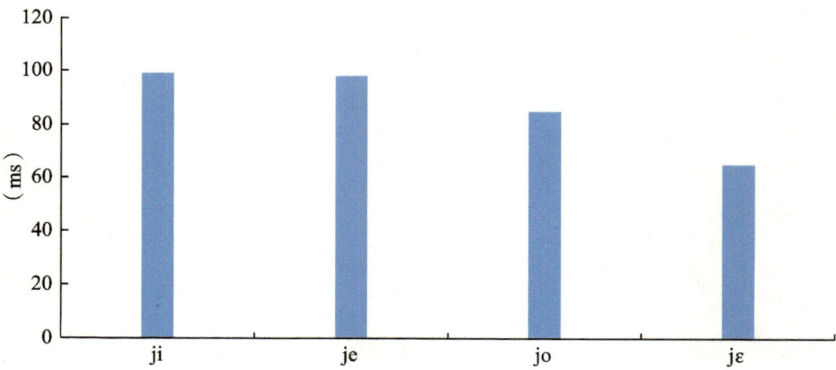

图 3.162-2　不同元音之前出现的［j］辅音音长均值比较（F）

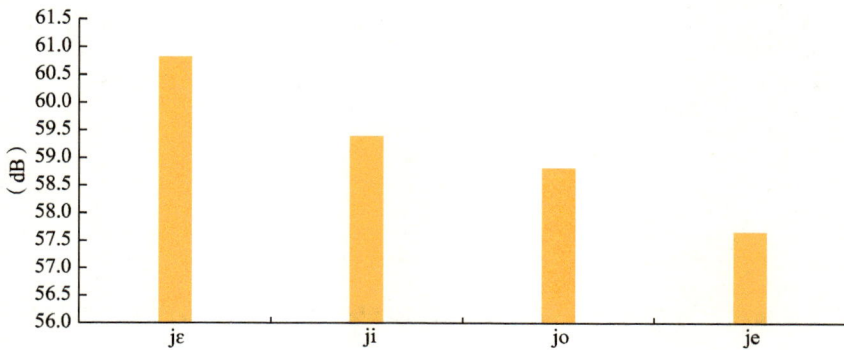

图 3.163-1　不同元音之前出现的［j］辅音音强均值比较（M）

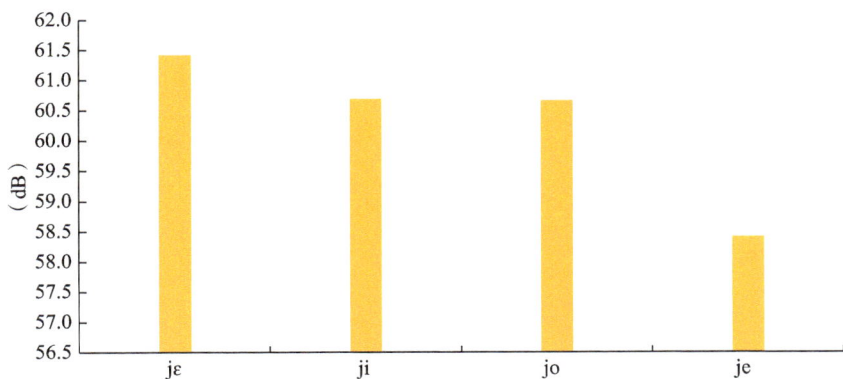

图 3.163-2　不同元音之前出现的 [j] 辅音音强均值比较（F）

2.3.2　[j] 辅音声学参数与词中音节位置之间的相关性分析

表 3.85 为词中不同音节位置上出现的 [j] 辅音声学参数统计。图 3.164、图 3.165 和图 3.166 为词中不同音节位置上出现的 [j] 辅音的共振峰、音长、音强均值比较图。从表 3.85 和图 3.164、图 3.165、图 3.166 中可以看出，词首位置上出现的 [j] 辅音的第二、第三共振峰频率比词中音节首位置上的第二、第三共振峰频率相对高。音长和音强方面的分布模式相同，词中音节首位置的 [j] 辅音音长和音强比词首位置长且强。

表 3.85-1　词中不同音节位置上出现的 [j] 辅音声学参数统计（M）

统计	参数	CD	CA	VF1	VF2	VF3
词首	平均值	93	58.46	296	2110	2766
	标准差	35	1.89	20	105	129
	变异系数	38%	3%	7%	5%	5%
词中音节首	平均值	124	62.9	307	2059	2783
	标准差	44	4.67	45	125	171
	变异系数	36%	7%	15%	6%	6%

表 3.85-2　词中不同音节位置上出现的［j］辅音声学参数统计（F）

统计	参数	CD	CA	VF1	VF2	VF3
词首	平均值	85	58.62	341	2424	3299
	标准差	27	2.31	32	149	313
	变异系数	32%	4%	10%	6%	9%
词中音节首	平均值	93	64	349	2383	3091
	标准差	30	3.03	26	269	366
	变异系数	33%	4%	7%	11%	11%

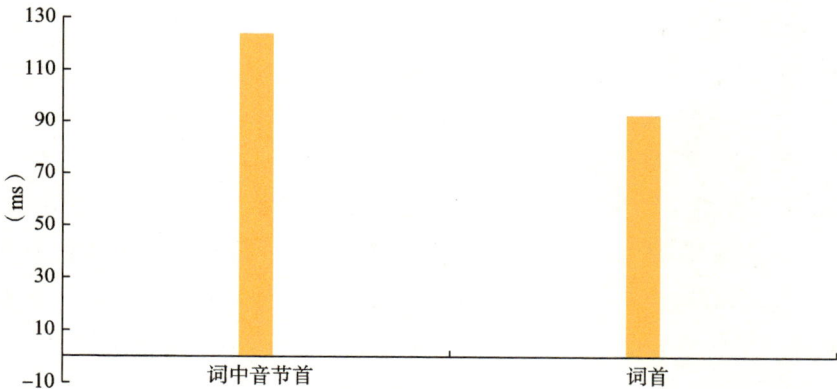

图 3.164-1　词中不同音节位置上出现的［j］辅音音长均值比较（M）

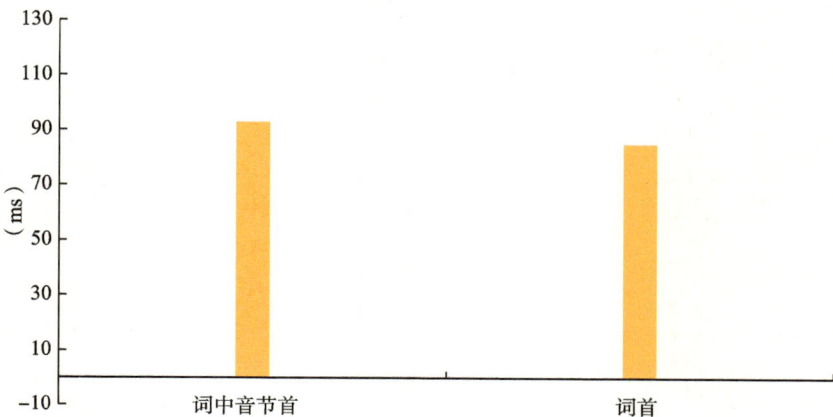

图 3.164-2　词中不同音节位置上出现的［j］辅音音长均值比较（F）

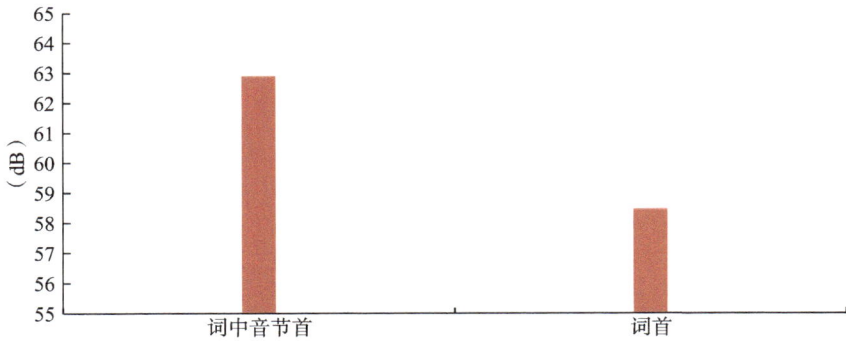

图 3.165-1　词中不同音节位置上出现的 [j] 辅音音强均值比较（M）

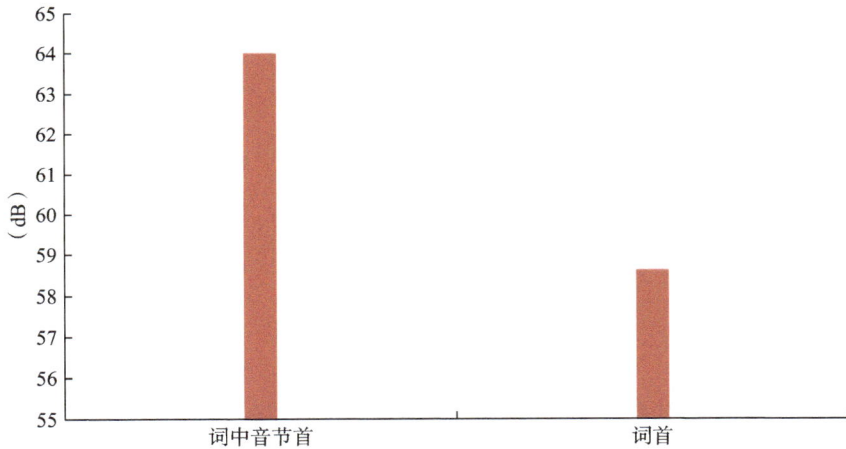

图 3.165-2　词中不同音节位置上出现的 [j] 辅音音强均值比较（F）

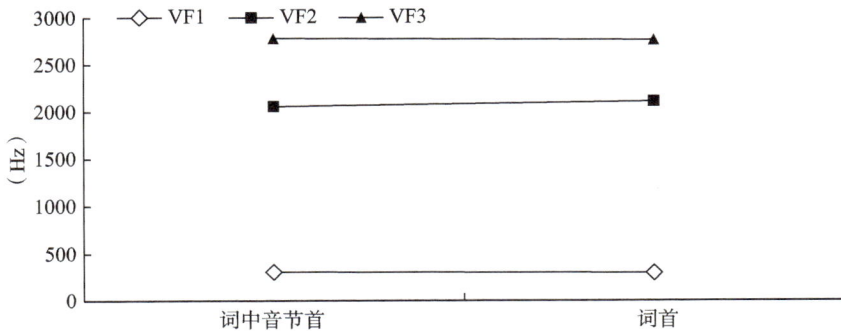

图 3.166-1　词中不同音节位置上出现的 [j] 辅音第一至
第三共振峰均值比较（M）

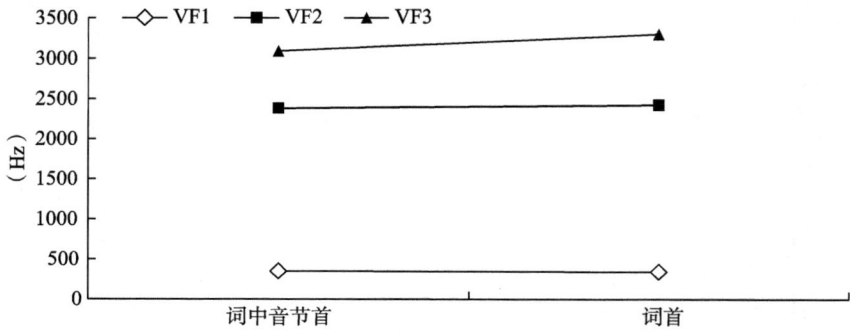

图 3.166-2　词中不同音节位置上出现的 ［j］ 辅音第一至

第三共振峰均值比较 （F）

第四章

土族语音系特点

本章基于音段声学参数特征探讨土族语音系有关问题。重点讨论长短元音音位及其变体在声学空间中的分布特点、长短元音演变与语境之间的关系等问题。

一 元音音系特点

（一）元音音位及其变体在声学空间中的分布特点

1. 总体格局

土族语有 ［ɐ、ɛ、ʌ、e、ɜ、i、ə、ɔ、ʊ、o、u、ʉ、y］ 等 13 个短元音，可归纳为/ɐ/ə/、/e/、/i/、/o/、/u/5 个短元音音位；有 ［ɐː、eː、iː、oː、ʊː、uː、yː］ 7 个长元音，可归纳为/ɐː/、/eː/、/iː/、/oː/、/uː/5 个长元音音位；复合元音有 ［ɐi、əe、ɜi、ɜe、ɑʊ、əʊ、ɜʊ、ɣʊ、ʌʊ、iu、ʉu、ɜʉ、ʊe、oi、ʊi、ʉi、ʊei］ 等 17 个，可归纳为/ɜi/、/ɜʊ/、/iu/、/ʊe/、/ʊi/、/ʊei/6 个复合元音音位。我们从图 4.1~4.4 中可以看到，土族语短元音和长元音音位及其变体在声学空间中的总体格局：

前后 2200~900Hz；高低 290~800Hz（M）；

前后 2600~850Hz；高低 300~1000Hz（F）。

2. 舌位格局

图 4.1~4.2 为土族语短元音和长元音音位声学空间分布图，图 4.1 和图 4.2 显示，土族语元音在舌位高、低维度上可以分高（［i，iː，u， uː]）、中（[e, eː, o, oː]）、低（[ɐ, ɐː]）等三个层级，在舌位前、后维度上可以分前（[i, iː, e, eː]）、央（[ɐ, ɐː]）、后（[o, oː, u, uː]）等三个层级，是较典型的"三三格局"。另一个特点是以/i, ɐ, u/和/iː, ɐː, uː/为极端元音的"倒三角形"格局。这是蒙古语族语言方言土语（话）乃至满-通古斯语族语言的一个比较典型的特点。

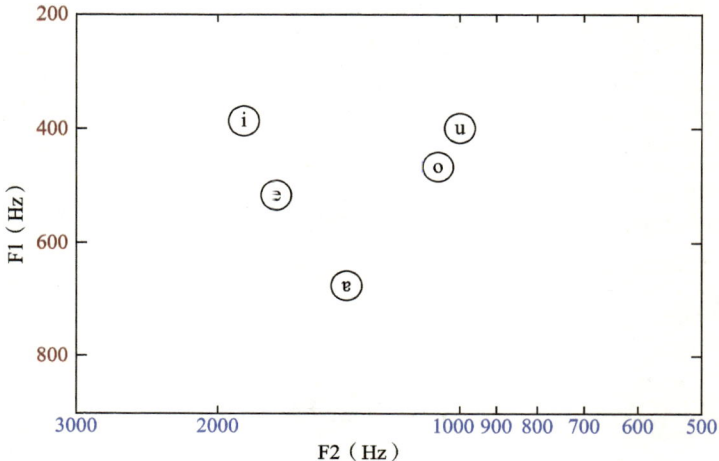

图 4.1-1　土族语短元音音位声学空间分布（M）

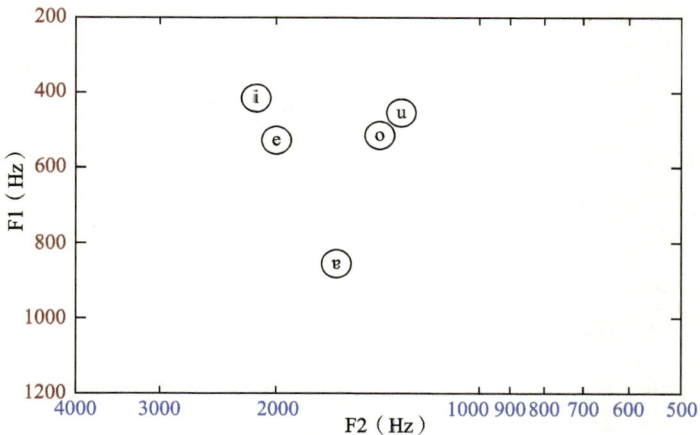

图 4.1-2　土族语短元音音位声学空间分布（F）

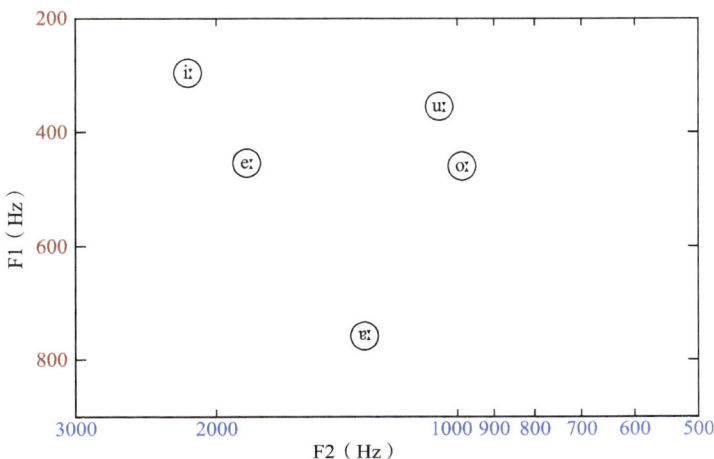

图 4.2-1 土族语长元音音位声学空间分布（M）

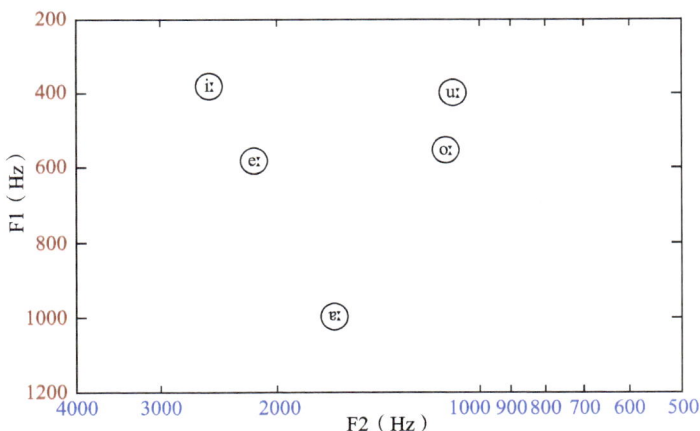

图 4.2-2 土族语长元音音位声学空间分布（F）

3. 变体格局

土族语中，邻音是元音发生音变的最主要的条件，位置是次要的。前后辅音的发音部位不同，搭配元音不同，元辅音结合时不同程度地拉动了元音舌位。例如：［tɕ，tɕʰ，ɕ，j］等辅音使元音的舌位往前移动，而［χ，ʊ］等辅音使元音的舌位往后移动。图 4.3 和图 4.4 为男、女发音人短元音和长元音变体声学空间分布图。从图 4.3 和图 4.4 中可以看出，元音音位及变体在声学空间中的格局可以分为前、后和高、低两种模式。其中/u/和/uː/为"前后扩展模式"，/o/和/oː/为"高低扩展模式"，/ɐ，e，i/为兼容两种扩展模式。

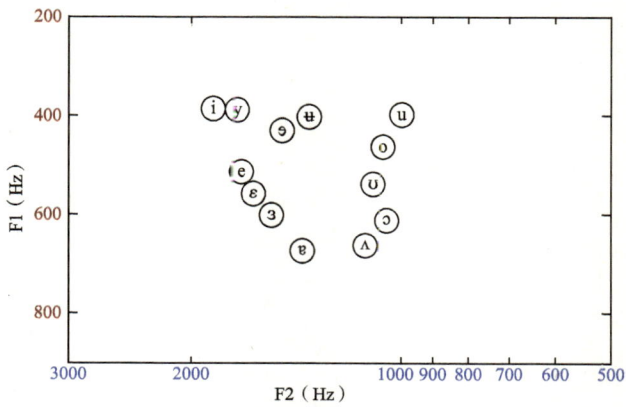

图 4.3-1　土族语短元音变体声学空间分布（M）

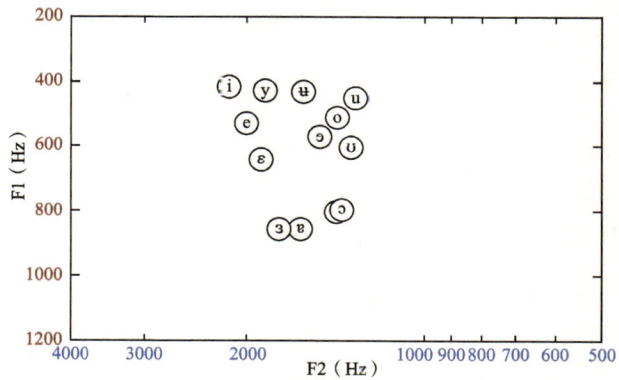

图 4.3-2　土族语短元音变体声学空间分布（F）

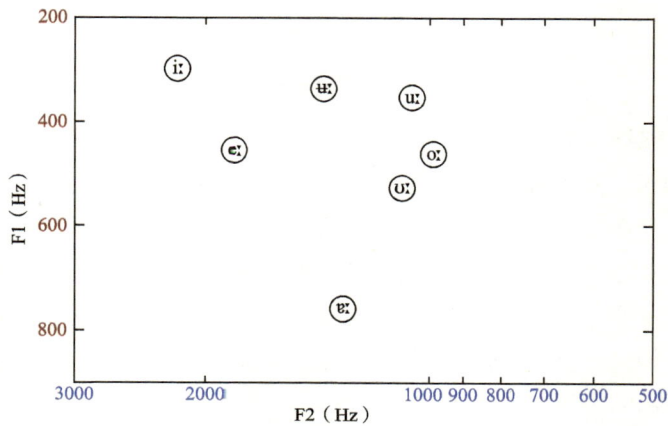

图 4.4-1　土族语长元音变体声学空间分布（M）

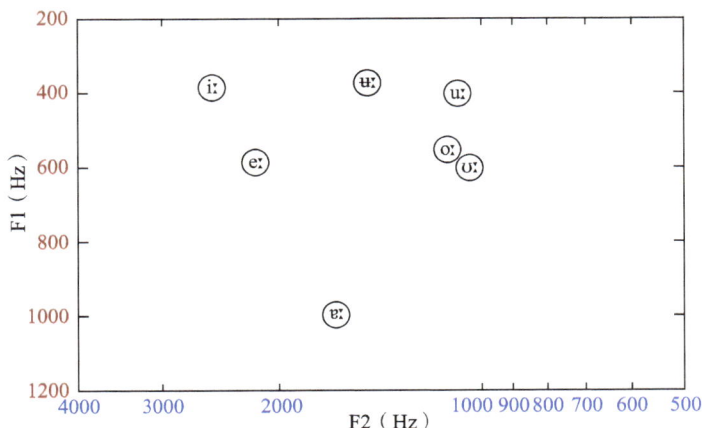

图 4.4-2 土族语长元音变体声学空间分布（F）

（二）元音音变特点

土族语的元音与邻音连续发音时，受位置和邻音的影响音质发生明显变化，包括清化、展唇化、脱落和前化四种，四种音变现象都是有条件的。

（1）清化：土族语非重读音节高元音［i］、［ɘ］、［u］、［y］和［u］起始的复合元音，受前、后辅音共同影响而出现清化现象，其中前置辅音为不送气塞音或塞擦音，后置辅音为送气塞音或塞擦音。其位置条件是非重读音节，音质条件是弱短高元音，邻音条件是前后辅音的发音方法。

（2）展唇化：圆唇元音［u］常常受前接辅音［p、m、n、f］等的影响而变成展唇元音［ɘ］。

（3）脱落：词首独立成音节的短元音［i］、［u］，当后续音节元音与其他发音部位相近时可以脱落。

（4）前化：［ɘ］、［o］、［u］、［uː］受先行辅音［tɕ］、［tɕʰ］、［ɕ］、［j］和其他前辅音的影响而舌位出现不同程度的前化。

二 辅音音系特点

（一）辅音音位及变体

土族语互助方言有 /p/、/pʰ/、/t/、/tʰ/、/k/、/kʰ/6 个塞音音位；/f/、

/s/、/ʂ/、/ɕ/、/x/5 个擦音音位；/tɕ/、/tɕʰ/、/ts/、/tsʰ/4 个塞擦音音位；/m/、/n/、/ŋ/3 个鼻音音位；一个边音音位/l/；一个闪音音位/ɾ/；/w/和/j/2 个滑音音位。其中/p/有［p，ɸ，β］3 个变体，/k/有［k，χ，ʁ］3 个变体，/ɾ/有［ɾ，ʒ］2 个变体（见表 4.1）。表 4.1 是按发音方法和发音部位分类的土族语辅音音位和变体列表。

表 4.1　土族语辅音

发音方法＼发音部位		双唇	唇齿音	齿龈	卷舌	齿龈－硬腭	软腭	小舌
清音	塞+不送气	p		t			k	
	塞+送气	pʰ		tʰ			kʰ	
	塞擦+不送气			ts		tɕ		
	塞擦+送气			tsʰ		tɕʰ		
	擦音	ɸ	f	s	ʂ	ɕ	x	χ
浊音	擦音	β		ʒ				ʁ
	鼻音	m		n			ŋ	
	边音			l				
	闪音			ɾ				
	滑音	w				j		

（二）辅音音变特点

同元音相比，土族语的辅音音变较少，有脱落、擦化和浊化三种。

词首鼻音脱落：［n］、［ŋ］、［m］等鼻音做词首复辅音前置辅音时可以脱落。例如：ntɕɛsə（犁）→tɕɛsə，ntikə（蛋）→tikə，ŋqʊɛsə（屁）→qʊɛsə，ŋquskə（鸽子）→quskə，mpɐʒ（印版）→pɐʒ。［n］、［ŋ］、［m］能量弱，处于弱读位置时，同弱元音一样容易脱落。音变涉及辅音分类的强弱、鼻音和非鼻音。

塞音擦化：［p］和［q］不送气塞音在词中出现时，受邻音影响而擦化。［p］在词中音节末［s，ɕ］等清擦音后擦化为［ɸ］，［l，ʒ］在浊辅音后擦化为［β］（详见第三章辅音音位部分）。例如：tʰɐɸɕə（拍，鼓掌；踩）、tɐɸsə（盐）、kʰɐːɛʒə（脆的）、tʰʊɸlə（得到）；［q］在词中音节末

浊擦音 ［n，l，ʒ］ 前擦化为 ［ʁ］，在清辅音 ［tɕ，tɕʰ，ts，s，ɕ］ 前擦化
为 ［χ］。例如：ɐːʒtɐʁlɐ（爱惜，珍惜；宠爱）、xkɐʁlɐ（掐，掐脖子）、
lɔχɕə（沸腾）、tʰəχsələ（弄破；弄断）；闪音 ［ɾ］ 在词内任何位置都可以
擦化为 ［ʒ］，词中音节末和词末可以清擦为 ［ʐ］（参见第三章辅音音位部
分），例如：ʒəmeːn（奶皮）、weʒ（角，犄角）。音变涉及辅音分类的送气
和不送气、浊音和清音、擦音和非擦音。

第五章

土族语音节声学特征

一　音节理论综述

关于音节的定义这一问题，学者们的分歧较大。下面简单介绍一下几个具有代表性的观点。

第一，元音说。元音说是古希腊人最早提出的。他们将音节定义为"由一个元音或一个元音和几个辅音联合构成的语音单位"。古印度人则认为，"有多少个元音就有多少个音节"。但是实际上，有的音节根本没有元音。例如英语"film"（胶卷）中虽然只有一个元音，但音节却是 2 个。

第二，呼气说。呼气说是奥地利语言学家斯托尔姆（J. Storm）提出的。他认为"音节是一组用一次呼气发出来的声音。……说话时有多少次呼气就有多少个音节。呼气力最弱的地方就是音节的分界线"。但是日常说话，谁也不会发一个音就呼一次气。

第三，响度说。响度说是丹麦语言学家叶斯柏逊等人提出的。他把音素按照声音的响度分成八级，最响的地方就是音节的中心，响度最低的地方就是音节的分界线。

第四，紧张度说。紧张度说是法国语言学家格拉蒙（M. Grammot）和苏联语言学家谢尔巴提出的。这种学说按照发音时肌肉紧张程度的变化来划分音节。肌肉每次由紧张到放松构成一个音节，最紧张的地方就是音节的中心。

尽管音节的定义较多，但迄今没有一个定义被验证为恰当的。可以说，音节是易理解但难以解释的单元。按着 R. L. Trask 的说法，它是一个基本的但难以捉摸的音系单位。尽管本族语使用者通常觉得很容易决定在一个给定的词或话语中有几个音节，以音节为基础的书写系统已使用几千年，口误为音节的心理真实性提供了丰富的证据，但事实证明音节极难定义。如今有两种研究方法占统治地位：（1）音节是一个神经程序的单位，尽管没有一个单一的语音上的对应物，但它可由听话者从大量线索中重新组建；（2）音节是纯音系单位，每一个单位包括一个固有的响度峰，尽管对像英语"spit"这样有两个峰的词要做一些修改（R. L. Trask，1996）。

二　土族语音节特点

本书不对音节的定义和理论作进一步的阐述，仅根据学者们的阐述以及我们对音节的理解，归纳与音节相关的问题。

第一，土族语可以采用以下音节定义："音节是语流中最小的发音单位，也是从听觉上能够自然辨别出来最小的语音单位。一个音节中可以只包含一个音段，也可以包含几个音段"（邢公畹，1995）。音节具有物理、生理和社会等属性。

第二，语音四要素对土族语音节中的作用。音节是语音四要素的统一体，四要素是构成音节的因素。土族语音节包含了具有辨义作用的音长这一要素。对土族语来说音色和音长是最重要的，因为两者具有辨义作用或功能。其他两个要素音高和音强的作用不明显。

第三，基本音节与一般音节问题。根据语音四要素地位的不平等性，我们可以把音节中只考虑音色因素、由音素所构成的音节称为基本音节，以便与一般音节即在基本音节基础上还涉及音高、音强和音长等其他非音质因素的音节相区分。就汉语而言，基本音节就是不带声调的音节，带声调的音节是一般音节（米嘉瑗，2006）。土族语音节可以分为基本音节和一般音节。基本音节是只考虑音色因素、由音素所构成的音，如［ne］、［tɕʰi］、［posə］等，而一般音节是在基本音节基础上还涉及音长的音节，如［ne］-［neː］、［tɕʰi］-［tɕʰiː］、［posə］-［poːsə］等。

第四，音节与节位问题，音系音节（phonological syllable）与语音音节（phonetical syllable）问题。音系音节的概念并不是全新的。雅克布孙（R.

Jacobson）曾经使用过。最早可追溯到俄国人波利万诺夫（Polivanov）及伊万诺夫（Ivanov）所论之"音节"与"音节的节位观念"。格拉蒙（1933）认为，音系音节为理论上的、典型的、生理上正规的音节。语音音节为在语音上偶然显示某种不规则特性的音节。其实，音节本身兼具语音性质和音系性质的单位。它在语音上表现为发音活动与音响的一次加强，在音系上又以其特定的形式隶属于一定语言的语音系统（没有"超语言的音节"）。其语音表现形式（语音音节）与音系形式（音系音节）在多数情况下是统一的。但音节的音系形式是固定的，而其语音表现形式却可以在语流中发生一定的变化。比如，连读可以造成音节界限的移动和音节变形，有时可以出现双属辅音（ambisyllabic consonant），不同程度的连读可以造成多种不同的音节变形，这些变形都是非区别性的，它们显然与变形之前的音节形式有所龃龉。正是基于对此种事实的考虑，人们认为有必要对音系音节与语音音节加以区分（史延恺，1986）。

有声单元和抽象单元的区别：（1）有声单元是语言的存在形式（把某种语言或方言的语音从小单元到大单元可以分成：音素→音节），抽象单元是对有声单元进行简单化、抽象化、系统化的结果；（2）有声单元远远多于抽象单元；（3）有声单元和抽象单元都是针对某一语言或方言的，而不是跨语言、方言的，有声单元和抽象单元的关系是约定性的、固定性的。土族语口语音节的类型较多而较复杂。从我们语音参数库里的统计结果看有 CCV、CCVC、CCVV、CCVVC、CV、CVC、CVV、CVVV、CVVC、V、VC、VV、VVC 13 种音节类型，但我们可以把它们归纳成 V、VC、CV、CCV、CVC、CCVC 6 个音节位。

为了能够使我们的观点与国际接轨，我们可以采用音系音节与语音音节概念，以便代替我们原来提出的音节和音节位。如土族语普通话有 22 种语音音节、6 种音系音节。

我们认为，（1）不能排除音节所包含的心理因素；（2）音节在声学上的表现是错综复杂的，一般用音长、音高和音强等参数可以较容易地划分音节，但这是相对的；（3）音节之间的短暂停顿是音节的重要信息。众所周知，土族语是音节节奏语言，音节是土族语最小的韵律单元。在音节边界处（音节之间）不出现塞音或塞擦音等有 GAP 的辅音的情况下，土族语者能够感知到音节间的短暂停延。这与每个音节边界处前音节元音的延长有关。这符合韵律学理论。边界前音节元音的延长是在听感上音节间有短暂停延的重要原因之一。虽然，有上述诸多的音节理论，如，元音说、呼气说、响度说和紧张度说，甚至是突显论，但笔者认为应该把音节之间的停延作为音节定义的一个重要部分，这对于音节来说是绝不能忽视的因素。音节边界处前音节元音的相对延长可以作为区别音节的重要参数之一。

三　土族语音节统计分析

我们曾经把土族语口语音节分为 CCV、CCVC、CCVV、CCVVC、CV、CVC、CVV、CVVV、CVVC、V、VC、VV、VVC 13 种类型。以下是我们本次统计分析结果。（1）一个音节中可以容纳 1~5 个音，非词首不出现以元音开头的音节。（2）土族语各类音节在词里的分布情况是：词首音节的类型最多，所有音节类型都可以出现在词首，其中出现频率最高的是 CV 音节，其次是 CVC 音节；词中音节中，出现频率最高的是 CV 音节，其次是 CVC 音节；词尾音节中，出现频率最高的是 CV 音节，其次是 CVC 音节。（3）单音节词中出现频率最高的是 CVC 音节，其次是 CV、CCV、CCVC 音节，其他音节类型出现较少，多音节词中出现频率最高的是 CV 音节，其次是 CVC 音节。

以上统计结果告诉我们，土族语的各类音节中 CV 和 CVC 为较活跃且主流的音节，而音系音节 CV 是土族语的核心音节（见表 5.1）。

表 5.1　土族语音节类型的出现次数

音节类型 \ 词中位置	单音节词	多音节词			总数
		词首	词中	词尾	
CCV	33	95		3	131
CCVC	26	67		1	94
CCVV	7	5			12
CCVVC	3	1			4
CV	44	739	320	1107	2210
CVC	63	405	160	362	990
CVV	15	42	9	39	105
CVVV	1	1			2

词中位置 音节类型	单音节词	多音节词			总数
		词首	词中	词尾	
CVVC	1	10	1	2	14
V		100			100
VC	3	21			24
VV	1	2			3
VVC		1			1

第六章

土族语单词韵律特征

一 音长分布模式

由于土族语词末可以短元音结尾，我们统计音长时将单词分为开音节结尾词和闭音节结尾词。图 6.1 和图 6.2 为两位发音人的词末音节为开音节双音节词和三音节词元音长度（平均值）分布模式示意图，图 6.3 和图 6.4 为两位发音人的词末音节为闭音节双音节词和三音节词元音长度（平均值）分布模式示意图，我们采用了百分比（Perceptional ratio in percentages）和数值比（Numerical ratio）表示法。从图 6.1 和图 6.2 中我们可以看到：词末音节为开音节时，所有类型中词末音节都比非词首音节元音相对长（包括 L-S 类型），主要原因为词末元音延长发音，其中 S-S、S-L、S-S-S、S-S-L 类词中音长相差较大；从图 6.3 和图 6.4 中我们可以看到：词末音节为闭音节时，在 S-L、L-S、S-S-L、S-L-S、L-S-S（数据库中没有出现一个词中有两个长元音的例子）类词中长元音比短元音长（不管它处于词的哪一个音节），其中长元音出现在词末音节时音长与其他位置音长相差最大；在 S-S、S-S-S 类词中，词末音节元音比其他音节元音相对长。

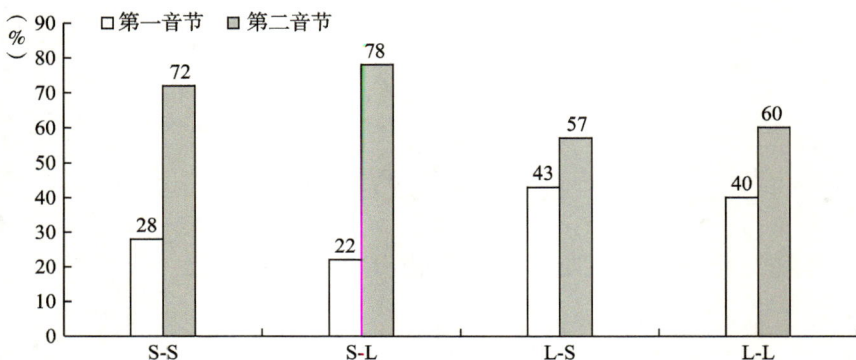

图 6.1-1　词末音节为开音节双音节词元音长度分布模式（M）

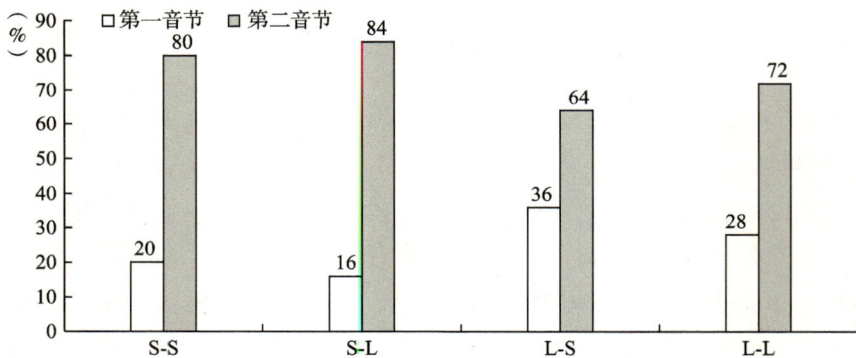

图 6.1-2　词末音节为开音节双音节词元音长度分布模式（F）

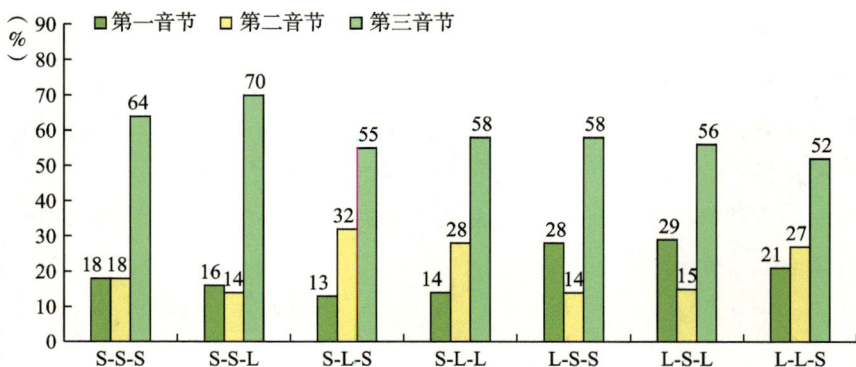

图 6.2-1　词末音节为开音节三音节词元音长度分布模式（M）

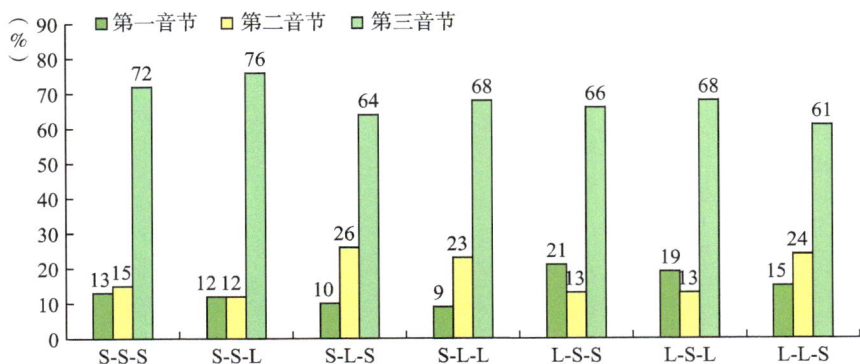

图 6.2-2 词末音节为开音节三音节词元音长度分布模式（F）

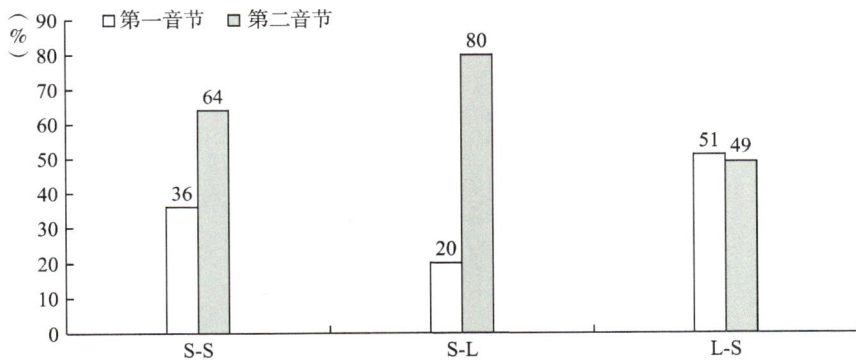

图 6.3-1 词末音节为闭音节双音节词元音长度分布模式（M）

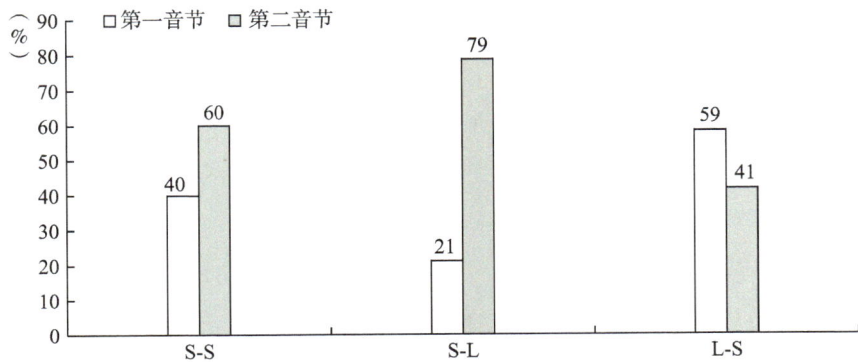

图 6.3-2 词末音节为闭音节双音节词元音长度分布模式（F）

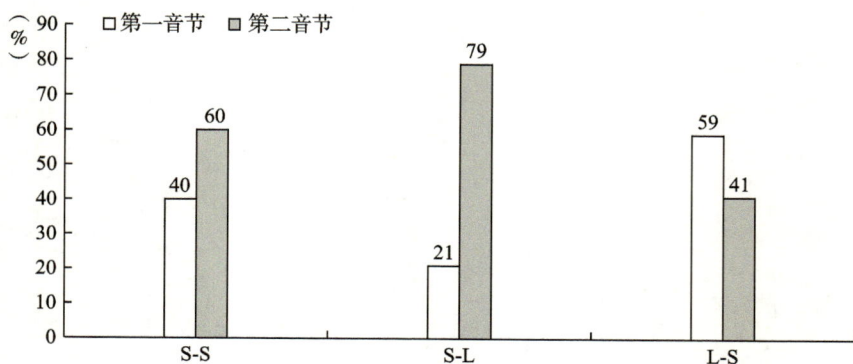

图 6.4-1 词末音节为闭音节三音节词元音长度分布模式（M）

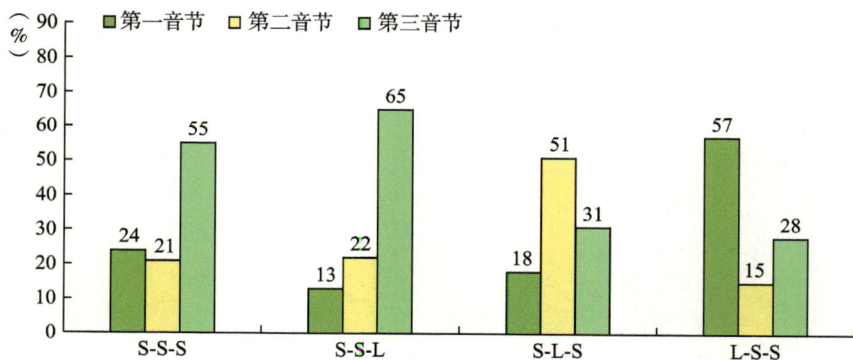

图 6.4-2 词末音节为闭音节三音节词元音长度分布模式（F）

二 音高分布模式

　　图 6.5、图 6.6 和图 6.7 为男、女发音人的双音节和三音节词音高（平均值）分布模式示意图。为了能够清楚看到三音节词音高分布模式，我们把三音节词音高模式分成了两部分，即词首音节含有短元音的三音节词音高分布模式和词首音节含有长元音的三音节词音高分布模式（见图 6.6、图 6.7）。从下面的图中可以看出，双音节词和三音节词音节类型中，音高峰值均在词末音节，与词首音节和词中音节相比，差异大而稳定，且受音长影响较小。

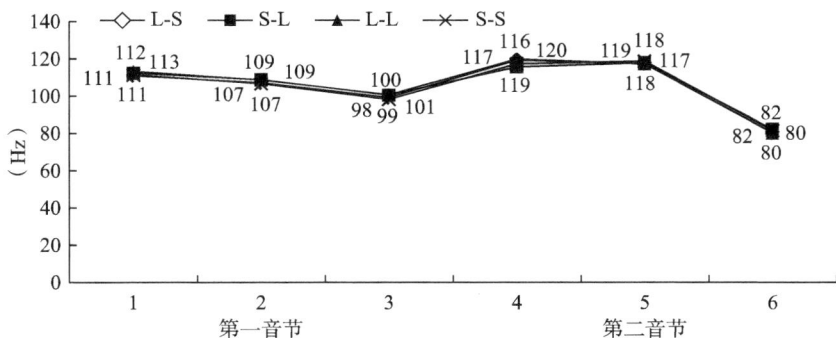

图 6.5-1 双音节词音高分布模式（M）

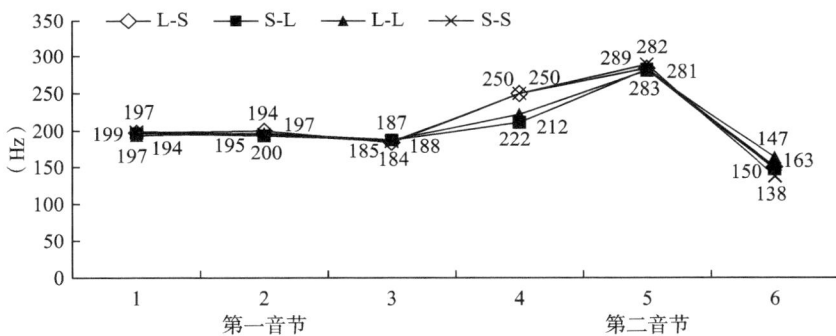

图 6.5-2 双音节词音高分布模式（F）

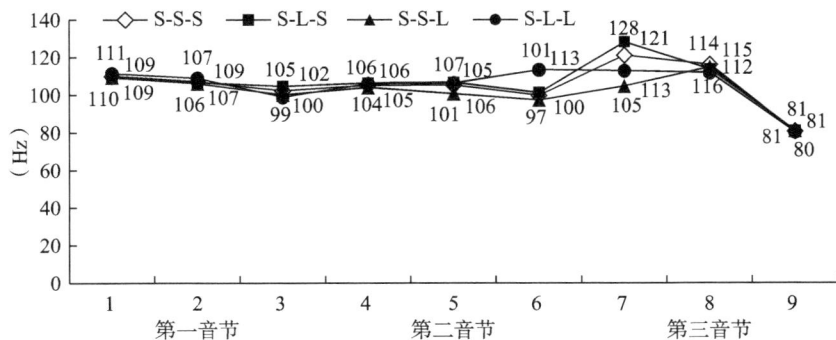

图 6.6-1 词首含有短元音的三音节词音高分布模式（M）

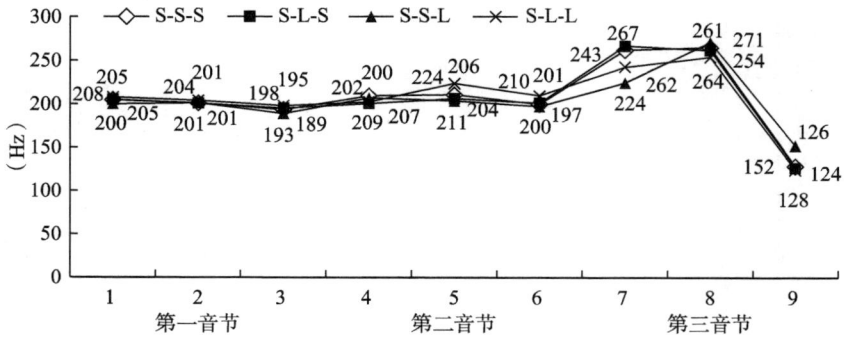

图 6.6-2　词首含有短元音的三音节词音高分布模式（F）

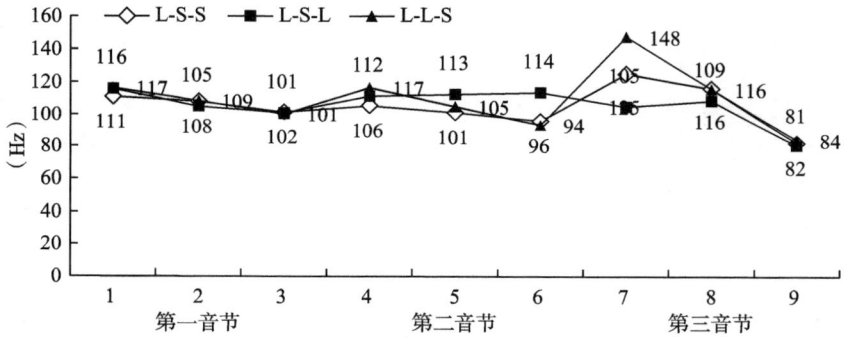

图 6.7-1　词首含有长元音的三音节词音高分布模式（M）

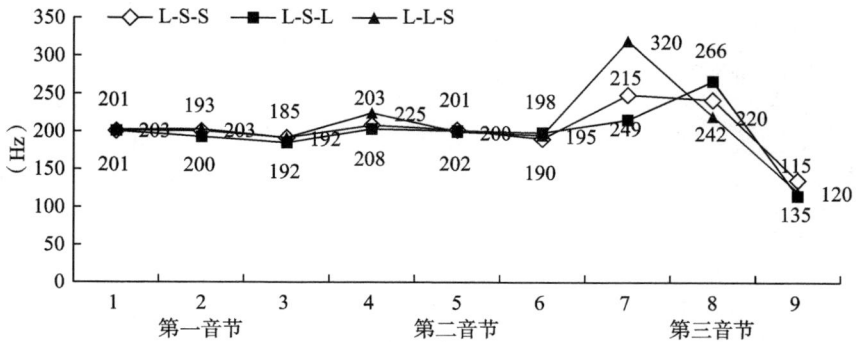

图 6.7-2　词首含有长元音的三音节词音高分布模式（F）

三　音强分布模式

　　图 6.8 和图 6.9 为男、女发音人的双音节词和三音节词音强（平均值）分布模式示意图。

　　从下列图中我们可以看到：在双音节词中，所有音节类型中，音强峰值均在词末音节上，与词首音节音强相比，差异大而稳定，受音长影响较小；在三音节词中，除了 S-L-L 类外，其他类型中，音强峰值均在词末音节，与词首和词中音节相比，差值较大，其中 L-S-S 类中词中音节音强值最小，其他音节类型中词首音节音强值最小；在 S-L-L 类中，音强峰值在词中音节，而且与词末音节之间的差值较小。

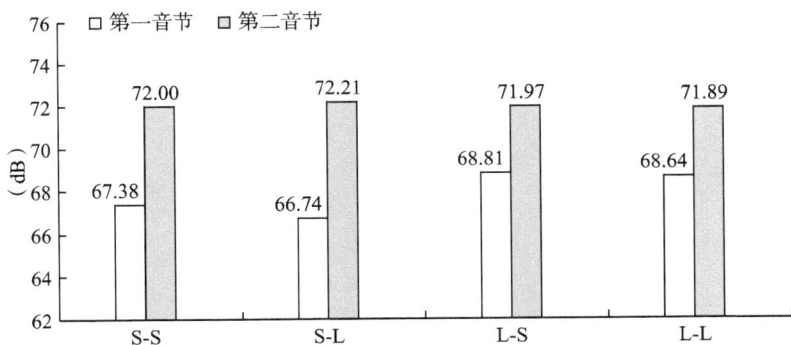

图 6.8-1　双音节词音强分布模式（M）

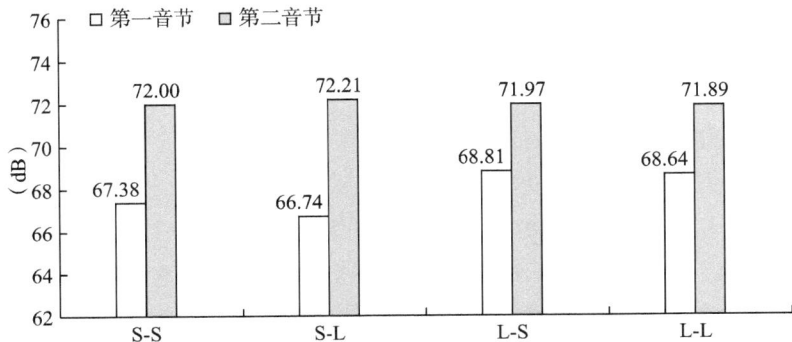

图 6.8-2　双音节词音强分布模式（F）

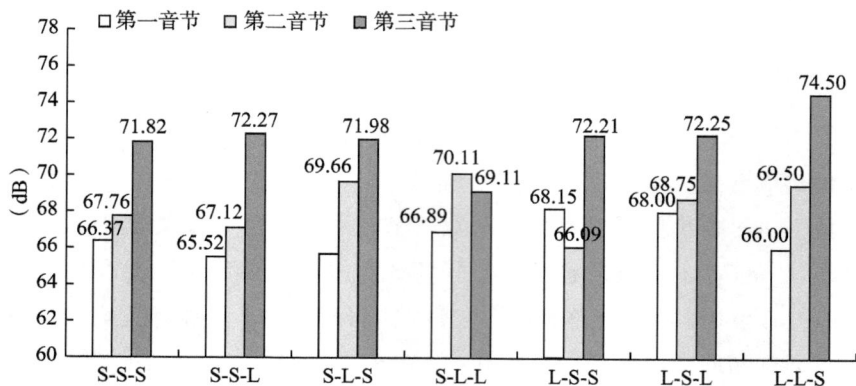

图 6.9-1　三音节词音强分布模式（M）

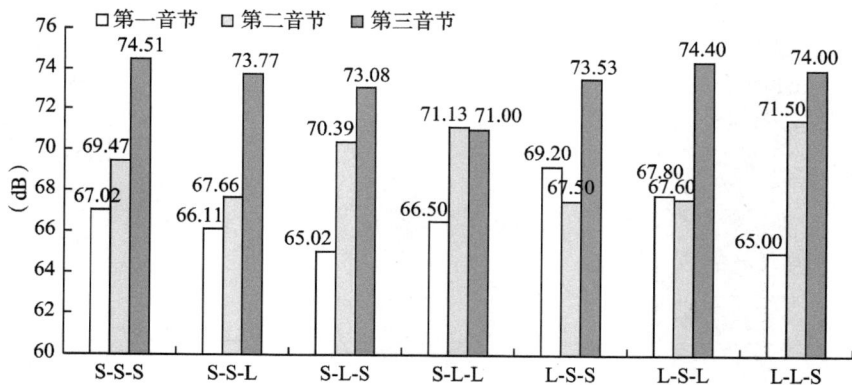

图 6.9-2　三音节词音强分布模式（F）

四　重音问题

有关土族语词重音位置和功能，学者们的意见一致，认为土族语有不区别意义的重音，重音位置在词末音节，接附加成分时，重音位置移到附加成分上。从图 6.1～6.9 中可以看出，土族语的音高、音强和音长峰值落点主要集中在词末音节，词末音节是重音的标准位置。重音从词末音节向非词末位置移动是有条件的。导致音长移动的因素，除了长元音以外，还有元音固有音长。土族语元音的音长特点是高元音短、低元音长，当高元音［i、ə、u、ʉ］出现于词末以浊辅音［n、l、ʒ、r］结尾的音节中时，音长比前接音节元音缩短，导致音长落点向前移动。复合词是导致音强、音高峰值移动的重要因素。复合词词化不彻底，保持复合词前后成分界限的，音强和音高峰值移动至前一个词的词末音节。附加成分同词干连接，也有这个特点，复数附加成分［-skə］和［-ŋkʊlæ］、数词附加成分［-tɐː］、形容词比较级附加成分［-ŋkə］和［-sæ］缀接词干时，音强和音高峰值同时移到词干的最后一个音节。

在重音性质方面，土族语的音长落点受元音长短、搭配类型、音节个数等的影响；音强落点受位置、音长和搭配类型的不同影响；而音高落点最稳定，很少受位置、音长、搭配类型和音节个数的影响，而且词末和非词末音高差异较大，这些都说明土族语词重音的位置和性质主要与音高有关，因而可以判定土族语的重音属于词末音高重音。

参考文献

Antti, I. & Harnud, H., 2005, "Acoustical comparison of the monophthong systems in Finnish, Mongolian and Udmurt", *Journal of the International Phonetic Association* 35/1, 1–13.

Juha Janhunen, 2003, *Monglic Languages*, London: Routledge.

Keith W. Slater, 2003, *A Grammar of Mangguer*, London: Routledge Curzon.

N. 鲍培, 2004,《阿尔泰语言学导论》, 周建奇译, 内蒙古教育出版社。

宝玉柱、哈斯其木格、韩国君, 2015,《蒙古语族语言研究新探索》,《中央民族大学学报》(哲学社会科学版) 第 6 期。

宝玉柱、孟和宝音, 2008,《蒙古语正蓝旗土语复合元音实验音系学研究》,《民族语文》第 4 期。

宝玉柱、孟和宝音, 2008,《现代蒙古语正蓝旗土语音节研究》,《中央民族大学学报》第 5 期。

宝玉柱、孟和宝音, 2011,《现代蒙古语正蓝旗土语音系研究》, 民族出版社。

宝玉柱, 2008,《蒙古语正蓝旗土语短元音实验音系学研究》,《内蒙古民族大学学报》第 3 期。

宝玉柱, 2007,《现代蒙古语正蓝旗土语重音研究》,《中央民族大学学报》第 6 期。

鲍怀翘、林茂灿, 2014,《实验语音学概要》(增订版), 北京大学出版社。

曹剑芬, 2007,《现代语音研究与探索》, 商务印书馆。

德力格尔玛、波·索德, 2006,《蒙古语族语言概论》, 中央民族大学出版社。

哈斯巴根，2001，《蒙古语族语言语音比较研究》，内蒙古人民出版社。

哈斯巴特尔等，1986，《土族语词汇》，内蒙古人民出版社。

哈斯其木格，2013，《基于动态腭位图谱的蒙古语辅音研究》，中国社会科
学出版社。

哈斯其木格，2009，《蒙古语察哈尔土语的前送气辅音》，《民族语文》第
1 期。

哈斯其木格，2006，《蒙古语的复辅音问题》，《民族语文》第 3 期。

韩国君、呼和，2013，《土族语词首短元音声学分析》，《语言与翻译》（蒙
文版）第 1 期。

韩国君，2013，《基于语音声学参数的土族语元音研究》，内蒙古大学硕士
学位论文。

韩国君，2016，《土族语复合元音的分析》，《内蒙古社会科学》第 1 期。

韩国君，2016，《土族语擦音声学分析》，《语言与翻译》（蒙文版）第 3 期。

韩国君，2016，《简述土族语重音》，《蒙古语文》第 4 期。

韩国君，2016，《土族语音系研究》，中央民族大学博士学位论文。

韩国君，2018，《土族语塞音声学分析》，《内蒙古社会科学》第 6 期。

韩国君，2018，《土族语单元音音位分析》，《中国蒙古学》第 6 期。

呼格吉勒图，2004，《蒙古语族语言基本元音比较研究》，内蒙古教育出
版社。

呼和、鲍怀翘、陈嘉猷，1997，《关于蒙古语语音声学参数数据库》，《内蒙
古大学学报》（汉文版）第 5 期。

——，1998，《韩国阿尔泰学会学报》第 8 号。

呼和、陈嘉猷、郑玉玲，2001，《蒙古语韵律特征声参数数据库》，《内蒙
古大学学报》（汉文版）第 1 期。

呼和、确精扎布，1999，《蒙古语语音声学分析》，内蒙古大学出版社。

呼和，2009，《蒙古语语音实验研究》，辽宁民族出版社。

Huhe, Baoguilan, 2011, EPG Based Research on Tongue Position and Its Con-
straint of Word-Initial Consonants in Standard Mongolian in China, The17th
International Congress of Phonetic Sciences, Hong Kong, August 17-21.

呼和，2014，《再论蒙古语词重音问题》，《民族语文》第 4 期。

周学文、呼和，2014，《语音声学参数自动标注/提取系统简介》，《中文信息学报》第 3 期。

呼和，2015，《蒙古语元音演变的声学语音学线索》，《中央民族大学学报》（哲社版）第 4 期。

呼和，2015，《语音属性与规则的相对性和绝对性问题》，《蒙古语文》第 8 期。

呼和，2015，《蒙古语标准话塞音塞擦音声学分析》，《民族语文》第 3 期。

呼和，2015，《语言亲属关系声学语音学线索》，《实验语音学》（第四卷第 4 号）。

呼和，2015，《蒙古语标准话词首辅音谱特征分析》，《满语研究》第 2 期。

呼和，2018，《蒙古语语音声学研究》，社会科学文献出版社。

姜根兄，2013，《土族语词首音节短元音声学分析》，《中国蒙古学》第 1 期（蒙文）。

李兵、贺俊杰，2010，《蒙古语卫拉特方言双音节词重音的实验语音学研究》，《民族语文》第 5 期。

李克郁、李美玲，1996～1997，《土族语、古蒙古语对照词表》（1～5），《青海民族研究》。

李克郁，1988，《蒙古尔（土族）语和蒙古语》，《青海民族研究》第 1 期。

李克郁，1988，《土汉词典》，青海人民出版社。

李克郁，2008，《土族历史与语言文字研究文集》，民族出版社。

李克郁，1990，《土族语言中的音变现象及其文字书写问题》，《青海民族研究》（社会科学版）第 4 期。

李克郁，1983，《土族语中 - nge（ - ge）的用法》，《青海民族学院学报》（社会科学版）第 3 期。

李克郁，2008，《李克郁土族历史与语言文字研究文集》，民族出版社。

李美玲、李永翎，1999，《〈蒙古秘史〉语与土族语语音比较 -a 元音之比较》，《青海民族研究》第 1 期。

李美玲，2001，《土族语词首清擦辅音 f 的演变》，《青海民族学院学报》第 1 期。

李美玲，2001，《土族语长元音的形成》，《西北民族研究》第 1 期。

罗常培、王钧，2004，《普通语音学纲要》，商务印书馆。

清格尔泰，1989，《蒙古语族语言中的音势结构》，《民族语文》 第 1 期。

清格尔泰，1986，《土族语词汇》，内蒙古人民出版社。

清格尔泰，1991，《土族语和蒙古语》，内蒙古人民出版社。

清格尔泰，1988，《土族语话语材料》，内蒙古人民出版社。

清格尔泰，1988，《土族语中 b 辅音的演变》，《西北民族研究》 第 2 期。

确精扎布，1989，《蒙古语察哈尔土语元音的实验语音学研究》，《民族语文》 第 4 期。

孙竹，1990，《蒙古语族语言词典》，青海人民出版社。

王理嘉、林焘，1992，《语音学教程》，北京大学出版社。

席元麟，2007，《汉土对照词典》，青海西宁印刷厂。

席元麟，1989，《汉语青海方言和土族语的对比》，《青海民族研究》 第 1 期。

席元麟，1986，《土族语音位系统》，《中国民族语言论文集》，四川民族出版社。

照那斯图，1981，《土族语简志》，民族出版社。

朱晓农，2006，《音韵研究》，商务印书馆。

朱晓农，2010，《语音学》，商务印书馆。

乌日格喜乐图、呼和，2018，《鄂温克语语音声学研究》，社会科学文献出版社。

后　记

通过十几年的努力，这部基于"中国少数民族语言语音声学参数统一平台"（以下简称"统一平台"）的"中国少数民族语言方言实验研究丛书"将要跟读者见面了。这是我们团队几十年研究工作的结晶。作为我国少数民族语言语音实验研究方面的第一部大型丛书，一定会有很多待改进和完善的地方。出版本丛书的目的是让读者了解民族语言音段和超音段（词层）声学研究成果，给同行们提供语言声学实验研究思路和方法，促进民族语言实验研究学科体系建设，推动我国民族语言学学科的发展。

在本丛书出版之际，感谢所有发音合作人，他们对母语的热爱和对自己民族的责任感深深地打动了我们团队每一位成员；感谢参与本项研究的所有研究生，感谢他们能够理解和支持这项庞大而艰难的工程，每一个音段的参数都凝聚着他们的辛劳和汗水；感谢研究所领导和民族语言学学科的全体同仁，他们的鼓励和支持是我们团队最强大的动力；感谢社会科学文献出版社的领导和编辑。

本丛书及其所基于的"统一平台"研究，得到了国家社会科学基金重大招标项目"中国少数民族语言语音声学参数统一平台建设研究"（项目编号：12 & ZD225）、国家社会科学基金冷门绝学研究专项学术团队项目"中国北方少数民族濒危语言调查实验研究"（项目编号：21VJXT012）、中国社会科学院创新工程"登峰战略"资深学科带头人资助项目"中国北方跨界民族语言的调查实验研究"（项目编号：DZ2023002）和中国社会科学院创新工程学术出版基金等的大力资助，在此表示诚挚的感谢。

由于所涉及的范围广、问题多，加上我们研究能力和水平有限等诸多原因，丛书中难免会有不足之处，望同行们斧正。我们相信，随着实验语音学理论和方法的不断成熟和改进，以及我们团队研究领域的逐渐拓展和研究水平的不断提高，这些问题和难题会逐步得到解决。因为汉语不是我们的母语，用汉语进行写作，我们需要克服一定的语言文字上的障碍，尽管我们非常努力，但在本丛书中仍然可能难以避免出现"蒙古式"语句，甚至可能存在表达不清楚的地方，望各位读者谅解并提出宝贵意见。

2025 年 6 月 8 日

图书在版编目（CIP）数据

土族语语音声学研究／呼和主编；韩国君，呼和著 .
北京：社会科学文献出版社，2025. 5. --（中国少数民
族语言方言实验研究丛书）. -- ISBN 978-7-5228-4105
-2

Ⅰ. H231. 1

中国国家版本馆 CIP 数据核字第 2024UT8376 号

中国少数民族语言方言实验研究丛书
土族语语音声学研究

主　　编／呼　和
著　　者／韩国君　呼　和

出 版 人／冀祥德
责任编辑／周志静
责任印制／岳　阳

出　　　版／社会科学文献出版社·人文分社（010）59367215
　　　　　　地址：北京市北三环中路甲 29 号院华龙大厦　邮编：100029
　　　　　　网址：www. ssap. com. cn
发　　　行／社会科学文献出版社（010）59367028
印　　　装／河北虎彩印刷有限公司

规　　　格／开　本：787mm×1092mm　1/16
　　　　　　印　张：33　字　数：540 千字
版　　　次／2025 年 5 月第 1 版　2025 年 5 月第 1 次印刷
书　　　号／ISBN 978-7-5228-4105-2
定　　　价／1280. 00 元（全五卷）

读者服务电话：4008918866